KB090557

창업 성공을 위한
상권 및 입지 분석
Commercial Right and Location Analysis

백남길 저

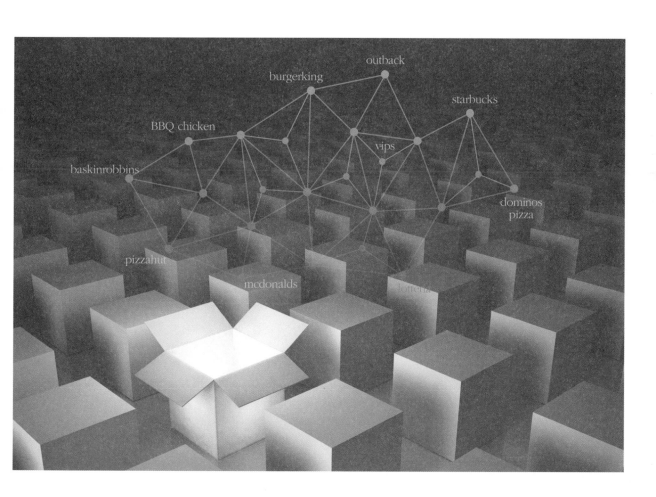

백산출판사

불법복사 · 불법제본
타인의 재산을 훔치는 범법행위입니다.
그래도 하시겠습니까?

PREFACE
머리말

인간은 누구나 잘살 권리를 가지고 태어났다. 하지만 출신환경과 지식 정도, 노력, 정보량, 열정, 도전정신 등에 따라 잘사는 사람과 못사는 사람이 존재한다. 그렇다면 잘살기 위해서는 어떻게 해야 할까? 이러한 물음에 답을 얻고자 고민하게 되었고, 미력한 지식이지만 그동안의 경험과 학문적 지식을 살려 현장에 적용할 수 있는 방안을 찾고자 집필을 시작하게 되었다.

우리 주위의 가족구성원 중 한두 명은 개인사업자이다. 2016년 통계청 자료에 따르면 도·소매업 사업체 수는 99만 8천 개로 전년대비 4.0%, 직원 수 310만 명으로 4.8% 증가하였다. 숙박·음식업은 71만 개(2.5%)와 직원 수 210만 명으로 전년대비 4.2% 증가하였다. 5인 미만 개인 사업자 수는 311만 개(3.2%)와 직원 수 560만 명으로 3.9% 증가하였다. 사업자 중 여성 대표자는 39.8%에서 41.1%로 증가하였으며, 개인 사업자는 315만 명인 4.2%와 직원 1,998만 명으로 4.2% 증가하였다. 여성비중과 근무업종에서 숙박·음식업은 64%, 보건업 및 사회복지가 79.1%, 교육서비스업이 62.4%, 금융 및 보험업이 54.5%로 나타났다. 이와 같이 여성들의 사회적 활동이 증가하면 환대산업은 성장하게 된다. 따라서 점포를 운영하면서 경영애로를 겪는 사장님들이나 창업을 준비하는 예비자, 퇴직예정자, 주부, 학생들에게 창업 후에 부딪히게 될 문제점을 파악하여 해결할 책임감을 느끼게 되었다.

아마존의 창업자인 제프 베조스는 창업의 이유에 대해 다음과 같이 말했다. "먼 훗날 인생의 노년기(80세 이상)에 살아온 날들을 돌아봤을 때 어떻게 하면 좀 덜 후회하는 삶을 살 수 있을까?" 하는 고민에서 창업했다고 했다. 그는 "나 스스로 창업에 실패하더라도 후회하지 않을 걸 잘 알고 있었다. 하지만 창업하지 않았다면 후회했을 것이다"라는 어록을 남겼다.

환대산업의 성공은 부동산과 연계되어 있다. 건물을 임차하여 운영할 것인가, 도시 주변 땅을 매입하여 신축 후 운영할 것인가의 결정은 3~5년 후의 결과에서 엄청나게 차이가 난다. 상권과 입지, 점포 분석과 결정은 창업자에겐 중요한 사항이다.

예를 들어 5년간 교외 땅을 매입하여 음식점을 운영했을 때 발생한 매매차액은 실제 매출발생으로 얻은 수익보다 클 수 있다. 5년간 주변의 발전과 변화를 이끈 점포의 용도변경이나 지가 상승, 안정된 영업으로 얻은 권리금 등은 땅값 상승 외에 중요한 경제적 이익이 된다. 따라서 어떤 업종을 창업하여 운영하든지 현재의 수익과 미래의 발전가능성에 대비 및 이의 활용을 위해 상권 및 입지를 분석하게 된다. 이러한 결과로 상업적 권리(상권)를 달성하고 이를 이해하여 조사 분석함으로써 전략방안을 제시할 수 있다. 이 중에서도 특히 매출발생으로 얻은 수익과 영업과정의 경과에서 발생한 상가건물의 상승분을 고려해야 한다. 따라서 본 연구자는 성공전략에 필요한 교재를 만들기 위해 노력하였으며, 그 특성은 다음과 같다.

첫째, 본 교재는 상권과 입지에 대한 이론적 지식을 전하는 기존연구와 다르게 현장의 창업경험과 컨설팅, 국가 및 자치단체 프로젝트 수행경험 등을 바탕으로 실제 예비창업자들이 활용할 수 있는 지식을 전하고자 하였다. 그러기 위해서는 왜 상권과 입지, 점포를 분석해야 하는지 그 이유를 제1장 '성공'을 통해 제시했다. 둘째, 상권과 입지 분석에 필요한 전체적인 핵심 개념과 특성, 구성요소를 명확하게 제시하고자 노력했다. 셋째, 실제 조사 분석한 내용들은 표와 그림을 통해 사실적으로 제시함으로써 독자들의 이해를 높였다. 넷째, 책으로 학문의 깊이를 논하지 않고 현장의 각종 시스템을 직접 활용하여 정보원천과 장단점을 파악하였다. 특히 정부 및 기관, 협회자료를 통해 스스로 상권과 입지, 점포를 분석할 수 있는 실력을 키우게 하였다. 다섯째, 창업자들이 사업에 성공하기 위해서는 상권과 입지, 점포를 분석하는 능력을 키워야 한다. 이를 제시함으로써 개인과 기업, 사회, 국가의 발전을 이끄는 효과를 거둘 수 있다. 따라서 충분한 준비와 시장조사로 분석이 완료되었을 때 수익성과 성장성, 발전가능성으로 연결할 수 있다. 결론적으로 '상권이 좋다 나쁘다'라는 수준이 아니라 성공을 전제하면서 실패하지 않는 전략을 찾는 데 궁극적인 목적이 있다. 이의 세부내용을 제시하면 다음과 같다.

제1장은 사람들이 추구하고자 하는 목표와 가치! 성공이란 무엇인가를 통해 그 개념을 이해하게 하였다. 성공의 구성요소와 특성, 비전, 핵심역량, 미래상의 법칙을 소개하였다. 제2장 창업이란 무엇인가를 통해 그 중요성을 제시하였으며, 인류가 지향해야 하는 번영과 성장, 발전을 위한 창업효과를 제시했다. 특히 글로벌 리더가 지향하는 대한민국 국민으로서 모두가 창업에 관심을 가질 수 있는 계기를 제시하고자 하였다. 제3장 상권 분석을 위한 구성체계와 빅데이터 활용, 조사범위와 방법, 도전 기업의 특징과 창업자, 자본금, 아이템, 시설과 장비 등의 요소를 서술하였다. 또한 유비쿼터스(ubiquitous)를 활용한 소호창업의 아이템 선정과 환경요소, 자질을 소개했다.

제4장은 상권의 이해부분으로 그 개념과 목적, 상권분할과 조건, 역할, 특성 등을 소개했다. 제5장은 상권의 발달과정을 통해 상권이 어떻게 형성되어 발전해 왔는지

공간적·시간적 범위와 이용목적, 규모의 유형을 소개하였다. 특히 상권 분석을 위한 체크리스트를 통해 스스로 능력을 평가할 수 있게 하였다. 제6장은 입지 분석으로 입지의 개념과 구성요소, 특징, 선정원칙과 분류, 신도시 입지 등으로 세분하여 제시하였다. 제7장은 건물 「임대차보호법」과 인·허가를 통해 법 제정의 근거와 대항력을 소개했다. 「국토의 계획 및 이용에 관한 법률」을 통해 용도지역, 구역, 지구와 도시계획의 종류를 소개했다. 이를 바탕으로 성장하는 프랜차이즈 기업의 가맹사업 거래 활성화에 따른 법률적 원칙을 제시했다.

제8장은 상권을 결정하는 요소와 분석방법을 통해 실전에 사용할 수 있게 하였다. 상권의 결정요소와 범위, 매출액 측정방법, 추정 예상매출액 산출 등을 소개했다. 제9장은 상권 분석의 실제를 통해 업종 현황과 매출 분석, 유동인구 분석, 지역 분석 등 주요 기업의 집객시설과 교통시설, 브랜드 지수 등을 서술했다. 제10장은 손익분기점 계산으로 손익분기점의 개념과 정의, 분석과 계산의 필요성, 감가상각비 등을 실전에 활용할 수 있게 하였다. 이를 통해 사업타당성과 수익률, 회수기간법 등을 소개했다.

제11장은 재무제표 작성과 사업타당성을 이해하면서 손익계산서 작성을 통한 수익성, 안전성, 성장성, 활동성, 생산성을 평가했다. 제12장은 창업자들이 제일 어려워하는 자금의 종류와 조달방법으로 구성하였다. 정부 및 각종 기관의 정책자금과 운용현황, 목적을 통해 사업방향을 결정하였으며, 사업별 정책자금과 융자계획을 실제에서 활용할 수 있게 하였다. 제13장은 손익분석의 실무와 성공사업자의 자세를 소개했다. 연구자가 소상공인시장진흥공단을 통해 컨설팅한 사례와 성공사업자의 자세, 마인드 등을 소개했다.

이 책이 나오기까지 많은 시간과 노력, 준비가 필요했습니다. 많은 분들의 성원과 격려, 도움으로 세상의 빛을 보게 되었지만 항상 부끄럽고 부족한 자신을 느낍니다. 학문의 깊이를 넓히고자 열정을 가지고 최선을 다했지만 늘… 수정하고 보완해야 할 내용이 있습니다. 논평과 비평해 주시면 겸허한 마음으로 좋은 교재가 되도록 노력하겠습니다. 마지막으로 본 교재가 출판될 수 있도록 관심과 용기, 격려를 해주신 이애주 교수님, 동문수학한 선후배님들과 백산출판사 진욱상 대표님, 김호철 부장님, 마지막까지 꼼꼼히 교정해 주신 성인숙 과장님께 감사드립니다. 오늘을 있게 한 나의 가족 허은주 선생, 수은, 효은, 호빈이게도 사랑한다는 말을 전합니다.

2017년 저자

CONTENTS
차 례

CHAPTER_13 손익분석 실무와 성공사업자의 자세　　443

CHAPTER 1

성공

창업자란 창업의 기회를 잡고, 그 기회를 실현하기 위한 조직을 만들어내는 사람이다.
－조셉 슘페터 (경제학자)

학습목표	1. 성공의 개념과 특징을 학습한다. 2. 성공의 구성요소가 무엇인가를 학습한다. 3. 핵심역량과 목표, 비전, 미래상을 학습한다. 4. 성공의 법칙에는 무엇이 있는가를 학습한다. 5. 성공자와 실패자의 차이를 학습한다.

ᐧᐧᐧ 요점정리

1. 성공은 자신이 목적하는 바를 다 이루는 것으로 정의된다. 사람들이 꿈꾸고 달성하고픈 이상향으로 수많은 노력과 끈기, 집념, 시간, 포기하지 않는 열정과 도전정신이 있어야 한다.

2. 성공의 강력한 무기는 자아를 찾는 것이다. 긍정적인 상상력과 합리적인 사고를 통해 변화된 습관을 가지며, 성공에 대한 믿음으로 부정적인 사고를 전환시킬 수 있다. 혁신적인 사고와 자세를 확립해야 한다. 첫째, 현재 사용가능한 모든 수단의 능력이 중요하다. 둘째, 자신이 수용할 수 있는 범위 내에서 결정해야 한다. 셋째, 최소 비용을 최대화할 수 있어야 한다. 넷째, 팀원들이 자발적으로 참여할 수 있게 해야 한다. 다섯째, 회사업무와 개인능력을 연계하여 성과를 내야 한다.

3. 성공하는 사람들은 다음과 같은 특징을 가지고 있다. 첫째, 현장중심적인 사고를 가지고 있다. 둘째, 문제를 해결할 지식과 노력, 열정이 있다. 셋째, 수단과 목적을 구분하여 해결한다. 넷째, 개인의 사생활을 존중하면서 즐길 수 있어야 한다. 다섯째, 새로운 환경변화를 수용하면서 타인의 의견을 존중해야 한다. 여섯째, 문제를 유연하게 해결할 수 있어야 한다. 일곱째, 민주적인 의사소통으로 책임과 권한, 능력을 발휘할 수 있게 기회를 만들어주어야 한다. 여덟째, 인간관계를 통한 소통과 화합으로 상생할 수 있어야 한다. 아홉째, 센스와 유머로 스스로 구성원들에게 공감대를 형성해야 한다. 열째, 풍부한 감성과 정서로 창의적인 아이템이 솟아날 수 있는 환경을 만들어야 한다. 이를 통해 상상을 초월하는 경험을 제공할 수 있다.

4. 성공의 구성요소로 핵심역량과 목표, 비전, 미래상을 제시할 수 있다.

5. 성공의 법칙은 첫째, 현실을 인정하는 것이다. 둘째, 타인과 비교하지 말아야 한다. 셋째, 선택과 결정을 존중해야 한다. 넷째, 목표를 달성하기 전에 변명하지 말아야 한다. 다섯째, 사물을 객관적으로 평가할 수 있어야 한다. 여섯째, 실패를 두려워하면 안 된다. 일곱째, 새로운 변화를 수용해야 한다.

6. 성공한 사람과 실패한 사람의 차이는 첫째, 변화를 수용하는가. 둘째, 다른 사람들의 성공을 원하는가, 셋째, 업무를 즐기면서 수행하는가. 넷째, 실패에 책임감을 가지는가, 다섯째, 아이디어를 제안하는가, 여섯째, 정보자료를 축적하는가, 일곱째, 성공의 공을 타인에게 돌리는가, 여덟째, 삶의 목표를 계획하는가, 아홉째, 매일 일기를 쓰고 독서를 하는가, 열째, 업무를 유연하게 처리하는가, 열한째, 끊임없이 배우는가, 열두째, 남을 칭찬하고 용서하는가, 열셋째, 할 수 있는 리스트를 작성하여 계획을 세우는가, 열넷째, 감사의 마음을 갖는가?

성공

1. 성공이란 무엇일까?

본 연구자는 상권과 입지 분석을 강의하면서 많은 고민을 해왔다. 무엇이 학생들이나 독자들에게 첫 번째로 제시해야 할 학습목표인가? 상권과 입지 분석을 공부해야 하는 이유는 무엇일까? 질문을 통해 원하는 답을 찾을 수 있다면 매우 의미가 크다고 하겠다. 분석의 핵심은 사업에 실패하지 않기 위해서이다. 학생들의 사고와 행동실천, 목표, 추구방향 등을 고려할 때 성공키워드는 미래지향적인 관점으로 봐야 한다.

성공이란 모든 사람들이 꿈꾸고 달성하고픈 이상향이다. 그것을 이루기 위해서는 수많은 노력과 끈기, 집념, 시간, 포기하지 않는 열정과 도전정신이 있어야 한다. 그렇다면 여러분이 꿈꾸는 성공이란 무엇일까? 돈, 건강, 명예, 사랑, 직위, 행복 등…. 돈이 많다 하여 성공했다고 할 수는 없다. 자신이나 부모·형제·자매 중에 아픈 사람이 있다면…. 부모, 형제·자매 간에 재산싸움을 벌인다면… 성공했다고 할 수 있을까? 우리 주위에 그러한 사람들은 너무나 많다. 돈은 별로 없어도 자신의 일과 열정, 도전, 가치관으로 잘 살아가는 사람들이 진정으로 성공한 사람이라 할 수 있다.

세상은 보통 사람들의 일상을 통해 건강한 사회를 만들어간다. 성공에는 정답이 없다! 이루고 싶은 욕망이나 꿈을 달성하였다면 모두가 성공했다고 할 수 있다. 하지만 한번쯤은 조용히 눈 감고 사색하면서 여유를 가질 필요가 있다. 마음의 평온과 안정을 찾기 위해 많은 사람들은 산을 찾는다. 우리는 소소한 일상을 통해 논쟁하거나 이해하면서 살아가게 된다. 법정스님의 '산'을 읽으면서 성공의 여유를 가지시기 바란다.

"바다에서 오래 살면 바다를 닮고 산에서 오래 살면 산을 닮습니다."(법정스님의 어록 중)

산

산을 건성으로 바라보고 있으면
산은 그저 산일 뿐이다.

그러나 마음을 활짝 열고
산을 진정으로 바라보면
우리 자신도 문득 산이 된다.

내가 정신없이 분주하게 살 때에는
저만치서 산이 나를 보고 있지만

내 마음이 그윽하고 한가할 때는
내가 산을 바라본다.

1) 성공의 개념정의

성공의 사전적 의미는 '자신이 목적으로 하는 바를 다 이루는 것'이라 하였다. 인간은 한평생을 살아가면서 절대로 만족에 그치는 동물이 아니다. 숨 쉬는 동안 끊임없이 만족을 갈구하면서 아쉬움을 토로한다. 성공을 향한 질주는 새로운 갈증과 욕구를 해소해야 하는 이유와 본능에서 시작된다. 성공의 기준은 끝이 없다. 선인들은 "분수를 알고 편안해하며, 만족함을 알아야 한다"라고 기준을 제시하였다. 자기 처지를 탓하거나 불평하지 않고 편안한 마음으로 분수를 지키면서 만족할 줄 알아야 한다는 안분지족(安分知足)의 뜻을 되새길 필요가 있다.

성공을 위해서는 당당하게 마음을 다스릴 수 있는 지혜를 담아 세상을 살아가야 한다. 목표를 달성하는 것은 성공을 위한 첫걸음이다. 그 시작은 마음속의 생각을 정리하는 것이다. 스스로 장단점을 파악하여 시장의 위협 속에서 기회를 찾아야 한다. 달성하고픈 목표는 노력과 열정, 끈기로 똘똘 뭉쳐야 성공할 수 있다. 꿈이 무엇인지, 지향하는 목표를 어디에 두고 나아가야 하는지를 파악할 필요가 있다. 스스로 원하는 꿈을 성취하기 위해서는 오늘도 운동화 끈을 질끈 매어야 한다. 그 일은 지금부터 시작하는 게 좋다. 성공을 부르는 마음의 법칙은 의학, 심리학, 두뇌학, 생리학, 사이버네틱스(cybernetics) 등 학문적 성과를 반영한 이론을 통해 발달되고 있다. 그러므로 인간의 정신과 심리적 특성, 시스템을 통해 개발되어야 한다.

과학적인 논리로 성공 확률을 높이는 것은 맥스웰 몰츠(Maxwell Maltz, 2010)가 이야기한 성공법칙에서 "좌절과 절망, 무기력함, 우유부단함을 과감하게 탈출해야 한다"는 것이다. 그는 혁신적 메시지를 전하면서 자신을 만들어가는 방법을 소개하였다. 성공이란 씨앗은 사람들의 두뇌와 가슴에 깊숙이 심어져 있다. 이러한 내용을 바탕으로 성공법칙을 소개하면 다음과 같다.

(1) 자아 찾기

성공을 위한 가장 강력한 무기는 자신의 한계를 뛰어넘는 정체성을 찾는 것이다. 내면에서 들리는 자신의 감성과 이성에 귀 기울여야 한다. 모든 혁신은 정체성의 파악에서 시작된다. 진정한 혁신은 자신을 바꾸지 않으면 아무것도 변하지 않기 때문에 성공을 보장하거나 행복을 만끽할 수 없다. 에릭슨(Erikson, 1956)은 자아정체성이란 정신분석학의 개념을 사회심리학의 개념으로 확장시켰다. 따라서 청소년기 동안에 획득하는 포괄적인 성취감은 성인기의 원천이 된다.

자아는 이미지를 점진적으로 통합해 나감으로써 정체성을 형성하는 것이다. 개인안에 동일한 자아성이 존재하며, 본질적으로 타인과 공유하게 된다. 개인의 성격을 유지하는 무의식상태에서 분노와 통합, 집단공유, 적대감, 내적 연대 등의 외향성으로 나타난다. 개인적 견해와 이상, 기준, 행동양식 등은 사회적 역할에서 어느 정도의 실체를 통해 성취되지만 끊임없이 수정되어야 하는 현실 속에서 개인적 느낌으로 표현된다. 이와 대조적으로 자아 이상은 그렇게 되고자 노력하지만 쉽게 성취할 수 없는 이상적인 목표를 말한다. 청소년기의 정체성은 비교적 갈등이 없는 요소들과 통합되는 정체성 혼미(identity diffusion)증후군으로 나타난다. 신체적 친밀감이나 진학, 직업선택 등 경쟁사회에서 요구되는 심리적 상황 등에서 발생된다.

부자나 가난한 사람들 등, 누구에게나 불행의 씨앗은 존재한다. 잠재적으로 타고난 능력을 바탕으로 위기를 극복해야 한다. 그러기 위해서는 많은 독서와 사색이 필요하다. 진정한 기업가와 비즈니스맨들은 끊임없는 자기 정체성과 혁신을 통해 반성하고 있다. 배우고 익히면서 지식을 쌓아가는 것은 유전적이거나 천부적인 재능이 아니더라도 변하고자 하는 욕망에서 가능하다. 그러한 동기가 모여 성공이라는 목표를 만든다.

(2) 성공자 연구

성공한 사람들의 행동철학을 파악해야 한다. 그들의 경험을 통해 내 안에 잠자고 있는 내면의 성공학 메커니즘을 발견하는 것이다. 원대한 꿈은 상상력을 통해 발휘

된다. 성공의 유전인자는 누구에게나 있다. 그것을 실천하는 것은 진정한 자기 혁신과 작은 습관을 통해 이루어진다. 정교한 능력을 파악하기 위해서는 자신의 내부역량을 파악하는 것이 중요하다. 인간의 능력은 무한하다. 가능성에 대한 희망을 가지고 내 안에 존재하는 재능을 찾아야 한다. 그것은 자신의 한계를 뛰어넘는 성공의 법칙을 통해서 성장할 수 있다.

모두가 아인슈타인처럼 천재성을 가지고 있는 것은 아니다. 스스로 성공을 담아내는 그릇을 발견하고 이를 통해 내 것으로 만드는 행동철학이 중요하다. 불확실성에서 위험을 최소화하는 연쇄 창업가(계속기업 사업가, serial entrepreneurs)들은 선배들의 지혜를 통해 성공사례를 만들고 있다(*Harvard Business Review Korea*, 2012).

첫째, 학계와 산업, 컨설팅업계 등 현존하는 시장을 조사 분석하며, 결과를 통해 미래의 수요를 예측한다. 둘째, 계획을 통해 모델을 개발하며 예전의 방법을 통해 현 상황에 맞는 새로운 서비스모델을 만들어낸다. 이들은 실천적 논리(logic)를 계속적으로 연구해 왔기 때문이다. Darden School of Business(버지니아대)의 사라스 배시(Saras Vathy) 교수는 연쇄 창업가 27명에 대한 심층 분석을 통해 공통된 행동을 발견하였다. 그들은 목표를 미래지향적으로 정해놓고 시작하는 것이 아니라 기회가 생길 때까지 기다린다는 것이다. 최적의 성과를 내는 데 초점을 맞추지만 어느 정도까지는 손해를 감수할 수 있는지에 더 많은 시간을 할애한다. 문제의 완벽한 해결책을 제시하는 대신에 덜 손해 보는 타협점을 찾고 있다. 즉 '다르게 생각'만 하는 것이 아니라 결정되면 즉각적으로 행동하는 신속함을 보여준다. 여러 과정은 생략되기도 하지만 미래를 예측하기보다 만들어 나가는 데 그 목표를 두고 있다.

셋째, 혁신적인 사고로 새로운 개념과 문화를 만들어야 한다. 스타벅스의 하워드 슐츠는 커피 매출이 20년간 지속적으로 감소할 때 수십억 달러를 키운 사업가이다. 전통커피를 판매한다는 사업가들에게 문화와 공간의 장소를 판매한다는 신개념의 경영철학을 만들었다. 처음에는 커피 원두와 차, 향신료를 판매하는 작은 소매상에서 시작되었다. 넷째, 인간은 누구나 자신의 행동을 귀인(歸因)하려 한다. 어떤 관리자라도 잘 알지 못하는 어려운 상황에 부딪히면 같은 과정을 귀인(attribution)하게 된다. 즉 위험을 최소화하여 새로운 프로젝트로 시작하려 한다.

- ● 행동하다(Act) : 목표를 향해 스마트하게 걸어가야 한다.
- ● 배우다(Learn) : 만들어낸 결과물을 평가하며, 계속적으로 배워야 한다.
- ● 설립하다(Build) : 목표에 도달하였거나 도달할 수 없다는 것을 깨달았을 때는 새로운 방향으로 바꾸겠다는 결정까지 여러 단계의 배움을 통해 반복적으로 노력

해야 한다.

성공은 성장하면서 행동을 통해 배우고 실패에서 지식의 경험으로 습득된다. 이러한 성공은 학습경험을 통해 진화하기 때문에 많은 과학자들이나 예술가들도 실패의 과정을 중요하게 생각한다. 자신이 어디를 가고 있는지 정확하게 알지 못해도 '시작하라'고 충고한다. 옳은 길이거나 잘못된 길을 갈 때도 있겠지만 경영하면서 더 나은 방향을 배울 수 있기 때문이다. 다가오는 위험 속에서도 기회가 생길 수 있다. 이러한 분석은 행동을 예측하여 방지할 수 있기 때문이다. 대부분의 조직은 진행과정이 유사하다. 장기적으로 볼 때, 작은 실수를 통해 나아가는 것이다. 그것이 미래의 위험을 줄여나가는 것이기 때문이다.

현대처럼 기업 환경이 급변할 때는 걸음마 단계부터 계획을 실행하는 것이 이상적인 접근방법이다. 혁신적인 사고는 경쟁력을 유지하고 싶은 기업뿐만 아니라 직무를 통해 성취감을 달성하고픈 직원들에게서도 얻을 수 있어야 한다. INC닷컴(2016)은 세계 500위 기업들의 창업자를 분석하였다. 약 12%만이 창업하기 전에 시장조사를 하였으며, 40%만 사업계획서를 작성하였다. 이에 배시 교수는 이익을 창출하기 위한 창업가들은 구체적인 정보를 창업 전에 수집한 사례는 소수지만 그렇다고 무모하게 도전하는 것은 아니다. 특정한 규칙이나 매뉴얼을 통해 구성원들이 따르도록 지원하며, 비용이 적게 지출되어 안정된 구조가 되도록 설계한다. 따라서 신속한 결정과 위험을 최소화하는 것은 진정으로 조직을 운영하는 관리자들의 역할이다.

제1단계 : 현재 사용가능한 수단을 모두 동원한다

성공 창업자들은 새로운 사업을 시작하기 전에 자신이 보유한 다양한 자원을 활용한다. 대부분은 지인들로부터 받은 도움과 개인적 능력, 지식, 기술, 학습경험 등에 대한 전문성을 키워 비용이 적게 들도록 해야 한다. 여러 과정을 통해 자본을 획득하고 공식적인 지원금을 확보해야 한다. 정해진 방법만이 아니라 인맥과 투자받을 수 있는 투자자, 본인의 예산 등에 대한 분석을 통해 설계되어야 한다. 전화나 e메일, 소셜 미디어 등 다양한 네트워크를 활용하여 자본을 획득하는 것도 하나의 전략이다.

제2단계 : 감당할 수 있는 손실만을 수용해라

인간은 실패를 통해 학습하며, 성공모델을 개발하여 실천할 수 있는 요소를 만들어야 한다. 성공은 본질적으로 위험이 따르지만 이를 두려워해서는 안 된다. 실패할 때, 당신과 회사는 얼마만큼의 손실을 책임질 수 있는가? 업무에 집중하느라 다른 프로젝트에서 생기는 기회를 놓칠 수 있다. 직업적인 평판이나 이미지 등 실패해도 무방한 위험만을 고려해서 시작해야 한다.

제3단계 : 최소한의 헌신으로 최대화시켜라

성공은 다양한 유형의 사람들을 만나는 것이다. 프로젝트를 실현하고 싶은 사람, 실현되도록 도와줄 사람, 내버려둘 사람, 방해할 사람을 알아야 한다. 모든 사람들에게 도움받을 수는 없다. 방해하는 사람이나 관망자들에게 지원을 받으려 시간낭비하지 말아야 한다. 어떻게 하면 내 아이디어에 헌신하도록 할 것인가? 그것이 중요하다. 나의 행동에 얼마만큼의 협조가 이루어질 것인가? 충분한 공감과 유연성으로 예측 가능한 확인을 통해 최대화할 수 있어야 한다.

제4단계 : 자발적인 팀원을 동참시켜라

프로젝트를 달성하기 위해 인재를 선발해야 한다. 목표를 실행하고 싶은 사람들이나 도와줄 사람들은 결과를 향상시킬 수 있다. 혁신하도록 강요할 수는 없지만 같은 생각의 공감성, 열정, 헌신적 노력, 가치관이 뚜렷한 사람들이야말로 자발적으로 문제를 해결할 수 있다. 당신의 포용력으로 달성 가능한 목표와 청사진을 제시함으로써 그들과 함께 성공에 다가갈 수 있다.

제5단계 : 회사업무와 연계하여 성과를 내는 행동을 하라

프로젝트를 달성하기 위해서는 상사와 동료, 부하직원 등 나의 편을 만들어야 업무 효율성을 극대화할 수 있다. 시작단계부터 주변이야기를 수용하면서 확장시켜야 한다. 동료들이 탐탁하게 생각하지 않는다면 그 원인이 무엇인지를 알아야 동의할 수 있다. 감당하기 어려운 문제라면 차선책을 강구해야 한다.

(3) 긍정적 상상력

성공의 본능은 상상력을 키우는 것이다. 10년 후 나의 자랑스러운 위치를 생각하면서 실현할 수 있는 꿈을 구체화할 수 있다. 고통과 희생, 좌절, 두려움, 불안, 초조로 실패를 경험할 수 있지만 결과를 만들어서는 안 된다. 성공은 스스로 잘할 수 있다는 자신감과 노력을 통해 이룰 수 있다. 성공자가 되기 위해서는 긍정적인 마인드로 행동을 실천해야 한다. 세련된 이미지와 순화된 언어, 포용력은 동료들을 변화시킨다. 자신의 무한능력을 일깨워 최고가 될 수 있는 상상력을 키워야 한다.

『천재 과학자의 특별한 자녀 교육법』(매경 프리미엄, 2016)에서 초콜릿 우유를 먹고 싶어 냉장고 문을 연 꼬마가 우유를 꺼내면서 아빠한테 물었다. "아빠, 냉장고에 불이 켜져 있어요. 불을 어떻게 꺼야 해요?" 보통의 부모라면 "냉장고는 문을 열 때만 불이 켜지는 거야"라고 설명할 것이다. 하지만 이 아빠는 자녀와 대화한다. "어 그래? 이걸 어쩌지?", "아들! 이제 냉장고로 가보자. 정말 불이 켜져 있는지 확인해 보는 거야?" 아빠와 아들은 냉장고 문을 열어봤다. 정말 불이 켜져 있다. 그리고 아빠는 휴대폰을 꺼내 동영상 녹화버튼을 누르고 휴대폰을 냉장고 속에 넣는다. "우리가 냉장고 안에 들어가 볼 수는 없으니 대신 녹화되고 있는 휴대폰을 넣고 문을 닫아 어떤 일이 생기는지 살펴보자." 문을 닫은 냉장고 속 휴대폰 영상에는 캄캄한 어둠만 담겨 있다. 그제서야 꼬마는 궁금증이 풀렸다. 스스로 다음 문제에 대한 고민을 시작한다. "그럼, 아빠 냉장고는 어떻게 문이 닫히면서 불이 꺼지는 거야?" 이 대화를 주고받는 부자는 천재 로봇과학자 데니스 홍이다. 미국 UCLA 교수와 그의 아들이다. 데니스 홍은 어렸을 때부터 부모님께 창의적 교육법을 물려받았다. 자신도 학교에 들어가지 않은 아들에게 전수 중이다. "내가 인생에서 해야 할 가장 중요한 미션은 로봇이 아니라 우리 아들을 가장 훌륭한 사람으로 키우는 것"이라 하였다. "이 세상 모든 어른들이 세상을 바꾸는 가장 효율적인 방법은 자녀를 제대로 가르치는 것"이라 하였다.

데니스 홍의 아버지는 과학자로, 한국항공우주학회장을 역임한 홍용식 박사이다. TV와 라디오를 분해·조립하여 놀고 있는 어린 데니스 홍에게 공구함을 직접 만들어 수어 꿈을 키우게 하였다. 톱이 장난감이었으며, 로켓을 만들기 위해 다양한 고민을 하게 했다. 미국식 이름인 '데니스'는 영화 '개구쟁이 데니스'에서 따온 것이다. 홍 부자에게는 로봇 장난감도 신기한 과학실험 도구로 쓰인다. 플라스틱으로 만들어진 큰 로봇과 똑같이 생겼지만 금속으로 만들어진 작은 로봇을 물에 던져보기도 한다. "왜 플라스틱 로봇이 더 큰데, 작은 로봇이 더 무거울까?"를 알려주기 위해서이다. 그러다 보면 자연스럽게 '밀도'를 공부하게 된다.

길이에 대한 감각을 익히는 레고와 미니카, 로봇 장난감을 사용하면서 한 개의 길이는 레고 블록 몇 개의 높이와 같을지를 생각하게 한다. 인치, 센티미터 개념을 생각하기 전에 주변에 있는 물건을 통해 단위로 하는 막대자를 직접 만들고 있다. 길이와 높이를 '자신만의 단위'로 표현하는 것이다. "아들에게 많은 것을 바라지는 않아요. 단 세 가지만 만족시킨다면 무엇을 하든 오케이입니다." 좋아하고, 가치 있으며, 잘 하는 일이면 된다는 것이다.

(4) 잘못된 믿음

실패는 누구에게나 있다. 부정적인 최면에 걸려 비관한다면 열등의식에 사로잡혀 아무것도 하지 못할 것이다. 사회적으로 존재감 없는 사람들은 새로운 것에 도전하지 못해 실패를 겪을 수 있다. 부정적인 마음을 해소할 방안은 잘못된 믿음을 버리는 것이다. 지나친 걱정은 기우다. 당신은 무궁무진(無窮無盡)한 능력을 가졌으니까!

영국의 찰리 채플린(배우)은 시골마을을 지나다가 자신을 흉내 내는 대회를 보게 되었다. 대회를 지켜보면서 장난기가 발동하여 즉석에서 참가하였다. 이 대회의 1등은 누가 되었을까? 채플린은 1등도 2등도 3등도 못했다. 가짜가 진짜보다 더 완벽했기 때문이다. 그렇다면 왜 일등하지 못했을까? 그것은 가짜가 더 진짜 같았기 때문이다. 진정한 성공과 거짓된 믿음은 어떤 차이가 있을까?

마이클 조던은 아무나 될 수 없지만 우리는 그가 광고하는 신발이나 옷을 입으면서 가능할 것이라고 믿는다. 신발이 마법의 힘을 발휘하는 것은 아니지만 가능하다는 희망과 동기가 생긴다. 세상은 열등감과 우월감으로 그것을 만든다. 독특한 사람은 비교되지 말고 독립된 인간으로 평가되어야 한다. 그러기 위해서는 부정적인 최면에서 벗어나야 한다. 매일 반복적으로 특정한 생각과 행동을 실천한다면 긴장감을 완화시켜 새로운 태도와 습관이 될 것이다.

(5) 합리적 사고

합리성은 자기 한계를 뛰어넘을 수 있는 구체적인 기술이다. 사실적 근거로 객관적이면서도 보편적인 기준에 따라 냉정한 판단을 내릴 수 있다. 논리적으로 일관성 있게 사고하기 위해서는 기존 방식에서 끊임없이 성찰하면서 대안을 제시하는 것이 중요하다. 사람들은 누구나 긍정적인 결과를 얻지 못하더라도 합리적인 사고로 자기 한계를 넘어설 수 있기를 기대한다. 비관하거나 비판적인 자세로 열등감에 싸여서는 안 된다. 실수는 하루빨리 잊어버리는 게 좋다. 1분 1초라도 과거의 잘못이나 부정적 사고에 얽매이면 안 된다. 미래로 전진하기 위해서는 문제원인을 파악하여 해결하는 자세가 중요하다. 세상을 살아가는 모든 사람들은 비합리적인 사고와 행동을 선택할 수 있다. 부정을 긍정으로 바꾸는 것은 잘못된 것을 떨쳐내는 것에서부터 시작된다. 이를 바탕으로 *Economic Review*(김진세, 2015)에서 소개한 합리적인 사고와 해결방법을 소개한다.

화를 내면 분노에 대항하기 위해 코르티솔(Cortisol)이나 아드레날린(Adrenalin)과 같은 호르몬이 분비되는데 몸은 스스로 싸우거나 도망칠 준비를 한다. 눈동자가 커지고, 호흡이 빨라지면서 심장이 쿵쾅거린다. 근육에 힘이 들어가 손발이 떨린다. 에너지 공급과 신진대사가 증가하여 반복되면 급격한 분노로 질병이 된다. 화가 많은 사람일수록 심혈관계 질환이 많다. 기억력과 판단력 등 뇌 기능이 떨어져 우울증이나 화병이 발병된다. 이를 감당하지 못할 경우 행동이 거칠어지면서 공격적으로 변해 대인관계가 나빠진다.

사회도 화가 많이 나 있다. 조직 간의 반목과 질시, 폭력적 행동이 난무하며 배려와 희생은 찾기가 힘들다. 화는 개인의 태도나 가치관의 영향을 받지만 적대적이거나 피해의식이 많을수록 화가 많이 생긴다. 피로와 긴장감은 신체에 영향을 미쳐 몸과 마음을 수축시킨다. 부정적인 사람은 사회현상과 맞물리면서 불평등, 불안전, 공생관계 등 조그마한 일도 확대해석하거나 배려가 없어진다. 분노는 인간의 가장 기본적인 감정 중 하나에서 진화되었다. 질투의 감정은 사랑하는 사람을 지키는 역할을 하지만 분노는 '나를 업신여기지 마라'는 경고목적에서 파괴적으로 변해간다.

인간의 뇌는 진화하면서 태생적으로 나누어진다. 숨골을 포함한 '양서류의 뇌'는 호흡, 식욕, 성행위 등의 생존을 관장한다. '포유류의 뇌'는 중간단계의 뇌로 기억이나 사회화와 관련되어 있어 불안, 공포, 질투, 미움, 분노, 사랑과 같은 감정을 지배한다. 맨 바깥쪽의 '신피질'은 인간에게만 존재하는 것으로 언어의 중추이며, 이성적·합리적인 생각을 하게 한다. 안정된 성인의 대부분은 신피질 뇌가 지배하지만 화가 나면 달라진다. 일정수준 이상이 되면 포유류 뇌기능이 강해져 전체를 지배한다. 이성적이면서 합리적인 사고와 행동은 자취를 감추고, 불안정한 감정으로 폭력적인 상태가 된다.

화의 감정표현은 자연스럽다. '의로운 분노'로 안중근 의사가 이토 히로부미를 저격한 것이 좋은 예이다. 어떤 경우는 화를 내어 혼쭐을 내야 할 때가 있다. 이는 순기능이지만 문제가 되는 사람도 있다. 충동조절장애나 분노조절장애라는 병은 마음속에서 끓어오르는 화를 억제하지 못하는 것이다. 다른 사람들이 보면 별것도 아닌데 화내는 것을 말한다. 질병본부는 2007년 1,660명이었던 환자가 2015년에는 3,115명으로 2.5배가 증가했다고 한다. 화를 잘 다스리는 것은 현대사회의 숙명으로 나와 가족, 사회, 국가를 행복하게 만드는 것이다.

첫째, 스스로 화가 난 상태라는 것을 아는 게 중요하다. 친구에게 "너 화났어?" 하면 아니라고 한다. 정말 화난 것을 모르는 사람이다. 얼굴이 붉어지거나 목소리가 떨리는 게 특징으로 스스로 인정해야 방법을 찾을 수 있다.

둘째, 무조건 화를 탈출해야 한다. 분노를 유발하는 호르몬은 15초 이내에 피크에 도달한다. 이후에 서서히 분해되어 사라지면서 30초가 지나면 누그러지게 된다. 스스로 화를 인지하면, 즉각적으로 그 자리를 벗어나는 것이 중요하다.

셋째, 화는 걷기만 해도 가라앉는다. 산책하면서 왜 화났을까? 정당한 화인가? 화의 목적은 무엇인가? 다른 방법은 없었을까? 집중해야 한다. 정당하지 않으면 당신의

화는 습관이 된다. 목적이 분명하면 해결방법에 집중해야 한다. 화가 커지면 몸이 망가진다. 건강하고 행복해지고 싶다면 밖으로 나가 생각을 정리해 보자.

(6) 긍정적 마인드

"돌다리도 두드려보고 건너라"는 말이 있다. 매사에 조심하라는 뜻이지만 지나치게 조심하면 소심해지거나 무능하게 비춰질 수 있다. 긍정적인 마인드와 아이템, 행동하는 사고는 스스로 잘할 수 있다는 마음가짐에서 시작된다. 자신을 과소평가하여 좋은 아이디어가 사라지게 해서는 안 된다. 시장을 분석한 후 결정되었다면 뒤돌아보지 말고 실천하는 데 온 힘을 쏟아야 한다. 여러 일을 하기보다 한 가지 일에 집중하면서 편안한 마음으로 해결해야 한다. 긍정적인 마인드는 자기암시로 강화할 수 있다. 부정적인 생각은 무의식중에 습관처럼 따라다닌다. 이러한 습관은 긍정적 마인드라는 성공열쇠로 존재한다는 것을 잊지 말아야 한다.

첫째, 사람들은 같은 방법으로 문제를 해결하지 않는다. 다양한 경험과 지식, 학습을 통해 유일한 방법을 찾는다. 개인마다 주어진 환경은 다르지만 언제, 어디서나 자신만의 고유한 행동과 사고로 존재해야만 그 가치를 인정받을 수 있다.

둘째, 인간은 성장하면서 무한 가능성과 미래를 결정할 권리가 있다. 무슨 일이든지 개인적 능력은 마음먹기에 달려 있다. 세상의 일은 어떠한 어려움이라도 해내지 못할 것이 없다. 단지 개인마다 차이가 있을 뿐이다.

셋째, 인간은 무한능력을 실천하기 위해 스스로의 행동을 결정한다. 헛된 생각이나 나약함은 버리고 목적의식과 대범함, 도전정신으로 성공 가능한 미래를 발견해야 한다. 그것은 어제와 다른 새로운 세계를 창조하는 것이다.

(7) 습관

성공은 놀라운 결과를 만드는 습관에서 시작된다. 남들이 불행한데 나 혼자만 행복할 수는 없다. 지금 공부하는 습관은 미래의 성공 키워드를 만드는 노력의 결과물이다. 이 순간 행복하다는 생각을 습관처럼 해야 한다. 스스로 일의 노예가 되어 부정적 습관을 키워서는 안 된다. '나는 왜 이럴까?' 하는 생각을 하지 말아야 한다. 분명한 목표와 열정, 끈기와 집념이 있다면 불행은 존재하지 못할 것이다. 낡고 부정적인 습관은 버리고 새롭고 희망찬 습관을 키워야 한다.

스티븐 코비는『성공하는 사람들의 7가지 습관』에서 다음과 같이 말하였다.

- 습관 1 : 자신의 미래에 대한 비전을 확실하게 세우고 꼼꼼히 설계해야 한다. 그러기 위해서는 삶을 주도하고 인생의 새로운 코스를 발견하며, 스스로 결정해야 한다. 성공하는 사람들은 할 수 없는 일에 집착하거나 외부의 힘에 의지하는 대신에 할 수 있는 일에 집중한다. 그들은 스스로의 선택에 책임을 진다.
- 습관 2 : 원칙은 자기개발을 위한 목표와 방향성으로 구체적인 습관을 파악해야 한다. 인생의 목표를 달성하기 위해 정보수집과 시간관리, 주변과의 협력, 공통된 이익을 추구하는 자기 연마가 중요하다.
- 습관 3 : 정직과 성실은 변하지 않는 원칙이다. 공정한 경쟁을 통해 올바른 사회로 가는 것이며, 사람들은 누구나 중요한 것부터 시작하게 된다. 긴급함이 아니라 중요성을 기반으로 우선순위를 정해 계획을 세운다.
- 습관 4 : 설계도 없이 집을 지을 수는 없다. 인생은 개인적인 계획을 통해 삶이 결정된다. 해야 할 일과 하지 말아야 할 일, 그 일정을 설계하며, 실천하는 습관이 중요하다. 상호 간에 도움이 될 수 있는 해결책을 강구하면서 그 가치를 추구해야 한다.
- 습관 5 : 남을 이해시키기 전에 상대를 먼저 이해해야 한다. 그것은 성공사업을 달성할 수 있는 계획서를 만드는 것에서부터 시작된다. 상호 존중하는 환경과 효과적으로 해결하려는 문제인식 속에서 타인의 말에 귀 기울여야 한다. 열린 자세로 상대할 때 태도는 긍정적으로 변하게 된다.
- 습관 6 : 시너지 효과를 창출해야 한다. 세상은 혼자서 달성할 수 있는 것은 아무것도 없다. 누군가의 도움에 의해 완성된다. 목표를 달성하기 위해서는 주변 사람들을 활용해야 한다. 팀원들과 최대한 성과를 같이하면서 그들에게 분명한 비전을 제시하고 보상을 통해 목표를 달성할 수 있다.
- 습관 7 : 심신을 단련시켜라. 아무리 성공하여도 몸과 마음이 피폐하여 소진되거나 의지가 없다면 그것은 아무런 의미가 없다. 장기적으로 성공하기 위해서는 명상이나 운동, 봉사활동 등을 통해 몸과 마음을 건강하게 유지하는 능력이 중요하다.

(8) 성공에 대한 믿음

성공하는 사람들은 시공과 상상을 초월하면서 스스로 할 수 있다는 믿음으로 긍정적인 유전자를 만들어내는 불변의 공통점이 있다. 확고한 신념과 자기애가 투철하며, 부정적인 비판과 역경을 헤쳐나갈 지혜로 희망의 바이러스를 찾아낸다. 긍정은 1%의 행운에 대한 믿음이다. 개인적 신념과 확신이 강하면 업무수행 능력이 향상되어 자기 효능감이 증가된다(Weekly Newsmagazine, 전우영, 2012).

타이거 우즈와 마이클 조던, 세레나 윌리엄스의 공통점은 무엇일까? 이들은 세계적으로 유명한 스포츠 스타일 뿐만 아니라 경기장에 들어서면 승리하기 위해 '미신적인 행동'도 불사한다. 우즈는 제일 중요한 경기날 빨간색 상의를 입고 나온다. 미신적인 행동은 타인에게 쉽게 관찰되어 공포감을 준다. 조던은 자신이 대학시절에 입었던 노스캐롤라이나 농구팀의 파란색 반바지를 NBA 유니폼 아래 늘 받쳐 입는다. 세레나 윌리엄스는 경기 내내 같은 양말을 신는다. 이러한 행동은 경기력에 얼마나 도움이 될까?

*Psychological Science*에 실린 Damisch(2010)의 발표에 의하면 미신에 대한 믿음은 수행능력을 증진시킨다. 참가자들에게 골프의 퍼팅 과제를 수행토록 했다. 1m 앞의 홀에 공을 넣을 수 있는 10번의 퍼팅기회를 부여했다. 퍼팅 전, 참가자들에게 '행운의 공'을 건네주면서 "지금까지 다른 참가자들이 한 것을 보면, 이것이 행운의 공이에요"라고 했다. 다른 참가자들에게는 동일한 공을 그냥 주었다. 즉 같은 공을 '행운의 공'과 '보통의 공'으로 생각한 상태에서 퍼팅한 것이다. 실제 사용한 공은 같지만 성공확률은 자신의 공에 행운이 들어 있다고 생각했는가의 여부에 따라 결과는 달랐다. 관련 없는 공을 행운의 공으로 생각함으로써 행운을 머릿속에 떠올려 성공확률이 높아졌다. 행운이 들었다는 믿음은 비과학적임에도 자기 효능감(self-efficacy)을 증진시켰다.

자기 효능감은 성공의 역량을 키우는 믿음을 가지고 있다. 행운이 따를 것이라는 믿음이 강할수록, 미래의 결과에 더욱 낙관적이며, 희망적이다. 자신의 능력에 대한 확신이 강해 효능감이 높아진다. 내 손 안에 행운이 깃든 공이 있다고 생각할수록 좋은 결과를 만들어낸다. 1m의 거리에서 공을 홀에 집어넣을 수 있다는 자신감으로 증명된 것이다. 성공은 1%의 영감과 99%의 노력 속에서 이루어진다. 그렇다면 99%의 노력은 무엇으로 만들어질까? 그것은 성공의 확신이 만들어준다. '운은 나에게 있다'라는 비과학적인 믿음에서도 행운을 긍정적으로 만들어준다.

(9) 부정적 사고의 전환

마음의 평화와 행복을 얻는다는 것은 부정적인 사고를 버리는 것이다. 실패는 열등감과 소외감으로 상처와 화를 만든다. 스스로 무한 능력자임을 발견하는 것이 중요하다. 비판적인 자세는 불평, 불만의 악순환을 반복하게 만든다. 화해와 용서, 이해, 포용, 배려, 관용을 통해 열정적인 성공키워드를 만들어야 한다. 마샤 캐넌(2011)이 『똑똑하게 분노하라(Anger Power)』에서 제시한 내용을 소개하면 다음과 같다.

첫째, 자신이 몰랐던 부정적인 진실을 파악해야 한다. 분노의 본성은 착하다. 당신이 얼마나 자주 끌어올려 주느냐에 따라 뜨거운 에너지가 되거나 건강에 해로울 수 있다. 무조건적으로 참으라는 것은 아니지만 분노의 구렁텅이에 갇혀 위축된다면 주저앉을 수밖에 없다. 상대방에게 내뱉는 폭언은 당신을 해치는 양날의 칼이 된다.

둘째, 부정적인 사고는 화산폭발의 마그마와 같다. 마그마는 식어도 그곳에 싹이 피어날 수는 없다. 일상에서 일어난 분노는 실패하지만 정상적인 현상에서는 고통스러운 감정을 해소시켜 줄 수 있다. 원인을 규명하여 과정을 유추함으로써 되풀이되는 과오를 줄일 수 있다. 개인적인 일에서도 자주 발생하기 때문에 잘 다스리거나 수용할 수 있어야 한다.

셋째, 자신의 믿음에 반하기 때문에 분노한다. 감정에는 공식이 없다. '내가 그렇게 만만한가? 내 노력을 왜 알아주지 않지!' 자신의 방식대로 해석하는 틀을 경계해야 한다. 그렇다면 부정적인 사고는 어떻게 만들어질까? 잘 구축된 설계와 신념은 성공을 10년 앞당길 수 있다. 무한가능성을 이끌 수 있는 내면의 세계를 잘 조절하여 기적의 열쇠를 만들어내야 한다.

넷째, 무시는 분노를 만든다. 주어진 기회를 잡느냐? 놓쳤느냐? 기회는 여러 곳에서 나타난다. 그 기회를 포착하는 사람이 있는가 하면 기회가 온 줄도 모르고 지나치는 사람도 있다. 내 마음속에서 반응하는 기운이 확인된다면 스스로에게 반응하는 신체적 변화를 확인해야 한다. 독은 스트레스에서 만들어진다. 기쁨으로 엔도르핀(endorphin)을 만들어야 한다.

다섯째, 분노의 원인을 찾아야 한다. 인간은 감정의 동물이다. 스스로 주체하지 못해 울기도 하지만 객관적으로 찾으려 노력해야 한다. 무조건 안 된다는 것이 아니라 정확한 입장을 고려하여 관리되어야 한다.

여섯째, 인생은 맞든지 틀렸든지 간에 그 모습은 자신의 것이다. 스스로 가치 있는 존재로 자존감을 회복해야 한다. 많은 시련과 고통은 성장을 위해 정당화하려는 마음으로 믿고 나아가야 한다.

일곱째, 마음속의 분노를 숨기지 말아야 한다. 원인을 찾아 기분전환할 필요성이 있다. 고통스런 감정은 응어리로 인하여 나약한 자신의 믿음을 깨뜨릴 수 있다. 사람은 누구나 화났을 때 이를 풀고자 하는 본능이 있다. 부정적인 사고는 풀 수 없는 수수께끼 같지만 스스로 해소하려 노력해야 한다.

여덟째, 자신의 욕구를 파악해야 한다. 스스로 주어진 상황을 지배하기 위해서는 똑같은 실수를 되풀이하지 않을 가이드라인이 필요하다. '그 누구도 나에게 함부로 할 수는 없다'는 마음가짐은 세상을 바라보는 사고의 틀을 넓혀준다. 나를 자극하는 사람들에게서 스스로 문제인식을 통해 해결점을 찾아야 한다.

아홉째, 성공이라는 목표에 도달하기 위해서는 감성과 정서, 용서, 화해라는 혼합된 마음으로 주위를 포용하거나 수용하는 너그러움이 필요하다. 그것은 부정적인 상처를 아물게 한다.

열째, 세상에서 가장 중요한 것은 나 자신이다. 타인이 만만해 보여 분노했을 때도 그 모습 또한 나의 것이다. 스스로 책망하거나 죄책감, 열등감에 사로잡혀 보기 싫은 자신을 발견할 수 있다. 누구보다도 나를 존중할 필요가 있다. 비난이나 수치심, 절망, 죄책감을 떨쳐버리고 하나의 표준(At-Onement)을 만들어야 높은 가치를 실현할 수 있다.

(10) 승리

승리는 마음을 컨트롤하는 것에서 시작된다. 위기극복은 어려움을 치유하거나 외부자극에 현혹되지 않는 것이다. 강하다는 것은 승리할 것이라는 확신과 훈련을 통해 창조적 기회를 만들 수 있다는 것을 뜻한다. 실전에 강한 사람들은 그들만의 특징이 있다. 오직 한 가지만을 바라면서 성공 가능한 승리를 위해 연습해야 한다. 지나친 확신은 방종이 되지만 반드시 이루어질 것이라는 기적의 메커니즘으로 승화시켜야 한다.

성공을 향한 꿈은 방향을 안내하는 나침반과도 같다. 길을 잃었을 때 북극성을 찾으면 동서남북 방향을 알 수 있듯이 삶의 방향을 잡아주는 목표가 된다. 소중한 꿈을 찾아 이를 실현하는 데에는 수많은 노력과 좌절이 반복된다. 꿈이 없는 사람은 생명력 없는 인형과 같다. 괴테는 "꿈은 계속 간직하고 있으면 반드시 실현할 때가 온다"고 하였다. 이를 구체적으로 제시하면 다음과 같다.

첫째, 일의 방향성을 제시해야 한다. '스스로 원하는 길을 가고 있습니까?'라고 물었을 때 과연 몇 사람이나 처음 의도한 대로 생활한다고 할 수 있을까? 세상을 살아가는 목표와 희망은 달성하고픈 방향이 같아도 항상 올바른 길을 선택할 수는 없다. 최소한 다르지 않는 방향감각(sense of direction)이 있어야 한다.

둘째, 무엇을 어떻게 이해(understanding)할 것인가. 자신이 이룰 수 있는 성공 키워드는 가능성 있는 아이디어를 제시하는 것이다. 고객과의 만남은 상호 간의 이해를 필요로 한다. 무엇을 원하는지 알아야 정확하게 제공할 수 있다. 누군가가 나를 이해한다는 것은 내가 아닌 다른 사람의 입장을 생각하는 것이다. 자신의 견해만을 의미하는 것이 아니라 상대방의 입장에서 이해해야 한다. 사업은 성공 키워드를 만든다. 남과 다른 나의 처지를 바꾸어 생각하면 좋은 해결책을 찾을 수 있다. 우리는 역지사지(易地思之)를 통해 배울 수 있다.

셋째, 새로운 것에 대한 도전과 실천의 용기(courage)가 필요하다. 프로젝트를 진행할 때 누구에게나 두려움이나 불안함은 있다. 용기를 내어 실천함으로써 불안감을 걷어낼 수 있다. 세네카는 "용기는 별로 인도하고 두려움은 죽음으로 인도한다"고 하였다. 현재에 만족하거나 미래가 두려워 가만히 있으면 희망이 없어진다. 스스로 힘차고 당당하게 걸어가야 한다.

넷째, 모두를 위한 배려와 포용, 관용(toleration)을 가져야 한다. 자만심에 빠져 독단적이거나 이기심을 가진다면 미래를 설계하기 어렵다. 관용은 너그럽게 용서하고 이해하는 것이다. 성공을 위해서는 누구에게나 배려할 수 있어야 한다. 사업은 여러 가지 고난과 어려움, 시련을 통해 단단해진다. 나쁜 일은 반복되지 않도록 하는 것이 중요하다. 문제를 함께 해결할 수 있다면 시간을 단축시킬 수 있다. 공자는 "내가 원하지 않는 것은 남에게도 바라지 마라"고 하였다.

다섯째, 세상은 한 개인이 혼자서 살아갈 수 없다. 다양한 구성원들이 존재하며, 상호관계를 구축하면서 존중(esteem)하게 된다. 서로 간의 협력과 이해를 바탕으로 성장할 수 있다. 기업의 매출은 충성도 높은 상위 20% 고객이 전체 매출의 80%를 책임진다. 고정고객이 없다면 계속적으로 성장하기 어렵다. 창업자라면 누군가를 존중하는 마음을 가져야 한다. 고객이든, 가족이든, 친구, 상사, 이해관계자 등… 괴테는 "인간의 행동은 스스로 이미지를 보여주는 거울"이라 하였다.

여섯째, 자신감(self-confidence)을 가져야 한다. 사업가들은 실패라는 거울 앞에서 좌절하면 안 된다. 상품이나 서비스, 기술력이 부족해도 당당히 맞서 어려움을 극복할 수 있어야 한다. 예를 들어 상품디자인이 부족하면 "저희 점포는 보여줄 수 있는 허영심을 배제하고 기술과 실력만으로 승부하였습니다. 대기업은 아니어도, 작지만 강한 제품을 소개합니다. 만약 상품에 문제가 있다면 구매금액의 200%로 변상하겠습니다." 호언이지만 할 수 있다는 자신감은 능력으로 보여줄 수 있다. 사무엘 존슨은 "자신감은 과업을 수행하는 데 필요한 첫 번째 요건"이라 하였다.

일곱째, 긍정적인 마인드(self-acceptance)를 가져야 한다. 성공자들은 나쁜 것조차도 긍정으로 바꾸는 능력이 있다. 모든 것이 의도대로 될 수는 없지만 사물은 비슷한 성질을 끌어당기는 힘이 있다. 도전하면서 원하는 목표를 달성할 때 성취감을 느낀다. 에디슨은 "나는 단 한번도 실패한 적이 없습니다. 단지 전구가 빛을 내지 않은 2천 가지의 방법을 알아냈을 뿐입니다." 전기를 발명할 때, 수많은 좌절을 맛보지 않았을까? 확고한 신념과 의지, 마음가짐, 실천행동만 있다면 원하는 일은 반드시 이룰 수 있다. 월트 디즈니는 "꿈은 언제나 아름다운 것이며, 끝이 보이지 않는다. 나는 고작 쥐 한 마리에서 시작하였습니다"라고 했다. 인간의 행복은 모든 사람들이 다 만들 수는 없지만 행복하다고 느끼게 할 수 있다. 그때 진정한 행복이 온다.

2) 성공의 특징

성공한 사람들은 다음과 같은 특징을 가지고 있다.

(1) 현장 중심(reality-centered)

성공자들은 일관된 마음가짐을 가지고 있다. 현장에서 일어나는 거짓, 사기, 허위, 부정은 눈으로 확인할 수 있어야 한다. 의식적, 무의식적 잠재능력을 발휘할 수 있는 동기가 필요하며, 바람직한 인간관계를 통해 성취할 수 있는 목표를 수립한다. 직관을 믿기보다 과학적인 검증으로 진실을 판단하며, 무엇을 해야 할지 모를 때도 구체적인 목표와 비전, 방향성을 제시한다. 오늘 일을 설계하며, 계획된 지침서에 따라 시작한다. 구성원들은 잘 맞추어진 톱니바퀴와 같이 역량을 충분히 발휘할 수 있게 한다.

(2) 문제해결 능력(problem-centered)

인간은 누구나 어려움에 부딪혔을 때 쉽게 도망가려 한다. 성공자들은 문제를 해결하면서 위기를 기회로 바꾼다. 업무에 책임을 지면서 타인에게 의지하지 않고 내부역량을 강화한다. 실수를 반복하지 않기 위해 더 좋은 개선방안을 찾으며, "성공할 수 있다"는 확신과 믿음으로 문제를 해결할 수 있다. 희망의 바이러스는 곧 믿음으로 이어져 새로운 일을 시작할 때 '되겠어?' 하는 회의론이 아니라 흔들리지 않는 소신을 통해 성공을 만든다. 주변의 동요에도 목표를 달성하겠다는 일념으로 해결책을 제시하면서 좌절하지 않는다.

(3) 수단과 목적 구분(discrimination between ends and means)

시장의 변화에 적응할 줄 알아야 한다. 세상의 어떤 목적도 수단을 정당화하지는 못한다. 목적달성도 중요하지만 과정의 경험도 중요하다. 비즈니스 환경에서 합리적으로 획득할 수 있는 노력은 수확물을 만든다. 인생은 꿈꾸는 자들이 원하는 쪽으로 기운다. 원대한 꿈을 실현시키기 위해 왜 달성해야 하는가를 알아야 한다. 트렌드를 무시하거나 외면하면 뒤처지게 된다. 미래는 끊임없는 변화를 수용하면서 새로운 방법을 원한다.

(4) 사생활 즐기기(detachment : need for privacy)

성공자들은 자신만의 휴식을 소중하게 생각하면서 남들과 함께하는 것도 좋지만 혼자서도 즐길 줄 안다. 내 돈이 아닌 것을 두려워하면서 꼭 써야 할 때는 과감하게 결재한다. 직장인들에 비해 경제적인 관념이 투철하다. 공사를 구별하여 투명하게 집행하는 능력이 있다. 당장의 얼마가 아니라 몇 년 후 얼마를 중요하게 생각한다. 워런 버핏은 "나는 주식을 살 때 5년 후를 보고 산다"(I buy on assumption they could close the market the next day and not reopen it for five years).

(5) 환경변화와 문화(autonomy : independent of culture and environment)

세상은 빠르게 진화한다. 주변 환경에 순응하면서 자신의 경험과 판단을 존중해야 한다. 사회, 경제적으로 영향을 받기보다 새로운 트렌드를 창조해야 한다. 아이템이 많다 하여 다 성공하는 것은 아니다. 구글은 첫 검색엔진이 아니었으며, 페이스북은 첫 소셜 네트워크가 아니었다. 하지만 앉아서 대박을 논하기보다 좋은 제품을 만들어 운영하는 능력으로 세계 제일이 되었다. 공모전에 나가거나 아이디어가 풍부하다 하여 성공자가 될 수는 없다. A부터 Z까지 치밀하게 설계하여 실행할 수 있는 능력이 중요하다.

(6) 사회적 압력에 대한 저항(resistance to enculturation)

사회적 압력에 순응하면서 살기는 어렵다. 위험요인이 크면 클수록 잠재된 성공요소도 크다. 넓은 바다 위의 파도는 잔잔해 보이지만 심해는 수많은 변화를 가진다. 사람들은 누구나 평범한 일상에서 반사회적이거나 적응하지 못하는 심리를 가질 수 있다. 스스로의 행동과 결과에 책임지며, 업무를 완수할 수 있어야 한다. 실수하면 즉시 수긍하지만 부당하다고 인정되면 결코 물러서지 않는다. 주어진 자원 내, 역량을 모아 해결책을 찾으면서 미래지향적인 도전행동을 해야 한다.

(7) 민주적인 의사소통(democratic behavior)

성공자들은 스스로의 위치가 어떤가를 잘 알고 있다. 지역과 인종, 문화, 개인적 다양성에서 열린 자세로 리드한다. 자신의 행동에 만족하지 않으며, 새로운 것을 위해 더 나은 방법을 찾는다. 경영계획과 기획, 영업, 운영, 서비스 등 위임할 것은 확실하게 위임한다. 잘하는 부분에 많은 시간을 할애하며, 선택과 집중으로 성취감을 가진다. 대부분의 사람들은 지나치게 많은 것들에 에너지를 사용하기 때문에 특별한 두각을 나타내지 못한다. 마든(Marden, 2015)은 "세상은 그대에게 변호사, 성직자, 농부, 과학자, 상인이 되라고 요구하지 않는다. 그대가 하는 많은 일이 무엇이든지 간에 그 분야에 대가가 되어라"고 하였다.

(8) 사회적 흥미(social interest)

성공자들은 사회적 관심과 동정심, 포용력, 인간미를 함께 가지고 있다. 실패 확률이 높은 환경에서 꿋꿋하게 헤쳐 나가며, 두려워하지 않는다. 경험을 통해 학습하며, 보다 나은 의사결정과 문제해결 과정을 즐긴다. 많은 사람들은 실패할 때 포기하지만 이들은 인내하면서 문제의 원인을 찾는다.

(9) 친밀한 개인관계(intimate personal relations)

인간다운 관계가 이루어지지 않으면 성취감도 의미가 없다. 사랑할 줄 아는 사람은 남의 말에 귀 기울인다. 배움은 성공의 필수원칙이다. 능력이 없다면 스스로를 새롭게 할 수 있는 동기를 만들어야 한다. 가족이나 친구, 선후배, 동료, 연인 등 수많은 사람들과의 상호관계를 강화해야 한다.

(10) 센스와 유머(sense of humor)

스스로 이야기 소재를 만들고, 즐기면서 대중을 통솔하는 지배력을 가진다. 남을 비웃거나 모욕하지 않는 절제된 행동으로 전체를 아우르는 능력이 있다. 남보다 앞선 사고는 어떤 상황에서도 유리한 조건을 만든다. 주인의식이 강하며, 책임감과 의무를 다하는 지휘자로서 그 역할을 수행한다. 타인과 일할 때도 최선의 결과를 낼 수 있는 해결책을 제시한다. 행운을 믿는 로또복권 구매보다 성공을 위한 열정으로 매일매일 새로운 계획을 실행하는 낙관주의자들이다. 가능성 낮은 문제도 당당하게 성공을 거두는 능력으로 만델라, 섀클턴, 루스벨트 등이 이에 속한 인물들이다.

(11) 자신과 남을 그대로 받아들이기(acceptance of self and others)

자기수양을 통해 있는 그대로 즐기며, 타인의 시선이나 태도에 연연하지 않는다. 정해진 규칙을 준수하면서 타인에게 해가 되지 않는 한 즐길 줄 안다. 언제, 어디서나 머물 자리와 떠날 자리를 알며, 반대 의견의 노(no)를 두려워하지 않는다. 체면과 자존심은 누구에게나 중요하지만 지나치면 사치라는 것을 알기 때문에 스스로 굽힐 줄 안다.

한국사회에서 수많은 갑의 횡포는 많은 문제점을 만들고 있다. 그들은 백화점, 호텔, 마트, 외식점 등의 서비스기업 직원들에게 권위적인 태도로 군림함으로써 뉴스의 대상이 되고 있다. 성공자들은 겸손할 줄 안다. 공과 사를 엄격히 구별하며, 높은 곳에 오르기보다 스스로 고개를 숙임으로써 사회적으로 존경받고 있다.

(12) 자연스러움과 간결함(spontaneity and simplicity)

천재성은 타고난 면도 있지만 문제에 부딪혔을 때 해결하고자 하는 의지나 숨어 있는 능력을 이끌어내는 힘이 있다. 성공자들은 주어진 임무에 몰입하는 경향과 해결하고자 하는 의지가 높다. 비용대비 성과를 즐기지만 환경을 벗어나 재교육의 필요성을 느끼기도 한다. 인공적으로 꾸미는 것보다는 있는 그대로의 아름다움을 좋아한다. 도전과 실패를 두려워하지 않으며, 부를 창출하는 방법에 연연하기보다 인격을 수양한다. 성실한 자세로 목표에 집중하며, 사회적 고난과 역경, 방해에도 꿋꿋하게 그 가치를 중시한다.

(13) 풍부한 감성(freshness of appreciation)

성공자들은 올바른 답을 얻기 위해 끊임없이 스스로에게 질문한다. 주위의 모든 사물이 평범하더라도 경이로움이나 아름다움을 표현할 줄 안다. 사업을 이야기할 때에도 듣는 사람까지 즐거워지는 유머로 상대를 흡입하는 힘이 있다. 그들은 자신의 능력으로 문제를 해결하는 방법을 알고 있다.

(14) 창조적임(creativeness)

성공은 발명가적 기질을 가져 효과적인 소통을 가능하게 한다. 질문에 즉각적으로 명쾌하게 대답하는 분명한 태도로써 설득력이 있으며, 시간을 허비하기보다 창조적인 자세를 만들어간다. 많은 사람들이 스마트폰이나 TV, 영화, 팟캐스트 등 동영상으로 시간을 낭비하지만 이들은 새로운 도구나 프레젠테이션을 만들어 아이템을 실현하면서 생산성을 높인다.

(15) 상상을 초월하는 경험(peak experience, mystic experience)

성공자들은 책 속의 문장이나 명언을 통해 인생의 전환점을 맞이한다. 학문을 통해 스트레스를 해소하며, 존경하는 위인들의 전기를 읽으면서 스스로 용기 있는 행동을 한다. 앤서니 라빈스(Anthony Robbins, 2005)는 『무한능력(Unlimited Power)』에서 "성공은 실마리를 남긴다"고 하였다. 독서는 이야기 즐거리를 만드는 최고의 수단으로 사상이나 종교, 철학, 스포츠, 연예 등 그 정점을 상승시킨다. 경험적으로 성공에 다다를 수 있지만 최고의 기쁨은 경이로움으로 상상력을 증가시킨다. 직장인과 사업가는 책임감과 인내, 해결방법도 다르다. 폴 게티(Paul Getty)는 "스트레스 속에서 성공하는 법을 배워야 한다(You must learn to thrive on stress)"고 하였다.

2. 성공의 구성요소

성공요소는 사람과 기업, 조직에 따라 다르게 해석되지만 지향하는 목표는 같다. 이는 구체적인 목표와 비전, 신념과 포부를 가졌을 때 달성할 수 있다. 짐 콜린스와 제리 포라스는 『성공하는 기업들의 8가지 습관(Built to Last)』(2002)에서 BHAGs(big hairy audacious goals : 크고 위험하며 대담한 목표)를 가진 "명확한 목표를 설정하는 것"이라고 하였다.

61년 케네디 대통령은 달을 정복하겠다는 계획을 발표했다. 분명한 목적과 명확한 비전을 제시함으로써 거대한 꿈을 실현시켰다. "우리는 금세기가 가기 전에 반드시 달에 사람을 착륙시켜 무사히 귀환하는 데 그 목표가 있습니다."라고 선언했다. GE의 잭 웰치는 "우리의 사업은 업계 1위와 2위가 있지만 신속한 스피드와 기민함을 갖는 소기업처럼 회사를 변화시켜야 한다"고 하였다. 성공을 위해서는 나 자신과 조직을 움직이는 BHAGs를 갖는 것이 중요하다. 이는 과학적 탐구와 핵심역량, 목표와 비전, 미래상으로 의미 있게 설계되어야 한다.

1) BHAGs(big hairy audacious goals : 크고 위험하며 대담한 목표)

BHAGs는 구체적인 목표를 달성하기 위해 양적, 질적으로 조사되어야 한다. '2018년 매출액 1조 원 달성! 동종업계 1위 달성!'과 같은 구체적인 목표를 설정해야 구성원들을 하나로 묶을 수 있다. 나이키는 아디다스라는 표적 기업을 대상으로 특정한 역할과 모델로 경쟁했다. 거대조직을 유연하게 이끌어갈 수 있는 핵심역량을 발굴하였으며, 새로운 포지셔닝으로 영역을 확대시켰다. 기업의 경쟁력은 상호 간에 도움을 주면서 새로운 해답으로 상생하는 것이다. 최고가 되기 위해 우리는 무엇을 해야 하는가? 수익을 위한 경제적인 엔진은 무엇인가? 작지만 큰 꿈을 실천하기 위해 내부역량을 강화해야 한다. 그러기 위해서는 미래를 리드할 생생한 기술(vivid description)이 필요하다.

기업의 슬로건처럼 쉽게 기억할 수 있는 목표를 함축적으로 나타내야 한다. 직원들의 마음속에 희망이라는 그림을 그릴 때 동기가 부여된다. 지속적인 성장을 위해서는 촉진전략을 세워야 한다. 공통적인 목표를 달성하기 위해 상호 간의 메커니즘(mechanism)을 제공할 때 그 가치는 빛나게 된다. 이것은 비전의 핵심으로 발전을 촉진할 수 있다.

- Big : 충격이나 영향 등 개방적인 관점을 가지는 것이다. 보잉사가 개발한 최초의 상업용 제트기나 NASA의 인간 달 착륙 등을 제시할 수 있다.
- Hairy : 도전하면서 복잡함을 수용하는 것이다. 조직 전체의 노력을 통해 10~30년 후에 도달할 수 있는 목표를 설정하는 것이다.
- Audacious : 조직목표를 잃었을 때 구성원들에게 동기를 부여하고 단합된 힘을 발휘할 수 있게 한다. 저성과자까지 고무시킬 수 있는 능력을 말한다.

2) 핵심역량

핵심역량(core competency)은 미시간대 프라할라드(Prahalad) 교수와 런던 비즈니스 스쿨의 하멜(Hamel) 교수에 의해 발표된 이론이다. 기업이 잘하는 전략으로 경쟁자보다 우월한 능력이나 기능을 말한다. 기술의 빠른 변화로 정확한 예측이 어려워지면서 외부환경에 치중하던 경영전략에의 관심을 내부로 돌려 성공원천을 찾으려는 데 있다. 고객에게 보다 높은 만족을 제공할 수 있는 힘은 기업 내에 산재한 우수요인들을 찾는 것이다. 이는 경쟁우위를 확보할 수 있는 핵심요소를 발견하여 명확한 설계와 통합, 조정, 관리할 수 있는 방법에서 시작된다.

소니의 소형화, 캐논의 정밀기계 광학, 혼다의 엔진, 월마트의 물류시스템과 유통, 코카콜라의 브랜드 이미지 통합 등 지속적인 마케팅 능력을 확대하는 것이 핵심역량이다. 기업은 역량을 개발하면서 전사적으로 이용할 뿐만 아니라 새로운 기술·제품·서비스와 연계하고 있다. 성장분야를 다각화하여 독특한 문화로 정착시킴으로써 핵심 키워드를 강화할 수 있다.

첫째, 조직의 핵심역량은 자사만의 고유한 특성을 가지는 것이다. 기업의 궁극적 목표는 독자적이면서 우수한 자원을 확보하는 것이다. 내부역량을 뛰어넘어 노하우를 가지며, 종합적으로 키우는 능력을 말한다. 다원화되어가는 생산기술이나 관리, 통제 등을 조정, 통합하는 것을 말한다. 구성원들에게 나아갈 방향과 목적, 존재이유를 불어넣어 성장할 수 있는 영감을 심어준다. 둘째, 기업의 핵심가치는 의사결정을 위한 신념으로 행동지침을 만드는 것이다. 가치관은 여러 가지 행동에 대한 옳고 그름의 상태로 사회적 규범을 만드는 것이다. 한 가지에만 의존하는 것이 아니라 시스템적으로 다양하게 존재한다. 중요성에 따라 우선체계를 선정하며, 오랫동안 학습된 영구성을 가진다(김성건·이재진, 2013).

셋째, 조직의 미션이나 비전, 나아갈 방향은 비즈니스로 시작된다. 구성원들의 양식이나 규범, 바람직한 행동은 함께 공유되어야 한다. 장기간 변하지 않는 특징은 조직이 달성해야 할 가치를 포함한다(Charles & Jones, 2008). 경쟁우위를 가능하게 하는 것은 변화의 기술을 수용하여 안정성을 유지하는 것이다. 경쟁기업과 전혀 관련 없지만 성공을 위해서는 그 핵심을 가져야 한다. 넷째, 경쟁자의 제품이 아니라 핵심 포트폴리오(competence portfolio)전략을 분석해야 한다. 설계과정이나 마케팅 능력이 중요할 수 있지만 자체적으로 보유한 기능 외에 지식이나 경험, 기술, 정보능력을 축적해야 한다. 시장의 변화에 적응할 수 있는 신제품을 개발할 때에도 냉정을 잃지 말아야 한다. 그러므로 핵심기술을 자체적으로 소유할 때 글로벌 승자가 될 수 있다.

3) 목표와 비전

기업의 미래상은 핵심적인 역량을 발굴하여 전략을 설정하는 데 있다. 목표에 따른 구체적인 사업능력은 경영자의 신념과 비전에 따라 장기적인 방향을 제시하는 것이다.

(1) 목표의 중요성

기업 환경에 적절히 대처하는 것은 경영자의 몫이다. 목표를 설정하는 것은 조직 구성원들 전체를 하나로 묶을 수 있기 때문이다. 분명한 목적이 있어야 구성원들에게 동기를 부여할 수 있다. 자긍심으로 업무에 몰입하게 하거나 의사결정에 영향을 미친다. 매출액 달성이나 이익에 급급하다면, 흥미를 잃을 수 있으며, 근무의욕을 저하시킨다. 내·외부 이해관계자들의 성향을 파악하여 기업전략을 수립하는 것은 목표가 있기 때문이다.

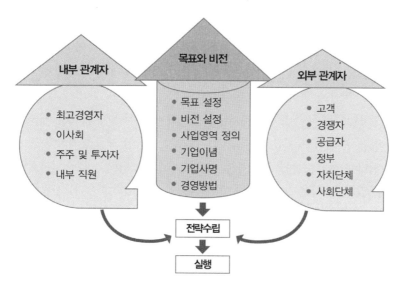

〈그림 1-1〉 목표와 비전 설정

치열한 경쟁상황에서도 애플, AT&T, GM, 인텔, 3M 등의 세계적 기업들은 계속적으로 성장하기 위해 끊임없는 변화를 수용하면서 전략을 추진하고 있다(Bartlette & Ghoshal, 2009). 효과적인 목적달성을 위해 왜 존재하는지에 대한 분명한 이유와 비전, 강한 몰입도로써 창의성을 발휘하고 있다.

(2) 비전(vision) 설정

비전은 기업이 나아갈 방향과 미래상을 나타낸다. 꿈과 이상, 희망과는 다른 개념으로 장기적인 전략 차원에서 목표와 연결시킬 수 있다. 세계시장에서 초우량 기업으로 남는다는 것은 모두가 뚜렷한 목표와 비전이 있기 때문이다. 캐논의 '타도제록스', 혼다의 '제2의 포드', 일본전기(NEC)의 '컴퓨팅과 통신(computing and communications)'은 기업 비전을 잘 표현하고 있다. 급변하는 환경에서 능동적으로 대처할 수 있는 이유는 미래를 위한 목표가 있기 때문이다. 각 사업부의 전략은 합친 것이 아니라 전체적으로 그 틀을 조정, 통합, 감독함으로써 그 길을 안내하는 지도와 같다.

(3) 비전의 특징

비전의 설정은 다음과 같은 특징이 있다.

첫째, 최고경영자뿐만 아니라 이사회, 임원, 직원 등 이해관계자들의 생각이나 아이디어, 희망, 열망을 포함하고 있다. 경영자의 비전은 전체적인 프레임으로 이사회의 적극적인 심사와 임·직원들의 이해, 동의하에 구체화되거나 보충함으로써 결정된다. 둘째, 고객과 공급자, 경쟁자, 정부, 사회단체 등 기업에 영향을 미칠 수 있는 외부 구성원들의 생각을 반영해야 한다. 시장의 위협 속에서 기회의 창출은 수많은 경험과 지식, 학습을 통해서 가능하다.

셋째, 성공핵심을 나타내고 있다. 삼성 스마트폰의 분명한 목표는 애플을 능가하는 것에 있다. 현대사회는 컴퓨터와 통신, 정보가 결합한 새로운 소비층을 형성한다. 1인자가 된다는 목표는 기술산업에서 성공의 핵심요소이다. 넷째, 장기적인 변화를 수용할 수 있다. 전략은 10년, 20년 후를 내다볼 수 있어야 한다. 사람들이 가지는 하루는 누구에게나 똑같다. 사람에 따라 시간의 사용은 천차만별이지만 빠른 변화를 유연하게 수용하는 실천능력은 장기적인 결정에서 이루어진다.

다섯째, 조직구성원들의 자발적인 참여와 몰입을 유도할 수 있다. 기업의 궁극적인 목표는 이윤추구이다. 매출극대화는 추상적인 목표가 될 수 있지만 현실적으로 직원들을 하나로 묶을 수 있다. 경영환경의 변화에 적절히 대응하는 것은 방향을 정하는 것으로 이해관계자들의 능력을 모을 수 있다.

시간을 뜻하는 헬라어에는 두 가지 의미가 있다. 자연스럽게 흘러가는 물리적 시간인 '크로노스(Chronos)'는 모두에게 적용되는 객관적인 시간이다. 특별한 의미가 부여된 '카이로스(Kairos)'는 각각에게 다른 의미가 적용되는 주관적인 개념이다. 찰나라도 구체적인 사건 속에서 놀라운 변화를 체험하게 된다. "순간의 선택이 10년을 좌우한다"로 유명한 광고카피가 시사하듯이 카이로스적 순간은 크로노스적 시간과는 다르기 때문에 시간을 바라보는 자세가 중요하다.

카이로스는 시간의 주인으로서 능동적인 삶을 영위하려는 자세를 갖는 것이다. 1분 1초를 헛되지 않게 보내며, 매순간 최선을 다해야 새로운 가치를 창출할 수 있다. "나이는 숫자에 불과하다"라는 모기업의 광고도 시간을 카이로스로 받아들이는 사람들의 자세에서 나왔다. 일터에서 능동적으로 대처하는 자세는 개인 차원의 사고와 리더의 역할차원에서 중요하다. 기업 총수들이 신년사에서 '매출액 OO억 원을 달성하자!' '영업이익률 ooo%를 달성하자!' 등의 재무적 성과를 새해 목표로 제시하는 것은 감동을 줄 수가 없다. 동기를 부여하는 창의성과 자율성은 21세기의 지식경제를 이끌어가는 전제조건이다.

『아프니까 청춘이다』를 출간한 쌤앤파커스는 신입직원에게 '사명 선언식'을 하게 한다. 수습기간이 끝나면 자신이 출판업을 통해 이루고 싶은 사명을 선언문 형태로 작성하여 전 직원 앞에서 낭독한다. "나의 사명은 빈부격차, 지식격차, 삶의 격차가 없는 세상을 만드는 것입니다" "모든 사람이 건강하고 윤택한 정신을 가꾸는 데 일조하겠습니다" 등의 사명이 사무실 한쪽 벽면에 선배들의 것과 나란히 걸린다. 박시형 대표는 처음엔 '이게 뭐지' 의아해하던 직원들도 자신의 인생에서 의미 있는 시간으로 기억한다는 것이다. 분명한 목적과 존재 이유를 스스로 느끼면 변화하는 것에서 감격하게 된다. 조직과 개인비전이 일치할 때 시간을 만들어가는 리더가 될 수 있다.

4) 미래상

비전을 실천하는 것은 불변의 목표(enduring purpose)로 신념은 미래에 달성 가능한 그림을 그리는 것이다. 미래의 기업들은 분명하고 야심찬 목표를 설계함으로써 수동적이기보다 능동적인 방향으로 틈새시장을 만들어가야 한다. 거대한 불확실성 속에서 보유자원을 총동원하며, 지속적으로 목표와 핵심가치, 일관성을 가져야 한다. 이광형 KAIST 교수는 미래의 예측을 사회, 경제, 문화, 기술, 정치, 자원의 차원에서 중요하다고 하였다.

대한민국의 미래상은 해리 덴트의 『2018년 인구절벽이 온다』를 통해 확인할 수 있다. 인구구조의 축소로 2019년까지 경제적으로 위험한 시기가 될 것이다. 세계 경제의 디플레이션으로 대부분의 경제학자들은 미국의 추락을 예상했지만 베이비붐 세대의 소비증가로 경기호황이 나타났다. 일본이 미국 경제를 추월할 것으로 전망했지만 인구구조와 소비흐름, 주식, 부동산, 곡물 등은 변화로 둔화시켰다.

『나는 세계 역사에서 비즈니스를 배웠다』(2015)에서 임흥준은 경영현장의 모든 답은 고전에 있다고 했다. 미니프린터 회사로 세계 2위 업체인 빅 솔론 창업자이자 해외 영업부장인 그는 엡손, 시티즌 등 굴지의 대기업이 장악한 세계시장에서 살아남기 위해 세계사 탐구를 선택했다. 이사부 장군이 우산국을 정복할 때 사용한 기만전술, 칭기즈칸의 창의적이고 유연한 발상, 스위스 용병의 목숨 던져 쌓은 신뢰, 조선을 건국한 이성계사단의 팀워크, 압도적인 화력으로 적을 물리친 양헌수 장군의 유인책 등 역사적 장면을 비즈니스 감각으로 활용했다. 인간을 움직이는 법칙은 영원히 변하지 않는다는 것이 그의 주장이다.

리 슈에청은 『최고의 리더는 어떻게 사람을 움직이는가』(정세경 옮김)에서 14억 중국을 움직이는 최고의 리더십을 소개했다. 이는 제왕의 리더십부터 네트워크 시대의 소통 리더십까지 시대의 변화에 따라 변모해 왔으며, 리더가 아닌 사회나 집단구성원에게서 전략이 나온다는 본질적인 사실을 역설했다. 진정한 리더의 권위는 총과 칼, 무력에서 나오는 것이 아니라, 당시의 상황과 국민들의 마음을 사로잡는 전략에서 나온다.

『헬스케어 이노베이션』(최윤섭)에서는 미래 의료산업의 메가 트렌드와 혁신을 소개했다. 애플이나 구글, IBM 같은 세계적 기업들은 앞다투어 헬스케어에 뛰어들고 있는데 이는 아이폰 7이 출시되면서 새로운 서비스시스템의 생태계를 변화시키고 있다.

3. 성공을 위한 실천방안

Beffett(GE)은 "내 주변의 사람들이 나를 사랑하는 것이 성공"이라고 하였다. 포춘이 주최한 '여성과 일'이란 강연에서 네브래스카대학의 한 학생이 질문했다. "지금 위치에서 과거의 교훈들을 되돌아본다면 성공은 무엇입니까?" 1초의 주저함도 없이 "성공이란 원하는 것을 많이 가진 것, 행복이란 많이 얻는 것으로 생각한다. 또한 성공해야 행복하다는 것을 반드시 이야기한다. 하지만 82세(본인나이)가 되면 당신이 사랑해 줬으면 하는 사람이 나를 사랑해 주면 그것이 곧 성공"이라고 하였다. 경제적부를 달성한 사람들은 세상의 모든 부나 자신의 이름을 딴 빌딩을 가질 수도 있지만 진정으로 당신을 생각해 주지 않으면 그것은 성공이 아니라는 것이다.

미국의 전설적 주식 투자가인 존 템플턴(John Templeton)의 『성공론(Worldwide Laws of Life)』에서는 "사랑을 주는 것이 받는 것"이라 하였다. 사랑을 경험하는 확실한 방법은 주는 것이지만 진짜 '사랑을 주는 방법'을 아는 사람은 드물다. 사람들은 관심자에게 마음과 시간, 비용의 결과물인 선물을 주는 것으로 생각한다. 주는 사랑은 이미 사랑이 아니다. "내가 이 사람에게 마음과 시간, 선물을 주었으니까 그만큼 대가를 받을 수 있지 않을까?" 되돌려 받는다 하여도 당신이 주었던 것과 똑같은 사랑이 아니다. 선한 사람들의 표현이자 의지로 친절과 지지, 배려, 동정, 자비로써 대가나 보답을 바라서는 안 된다.

1) 성공법칙

(1) 현실 인정

세상은 원하는 대로 이루어지지 않으며, 일에는 순서와 과정, 절차가 있다. 마음먹은 대로 다 이룰 수 있다면 성공자는 늘어날 것이다. 성취감은 의미가 없을 뿐 아니라 흥미와 보람도 없게 된다. 의미 있는 삶을 살기 위해서는 고통과 좌절, 인내, 학습탐구, 지혜가 있어야 한다. 일과 노력, 열정과 희망이 사라지면 모두가 평범한 삶을 살게 되므로 따뜻하지도, 공평하지도 않을 것이다. 심지어 신의 직장이라는 공사, 공무원, 전문가 집단이라도 항상 불평불만은 존재한다.

미국의 유명한 코미디언인 Johnny Carson은 "인생이 공정하다면 엘비스는 아직 살아 있을 것이며, 그를 흉내 내는 짝퉁 연예인들은 모두 사라졌을 것이다!" 인생에는 불행과 행운이 함께한다. 원망스럽거나 고통스럽다면 희망의 불씨가 사라질 것이다. 때론 나보다 못한 사람들이 분수에 넘치게 잘사는 것을 보면서 성공한 사람이 많다고 느끼지만 노후에는 비슷한 균형의 추를 맞추게 된다.

(2) 타인과의 비교

세상은 왜 이렇게 불공평할까? 가진 게 많은 사람들은 왜 이렇게 많을까? 부유하고 예쁘고 건강하고 용감하며 지혜로운 사람들은 많은데 나는 왜 이렇게 못났을까? 이러한 생각이 습관화되면 좌절감을 느끼게 된다. 주위를 돌아보면 어려운 사람들을 위해 물질적, 경제적으로 헌신하는 사람들이 의외로 많다. 전 재산을 기부하거나 봉사활동으로 선행을 실천하는 사람들이 그들이다. 프랭클린(Benjamin Franklin)은 "고통을 주는 것들은 나에게도 가르침을 준다"고 하였다. 성공이라는 희망을 가지고 사는 것이 세상의 이치이다. 노력의 결과가 긍정적으로 발전하지 못할 수도 있지만 실수를 통해 성장한다. 부정적 인식을 제거하고 그 이치와 현상을 배우는 것이 경제적이기 때문에 현실을 있는 그대로 받아들였을 때 진정한 승자가 된다.

(3) 선택과 결정

일상생활에서 짧은 시간 동안 많은 선택과 결정을 강요받는다. 당신의 사고와 행동으로 모든 결과를 책임져야 하는데 내 손을 벗어났다 하여 책임이 없는 것은 아니다. 인간의 내면에는 어떠한 것에도 흔들리지 않는 중심이 있다. 말과 행동, 실천을 통해 손익(損益)을 결정하지만 모든 결과는 자신의 책임이다. 한편 타인과 상호작용하기 때문에 결과는 중심 밖에 있어 남을 탓하기가 쉽다. 심리학자들은 그 책임이 자신에게 있다는 것을 인식하는 사람이 성공확률이 높다고 하였다. 인간은 누구나 더 나은 생활을 위해 노력하지만 자신의 실수를 통해 교훈을 얻는다. 존 맥스웰의 『어떻게 배울 것인가』에서 인용한 에릭 플래스커의 『나는 내 삶을 선택한다』에서는 다음과 같이 말했다.

- ☑ 나는 변화를 수용하고 싶지만 두려워할 수 있다.
- ☑ 나는 사랑을 원하지만 증오를 선택할 수 있다.
- ☑ 나는 개방적인 삶을 원하지만 폐쇄적인 삶을 선택할 수 있다.
- ☑ 나는 웃음을 원하지만 울음을 줄 수 있다.
- ☑ 나는 희망과 믿음을 원하지만 절망을 선택할 수 있다.
- ☑ 나는 경청을 원하지만 타인을 무시하는 경향을 나타낼 수 있다.

☑ 나는 상호관계를 원하지만 독립적인 생활을 선택할 수 있다.

☑ 나는 옳은 사람이 되기를 원하지만 방탕한 사람이 될 수 있다.

☑ 나는 집중적인 몰입을 원하지만 산만한 행동을 할 수 있다.

☑ 나는 놀이 같은 휴식을 원하지만 일에 묻혀 살 수 있다.

☑ 나는 포용을 원하지만 분노를 선택할 수 있다.

☑ 나는 희망과 용기를 원하지만 절망을 선택할 수 있다.

☑ 나는 끈기와 집념으로 도전하지만 포기를 선택할 수 있다.

☑ 나는 치유를 원하지만 타인에게 고통을 줄 수 있다.

☑ 나는 창의적인 산출물을 원하지만 파괴를 줄 수 있다.

☑ 나는 성공을 원하지만 실패를 줄 수 있다.

☑ 나는 희망의 씨앗을 뿌리고 싶지만 절망과 허망함을 줄 수 있다.

☑ 나는 현명함과 지혜, 탁월함을 원하지만 평범함을 선택할 수 있다.

☑ 나는 지휘를 원하지만 타인을 추종하는 삶을 살 수 있다.

☑ 나는 업무에 전념하고 싶지만 방황하는 생활을 할 수 있다.

☑ 나는 내 삶을 주도하고 싶지만 타인에게 선택된 삶을 살 수 있다.

☑ 나는 새로운 삶을 원하지만 치욕적인 삶을 선택할 수 있다.

(4) 변명

"목표를 달성하기 전에는 결코 변명하지 마라.(Don't make excuses.)" 유명한 시인이자 화가인 단테 가브리엘 로세티(Dante Gabriel Rossetti)는 "변명은 이제 끝이다. 이미 늦었다. 영원히 안녕이다"라고 했다. 인생은 가정이란 게 없다. 이렇게 했으면 좋았을 텐데, 왜 그렇게 하지 못했을까? 반성은 필요하겠지만 그것은 자신에 대한 위안이다. 변명이나 해명은 목표를 달성하거나 상대를 이해시키는 데 도움되지 않는 책임회피행동이다.

눈사태를 일으킨 눈송이는 자신으로 인해 눈사태가 일어났다고 생각하지 않는다. 다만 눈의 무게를 못 이겨 나무에서 떨어졌을 뿐이라고 생각한다. 이러한 변명은 하지 않는 게 좋다. 목표를 달성하기 위해서는 잠자는 내면의 능력을 깨워야 한다.

(5) 객관화

사람들은 자신의 말과 행동에 책임을 져야 한다면 부담감을 느낀다. 스스로에게 만족하지 못할 때 타인에게 불만을 가지게 되는데 책임진다는 것은 좀 더 나은 방법으로 사물을 객관적으로 보라는 것이다. "그 일을 내가 망쳤어!"라는 상실감은 나의 허락 없이는 망칠 수는 없다는 책임감이다. 무심결에 한 말과 행동은 문제의 원인이 되지만 선택할 수 있는 결정이 될 수 있다. 인간이 태어나서 일어서고, 걷고, 뛰는 모든 행동은 수많은 좌절과 고통으로부터 성장한 것이다. 뭔가에 익숙해지려면 더 많은 시도와 긍정적인 시각, 사물을 객관적으로 판단하는 지혜를 가져야 한다.

『갈매기의 꿈』으로 유명한 리처드 바크(Richard Bach)는 "성공은 당신의 능력에 대한 한계에서 시작된다"고 했다. 나는 내 마음에 안 들 수도 있지만 현재의 나는 과거의 내가 만들었다. 미래는 내가 선택한 열정과 도전을 통해 이루어낼 수 있는 결과물로 내가 책임지는 것이다.

(6) 실패

성공자들은 실패를 다르게 인식한다. 일의 결과에 대해 분명한 태도를 가지며, 실패에 책임지고 거기에서 교훈을 얻어 반복하지 않는다. 아기는 자신이 가진 능력을 총동원하여 다양한 방법으로 뛰는 법을 터득했다. 한글 또한 많은 시간과 노력을 통해 쓰고, 말하는 법을 익혔다. 실패는 또 다른 배움에 도전이요 경험이다. 미완의 경험은 성공으로 가기 위한 실패의 연속으로 그것을 통해 성숙해진다.

(7) 변화

엘리너 루스벨트(Eleanor Roosevelt, 루스벨트 대통령 부인)는 문제에 부딪혔을 때, "일단 멈추어서 두려움을 정면으로 바라본 다음 경험적으로 얻은 용기와 노력으로 자신감을 가져라"고 하였다. "나는 어려운 일을 겪으면서 해냈어! 어떤 역경이 내게 와도 난 이겨낼 수 있어!"라는 자신감에 대해 주문했다. 인간은 실수를 극복하면서 원하는 일을 성취할 수 있다. 그것이 곧 재능이다. 앨런 맥기니스(Alan McGinnis)는 『마흔의 승부수는 자신감이다』에서 다음과 같이 이야기했다.

- ● 자신감을 가져라. 변화의 마음은 집중력을 향상시킨다. 뛰어난 아이디어라도 현실적으로 적용할 수 없으면 무용지물이다. 아이디어는 모래와 같아서 사용하지 않으면 파도에 실려 나갈 수 있다. 성공하기 위해서는 아이템으로 끝나서는 안 된다.
- ● 잘하는 것을 찾아라. 재능평가 보강법칙은 스스로 우수한 능력을 발휘할 수 있도록 분위기 조성과 재능을 개발하는 것이다. 세상은 아무에게나 기회를 주지 않는다. 슈퍼우먼, 일중독자 같은 사람들은 적은 성과를 제공하면 자신감이 떨어진다. 이들에게는 나의 일과 우리의 일이 같아지도록 지원해야 한다.

● 좋은 것을 먼저 해라. 최선을 다하는 것은 자신과의 단절을 통해 불안감을 해소하는 것이다. 타인의 시선에 현혹되지 말고 스스로를 되돌아보면서 나의 실체를 발견하는 것이다.

● 스스로에게 감사와 용기, 희망을 심어주면서 존중해야 한다. 현재의 어려움을 극복하는 것은 미래의 행복이 있기 때문이다. 지나친 비판과 학대는 만병의 근원으로 긍정과 칭찬으로 무한능력을 발휘하게 해야 한다.

● 죄의식은 버려라. 대학진학, 취업, 자격증, 어학연수, 학위취득 등 모든 일은 단번에 이룰 수는 없다. 실패로 인한 열등감, 무능함, 피해의식은 몸과 마음을 피폐하게 한다. 잠자는 내면적 감각을 깨워 지식을 향상시켜야 한다.

● 거부하라. 인간관계에서 거래는 항상 일어난다. 상대의 노는 거부가 아닐 수 있다. 노(no)에는 이유가 있다. 두려워 말고 소통하면서 파악하려 해야 한다.

● 자립심을 키워라. 무한사랑을 주는 부모님도 스스로 헤쳐나갈 수 있는 당당함, 사회의 구성원이길 바란다. 인간은 사회적 동물로 혼자 살 수는 없기 때문에 가족과 친구, 선후배, 연인 등 상호관계를 통해 형성된다.

● 집중력을 향상시켜라. 할 수 있다는 것은 자신의 능력을 증명하는 것이다. 똑같은 일이라도 개인마다 차이가 있지만 결과는 포기하지 않는 끈기에서 결정된다.

● 리더의 능력을 키워라. 조직이 성장하기 위해서는 책임감과 솔선수범, 성실과 인내, 판단력, 변화의 수용력 등이 있어야 한다. 좋아하면서도 잘할 수 있는 일을 찾는 노력이 중요하다. 인위적이 아니라 잠자는 능력을 발굴하여 잘할 수 있는 것을 찾아야 한다.

2) 성공자와 실패자의 차이

Likeable local사의 최고경영자 카펜(Dave Kerpen)은 세계 최대 비즈니스 전문 소셜 네트워크 Linkedin에 '성공한 사람과 실패한 사람의 차이'를 소개했다. 당신은 어떤 쪽에 속하는가? 성공하지 못한 사람은 실패자가 아니다. 성공 쪽이 아니더라도 실망할 필요는 없다. 습관을 바꾸어 변화시킬 수 있으면 성공자가 될 수 있다.

(1) 변화를 수용하는가?

세상은 빠르고 역동적인 변화를 요구한다. 과학기술의 발달은 두려움의 대상이 아니라 적극적으로 수용하면서 활용하는 것이다. 타인과 소통하면서 베풀 수 있는 덕목은 성공요소가 된다. 조직에서 내가 잘하는 사실을 동료와 직원들이 진심으로 알게 해야 한다. 그것은 자신이 어떤 사람인가를 파악하는 데서 시작된다.

(2) 다른 사람의 성공을 원하는가?

인간은 누구나 특정 조직의 일원으로 소속되어 있다. 내가 성장하기 위해서는 동료나 회사의 성공을 기원해야 한다. 주위 사람들은 실패하고 혼자 성공하겠다면 그 가능성은 낮아진다. 세상은 함께 나누면서 받아들일 수 있어야 한다.

(3) 즐거움을 가지고 사는가?

조직의 업무를 수행할 때 항상 즐거운 마음으로 일할 수는 없지만 기쁨이 충만할 때 모두가 행복해진다. 행복의 바이러스는 즐거운 기분을 전파하는데 업무가 즐거우면 성과도 높아진다.

(4) 실패에 대한 책임을 지는가?

삶의 다양한 굴곡에서 어려움을 극복했을 때 성공은 보인다. 실패를 경험하지 않은 사람은 언젠가 쓰라린 경험을 맛볼 수 있다. 항상 공존하기 때문에 두려워하거나 남 탓으로 돌려서는 안 된다. 잘못을 인정하고 받아들일 때 성장할 수 있다.

(5) 아이디어를 제안하는가?

사람들은 언제, 어디서나 시간과 장소, 공간에 구애받지 않고 가십거리를 좋아한다. 진실이 아니더라도 무조건 귀 기울인다. 대안 없는 비평은 부정적 사고로 시간을 낭비하게 한다. 경쟁자를 폄하하기보다 장점을 내 것으로 만들어 우수성을 본받아야 한다. 비판보다 경청하는 자세로 관계를 강화하며, 잘할 수 있는 일을 구별해야 한다.

(6) 정보자료를 축적하는가?

사람들은 누구나 무한 잠재력을 가졌다. 자신의 정보를 타인과 공유하면 잃는 것보다 얻는 것이 많아진다. 독점하기보다 나누면 기업, 학교, 사회, 국가적으로 발전할 수 있다. 이기심과 근시안적인 자세로 혼자 축적하기보다 공유할 때 시너지효과를 창출할 수 있다.

(7) 성공을 다른 사람에게 돌리는가?

성공은 팀워크를 통해 이루어진다. 기여도에는 차이가 있지만 보이지 않는 희생과

헌신 속에서 만들어낼 수 있다. 결과의 보상도 팀원들과 평등하게 이루어질 때 구성원들의 능력은 배가될 수 있다.

(8) 삶의 목표를 위해 계획하는가?

꿈과 희망이 어디에 있는지 파악하지 못하면 성공은 멀어진다. 10년 후를 바라보면서 하루 단위로 목표와 비전의 그림에 대한 실행계획을 짜야 한다. 『1만 시간의 법칙』(이상훈, 2010)에서 피겨 여왕 김연아, 컴퓨터 백신의 안철수, 시대의 아이콘 스티브 잡스 등은 타고난 재능과 천재성만으로 정상에 오른 것이 아님을 알 수 있다. 그들은 한 가지 일에 1만 시간을 투자하였다는 공통점이 있다.

사업이나 음악, 미술, 과학, 체육 등 한 분야에서 성공을 결정하는 것은 평균적으로 주변 환경과 운, 재능, 노력의 변수와 관련되어 있다. 환경과 운은 개인적 능력과 의지, 열정과 상관없이 영향을 미치는 외적 변수이지만 재능과 노력은 내적 변수이다. 재능이라는 원석을 찾아 노력이라는 도구를 사용하여 갈고 다듬어야 보석이 된다. 세상의 모든 일이 운으로만 결정된다면 우리는 크게 절망할 것이다. 하지만 재능과 노력이라는 후천적 요소와 세상이란 기회에서 그 가능성이 있다고 하겠다. 이것이 대니얼 레비틴(Daniel Levitin)이 주장한 '1만 시간법칙(The 10000-Hour Rule)'이다.

1만 시간은 하루에 3시간씩, 일주일에 약 20시간, 한 달에 80시간, 일 년에 약 1,000시간씩 10년을 계속해야 가능하다. 어떤 일에 10년을 노력해야 성공한다는 것이다. 여기에는 조건이 있다. 어떤 분야에 성공하기 위해서는 자신이 좋아하고, 하고 싶으며, 잘하는 일을 찾아 열정과 시간을 집중적으로 투자해야 한다.

(9) 일기를 매일 쓰는가?

사람의 기억에는 한계가 있다. 매일 기록하는 메모나 일기 쓰는 습관이 중요하다. 생활 속에서 일어나는 사실들은 각본 없는 드라마와 같기에 문득 떠오르는 아이디어는 훌륭한 자원이 될 수 있다. 잊기 쉬운 사실이나 추억, 불편함은 아이템으로 진화할 수 있다. 휴대폰의 메시지나 달력의 일정, 폴더를 만들어 완성되지 않은 책으로 정리할 수 있다. 하지만 손으로 직접 꾹꾹 눌러쓴 글이야기야말로 글 쓰는 실력을 향상시키는 최선의 방법이다.

(10) 매일매일 독서하는가?

독서는 새로운 주제의 깨달음을 준다. 책만을 고집할 필요는 없지만 신문, 잡지 등 모든 활자는 좋은 학습거리가 된다. 『성공하는 사람들의 독서습관』(안계환, 2011)에서는 책 읽는 습관을 통한 성공적인 삶을 소개한다. "뉴턴을 이해할 때까지, 처칠의 생산적인 독서법, 세종대왕의 백 번 읽고 백번 익히기, 정약용의 독서는 세상에서 가장 유익한 것, 링컨의 양보다는 질, 에디슨의 발명의 시작은 책에 있다. 나폴레옹의 독서는 나의 힘, 아인슈타인의 독서와 상상력, 독서로 꿈 만들기, 만델라의 책을 통한 깨달음, 파브르의 책을 읽으며 고난을 이겨내다, 폴링의 화학자가 된 독서광, 톨스토이의 독서와 즐거움, 박제가의 책 속에서 희망을 찾다" 등을 통해 성공한 리더의 독서습관을 소개했다. 책을 통해 통찰력, 지혜를 배우며, 마음가짐과 안정, 업무, 성장 등 그 목적이 뚜렷해야만 효율적인 독서를 하게 된다.

(11) 유연하게 일을 처리하는가?

유연성은 새로운 것에 대한 호기심이다. 계속적으로 정보를 수집하며, 틀에 박힌 스펙이나 과거실적에 얽매여 보여주기 식 쇼가 아니라 미래를 내다보는 창의성과 혜안을 통해 사고력을 키울 수 있다.

(12) 끊임없이 배우는가?

세상은 일분일초가 다르게 변화한다. 과학기술의 발달은 생활 속의 정보통신과 IT가 결합하여 쉴 새 없이 진화하고 있다. 성공자의 법칙은 경쟁자보다 앞서 지식을 습득하는 것이다. 아는 것이 많아지면 유연한 사고로 현명한 결정을 내릴 수 있다.

(13) 남을 칭찬하는가?

말은 당신을 비추는 거울이다. 거울은 사물을 있는 그대로 재연한다. 습관적으로 남을 비판하는가? 칭찬은 고래도 춤추게 한다지만 그를 존중한다는 것을 보여주는 것이 최선의 기쁨을 주는 것이다. 칭찬은 구성원들에게 힘을 불어넣어주며, 긍정적으로 행복을 전파한다. 사람들은 행복할수록 집중하여 성과를 향상시킨다. 반면에 비난은 상태를 악화시켜 부정적으로 변화시킨다.

(14) 남을 용서하는가?

인간은 실수를 통해 성장한다. 조직이 성장하려면 실수를 인정하고 용서하는 관용을 베풀어야 한다. 복수라는 분노를 품고 살아간다면 스스로에게 해가 되어 한 발자국도 나아가지 못하고 후퇴할 것이다.

(15) 할 수 있는 리스트를 작성하는가?

어떤 일을 할 수(to-be)있다와 해야 할 일(to-do)의 리스트는 다르다. 할 수 있는 것은 미래를 설계하는 것이다. 달성하고자 하는 것과 되고자 하는 것에는 차이가 있다. "나는 대학교수가 되겠다, 나는 00기업의 CEO, 나는 좋은 아빠·엄마, 좋은 남편이 될 것이다" 등 구체적인 목록표를 만들어야 한다.

(16) 감사하는 마음을 갖고 있는가?

매일 (everything, all things) 감사하라! 모든 일에 감사하는 마음을 갖고 있다면 당신에게 즐거운 일이 생길 것이다. "많이 바쁘실 텐데, 그렇게 해주셔서 감사합니다." 이러한 표현은 내 삶에 소중한 습관이 된다.

'모든 손님이 王은 아니다'… 당하기만 하던 乙이 당당해졌다. 엔제리너스 세종로점에서는 '따뜻한 말' 이벤트에 참여한 손님과 직원이 하이파이브를 한다. 커피 값을 할인받은 손님도, 친절한 말을 들은 직원도 "쑥스럽지만, 기분이 좋다"고 했다(조선일보, 2015). 주문할 때 무뚝뚝하게 '아메리카노' 하면 원래 가격보다 50% 추가된 금액을 받는다. '아메리카노 한 잔'이라고 말하면 제값을, '아메리카노 한 잔 주세요' 하면 20% 할인해 준다. 직원 이름을 불러주거나 인사 후 주문과 하이파이브까지 하면 50% 할인해 준다. 매월 첫째 수요일 '따뜻한 말 한마디' 이벤트 행사 때 말만 잘하면 3,900원짜리 아메리카노 한 잔을 1,950원에 마실 수 있다. 화제가 됐던 프랑스 니스(Nice) 카페 '라 프티트 시라(La petite Syrah)'의 정책을 연상시킨다. 여기에는 '커피 한 잔'은 7유로로, '커피 한 잔 주세요'는 4.25유로로, '안녕하세요, 커피 한 잔 주세요'는 1.40유로이다. 직원을 존중하고 예의를 지키는 손님일수록 싸게 마실 수 있다. 지배인 페피노 씨는 무례한 손님들 때문에 기분 상해 하는 직원이 많아 이런 방식을 도입했다고 한다.

이태원의 수제맥주 전문점 크래프트 한스는 '손님은 왕이 아니라 친구다'라고 적힌 칠판을 걸어놓았다. 식당에 들어서자 "안녕하세요, 대니얼이에요! 파이팅!"이라고 인사했다. 직원을 부르는 벨도 없다. 손님이 오면 자신의 이름을 밝혀 인사한다. 외국의 테이블담당 직원이 자기이름을 말하고 인사하는 것과 같다. 주문 시 직원 이름을 불러야 한다. 직원이 즐거워야 손님에게 서비스를 잘할 수 있어 손님을 친구처럼 대하자는 것이다. '상대방의 이름'을 부르는 것은 두 사람의 상하관계를 없애는 데 효과적이다. 처음엔 할인받기 위해 친절했다 하더라도 자신이 내뱉은 말과 상반된 행동은 부담스럽기 때문에 결국 친절해져 예의바른 행동의 가능성이 높아진다(서울대 심리학과 곽금주 교수).

CHAPTER **2**

창업이란 무엇인가

내가 계속할 수 있었던 유일한 이유는 내가 하는 일을 사랑하기 때문이라고 확신합니다.
여러분도 사랑하는 일을 찾으셔야 합니다.
당신이 사랑하는 사람을 찾아야 하듯 일 또한 마찬가지입니다.
– 스티브 잡스

1. 현대사회에서 창업이 왜 중요한가를 학습한다.
2. 현대사회의 시장환경과 경제적 상황을 학습한다.
3. 창업효과에는 무엇이 있는가를 학습한다.
4. 미래에는 어떠한 세상이 펼쳐질 것인가를 학습한다.

•••요점정리

1. 전 세계적으로 창업의 중요성이 부각되고 있다. 창업은 신규일자리 창출과 신사업의 발굴, 기존사업의 발전 등 물질적인 풍요로움에서 국가와 사회의 발전을 이끌 수 있다.

2. 첫째, 세계적인 경기불황과 소비위축은 많은 사람들의 일자리를 줄어들게 한다. 둘째, 고용에 대한 안정된 사회적 합의가 이루어지지 않고 있다. 셋째, 선진국으로 가는 길목에서 대한민국의 경제수명은 길어지지만 노령인구는 늘어나고 있다.

3. 창업의 효과는 일자리 창출과 소득증대라는 분명한 이유와 동기, 목적에서 이루어진다.

4. 우수한 인재육성은 창업효과가 있다. 인재양성은 대학의 혁신적인 사고와 미래의 성장을 위해 꼭 필요한 일이다. 그러기 위해서는 교수채용의 표준화와 평가제도를 개선하며, 대학 특성화를 위한 제도적 시스템의 정착이 필요하다.

5. 대한민국의 균형발전은 경제성장과 국가발전에 기여할 수 있다. 첫째, 기술혁신은 새로운 산업의 생성과 운영방법을 개선시키며, 노동생산성을 향상시킬 수 있다. 둘째, 투자는 고용량을 증대시킨다. 셋째, 산업구조의 고도화로 소득이 높을수록 생산성이 높아진다.

6. 생산제품과 서비스를 향상시키기 위해서는 고객이 누구인가를 분석하며, 고객을 위해 무엇을 할 수 있는가, 고객은 어떻게 제품을 획득하는가, 수익창출 전략은 무엇인가, 어떤 과정을 거쳐 제품을 기획, 설계하는가. 사업은 어떻게 확장할 것인가를 파악해야 한다.

7. Murray에 의한 성취욕구이론은 권력욕구, 소속욕구, 성취욕구로 분류된다. 이러한 특성은 과업 지향적이며, 위험을 감수하는 모험가적 특성과 도전적인 일에 흥미를 느낀다. 활동적이면서도 혁신성이 있어 지식과 강한 자신감을 가진다. 모든 일에 관심이 높을 뿐만 아니라 미래지향적인 추진력과 욕구를 갖는 것을 말한다.

Chapter 2 창업이란 무엇인가

1. 창업의 중요성

최근 창업의 중요성이 부각되고 있다. 개인적인 관점에서 보면 신규 일자리를 창출하여 부를 축적하는 활동이지만 기업차원에서 보면 신사업의 발굴과 기존사업의 발전을 연계하여 국가의 공익적 목적을 달성하게 한다. 경제적인 관점에서 보면 많은 사람들에게 물질적인 풍요를 주어 가정의 행복을 만든다. 기업의 설립은 국민들의 안전한 생활과 일자리 창출을 가능하게 한다. 사회, 경제적인 혁신과 유연성, 창의성, 발전성, 상호관계 등의 변화를 활성화시켜 만족감을 향상시킬 수 있다.

첫째, 세계적인 경기불황과 소비위축은 기업의 도산과 폐업으로 실업자를 양산하거나 구조조정으로 일자리를 줄어들게 한다. 특히 베이비부머 세대들의 정년퇴직이 시작되면서 고용연장을 위한 사회적 안전망 구축과 정책적 실천방안을 필요로 한다. 하지만 정부차원의 개선방안은 보이지 않으며, 창업이라는 보조적인 수단에 머물러 어려움을 가중시키고 있다. 반면에 미국과 일본, 유럽 등의 선진국들은 초고령화 사회의 진입을 예측하여 수십 년 동안 미리 준비하고 있다. 현재는 민간부문에서 그 역할을 대행하여 사회적인 제도로 정착되었지만 우리나라는 그 속도가 빠르게 확산되고 있음에도 이에 적절히 대응하지 못하고 있다.

둘째, 고용연장에 대해 기업 간 사회적 합의가 이루어지지 않아 대규모의 퇴직자들을 양산하고 있다. 문제를 해결할 뚜렷한 정부정책이 없는 가운데 기업 간 타협점도 찾지 못하고 있어 단기간에 고용을 연장하기 어려운 것이 현재의 상황이다. 부모세대가 퇴직해야만 자식세대가 일자리가 생기는 대물림현상의 악순환은 세대 간 갈등을 만든다.

셋째, 선진국 길목에 있는 대한민국 국민들의 평균수명이 길어지고 있다. 하지만 퇴직연령의 법적 연장속도는 늦어지고 있어 노후대비를 위한 안전기금은 전무한 실정이다. 정부는 국민연금을 장려하고 있지만 자금고갈에 대한 저항에 부딪히면서 관련 기관에 대한 불신은 깊어지고 있다. 이에 개인적 펀드나 예금, 적금, 부동산 등으로 노후설계에 의존하지만 현실적으로 퇴직 후의 대체방안은 전무한 실정이다. 노후불안은 퇴직환경에 대한 위기감으로 이어져 시니어 계층의 소비심리를 위축시키며, 경제적으로 여유 있는 세대들까지 보수적인 소비로 지갑을 닫게 한다. 이는 내수경기 진작과 활성화 차원에서 사회적 위협이 되고 있으며, 고용환경의 개선과 조기 퇴직연령 증가, 준비되지 않은 노후 등에 대한 해결책으로 창업을 선택하고 있다. 장기적인 전략차원에서 창업은 고용창출에 최선으로 제시되지만 청·장년층을 비롯하여, 시니어세대 등 전 계층의 필요성에 비해 제도적 지원이 부족한 실정이다.

글로벌 기업가정신모니터(GEM : global entrepreneurship monitor)는 세계 36개국을 대상으로 창업이 국가에 미치는 영향관계를 분석하였다. 분석결과 창업은 선진국의 경제성장에 긍정적으로 작용할 뿐 아니라 고용의 증대와 주민 만족도를 향상시킨다. 이러한 활성화는 사업체 수 증가와 일자리 창출로 국민들의 생활을 안정되게 하지만 글로벌 금융위기와 미국발 금리인상 등의 영향으로 세계적으로 가동되는 사업자 수는 계속 줄어들어 국가적인 위기의식을 가지게 한다(서울특별시 경제일자리 자료, 2016). 국민소득 3만 달러 시대를 달성하였지만 국민 행복도는 떨어져 빈익빈 부익부 현상이 뚜렷하다. 「2015년 세계행복보고서」(UN, 150개국 조사)에 따르면 한국은 41위로 높은 성취도에 비해 많은 스트레스를 가진 것으로 보인다. 이는 "한국 사회는 압력밥솥과 같다"는 말로 대변된다. 그렇다면 우리에게 남은 과제는 무엇일까? 성장을 유지하면서 삶의 질을 높이는 것은 새로운 수요를 만드는 것이다.

첫째, 창업은 고용창출을 통한 소득증대를 가능하게 한다. 둘째, 국가발전과 인재를 양성할 수 있다. 셋째, 국가산업의 균형 발전을 이룩할 수 있다. 넷째, 경제성장을 통한 수출증대와 국가발전에 기여할 수 있다. 다섯째, 새로운 제품과 서비스를 생산할 수 있다. 여섯째, 개인의 성취감과 욕구를 충족시킬 수 있다. 일곱째, 생업으로 시작하여 부를 창출할 수 있다. 여덟째, 자신의 꿈과 희망을 달성할 수 있다. 아홉째, 독립적으로 하고 싶은 일을 할 수 있다. 열 번째, 세계는 글로벌 4.0시대로 4차산업을 육성시킨다.

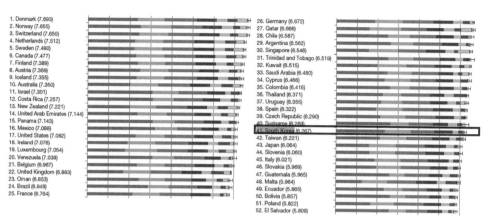

〈그림 2-1〉 Ranking of Happiness : 2010-12(2013년도 유엔보고서 자료실)

2. 창업효과

1) 일자리 창출과 소득증대

창업은 일자리를 창출하고 소득을 증대시킬 수 있기 때문에 각 국가들은 최우선 과제로 start-up을 장려하고 있다. 이는 시대적 소명으로 국가의 흥망성쇠를 좌우하기 때문에 유익한 정보를 활용하여 계속적으로 성장할 수 있게 해야 한다. 21세기에 세상을 움직이는 권력은 소비자들에게서 나온다. 사회적 네트워크망은 새로운 세상을 열어가는 동인(動因)이 된다. 최근 소비자의 희로애락(喜怒哀樂)에 따른 호불호(好不好)는 빠르게 확산되고 있다. 개인적 아이템으로 완성한 조그마한 상품 하나라도 콘텐츠만 좋으면 얼마든지 성공할 수 있다. 지구상의 어느 작은 시골마을에서도 창의적으로 개발된 상품소재는 세계화를 가능하게 한다. 예를 들어 폭풍처럼 인기를 끌었던 '싸이의 강남스타일'은 누구에게나 비즈니스의 가능성을 보여주었다. 새로운 콘텐츠의 아이템은 글로벌화를 가능하게 한다는 것이다.

창업은 분명한 목적과 동기에서 시작된다. 목표고객의 성향과 개성, 특성을 조사하거나 컨설팅을 통해 성장 가능성과 타당성을 검증해야 한다. 경영과 마케팅 촉진 전략, 법률, 금융, 의료, IT, 세무, 노무, 관세 등 전 산업으로 개방되어 함께할 수 있어야 한다. 하지만 관련 법률에 근거한 전문적인 자격자를 양성하는 시장은 독점되어 있다. 과거보다 문호가 개방되었다지만 제한되거나 진입장벽을 높여 그들만의 지위를 고수함으로써 일반인들의 접근을 어렵게 한다. 산업을 육성하기 위해서는 진입장벽을 낮추거나 전문화를 통해 규모의 경제를 실현할 수 있어야 한다. 특히 전문 자격사의 독점적 규제를 철폐하여, 누구나 참여할 수 있는 개방성이 필요하다.

전문가 동업제도(multi disciplinary practice)를 통해 경쟁력을 강화하는 것도 하나의 방법이다. 기업의 사회적 참여는 이미지 개선과 브랜드 인지도를 향상시켜 세계화를 가능하게 한다. 따라서 정부정책과 민간기업의 자발적 참여, 사회적 공익단체의 유기적인 결합 등을 통해 그 효과를 나타낼 수 있다.

2) 우수인재 육성

대한민국을 경제대국으로 성장시킨 원동력은 우수한 인재육성에 있었다. 인재양성은 대학의 혁신적 사고에서 가능하며, 미래를 위해 꼭 필요한 일이다. 최근 상위 10% 대학은 국제적인 수준을 유지하지만 하위 50%의 대학은 매우 열악한 환경에서 글로벌화를 지향하고 있다. "가장 한국적인 것이 가장 세계적"이라는 말도 있지만 차별화는 틈새시장의 선택과 집중을 통해 이룰 수 있다. 대부분의 대학들은 창의성보다 무조건적으로 따라 하기식 교육방법이나 영어권 인재를 중용하는 만능주의에 빠져 있다. 학생 개개인의 열정과 도전정신, 창의성은 무시되면서 사회에 적응하지 못한 졸업자를 양산한다. 양질의 일자리를 찾지 못할 뿐 아니라 유통 및 서비스기업 등 단순 노무직이나 파트타임, 아르바이트로 불안하게 생활한다. 또한 공무원 지상주의에 빠져 단과반, 기숙사반, 고시촌 등으로 부모님 걱정을 가중시키고 있다.

대학정보를 공시하는 '대학 알리미'는 2015년도 대학생들의 평균 취업률은 54.8%라 하였다(2015). 졸업생 중 취업 대상자(진학자 · 입대자 · 외국인 유학생 등 제외)의 비율은 직장의 건강보험 가입자와 해외취업자 · 영농업 종사자 등으로 산출한다. 수도권(서울, 인천, 경기)은 54.1%, 비수도권 대학은 55.2%로 지역 간 차이는 없는 것으로 나타났다. 지역대학의 취업률이 가장 높은 학교는 건양대(74.5%), 취업률이 가장 낮은 대학은 공주대(47.2%)이며 우송대(73.4%), 대전대(62.2%), 한밭대(61.9%), 중부대(58.9%), 배재대(57.1%), 목원대(56.0%), 한남대(52.6%), 충남대(48.5%) 순으로 낮게 나타났다.

교육부의 2015년 한국교육개발원 취업 통계시스템은 4년제 대학 186개, 전문대학 147개교의 취업률 조사결과로 학교 규모별로 4년제 일반대학과 산업대학을 4개 그룹, 전문대학을 3개 그룹으로 나누어 공개하였다. 4년제 대학의 가그룹은 졸업자 3,000명 이상인 34개교와 나그룹은 2,000명 이상 3,000명 미만인 대학 26개교로 분류하였다. 다그룹은 1,000명 이상 2,000명 미만인 62개교와 라그룹의 졸업자 1,000명 미만의 64개교이다. 가장 큰 규모인 가그룹 취업률 1위는 69.3%를 기록한 고려대이며,

순위	학교명	취업률(%)	진학률(%)
1	고려대학교	69.3	23.9
2	성균관대학교	66.5	17.3
3	연세대학교	64.1	23
4	서울대학교	61	34.7
5	인하대학교	60.2	12.8
6	한양대학교	58.7	15.1
7	가천대학교	56.7	5
8	인천대학교	56.5	4.7
9	동의대학교	55.5	3.1
10	조선대학교	55.4	8.4
11	한국외대	54.2	9.5
11	원광대학교	54.2	9.5
13	국민대학교	53.6	9.6
14	동아대학교	53.5	5.8
15	건국대학교	53.1	9.3
16	울산대학교	53.1	5.3
17	부경대학교	52.3	8.2
18	대구대학교	52.2	4.7
19	계명대학교	52.1	5.3
20	부산대학교	52	14.6
21	전남대학교	51.4	10
22	단국대학교	51.3	9.8
23	영남대학교	50.8	6.9
24	경희대학교	50.6	10.8
25	경북대학교	49.7	10.5
26	충남대학교	48.5	14
27	중앙대학교	48.3	9.7
28	강원대학교	48.2	8.6
29	청주대학교	47.8	3.8
30	충북대학교	47.7	11.3
31	이화여대	47.5	22.5
32	공주대학교	47.2	6.8
33	전북대학교	47.1	11.5
34	명지대학교	46.6	8.1

▲대학·산업대학 가 그룹(졸업자 2000명 이상 3000명 미만) 취업률. 〈대학신문〉 제공

순위	학교명	취업률(%)	진학률(%)
1	전주대학교	65.2	4.3
2	서울과기대	62.5	6.2
3	대전대학교	62.2	4.2
4	호서대학교	61.6	5
5	대구가톨릭대	61.4	7
6	동국대학교	61.3	10
7	아주대학교	58	15.3
8	동서대학교	57.9	2.9
9	순천향대학교	57.6	5.7
10	세종대학교	57.4	10.9
11	인제대학교	56.8	6.9
12	신라대학교	56.7	4.6
13	경성대학교	56.5	4
14	숭실대학교	56.2	8
15	홍익대학교	54.5	8.4
15	남서울대학교	54.5	2.1
17	한남대학교	52.6	7.1
18	경기대학교	52.5	4.2
18	경남대학교	52.5	2.6
20	백석대학교	51.9	3
21	한양대(분교)	51.5	10.2
22	제주대학교	50.5	5.4
23	숙명여대	48.3	11
24	경상대학교	46.8	9.1
25	성신여대	46.7	7.4
26	수원대학교	41	5

▲대학·산업대학 나 그룹(졸업자 2000명 이상 3000명 미만) 취업률. 〈대학신문〉 제공

성균관대(66.5%), 연세대(64.1%), 서울대(61.0%) 순으로 나타났다. 충남대는 취업률 48.5%, 공주대(47.2%), 명지대학교(46.6%) 순으로 낮은 것으로 나타났다.

가그룹은 수도권 대학으로 취업률은 대체로 높았다. 부산대 52%(20위), 전남대(51.4%) 21위, 영남대(50.8%) 23위, 경북대(49.7%) 25위, 강원대(48.2%) 28위, 청주대(47.8%) 29위, 충북대(47.7%) 30위, 전북대(47.1%) 33위이며, 졸업자 2,000명 이상 3,000명 미만인 나그룹에서는 전주대(65.2%)가 1위, 서울과기대(62.5%)가 2위, 대전대(62.2%)는 3위, 호서대(61.6%) 4위, 순천향대(57.6%) 9위로 나타났다. 졸업자 1,000명 이상 2,000명 미만인 다그룹 62곳 중 건양대(74.5%)가 1위, 한국산업기술대가 2위, 호원대 3위로 나타났다.

정부 부처마다 취업률 산출방식이 달라 대학과 학생, 학부모들은 혼란스러워한다. 교육부는 각 대학 취업률 계산에서 건강보험가입자와 해외 취업자, 영농업 종사자만을 취업자로 인정한다. 반면에 통계청은 상용근로자 외, 일반적으로 4대 보험 가입이 어려운 임시직·일용근로자·자영업자·무급가족 종사자까지 포함하였다. 따라서 정부가 발표하는 실업률·고용률·취업률은 현실을 제대로 반영하지 못한다는 지적이다. 특히 예체능·인문계열에 4대 보험자만을 취업자로 인정할 경우 현실을 제대로 반영하지 못하게 된다. 예체능은 취업하더라도 4대 보험 가입을 하지 않거나 직업 특성상 보험 가입이 어려운 직종이 많기 때문이다.

대학 담당자는 "4대 보험 가입자만 취업자로 인정할 경우 취업률 파악에 오류가 생길 수도 있다"며 영문과를 나와 영어 학원강사로 취업했을 때 작은 학원의 경우 4대 보험 가입을 해주지 않는다는 것이다. 지역대학의 한 교수는 "취업률이 대학평가의 잣대가 되니 취업률에 목맬 수밖에 없는 구조"라고 한다. 따라서 공정한 취업률 산정을 위한 제도적 보완이 필요하다.

첫째, 교수를 채용할 때 표준으로 하는 평가제도를 개선해야 한다. 예를 들어 대한민국 대학생들은 무조건적으로 영어(원서)수업을 통한 주입식 교육보다는 개인적 역량을 발휘할 수 있는 창의적 시스템과 재능 발굴, 진심어린 소통, 관심받기를 원한다. 좋은 학교 출신의 교수가 훌륭한 인재를 양성하는 것은 아니다. 학생들의 주된 관심사를 파악하여 사회에 기여할 수 있는 눈높이 교육이 필요하다.

둘째, 대학의 특성화를 위한 제도적 정착이 필요하다. 구조조정을 통한 국립대학 법인화와 광역단체, 시, 군, 구의 지원을 받는 대학들에게 선택권을 주어 문호를 개방해야 한다. 글로벌 세상의 핵심은 특성화로 스스로 경쟁할 수 있게 하는 것이다. 좁은 땅과 밀집도 높은 수도권 편중현상을 해결하기 위한 선택과 집중을 필요로 한다. 따라서 세계화를 지향하는 연구중심, 교육중심, 기술중심대학으로 재편되어야 한다.

셋째, 휴직기의 여성인력을 활용해야 한다. 경제성장을 활성화시키기 위해서는 여성인재를 활용하는 정책이 필요하다. 육아휴직으로 인한 30~40대 고학력 여성들에 대한 제도적 지원이 필요하다. 대한민국 고용률은 2013년 64.2%로 OECD 평균 64.8%이지만 여성 고용률(53.5%)은 상대적으로 낮다. 같은 기간 일본보다 6.8% 낮으며, 25~30세 여성 고용률은 68%지만 30~35세는 54.8%로 떨어진다. 이들은 육아 때문에 직장을 그만두고 있다. 2017년 4월 경제활동 인구는 43,442천 명으로 남자 21,298(74.7%), 여자 22,144(52.7%)로 나타났다(통계청, 2016). 육아와 직장을 병행하는 것은 어렵다. 법적, 제도적인 장치와 사회적 현상, 문화 등의 문제점을 극복하기 위한 가부장적 제도를 개선하여 가사 및 양육 부담에 대한 책임을 남성과 나누어야 한다. 또한 생애주기에 따른 취업, 출산, 양육을 쉽게 할 수 있도록 노동시장을 유연하게 운영해야 한다.

예를 들어, 자녀를 등교시킨 후 남편과 함께 출근이 가능한 시스템을 구축하거나 남편 출근 후 오전 10시에 일을 시작하여 자녀가 학교에서 돌아오기 전인 오후 4시에 퇴근할 수 있는 파트타임 고용 등을 통하여 제도적으로 보장받게 해야 한다. 시간제, 기간제, 파견노동 등 업종별, 성별, 연령별로 그 특성을 살려 다양한 형태로 확대해야 한다. 정규직, 비정규직 관점이 아니라 노동시장의 수요와 공급 측면에서 유연성을 가지고 합리적인 제도를 만들어야 한다.

3) 대한민국의 균형발전

창업은 국가의 균형발전을 가능하게 한다. 지역경제 활성화를 위해 17개 시·도별로 주요 대기업과 연계한 센터를 설립했다. 상품개발과 판로를 위한 해외시장 진출, 수익모델 등 창조경제 혁신센터와 연계한 1대1 전담지원체계를 구축하였다. 대기업은 중소창업 벤처기업의 아이디어 지원을 구체화하고 우수기술을 직접 매입하거나 지분 투자를 늘리는 등으로 활성화시키고 있다(박근혜 대통령 청와대영상 국무회의, 2014).

지역별로 대전은 SK와 KT, 대구·경북은 삼성전자, 부산은 롯데유통, 경남은 두산기계장비, 인천은 한진항공, 경기는 KT의 IT서비스, 광주는 현대자동차, 전북은 효성탄소섬유, 전남은 GS건설과 에너지, 충북은 LG전자 바이오산업, 충남은 한화의 태양에너지, 강원은 네이버 IT서비스, 서울은 CJ문화, 울산은 현대중공업, 조선, 기계, 제주는 다음 IT서비스, 세종은 SK와 KT가 지역거점 역할로 균형발전을 선도하고 있다.

국가균형 발전정책은 참여정부가 역점을 둔 3대 국정과제의 하나로 지역 간 불균형을 극복하면서 모든 지역이 잘사는 사회를 건설함으로써 국민통합을 실현하는 것을 목표로 하였다. 막대한 인력과 예산이 투입되는 균형발전정책을 포함하며, 2018년까지 추진하도록 하였다. 내용과 추진방식은 남성적 세계관이 주도하는 산업화, 도시화의 패러다임에서 크게 벗어나지만 기술과 산업, 문화 등의 주요 정책은 통합적으로 개선하는 것이 중요하다. 지역 특성을 배제한 채 결정되는 정책은 효율성 측면에서도 한계를 가질 수 있지만 대기업 지원은 균형발전에 긍정적이다.

4) 경제성장과 국가발전

창업은 생산성을 증대시켜 경제성장과 국민경제를 부흥시킨다. 국가 및 1인당 GNP(gross national product)의 지속적인 증가현상은 재화나 서비스의 생산성을 결정하는 유효수요를 늘려 성장성을 향상시킬 수 있다.

첫째, 인구증가로 인한 노동력은 생산성을 향상시킬 수 있다. 소비시장의 성장은 투자를 확대시킨다. 둘째, 기술혁신은 새로운 산업의 생성과 운영방법을 개선시킨다. 셋째, 투자는 고용량을 증대시킬 뿐 아니라 자본 집약도를 높인다. 넷째, 산업구조의 고도화는 소득이 높을수록 생산성의 평균치가 높아진다.

제2차 세계대전 후 전자와 석유화학을 중심으로 기술 혁신기에 접어들면서 선진국의 경제는 비약적으로 성장하였다. 개발도상국은 저율을 면치 못하면서 성장의 한계를 가졌지만 1인당 실질 국민총생산은 증가로 나타났다. 소득증가는 기술혁신과 생산조직의 변화차원에서 양적 증가뿐만 아니라 제도적 구조를 포함하여 성장시켰다.

대한한국은 60년대에 경제발전 5개년계획으로 '한강의 기적'을 이루면서 세계의 이목을 끌었다. 정치적 리더십과 개발추진력, 국민들의 강인한 생활의지 등은 '잘살아보자'는 공감대를 형성하면서 국가적 당위성으로 달성할 수 있었다. 한편 저렴한 노동력을 기반으로 한 기술혁신은 전문인력 양성에 크게 기여하였다. 하지만 급격한 경제성장은 빈부격차와 물질만능주의를 만연시켜 사회정의 차원에서 타락하게 했다. 도시의 인구 편중화현상과 농촌인력 부족, 환경오염 등의 문제점들은 새로운 정책과 경제구조를 필요로 한다.

5) 제품과 서비스 제공

창업은 새로운 제품 생산과 서비스 제공을 가능케 한다. 스타트 업은 전 세계적인 트렌드로 국가적 의제가 되었다. 최근 신생 벤처기업을 포함하여 MIT 스타트 업이 주목받고 있다. 졸업생들의 창업률이 증가하는데 성공한 기업가들 중 동문기업을 포함하면 세계 11위 국가의 경제규모와 맞먹는다. 그렇다면 왜 MIT에서는 기업가들이 많이 나올까? 똑똑하다는 이유만으로 다른 대학의 우수한 학생들과의 차이를 설명할 수는 없다. 이들에게는 기업가 정신과 창업바이러스가 있으며, "나도 할 수 있다"는 자신감이 퍼지고 있다. 이는 체계적인 강의와 경진대회, 산학 프로그램으로 연결되기 때문이다.

학생들의 열정과 도전정신에 자극받은 교수진은 프로그램을 개발하여 더욱 높은 수준의 강의로 화답한다. 이러한 과정을 통해 세계적인 기업가가 탄생하며, 긍정적인 자극의 매개체가 되어 선순환식 피드백으로 연결된다. 'MIT 스타트 업 바이블'은 24단계의 과정을 6가지 테마로 실시한다. 일종의 지도서와 같으며, 단계마다 창업을 준비하는 데 필요한 사항들을 점검할 수 있다.

첫째, 고객이 누구인가? 시장세분화를 통해 자사고객의 거점시장을 선택하며, 최종 구매자의 특징을 조사하고 구체화시킨다. 유효시장의 총규모와 크기를 통해 촉진전략을 추진한다. 둘째, 고객을 위해 무엇을 할 수 있는가? 전체 고객의 생애주기에 따라 구매사용자의 특성, 프리미엄 제품에 대한 가치기준을 정량화하였다. 핵심역량에 대한 선택과 집중으로 경쟁우위를 누릴 수 있는 전략을 제시한다.

셋째, 고객이 제품을 어떻게 획득하는가? 구매고객의 태도와 습관, 역량, 의사결정 단위를 분석하여 전사적으로 지원한다. 이를 바탕으로 전 사원의 영업 프로세스를 설계한다. 넷째, 수익창출 전략은 무엇인가? 이익을 위한 비즈니스모델을 설계하며, 상품, 가격체계를 수립한다. 고객의 생애주기와 수요를 예측하여 획득비용을 분석한다.

다섯째, 어떤 과정을 거쳐 제품을 기획하여 설계할 수 있을까? 핵심가설을 설정하여 검증을 통해 체계화시킨다. 여섯째, 어떻게 사업을 확장할 것인가? 현재시장을 통해 미래수요와 규모를 전망한다. 철저한 자료분석과 데이터를 통해 제품계획과 생산성을 향상시킨다.

창업, 성공하려면 나의 고통과 고객의 불편을 매칭하라

(MIT 경영대학원, 빌 올렛(Bill Aulet) 교수, 매경 MBA, 2015. 10. 16.)

미국에서 성공한 Dollar Shave Club은 면도기 '구독 서비스'를 제공한다. 소비자는 매달 같은 시점에 면도기를 배송받는다. 마이클 더빈은 기존 면도기 가격이 비싼 데 착안하여 회사를 창업했다. 남자들이 매일 반복적으로 사용하는 면도기의 효용가치를 따질 때 만족할 만한 가격의 면도기가 없다는 것과 본인이 불편함을 느낀 것이 계기가 되었다. 창업 후 브랜드파워는 조금 떨어지지만 품질 좋은 면도기업체와 손잡고 저렴한 가격에 소비자의 집으로 배달하는 사업이다. 다수의 소비자들은 면도날이 떨어질 때마다 마트에 가야 하는 고통에서 벗어났다. 즉 개인적 '불편함'을 해결함으로써 다수의 '고통'을 해결한 셈이었다.

미국에 처음 등장한 Boo.com(1998년)은 e-커머스 시장에서 혜성같이 나타났다. 다양한 패션 브랜드를 하나의 플랫폼에 모아 판매하면서 편의성을 높인 3D기술과 실제 사용자들의 쇼핑을 돕는 명확한 목표를 제시했다. 하지만 몰락했다. 소비자들이 가장 중요하게 생각했던 3D기술은 에러 투성이다. 소비자들이 원하는 스타일은 모델 출신 창업자가 원하는 화려함이 아니라 불편을 해결해 주는 것이다. 하지만 자신의 욕구와 만족에 집착하면서 몰락하였다.

달러 셰이브 클럽과 부닷컴은 창업자의 불편과 불편함에서 아이템을 찾았다. 기존 면도기 가격이 너무 비싼 것과 온라인 쇼핑 때 일일이 브랜드를 찾아 다녀야 하거나 실제 피팅룸에서 입어볼 수 없는 것이 창업의 동기였다. 스타트 업이 거대 회사들과 경쟁하려면 입소문이 필수다. 부닷컴은 슈퍼모델 출신인 창업자 개인의 취향을 대중 소비자의 취향보다 우선시하면서 문제점을 노출하였다. LVMH와 같은 명품 브랜드와 제휴, 투자유치 등 미디어에서 화제가 되었지만 3D기술이나 플랫폼 등 제품의 안정성 측면을 무시한 것이 실패원인이 되었다.

Aulet 교수는 "창업자가 느끼는 불편이나 결핍에서 시작점을 찾는 것은 좋은 방법이지만, 성공을 이끄는 것은 고객과 시장의 불편을 얼마나 잘 해결해 주는가에 달렸다"고 하였다. 반짝이는 아이템을 갖고 시작했지만 초반에 잘 나가다가 무너지는 것은 자신의 고객이자 시장이라는 것을 간과했기 때문이다. 아이디어는 지나치게 과대평가되었지만, 정교한 비즈니스 모델을 만들어 '상업화(Commercialization)'해야 한다. 핵심 고객이 누구인가를 딱 한 명에게 정확하게 표현할 수 있어야 한다. 우리

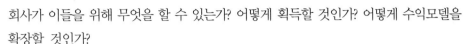

회사가 이들을 위해 무엇을 할 수 있는가? 어떻게 획득할 것인가? 어떻게 수익모델을 확장할 것인가?

▶ 스타트 업에서 떠오르는 것은 아이디어나 기술, 지적재산권 등이 핵심키워드이다. 하지만 상업화로 이어지지 않으면 혁신은 제로(0)가 된다. 인터넷에서 키워드를 검색하면 광고비가 나가는 '키워드 검색기술'은 오버추어가 개발했다. 결국 시장의 승자는 상업화에 성공한 구글이나 네이버이다. 상업화 과정은 길고 지루하며, 복잡하다. 내가 아닌 남(고객)을 이해하면서 불편함과 부족함을 해결해 주어야 한다. 고객 불편은 비즈니스가 성립되는 필수요건이다. 아이디어가 좋다고 다 성공하는 것은 아니다. 성공은 지름길이 없다. 고객과 시장 중 어느 하나라도 적당히 처리하거나 운 좋게 무시하고서는 성공할 수가 없다.

▶ 스타트 업은 언제나 존재해야 하며 유행처럼 번져야 한다. 용감하게 혼자 해야 하거나 카리스마, 대담한 사람, 타고난 유전자가 있어야 성공한다지만 그것은 오해이다. 때론 진실처럼 받아들여져 창업할 엄두를 못 내고 있다. 한 명의 천재나 괴짜의 전유물이라고 생각해서는 안 된다. 현대는 무조건적으로 팀워크를 구축해야 한다. 카리스마가 넘치면 유리하겠지만, 소심하고 조용한 성격의 소유자라도 그에 맞는 사업을 할 수 있다. 천재처럼 우러러보는 성공자들도 우리와 다르지 않다. 철저한 시장 조사와 고객 분석으로 비즈니스화를 가능하게 해야 한다.

▶ 계속적인 아이템을 찾는 것이 중요하다. 쉬운 일은 아니지만 누구나 능력은 가지고 있다. Ideation수업에 들어가면 '마땅한 아이디어가 없어요!'라는 학생들이 많다. "요즘 불편한 것이 무엇인지 말해보라." 하면 학교정문이 멀다, 차량교행이 많다, 담배연기, 소음, 주차 및 요금, 교통편 등에 대해 이야기한다. 본인의 불편, 결핍, 문제점을 공감하는 학생들끼리 그룹을 지어 해결책을 생각해 보는 것이 시작이다. 엉뚱하거나 미쳤다고 할 만큼 기이한 것도 있지만, 솔루션을 제시할 수 있다면 그것이 훌륭한 아이템이 된다. 하지만 결핍을 통해 얻는 아이디어는 이를 확장하는 데 한계가 있다.

---

(1) 우리 고객은 누구인가?

고객을 위해 무엇을 할 수 있는가? 우리 상품과 서비스를 획득하는 과정을 어떻게 만들어줄 것인가? 수익은 어떻게 창출할 것인가? 제품기획과 설계, 비즈니스를 어떻게 확장할 것인가를 알아야 한다. 그것은 고객의 니즈를 파악하는 데서 시작된다. 창업자들이 저지르는 가장 큰 오류는 모든 사람이 내 고객이라는 원대한 포부이다.

처음 시작할 때는 수익을 실현할 수 있는 범위 내에서 가장 작은 고객군을 설정하는 것이 좋다. 차츰 이를 구체화하며, 성별, 연령별, 직업별, 학력별, 수입별, 주거지별, 학습별, 동기별로 개성의 특성을 분류하며, 여가문화와 트렌드, 스타일, 매체, 프로그램, 배경, 선호도 등을 포함시켜 꼼꼼하게 작성해야 한다.

예를 들어 베이스볼 뷔페라는 스포츠 포털사이트는 18~35세의 남성들을 타깃으로 하였다. 이후 사회 초년병으로 직장을 구한 안정된 수입원으로 범위를 좁혔다. 자연스럽게 25~35세의 연령대와 연봉 7만 5,000달러의 고객군으로 세밀하게 설정하여 생산, 유통, 판매, 마케팅 전략을 수립했다. 최종적으론 딱 한 명의 '고객모습(persona)'을 만들어야 한다. 한 명만 봐도 우리 고객의 성향을 볼 수 있게 해야 한다.

(2) 시장분석은 어떻게 시작하는가?

시장분석은 총 유효시장의 규모로 시장점유율이 100%에 도달할 때 달성할 수 있는 연매출을 말한다. 미국에선 2,000만~1억 달러 미만의 시장을 스타트 업의 적정 규모로 이야기하지만 500만 달러 이상만 되어도 괜찮다고 분석한다.

예를 들어 온디맨드코리아(www.ondemandkorea.co)는 한국 드라마 서비스를 VOD로 제공하는 업체이다. 총 유효시장 규모는 재미 한국인 숫자를 조사한 결과 170만 명으로 나타났다. 누락된 숫자까지 일일이 찾아내 최종적으로 250만 명 정도가 전체 규모로 조사되었다. 이들 중 웹사이트 방문이 가능한 사람은 120만 명, 목표고객으로 잡은 25~30세 여성은 40만 명으로 결론지었다. 고객 세분화를 통해 목표고객 1인당 예상 연매출액은 15달러로 계산했다. 방문광고수익을 월 1.25달러로 추산한 결과 600만 달러(40만 명 × 15달러)가 되었다. 시작하기엔 충분하였지만 총 유효시장 규모를 알고 나서는 하나의 거점시장(Beachhead Market)을 정했다. 나머진 다 버리고 시장 내 끊임없는 인터뷰와 조사, 연구분석을 통해 성공할 수 있었다. 그렇다면 고객과 시장을 분석하는 궁극적인 이유는 무엇일까? 그것은 이들로부터 수익을 얻기 때문이다.

고객과 시장을 조사 분석하는 것은 비즈니스 모델을 설계하는 가장 중요한 포인트이다. 많은 사람들은 가격에 대한 전략을 저가, 고가, 중저가, 공짜, 할인 1 + 1, 적립 등으로 오해하고 있다. 구글이 등장하기 전 검색엔진들은 최대한 많은 배너광고를 한 페이지에 넣는 데 몰두했다. 하지만 구글은 기존모델을 파괴하고 고객이 검색하는 키워드에 따라 배너광고가 나올 수 있게 했다. 기존보다 정확하게 고객의 마음을 끌면서 이익을 증가시켰으며, 그들에게 가치를 충족시켜 주면서 수익으로 전환하는 비즈니스 모델을 개발했다.

스타트 업은 위기를 맞이한다. 초기에는 실패고민의 여유조차 없지만 미래를 위해서는 시작단계부터 생각해야 한다. 거점시장을 정복한 후 어느 시장으로 확장할 것인가? 기존 고객에게 더 고급스러운 제품을 판매할 수 있는 업 셀링(up selling)전략을 사용할 것인가? 동일 제품으로 인접시장에 진출할 것인가? 장수기업으로 성장하기 위해서는 핵심역량을 키워야 위기를 극복할 수 있다. 하지만 핵심역량(core competence)을 잘못 이해하는 경우도 있다. 빠른 변화로 시장의 정확한 예측이 어려워지면서 외부환경에 치중하던 경영전략은 지양되어야 한다. 잘하는 기술을 말하는 것이 아니라 경쟁기업보다 우월한 능력으로 고객을 만족시킬 수 있는 원천을 보유해야 한다. IBM은 원래 컴퓨터 회사지만 '기술서비스'는 버리지 않았다. 핵심역량을 발견하여 전사적으로 이용할 때 제품과 서비스를 연계한 디자인을 통해 상업화(commercialization)를 이룰 수 있다.

예를 들어 비즈니스를 담당하는 허슬러(Hustler)는 머리를 담당하는 추진자이며, 기술을 담당하는 해커(Hacker)와 디자인을 담당하는 힙스터(Hipster)가 그들의 핵심이다. 한 사람이라도 빠지면 성공을 보장하기 어렵다. MIT는 융합(convergence)을 강조한다. 핵심역량을 가진 인물들을 고루 배양하고 이들이 함께 일할 수 있게 해야 한다. 사업이 성공하려면 핵심인물들을 최대한 많이 보유해야 한다. MIT가 공동창업자 찾기라는 프로그램으로 팀을 구성하는 것도 이 때문이다. 이러한 팀은 없던 아이디어도 만들어낼 수 있기 때문이다.

6) 성취욕구(need achievement) 충족

심리학자 Murray(1938)에 의해 소개된 성취욕구는 개인의 꿈과 희망을 이루는 목표과정이다. 한 개인은 사회적 장애를 극복하고 능력을 발휘하면서 문제를 해결한다. 목표달성은 강한 욕구로 어려운 과업을 수행하면서 성취하고 싶은 인간의 내면에서 시작되었다. 결과보다 과정에서 만족을 얻으며, 가능한 동기로 조직 구성원들의 친화력을 이끌 수 있다.

국가의 경제력과 국민들의 성취욕구 사이에는 강한 동기의 상관관계가 있다. 성취감이 높은 국민이 많을수록 경제는 부강하고 번영한다(McClelland, 1962). 기업가나 경영자들은 높은 동기를 가졌으며, 국가나 사회, 가정 등에서 유익한 경제활동을 수행하는 데 필요한 문화적 기반을 통해 상호작용하게 된다. 반면에 매슬로는 인간은 태어나면서부터 욕구를 가지고 태어나 시간이 지나면서 자신의 만족도에 따라 그 중요성이 다르다고 하였다. McClelland가 제시한 작업환경과 관련된 성취동기의 3가지

욕구이론(three-needs theory)을 제시하면 다음과 같다.

(1) 성취욕구(needs for achievement)

성취욕구는 어려운 일을 성취하려는 것으로 물질이나 사상, 인간행동 등을 지배, 조종, 관리하는 업무를 독자적으로 해결하려는 것을 말한다. 스스로 능력을 발휘하여 자긍심을 높이며, 강한 책임감으로 적극적인 자세와 수용, 즉각적인 피드백 행동을 해야 한다. 남보다 뛰어나지만 표준에 맞는 성공추구 성향으로 보상을 바라기보다는 성취감으로 만족한다. 성취욕구가 높은 개인은 더 나은 것을 추구하려는 욕망과 문제해결능력, 책임감, 도전적인 목표를 설정하는 데 최선을 다한다.

성공 자체에 따른 보상에 기반을 두기보다 업무달성에 가치를 두며, 우연한 성공을 좋아하지도 않지만 타인행동으로부터 특정 결과가 나타나도록 내버려두기보다 문제에 대한 해결과정을 즐긴다.

사례 2

대학생들은 경제적인 이익이 아니라 자아성취감을 실현하기 위해 돈 아닌 꿈을 위해 창업한다(한국경제신문, 2016. 12)

고용노동부는 창업을 하였거나 할 예정인 대학생 400명을 조사하였다. 창업 동기는 자신의 아이디어나 라이프스타일 구축, 전문영역 개발과 같은 '자아실현'의 응답이 전체의 70%이며 성공을 의미하는 명예나 경제적 이익은 19.7%로 나타났다. 자신이 생각하는 성공기준은 자신이 좋아하는 일과 회사를 키우면서 얻는 성취감으로 보는 대학생이 전체의 74.4%를 차지했다. 성공과 명예는 '친구보다 많은 돈을 벌었을 때'가 14.3%였다. 이들은 실패에 대한 두려움이 컸다. 실패에 대한 지각수준은 62.4%로 '매우 또는 약간의 치명적'일 것이라 하였다. '별로 또는 전혀'라고 생각하는 사람은 17.7%였다. 성공창업을 위해 가장 지원받고 싶은 것은? 자본금, 시설비 등의 물질적인 지원이 49.1%, 교육훈련, 컨설팅 등의 '소프트웨어 지원'은 46.4%로 나타났다. 성공의 장애요인은 창업지식 부족(30.6%), 자금조달 부족(29.4%)으로 나타났다.

(2) 권력욕구(needs for power)

권력욕구가 강한 사람은 리더가 되어 남을 통제하거나 지배할 수 있는 위치를 선호한다. 타인행동, 생활방식 등을 규제할 수도 있지만 책임감과 경쟁의식으로 일과 지위 모두를 성취하려는 경향이 높다.

(3) 소속욕구(needs for affiliation)

소속욕구가 강한 사람은 타인과 좋은 관계를 유지하려는 경향이 높다. 친절과 동정심, 배려에 따른 관심도에 민감하며, 높은 친화력으로 우호적인 성향을 가지고 있다. 경쟁상황보다 협력하는 것을 선호하며, 커뮤니케이션을 통해 집단 간 업무수행을 완성하는 능력이 뛰어나다. 하지만 동기가 부족하면 그것을 채우려는 개인성향이 높아 마찰이 일어날 수 있다. 이는 매슬로가 제시한 욕구 5단계와의 차이라 하겠다. 성취욕구가 강한 사람은 업적과 명성, 재산 등 외적인 보상에 연연하지 않고 어려운 일을 극복하면서 이를 성취하는 과정을 중시한다.

〈성취동기의 행동특성〉

첫째, 보상이나 지위보다 목표달성을 통한 성취감에 더 높은 가치를 두며, 과업 지향적이다.

둘째, 성취가능한 적정한 모험으로 계산된 위험을 감수하는(calculated risk) 모험가적인 특성이 있다.

셋째, 성취가능한 자신감과 능력으로 스스로 완성하기를 바라며 도전적인 일에 흥미를 가진다.

넷째, 열정적이거나(energetic) 활동적(activity), 혁신적(revolutional)인 성격을 가지고 있다.

다섯째, 업무에 대한 충분한 지식으로 준비되어 있을 뿐 아니라 강한 책임감을 가져 다른 사람들의 개입을 싫어한다.

여섯째, 모든 일에 관심도가 높을 뿐 아니라 결과에 대한 수용과 책임감 등으로 즉각적인 피드백을 제공한다.

일곱째, 미래지향적인 계획설계와 조사분석으로 업무추진력을 가지고 있다.

7) 부의 창출

창업활동을 통한 기업의 신생률과 소멸률은 하락하고 있으며 활력도 차원에서 선진국보다 빠르게 하락하고 있다. 신규 사업자로 나타나는 신생률은 2001년 28.9%에서 2013년 20.2%로 하락했다가 2016년 26.5%로 증가하고 있다. 소멸률도 동 기간 대비 21.6%에서 16.7%로 낮아졌다. 반면에 국내 신규사업자(사업자 등록 기준)는 2002년 123.9만으로 최고치를 기록하였지만 2007년 이후 100만 개 수준을 유지하다가 2016년 120만으로 최고치를 기록했다. 하지만 폐업자 수는 빠르게 증가하여 2013년 89.7만 개였지만 2016년에는 110만 개로 최고치를 경신했다. 신생기업과 소멸기업 간 격차도 2016년 이후 꾸준히 줄고 있다(서울특별시 경제일자리 자료, 2016).

창업활동은 선진국 대비 하락세를 나타내고 있다. 글로벌기업가모니터(GEM : global entrepreneurship monitor)는 대한민국 초기 창업활동이 2001년(12.3%), 2013년(7.0%)에 하락한 반면에 미국, 독일, 일본 등은 상승하였다. 초기 창업활동비율(TEA : total early-stage entrepreneurial activity)은 18~64세 인구 중 현재 사업을 시작하였거나 40개월 이하로 경영하는 경우가 높게 나타났다. 활력을 높이기 위해서는 멘토링제도와 상권 및 입지, 점포분석, 고객서비스 등의 활성화 필요성이 제시된다.

첫째, 성공 창업가를 발굴하여 동기부여와 인센티브 제공, 교육기회 확대 등을 강화해야 한다. 성공 스토리는 사회적 롤 모델이 될 수 있다. 조기발굴을 위해 초·중 과정부터 직업의식과 창업관을 교육할 필요성이 있다. 기업 공개의 날(company open days)을 지정하여 정기적인 방문과 학생 및 창업가의 만남을 장려하는 교류의 장을 만들어야 한다.

둘째, 창업기업의 생존율을 높일 수 있는 밀착형 멘토링제도를 정착시켜야 한다. 3년이 지났을 때의 생존율이 40% 초반으로 낮은 만큼 기업의 점포경영에 필요한 상권 및 입지 분석, 경영관리, R&D, 코칭, 타 기업과의 네트워크 등 지속적으로 멘토링 지원서비스를 제공하여 안전한 경영을 가능케 해야 한다.

국세청 보도자료(2016. 7)

1. 생활밀접업종 전체 사업자 분석

① 30개 생활밀접업종 사업자는 132만 명, 전체 개인사업자의 24.7% 수준

- 우리나라 인구는 2009년 49,773천 명에서 2013년 50,663천 명으로 1.8% 증가하였으며, 2016년 51,55천 명으로 남자 21,298천 명, 여자 22,144천 명으로 나타났다. 전체 개인사업자는 2009년 4,874천 명에서 2013년 5,379천 명으로 10.4% 증가하였다. 2014년은 5,046천 명으로 3.1% 증가하였으며, 남자 3,050천 명(60.4%), 여자 1,995천 명(39.6%)으로 나타났다.

- 30개 생활밀접업종의 개인사업자는 2009년 1,259천 명에서 2013년 1,329천 명으로 5.6% 증가한 것으로 나타났다.

- 서울 지역은 사업자 수가 0.8% 증가한 데 반해, 제주 지역은 관광객 유입으로 14.0% 증가하였다.

<30개 생활밀접업종의 지역별 사업자 수 변화 추이>

(단위 : 명)

	30개 업종 사업자 수			인구 수		
	2009년	2013년	증감률	2009년	2013년	증감률
서울	244,313	246,148	0.8%	10,208,302	9,989,672	△2.1%
인천	64,067	66,621	4.0%	2,710,579	2,851,777	5.2%
경기	273,054	289,396	6.0%	11,460,610	12,133,582	5.9%
강원	52,738	54,958	4.2%	1,512,870	1,528,493	1.0%
대전	39,584	42,072	6.3%	1,484,180	1,521,699	2.5%
충북	44,020	46,744	6.2%	1,527,478	1,562,383	2.3%
충남	58,113	59,609	2.6%	2,037,582	2,033,818	△0.2%
세종	-	3,569	-	-	121,267	
광주	36,625	40,085	9.4%	1,433,640	1,463,770	2.1%
전북	47,102	51,259	8.8%	1,854,508	1,860,561	0.3%
전남	48,433	51,498	6.3%	1,913,004	1,893,578	△1.0%
대구	59,542	63,359	6.4%	2,489,781	2,481,553	△0.3%
경북	73,166	78,222	6.9%	2,669,876	2,681,479	0.4%
부산	83,380	88,086	5.6%	3,543,030	3,488,719	△1.5%
울산	29,446	31,464	6.9%	1,114,866	1,149,742	3.1%
경남	87,273	95,126	9.0%	3,250,176	3,312,399	1.9%
제주	18,244	20,796	14.0%	562,663	589,235	4.7%
합계	1,259,100	1,329,012	5.6%	49,773,145	50,663,727	1.8%

※ 2010년 충남에서 세종시가 분리됨

② 업종별 소비성향에 따른 사업자 수의 변화

☐ 2013년의 30개 생활밀접업종 사업자 수는 2009년과 비교할 때 업종별로 차이가 큰 것으로 나타났다.

☐ (소매업) 휴대폰 판매점 · 편의점이 큰 폭으로 증가

● 휴대폰 이용증가로 인해 휴대폰 판매점은 2009년 11,511개에서 2013년 17,974개로 56.1% 증가하였다.

● 편의점은 56.5% 증가(14,596개 → 22,842개), 식료품가게는 12.5% 감소하였다(68,800개 → 60,219개).

  * 음료, 식료품, 일용잡화 등을 같이 판매하는 소규모 가게, 유원지 매점 등

● 화장품가게는 2009년 27,181개에서 2013년 33,611개로 23.7% 증가하였고, 실내장식 가게는 2009년 19,752개에서 2013년 26,720개로 35.3% 증가한 것으로 나타났다.

〈30개 생활밀접업종 사업자의 변화 추이〉

☐ (서비스업) 미용실 · 세탁소는 증가, 이발소 · PC방 · 목욕탕은 감소

● 미용실은 2009년 66,759개에서 2013년 79,691개로 19.4% 증가하였으나, 이발소는 2009년 14,199개에서 2013년 13,131개로 7.5% 감소한 것으로 나타남

● 세탁소는 2009년 20,822개에서 2013년 22,457개로 7.9% 증가하였으며, 목욕탕은 2009년 6,704개에서 2013년 6,035개로 10.0% 감소하였음

● PC방은 2009년 14,212개였으나 2013년에는 11,535개로 18.8% 감소하였으며, 노래방은 2009년 34,238개에서 2013년 32,484개로 5.1% 감소한 것으로 나타남

□ (청소년 관련 업종) 교습학원 등은 증가, 서점·문구점은 감소

• 교습학원*과 예체능학원**은 2009년 44,333개, 47,080개에서 2013년 47,805개, 49,509개로 각각 7.8%, 5.2% 증가한 것으로 나타났다.

  * 입시학원, 외국어학원, 고시학원, 보습학원 등

  ** 체육·음악·미술·요리학원, 예체능 입시학원 등

• 서점은 2009년 8,986개에서 2013년 7,409개로 17.5% 감소하였고, 문구점은 2009년 14,269개에서 2013년 11,219개로 21.4% 감소한 것으로 나타났다.

□ (음식업) 식생활 변화로 패스트푸드점·제과점 증가

• 일반음식점은 2009년 439,223개에서 2013년 462,839개로 5.4% 증가한 데 반해, 패스트푸드점(치킨, 피자, 햄버거 등)은 2009년 14,729개에서 24,173개로 64.1% 증가한 것으로 나타났다.

  * 한식집, 중식집, 일식집, 양식집, 분식집, 회사 구내식당 등

• 제과점은 2009년 11,022개에서 2013년 12,058개로 9.4% 증가하였으나, 일반주점(호프집, 소주방, 간이주점 등)은 2009년 64,897개에서 2013년 60,371개로 7.0% 감소하였다.

3 (연령별) 40~50대 사업자가 대부분을 차지

• 생활밀접업종 사업자의 연령대를 보면, 40대가 429,614명(32.3%)으로 가장 많으며, 50대가 415,945명(31.3%)으로 40~50대의 비중이 높은 것으로 나타났다.

〈2013년 생활밀접업종 사업자의 연령〉

(단위 : 명)

구분	30세 미만	30세 이상	40세 이상	50세 이상	60세 이상	기타*	총 계
사업자 수	60,697	246,114	429,614	415,945	176,597	45	1,329,012
비 중	4.6%	18.5%	32.3%	31.3%	13.3%	-	100%

* 외국인 등 연령별 구분이 안 되는 사업자

• 업종별 사업자의 연령은 휴대폰 판매점·PC방은 30대, 교습학원은 40대, 노래방·철물점은 50대, 이발소·여관업은 60세 이상 비중이 높은 것으로 나타났다.

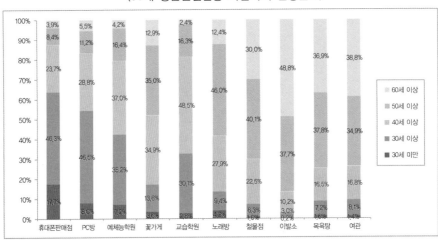

〈30개 생활밀접업종 사업자의 연령분포〉

④ (성별) 생활밀접업종의 사업자는 여성이 많다

- 생활밀접업종 사업자의 성별 현황을 보면 남성 553천 명, 여성 775천 명으로 여성사업자가 많은 것으로 나타났다.
- 연령대를 기준으로 성별 차이가 뚜렷함을 알 수 있다.
  - 2013년 신규사업자 및 계속사업자 모두 40대 미만에서는 남성이, 40대 이상에서는 여성이 많은 것으로 나타났다.

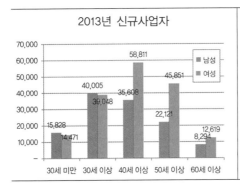

2013년 신규사업자

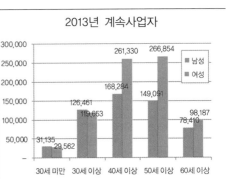

2013년 계속사업자

- 업종별로는 화장품가게, 꽃가게, 노래방, 일반주점, 미용실 등은 여성이 많이 운영하고 있으며, 안경점, 휴대폰판매점, 자동차수리점, 이발소 등은 남성이 많았다.

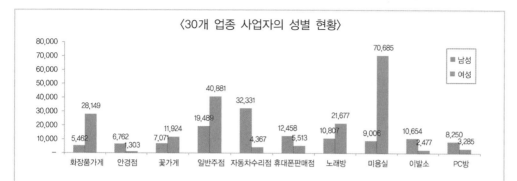

〈30개 업종 사업자의 성별 현황〉

2. 서울의 생활밀접업종 사업자 분석

① 사업자 수는 강남구, 송파구, 서초구 순으로 많아

□ 전체 사업자의 약 20%가 강남 3구에 몰려 있다

● 서울의 30개 생활밀접업종 사업자 수는 강남 3구에 많았으며, 금천구, 성동구, 도봉구는 적은 것으로 나타났다.

● 인구 천 명당 사업자 수는 중구, 종로구, 강남구가 많으며, 노원구, 도봉구, 은평구는 적은 것으로 나타났다.

〈서울의 생활밀접업종 사업자 현황〉

(단위 : 명)

구분		지역	사업자 수	인구 수	인구 천 명당 사업자 수
사업자 수 기준	상위 3개	강남구	18,983	553,772	34.28
		송파구	14,670	660,345	22.22
		서초구	13,075	435,244	30.04
	하위 3개	금천구	6,253	236,854	26.40
		성동구	6,481	294,336	22.02
		도봉구	6,508	354,405	18.36
인구 천 명당 사업자 수 기준	상위 3개	중구	10,562	126,468	83.52
		종로구	8,478	154,938	54.72
		강남구	18,983	553,772	34.28
	하위 3개	노원구	9,619	584,779	16.45
		도봉구	6,508	354,405	18.36
		은평구	9,526	495,923	19.21
서울시 총 사업자 수 246,148				9,989,672	(평균) 24.64

□ 14개 업종에서 강남구가 사업자 수 1위를 차지

● 30개 생활밀접업종 중 14개 업종은 강남구가 가장 많은 것으로 나타났다.

* 주로 일반음식점(6,775개), 편의점(478개), 화장품가게(719개), 부동산중개업소(1,883개), 미용실(1,111개) 등 유동인구의 영향을 받는 업종이다.

② 지역별로 특정업종 밀집지역 존재

- 꽃가게는 서초구, 강남구, 중구에 집중되어 있으며(1,371개, 비중 36.8%), 대규모 화훼단지가 있는 서초구에 가장 많은 것으로 나타났다(640개, 17.2%).
- 옷가게는 집단의류상가(명동·남대문시장)가 있는 중구에 가장 많다(2,586개, 14.7%).
- 일반주점은 신촌·홍대입구 등 젊은이들이 많이 모이는 마포구에 가장 많고(998개, 6.2%), PC방·여관은 관악구에 가장 많은 것으로 나타났다(169개, 7.3%, 177개, 6.8%).
- 휴대폰판매점의 경우 대규모 전자상가가 있는 광진구에 가장 많으며(233개, 7.8%), 대형디지털단지가 있는 구로구에 그 다음으로 많은 것으로 나타났다(180개, 6.0%).

〈업종별로 사업자 수가 가장 많은 지역〉

(단위 : 명)

업 종	지 역	사업자 수	인구 수
꽃	서초구	640	435,244
의류	중구	2,586	126,468
일반주점	마포구	998	375,554
PC방	관악구	169	510,525
여관	관악구	177	510,525
안경점	중구	183	126,468
이발소	영등포구	153	379,388
휴대폰판매점	광진구	233	363,885

③ 지역별·업종별 인구 천 명당 사업자 수 분석

- 중구의 경우 거주인구에 비해 사업자가 많아 30개 생활밀접업종 중 21개 업종에서 인구 천 명당 사업자 수가 가장 많은 것으로 나타났다.
- 노래방은 광진구(0.96개), 강북구(0.91개), 중랑구(0.83개)에, PC방은 관악구(0.33개), 영등포구(0.31개), 종로구(0.30개)에 인구 천 명당 사업자 수 많은 것으로 나타났다.
- 교습학원의 경우 강남구(1.87개), 양천구(1.48개), 서초구(1.20개)에, 예체능학원은 강남구(1.29개), 마포구(1.14개), 서초구(1.11개)에 많은 것으로 나타났다.
- 자동차수리점은 성동구(0.75개), 영등포구(0.71개), 동대문구(0.70개)에 인구 천 명당 사업자 수가 많은 것으로 나타났다.

〈업종별로 인구 천 명당 사업자 수가 가장 많은 지역〉

(단위 : 명)

업 종	지 역	사업자 수	인구 수	인구 천 명당 사업자 수
교습학원	강남구	1,036	553,772	1.87
예체능학원	강남구	714	553,772	1.29
노래방	광진구	348	363,885	0.96
PC방	관악구	169	510,525	0.33
과일	동대문구	89	357,843	0.25
실내장식	서초구	551	435,244	1.27
일반주점	종로구	560	154,938	3.61
문구점	종로구	108	154,938	0.70
자동차수리점	성동구	222	294,336	0.75

3. 경기도의 생활밀접업종 사업자 분석

- 경기도 각 시군구의 사업자 수는 대체적으로 인구 수에 비례하여 분포되어 있다.

〈인구 수와 사업자 수 간의 관계 분포도〉

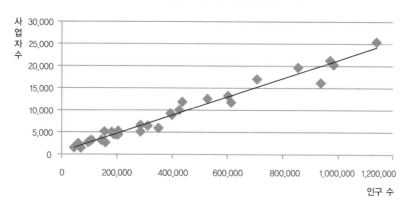

- 사업자 수는 수원시, 성남시, 고양시 순으로 많고, 과천시, 연천군, 동두천시는 적은 것으로 나타났다.
- 인구 천 명당 사업자 수는 가평군, 포천시, 연천군 순으로 많고, 의왕시, 광명시, 용인시는 적은 것으로 나타났다.

〈경기도의 생활밀접업종 사업자 현황〉

(단위 : 명)

구분		지역	사업자 수	인구 수	인구 천 명당 사업자 수
사업자 수 기준	상위 3개	수원시	27,278	1,139,786	23.93
		성남시	22,637	969,816	23.34
		고양시	21,642	982,709	22.02
	하위 3개	과천시	1,485	69,864	21.26
		연천군	1,533	45,060	34.02
		동두천시	2,759	95,597	28.86
인구 천 명당 사업자 수 기준	상위 3개	가평군	2,774	60,274	46.02
		포천시	5,328	154,949	34.39
		연천군	1,533	45,060	34.02
	하위 3개	의왕시	2,831	158,646	17.84
		광명시	6,620	349,750	18.93
		용인시	18,056	937,069	19.27
경기도 총 사업자 수 289,396				12,133,582	(평균) 23.85

참고1	30개 생활밀접업종 현황(전국)

(단위 : 명)

	사업자 수			인구 천 명당 사업자 수[2]	
	2009년	2013년[1]	증감률	2009년	2013년
슈퍼마켓	24,170	24,370	0.8%	0.49	0.48
편의점	14,596	22,842	56.5%	0.29	0.45
정육점	21,055	19,117	△9.2%	0.42	0.38
과일	7,036	9,158	30.2%	0.14	0.18
화장품	27,181	33,611	23.7%	0.55	0.66
의류	83,757	88,825	6.1%	1.68	1.75
가구	7,103	6,812	△4.1%	0.14	0.13
서점	8,986	7,409	△17.5%	0.18	0.15
안경	7,318	8,065	10.2%	0.15	0.16
문구	14,269	11,219	△21.4%	0.29	0.22
철물점	10,169	9,630	△5.3%	0.20	0.19
꽃	18,507	18,995	2.6%	0.37	0.37
여관	24,796	26,689	7.6%	0.50	0.53
일반음식	439,223	462,839	5.4%	8.82	9.14
패스트푸드	14,729	24,173	64.1%	0.30	0.48
일반주점	64,897	60,371	△7.0%	1.30	1.19
제과점	11,022	12,058	9.4%	0.22	0.24
부동산중개업	76,681	78,571	2.5%	1.54	1.55

	사업자 수			인구 천 명당 사업자 수[2]	
	2009년	2013년[1]	증감률	2009년	2013년
예체능학원	47,080	49,509	5.2%	0.95	0.98
교습학원	44,333	47,805	7.8%	0.89	0.94
자동차수리점	35,195	36,698	4.3%	0.71	0.72
노래방	34,238	32,484	△5.1%	0.69	0.64
PC방	14,212	11,535	△18.8%	0.29	0.23
세탁소	20,822	22,457	7.9%	0.42	0.44
이발소	14,199	13,131	△7.5%	0.29	0.26
미용실	66,759	79,691	19.4%	1.34	1.57
목욕탕	6,704	6,035	△10.0%	0.13	0.12
식료품	68,800	60,219	△12.5%	1.38	1.19
실내장식	19,752	26,720	35.3%	0.40	0.53
휴대폰판매점	11,511	17,974	56.1%	0.23	0.35
합계	1,259,100	1,329,012	5.6%	25.30	26.22

1) 2013. 12. 31. 사업자등록 기준치
2) (사업자 수/ 인구 수) × 1,000명
 * 인구 수는 2009년 49,773,145명, 2013년 50,663,727명
출처 : 행정자치부 주민등록인구 통계

참고2　　30개 생활밀접업종 사업자의 성별·연령별 현황(전국)

NO	업종	합계	성 별		연 령 별														
			남	여	30세 미만			30세 이상			40세 이상			50세 이상			60세 이상		
					남	여	합계	남	여	합계	남	여	합계	남	여	합계	남	여	합계
1	슈퍼마켓	24,370	12,666	11,703	361	236	597	2,092	1,375	3,467	4,449	4,193	8,642	4,094	3,944	8,038	1,670	1,955	3,625
2	편의점	22,842	10,915	11,927	841	541	1,382	3,331	2,131	5,462	3,500	4,608	8,108	2,364	3,506	5,870	879	1,141	2,020
3	정육	19,117	11,106	8,011	428	128	556	2,634	948	3,582	3,500	2,486	5,986	3,060	3,152	6,212	1,484	1,297	2,781
4	과일	9,158	5,510	3,648	197	87	284	736	405	1,141	1,489	1,133	2,622	1,991	1,368	3,359	1,097	655	1,752
5	화장품	33,611	5,462	28,149	450	2,115	2,565	1,433	7,199	8,632	1,812	10,407	12,219	1,277	6,674	7,951	490	1,754	2,244
6	옷	88,825	23,648	65,173	2,528	4,696	7,224	5,802	14,268	20,070	5,951	19,618	25,569	5,878	18,509	24,387	3,489	8,082	11,571
7	가구	6,812	4,418	2,394	119	61	180	690	368	1,058	1,481	885	2,366	1,447	828	2,275	681	252	933
8	서점	7,409	4,060	3,349	80	94	174	454	564	1,018	1,278	1,394	2,672	1,449	974	2,423	799	323	1,122
9	안경	8,065	6,762	1,303	225	140	365	1,924	590	2,514	2,573	403	2,976	1,578	122	1,700	462	48	510
10	문구	11,219	5,364	5,855	103	127	230	643	747	1,390	1,630	2,269	3,899	1,936	1,936	3,872	1,052	776	1,828
11	철물점	9,630	6,984	2,646	65	31	96	458	153	611	1,412	758	2,170	2,791	1,069	3,860	2,258	635	2,893
12	꽃	18,995	7,071	11,924	241	451	692	919	1,670	2,589	2,175	4,448	6,623	2,506	4,134	6,640	1,230	1,221	2,451
13	여관	26,689	12,081	14,605	229	137	366	1,384	781	2,165	2,286	2,201	4,487	3,691	5,621	9,312	4,491	5,865	10,356
14	일반음식점	462,839	162,599	300,219	12,505	9,556	22,061	40,862	32,123	72,985	47,927	90,463	138,390	43,363	123,532	166,895	17,942	44,545	62,487
15	패스트푸드점	24,173	11,018	13,155	1,124	538	1,662	3,736	2,708	6,444	3,850	5,706	9,556	1,924	3,395	5,319	384	808	1,192
16	일반주점	60,371	19,489	40,881	2,597	1,910	4,507	6,802	5,375	12,177	5,686	14,702	20,388	3,349	15,322	18,671	1,055	3,572	4,627

NO	업종	합계	성별		연령별															
			남	여	30세 미만			30세 이상			40세 이상			50세 이상			60세 이상			
					남	여	합계	남	여	합계	남	여	합계	남	여	합계	남	여	합계
17	제과점	12,058	5,954	6,104	165	235	400	1,585	1,308	2,893	2,603	2,514	5,117	1,271	1,644	2,915	330	403	733
18	부동산중개업	78,571	44,784	33,787	453	376	829	3,782	3,174	6,956	11,029	16,382	27,411	16,827	12,139	28,966	12,693	1,716	14,409
19	예체능학원	49,509	21,538	27,969	1,365	2,213	3,578	8,373	9,070	17,443	7,708	10,612	18,320	3,074	5,021	8,095	1,018	1,053	2,071
20	교습학원	47,805	23,048	24,757	395	927	1,322	6,614	7,758	14,372	11,106	12,072	23,178	4,357	3,427	7,784	576	573	1,149
21	자동차수리점	36,698	32,331	4,367	537	92	629	6,146	816	6,962	14,473	1,744	16,217	9,125	1,339	10,464	2,050	376	2,426
22	노래방	32,484	10,807	21,677	773	586	1,359	1,789	1,274	3,063	2,694	6,384	9,078	3,956	10,993	14,949	1,595	2,440	4,035
23	PC방	11,535	8,250	3,285	733	194	927	4,272	1,090	5,362	2,335	987	3,322	660	633	1,293	250	381	631
24	세탁소	22,457	14,670	7,787	238	137	375	918	575	1,493	3,081	2,752	5,833	7,115	3,470	10,585	3,318	853	4,171
25	이발소	13,131	10,654	2,477	6	22	28	190	203	393	685	657	1,342	3,786	1,168	4,954	5,987	427	6,414
26	미용실	79,691	9,006	70,685	501	2,360	2,861	4,383	16,546	20,929	2,869	29,293	32,162	792	18,242	19,034	461	4,244	4,705
27	목욕탕	6,035	3,206	2,827	51	47	98	273	159	432	485	510	995	1,111	1,170	2,281	1,286	941	2,227
28	식료품	60,219	27,113	33,098	789	604	1,393	3,560	2,645	6,205	6,722	7,459	14,181	7,959	11,266	19,225	8,083	11,124	19,207
29	실내장식	26,720	20,409	6,311	541	242	783	4,505	1,486	5,991	8,721	2,798	11,519	5,633	1,473	7,106	1,009	312	1,321
30	휴대폰판매점	17,974	12,458	5,513	2,495	679	3,174	6,171	2,144	8,315	2,774	1,492	4,266	727	783	1,510	291	415	706
합계		1,329,012	553,381	775,586	31,135	29,562	60,697	126,461	119,653	246,114	168,284	261,330	429,614	149,091	266,854	415,945	78,410	98,187	176,597

* 사업장 1,329,012개 중 45개는 여권번호가 입력되어 성별, 연령별 분석 제외
* 2013. 12. 31. 기준을 2016년 7월 국세청에서 발표한 자료를 인용함

8) 꿈과 희망을 통한 비전과 목표달성

인간의 잠재능력은 무한하다. 확고한 신념과 성취감, 목표가 있다면 잠재된 능력을 최대한 발휘할 수 있다. 사람은 누구나 마음먹은 대로 다 이룰 수 있다. 다만 목표를 달성하는 데 시간과 비용의 차이가 날 뿐이다. 우리는 종종 연봉 100억 원을 받는 CEO가 되는 꿈을 꾸면서 기적이 일어날 것을 기대한다. 그러나 이를 위해서는 외부 환경의 변화를 분석해야 한다.

자신의 강점과 약점을 통해 목표를 세우고 계획적인 생활을 해야 한다. "꿈을 가지지 않은 자는 이미 죽은 사람"이다. 비전이란 개인과 조직이 추구하는 목표달성에 따른 미래상이다. 목표는 꿈과 희망을 달성할 수 있다는 비전과 노력을 통해 실현할 수 있다. 장기적인 관점에서 보면 경영자의 길라잡이 역할을 한다. 나의 꿈과 비전이 무엇인가를 현실적으로 분석해야 한다. 10년, 20년 후를 계획한다면 스스로 부족한 지식과 자질에 대한 갭(Gap)을 줄여나갈 수 있다. 꿈의 실현은 변화를 수용하는 적극적인 자세에서 가능해진다.

무한경쟁시대에서 존경받는 경영자는 시장변화를 예측하고 그에 맞는 비전을 제시한다. 이는 기업에 국한된 것이 아니라 국가나 단체, 가정, 개인에 이르기까지 모두에게 적용된다. 하루의 편안함보다 힘들더라도 장기적인 목표를 세워 비전을 제시할 수 있어야 한다. 자기성찰을 통해 스스로를 위대한 사람으로 만들어야 한다. 삶은 매

일매일이 결정의 연속이다. 대학진학이나 취업, 훌륭한 업적과 명성은 꿈과 현실을 이어주는 다리로 구체적인 실행전략이 있어야 가능하다.

1년 동안 목표를 세워 계획적으로 행동하는 것은 어렵다. 세계 최고의 경영자가 된다는 것은 더욱 어렵다. 실패는 생활 속에서 항상 함께하는데 즐겁고 유쾌한 생활보다 힘들고 짜증나는 일이 많지만 어떤 마음가짐으로 대하느냐에 따라 결과는 차이가 난다. 매순간 최고경영자가 되는 학습과정은 직장생활뿐 아니라 인생의 성공여부와도 연결된다. 이러한 덕목은 다음과 같다.

첫째, 구성원들의 아이디어 제안과 이의 수용을 생활화해야 한다.

둘째, 두뇌회전을 극대화하기 위해 하루를 25시간 활용하라.

셋째, 소탐대실(小貪大失)하지 마라. 사소한 이익에 눈 돌리지 마라.

넷째, 타인을 섬기는 자세로 Win-Win을 생활화하라.

다섯째, 겸손한 마음과 성실한 자세, 밝은 표정, 전문가 집단과 network하라.

여섯째, 상대방의 장점을 찾아 자주 칭찬해라.

일곱째, 자신을 희생할 수 있는 마음가짐이 필요하며 이에 대한 개인적 보상을 바라지 마라.

여덟째, 조직 내 적을 만들지 마라. 좋은 평판(Reputation)을 유지하여라.

아홉째, 적극적인 자세로 안 되는 일은 없다는 사고방식을 가져라.

열째, 자기개발에 투자하는 평생학습으로 업무영역과 자신의 가치를 높여라.

9) 좋아하는 일을 하라

인간은 누구나 좋아하는 일을 하고 싶어 한다. 생계비나 학비를 벌어야 하는 절박함을 떠나 좋아하는 일은 어려움이 닥치더라도 즐거운 마음으로 해결할 수 있다. 시간이 없다는 것은 실제 시간이 없다는 것이 아니라 우선순위에서 밀렸다는 것이다. 그렇다면 좋아하는 일은 무엇일까? 이것은 엄청난 행운이 아니라 끈기와 집념, 포기하지 않는 도전정신에서 만들어진다. 성공을 위한 강인한 정신은 초인적인 인내를 필요로 한다. 하지만 자신이 좋아하는 일은 의지가 약해질 때마다 스스로를 채찍질할 필요 없이 달성할 수 있다. 성공을 앞당길 수 있기 때문에 준비단계부터 믿음을 가지고 할 수 있다. 따라서 의심은 곧 배반자라고 Marden(2007)은 말했다.

(1) 인간은 의심하는 동물

사람들은 일상생활 속에서 편안한 길과 힘든 길의 선택을 강요받는다. 순간의 선택에서 미래가 달라지기 때문에 신중하게 생각해야 한다. 뒤돌아보면 선택한 길보다 다른 길이 훨씬 편안하고 행복한 길이라는 것을 나중에야 알 수 있다. 쉬워 보이는 것도 험난한 길이 될 수 있다. 의심과 소심함은 실패를 경험할 수 있게 한다. 문제점이 크거나 작을 수 있지만 잘못하면 해결하지 못할 수도 있다. 인간은 늘 쉬운 길을 찾기 위해 방황한다.

계획을 실천할 때는 두려움과 의심을 만난다. 죄책감이나 자신감 부족도 의심에서 시작된다. 그렇다면 극복할 수 있는 방법은 없을까? 두려운 것은 지금 당장 실행하는 것이 좋다. 미루는 것은 나쁜 습관으로 포기하기 쉬워진다. 의심은 인간을 좌절시키는 메커니즘을 가지고 있기 때문에 이를 극복하면서 성공의 길로 달려가야 한다.

(2) 준비단계

목표달성을 위해서는 마음가짐과 행동습관, 실천력을 가져야 하는데 근면하고 성실한 자세는 이를 달성하기 위한 준비단계이다.

(3) 추진력

추진력은 사고방식을 실천하는 것이다. 에디슨, 카네기, 벨, 마셜 필드(Marshall Field 백화점 창업자), 존 워너메이커(John Wanamaker, 백화점 왕) 등은 어떻게 역경을 극복하였을까? 그들은 포기하지 않고 용기를 내어 스스로 길을 찾는 개척자로서 그 역할을 다했기 때문에 가능했다. 워너메이커가 제시한 7가지 성공습관은 다음과 같다.

첫째, 새벽형 인간이 되어라. 하루의 시작은 아침에 눈을 뜨면서부터 시작된다.

둘째, 자신의 환경을 비관하지 말고 긍정적인 태도를 가져라.

셋째, 항상 근검절약하는 습관과 원가 마인드를 가져라.

넷째, 때와 장소를 가리지 말고 저축하는 습관을 실천하라.

다섯째, 메모하고 정리하는 습관을 가져라. 개인의 습관이 위대한 역사와 유산을 만든다.

여섯째, 사람의 마음을 움직이는 것은 칭찬과 격려이다.

일곱째, 항상 감사하는 습관을 가져라.

자신의 자리를 찾기 위해 얼마나 많은 직업을 가져야 할까? 다양한 경험은 성공을 위한 밑거름으로 이를 달성하려면 좋아하는 일을 해야 한다. 그것은 진정으로 자신을 알고자 하는 성찰에서 가능하다. 작은 냇물이 거대한 강물이 되듯이 당신을 성공의 바다로 이끌 것이다.

10) 글로벌 4.0시대의 리더

글로벌 4.0시대의 개념은 변화하고 있다. 글로벌 1세대는 70~80년대에 007가방을 들고 수출 전선에 뛰어든 종합상사 맨들이다. 2.0세대는 서울 88올림픽과 해외여행 자유화(1989)에 따른 개방화 세대이며, 3.0세대는 냉전 종식과 중국을 포함한 개발도상국의 개방화 바람에 의한 글로벌화를 상징한다. 현재는 4.0시대로 해외에 공장을 짓는 것이 아니라 세계를 하나의 시스템으로 움직이는 구조를 가졌다. 기획은 일본에서, 디자인은 한국에서, 생산은 중국에서, 판매는 전 세계에서 동시에 이루어지는 시스템을 말한다. 세상은 독특한 기술과 콘텐츠만 있으면 지사나 현지법인 없이도 해외 진출이 가능하다. 누구나 글로벌화를 이룰 수 있다.

예를 들어 NHN은 카카오톡이 국내 모바일 메신저 시장을 선점하자 일본 NHN에서 '라인서비스'를 개발하여 일본, 태국, 인도네시아 등 2억 명 이상의 회원을 확보했다. 카카오톡의 두 배에 해당하는 가입자이다. 기업이 해외로 나가는 것은 여러 가지 가치사슬의 활동 중 최적의 입지에서 최상의 상품을 생산, 판매하여 성공의 경쟁력을 가지기 위해서이다. 게임을 잘 만드는 인재들이 일본에 많다면 개발부서는 일본으로 가야 한다. 소프트웨어 회사는 싸고 우수인력이 많은 인도의 방갈로나 베트남으로 가는 것이 이익구조 면에서 경제적이다. 이러한 효율성과 신속함이 글로벌 4.0시대의 키워드가 된다.

CHAPTER **3**

상권 분석 구성체계

여러분이 할 수 있는 가장 큰 모험은 바로 여러분이 꿈꾸어오던 삶을 사는 것입니다.
– 오프라 윈프리

•••요점정리

1. 최근 빅데이터를 활용한 스타트 업이 인기이다. 사회 전 분야에서 통신과 정보, 인터넷(모바일)이 만나면서 시간과 장소를 초월하여 언제, 어디서나 소통이 가능하게 되었다.

2. 사업이란 주식회사, 유한회사, 합명회사, 합자회사, 개인독립사업자, 소호창업자, 벤처창업자 등의 자원을 투입하여 새롭게 구성하는 일체의 영업행위를 말한다.

3. 사업은 창업자의 지식과 경험, 노하우를 바탕으로 개인적 자질과 인품, 성품, 특성이 어우러져 대내외적인 환경을 수용하면서 도전하게 된다. 이러한 특성은 다음과 같다. 첫째, 인적 · 물적 자원과 자본금, 아이템을 투입하여 성과를 내는 것이다. 둘째, 도전의 궁극적 목표는 창의성이다. 셋째, 인적 · 물적 자원과 자본금, 기술, 시설장비 등의 불확실성에서 성과를 내는 것이다. 넷째, 도전은 글로벌 경제의 핵심이다. 다섯째, 도전은 일정한 궤도에 오를 때까지 시간과 노력, 열정, 끈기라는 비용이 들어간다.

4. 창업의 구성요소에는 사업가와 자본금, 아이템, 시설장비 등이 있다.
첫째, 창업가는 인적 · 물적 자원을 투입하여 성과물을 만들어내는 모든 구성원을 말한다. 둘째, 아이템은 사업을 운영하는 상품과 서비스가 무엇인가를 안내하는 역할을 한다. 셋째, 자본금은 금전적 자본금뿐만 아니라 토지, 건물, 점포, 시설장비, 원재료, 인적 자원, 기술 등을 포함하고 있다. 넷째, 사업자가 상품 및 서비스를 생산, 판매하기 위해서는 시설장비와 사업장 등이 필요하다.

5. 소호창업은 1~10명 정도의 인원이 작은 사무실에서 일하는 것으로 전문적인 지식과 기술, 아이템, 정보, 인적 네트워크 등을 활용하여 운영하는 사업형태를 말한다. 여기에는 다양한 정보수집과 지식이 필요하며, 자신의 관심분야에서 직접 확인하는 습관이 중요하다.

6. 아이템을 선정하기 위해서는 시장환경의 분석과 기술, 자격증, 성격, 자질 등이 요구된다. 시장수요와 잠재고객, 경쟁상황, 자금회수율, 수익성, 진입장벽 등의 외부환경을 분석해야 한다.

7. 창업자의 자질은 다음과 같다. 첫째, 과욕을 부리지 말아야 한다. 둘째, 인터넷 전자상거래업을 하더라도 뚜렷한 목적과 철학, 비전, 봉사하는 마인드를 가져야 한다. 셋째, 고객과 직원 간에 원활한 소통과 할 수 있다는 분위기를 만들어주어야 한다. 넷째, 상호 간에 상생할 수 있는 마인드를 가져야 한다.

1. 분석의 의의

1) 빅데이터 조사분석

최근 스타트 업(start-up)이 인기이다. 개인과 조직이 보유한 자원과 아이템을 활용하여 입지와 규모, 점포형태, 운영방법 등에 대한 경영자의 창의력을 실천할 수 있기 때문이다. 사업경영은 기업가적인 마인드와 창의성을 펼칠 수 있는 기회로 사회구조적인 투자요소와 지원, 합병 등이 ICT(information and communications technologies) 네트워크를 만나 새로운 세상을 만들고 있다. 빅데이터를 활용한 모바일과 웨어러블을 이용한 사물 인터넷은 사람과 사물·기계와 연결된다. 기술력을 바탕으로 한 현대사회의 기반은 성공확률을 높일 수 있다. 하지만 기술이 고노화되면서 상품과 서비스를 생산하는 인프라는 잘 갖추어져 있지만 개인정보는 쉽게 노출되어 프라이버시를 침해하는 것이 사회적 문제점으로 지적된다.

ICT분야에서 BMW가 인기이다. 이는 빅데이터(big data), 모바일(mobile), 웨어러블(wearable)을 의미하는 신조어로 모든 정보는 데이터로 교환(substitution)하여 맞춤형, 개인형 서비스로 탈바꿈시키고 있다. 대중(mass)시대에서 개인(personal)시대로 진화하고 있는 것이다. 인터넷과 통신, 모바일은 시간과 공간을 넘어 언제 어디서나 소통할 수 있다. 기존의 사각형 모델이나 정형화된 형태는 한계를 초월하여 휘어지거나 걸치고, 입거나 씌우는 등의 방법으로 다양하게 디바이스(device)되어 소통한다. ICT를 만나면 새로운 패러다임으로 서비스상품을 만들고 기존에 처리할 수 없었던 방대한 양을 빠르게 분석하므로 이는 사회, 경제적으로 주목받고 있다. 과거 천문, 우주, 항공, 인간게놈 등 특수분야에서 이용된 정보는 생활 속에서 자리 잡고 있다. 대규모 데이터와 관계된 기술정보와 저장, 검색, 공유, 시각화 등은 소셜 네트워크와 결합하면서 그 영향력은 생활의 한 부분이 되고 있다.

구글은 '독감 트렌드 서비스'를 발표했다. 독감에서 나타나는 증상들이 얼마나 자주 검색되는지를 파악하여 이의 확산을 예측했는데 이는 미국질병통제예방센터(Centers for Disease Control and Prevention)보다 열흘 앞선 것이다. 종전에 감지가 어려웠던 수많은 데이터는 분석을 통해 의미 있는 결과를 도출했다. 반면에 서울시는 심야버스의 최적노선 운행 찾기에 빅데이터를 이용하였다.

첫째, ICT 주도권이 데이터로 이동한다. 모바일이나 클라우드(cloud), SNS의 기본적인 인프라를 구축하여 변화를 유도하고 있다. 정보자료의 폭증에 따른 대응은 중요한 이슈가 되면서 핵심 주제가 되었다.

둘째, 2010년 이후 모바일 스마트폰의 확산은 사용자들의 자발적 참여를 유도했다. 정보를 생성하는 카페, 블로그, 페이스북, 트위터, 카카오톡, 밴드, 인스타그램 등이 혁명의 원인으로 커뮤니케이션과 만나면서 새로운 변혁을 주도한다.

셋째, 세계의 각 정부와 기업들은 빅데이터가 향후 성공과 실패를 좌우할 새로운 경제가치의 원천이라 했다. 자료를 통해 잠재된 정보유용성을 찾아 이를 활용하는 기업은 성공할 수 있지만 그렇지 못한 기업은 도태할 것이다(한국정보화진흥원, 2016). 구글은 검색엔진 회사가 아니라 빅데이터 기업으로 불리며 아마존이나 나이키 등 많은 기업들은 소비자 행동을 분석하는 데 이를 활용한다. 일상에서 쏟아내는 엄청난 자료를 정교하게 분석하여 제품이나 서비스에 사용하며, 공공부문이나 민간 영역에까지 성과를 내고 있다. 스마트폰이 100% 보급되면서 언제, 어디서나 정보 확인과 함께 일, 휴식을 병행할 수 있다. 모바일은 시간과 공간한계를 극복하는 도구로 쇼핑과 같은 물리적 경험을 자연스럽게 통합하여 상업화한다. 이러한 경험들은 디지털 기술과 접촉하면서 새로운 시장을 만들고 있다. 삼성은 표시판에 스마트폰을 대기만 해도 콘텐츠를 다운받을 수 있는 NFC(near field communication)빌보드를 갤럭시 S4에 적용했다(한국정보화진흥원, 2016). 갤럭시 노트 8은 홍채인식을 통한 모바일 에코시스템(생태계)을 확대해 나간다. 홍채인증기술의 보안성과 사용의 편리성은 금융 외, 각종 서비스와 기업 간 거래(B2B) 솔루션 등으로 확장되고 있다(조선비즈, 2017).

넷째, 사물 인터넷(IOT)은 필수이다. 인터넷이 인간과 커뮤니케이션하는 데 있어 모바일기기의 확산은 시계와 안경, 자동차 등으로 발전범위를 넓히고 있다. 가로등, 신발, 옷, 의학기기들이 사물과 연결되면서 그 범위가 몇 억 개로 넓어지고 있다. 기계와 인간이 교류하는 시대에는 가전이나 전자, 자동차를 중심으로 상용화되었다. 이는 기존 서비스와 별도로 각 특성을 유지한 채 이용되었지만 이제는 플랫폼(platform)과 통합되면서 이동성(mobility)을 보유하고 있다. 몸에 착용하는 기기를 ICT로 연결하면서 인간과 사물은 보다 쉽게 정보를 활용할 수 있게 되었다. 헬스와 건강에 대한 정보를 제공하여 개인의 건강상태를 수시로 체크하거나 위급상황에 대처한다. 스마트폰을 사용하지 않거나 야외활동을 할 때는 정보검색, 게임, 메일, 영상, 음악 등으로 활용된다.

삼성전자의 갤럭시 기어와 구글 안경(Google Glass)은 스마트폰, 태블릿, 노트북과 결합되면서 이동매체 역할을 한다. 사물 확대는 '스마트 칫솔'로 센서가 내장되어 이를 닦을 때 치석이 얼마나 끼었는지를 감지한다. 전용 앱을 통해 치약을 얼마나 사용하였는지, 올바르게 칫솔질을 하였는지도 알 수 있다. '스마트 유아복'은 체온과 맥박 등 아기의 신체 정보를 실시간으로 부모에게 전달해 준다. 접속된 인터넷 세상이 생활 속 깊숙이 파고들수록 개인정보는 쉽게 노출된다. 이는 실제 개인경험과 통합되면서 프라이버시를 침해하기 때문에 정보 보호를 위한 사회적 공감대와 기업의 윤리규정, 개인의 인식전환이 필요하다. 데이터 증가로 민감해지거나 부적합한 자료, 지적재산권 등 위험도를 가중시키는 문제점들은 권리와 의무, 책임감 등에 대한 정책적 입안과 제도장치를 필요로 한다.

(1) 사업의 개념정의

사업은 기초를 세워 기업을 설립하는 것이다. 주식회사, 유한회사, 합명회사, 합자회사, 개인 독립사업자, 소호창업(SOHO : small office home office), 벤처사업(venture business) 등을 설립하여 자원을 투입히고 새롭게 구성하는 일체의 영업행위를 말한다. 실질적으로 아무것도 없는 상태에서 가치 있는 것을 만드는 창조적 행위로 현재의 부족한 자원을 고려하여 달성할 수 있는 조직의 비전과 목표를 제시하는 것이다.

상품 및 서비스, 용역을 창출함으로써 국가의 경제발전에 영향을 미친다. 기술개발과 서비스방법의 개선은 품질향상과 가격인하로 소비자에게 이익을 가져다준다. 기존 사업장에 적응하지 못한 사람들에게는 능력을 발휘할 수 있는 기회가 되며, 잠재된 능력은 시장의 입지를 강화할 수 있다. 사람, 기계, 공간, 원재료 등 다양한 요소들이 결합되어 혁신적인 생산과 서비스를 가능하게 한다. 이것은 매뉴얼을 통한 유통방법의 개선과 구매채널의 다양화, 고객취향의 수용, 새로운 소비층의 개발을 가능하게 한다. 이와 같이 불확실한 상황에서 자본과 아이템, 사업가의 능력을 발휘하여 새로운 상품을 만들어내는 과정으로 이전보다 더 나은 방법으로 개선해 나가는 것이다.

국가의 경제발전과 경기상황, 소비자의 구매력은 사업경영에 영향을 미친다. 어떠한 시기에 사업을 시작하는 게 좋은지를 결정하는 것은 의미 있는 일이다. 자연재해나 천재지변 같은 일시적 상황인지 글로벌 위기상황인지에 대한 파악과 결정은 사업가의 자질이다. 수많은 사람들은 호경기에 시작하는 것이 좋다고 한다. 개인능력이나 경험이 충분하다면 불경기에 시작하여 경기가 좋아질 때 그 효과를 보는 것이 좋다. 주위를 의식하는 충동적인 행동에 편승하는 것이 아니라 준비된 자세로 기회를 만들 수 있다. 아무것도 없는 상태에서 새로운 것을 창출하기 위해 생산과 유통, 판매, 서비스, A/S, 프랜차이즈화 등으로 발전해 나가는 것이다.

사업한다는 것은 나라를 세우는 것만큼이나 어렵다. 하지만 국가가 발전하기 위해서는 더 많은 사업가가 나와야 한다. 이는 "제왕이 국가를 창조(創造)한다"라는 의미로 "왕조를 건국한다"라는 정치담론을 바탕으로 정의된다. 맹자(孟子)는 "군자가 창업하여 통서(統緖)를 전하는 것은 계승할 수 있도록 하려는 것이니 그것이 성공할지는 하늘에 달려 있다"라는 글에서 그 어원을 찾을 수 있다. 당서(唐書)인 『정관정요(貞觀政要)』에서는 창업과 수성의 중요성에 대해 이야기한다. 방현령은 '창업'이, 위징은 '수성'이 어렵다고 하였다. 현대사회에서는 창업과 수성을 같은 의미로 해석하면서 경영의 지표로 삼고 있다.

결론적으로 사업이란 개인 및 조직의 인적, 물적 자원을 바탕으로 아이템과 자본, 시설장비, 입지를 통해 생산과 제조, 판매, 서비스, 프랜차이즈 등의 용역과 서비스를 발생시켜 재화를 창출하는 것이다. 왕조를 건국하는 만큼이나 어렵지만 건국하더라도 계속적으로 유지하기는 더욱 어렵다. 따라서 사업의 기초를 세우는 것으로 새롭게 시작하는 것을 말한다. 인간은 보다 발전적인 모습으로 더 나은 생활을 영위하기 위해 필요한 상품을 생산하게 되는데 사업가적인 마인드와 자세, 실행할 수 있는 능력은 성공과 실패를 좌우하게 된다. 따라서 사회적 책임과 역할 속에서 이윤창출과 공익적 목적의 사업을 수행하면서 발전하게 된다.

(2) 사업 용어정리

- ❯ 사업은 중소기업을 새로이 설립하는 것이다. 그 범위는 대통령령으로 정한다.
- ❯ 사업자는 중소기업을 창업한 자로 사업을 개시한 날로부터 7년이 지나지 아니한 자를 말한다. 사업 개시에 관한 세부사항은 대통령령으로 정한다.
- ❯ 중소기업이란 「중소기업 기본법」 제2조에 따른 중소기업을 말한다.
- ❯ 중소기업 창업투자회사란 창업자에게 투자하는 것을 주된 목적으로 하는 회사로 제10조에 따라 등록한 회사를 말한다.
- ❯ 중소기업 창업투자조합이란 창업자에게 투자하고 그 성과를 배분하는 것을 주된 목적으로 하며, 제20조에 따라 등록한 조합을 말한다.
- ❯ 중소기업 상담회사란 중소기업의 사업성 평가업무를 하는 회사로서 제31조에 따라 등록한 회사를 말한다.

◐ 창업보육센터란 창업의 성공 가능성을 높이기 위해 사업자에게 시설·장소를 제공하고 경영·기술 분야에 대한 지원을 주된 목적으로 하는 사업장을 말한다.

2) 사업범위와 지원

(1) 사업범위

중소기업은 「창업 지원법」 제2조 1항에 의거하여 다음 각 호에 해당되지 아니한 사업을 새로이 설립하여 개시하며, 그 범위를 다음과 같이 규정하고 있다.

첫째, 타인으로부터 사업을 승계하여 이전의 사업과 같은 종류를 계속하는 경우 신규창업으로 보지 않는다. 다만, 사업 일부를 분리하여 해당 기업의 임원이나 그 외 사업자가 사업을 개시하는 경우, 산업통상자원부령에 정한 요건에서 제외한다.

둘째, 개인사업자인 중소사업자가 법인으로 전환하거나 조직명을 기업형태로 변경 이전의 사업과 같은 종류를 계속하는 경우를 말한다.

셋째, 폐업 후 사업을 개시하여 이전과 같은 종류를 계속하는 경우를 말한다. 제1 항 각 호에 따른 사업범위는 한국표준산업분류표에 의한 기준으로 한다. 기존 업종 에 추가하는 경우, 추가된 업종의 총 매출액 100분의 50 미만인 경우에만 같은 종류 의 사업으로 본다.

(2) 신사업

출처 : 소상공인시장진흥공단

"성공창업! 눈과 귀를 열어라!"

2015년도 신사업 아이디어 설명회
- 서울, 대구, 부산, 대전, 경기, 광주 등 전국 6회 개최 -

□ 중소기업청(청장 한정화)과 소상공인시장진흥공단(이사장 이일규)은 2015년 11월 4일 (화)부터 18일(화)까지 "2015 하반기 신사업 아이디어 설명회"를 개최하였다.
  ● 개최 장소는 서울, 대구, 부산, 대전, 경기, 광주 등 전국 6개 지역이다. 국내외에서 발굴한 유망 신사업 아이디어를 소개하여 활성화시키고 있다.
  ● 설명회는 예비창업자 및 소상공인의 성공길잡이가 되고자 신사업 아이템이나 업종 전환을 유도하기 위해 마련하였다.
□ 신사업 아이디어는 전문가와 일반인 공모, 커뮤니티를 통해 발굴된 아이디어 중 참신

성·시장성·사업화가능성·소상공인 적합성 등에 대해 전문가와 일반인 평가를 통해 선정되었다.

● 236건의 아이디어가 발굴되었으며, 그중 우수한 아이디어 52건을 선별, 책자로 발간하여 설명회 참석자 전원에게 제공하였다.

* 도서명 : **2015년 소상공인 창업, 이런 아이템에 주목하라!**

□ 일반인에게 생소한 신사업 아이디어와 신규로 발굴된 정보를 집중적으로 제공한다.

● 신사업자에게는 직접 듣고 질문하거나 성공 노하우에 대한 특강도 열렸다.

● 전문가에게 1 : 1 상담을 받을 수 있는 상담소가 설치되었으며, 경영애로를 겪는 예비사업자와 소상공인들은 조언을 들을 수 있다.

□ 참석을 원하는 자는 지역별 개최 일시와 장소를 확인하여 행사당일 참석하면 된다. 소상공인시장진흥공단은 시장조사로 발굴된 알짜배기 사업아이템을 테마별로 분류하여 소자본 창업을 위한 관련정보와 특성을 분석하였다. 이 중 특별기획 "2015년 경제 및 소비 트렌드"를 소개하면 다음과 같다.

〈지역별 개최일시 및 장소〉

지역	일시	장소
서울	2015.11.4(화) 14:00~18:00	SETEC 국제회의실
대구	2015.11.5(수) 14:00~18:00	EXCO 314호
부산	2015.11.7(금) 14:00~18:00	부산상공회의소 상의홀
대전	2015.11.12(수) 14:00~18:00	소상공인시장진흥공단 대전전용교육장 혁신실~창의실
경기	2015.11.14(금) 14:00~18:00	KINTEX 1전시장 208호
광주	2015.11.18(화) 14:00~18:00	김대중 컨벤션센터 212~213호

〈2015 소상공인 창업 이런 아이템에 주목하라〉

표 지	내 용
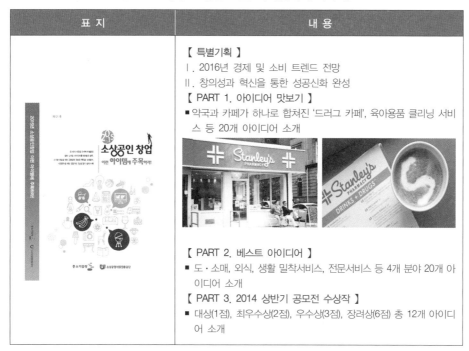	【 특별기획 】 Ⅰ. 2016년 경제 및 소비 트렌드 전망 Ⅱ. 창의성과 혁신을 통한 성공신화 완성 【 PART 1. 아이디어 맛보기 】 ■ 약국과 카페가 하나로 합쳐진 '드러그 카페', 육아용품 클리닝 서비스 등 20개 아이디어 소개 【 PART 2. 베스트 아이디어 】 ■ 도·소매, 외식, 생활 밀착서비스, 전문서비스 등 4개 분야 20개 아이디어 소개 【 PART 3. 2014 상반기 공모전 수상작 】 ■ 대상(1점), 최우수상(2점), 우수상(3점), 장려상(6점) 총 12개 아이디어 소개

● 2017년 키워드는 '경제회복'

세계는 각 국가의 경기상황에 따라 불안 속에서 회복세를 보이고 있다. 미국을 중심으로 빠르게 침체기에 벗어나면서 유럽 등이 안정되고 있다. 경기회복은 미국발 금리인상으로 이어지지만 내성이 생겨 충분한 방어를 가능하게 했다. 문제는 글로벌 경기불황에 따른 소비가 촉진되지 않는다는 점이다. 각 국가들은 저금리 기조를 유지하고 있지만 위험성은 신흥국들의 회복을 더디게 한다. 특히 중국의 버블경제가 무너지면서 부동산 침체와 성장촉진, 사드문제로 인한 경제보복, 남중국해 영유권 문제 등 위축된 경기를 활성화시키기 위해 각자도생의 길로 들어서고 있다.

▶ 트렌드 1. 스마트 소비자 - @옴니채널

옴니채널(omni-channel)은 '모든 것, 모든 방식'을 뜻하는 접두사 '옴니(omni)'와 유통경로의 '채널(channel)'을 합성한 신조어이다. 인터넷·모바일·백화점·마트 등 별도로 영업해 온 온·오프라인 매장을 유기적으로 결합하여 고객들이 언제 어디서나 편하게 쇼핑과 결제를 가능하게 하는 체계이다. 온라인, 오프라인, 모바일 등 다양한 경로의 채널을 넘나들면서 상품검색과 구매를 할 수 있도록 한다. 각 채널의 특성을 결합하여 같은 매장

을 이용하는 것처럼 느낄 수 있도록 한 쇼핑 환경을 말한다.

미국 메이시(Macy)백화점은 온라인으로 주문한 상품을 매장에서 픽업하게 한다. FedEx사와 공동으로 고객이 인근 페덱스 오피스에서 픽업할 수 있도록 서비스를 구축했다. 기업은 고객의 관심과 소비성향, 욕구, 구매시점 등을 파악하여 정보를 제공할 수 있는 역량을 갖추고 있다. 과거의  데이터를 참고하여 어떤 점에 관심을 두어 결정해야 하는지, 고객이 원하는 시점에서 서비스를 제공할 수 있게 했다.

▶ 트렌드 2. 자발적 유배

사람들은 경제적 여유가 없음에도 휴식 같은 휴가를 즐기려 한다. 몸과 마음, 육체적 에너지가 소진(burnout)된 사람들이 늘어나면서 휴가문화는 변화하고 있다. 무엇을 보고 배운다는 학습탐방이나 먹고 마시는 여행, 관광이 아니라 현실을 도피하여 강제로 쉬고, 걷고, 느끼면서 정화시킨다. 전기가 들어오지 않는 오지의 산골에서 고독과 낭만을 즐기거나 유배당한 듯 섬에서 '강제휴식'하는 것이다. 2017년에는 이러한 현상이 더욱 활성화되고 있다. 정부의 지역경제 활성화와 내수 진작의 정책이 맞물리면서 새로운 트렌드로 각광받고 있다. 시니어세대뿐 아니라 젊은 층도 지방 곳곳으로 여행하는 나들이 물결로 숙박 및 당일치기 원 데이 트립(one day trip)운동이 일어나고 있다.

▶ 트렌드 3. 공유경제의 생활화

공유경제는 필요한 물건을 같이 사용하는 것이다. 물품 소유가 아니라 대여해 주거나 차용해 주면서 가치를 생산하는 경제를 말한다. 사용하지 않는 집이나 자동차, 생활용품, 책, 장난감 등을 빌릴 수 있다. 에어비앤비(Air b&b)는 아이디어만 있으면 개인 간 거래의 플랫폼(platform)을 쉽게 만들고 있다. 특허 같은 진입장벽도 없어 누구나 손쉽게 사업할 수 있다. 공유방식은 상품을 임대하거나 대여하는 물물교환, 중고품 거래 등을 지원한다. 제품을 생산하기 위한 아이디어, 시설, 장비, 자금을 공동으로 투자하여 성과를 내며, 적은 비용으로 사업을 시작할 수 있다. 공유경제는 생활의 한 현상으로 서로를 평가함으로써 안전장치를 마련할 수 있다. 따라서 소비자와 공급자를 연결시키는 시스템으로 발전되고 있다.

▶ 트렌드 4. 新결제 서비스

현금과 신용카드에 이어 온라인, 오프라인, 소액 송금을 통합한 새로운 결제 서비스의 확산이다. 2015년 기준 모바일 뱅킹의 자금이체 규모는 하루 평균 2조 4천억 원이다. 모바일 쇼핑 시장규모는 6조 6천억 원임을 감안하면 계속적으로 증가하고 있다. 이와 같이 온·오프라인 쇼핑과 위치기반 서비스를 연계한 새로운 형태의 생태계를 원클릭 결제 서비스를 통해 구현하고 있다.

(3) 사업지원이 제외되는 업종

대통령령으로 정하는 창업지원이 제외되는 업종은(2015. 12. 3. 기준) 다음 각 호의 어느 하나에 해당하는 업종을 말한다. 업종 분류는 한국표준산업분류표를 기준으로 한다.

첫째, 금융 및 보험업 둘째, 부동산업 셋째, 숙박 및 음식점업 중 호텔업, 휴양콘도 운영업, 기타 관광숙박시설 운영업 및 상시 근로자 20명 이상의 법인인 음식점 업은 제외된다.

넷째, 무도장 운영업 다섯째, 골프장 및 스키장 운영업 여섯째, 기타 갬블링 및 베팅업 일곱째, 기타 개인 서비스업(그 외 기타 개인 서비스업은 제외한다)

여덟째, 그 밖의 제조업이 아닌 업종으로서 산업통상자원부령으로 정하는 업종은 제외된다.

(4) 유망 중소사업 지원(제4조 2항, 창업촉진 사업추진)

중소기업청장은 중소기업의 사업을 촉진하며, 창업자의 성공률을 향상시키기 위해 다음 각 호를 추진하거나 필요 시책을 수립하여 시행할 수 있다.

첫째, 유망한 예비창업자(중소기업 창업)를 발굴하여 육성하고 지원할 수 있다.

둘째, 창업자의 우수한 아이디어에 대한 사업화를 지원한다.

셋째, 기업창업과 관련된 단체를 통해 예비사업자 및 창업자를 발굴, 육성한다.

넷째, 교육과 기반시설의 확충 등 대통령령으로 정하는 사업을 지원한다.

이상과 같이 중소기업청장은 사업을 추진하기 위해 필요하다고 인정하는 경우, 예산 범위에서 대학, 연구기관, 공공기관, 사업관련 단체, 중소기업 및 예비창업자에게 해당 사업을 수행하는 데 들어가는 비용의 전부 또는 일부를 출연하거나 보조할 수 있다.

(5) 재창업지원

중소기업청장은 창업 후 폐업 또는 파산 등으로 재창업하려는 자에 대해 「재창업법」(제4조 3항)에 의해 지원에 필요한 경우 사업을 추진할 수 있다.

첫째, 우수한 기술과 경험을 보유한 재창업 중소기업인 발굴과 재교육을 시행한다.

둘째, 재창업에 장애가 되는 각종 부담 및 규제의 제도를 개선한다.

셋째, 조세 및 법률 상담 등 재창업을 위한 상담을 지원한다.

넷째, 교육센터의 지정과 운영 등 재창업 지원 시설을 확충한다.

다섯째, 재창업 지원과 관련하여 중소기업청장이 필요하다고 인정하는 사업을 지원한다.

(6) 대학 내 창업지원

중소기업청은 대학 내 창업지원 전담조직 설립과 운영을 할 수 있다(제7조 2항).

첫째, 대학 내 사업촉진창업을 수행하기 위해 학교규칙이 정하는 바에 따라 지원업무를 전담하는 조직을 만들 수 있다.

둘째, 중소기업청장은 창업지원 전담조직의 운영에 필요한 경비를 출연하거나 그 밖에 필요한 지원을 할 수 있다.

셋째, 창업지원 전담조직이 법에 따른 지원을 받으려면 회계의 수입과 지출내역이 명백하도록 대학 내 다른 회계와 구분하여 처리해야 한다.

넷째, 창업지원 전담조직의 업무 및 회계 운영에 필요한 사항은 대통령령으로 정한다.

다섯째, 중소기업청장은 「고등교육법」 제29조 1항에 따라 대학원 중에서 창업분야 전문 인력양성을 할 수 있다. 창업대학원을 지정하여 예산 범위 내, 그 운영에 따른 필요경비를 출연하거나 그 밖에 필요한 지원을 할 수 있다.

여섯째, 중소기업청장은 창업 대학원 지정 및 지원에 관한 필요사항을 고시해야 한다.

2. 도전기업의 특성

1) 도전의 특성

사업은 창업자의 지식이나 경험, 노하우를 바탕으로 개인적인 자질과 인품, 성격, 특성이 어우러져 운영할 수 있다. 전문적인 지식과 경험을 바탕으로 변화하는 환경을 수용할 때 성공가능성은 커진다. 이러한 특성은 다음과 같다.

첫째, 도전은 인적, 물적, 자본금, 아이템 등 많은 자원을 투입하여 성과를 나타낸다. 투입자원 대비 이익은 장시간에 걸쳐 서서히 나타나기 때문에 즉각적인 성과를 바라는 투자자는 인내를 필요로 한다. 성과란 투입자원에 대한 보상의 크기로 불확실성 속에서 기회가 생긴다.

둘째, 도전의 궁극적인 목표는 창의성(creativity)이다. 이는 새로운 사회적 관계를 형성하며, 문제를 인식하는 지각을 통해 형성된다. 본질적으로 모험가적인 성격과 활동적인 자세, 냉정함과 온화함을 가져야 한다. 목표와 비전의 설계를 통해 미래를 예측하며, 성장을 통해 인재를 육성하면서 성취감을 가진다. 토랜스(E. P. Torrance)는 창의성에 대해 다음과 같이 말했다.

① 어떤 문제에 대한 결핍과 격차에 대해 민감함이다. 사람들이 가진 무한한 능력이 머릿속에만 존재한다면 이 사회는 발전하지 못할 것이다. 생각을 행동으로 실천하는 것이 창의성이다.

② 문제를 남들과 다르게 보거나 검증하는 것이다. 특정한 사물을 똑같이 바라본다면 문제를 제대로 인식하지 못할 수 있다. 논증을 통해 검증과 재검증으로 해결할 수 있다.

③ 모든 일은 결과를 나타내기 전에는 아무것도 아니다. 결과는 보이지 않는 것을 상상하여 만들어내는 힘이다. 여러 가지 측정을 통해 확인할 수 있으며, 발굴로 향상시킬 수 있다.

④ 도전은 자신이 보고 느낀 경험에서 나온다. "눈으로 본 만큼 이야기한다"는 말이 있다. 정말 좋다는 것은 경험적으로 체득한 직관을 인식하는 것이다.

셋째, 도전의 궁극적인 목표는 불확실성에서 성과를 만드는 것이다. 새로운 상품을 만들거나 경영방법을 개선하는 등 문제점에서 해결의 필요성과 결과를 요구한다. 현재까지 존재하지 않았거나 경험하지 못한 새로운 체계를 창조하는 것은 인내와 끈기, 집념에서 가능하다. 사람들이 미래를 예측할 수 있지만 확신하지 못하는 것은 모두가 미완의 세계를 걸어가기 때문이다.

넷째, 도전은 인적, 물적, 자본금, 기술, 시설장비 등을 통해 만들어내는 것이다. 무형의 상품을 자산으로 만들기 위해서는 직원들의 역할과 운영 매뉴얼, 접객태도 등이 중요하다. 경영자뿐만 아니라 개별 직원들의 능력은 기업이미지에 영향을 미친다. 따라서 고객은 기업이 제시하는 혜택을 중시하는데, 이는 자신의 목적과 일치할 때 더 만족하게 된다.

참고자료

자기사업을 해야 하는 10가지 이유

462개 중소기업 CEO를 통한 설문자료 결과, Inc.com

① You control your own destiny.(운명을 스스로 개척할 수 있다)

② You can find your own work/life balance.(일과 생활의 균형을 찾을 수 있다)

③ You choose the people you work with.(함께 일할 수 있는 사람들을 고를 수 있다)

④ You take on the risk and reap the rewards.(위험을 감수하고 보상을 가질 수 있다)

⑤ You con challenge yourself.(스스로 도전할 수 있다)

⑥ You can follow your passion.(자신의 열정에 따를 수 있다)

⑦ You can get things done-faster.(모든 일을 보다 빨리 할 수 있다)

⑧ You can connect with your clients.(고객과 직접 연결할 수 있다)

⑨ You can give back to your community.(사회에 환원할 수 있다)

⑩ You feel pride in building something of your own.(스스로 세우는 것에 자부심을 가진다)

다섯째, 도전은 글로벌 경제의 핵심이다. 세계적인 경기불황은 각 국가의 생존을 위협하지만 창업은 둔화된 경제상황에서도 성장의 밑거름이 된다. 불경기인지 호경기인지 여러 가지 환경을 조사하며, 보유자원과 인건비, 판매관리비, 임대료, 각종 세금과 제세공과금 등을 고려해야 한다.

여섯째, 도전은 일정 궤도에 오를 때까지 많은 시간과 노력, 열정, 끈기라는 비용이 들어간다. 자사의 상품이 소비자들에게 정확하게 포지셔닝될 때까지 홍보, 광고 촉진비용이 들어간다. 예상치 못한 문제점으로 난관에 부딪힐 수 있다. 이를 극복하는 과정에서 새로운 아이템이 도출되거나 숨어 있는 재능을 발휘할 수도 있다.

2) 도전기업 지원안내

산업통상진흥원은 글로벌 창업의 지름길로 '엑셀러레이터(accelerator)' 도전기업을 지원하고 있다. 2015년 'Startup Engine' 프로그램 참가기업을 통해 창업 생태계의 환경과 지원체계, 교육, 컨설팅, 멘토, 비즈니스 네트워킹 등을 지도하고 있다(유형준, 2014). 이는 글로벌 창업의 요람으로 꼽히는 엑셀러레이터 프로그램을 미리 경험하여 세계 유수 창업보육 프로그램에 도전할 수 있도록 하는 정책이다.

- 미래창조과학부와 정보통신산업진흥원(원장 박수용, 이하 NIPA)은 해외시장을 목 표로 국내 유망기업이 글로벌 엑셀러레이터에 합격 가능하도록 해외 엑셀러레이터 와 협업하여 'Startup Engine' 프로그램에 참가할 지원자를 모집했다.
- 창업부터 해외시장 진출을 위해 해외 유수 엑셀러레이팅 프로그램 입성을 목표로 ICT 분야의 스타트 업 재도전기업 등 총 30개의 스타트 업을 선발했다.
  - 영국 Techstars, Seedcamp, 미국 500 Startups, 핀란드 Startup Sauna, 호주 Startmate, 일본 Open Network Lab 등 세계의 엑셀러레이터가 참가팀 선정부터 역량강화 과정, 최종 발표회까지 직접 선정했다.
  - 선발 기업은 해외 유수 엑셀러레이터 졸업기업 및 운영진, 재도전 성공 기업인 특강을 통해 현지 진출전략 노하우와 실패 후 재기사례의 정보를 제공한다.
  - 기업별 컨설팅 진단을 통해 현 수준을 점검하고, 취약부분을 중심으로 필요한 코 스를 직접 선택하는 맞춤형 역량강화(pre-accelerating)과정으로 진행했다.
  - 공동교육을 진행한 해외기업과 종료 후 데모데이(www.demoday.co.kr) 결과를 바탕으로 보육프로그램을 경험할 수 있도록 지원한다. 최종 팀에겐 교통비와 체 류비 등 특별 상금을 수여했다.
- NIPA는 해외 파트너 엑셀러레이터를 초청하여 취지와 역할을 논의하는 'Meet the global accelerators' 행사를 디캠프(D.Camp, 강남 6층)에서 개최하였다.
  - NIPA 임형규 팀장은 "Startup Engine 프로그램을 통해 성공적인 글로벌 시장 진 출을 목표하는 국내 유망 스타트 업의 엔진 역할을 수행하며, 그 시작으로 해외 엑셀러레이터를 초청, 각국의 스타트 업 환경을 포함한 견해를 듣고 국내 창업과 네트워킹할 수 있는 기회를 마련했다."
- Startup Engine 프로그램 참여를 원하는 기업은 공식 홈페이지(www. startupengine. kr) 또는 NIPA 홈페이지(www.nipa.kr) 게시판을 통해 참가신청을 받고 있다.

  ※ 엑셀러레이터(Accelerator) : 스타트 업(초기 창업기업)을 대상으로 3~6개월간 교육과 컨설팅, 선배 기업과의 교류 등을 지원받는다. 성공을 촉진하는 육성 전 문회사. 에어비앤비, 드롭박스, 슈퍼 셀 등 성공한 IT기업 대부분이 엑셀러레이 터의 도움을 받았다. 유명 엑셀러레이터 보육프로그램의 경우 경쟁률이 수십 대 1을 넘기고 있다.

〈'스타트 업 엔진' 추진절차〉

1단계	2단계	3단계	4단계	5단계
참가팀 모집/ 사업설명회	선정(30팀) * 해외 셀러레 이터 참여	역량 강화 (4주)	최종발표회 *해외엑셀러 레이터가 직접 선발	합격팀 (필드트립/ Batch) 지원
'15.8중	'15.9초	'15.9중~말	'15.10중	'15.10말 ~12

〈해외 파트너 엑셀러레이터 현황〉

기관명		국가	주요 특징
Startup Sauna	**Startup** Sauna	핀란드	• 핀란드 대표 엔젤투자재단 운영 엑셀러레이터 • 3,600만 불 규모 투자금 보유
Techstars	techstars	영국	• 뉴욕, 런던, 보스턴 등 7개 지사를 보유한 글로벌 최 대 규모 엑셀러레이터 • 런던지사 : 21개의 졸업팀 배출 • 한국졸업팀 : 플리토, 스마일패밀리
Seedcamp	seedcamp	영국	• 유럽 대표 엑셀러레이터 • 118개 스타트 업 투자 · 보육 후 80% 이상 추가투자 유치(5개사 Exit) • 대표졸업팀 : BaseKit(1천만 불), Mobclix(Velti 5천만 불에 인수)
500 Startups	500 STARTUPS	미국 (SV)	• 실리콘밸리 대표 엑셀러레이터, 투자사 • 650개 이상 스타트 업 투자 · 보육(11개사 Exit, 총 21백만 불 규모) • 대표투자팀 : 비키(Viki), 슬라이드 쉐어(Slideshare), Shakr Media(한국팀)
Startmate	Startmate	호주	• 호주 최대 엑셀러레이터 • 21개 스타트 업 투자 보육(1개사 Exit)
Open Network Lab	Open Network Lab	일본	• 일본 대표 엑셀러레이터 • 26개 스타트 업 투자 보육 • 일본 메이저 투자사 Digital Grage사 운영

현대의 젊은이들은 혁신적인 도전과 과감한 행동을 필요로 한다. 진취적인 사고와 행동하는 태도는 젊은이들만이 가진 최고의 선물이다. 성공을 이끌어내는 습관은 열정이라는 용기를 가지고 가장 멋진 모습으로 나타난다. 국내 최초로 마케팅 투자사 '씽크이지(Think Easy)'를 설립한 임수열 대표는, "성공하는 사람들에게는 열정(Passion)과 도전이라는 공통점이 있다"고 하였다(토네이도, 2014). 반드시 이루겠다는 열정은

무한 가능성을 만들며, 빈손으로 시작해도 행복하며, 성공하기를 열망한다. 이들은 타인지배를 받기보다 나의 일을 즐겁게 한다.

반면에 기업의 조직 일원으로 생활하다 보면 어려운 문제에 부딪힐 수 있다. 그들이 사업한다면 탄탄대로처럼 느껴지던 그 길도 험난한 길이 될 수 있다. 어렵게 모은 자본금을 날리는 데 오랜 시간이 걸리지 않지만 다시 일어설 수 있는 것은 젊음과 용기, 도전정신이 있기 때문이다. 눈이 밝다면 더 많은 정부의 지원정책이나 자금 확보방법을 통해 성공요소를 만들 수 있다. 따라서 성공한 사람들은 습관이 다르다. 실수를 통해 배우고 경험으로 빈도수를 줄여나간다. 그것이 성공을 이끌어내는 최고의 습관이자 열정의 힘을 이끌어내는 원동력이기 때문이다.

(1) 열정이라는 자본을 준비하라

인간은 죽을 만큼 힘들어도 죽지 않는다. 인생에는 정답이 없지만 어려움을 통해 어떻게 살겠다는 깨달음을 얻는다면 성공 앞으로 성큼 다가갈 수 있다.

첫째, 투자자는 기획서가 아닌 열정을 평가한다. 문서는 단지 대화를 시작하기 위한 도구로 자신이 잘하는 관심분야를 열정적으로 전해주어야 한다.

둘째, 세상은 당연히 잘할 수 있다는 전제는 없다. 수많은 고통과 희생의 눈물을 통해 얻게 되는 대가만 있을 뿐이다.

셋째, 집안이 편안해야 일에 전념할 수 있기 때문에 가정적인 사람이 성공한다.

넷째, 인생의 큰 그림을 그려라. 10년, 20년 후를 대비할 준비가 되었다면 머뭇거리지 말고 앞만 보고 달려야 한다.

다섯째, 세상은 넓고 할 일이 많지만 바로 지금 현재가 중요하다. 시작은 돈을 먼저 사용하지 않고 마지막에 집행하는 것이다.

여섯째, 거절하기 힘든 제안을 해라. 쓰러져도 툭툭 털고 일어날 것 같은 자신감과 열정은 투자자들을 감동시킨다.

일곱째, 일이 즐거워야 성장할 수 있다. 세상에는 안 되는 것이 없다. 하지만 잘 될 가능성도 그렇게 많지는 않다.

여덟째, 대의명분이 있는 제안은 실패를 줄일 수 있다. 인간은 역설적으로 거절당한 다음부터 희망이라는 싹이 돋는다. 실패는 자신의 말과 행동, 실력에서 나온다는 사실을 알아야 한다.

(2) 쉽게 생각하면서 구체적으로 행동하라

분석가는 걸림돌이 되는 문제를 돌아볼 수 있어야 한다. 커뮤니케이션은 상호 간의 공감을 통해 상생하지만 대화를 하다 보면 성의 없는 열정인지, 열망인지 파악할 수 있다. 스스로 남들과 무엇이 다른가를 고민하면서 자신의 부족분을 찾아야 한다. 괴짜 경영인으로 소문난 Richard Branson(버진그룹 CEO)은 10가지 행동철학을 다음과 같이 제시하였다.

첫째, 인생의 철학은 매일 매순간 즐기는 것으로 오늘 꼭 해야 되는 의무감은 없다.

둘째, 걷는 것은 배움이 아니다. 매번 넘어지고 일어나면서 배우게 된다.

셋째, 아이디어가 성공할지 파악하기 위해 막대한 비용을 들여 조사보고서를 만들 필요는 없다. 모든 일은 상식선에서 해결되며, 비전만 있으면 가능하다.

넷째, 행복을 논하기에 인생은 너무 짧다. 아침에 일어나면서 스트레스 걱정과 우울한 표정을 짓는 것은 올바른 태도가 아니다. 즐겁지 않으면 다른 일을 찾아야 한다.

다섯째, 인생의 80%는 일을 하면서 보낸다. 집에서 행복을 찾지만 직장에서 재미와 즐거움, 흥미를 찾으려 노력해야 한다.

여섯째, 사업은 멋진 신사복을 입는 것이지만 주주들을 즐겁게 하는 것과 상관없다. 자신에게 솔직한 마음으로 집중해야 한다.

일곱째, 돈에 여유가 있다면 방치하지 말고 모험적인 영역에 투자해야 한다.

여덟째, 가장 값싼 구매나 빠른 해결방법을 생각하지 마라. 가장 훌륭한 방법은 최선의 결과를 도출하는 데 사용되어야 한다.

아홉째, 복잡함은 당신의 적이다. 단순하고 심플하게 만드는 것이 정말 어렵다.

열째, 사업의 기회는 버스와 같다. 한 대를 놓치면 또 다른 버스가 온다.

성공하고 싶다면 비용은 줄이고 몸으로 뛰는 마케팅 전략을 추진해야 한다. 무모하더라도 목표의식과 성공에 대한 믿음을 가져야 한다. 작은 점포를 운영하더라도 구멍가게 주인의 마인드를 가져서는 안 된다. 영혼을 팔아야 한다.

(3) 성공의 이슈 메이커가 되어라

수많은 소비자들 사이에서 나와 나의 회사를 인식시킬 브랜드를 만들어야 한다. 창의적이면서도 가치 있는 아이템을 발굴하는 것은 평생을 고민해야 할 숙제이다. 열려 있는 자세가 없으면 발 앞에 뒹구는 지식도 감지하지 못한다. 아이템은 관심과 불편함으로 애정과 고민을 통해 찾지만 이슈가 되지 못하면 실패할 수 있다.

첫째, 업무에 대해 전혀 모르거나 아르바이트도 해보지 않은 사람들이다.

둘째, 자신의 사업에 최선(목숨)을 다하지 않는 사람이다.

셋째, 스스로의 말과 행동에 대한 감정을 조절하지 못하는 사람이다.

넷째, 타인의 의견이나 충고, 제언을 듣기 싫어하는 사람이다.

다섯째, 현대적 흐름과 시사, 트렌드에 둔감한 사람들이다.

여섯째, 기록하지 않는 사람들이다. 기억력의 한계로 메모하는 습관이 중요하다.

일곱째, 직원을 하대하거나 우습게 대하는 사람들이다.

여덟째, 여유자금이 없어 빈곤한 사람이다. 금전적으로 여유가 없으면 항상 근심 걱정이 얼굴로 나타난다.

아홉째, 진정성 없는 행동은 고객을 도망가게 한다. 물건을 팔 때는 친절한 것처럼 보이지만 팔고 나면 달라지는 사람들이 있다.

열째, 열정이 없거나 열심히 하지 않는 사람들이다.

(4) 사업가적 마인드를 갖추어라

CEO가 되기 전에 CEO의 마인드를 가져야 한다.

첫째, 회사 대표자를 비롯하여 직원 한 사람 한 사람은 기업의 대표자이다.

둘째, 세상은 좋은 일만 할 수는 없다. 싫어하는 일일수록 더 열심히 해야 한다.

셋째, 긍정의 힘으로 무장하면 안 되는 일이 없다.

넷째, '잘 될 거야.' 하는 환상을 버려라. 지나친 낙관이나 긍정을 경계해야 한다.

다섯째, 험난한 길을 선택한 사람들은 열정과 성공 키워드로 어떻게 해결할 것인가를 생각한다.

여섯째, 행복은 땀 흘린 현장경험과 이기려는 의지력에서 달성된다.

3. 구성요소

창업하기 위해서는 점포의 규모나 위치, 입지조건, 직원관리, 매뉴얼 등과 상관없이 공통적으로 들어가야 할 구성요소가 있다. 예술품도 고객의 마음에 들기 위해서는 여러 단계의 과정과 다양한 결합에서 창의성으로 빛나야 한다. 본 교재는 창업자를 비롯하여 주력상품의 아이템(item), 자본금(capital stock), 시설장비(facilities and equipment) 및 사업장으로 구성하였다.

사업은 창업자의 인적, 물적 자원으로 기회를 포착하는 것이다. 무에서 유를 창조하는 활동을 말한다(Timmons, 1990). 거대자본으로 타 기업을 인수합병(M&A)하는 것도 보편화된 방법 중 하나이다. 기존 업종을 변경하여 새로운 기회로 만들 수도 있지만 시행과정에서 위기를 맞이할 수도 있다. 장기적인 안목에서 보면 비용대비 가치를 추구하는 상품개발에서 성장할 수 있다. 절대적인 위험 속에서 비전과 열정, 창의성, 팀워크로 성과를 낼 수 있는 것이 사업이다. 원재료와 인적 자원, 자본금이 결합하여 이전보다 가치 있는 상품과 서비스를 생산하는 것이다(Vesper, 1990). 이러한 변화의 혁신은 새로운 것에 대한 시장가치와 생산을 통해 수익을 창출하는 것이다. 고용창출과 먹거리를 만들어내는 데 긍정적인 역할을 한다. 급변하는 글로벌 경제상황에서 경쟁력을 키우는 것은 고객에게 팔릴 수 있는 상품을 만드는 것이다. 하버드대학교 경영대학 시어도어 레빗(Theodore Levitt) 교수는 그의 저서 『마케팅 상상력』에서 다음과 같이 말했다.

"시장에서 팔리지 않는 상품은 상품이라 할 수 없다. 단지 박물관에 보관되어 있는 소장품에 불과하다"

기업의 궁극적인 목표는 팔릴 수 있는 상품을 개발하여 수익창출과 고용증대로 계속적인 성장을 유지하는 것이다. 새로운 일을 시작한다는 것은 창의적인 사업 (creative business), 창의적인 일(creative work), 창의적인 직업(creative job)을 가지는 것이다. 기업가의 능력은 개인 및 조직의 아이템을 목표로 비전을 제시하며, 업종과 업태, 규모를 불문하고 시작하는 것이다. 경영환경의 변화를 수용하면서 제품과 서비스, 시스템으로 산출물을 만들어내야 한다. 수익을 창출하고 획득하는 것은 상호 간의 유기적인 협조 속에서 가능하다.

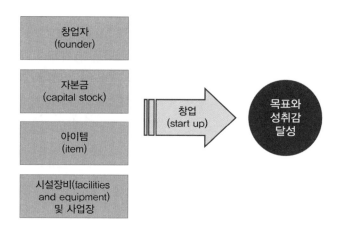

〈그림 3-1〉 창업의 구성요소

1) 창업자

창업자는 특정한 입지의 장소에서 아이템을 계획하며, 인적·물적 자원과 자본금을 투입하여 성과물을 만들어내는 데 관여하는 모든 사람들을 말한다. 사업 주체인 동시에 생산을 기획 관리하고 판매, 운영매뉴얼, 조직, 고객, 위험상황의 판단과 해결 등 실무에 필요한 총체적인 현상들을 말한다. 개인적 지식과 경험을 바탕으로 전략을 짜거나 업무를 관장하면서 그 책임과 의무, 가치 있는 만족을 얻기 위해 새로운 기회를 만드는 사람이다. 상품과 서비스를 생산하는 일상적인 업무 외, 재정 부담과 위험요소를 발견하여 해결하는 역할을 한다. 따라서 유·무형의 자원을 통합하여 상품 및 서비스를 생산, 관리하면서 완성하는 사람들을 말한다.

또한 기업목적과 기능에 맞는 관리감독과 지휘, 통제, 조정업무를 수행하면서 분석에 따른 계획수립과 실천행동을 주도해야 한다. 여기에는 최고경영자(CEO)를 비롯하여 기술자, 직원(경영관리), 서비스 관리자(고객접대), 투자자(자본) 등이 포함된다. 아무리 좋은 아이템이라도 이를 실행할 기술이나 자본, 경영관리 능력이 없으면 성공하기 힘들다. 그러므로 열정과 도전정신, 체력이 있어야 하며, 전문지식과 경험을 바탕으로 보유자원을 충분히 활용할 수 있는 능력을 가져야 한다. 경영자의 능력과 자질에서 성과는 달라지며, 성장을 위해서는 지속적인 정부정책 및 지역사회와 연계된 직원 및 고객만족도를 위한 커뮤니티를 강화해야 한다. 이를 좀 더 구체적으로 살펴보면 다음과 같다.

첫째, 미래에 대한 도전과 목표, 비전을 제시해야 한다. 글로벌 환경에서 국가의 흥망성쇠는 경제상황과 관련되어 있다. 세계적인 흐름과 트렌드, 경기상황에 따라 변하기 때문에 현재 상황에 맞는 분석이 필요하다. 이를 바탕으로 성장가능성을 예측할 수 있으며, 구성원들의 단합된 목표를 고취시켜 달성할 수 있다.

둘째, 개인적 지식과 능력, 창의적인 사고와 추진력을 가져야 한다. 시장은 항상 변화하면서 유동성을 가진다. 새로운 도전과 열정, 책임감은 기회를 포착하는 적극적인 행동에서 가능하다. 이는 구성원들의 의식과 사기진작, 성취욕구, 동기를 통해 달성할 수 있다.

셋째, 더불어 상생할 수 있어야 한다. 이익만을 추구하는 경영자가 아니라 사회적 책임(CSR : corporate social responsibility)을 통한 상생과 트렌드, 감각, 소통하는 문화로 일체감을 가져야 한다. 직원만족은 곧 주인의식을 강화시켜 고객만족을 향상시킬 수 있다.

넷째, 구성원들의 안정된 삶을 책임진다. 업무란 각 개인의 행복과 조직의 생산활

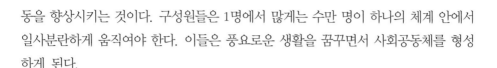

동을 향상시키는 것이다. 구성원들은 1명에서 많게는 수만 명이 하나의 체계 안에서 일사분란하게 움직여야 한다. 이들은 풍요로운 생활을 꿈꾸면서 사회공동체를 형성하게 된다.

2) 아이템

아이템(Item)은 사업을 운영하는 상품과 서비스가 무엇인가를 안내하는 역할을 한다. 이는 상품화를 위한 기획단계부터 구체적인 형태로 나타날 수 있지만 서비스 방법이나 프로세스, 가격구조, 인테리어시설, 분위기, 이미지, 무형의 가치, 운영방법의 개선도 포함된다. 특히 지식과 개인적 능력, 경험을 통한 사회경제적, 문화적 현상에 영향을 미친다. 시대가 요구하는 이슈와 트렌드를 포함하며, 업종과 업태, 기술, 자본에서 차이가 날 수 있지만 분석을 통해 향상시킬 수 있어야 한다.

아이템은 새로운 기회를 만드는 것으로 일상생활과 연계한 생산활동이 가능했을 때 인정받게 된다. 창업할 수 있는 좋은 아이디어는 시장의 매력적인 요소를 발견하는 데서 시작된다. 수요창출을 위한 상품 생산과 성장을 위해서는 고객에게 더 큰 가치를 제공할 수 있어야 한다. 무엇보다도 소비자 입장에서 이익과 혜택을 줄 수 있는 편의성과 상품성, 실용성을 충족시켜야 한다.

첫째, 아이템을 활용할 수 있는 시장이 존재해야 한다. 아이디어로써 끝나서는 안되며, 수요를 자극할 수 있는 매력적인 상품과 발전가능성을 보유하고 있어야 한다. 그러기 위해서는 누구를 타깃으로 할 것인가가 중요하다.

둘째, 좋은 아이템은 생활 속에 접목할 수 있어야 한다. 많은 기업들은 제대로 활용하지 못해 타이밍을 놓쳐버리기도 하지만 보유한 아이템이 잠깐 유행하는 아이템이 아닌지 확인해야 한다. 준비가 소홀하여 실용화에 어려움을 가질 수도 있지만 개선 및 변화를 통해 이익을 줄 수 있다.

2015년 편의점에서 가장 많이 팔린 상품을 소개했다(M&B, 2015. 12. 19). 프랜차이즈 편의점인 GS25는 2015년 1월부터 12월까지 상품별 판매 데이터를 분석하여 베스트 10을 소개했다. 분석결과 9위는 '츄파춥스'를 제외한 모든 상품이 마시는 음료(알코올 포함)로 조사되었다. 최근 3년간 가장 많이 판매된 부동의 1위는 아이스컵이다. 여름철 아이스컵에 음료를 부어 마실 수 있도록 한 테이크아웃 컵이다. 한 해 5천1백만 개가 판매되었으며, 국민 5천1백만 명 중 1인당 1잔을, 서울 주민 약 1천만 명이 약 5잔을 마실 수 있는 수량이다. 보통 아이스음료는 6월에서 9월까지 4개월 동안 집중판매된다는 점을 감안하면 1달에 평균 1,270만 잔이라는 계산이 가능하다.

다음은 생수로 2위를 차지했다. GS25 PB상품인 '함박웃음 맑은 샘물 2L'는 판매가격이 1천 원으로 생수 중 L당 가격이 가장 알뜰하다. 편의점 특성상 소용량이 잘 팔린다는 법칙이 무너지고 가장 많이 판매된 상품이다. 3위와 8위는 참이슬과 카스 캔 355ml로 한국인의 주류 사랑을 보여주고 있다. 2012년까지 부동의 1위였던 바나나우유는 4위를 기록하며 꾸준한 사랑을 받았다. 박카스 F와 레쓰비 마일드, 생수(500ml)가 한국인들이 즐겨 찾는 음료로 나타났다. 2015년은 무더운 날이 적어 비가 많이 왔음에도 마시는 음료들이 지속적으로 인기를 끌었다는 특징이 있다.

셋째, 사업으로 연계할 수 있는 기회를 만들어야 한다. 아이디어만으로 창업할 수는 없지만 이익을 낼 수 있는 환경과 상품성을 가져야 한다. 여기에는 타이밍이 중요하다. 유행에 민감한가? 지속적으로 성장할 수 있는가?를 따져야 한다.

넷째, 아이템의 상품화는 타당성이 중요하다. 자신이 보유한 인적, 물적 자원을 활용하여 경제성을 실현할 수 있는 효율성이 필요하다. 타당성을 확보하였다는 것은 긍정적인 면과 상품화를 가능하게 하였다는 것이다.

다섯째, 검증받을 수 있어야 한다. 최근 프랜차이즈업계의 설립이 까다로워졌다. 비교적 잘 갖추어진 체계와 규범적 조건이 형성되었지만 유경험자들은 뜨는 아이템에 대한 카피능력이 뛰어나다. 특히 본사의 매뉴얼과 체계가 없는 물 타기 식 선정에 유의해야 한다. 이를 해결하기 위해 본사를 방문하여 시스템과 노하우, 매뉴얼, 상품력, 관리능력, 직영점, 물류창고, 대표자 이력 등을 확인해야 한다.

여섯째, 가격에는 착시현상이 있다. 현대의 기업들은 소액에 대한 정확한 기준이 없으면서도 단수전략을 즐겨 사용한다. "지호한방삼계탕"(한국경제, 2015. 1. 15)은 "외식창업 아이템은 출혈경쟁이 심하기 때문에 생존율을 기준으로 선정되어야 한다"며, 제2의 인생을 준비하는 아이템은 단기적인 것이 아니라 평생직업의 키워드로 고객의 저항을 줄일 수 있는 것이어야 한다고 했다.

3) 자본금

자본금은 경영을 위한 금전적인 자금뿐만 아니라 토지, 건물, 점포임대, 시설장비, 원재료, 인적 자원, 기술 등을 포함한다. 이러한 자원은 재화의 총집합으로 회계학에서는 자산 및 부채와 대조되는 개념으로 기업의 총자산에서 총부채액을 공제한 것이 자본금과 잉여금이 된다. 경제학은 생산요소의 자본으로 토지와 노동이 결합한 생산이 가능한 생산재를 말한다. 생산자본은 자본주의의 발달에 따라 실물자본과 화폐자본으로 나누어진다. 실물자본은 생산에 필요한 일반적인 내구재와 공장설비, 기계 등 고정자산과 원재료, 중간 생산물을 포함한다. 화폐자본은 수익목적으로 사용되는 화폐액이며, 순환과정에서 실물자본으로 구입되지만 최종 생산물은 화폐로 표시된다. 이 과정에서 소비되지 않은 자본은 축적된다. 기타 자본은 사회간접자본과 인적 자본, 이용목적에 따른 유동자본과 고정자본, 불변자본, 가변자본으로 구분된다.

사업경영은 규모에 맞는 자금이 필요하다. 자기자본과 타인자본으로 충당할 수 있지만 인적, 물적 자원을 포함하여 시설, 원재료 등 조달계획을 설계해야 한다. 이익을 계산할 수 있는 재무분석과 금융을 활용할 수 있는 능력도 필수자원이다. 기업의 설립자본은 현금, 건물, 토지, 시설장비, 기술 등을 포함한다. 안정적인 자금운영은 경영활동의 기본으로 금융자원을 적절히 활용하는 것이다. 정부 및 자치단체나 관련기관에서 제공하는 지원제도는 성공적인 자금을 확보할 수단이 된다. 이러한 구조를 활용하기 위해서는 사전에 충분한 조사분석이 필요하다.

〈표 3-1〉 자금의 분류와 종류

자금 분류	세부 구분	내 용
자기 자본	창업자금	현금, 예금, 적금, 퇴직금, 유가증권(국채, 회사채)
	현금출자금	현금출자금, 사업장보증금, 차량, 장비 등 창업자 및 동업자 출자금
	투자자금	후원금, 주주출자금, 기관투자자 자금
	정책자금	소상공인 지원자금, 청년지원, 신성장지원, 긴급지원 안정자금, 창업ㆍ기술 사업화자금, 신용보증기금, 금융정책자금, 중소기업지원자금, 서울시 지원자금, 지역자치단체 지원자금
타인 자본	금융기관자금	은행(제1금융권), 지역농협, 상호저축은행, 새마을금고, 보험사, 우체국, 신용협동조합
	사금융자금	사채, 제3금융권, 친인척, 동료
운영자금		**내 용**
시설 자금		토지, 건물, 상가, 기계장치, 설비시설, 보증금 등
운전 자본		사업운영에 필요한 원재료비, 인건비, 경비, 통신비, 차량유지비 등

(1) 자기자본

자기자본은 기업 전체의 투자액으로 총자산에서 부채를 차감한 금액이다. 재무제표상 창업자금과 현금출자금, 투자자금, 정책자금, 자본준비금 등 순자산을 말한다. 여기에는 주주가 낸 자본금과 영업의 경영성과를 통해 대손충당하거나 주주배당 및 이익잉여금으로 적립한다. 주식발행 초과금은 자본잉여금으로 정리하며, 증자를 통해 자기자본을 늘리거나 주식의 가치를 높이기 위해 자사주를 소각 및 매각하기도 한다. 총자산 중 자기자본이 많으면 재무구조가 튼튼한 우량기업으로 인정받는다.

(2) 타인자본

　기업의 경영활동에서 사용되는 자본은 은행, 보험, 증권, 신용금고 등의 차입금이나 사채, 친인척 투자금 등과 같이 외부로부터 조달하게 된다. 기업 외부에서 조달되었다는 의미로 타인자본이라 한다. 자기자본은 대차대조표상의 자본이지만 타인자본은 부채를 말한다. 차변에 자산, 대변에 부채와 자본을 기재하며, 여기에서 자본은 자기자본을 뜻하지만 부채는 타인자본을 의미한다.

　'2016년 중소기업 창업지원 사업계획'으로 1조 5천4백억 원을 지원하며, 전년대비 1.1% 증가한 금액이다(중소기업청뉴스, 2016. 1. 12). 사업별로 창업자금 융자 1조 3,000억 원, 사업화 1,613억 원, 지식서비스 창업 231억 원, 창업보육센터 지원 227억 원이다. 사업화 선도대학 육성은 지난해 508억 원에서 651억 원으로 증가하였으며, 우수한 창업 인프라를 갖춘 대학을 지정하여 실전 창업교육과 전문가 멘토링, 창업사업화 자금지원, 창업준비 공간을 제공한다.

　'창업 인턴제'와 '재도전 성공 패키지'를 새롭게 도입하여 50억 원, 35억 원을 지원한다. 인턴제는 대학(원) 재학생 및 미취업 졸업생이 준비과정에 있는 벤처·창업기업에 근무할 수 있는 기회를 제공하며, 평가를 통해 최대 1억 원까지 지원하는 사업이다. 재도전 성공패키지 프로그램은 실패한 기업인 중 구체적인 사업아이템 및 계획을 보유한 경우 심리치료와 재창업 역량강화사업으로 재기를 돕는다. 힐링캠프 및 재창업 전문교육을 실시한 후 시제품 제작과 마케팅비 등으로 70%까지 지원한다.

　☞ 창업지원 정책자금[중소기업진흥공단 정책자금] 알아보기
　중소기업진흥공단의 정책자금 중에서 '창업기업 지원자금'이 있다. 2016년 1월 5일부터 자금을 신청할 수 있으며, 많은 기업들이 혜택을 받았다.

　가) 사업목적
　- 우수한 기술과 사업성은 있지만 자금력이 부족한 경우 중소·벤처기업의 창업을 활성화하고 고용창출을 도모하는 데 그 목적이 있다.

　나) 융자규모
　- 13,000억 원

　다) 신청대상
　- 창업기업 지원자금, 청년전용 창업자금으로 구분하여 지원한다(1인 창조기업 포함).

- 창업기업지원 : 「중소기업창업 지원법 시행령」 제2, 3조 규정에 의해 개시일로부터 7년 미만(신청. 접수일 기준)인 중소 및 창업을 준비 중인 자가 해당된다.
- 청년전용 창업 : 대표자가 만 39세 이하로 사업 개시일로 부터 3년 미만(신청·접수일 기준)인 중소기업 및 창업을 준비 중인 자이다.
* 창업기업 지원자금, 청년전용 창업자금 등 모두가 최종 융자시점에는 사업자등록증이 있어야 한다.

라) 융자범위
● 시설자금
 - 생산설비 및 시험 검사장비 도입 등에 소요되는 자금
 - 정보화 촉진 및 서비스 제공 등에 소요되는 자금
 - 공정한 설치와 안정성 평가에 소요되는 자금
 - 유통 및 물류시설 개선에 소요되는 자금
 - 사업장 건축자금, 토지 구입비, 임차 보증금 등
 - 사업장 확보자금(매입, 경매. 공매)
● 운전자금
 - 창업소요 비용, 제품생산 비용, 기업경영에 소요되는 자금 등이다.

마) 융자조건과 기간
- 대출금리(변동금리) : 정책자금 기준금리에서 0.08%p 차감
● 시설자금 : 8년 이내(거치기간 3년 이내 포함)
● 운전자금 : 5년 이내(거치기간 2년 이내 포함)
 - 청년전용 창업자금 : 시설, 운전 구분 없이 5년 이내
 - 대출한도 : 공통사항의 '개별 기업당 융자한도'
● 창업기업 지원 : 중진공이 자금 신청·접수와 함께 기업평가를 통해 융자대상을 결정한 후, 직접대출을 한다. 금융회사의 대리대출에서도 가능하다.
● 청년전용 창업 : 중진공이 자금 신청, 접수와 함께 교육. 컨설팅을 실시하여 사업계획서 등에 대한 평가를 통하여 융자 대상을 결정한 후 직접대출(융자상환금 조정형)을 한다.

4) 시설장비 및 사업장

사업자가 상품 및 서비스를 생산하기 위해서는 사업장과 시설장비 등의 기자재가

있어야 한다. 현대사회는 무점포 전자상거래로 활성화된 사업장도 있지만 사업을 경영하기 위해서는 사업장소가 필수적이다. 사업장과 시설장비는 초기에 많은 비용이 들어가기 때문에 쉽게 바꿀 수가 없다. 점포를 운영하기 위해서는 상권과 입지, 점포에 맞는 아이템과 시설장비가 있어야 한다. 제조업은 아이템 특성이 생산에 영향을 미치지만 서비스업은 점포위치와 입지, 상권에 따라 인테리어시설과 레이아웃, 아웃테리어 등이 영향을 미친다. 프랜차이즈 기업은 가맹사업 거래에 의한 공정화에 관한 법률에 따라 가맹금의 예치와 정보공개 등록제도, 허위 과장된 정보제공 금지 등 불공정 행위에 대한 금지를 담고 있다. 가맹본부와 사업자들의 불균형을 고려하여 가급적 상대적 약자라 할 수 있는 가맹자를 보호하는 법률이지만 여러 가지 분쟁이 발생하고 있다. 가맹사업과 관련하여 분쟁이 발생할 경우 조정협의회를 통해 원만하게 해결할 수도 있지만 소송을 제기하는 경우 비용과 시간, 심적 고통을 고려해야 한다.

우리나라의 개인 사업자 비율은 OECD국가의 평균 2배이다. 스타트 업은 일자리 창출과 경제성장에 큰 영향을 미치며, 미래의 먹거리를 책임진다. 실물경제가 좋지 않은 경제상황에서 기형적으로 그 비율은 늘어나고 있으며, 준비되지 않은 창업시장에서 부족한 경험과 지식은 실패를 반복하는 악순환으로 그 대안을 필요로 한다.

사례 1

YTN 라디오 생생 로펌(법무법인 명장, 오규섭, 2015)
프랜차이즈 본사 인테리어시설 강요할 수 없다!

박영환 씨는 국내 유명 프랜차이즈 B사와 계약을 맺고 분당에서 죽 전문점을 운영해 왔다. 어느 날 본사에서 영업 활성화를 이유로 3,000만 원 정도 비용이 발생하는 리뉴얼 공사를 요구했다. 돈이 없어 공사제의를 거절했지만 본사는 원재료 공급중단과 '인테리어 공사를 하지 않으면 가맹계약을 해지할 수 있다'며 압박했다. 이러한 과정에서 원재료 공급중단과 계약이 해지되었다. 이후 상호를 변경한 뒤 동일 장소에서 영업을 계속했는데 B사는 "A씨가 계약 해지 후 1년간 죽 전문점을 운영할 수 없다는 규정을 위반했다"며 영업금지와 1,000만 원의 배상금을 청구하였다.

법원은 교체할 필요성이 없는 시설까지 영업 활성화 차원에서 무조건 재시공을 강요하는 것은 거래상 지위를 이용한 영업방해라 했다. 수천 만 원이 드는 인테리어 공사가 필요했다고 볼 객관적 근거가 부족하다며 프랜차이즈 본사가 거액이 들어가는 인테리어 공사를 가맹점에 강요할 수 없다는 판결이다. 가맹점 시설개선으로 B사가 이익을 얻을 수 있음에도 비용을 전적으로 업주가 부담하도록 한 것은 불공정거래라면서 박영환 씨가 계약을 해지한 원인은 불공정 계약을 강요했기 때문이라며 청구를 기각했다.

가맹계약이 종료된 후 일정기간 동종영업을 금지하는 약정이 있었지만 법원은, 경업금지약정(競業禁止, prohibition of competitive transaction)은 일률적으로 무효라 하기에는 어렵지만 별다른 필요성이나 정당성 없이 지나치게 장기간의 경업금지를 부과하는 약정은 당사자의 권리를 지나치게 제약한다는 측면에서 법률상 무효가 된다는 것이다. 가맹계약에 포함된 경업금지 약정은 가맹 사업자의 직업선택 자유와 권리 등을 제한하는 측면이 있다. "박영환 씨가 부당하게 가맹점운영을 중단당하는 피해를 입었음에도 동종 업종에 종사할 수 없는 이중피해를 입게 될 수 있어 효력을 인정할 수 없다"고 하였다.

4. 소호(SOHO)창업

1) 소호창업의 의의

소호(SOHO : Small office/home office)는 1명에서 10명 정도의 인원이 작은 사무실에서 일하는 것을 말한다. 개인의 소규모 사업장이나 자택에서 전문지식과 정보, 경험, 아이템, 인적 네트워크 등의 정보통신기술을 활용하여 사업하는 소규모 사업자로 21세기형 신사업 근무형태를 말한다. 미국, 일본 등 선진국에서는 보편화된 새로운 비즈니스 모델로 첨단 통신기기나 사무기기, 스마트폰 등 최적의 업무환경을 갖춘 작은 사무실에서 운영하고 있다. 산업사회에서 지식사회로 옮겨가는 과정에서 정보통신이 급속하게 발달함에 따라 이를 활용한 소자본 창업이 이슈로 소개된다. SOHO Business Center와 컴퓨터, 인터넷 등 최소한의 자본과 인원으로 설비만 갖추고 창업하는 만큼 고난도가 많지만 좋은 아이디어만 있으면 누구나 쉽게 경영할 수 있다. 자신의 비즈니스를 주체적으로 전개하는 지적 사업으로 20세기 미국의 사무용품 판매업자가 쓰면서 일반화되었다.

미국은 1명에서 1백 명 전후의 사업조직을 SOHO라 한다. 홈 오피스 형태의 독립소호는 '텔레워커(Teleworker)'라 하며, 72%가 가정에서 이루어지고 있다. 일본은 1명에서 20명 정도까지 그룹으로 이루어진 공동작업장을 그 범주에 포함시켰다. 우리나라는 명확한 개념이 정립되지 않았으나 적은 평수의 사무실에서 5천만 원 안팎의 자본으로 운영하는 사업자를 말한다. 국내 금융권은 개인 자영업자를 소호업종으로 분류하며, 음식업, 숙박업을 지원하며, 그 범위를 확장시켰다. 정보통신의 인트라넷

(intranet)이 발달하면서 개인용 컴퓨터 기능과 기술이 고성능화되어 80년대 중반부터 시작되었다. 자신의 방이나 창고, 주차장 등 기존 사무실에서 벗어나 운영되는 사업으로 자택 근무 등 인터넷을 통해 일을 처리하는 편리성으로 인하여 계속해서 성장하고 있다.

우리나라는 IMF 외환위기로 경기가 침체되면서 기업의 구조조정과 조기퇴직 등 대량 실업자로 인해 소규모, 소자본 아이템으로 운영하는 개인사업자가 붐을 일으켰다. 소호는 적은 자본으로 전문성을 살리면서 인기를 끌었다. 특히 2003년 이후 금융기관들은 130조 원 규모의 소호 대출시장에 뛰어들면서 오프라인 일자리를 찾기 힘든 20대들이 10대 시절부터 경험한 온라인 전자상거래를 통한 시장을 개척하였다. 인터넷을 이용한 소호창업이 본격화되면서 20대 여성 창업자들의 비중이 꾸준하게 증가하며 활성화되고 있다.

2) 소호창업의 준비단계

소호창업의 준비단계는 다음과 같다.

첫째, 다양한 정보를 수집하여 지식을 향상시켜야 한다. 현재의 아이템 위치를 파악하며, 언제 어디서나 접할 수 있는 신문, 포털사이트, 페이스북, 카카오톡, 밴드 등 다양한 정보를 제공받을 수 있도록 관심을 가지는 것이 그 시작이다.

둘째, 자신이 잘 알고 있거나 관심분야를 선정해야 한다. 아이템을 선정하기 위해서는 국가 및 자치단체, 관련단체 등의 전시회, 박람회, 사업설명회장을 방문해야 한다. 관련기관에서 제공하는 자료를 수집하여 조건과 규모를 파악하는 것이 좋다. 이를 토대로 적합한 아이템을 찾을 수 있다.

셋째, 관련 기관이나 단체에 컨설팅을 의뢰한다. 아이템을 정리한 후 컨설팅업체나 중소기업청, 소상공인지원센터, 학교, 연구소 등 구체적인 상담을 받는 것이 중요하다. 상담료는 5~10만 원선이거나 무료로 운영하는데 사업타당성과 성장가능성, 환금성을 따져 그 가능성을 사전에 확인해야 한다. 예비자들의 문제점 중 하나는 성공에 대한 지나친 확신으로 문제를 제대로 파악하지 못한다는 것이다.

넷째, 현장을 확인하는 것이 중요하다. 사업을 결정하면 동종업종이나 경쟁자의 점포 및 사이트 등을 직접 방문하는 것이 좋다. 현장 확인을 통하여 발생 가능한 모든 문제의 근원을 미리 파악하여 예방할 수 있기 때문이다.

다섯째, 설립단계이다. 시장조사를 통해 아이템이 선정되었다면 회사를 설립하는 단계로 상권 및 입지 분석을 통해 타당성을 확인해야 한다. 동종 및 유사업종의 현황과 운영 실태를 통해 만족스럽다는 결론에 도달했을 때 시행하게 된다. 사업개시 전 관할세무서에 필요서류를 제출하면 사업자등록증이 나온다. 창업은 개인사업자와 법인으로 나눌 수 있다. 개인사업자 등록은 소자본 창업에 필요한 사항으로 부가가치세법에서 규정하고 있다. 사업자등록신청서, 주민등록등본, 사업허가증, 사본을 구비해서 관할세무서에 신청하면 된다. 법인은 크게 두 가지로 병행하며, 상법에 따라 관할법원장이나 등기소에 신청하며, 법인세법에 따라 서류를 첨부하거나 관할세무서에 법인 설립을 신고해야 한다.

3) 소호창업 절차

사업을 하기 위해서는 창업환경과 현황, 전망, 지식과 능력, 자질, 경험에 따른 열정과 도전정신, 끈기와 집념, 성취감을 파악해야 한다. 그러기 위해서는 다음과 같은 절차가 필요하다.

첫째, 업종과 업태에 따른 성장성과 안정성, 환금성을 검증해야 한다.

둘째, 사업 타당성을 검토해야 한다. 자신의 아이템으로 수익을 창출할 수 있는지, 창업자의 적성과 능력, 자본, 재무, 고객관리 등을 확인해야 한다.

셋째, 시장을 분석해야 한다. 현재 존재하는 시장의 크기와 현황을 비롯하여 유통방법, 형태, 상품력, 가격, 서비스품질, 애로사항, 고객관리 등을 조사해야 한다.

넷째, 사업성을 분석해야 한다. 투자금액 대비 예상 매출액과 투자회수율, 손익분기점, 월 순이익 등을 계산할 수 있어야 한다.

다섯째, 사업계획서를 작성해야 한다. 자료를 통한 구체적인 사업계획서의 설계는 사업을 실행하는 기본 자료가 된다.

여섯째, 투자규모 설정과 자금계획이다. 비용이 적게 드는 소규모일지라도 자금계획을 세워야 한다. 규모와 자신의 능력에 맞는 범위를 설정해야 한다.

일곱째, 사업장을 선정해야 한다. 상권과 입지 분석을 통한 시장환경과 경쟁점포, 예상매출액, 직원관리, 고객관리 등은 성공과 실패를 좌우할 수 있다.

여덟째, 사업자등록증, 법인 및 개인사업자의 인·허가 등의 행정절차를 필요로 한다. 작성된 사업계획서의 규모를 설정하며, 필요서류와 절차를 확인해야 한다.

아홉째, 사업자등록증이 마무리되면 회사가 설립되는데 매출을 만들어낼 수 있는 전략을 짜야 한다. 그러므로 핵심상품의 기획과 판매, 직원관리, 홈페이지 등이 중요하다.

열째, 고객만족전략을 수립해야 한다. 매장 내 디스플레이와 간판, 집기시설, 레이

아웃, 영업활동, 교육훈련과 인력관리, 주기적인 점검과 보완, 위험요소 대비방안, 재방문전략을 설계해야 한다.

4) 소호창업 아이템

소호창업은 좋은 아이템을 통해서 성공할 수 있다. 남이 한다고 하여 무조건 따라 하는 것은 위험한 전략이 된다. 자신의 지식과 경험, 전문성, 사업가적인 마인드를 통해 실천하는 것이 중요하다.

(1) 아이템 특성

소호업종은 자본금 부담이 상대적으로 적지만 아이디어와 정보의 다양성, 네트워크로 좋은 인간관계를 구축해야 성공할 수 있다. 매일매일 변화하는 환경에 적응하려는 노력은 사업의 생명력을 길게 한다. 전문성과 독창성은 신선한 아이템으로 다가오지만 남이 잘된다 하여 무조건 따라하는 것은 필패의 원인이다. 인간은 누구나 자신의 능력을 과대평가하며, 거대한 수익을 창출할 것으로 믿는다. 명심해야 할 것은 고객이 우리의 점포를 평가하며, 그들이 매출액을 발생시킨다는 것이다.

개인 창업자의 월평균 수익이 200만 원을 넘는 사람이 전체 사업자의 10~20% 정도로 낮다는 보고이다. 일반 사업자의 성공률이 20%임을 감안하면 투자대비 위험도는 상대적으로 높다. 어떤 사업이든지 일단 시작하면 전쟁터에서 적군을 맞이하는 병사처럼 싸워서 이겨야 한다. 창고나 작은 점포에 틀어박혀 일하는 것이 아니라 외부의 전문가에게 조언을 받거나 경쟁자들을 벤치마킹하는 등 끊임없는 혁신과 개선이 필요하다. 사업은 충분한 조사와 준비, 자사의 강점과 약점을 통해 시장의 기회를 포착하는 것이다. 상품에 대한 지식과 트렌드, 규모와 범위, 타깃 고객층, 발전가능성 등을 잘 알고 있을 때 성장할 수 있다. 세상은 연습이 아니라 실전경험의 전문가를 요구한다.

예를 들어, 상권제약에 따른 극복방안은 인기 아이템을 선정하는 것이 전략이 될 수 있다. 사람들은 새해가 되면 겨우내 움츠렸던 몸과 마음에 생기를 불어넣기 위해 기지개를 편다. 창업시즌을 맞아 예비자들은 그 어느 때보다 분주하게 정보를 수집하고 있다. 높은 보증금과 임대료는 상승하지만 갈수록 고비용 저효율로 이어져 점포선정의 어려움은 커지고 있다. 저렴한 가격에 잘 갖추어진 점포 입지를 찾기 위해서는 발품을 팔아야 한다. 예비 창업자들은 "상권의 제약 없이 높은 매출액을 올릴 수 있는 아이템을 선정하고 최적화된 입지의 점포를 선택하는 것이 중요하다"고 하였다(조선일보, 2016. 2. 26).

▶ 복합매장 콘셉트인 육앤샤

육앤샤는 육회와 소고기 샤브샤브를 결합시킨 복합매장으로 한우전문 콘셉트의 외식업체이다. 지역 특성과 창업자의 경영능력에 따라 점심 영업도 가능하게 하여 매장운영의 효율성을 높였다. 점심식사와 저녁 술자리를 동시에 공략할 수 있어 작은 점포임에도 높은 매출액을 올린다. 상권에 영향을 받지 않는 브랜드를 만들기 위해 새롭게 론칭하였으며, 시행착오를 거치면서 최적화된 메뉴라인을 구성했다. 효율적인 운영을 위해 전문인력 없이 조리할 수 있도록 주방시스템을 개선시켰으며, 최상급의 식재료를 저렴한 가격에 공급받는 유통시스템을 갖추었다. 최소 인원으로 운영할 수 있어 인건비 부담을 줄였으며, 35세 이하의 젊은 창업자들을 위해 가맹비 500만 원 할인행사와 대학가 입점 시 가맹비 할인행사를 동시에 진행하고 있다.

▶ 직화구이 꼬챙이

경기불황으로 소비가 위축된 상황이지만, 톡톡 튀는 재미와 이색적인 매력을 지닌 주점들은 높은 매출액을 올린다. 꼬챙이는 저렴한 품질을 내세운 기존의 꼬치구이점과 달리 다양한 메뉴로 소비자들의 입맛을 사로잡고 있다. 품질이 보장된 신선한 재료 사용과 즉석테이블에서 직접 구워 먹을 수 있도록 재미를 추가함으로써 경쟁자

육앤샤, 꼬챙이(위, 좌측부터)/빠세 스몰비어, 칠성포차(아래, 좌측부터)

없는 시장을 만들고 있다. 창업비용은 10평 기준에 4,000만 원(점포임대료 제외) 미만이다. 다양한 상권에서 실제 매장특성을 살려 최적화된 시스템을 구축하고 있으며, 오픈 후 1주일간 15만CC의 호프를 제공하는 등 다양한 촉진전략을 지원하고 있다.

▶ 미들비어 빠세 스몰비어

미들비어란 스몰비어의 한계를 보완한 점포를 말한다. 저렴한 가격과 다양한 메뉴, 주류로 소비자의 관심을 끌면서 맥주전문점, 치킨호프 전문점보다 세련된 매장의 인테리어 시설을 갖추고 있다. 유러피언 펍 빠세는 솜사탕과 토마토, 박카스, 더치커피 등 신개념의 맥주와 피시앤칩스, 소시지, 피자, 나초 등 이국적인 메뉴를 함께 즐길 수 있어 경쟁력을 가졌다. 서울 석촌동 매장은 상권이 좋지 않음에도 맛집으로 유명세를 타면서 높은 매출을 올린다. 저렴한 가격에 다양한 메뉴를 즐길 수 있는 차별성은 곧 경쟁력이 된다.

▶ 독창성의 한국형 칠성포차

인지도는 시간이 지날수록 단골고객의 형성에 영향을 미치는데 칠성포차는 한국형 정통포차로 자리매김하였다. 다양한 상권에 위치하며, 남녀노소 누구나 친근한 맛과 분위기로 포장마차에 없는 특화된 메뉴로 경쟁력을 가진다. 특화된 빈티지풍의 인테리어 시설을 연출하며, 고객들의 긍정적인 평가로 칠성마약 찜닭이 대표메뉴가 되었다. 급변하는 시장에 능동적으로 대처하기 위해 독자적인 브랜드 개발과 지원시스템을 강화하면서 충성도를 높였다.

(2) 아이템 탐색

소호창업은 탐색을 통해 아이템을 확정하는 것이다. 대부분의 사업자들은 아이템이 명확하지 않은 상태에서 성공을 바란다. 탐색은 타당성을 확보하는 것으로 주변 여건이나 환경에 맞지 않은 아이템이라도 시장은 분명한 목표와 타깃을 원한다. 핵심은 창업자가 판매할 수 있는 상품과 서비스는 수요를 반영할 수 있는가이다.

아이템 선정은 몇 개의 후보를 선정한 후 우선순위를 결정하며, 마지막으로 그 가능성을 검토해야 한다. 이는 무엇을 창업해야 할 것인가를 확인하는 단계로 개인적 지식이나 탐색력, 학습욕구, 궁금증 해결, 조언, 트렌드, 선진국 사례 등을 탐색해야 한다. 예비자들은 일상생활의 불편함에서 아이디어를 찾는다. 직장이나 가정, 친구, 멘토 등을 통해 기본적인 조건들을 파악하는 것이 좋다. 그곳에서 스타트 업의 씨앗이 싹튼다. 아이템의 우선순위는 경제성을 고려한 포트폴리오 작성이다. 분석 없이 시작하면 실패할 수 있지만 너무 지나치게 시간을 끌다 보면 기회와 열정이 사라질 수 있다. 사업의 생존가능성이란 매력도를 통해 모호함을 제거하는 것으로 전후관계나 난이도, 시장성, 발전가능성에 대한 입체적 분석이 필요하다. 따라서 자사상품에 대한 시장현황과 실태파악에서 그 가능성을 탐색하는 것이 시작이 된다.

(3) 아이템 선정 시 고려사항

아이템 선정은 탐색된 정보의 타당성을 확보했을 때 가능해진다. 통상적으로 핵심상품의 서비스는 시장수요를 반영하고 있는가에서 미래의 수요를 어떻게 결합시킬 것인가가 중요하기 때문에 다음과 같은 선정기준을 고려해야 한다.

첫째, 현재의 시장에서 유사한 아이템이 없는 새로운 모델인가? 극복해야 할 문제점과 해결방안은 있는가?

둘째, 경쟁자보다 더 나은 매력적인 고객가치를 제공할 수 있는가? 지속적인 성장과 경쟁력을 가졌는가?

셋째, 기존상품과 서비스보다 가격 면에서 경쟁력이 있는가? 경쟁우위전략으로 높은 가격을 받을 수 있는가?

넷째, 선정한 아이템에서 획득하고자 하는 질적·양적 가치와 경쟁력은 있는가? 사업성을 판단하여 결정하는 것은 객관적인 검증을 통해 발굴하고, 현실화시킬 수 있어야 한다. 따라서 훌륭한 아이템을 적절히 활용할 수 있는 전략과 전술적 실행방법을 필요로 한다.

다섯째, 소호창업을 할 것인가? 일반창업을 할 것인가?

SOHO창업은 임대료나 급여 등과 같은 고정비용이 다른 사업보다 상대적으로 적다. 따라서 인적, 물적 자원보다는 지식과 정보, 창의성을 바탕으로 운영해야 한다.

여섯째, 자신이 무엇을 해왔으며, 무엇을 잘하는가? 어떤 일을 하고 싶은가를 따져야 한다. 전자상거래 시장이 활성화되었다 해도 정보수집능력, 트렌드, 경쟁자, 고객파악 등이 부족하면 위험할 수 있다. 개인적 지식과 경험을 바탕으로 잘 아는 업종을 선택해야 불경기를 타개할 위기관리능력이 생긴다.

일곱째, 시장조사를 통해 경쟁자의 능력을 파악해야 한다. 경쟁점포 수와 수요자의 분포를 통해 차별화할 수 있는가를 말한다. 차별화란 사업범위와 상품력, 가격, 서비스능력 등 수없이 많은 요소를 통해 평가된다.

여덟째, 실속 있는 아이템이 되기 위해서는 장·단기적 성과를 고려해야 한다.

아홉째, 모든 자료는 데이터베이스화해야 한다. 유망아이템도 독점아이템도 영원한 것은 없다. 유행업종이 아닌지 새로운 기술과 정보를 통해 계속적으로 그 변화를 수용해야 발전할 수 있다.

열째, 인력의 원활한 수급과 전문가적 인재를 적재적소에 배치해야 한다. 창업자가 얼마나 자신감과 확신을 가지고 사업에 임하는가가 중요하다.

열한째, 자본의 유치능력이 있어야 한다. 현금회전이 빠른 아이템을 선정하여도 수익성을 안정되게 보장받기는 어렵다. 일시적 부족현상이나 사업 확장의 필요성이 제시되었을 때 그 타이밍을 놓칠 수 있다.

열두째, 전문자격증이나 법적 규제가 따르는 업종인지 확인해야 한다. 기술이나 지식이 필요하다면 습득방법은 무엇인가? 문제를 해결하지 못하면 사업 중에 노출되어 추가비용이 들어가게 된다.

열셋째, 프랜차이즈 기업을 이용한다면 가맹본부의 능력과 직영점 유무, 매뉴얼, 상품력, 경영자의 이력 등을 확인해야 한다. 경영에는 뜻하지 않는 어려움으로 시행착오가 따른다. 아무리 좋은 사업계획이라도 그릇된 판단을 하기가 쉽다. 필패의 요인을 분석하여 계속적인 성장이 가능하도록 해야 한다. 유사한 아이템이 시장에 존재하는지 선정단계부터 경쟁상황을 정확하게 살펴야 미래의 위험을 줄일 수 있다.

5. 아이템 선정 환경

1) 내부환경

① 아이템을 선정하여 실행할 때 어려움을 줄 수 있는 요인은 없는가?
② 전문성을 입증할 자격증, 수료증, 학위증 등의 노하우가 있는가?
③ 자신의 성격, 특성, 마음가짐, 태도, 자세, 대화능력 등은 있는가?
④ 보통사람들이 가질 수 있는 문제의 원인은 없는가?
⑤ 체인점으로 운영해야 하는가? 독립점포로 운영해야 하는가?
⑥ 거부감을 줄 수 있는 인격장애나 대인 기피증 등은 없는가?
⑦ 자본능력에 맞는 규모와 업종인가?

2) 외부환경

① 시장수요와 잠재고객, 성장가능성은 있는가?
② 경쟁자의 수와 공급자의 현황은 고려되었는가?
③ 자본금 회수율이 높은 업종인가?
④ 높은 수익성의 업종인가?

⑤ 상품의 회전이 빠른 업종인가?

⑥ 신규참여가 가능한가?

⑦ 진입장벽은 높은가?

중소기업은 소규모 소호창업을 준비하는 예비창업자 269명을 대상으로 인터넷 설문 조사를 실시했다. 분석결과 창업을 준비 중인 사업자들은 인터넷 기반사업(82%)에 관심이 높으며, 창의적인 아이템 부족(33%)과 정보수집의 어려움(23%), 전문교육 부재(21%) 순으로 나타났다. 정부에 기대하는 역할은 전문교육 지원(46%), 지원센터 구축(37%), 통합 정보망(34%) 등으로 조사되었다. 이들의 80%는 인터넷 사이트를 통해 정보를 얻으며, 전문적 지식을 계속적으로 제공받을 수 있는가? 등 소호 넷 구축의 필요성을 제시했다. 소호개념을 묻는 질문에 '각종 네트워크를 이용한 소자본 아이디어 사업(68%)'이라 하였으며, 기존의 전통사업과 구별되는 새로운 형태로 인식하였다.

작은 아이템이 새로운 기술과 정보, 통신을 만나면서 사업화하는 경우가 늘어나고 있다. 정부차원의 체계적인 교육과 종합적인 지원정책을 필요로 하는데 실직과 구조조정으로 창업자가 늘어나는 반면에 정보통신기술은 하루가 다르게 발전하고 있다. 대형 은행들도 세계적인 IT기업도 조그마한 소호창업에서 시작했다는 점을 우리는 알아야 한다. 모두가 성공할 수 있는 것은 아니지만 혼신의 노력을 통해 도전한다면 성공할 수 있다.

6. 소규모 창업자의 자질과 전략

글로벌 재정위기가 반복되면서 경기불황과 취업난, 불경기 등 디플레이션 현상이 나타나고 있다. 중산층의 붕괴로 어려운 사람들이 늘어나면서 소비활성화를 위한 지원정책은 그 효과를 보지 못하고 있다. 경쟁력 있는 창업가가 되려면 창업가적인 자질을 갖추어야 한다. 자신의 전문성을 살리는 경험과 적성, 강점을 부각시켜 포장하는 능력도 중요하지만 시대적인 흐름과 변화를 수용하여 독창성을 가져야 한다. 자질은 하루아침에 이루어지는 것이 아니기 때문에 성장과정의 꾸준한 노력과 모험심, 탐색력, 인성을 통해 향상시켜야 한다.

1) 소호창업자의 자질

첫째, 과욕을 부리지 말아야 한다. 판매할 상품유형과 특성, 유통구조 등을 파악하며, 가격에 따라 달성 가능한 매출액과 손익분기점을 객관적으로 파악해야 한다.

둘째, 대부분의 사업자들은 뚜렷한 목적과 철학을 가지고 있으며, 후발주자라는 핸디캡을 가지고 있기 때문에 누구나 창업할 수 있지만 아무나 성공할 수 있는 것은 아니다. 적극적인 촉진전략을 통해 끊임없는 자기개발과 승부근성으로 결과를 만들어야 한다.

셋째, 소규모 및 인터넷으로 경영하더라도 기업 목표의 비전, 봉사 등의 철학을 담고 있어야 한다. 목표가 없는 사업은 성공하기 힘들기 때문에 목표가 명확해야 나아가는 방향도 뚜렷해진다. 이러한 정신은 자신과 점포를 어떻게 운영할 것인가를 명확하게 하는 데서 시작된다.

넷째, 경영자의 마인드가 중요하다. 직원들에 대한 배려와 이해, 희생정신, 전문성, 문제해결방안 등이 설정되어야 한다.

다섯째, 고객과 함께 소통하면서 상호 간에 도움을 줄 수 있어야 한다. 소규모 및 인터넷 사업일수록 고객관리가 중요하다.

여섯째, 이익은 고객들과 함께할 수 있어야 한다. 상호 존중하는 마인드는 배려를 통해 실행된다.

☞ 소호창업자의 기본적인 자세

현대처럼 '돈 벌기 힘들다'는 세상에서 자기 시간을 마음대로 쓰면서 소득을 올린다는 말은 사람들의 귀를 솔깃하게 한다. 하지만 아무나 할 수 있는 것은 아니다. 투자비용 대비 이익을 내기 위해서는 금전적인 손실이 있기 마련이다. 섣불리 덤볐다간 실패할 수 있기 때문에 그 자질이 중요하다(한국경영능력개발원(KMCDI), 2016 자료실).

▶ 기본적인 자질이 중요하다

소호창업으로 성공하려면 일에 미쳐야 한다. 자금이 적게 들어가는 만큼 창의적인 아이디어가 이어져야 한다. 전문성은 상품화하여 팔 수 있는 상품을 세일즈하는 능력이다. 비디오 아티스트인 백남준의 창의성은 '창조! 창조! 창조!'였다. 자질은 하루아침에 만들어지는 것이 아니기 때문에 처음부터 성공과 실패를 따져야 한다. 과욕을 부리지 말고 차근차근 전개하다 보면 달콤한 결실이 다가올 것이다.

▶ 가족의 협조가 필수이다

가족의 이해관계가 구축되지 못하면 협조가 어렵다. 배우자를 비롯한 가족 구성원들의 부수적인 업무나 협조가 이루어진다면 금상첨화이다. 배우자는 매니저 및 비서

역할로 지출비용을 줄일 수 있는 중요한 인재가 된다(프랜차이즈데일리, 2016).

'창업자 10명 중 6명이 자질부족'이라 하였다. 부푼 꿈을 안고 벤처 및 외식업을 창업한 후 여러 가지 이유로 문을 닫거나 실패하면 큰 손해를 본다. 전문가들은 "창업자들이 너무 쉽게 생각하기 때문"이라고 지적한다. 뛰어난 기술만 있으면 투자가들이 줄을 설 것이며, 성실하면 돈을 벌 수 있다는 생각은 잘못이다. 사업가의 자질은 성공과 실패의 원인으로 지적된다. 적성에 맞지 않는 사람들은 성공하기 어렵다(newbiz.or.kr).

◇ 예비창업자 1백43명을 대상으로 한 자질테스트(한국소호진흥협회, 2015) 결과 전체의 37.1%만이 자질이 있는 것으로 나타났다. 62.9%는 자질과 적성이 맞지 않았으며, 결단력과 인내, 개성, 열정이 부족하였다. 5.6%는 매우 부족하며, 매우 우수한 경우는 없는 것으로 조사됐다. 이 조사는 미국의 바움백(Baumback)에서 만든 설문지를 사용, 평가항목은 개성 및 열의, 비판 수용도, 학습능력, 근면성, 진취성, 결단력, 책임감, 인내력, 계획능력, 리더십의 10가지로 총 21개 항목으로 구성하였다.

성별에 따른 자질은 여자는 34.6%, 남자는 37.6%로 나타났다. 여성의 11.5%가 창업자로서 자질이 매우 부족한 것으로 나타났으므로 창업을 계획할 때 신중을 요구한다. 20~30대 43.8%, 40~60대 28.6%로 20~30대가 창업에 적합한 것으로 조사되었으며, 고졸 및 전문대졸의 31.9%가 좋은 자질, 대졸 이상은 39.6%가 좋은 것으로 나타났다. 학력이 높을수록 창업자질이 높은 것으로 조사됐다.

◇ 조사 결과 "창업은 아무나 하는 것이 아니다!"이다. 스스로가 자질이 있는지, 적성은 맞는지를 꼼꼼히 따져본 후에 결정해야 한다. "외환위기 이후 수많은 예비창업자들은 유행에 따라 창업현장으로 뛰어들었지만 파산하거나 낙담하는 모습을 보여주었다"며 창업을 지원하는 정부 및 자치단체, 민간기관에서도 자질문제를 고려하여 실패를 줄일 수 있는 교육을 장려해야 한다.

미국 바움백(Baumback) 테스트

각 항목에 매우 그렇다(3점), 그렇다(2점), 그렇지 않다(1점)로 답한 후 점수를 합산하면 된다.

1. 다른 사람과의 경쟁 속에서 희열을 느낀다.(   )
2. 보상이 없어도 경쟁이 즐겁다.(   )
3. 신중히 경쟁하지만 때로는 허세를 부린다.(   )
4. 앞날을 생각해 위험을 각오한다.(   )
5. 업무를 잘 처리해 확실한 성취감을 맛본다.(   )
6. 일단 하기로 결심한 일이면 뭐든 최고가 되고 싶다.(   )
7. 전통에 연연하긴 싫다.(   )
8. 일단 일을 시작하고 나중에 상의하곤 한다.(   )
9. 칭찬을 받기 위해서라기보다 업무 자체를 중요하게 생각한다.(   )
10. 남의 의견에 연연하지 않고 내 스타일대로 한다.(   )
11. 나의 잘못이나 패배를 잘 인정하지 않는다.(   )
12. 남의 말에 의존하지 않는다.(   )
13. 웬만해서는 좌절하지 않는다.(   )
14. 문제가 발생했을 때 직접 해결책을 모색한다.(   )
15. 호기심이 강하다.(   )
16. 남이 간섭하는 것을 못 참는다.(   )
17. 남의 지시를 듣기 싫어한다.(   )
18. 비판을 받고도 참을 수 있다.(   )
19. 일이 완성되는 것을 꼭 봐야 한다.(   )
20. 동료나 후배가 나처럼 열심히 일하기를 바란다.(   )
21. 사업가적인 지식을 넓히기 위해 독서를 한다.(   )

평가결과 —————————
*63점 이상 : '완벽한' 창업자 자질을 갖추고 있다.
*52~62점 : 창업자로서 '좋은' 자질을 가지고 있다.
*42~51점 : 창업자로서 '보통'의 자질을 가지고 있다.
*41점 이하 : 창업자 자질을 기른 후 창업해야 한다.
※51점 이하인 경우, 창업자로서 자질이 부족하다고 판단함.

출처 : 훈샘의 Design story(http://brandesign.tistory.com)

2) 소호창업 전략

외식업에서 제시하는 소호창업은 자본금 5천만 원 전후로 가능한 업종이나 업태를 말한다. 소규모의 개인 독립점포로 상품특성과 상권입지 등에 따른 자본금과 시설장비, 사업장에서 차이가 날 수 있다. 소자본 창업에서도 성공전략은 실행되어야 한다. 자신감 있게 준비하려면 모든 부분에서 다양한 지식을 갖추고 있어야 한다. 아는 만큼 보이기 때문에 예비 및 신규창업자들을 위한 '소자본 창업설명회'의 교육을 체계적으로 받을 필요성이 있다.

경험이 없는 초보자라면 처음부터 나만의 아이템을 개척하기보다 프랜차이즈 기업을 선택하는 것이 좋다. 적은 돈으로 선택할 수 있는 업종도 많이 있다. 업종전환을 고려한다면 본사의 상품력이나 매뉴얼시스템 등을 파악하여 기존 시설을 최대한 활용해야 한다. 운영에 대한 초기비용의 부담이나 인건비 등 지출이 크기 때문에 본사의 사후관리나 매뉴얼을 확인해야 한다. 혼자 개점하여도 이후에 부딪힐 임대차를 비롯하여, 세금, 점포운영, 직원관리, 마케팅 촉진전략 등 현실적으로 해결하기가 쉽지 않다. 대부분의 성공사례는 전문가의 이름 뒤에 따라오지만 그 안에는 여러 가지 문제점이 존재하게 된다.

최근 외식업의 대형화와 프랜차이즈화가 활성화되었다. 이들 사이에서 점포의 개성과 특성을 살려 틈새시장으로 성공한 사례도 증가하고 있다. 개인적 기술을 바탕으로 제과점이나 전통 및 퓨전음식점, 커피전문점, 카센터, 엔티크 가구점, 세탁소, 어린이집, 회화학원, 어린이 놀이방, 어린이 전용미용실, 애견센터, 베이비 시터(baby sitter), 실버산업, 다이어트 식품, 화장품, 할인점 등은 전문성과 차별화로 성공하고 있다. 또한 인터넷 쇼핑몰 시장도 인기이다. 3천만 원 이하로 창업이 가능한 아이템을 활용하면서 개인적 지식과 기술, 전문성, 촉진전략 등 모바일을 통해 움직이는 사무실을 이용해 내 손 안에서 업무를 보고 있다. '통신판매업'의 신고로 간단하게 시작할 수 있지만 부가가치세법에 따라 사업자등록증은 20일 이내 관할세무서에 등록해야 한다.

(1) 소호전략

소호창업은 혼자 하는 업으로 모든 것을 책임져야 한다. 지출규모를 확장할 필요가 적기 때문에 생존율도 성공가능성도 상대적으로 높다. 혹시 성공률이 낮다는 의견에 동의하더라도 개인적 지식과 능력, 전문성을 묵혀둔다면 국가 차원에서 낭비이다. 창업에 도전하지 않으면 큰 꿈을 실현하기 어렵다.

첫째, 개인 및 인터넷 창업은 소량구매가 가능하기 때문에 상품선정과 재고를 적게 보유해야 한다. 대량 구매하여 쌓아두면 현금회전의 어려움이 있기 때문이다. 급변하는 상황에 빠르게 대처하는 방법은 소진이 빠른 상품을 선택하는 것이다.

둘째, 판로를 다양하게 확보해야 한다. 사업자들의 가장 큰 고민은 판로개척이다. 언제 어디서나 쉽게 판매할 수 있는 나만의 거래처를 확보해야 한다.

셋째, 단골고객이 중요하다. 소수의 인원이라도 충성고객을 확보하였을 때 구전효과를 기대할 수 있다. 카페나 블로그, 카톡, 페이스북, 밴드 등 회원 수가 증가하여도 경영은 어려울 수 있다. 많은 회원을 확보하는 것보다 경영자가 확실하게 관리할 수 있는 진정한 회원이 안정된 매출을 보장한다.

넷째, 유료광고보다 커뮤니티(community) 관리가 필수적이다. 다양한 상품을 취급하지 못하기 때문에 경영자의 노력과 열정, 신뢰가 중요하다. 소홀할 수 있는 고객 한 사람 한 사람에게 만족감을 줄 수 있는 마케팅 전략이 필요하다.

☞ 창업을 위한 영업신고 구비서류(「식품위생법」 제22조)

- 영업신고서, 영업시설 및 설비개요서, 위생교육필증, 액화석유가스 사용신고필증, 사본(액화가스를 사용하는 업소)
* 사업자등록(「부가세법」 제5조, 「동법시행령」 제7조) : 관할세무서에 사업자등록 신청서, 주민등록등본, 임대차계약서 사본
* 사업자등록 시 주류판매신고서 : 세무서
가. 허가 신청서(구청에 비치됨)
나. 요식업중앙회 교육필증 : 사전교육 신청 후 수강
다. 가스 사용시설 허가확인서(시군구청)
라. 과세완납 확인서(세무서)
마. 건축물 관리대장
바. 건물(식당) 배치도

사업자등록 신청 시 제출서류

개인	1. 사업자등록신청서 1부 2. 임대차계약서 사본(사업장을 임차한 경우에 한함) 　*단, 전대차계약은 '전대차계약서 사본'(계약서 사본에 건물주의 동의 또는 승낙 표시) 3. 허가(등록, 신고)증 사본(해당 사업자) 　- 허가(등록, 신고) 전에 등록하는 경우 허가(등록)신청서 등 사본 또는 사업계획서 4. 동업계약서(공동사업자인 경우)

	5. 재외국민 · 외국인 입증서류 　- 여권 사본 또는 외국인등록증 사본 　- 국내에 통상적으로 주재하지 않는 경우 : 납세관리인 설정 신고서
영리법인(본점)	1. 법인설립신고 및 사업자등록신청서 1부 2. 법인등기부 등본 1부 　* 담당 공무원의 확인에 동의하지 않는 경우 신청인이 직접 제출해야 하는 서류 3. (법인명의)임대차계약서 사본(사업장을 임차한 경우에 한함) 1부 4. 주주 또는 출자자명세서 1부 5. 사업허가 · 등록 · 신고필증 사본(해당 법인에 한함) 1부 　- 허가(등록, 신고) 전에 등록하는 경우 : 허가(등록)신청서 등 사본 또는 사업계획서 6. 현물출자명세서(현물출자법인의 경우에 한함) 1부
비영리 내국법인(본점)	1. 법인설립신고 및 사업자등록신청서 1부 2. 법인등기부 등본 1부 　* 담당 공무원의 확인에 동의하지 아니하는 경우 신청인이 직접 제출하여야 하는 서류 3. (법인명의)임대차계약서 사본(사업장을 임차한 경우에 한함) 1부 4. 사업허가 · 등록 · 신고필증 사본(해당 법인에 한함) 　- 허가(등록, 신고) 전에 등록하는 경우 : 허가(등록)신청서 등 사본 또는 사업계획서 5. 주무관청의 설립허가증 사본 1부
내국법인 국내지점	1. 법인설립신고 및 사업자등록신청서 1부 2. 법인등기부 등본 1부 　* 담당 공무원 확인에 동의하지 않는 경우 신청인이 직접 제출해야 하는 서류 　* 등기부에 등재 안 된 지점법인은 지점설치사실을 확인할 수 있는 이사회의 기록 사본(직매장 설치 등 경미한 사안이나 이사회 소집이 어려운 경우 대표이사 승인을 얻은 서류 사본) 3. 임대차계약서 사본(사업장을 임차한 경우에 한함) 1부 4. 사업허가 · 등록 · 신고필증 사본(해당 법인에 한함) 　- 허가(등록, 신고) 전에 등록하는 경우 : 허가(등록)신청서 등 사본 또는 사업계획서
외국법인 국내사업장	1. 법인설립신고 및 사업자등록신청서 1부 2. 외국기업 국내지사 설치신고서 사본 1부 3. 국내사업장을 가지게 된 날의 대차대조표 1부 4. 본점 등기에 관한 서류 5. 정관 사본 1부 6. 허가(등록, 신고)증 사본 　- 허가(등록, 신고) 전에 등록하는 경우 : 허가(등록)신청서 등 사본 또는 사업계획서
교회, 사찰 등 고유번호 신청	1. 법인이 아닌 단체의 고유번호 신청서 2. 교단 등의 소속확인서 3. 단체의 정관 또는 협약 4. 임대차계약서 사본(사업장을 임차한 경우에 한함) 1부 5. 교단 등의 법인등기부등본(세무서에서 확인이 가능한 경우는 제외)
동업기업 과세특례 신청	1. 동업기업 과세특례 적용 신청서 2. 동업기업 과세특례 포기 신청서

CHAPTER **4**

상권의 이해

창업자는 기회를 극대화한다.
— 피터 드러커(경영학자)

1. 상권 분석의 목적과 중요성을 학습한다.
2. 상권의 개념과 분할을 학습한다.
3. 상권 분석에 필요한 세부조건을 학습한다.
4. 상권 분석의 역할을 학습한다.
5. 상권 분석의 범위와 특성을 학습한다.

••• 요점정리

1. 창업자들이 사업에 실패하면 경제적 손실 외에 신체적·정신적 피폐화로 가족구성원 모두에게 피해를 준다. 이는 사회 구성원으로서 네트워크를 파괴할 뿐만 아니라 국가적인 손실로 이어진다. 따라서 상권 분석을 통해 개인 지식과 기술, 자본력, 경험에 맞는 적절한 크기의 점포를 선택하는 것이 중요하다.

2. 상권 및 입지 분석이 중요한 것은 창업자의 성공가능성을 파악할 수 있기 때문이다. 상권 및 입지 분석을 통하여 미래의 성공가능성에 대한 수요예측과 발전가능성 등의 비전과 촉진전략을 수립할 수 있다.

3. 상권은 다양한 도소매업이 형성되어 상업적 목적과 업무역할, 구성원 등의 기능이 집적된 시설공간으로서 지역 생활중심지 안의 장소를 말한다. 여기에는 지역의 소비자 수, 점포기능, 품질, 매력성에 따른 흡인력이 영향을 미친다. 또한 상품과 서비스, 용역을 소비시키는 수요자의 분포공간으로 마케팅 믹스전략을 추진할 권역을 말한다.

4. 상권은 운영하는 점포를 기준으로 주 고객의 인구분포와 동선, 유동인구의 흐름을 통해 분할할 수 있다. 이는 실존하는 고객의 특성에 맞게 상권을 세분한 것으로 지역적 거리나 블록, 동선, 장애물, 배후지 성격, 점포 수와 크기 등에 따라 분할할 수 있다.

5. 상권은 지형과 지세, 지리적 조건에 맞게 분석되어야 한다. 교통망에 따른 접근성과 유동인구, 거주인구의 소비조건 등에 따라 근린생활시설이나 편의시설물로 분류할 수 있다.

6. 상권은 다음과 같은 특성이 있다. 첫째, 점포규모에 비례하여 상권범위가 커진다. 둘째, 교통편이 많을수록 상권범위기 커진다. 셋째, 번화가나 중심지일수록, 취급상품의 수와 종류에 따라 범위는 달라진다. 넷째, 점포의 지명도가 높을수록 상권범위는 넓어진다.

7. 상권의 종류는 다운타운 상권과 오피스 상권, 대학가 상권, 주택지 상권, 신도시 상권 등으로 나눌 수 있다.

상권의 이해

1. 상권 분석

1) 상권 분석의 중요성

성공한 소상공인들의 대부분은 자신이 잘 알지 못하는 부분은 비용을 지불하더라도 분석을 의뢰한다는 특징이 있다. 사업자가 시장의 전체적인 흐름을 파악하지 못하면 실패할 확률이 높다. 어떤 지역에 위치한 점포는 경쟁력이 있지만 그렇지 않은 점포는 경영에 어려움이 있을 수 있다. 이동 동선이나 위치, 방향 등을 알고 있다는 것은 사전에 소비자들에게 매력적인 요소를 제공할 수 있다는 것이다. 다양한 정보를 수집하는 이유는 전체적인 흐름과 트렌드를 파악할 수 있기 때문이다. 그러므로 번성하는 상권인지, 성장 가능한 잠재력이 있는 상권인지 분석할 필요성이 있다. 이러한 분석을 통해 훌륭한 점포의 입지를 선택하게 된다.

사업자들은 시장이 잘 형성된 적정한 크기의 상권에서 좋은 점포를 선택하는 것이 중요하다. 상권과 입지 분석을 하나로 통합하여 부르기도 하지만 그것은 안일한 발상으로 차이를 모르기 때문이다. 즉 큰 나무와 가지, 잎, 꽃, 열매를 보지 못하고 전체적인 숲만 보는 형상이다. 잘못하면 개별 점포의 좋고 나쁜 입지만 따지는 우를 범할 수 있다. 때론 상권 자체가 쇠퇴하여 더 확장할 수 없지만 나 홀로 장사가 잘 되는 점포가 있을 수 있다. 상권은 죽었지만 입지나 상품력, 사업주의 경영능력에 따라 잘 되는 점포가 있기 마련이다. 하지만 죽은 상권에서 나 홀로 매출이 높다 하여 계속적으로 번성한다는 보장은 없다. 혼자 잘된다는 것은 높은 매출액을 유지하기 위해 많은 비용과 직원들의 노력, 품질수준, 접객태도 등이 희생되어야 함을 의미한다. 고객을 찾아오게 하는 능력은 다양하다. 업종과 업태에 따라 대체재나 보완재가 존재하며, 효용의 가치를 극대화할 수 있어야 한다. 고객은 지속적인 편익가치에 따른 혜택을 제공해 주는 점포를 선호한다.

반면에 좋은 상권은 고유한 특성과 개성, 잠재력 등에 따라 보완재와 시너지효과를 낼 수 있다. 단순한 현황을 파악하는 것이 아니라 보고서로 작성되어 사업의 기초와 운영의 지침서가 되어야 한다. 현대적 트렌드와 변화, 자사의 강·약점을 통한 전략을 세우는 것은 미래의 성장가능성을 높이고 실패를 줄일 수 있기 때문이다.

점포를 창업할 때, 아이템을 선정한 후 가장 먼저 해야 할 일을 무엇일까? 우선순위는 자신의 주관적 판단에 따라 결정되지만 정형화된 것은 없다. 창업자들은 체계적으로 처리하기보다 순서와 상관없이 복합적으로 결정하게 된다. 우선 해야 할 것은 번성한 상권에서 점포를 선택하는 것이다. 상권과 입지선정은 성공과 실패를 결정하는 요인으로 세밀한 분석을 필요로 한다. 지나친 욕심으로 자금에 맞지 않게 비싼 점포를 선택하면 경영과정에서 어려움이 따를 수 있다. 따라서 시장조사를 통해 타깃 고객을 선정하고 후보지역의 범위와 크기, 구조, 형태, 입·출구, 동선, 가시성, 편의성, 접근성 등을 분석하는 것이다.

2) 상권 분석

(1) 지역상권 정보분석

지역을 분석하기 위해서는 타깃 상권의 범위와 규모, 크기에 따른 교통망, 주거환경, 배후지의 인구현황, 유동인구 수, 각종 복합시설과 편의시설, 업종과 업태에 따른 상권력(힘), 발전가능성 등을 파악해야 한다.

첫째, 상권력은 도로를 중심으로 위치와 지형, 지세를 분석하는 것이다. 업종과 업태를 중심으로 분포되어 있는 점포 수와 교통망, 연계수단, 환승여부, 차선크기와 횡단보도, 육교, 지하도, 통행인의 동선 등을 파악해야 한다.

둘째, 상권의 특성을 분석해야 한다. 유동인구 현황과 분포도, 주거 인구 수와 형태, 생활방식, 업종의 다양성, 문화시설의 충족여부, 구매고객의 소비형태, 성별, 연령, 수입, 직업 등 인구통계학적 특성을 조사해야 한다.

셋째, 지역 발전가능성을 분석해야 한다. 번성하는 상권인지 성장 가능성이 높은지 파악해야 한다. 도로넓이와 차선크기, 강, 하천, 둑, 보호수 등 주변의 지구지정이나 택지개발, 재개발 등 소유점포의 변화를 파악해야 한다.

넷째, 상권 내 구성요인과 변화상황을 파악해야 한다. 이는 대형마트나 할인점, 백화점, 영화관, 관공서, 금융기관 등의 생활시설과 노령인구를 위한 양로원, 요양원 등의 사회복지시설에 따라 달라질 수 있다.

사례 1

대한민국 장사1번지 투자수익률 1위는 울산시 성남동 옥교동(10.3%)이 차지했다(중앙일보, 2016)

〈그림 4-1〉 울산시 중구 성남동 옥교상권

　은행의 예·적금 금리가 1%대로 떨어진 상황에서 부동산이 인기이다. 개인이 투자할 수 있는 수익률이 좋은 상권은 어디일까? 명성은 명동, 홍대, 동대문, 강남, 건대, 신림동, 영등포 등이지만 울산시 성남동 옥교상권이 연간 투자대비 10.3%의 수익률로 전국 1위를 차지했다. 전국 평균 6.3%보다 훨씬 높을 뿐 아니라 은행 금리의 5배가 된다. 한국감정원은 전국 170개 상권을 조사 분석하였다.

〈2015년 집합상가 투자수익률 순위〉

(단위 : %, 자료 : 한국감정원·국가통계포털)

	상권	수익률		상권	수익률
1	울산·성남·옥교동	10.32	12	충남 당진시청	7.61
2	경기 고양시청	9.42	13	경남 창원 의창구청	7.60
3	경기 평택역	9.35	14	광주 봉선동	7.53
4	울산 전하동	8.42	15	경남 창원역	7.52
5	부산 동래역	8.31	16	경북 안동	7.50
6	경기 군포 산본역	8.27	17	경남 창원 마산 동서동	7.49
7	부산 광안리	8.23	18	충남 서산시청	7.43
8	경남 거제	7.96	19	서울 종로	7.26
9	경남 창원시 명곡동	7.95		서울 신촌	
10	경기 고양 화정역	7.94	20	인천 구월·간석	7.23
11	경기 부천 상·중동	7.66	21	경남 창원시청	7.20

	상권	수익률			상권	수익률
22	경남 마산역·버스터미널	7.18	58	경북 구미	6.23
23	서울 불광역	7.13		경남 양산역	
	울산 북구		59	강원 동해시청	6.22
24	경기 파주시청	7.10		전남 목포	
25	인천 계양구	7.08	60	경기 의정부역	6.19
26	강원 속초	7.05		제주 노형오거리	
	경북 안동 옥동사거리		61	경남 거제옥포	6.14
27	경북 포항	7.04	62	인천 송도	6.11
28	경기 부천 역곡역	7.02		충남 공주대 신관캠퍼스	
29	부산 연산로터리	7.01	63	대구 계명대	6.07
30	울산 삼상동	7.00	64	대구 칠곡	6.05
31	서울 동대문	6.86	65	서울 영등포	6.04
	경기 파주 금릉역		66	광주 금남로·충장로	6.03
32	경기 안산 중앙역	6.84		경기 수원 인계동	
33	부산 해운대	6.82	67	서울 오류동역	6.01
34	인천 송내역	6.79	68	경기 안양 평촌범계	6.00
35	경남 김해 장유	6.75	69	부산 민락공원	5.99
36	서울 목동	6.74	70	경기 수원 영통	5.96
	경기 분당 서현역		71	부산 중구시장	5.95
37	서울 화곡	6.72	72	경기 시흥시립도서관	5.91
38	서울 성신여대	6.71	73	충북 제천 버스터미널	5.88
	충북 청주지방법원		74	부산 현대백화점 주변	5.87
39	광주 첨단1지구	6.70	75	서울 신사역	5.81
	경기 광명			대구 동성로	
40	서울역	6.69	76	대전 노은지역	5.76
41	인천 부평	6.65	77	경기 용인 죽전카페거리	5.75
42	인천 논현역	6.62	78	충북 충주자유시장	5.71
43	강원 태백시	6.59	79	광주 상무지구	5.69
44	경기 용인 수지	6.57	80	서울 건대입구	5.66
45	경기 안산법원	6.55	81	대전 동구청	5.65
46	경기 수원 팔달문로터리	6.50	82	경기 화성 병점역	5.64
	충북 충주			경남 김해 수리공원	
47	서울 사당	6.45	83	대전 동춘당공원	5.62
48	강원 삼척의료원	6.42	84	인천 주안	5.59
49	경기 고양 일산동구	6.39		경기 오산시청	
	강원 강릉		85	경기 이천종합터미널	5.57
	전남 목포 하당 신도심			충남 보령대천동우체국	
50	충남 태안서부시장	6.38	86	강원 영월경찰서	5.55
51	대구 시지지구	6.37	87	서울 천호	5.54
52	서울 명일역	6.34		전남 순천	
	울산 신정동		88	강원 춘천	5.49
53	충북 청주 용담 우체국	6.31	89	대구 상인·월배	5.48
54	인천 논현역	6.29	90	서울 홍대·합정	5.46
	경기 부천역		91	경남 김해	5.44
55	충남 천안 버스터미널	6.28	92	서울 한티역	5.39
56	서울 장안동	6.27	93	전북 군산	5.38
57	서울 노원역	6.26	94	서울 도산대로	5.36

	상권	수익률			상권	수익률
94	서울 압구정	5.36		98	서울 혜화동	5.28
95	경기 고양 탄현역	5.35			경기 용인 죽전	
	전북 익산				광주 수완지구	
96	대전 둔산지역	5.33		99	성남 수내역	5.27
97	제주도 제주	5.32		100	서울 선릉역	5.25

상가는 두 종류의 얼굴을 가졌다. 전체 건물을 한 사람이 소유하여 개별 상가의 수익률을 계산할 수 없는 일반상가와 상가별 주인이 따로 있는 투자용 집합상가로 나누어진다. 고양시청 상권은 9.4%(2위), 평택역 9.3%, 울산 전하동은 8.4%, 부산 동래역은 8.3%, 군포 산본역은 8.2%, 부산 광안리는 8.2%, 창원 명곡동은 7.9%, 고양 화정역은 7.9% 순으로 나타났다. 감정원은 2015년부터 분기별로 2만 3,000개의 점포를 대상으로 투자수익률을 산출했다. 표본에서 나온 수익률은 임대료 수입과 가격 상승분을 고려한 자본수익률 수치이다. 임대료만 산정하는 수익률 계산방식보다 정확성이 높으며, 연간 임대료 수익에서 각종 비용을 공제한 금액을 투자금액으로 나누어 계산한다. 수익률이 높은 10위권은 경기도가 4곳, 부산·울산·경남이 2곳, 종로와 신촌은 19, 20위로 나타났지만 상권 수를 고려할 때 상위권에 분포되지 못했다.

울산시 성남·옥교동 상권은 구시가지 중심가로 도시 재생사업을 추진하면서 상권이 살아났다. 울산초등학교 이전 부지에 시립미술관, 갤러리와 카페가 들어서면서 젊음의 거리가 생겼다. A급 지역 1층의 권리금은 1억 5천만~2억 5천만 원, B급 지역은 7,000만~1억 원 정도이다. 월세는 3.3㎡당 15~20만 원이다. 구시가지가 잘 정비된 데다 인근 우정혁신도시가 들어서면서 상권이 활발해졌기 때문이다. 2위는 고양시청 상권으로 원당 재래시장의 영향이 주변 점포에 미친 결과이다. 수익률을 세부적으로 분석하면 임대료가 올랐거나 건물 값이 상승하여 높아졌다. 투자용 상가는 건물보다 임대료가 올라야 수익률이 높아진다. 10위권 내 상권 대부분은 임대 소득률이 상위권으로 장사가 잘되어 높아졌다.

(2) 상권 및 입지 분석도 작성

상권 및 입지를 분석하기 위해서는 정확한 자료를 제공하는 것이 중요하다. 신뢰할 수 있는 통계자료를 바탕으로 세밀한 지도를 작성해야 한다. 이는 서울시 도시통계지도, 중소기업청 상권정보 시스템, 나이스 비즈맵, 네이버, 다음 지도서비스 등 다양한 방법으로 제공받을 수 있다.

첫째, 상권을 이용하는 주거형태와 세대 수, 인구밀도 등을 분석해야 한다.

둘째, 교통기관별로 작성된 역과 정류장, 횡단보도, 육교 등을 분석해야 한다.

셋째, 집객시설을 표시해야 한다. 관공서나 금융기관, 대형마트, 백화점, 영화관 등의 생활 및 편의시설에 따른 동선을 파악해야 한다.

넷째, 지형과 지세, 도로상태, 고층·저층, 지하 등의 용도와 점포특성을 표시해야 한다. 도보를 통해 고객들의 이동 및 출입로 방향을 확인해야 한다.

다섯째, 동종 경쟁자를 비롯하여 대체할 수 있는 점포와 보완관계 점포를 표시해야 한다. 지도상의 시설물과 실제의 특성, 차이를 파악해야 한다.

여섯째, 쇼핑할 수 있는 주 고객 동선을 파악해야 한다. 대부분의 사람들은 전철과 버스를 중심으로 이동하기 때문에 주출입구와 보조출입구, 옆길, 샛길 등을 눈으로 확인해야 한다.

일곱째, 상권 내 자사입지의 등급을 매겨야 한다. A·B·C급 지역과 1·2·3차 상권, 오피스, 역세권, 주거지역, 학교, 학원가 등을 구분해서 파악해야 한다.

(3) 점포의 입지 분석

상권 분석이 완료되었다면 입지와 점포를 심층적으로 분석해야 한다. 입지는 점포가 가지는 매력성으로 각 점포마다 다양한 특성이 존재하기 때문에 이를 파악해야 한다.

첫째, 상권 내 입지를 분석해야 한다. 고객의 접근을 편안하게 할 수 있는 방향과 위치, 그에 따른 포지션은 출입을 용이하게 하는가? 간판이나 돌출간판 등의 가시성은 충분한가?

둘째, 해당 상권 내 점포의 변천과정을 파악하여 보증금, 임차료, 권리금을 분석해야 한다. 세입자들이 자주 바뀐다면 그 원인이 무엇인지, 권리금 또한 주변보다 비싸거나 저렴하다면 그 이유가 있기 마련이다.

셋째, 상권 내 점포가 차지하는 위치와 동선을 조사해야 한다. 좋은 점포란 고객에게 쉽게 노출되어 방문을 용이하게 하는 것이다. 점포구조는 실제 규모보다 크게 보이거나 적게 보일 수 있다. 정면에서 가로형 점포는 넓게 보인다. 시야가 확 트일 뿐 아니라 크게 보이기 때문에 유동객들의 출입을 용이하게 한다.

넷째, 동종 경쟁점포를 조사해야 한다. 경쟁자의 규모와 크기, 위치, 직원 수, 접객태도, 영업시간, 촉진전략, 홈페이지 운영과 실태 등의 장단점을 파악해야 한다.

(4) 점포 입지를 통한 타당성 분석

점포를 운영하기 위해서는 추정하는 예상 매출액과 이익분포를 파악해야 한다. 이를 통해 시설과 장비, 기물을 선정하며, 원재료비와 직원 수, 필요경비 등을 파악할 수 있다.

첫째, 점포의 규모와 입지를 통해 보증금과 월 임대료, 시설장비, 직원구성, 재료비, 기타 경비 등을 분석해야 한다.

둘째, 매출액 대비 투자수익률을 분석해야 한다. 매출액 총이익률(profit margin ratio), 영업이익률(ratio of operation profits), 경상이익률(ordinary income rate on selling amount), 투자금액에 대한 내부수익률(IRR method), 투자 회수기간(payback period), 투자수익률(return on investment) 등을 분석할 수 있다.

셋째, 손익분기점(break even point)을 분석해야 한다. 1일 매출액과 달성해야 할 주간, 월간, 분기, 연간 목표액을 확인할 수 있다.

(5) 점포계약

상권과 입지 분석이 끝났다면 점포를 계약해야 한다. 물건을 점유하면서 가지는 권리와 소유권 확인단계로 임대차에 관련된 계약조건이나 양도, 양수에서 나타날 수 있는 절차와 규정, 필요사항 등 법률적 문제를 파악하는 단계이다.

첫째, 국토이용 계획에 관한 법률로 '도시기본관리계획' 수립을 확인해야 한다.

둘째, 상권용도와 지구지정, 구역에 따른 '점포이용가치'를 따져야 한다. 예를 들어 건축물 대장을 통한 용도와 건폐율, 용적률, 높이제한, 전기, 수도, 가스, 오폐수 등에서 제한을 받을 수 있다.

셋째, 「상가임대차보호법」과 「부동산 공시법」을 파악해야 한다. 보증금과 임차료, 토지, 건물, 공공시설 이용물 등에 대한 권리와 등기상 오류, 효력을 파악해야 한다.

3) 상권 분석의 목적

상권 분석이 중요한 것은 신규 창업자들의 성공가능성을 파악할 수 있기 때문이다. 기존 경영자 입장에서 보면 진입장벽을 설치하여 과당 경쟁을 줄일 수 있기 때문에 정기적인 분석을 필요로 한다. 현재 점포를 구성하는 상권특성과 환경, 배후 거점지역의 수요와 형태, 업종분포에 따라 실제 유효수요자를 파악해야 한다. 배후 인구 현황과 유동객의 특성, 규모와 집적시설 등에 따른 발전 가능성과 수익성, 환금성을 따져야 한다.

(1) 미래수요

상권 분석의 목적은 현재와 미래의 수요를 파악하는 데 있다. 빠른 환경변화로 기업의 생존은 참으로 어렵다. 자신이 추구하는 개성, 라이프스타일은 백인백색으로 변화무쌍하다. 이를 충족하지 못하면 외면받기 때문에 생존해야 되는 기업입장에서 보면 수요자의 다양한 욕구를 파악하는 것은 그 시작이라 하겠다. 세분된 시장에서 자사의 경영전략과 특성, 목표고객을 찾아 충족시켜 줄 수 있어야 한다.

최근 국적 불명의 퓨전상품들은 고객특성과 개성에 따라 새로운 아이콘으로 등장하였다. 세대별로 다양할 수 있지만 변화를 요구하는 기준에 따라 이케아를 비롯한 대형 유통점이나 코스트코, 트레이더스 등은 미래의 수요를 예측하면서 변화를 주도하고 있다.

서울시민의 '문화향유'에 대한 실태조사를 실시했다(문화일보, 2017).

서울문화재단의 「서울시민 문화향유실태조사」 보고서에 따르면 결혼 및 출산, 양육, 은퇴 등 생애주기(20~60대)에 따라 세대별로 개성이 뚜렷한 것으로 조사되었다. 2016년 12월 2~26일까지 온라인 회원 2,905명 (남 876명; 여 2,029명)을 대상으로 분석한 결과 20대는 문화·예술 관심도(93.0점)와 문화·예술 중요도 (77.1점)에서 다른 세대보다 상대적으로 높은 점수를 나타냈다. 연평균

〈세대별 문화·예술향유 특징 분류〉

세대	특성요약
20대	현실에 대한 불안을 문화로 극복 '문화 열광족'
30대	문화에 아낌없이 투자하는 '화려한 싱글녀'
	문화 최전방서 물러나 육아행복에 빠진 '육아맘'
40대	성장하는 자녀들과 시간을 보내는 '프렌디'
	본인은 문화소외층이지만 자녀를 위해 아낌없이 투자하는 '컬처맘'
	화려하지만 조금 외롭고 피곤한 '블루 싱글녀'
50대	양육 그늘에서 벗어나 문화강좌 열중 '낭만족'
60대	문화를 적극적으로 즐기며 삶에 높은 만족도를 보이는 '액티브 시니어'

출처 : 서울문화재단

39.9회나 문화·예술 공연을 관람하고 69만 4,281원을 지출하였지만 삶에 대한 만족도는 70.1점(전체평균 71.3점)으로 낮게 나타났다.

30대는 결혼 여부에 따라 달랐다. 싱글녀는 20대보다 문화·예술 관심도(93.3점)와 문화·예술 중요도(78.1점)에서 높은 점수를 기록했지만 삶의 만족도(69.2점)는 낮았다. 경제력을 바탕으로 고가 연극과 전시회 티켓도 서슴없이 구입하는 등 연간 44회 정도 문화·예술 공연을 즐기며 8개 그룹 중 가장 많은 82만 1,262원을 사용했다. 육아 맘은 자녀를 키우면서도 높은 삶의 만족도(77.2점)를 나타내지만 공연은 연간 36만 4,625원을 지출하는 것과 대조를 보였다. 40대는 30대와 마찬가지로 결혼 여부에 따라 문화·예술 향유 기회와 삶의 만족도는 반비례하였다. 본인보다 자녀의 문화·예술 활동을 뒷받침하는 데 관심을 가지며, 프렌디(Friend + daddy)와 컬처 맘

(Culture + Mom)은 문화·예술의 중요성을 크게 두지 않았지만 삶의 만족도는 싱글 녀 보다 높았다. 노령화 사회가 진전되면서 자녀의 양육부담에서 벗어난 50~60대는 문화·예술을 즐기는 경향이 높았다. 문화·예술 공연에 34만 2,575원, 28만 3,768원 을 지출하지만 교육을 받거나 동호회 참석, 취미활동 등을 향유하면서 삶의 만족도는 전체 평균보다 높은 72.7점, 74.4점을 기록했다.

(2) 기업의 비전 설정

기업이 나아갈 방향과 목표, 비전을 제시하는 것은 고객들에게 정확한 포지셔닝을 제시하기 위해서이다. 생산과정의 공정성이나 유통흐름, 판매전략, 점포운영과 고객 서비스 등 확실한 매뉴얼과 경영방침을 선정하지 못하면 신뢰받기 어렵다.

주)이랜드는 "서비스기업의 비전과 소명의식(calling), 미션을 바로 세워야 한다"는 모임을 정기적으로 가진다. 사명은 비즈니스를 통해 이웃사랑을 실천하는 것으로 세 상의 모든 사람들에게 그 가치를 심어주는 것이다. 개인 및 조직의 목적달성을 위해 방향을 정해주며, 소명의식으로 일에 대한 가치를 심어주고 있다.

기업의 비전과 소명의식을 실행하기 위해 주어진 역할은 바로 자신이다. 지식경영 으로 성공하기 위해서는 리더나 해결사 등에게 피드백받아야 한다. 적절한 인재를 양성하고 지식을 함양하는 것은 좋은 가치를 심어주는 것이다. 직원들에게 잘해주는 사람이 아니리 그들을 잘되게 해주는 사람이 되어야 한다.

비즈플라이 박승현 상무는 "왜 리모컨이 점점 복잡할까요?"라는 강연을 했다. 대부 분의 사람들은 리모컨 기능에서 전원과 소리, 채널밖에 필요하지 않다. 그 기능을 다 양하게 사용하는 소수의 사람들도 있지만. 그렇다면 왜 다양한 기능을 만들었을까? 이는 제조사가 리모컨을 사용하는 고객들에게 직접 물어보지 않고 자신들의 상상력 으로 생산했기 때문이다. 경영 및 관리자들은 리모컨 자체의 기능에만 집중하면 안 된다. 본질은 사용하는 사람들에게 얼마나 직접적인 이익을 제공할 수 있는가이다.

싱글족을 위한 기능성 제품은 '소형 가전제품을 원할 것'이라는 잘못된 생각이다. 그들의 표면적인 이유는 모든 것을 갖춘 소형주택에 살고 싶어 한다는 점이다. 가전 제품이 필요 없는 것과 자주 사용하지 않는 것은 본질적으로 다르다. 새로운 관점에 서 사물을 바라보는 것이 중요하다. 겉이 아니라 속을 보면서 끊임없이 고객을 관찰 해야 한다. 실제로 고객은 다르지만 우리는 자신의 생각과 내 이야기만 한다. 혁신은 세상을 바꾸는 힘이다. 기업은 고객의 필요를 충족시킬 열린 마음과 깨어 있는 관리 자의 자세를 통해 현장에서 그 답을 찾아야 한다.

(3) 판매 및 수요 예측

잠재고객의 수요를 추정하여 목표시장의 전략을 짜야 한다. 시장이 지향하는 영향 요소와 타깃 고객층, 업종의 상품력, 점유율, 소비형태 등을 발견하여 수요를 예측하는 것이다. 매출액과의 상관관계를 통해 판매가능성을 확인하며, 상품성과 가격, 유통, 서비스방법 등을 경영활동에 적용할 수 있다.

수요예측은 판매예측을 가능하게 한다. 시계열 데이터와 같이 미래수요를 과거로 부터 쌓은 자료를 바탕으로 추세치로 파악할 수 있다. 이는 이동평균법, 최소제곱법, 상관분석 등으로 활용된다. 과거의 판매실적을 분석하여 미래의 수요를 예측하는 데 적용할 수 있는 종합적인 검토가 필요하다. 횡단면 데이터를 사용하는 방법과 유망한 구매자를 대상으로 하는 방법, 상품수요의 관심자를 대상으로 하는 방법 등이 있다. 대용품, 가처분소득과의 관계, 엥겔계수와 수요 탄력성, 소득계층의 분포, 생활습관, 소비습관 등을 종합적으로 분석, 예측할 수 있다.

(4) 판매촉진

판매촉진은 대상지역을 정확하게 파악하여 타깃 고객층을 세분한 후 선택과 집중하는 것이다. 정보를 통해 소비를 자극하거나 설득함으로써 이윤을 증대시키는 기업 활동으로 구성원과의 촉진방법, 경쟁점과의 차별화 등 자사가 추진할 수 있는 전략을 말한다.

① 판매활동과 광고

기업의 판매활동은 촉진전략의 핵심으로 직원들의 개인적 지식이나 경험, 친화력, 품성 등은 매출을 증가시키는 요인이다. 19세기 말부터 시작된 소비시장의 팽창은 급속한 변화와 혁신을 수용하면서 교육훈련, 장려제도, 할당제 등 제도적 정비와 체계를 이루었다.

광고가 중요한 것은 기업의 독과점을 유지하기 어렵게 되면서 안정된 시장 확보 및 전략부재에서 시작되었다. 대량생산으로 판매가 중요해지면서 그 가능성이나 차별화된 미디어 활용 등은 대중화에서 시작되었다. 고객은 더 많은 혜택을 요구하는 데 구체적으로 설득할 수 있는 보완재가 되어야 한다. 예를 들어 판매활동을 위한 프로모션 전략으로 SUV로 떠나는 아웃도어 활동의 Tip(자동차 매거진, 2015)을 소개하면 다음과 같다.

주5일 근무에 따른 아웃도어 활동은 자동차 구매패턴에 영향을 미친다. SUV, RV

와 같은 레저활동은 적재공간과 오프로드에 적합한 4륜구동 차량들이 한몫을 한다. 제조사들은 도심 주행에 더 큰 비중을 둔 SUV를 생산하고 있다. 도심의 사용비율이 높은 북미시장에서 모노코크 차체를 반영한 BMW X5를 시작으로 출퇴근의 평범함이 아니라 경쾌하고 와일드한 오프로드에서 효율적인 주행을 강화하고 있다.

첫째, 구두 신고 산에 갈 수는 없듯이 지형이 험한 자갈, 바위를 주행하면 미끄러지거나 찢어질 수 있어 깍두기 패턴의 머드 타이어로 효용성을 높였다. 이는 발목까지 쌓인 눈길, 자갈길, 모래사장에서 유용하게 사용된다.

둘째, 넓은 바닷가 모래사장을 시원하게 질주하고픈 열망은 누구에게나 있다. 모래사장에 빠지면 더 이상 앞뒤로 움직이지 말고 빠진 구멍 주변에 물을 부어 마른 모래를 적셔 단단하게 해야 한다. 그 뒤 매트의 거친 면을 위로 향하게 하여 로 기어(low gear)로 탈출하면 된다.

셋째, 개울 및 냇가는 건너기 전에 반드시 확인해야 한다. 차체가 높아 쉽게 건널 수 있지만 물밑 바닥은 변수가 많다. 이끼와 큰 바위, 모래, 꺼진 바닥, 웅덩이 등의 장애물은 항상 존재한다. 속도를 높이면 물의 출렁임이 높아져 엔진 상부까지 침투하기 때문에 차분하게 통과해야 한다.

넷째, 깊은 물에 빠졌다면 재빨리 창문을 개방해야 한다. 수압으로 차문을 열기가 어렵기 때문이다. 탈출에 대한 부담이 큰 상황에서는 진흙길로 노면을 감싸면서 접지력을 잃어 헛바퀴만 돌게 된다. 좁은 내리막 경사로는 눈썰매가 미끄러지듯 더욱 위험하기 때문에 효율적인 주행을 강화한다.

다섯째, 좁은 수로나 바위 길은 과감하게 탈출해야 한다. 바퀴 두 개가 동시에 빠지면 지면에 얹혀 탈출이 힘들게 되며, 급경사는 정지 및 방향전환 자제와 보조원이 필수적이다.

여섯째, 험로 구간은 2~3명이 한 팀으로 움직여야 한다. 탈출이 필요할 경우 견인 고리로 끌며, 냉각수, 오일, 식량, 식수, 펑크 수리킷 등을 출발 전에 꼭 챙겨야 한다.

일곱째, 캠핑과 해양 레저 스포츠가 확산되면서 제트스키, 보트, 요트를 운반하는 차량들이 많아졌다. 후속 차량의 안전을 위해 빨강, 노란색 주의 표식과 철저한 준비로 안전한 여행을 해야 한다.

② 세일즈 프로모션

세일즈 프로모션은 유행어가 되었다. 넓게는 판매촉진의 전반적인 의미를 뜻하지만 광고와 판매활동을 실행하는 것이다. 경쟁시장에서 새로운 방법을 추구하는 것은 직원 능력을 향상시키는 것이다. 소비자들에게 직접 제공하는 견본품 외에 전시회, 콘테스트, 설명회, 교육, 보증 등 자사상품에 대한 관심과 취급을 용이하게 하는 것이다.

2. 상권(commercial area, trading area)의 개념과 분할

1) 상권의 개념

(1) 상권의 정의

상권(commercial area)은 다양한 도·소매 점포가 형성되어 있으며, 상업적 목적과 업무, 역할, 구성원, 기능이 집적된 시설공간으로 지역의 도심지 또는 생활 중심지를 담당하는 장소를 말한다(유통물류진흥원, 2016). 상업시설을 중심으로 고객을 흡인할 수 있는 범위로 일정 비율의 수요는 당해 점포의 구매로 이어질 수 있는 권역을 말한다. 매출액에 기여하는 고객 분포는 선과 면, 점으로 구성되어 있다. 고객을 상가 내로 흡입(inhalation)할 수 있는 능력은 상업활동이 성립되는 조건으로 공간적 넓이를 말한다. 지역에서 생기는 경제적 범위는 주민들의 편익과 생활환경으로 조성되는데 소비자들은 그 안에서 공유하게 된다. 기업은 자사상품의 판매를 통해 이익을 달성하기 때문에 넓은 범위의 경제적 공간은 지역 활성화에 영향을 미친다.

(2) 상권의 특성

상권은 다음과 같은 특성을 가진다.

① 지역을 이용하는 소비자 수는 쇼핑센터 거리에 따라 차이가 있다.

② 고객이 여러 지역을 쇼핑하는 것은 점포기능, 품질, 매력성이 다르기 때문이다.

③ 쇼핑지역의 흡인력은 경쟁지역의 원근감에 따라 다를 수 있다.

④ 상권은 시장권, 세력권, 의존권, 영향권, 지배권, 상세권으로 분류된다. 시장권은 수요권과 공급권의 양면성으로 지리학에서는 의존권, 세력권으로 분류된다.

⑤ 상품과 서비스, 용역을 소비시킬 수요자가 존재하는 공간적 범위이다.

⑥ 마케팅 믹스전략을 추진할 상권규모와 크기로 시장에 존재하는 권역을 말한다. 여기에는 경쟁자, 자본, 기술, 트렌드 등 공존하는 환경을 말한다.

⑦ 상권은 생존과 유지, 성장에 영향을 미친다. 과거에 지리적 특성을 고려했다면 현재는 경영자의 능력, 특성, 사회적인 변화를 수용하는 혁신성을 요구한다.

⑧ 새로운 모루밍(morooming)족이 시장을 지배한다. 매장에서 물건을 고르고 (show rooming), 모바일(mobile)에서 구매한다. 서점이나 백화점에서 눈도장을

찍고 스마트폰으로 구매하는 사람으로 같은 물건을 쇼핑몰 매장에서 바로 받아 갈 수 있다. 이는 주거 및 상업, 사무공간에 적용되는 주체들로 온라인과 오프라인이 결합된 유통시장의 핵심으로 떠올랐다.

옴니채널(Omni channel)은 온·오프라인 유통을 자유자재로 넘나들면서 이루어지는 소비형태를 말한다. 시간과 장소에 구애받지 않고 원하는 물건을 구매할 수 있는 쇼핑체계이다. 현대적 상권은 과거와 달리 고정적인 상품매매와 서비스, 용역만을 나타내는 것이 아니라 온·오프라인을 자유자재로 넘나들면서 쇼핑하는 공간을 말한다. 이러한 상권은 다음의 기준을 충족시켰을 때 가능해진다.

첫째, 상권 내 점포가 형성될 수 있는 사업가와 아이템, 시설장비, 자본금은 고객의 유입을 자유롭게 할 수 있다.

둘째, 소비자의 구매욕구를 충족시킬 수 있는 상품력과 서비스용역 등 다양한 형태가 존재할 수 있다. 마케팅 믹스전략을 추진할 수 있는 공간적 범위로 경쟁자를 비롯하여 시장정보와 흐름, 트렌드가 형성되는 상권을 말한다.

셋째, 상권 내 다양한 점포군은 온·오프라인이 함께 이루어진다.

넷째, 기업이 추구하는 목표고객과 편익을 달성하면서 소비욕구를 파악할 수 있다.

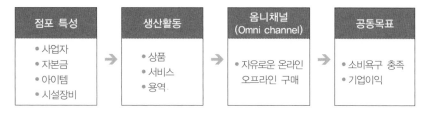

점포 특성	생산활동	옴니채널 (Omni channel)	공동목표
• 사업자 • 자본금 • 아이템 • 시설장비	• 상품 • 서비스 • 용역	• 자유로운 온라인 오프라인 구매	• 소비욕구 충족 • 기업이익

〈그림 4-2〉 상권의 역할

2) 상권의 세력권

상권은 공급자와 수요자가 상품 및 서비스, 용역을 생산하여 화폐가치로 전환하면서 거래하는 지역으로 점포세력이 미치는 범위를 말한다. 여기에는 개별 점포가 고객을 끌어들일 수 있는 지역적 범위를 포함하고 있다.

- ◉ 판매권 : 판매 가능한 범위로 소매점이 판매를 대상으로 하는 지역을 말한다.
- ◉ 거래권 : 도매업 등 거래 대상에 대한 범위로 상행위가 이루어지는 고객의 거주 범위를 말한다.
- ◉ 상세권 : 특정한 상업집단(시장 혹은 상점가)의 세력이 미치는 범위를 말한다.

(1) 판매자 입장

판매자 입장의 상권력은 점포단위나 집단거래를 통해 발생하는 재화나 용역, 서비스를 판매, 인도하는 것을 말한다. 상권 내 유통되는 비용과 취급상품, 규모, 역할 등 경제성과 효율성이 존재하게 되는데 이러한 능력은 고객을 끌어들이는 상권력에서 차이가 난다.

(2) 수요자 입장

수요자 입장의 상권력은 적절한 상품과 가격, 유통의 촉진을 통해 재화를 창출하며, 서비스와 용역, 신제품, 트렌드, 소비성향, 구매패턴 등을 파악할 수 있다. 특히 서비스가 발생하는 순간의 시장흐름을 합리적으로 발견할 수 있으며, 고객이 기대하는 지역적 범위를 포함하고 있다.

3) 상권의 분할

상권의 분할은 운영하는 점포를 기준으로 주 고객의 인구분포와 유동인구 흐름을 명확하게 나타낼 때 정확하게 구분할 수 있다. 실존하는 고객 분포에 맞게 상권을 세분하는 것이 분할이다. 거리의 개념이 아니라 이용 공간을 기준으로 분리되며, 10m, 1km 등으로 분할되는 것이 아니라 100m 이내라도 도로상의 접근이 분리되면 다른 상권으로 간주하게 된다. 반면에 1km를 넘는 거리라도 연결되어 있으면 동일한 상권으로 규정된다. 행정적으로 분할할 수 있지만 실제 동일한 점포라도 업종과 업태에 따라 이용목적에 맞게 분할하기는 어렵다.

상권의 규모나 형태, 동선, 거리, 출입상황 등에 따라 탄력적으로 운영할 수 있기 때문에 고객에 의해 구분된 상권은 경영자의 능력과 상관없이 분리되고 있다.

(1) 상권분류

1차 상권은 이용고객의 60~70%를 수용하는 범위로 반경 100m 거리의 소비자를 말한다. 자동차 문화가 일상화된 현대사회에서 실질적인 소비자들의 구매권역으로 파악할 수 있지만 2·3차 상권으로 나누어 적용하는 데 한계가 있다.

(2) 상권블록 규정

상권형태는 동심 원형이 아니라 블록형으로 형성된다. 배후지 고객이 1차 상권 내에 분포되었을 때 소비형태는 블록 단위로 이루어진다. 오피스 상권이나 주택지 상

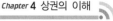

권은 이러한 특성이 두드러지므로 블록별로 규정하여 분석하는 것이 바람직하다.

(3) 동선 구분

상권은 고객동선에 따라 분류된다. 주 고객층의 수요분포가 멀리 떨어져 있더라도 단일동선으로 이동한다면 동일상권으로 봐야 한다. 거리가 인접해 있어도 사람들의 동선이 끊겨 있다면 분리된 상권이다. 따라서 원거리라 하더라도 연결되었다면 동일상권으로 봐야 한다.

(4) 장애물 및 차단물

도로의 넓이, 막힘, 횡단보도, 육교, 지하도, 철도 등의 장애물이나 차단물로 끊기는 것은 상권단절을 의미한다. 장애물은 동선을 연결하거나 끊어지게 하는데 차단물이 중간에 설치된 지역은 양분될 수 있다.

(5) 배후지 성격

상권 분할은 배후지 특성을 고려해야 한다. 대로변이나 이면도로 배후지가 동일공간과 근접해 있다면 그 성격은 다를 수 있다. 일반적으로 동일상권으로 보이지만 같은 블록이라도 거리를 어떻게 인식하느냐에 따라 달라질 수 있다. 근거리 상권이라도 세분하여 명확히 구분할 수 있는 능력이 필요하다.

예를 들어 신촌역 상권은 대로변 역세권 주변의 상업지역과 1, 2차 이면도로 중심의 상권으로 그 성격이 구분되어 있다. 대로변 상권은 역세권을 중심으로 중심 상업지역 내 시장이나 은행, 패스트푸드, 화장품, 편의점 등 생활편의품들이 중심이 된다. 이면도로는 모텔이나 여관, 유흥주점 등 먹자골목으로 대표되기 때문에 업종의 성격에 맞게 분석되어야 한다.

(6) 대로변 차선분할

8차선 이상 도로는 상권이 분할되어 있다. 특별시, 광역시, 중소도시 구별 없이 도로가 잘 정비되어 있는데 대로변 차선이 편도 4차선 이상이면 실질적으로 분할된 상권이 된다. 상권 특성에 따라 횡단보도나 육교, 지하도가 연결된다 하더라도 이용고객은 극히 제한적으로 이용할 수 있기 때문이다.

(7) 4거리 상권구분

사거리는 4개 분면으로 구분할 수 있다. 각 면은 2개씩 총 8개 라인으로 구성되어 있기 때문에 그 특성을 고려해야 한다. 동일한 블록 내에 있더라도 상권의 성격은 차이가 있기 때문에 주 라인을 찾아야 한다. 가장 활성화된 라인에 근접할수록 유리한 입지의 점포가 된다. 이러한 점포는 보증금과 월임대료 권리금 등이 높게 형성되어 있다. 따라서 라인별 등급과 순위, 집적시설물, 유동인구 등 고객 분포별로 다르게 조사되어야 한다.

(8) 점포 수와 크기

특정상권은 규모가 커서 1개 점포로 감당할 수 없는 업종이 있을 수 있다. 이러한 상권은 기회 손실을 가져온다. 예를 들어 A라는 대형 상권의 규모를 100%라고 가정할 때, 분포되어 있는 점포면적이 작아 30%밖에 수용하지 못한다면 70%의 영업매출액은 손실이 된다. 전략적인 측면에서 보면 이러한 시장은 실패된 상권이다. A라는 상권이 30%밖에 흡수하지 못한다면 다른 점포를 개설하여 70%를 흡수하는 분석이 필요하다. 1개 점포가 영업할 때보다 2개 점포가 영업하면 상권 내 파이를 키울 수 있다. 2개 이상의 점포가 영업함으로써 전체 상권의 고객 흡수력을 높여 홍보효과가 발생하게 된다.

상권이 작은 지역에서 여러 점포가 경쟁하면 공멸하지만 규모가 큰 상권은 분할을 통해 촉진전략을 추진하여 유용하게 사용할 수 있다. 상권 특성은 조금씩 다르기 때문에 귀속시키거나 합류하는 데 무리가 있지만 비중을 고려하여 동일상권으로 볼 것인지 분할할 것인지를 결정해야 한다.

4) 상권분할 시 주의사항

상권을 분할할 때에는 다음과 같은 주의를 요구한다.

첫째, 모든 업종을 똑같이 적용할 수는 없다. 상권의 크기와 규모, 위치, 업종의 특성 등에 따라 유연하게 적용되어야 한다. 예를 들어 기존 숙박 사이트인 호텔체인은 예약을 가능하게 하였지만 에어비앤비는 개인이 가지고 있는 빈방이나 빈집을 공유하므로 경제적인 여행을 가능하게 했다. 방을 공유한 공급자 입장에서는 전 세계 고객들에게 빈방을 공유할 기회를 제공한 것이다. 반면에 방을 저렴하게 구하고 싶거나 국가와 지역문화, 안전을 원하는 수요자에게는 이를 적절히 활용할 수 있게 하였다. 이는 모두가 윈윈하는 공유경제모델이다.

첫째, 상권은 업종에 따라 크기도 다르다. 소 상권만으로 영업하는 업종이 있는가 하면, 광역권으로 영업하는 점포가 있다. 할인점은 5km 이상의 범위 내에 있어도 고객들이 방문하기 때문에 그 범주를 넓게 잡는다. 하지만 편의점이나 제과점, 과일점, 세탁소 등은 떨어져 있다면 선택을 주저하게 된다.

둘째, 분할은 단위상권으로 이루어진다. 일정규모 이상의 모든 상권을 단위별로 구분하는 것을 말한다. 점포가 입점하여 영업할 수 있는 최소한의 시설을 갖춘 기본적인 단위를 말한다. 예를 들어 특정 상권 브랜드를 기준으로 입점할 경우 최소한의 배후지를 선별하는 것은 무리가 될 수 있다. 전국을 단위상권으로 구분했다 해도 브랜드 모두가 입점한 것이 아니기 때문에 그 특성을 구별하여 결정해야 한다.

셋째, 구역별 마케팅 전략(Area marketing strategy)을 실행할 수 있다. 특정 지역에 거주하는 주민들을 대상으로 촉진전략을 추진하며, 지역 간 차이를 고려하여 가중평균과 점수를 부여할 수 있다.

3. 상권 분석의 조건

1) 지형과 지세, 지리적 조건

상권을 구성하는 지리적 조건은 지형과 지세, 교통망, 업종분포, 고도, 층, 경사도, 하천, 둑, 문화재, 보호수, 업종과 업태, 보완재, 대체재 등 다양한 원인에서 결정된다. 이러한 조건은 상권 내 입지를 강화할 수도 제약할 수도 있다. 청계천은 사람들에게 휴식을 제공하면서 대한민국의 대표적인 쉼터가 되었다. 고가도로의 설치와 철거는 지역상권을 죽이기도 살리기도 하지만 시야를 넓혀 생활을 쾌적하게 하거나 답답하게 할 수도 있다. 언덕배기나 경사진 지역의 건물은 고객을 흡입하는 데 어려움을 준다. 「도시계획법」에 따라 지구를 지정하거나 재개발하여도 위치의 높낮이를 확인해야 한다. 평탄작업을 통해 상권이 살아날 수도 있지만 비용을 고려할 때 경제성이 낮다고 하겠다.

서울 외곽이나 신도시 등은 새로운 상권으로 떠오른다. 초기에는 사람들의 통행을 한곳으로 모으기가 어려워 양립할 수 있지만 빠른 시간 내에 재편하게 된다. 신도시 주거형태는 잠만 자는 인구가 많기 때문에 7일 중 5일 이상은 외부에서 생활하게 된다. 그렇다면 어떠한 상권이 번성한 상권이 될까? 대체로 상권과 연결된 도로망이 잘 구축되어 있으며, 사람들의 출입을 용이하게 하는 지역을 말한다.

상권의 조건은 고객을 유치할 수 있는 지리적 영역으로 역세권이나 학교, 관공서 등에 따라 영향을 미친다. 주 출입구가 어디인지, 보조 출입구와 옆길, 후문, 언덕, 경사도 등과 도시가스 유입여부는 지출비용에 영향을 미친다. 시설물이 잘 갖추어져 있다면 운영경비와 원가를 줄일 수 있어 상권의 발전을 촉진할 수 있다.

첫째, 백화점, 대형마트, 극장, 은행, 관공서 등 편의시설물들이 집중되어 있으면 사람들은 자연스럽게 모이게 된다. 개발계획에 따라 수도권 외곽지역의 베드타운은 상권이 잘 형성된 것처럼 보이지만 소비성은 낮다. 사통팔달로 도로가 시원하게 뚫려 사람들의 이동을 용이하게 하기 때문이다. 예를 들어 고속도로에서 가장 장사가 잘 되는 곳은 귀경길 상습 정체구간 내 휴게소이다. 사람들은 도로가 막히면 우회하거나 생리적 현상을 해결하고자 한다. 애써 기름을 태우면서 운전하기보다 정체구간이 풀릴 때까지 휴식을 취한다.

둘째, 출입이 어려우면 방문객은 줄어든다. 같은 건물이라도 로열층은 출입구 주변의 1층에 위치한다. 백화점의 브랜드는 1층에 자리한다. 사람들은 계단을 올라가는 것보다 내려가는 것을 좋아한다. 1층과 비교하면 지하 1층은 60~70% 정도의 비용이 들어가지만 지상 2층은 50~60% 정도의 이용률을 나타낸다. 최근에는 커피전문점들로 인해 변화하고 있다. 보증금과 권리금은 지상 2층이 지하 1층보다 10% 정도 비싸지고 있다.

셋째, 업종에 따라 출입방향은 매출에 영향을 미친다. 풍수지리설에 따라 좋은 점포와 나쁜 점포는 존재한다. 좋은 방향은 고객출입을 용이하게 한다. 햇볕이 잘 드는 공간은 사람들의 생활을 쾌적하게 한다. 아파트를 결정할 때도 바람이 잘 통하는 동남향을 선호하는 것은 아침 햇살을 받으면서 하루를 시작할 수 있기 때문이다. 자연환경의 쾌적함은 건강과 행복, 편안함을 주는 보너스이다.

> **사례 2**

지형과 지세를 통한 풍수 테마 기행

풍수지리설은 그 옛날 음양오행설을 중심으로 발전해 왔다. 풍수를 통해 집터와 도읍지, 도시·마을의 터를 잡는 양기(陽基)와 묘 터를 잡는 음택의 풍수로 구분하는 것은 그 원리가 같기 때문이다(조광, 2014). 이러한 풍수는 지세가 넓고 좁음에서 좋다 나쁘다를 결정한다.

마을이 산으로 에워싸여 있어 에너지 장이 크면 도시가 형성되지만 그냥 크면 마을이 되고, 작으면 음택이 된다. 에너지장의 바깥쪽에 음택이나 양택이 들어서면 여러 가지 폐해가 생기기 때문에 반드시 안쪽에 살아야 건강해진다. 예전에는 벌판 한가운데 건물을 짓는 경우가 없었다. 벌판은 생산장소와 활동공간으로 집은 산을 등지고 넓은 벌판을 바라보는 위치가 자연재해로부터 안전하여 휴식과 화목을 준다. 산과 강, 들, 개천, 하천

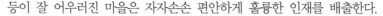

등이 잘 어우러진 마을은 자자손손 편안하게 훌륭한 인재를 배출한다.

현대는 산을 깎고 골짜기를 메우는 대규모 개발로 평지를 만들고 아파트를 지어 자연적인 형태가 아니라 인공적인 마을로 그 개념은 달라지고 있다. 아파트나 다가구 주택, 건물의 위치나 지형, 지세도 방향에 따라 영향을 미친다. 지형이나 지세가 달라졌다 해도 풍수를 보는 눈은 애초의 지형과 지세에서 찾는다. 집을 볼 때 건물의 중앙에서 바라보는 방향이 중요하다. 풍수에는 양택의 방위로 집이 열려 있는 방향을 선호한다. 아파트는 베란다가 집의 방향을 나타내는 것으로 생각하지만 드나드는 문이 방향이 된다. 베란다가 남향이라 해서 남향집이라고 하는 것은 잘못된 것이다. 건설업자들이 햇볕이 많이 드는 쪽을 기준으로 베란다를 만들고 이를 방향으로 정한 것일 뿐이다. 우리나라는 집을 고를 때 방향을 따진다. 방위보다 중요한 것은 지형이다. 방위는 산세지형에 따라 정하는 것이기에 음양오행이나 햇볕을 고려한 남향만을 고집하는 것은 실수이다. 국토의 특성상 지형에서 오는 에너지양보다 방위에서 오는 에너지양이 몇 배나 강하기 때문이다.

2) 교통망과 접근성

상권은 교통망의 변화에 따라 번성하기도 쇠퇴하기도 한다. 지하철과 연계된 상권은 흥망성쇠와 밀접한 관련성이 있다. 접근성이란 고객의 출입을 용이하게 하는 범위로 지하철과 버스노선의 연결망은 잘 된 입지를 결정한다. 도시개발에 따른 신도시 환승권, 역세권 등은 사람들을 모이게 한다. 도로 폭이 좁다 하여 모두가 좋은 상권은 아니다. 반면에 넓다 하여 모두가 단절된 상권은 아니기 때문에 직접 확인하는 것이 중요하다.

도시인의 주 교통편은 지하철과 연결되어 있다. 상권성장과 밀접하게 관련되어 대한민국 교통의 중요한 수단으로 사랑받는다. 편리한 접근성은 유동인구를 모이게 한다. 배후도시의 유효 수요자를 감안할 때 지역의 대형 할인점이 들어설 가능성이 높다. 기업은 이윤을 추구하는 집단이기 때문에 토지를 구매하거나 유통 점을 개장할 때도 미래의 성장과 발전가능성을 따진다. 이러한 교통망을 통해 영호남 화합의 틀을 바꾸자(전남일보, 2016. 3. 2)는 운동이 전개되었다.

(1) 도로와 철도 연결

영호남 지역갈등 해소 방안으로 도로·철도망 확대를 통한 인적, 물적 교류를 증대하고 있다. 서울 및 충청권에서 영·호남권으로 가는 종단(縱斷)교통망은 발달되었지만 영남권에서 호남권으로 가는 횡단(橫斷)교통망은 상대적으로 취약하다. 동서

간 철도 교통망이 없을 뿐 아니라 고속도로 역시 열악하기 때문에 도로와 철도망은 심리적, 물리적 거리를 좁힐 수 있다.

88년 서울올림픽에 맞추어 화합의 의미로 영·호남 지역을 동서로 연결하여 84년에 준공된 88고속도로(담양~성산, 182.9km)는 오히려 양쪽 교류를 막았다. 왕복 2차선으로 급커브 구간이 많고 고개의 높낮이가 심해서 최고속도가 80km에 불과해 고속도로라는 명칭이 민망할 정도이다. 정부는 2008년 11월부터 확장공사를 시작하여 광주와 대구를 잇는 내륙철도(191km)와 김천~전주 복선 전철화 사업 등 동서를 연결하는 도로완공을 눈앞에 두고 있다. 하지만 경제성과 수요 논리를 고려한 지역균형발전과 네트워크 효과 등 효율적인 국토 이용과 수송을 통한 경쟁력 차원에서 접근되지 못한 아쉬움이 있다.

(2) 사람중심 지역교류

영호남 지자체들은 일회성 행사나 보여주기 식 교류를 지양하고 지역 간 교환근무 등 사람중심의 협력사업으로 활성화시키고 있다. 4개 광역단체장은 상생을 위해 3급(부이사관) 이상 파견근무 추진으로 효율성과 실효성을 높이고 있다. 광주와 대구, 전남과 경북 등 인사교류는 하위직이 아닌 고위직 중심으로 이뤄져야 두 지자체 간의 정책공조가 가능해진다.

영국의 RDA나 프랑스의 PAYs 등 지역에 직접 영향을 받지 않는 1~3개 자치단체가 참여하는 조직구성으로 사업계획을 기획, 집행하는 제도를 벤치마킹할 필요성이 있다. 두 기구는 지역발전 전략을 수립, 집행하는 단위로 형평성 목적이 아니라 경쟁력을 강화하는 지역 밀착형 정책을 수행하는 데 그 목표를 두어야 한다.

☞ 동서화합 교류협력 주요 프로그램
  ● 지방 정부 간 5·18민주화운동 기념식 및 2·28 대구항쟁 기념식 교차참석 정례화
  ● 지방세 등 중요 현안에 대한 지자체 간 공동조례 제정
  ● 과학기술 협력을 통해 상생협력 프로젝트 수행
  ● 영호남 기업교류 인센티브제
  ● 로컬푸드 연계사업 등 수익사업 창출
  ● 양 지역 청년 채용 확대
  ● 달빛 만남(영호남 남녀 간의 만남과 혼인 주선)
  ● 시립합창단 공연 및 학술분야 교류협력
  ● 영호남 대학생 교환, 학점교류사업 및 교환교수제

❍ 88고속도로 조기 확장, 광주~대구 내륙철도

❍ 영호남 연계 관광상품 개발과 지리산 통합문화권 종합개발

3) 유동 및 거주인구 소비조건

상권을 이용하는 고객들은 연령과 성별, 직업, 소득수준, 주거형태, 소비성향에 따라 다른 특징을 가지고 있다. 실제 상권 분석이 어려운 지역은 다양한 계층이 존재하는 주택지 상권이다. 시간과 요일, 주중, 주말, 아침, 점심, 야간 등 그 수요가 다르기 때문에 상권발달에 영향을 미친다.

예를 들어 상권이 좋다는 것은 타깃 고객의 수요나 배후 유동인구가 많다는 것이다. 여기에는 다운타운, 역세권, 대학가, 관광지 등 유동인구가 많은 상권으로 주택가에 비해 많은 소비자층을 보유하고 있다는 것이다.

4) 근린생활시설

근린생활시설은 주거지와 인접하여 주민들의 편의성으로 쉽게 접근할 수 있다. 「건축법」에 따른 용도와 건축물 종류에 따른 제1종, 제2종 근린생활시설로 분류된다. 상권이 번성한 곳은 특정 지역의 중심지로 각종 편의시설이 집중되어 경쟁하기 때문에 성장이 촉진된다. 금융권이나 쇼핑센터, 대형 의류점, CGV, 스포츠센터, 먹거리촌, 문화생활 등이 자연스럽게 형성된 상권을 말한다.

점포 주변의 생활형태는 실질적으로 구매능력이 있는 유효 수요자가 얼마만큼 존재하는가이다. 시설물들이 다양하게 형성되었다면 자연스럽게 시너지 효과를 내지만 혐오시설이나 기피시설이 있다면 발전을 저해하게 된다. 이러한 상권은 경쟁업종의 과잉 진입이나 과당경쟁을 예견할 수 있어 성장에 장애가 된다. 소상공인들의 주 창업은 생활 및 편의시설물들이 대부분이다. 점포조건에 따라 쉽게 변경할 수 없기 때문에 자본금을 떠나 가족 구성원 모두에게 영향을 미친다. 따라서 좋은 상권은 타깃 고객이 누구인가를 찾는 데서 시작된다.

첫째, 업종에 맞는 상권을 찾아야 한다. 대학가 및 역세권은 10~20대가 주 고객층이기 때문에 40대 이상이 선호하는 업종을 선정한다면 성공하기 힘들게 된다.

둘째, 창업주의 능력에 맞는 업종을 선택해야 한다. 나이와 성별, 개인특성 등이 젊은 층과 어울리기 어려운 성격이라면 이들이 좋아하는 업종은 피해야 한다.

셋째, 사업주의 자금력을 고려해야 한다. 좋은 상권이라도 무리한 선택은 운영을 어렵게 한다.

넷째, 권리금이 높은 상권은 검증된 상권이다. 하지만 개인적 능력이나 실력에 따라 단기간에 자리 잡을 수도 있지만 그렇지 못할 수도 있다. 따라서 권리금이 낮으면서 성장가능성이 높은 상권을 찾는 것이 분석의 의미이다.

(1) 제1종 근린생활시설

① 슈퍼마켓, 편의점, 일용품 등 바닥면적 합계가 1천m² 미만인 것이다.

② 휴게음식점, 제과점 : 바닥면적 합계가 300m² 미만인 것이다.

③ 이용원, 미용원, 목욕탕, 세탁소 등 공장이 부설된(「대기환경 보전법」) 것으로 배출시설의 허가 또는 신고대상이 되는 것은 제외한다.

④ 의원, 치과의원, 한의원, 침술원, 접골원, 조산원, 안마원 등이다.

⑤ 탁구장, 체육도장 등 바닥면적 합계가 500m² 미만인 것이다.

⑥ 센터, 파출소, 지구대, 소방서, 우체국, 방송국, 보건소, 공공도서관, 지역의료보험, 그 밖에 이와 비슷한 것으로 바닥면적 합계가 1천m² 미만인 것이다.

⑦ 마을회관, 마을 공동작업장, 공동구판장, 그 밖에 이와 비슷한 것이다.

⑧ 변전소, 양수장, 정수장, 대피소, 공중화장실, 그 밖에 이와 비슷한 것이다.

⑨ 지역아동센터는 단독주택과 공동주택에 해당하는 것은 제외한다.

⑩ 「도시가스 사업법」에 따른 가스배관 시설들을 말한다.

(2) 「건축법」에 의한 용도별 제2종 근린생활시설

① 일반음식점, 기원 등이다.

② 휴게음식점, 제과점 등 바닥면적 합계가 300m² 이상인 것이다.

③ 서점은 바닥면적의 합계가 1천m² 이상인 것이다.

④ 테니스장, 체력단련장, 에어로빅, 볼링장, 당구장, 실내낚시터, 골프연습장, 물놀이시설(「관광진흥법」에 따른 안전성검사 대상시설), 그 밖에 이와 비슷한 것으로 바닥면적 합계가 500m² 미만인 것이다.

⑤ 공연장으로 극장, 영화관, 연예장, 음악당, 서커스장 등 영화 및 비디오물 등 법률진흥에 관한 감상실, 소극장, 그 밖에 이와 비슷한 것이다.

⑥ 종교 집회장으로 성당, 교회, 사찰, 기도원, 수도원, 수녀원, 제실, 사당, 그 밖에 이와 비슷한 것으로 바닥면적 합계가 300m² 미만인 것이다.

⑦ 금융업소, 사무소, 부동산중개소, 결혼상담소, 출판사 등, 그 밖에 이와 비슷한 것으로 바닥면적 합계가 500m² 미만인 것이다.

⑧ 제조업소, 수리점, 세탁소, 그 밖에 이와 비슷한 것으로 바닥면적의 합계가 500
㎡ 미만이고, 다음 요건 중 어느 하나에 해당되는 시설물이다.
- 「대기환경보전법」에 따른 배출시설의 설치허가 또는 신고대상이 아닌 것이다.
- 「대기환경보전법」에 따른 설치허가 또는 신고대상 시설이나 귀금속, 장신구
및 관련 제품 제조시설에서 발생되는 폐수를 전량 위탁 처리하는 것이다.
⑨ 「게임산업진흥법」에 따라 청소년게임제공업의 시설 및 복합유통게임제공업의
시설로서 청소년 이용불가 게임물 제공은 제외되며, 바닥면적 합계가 500㎡ 미
만인 것과 인터넷 게임시설 바닥면적 합계가 300㎡ 미만인 것이다.
⑩ 사진관, 표구점, 학원 등 바닥면적 합계가 500㎡ 미만인 것으로 자동차학원, 무
도학원은 제외, 직업훈련소는 500㎡ 미만인 것을 말한다. 장의사, 동물병원, 독
서실, 총포판매사, 그 밖에 운전·정비 관련 직업훈련소는 제외된다.
⑪ 단란주점 등 바닥면적 합계가 150㎡ 미만인 것이다.
⑫ 의약품, 의료기기, 자동차영업소 등 바닥면적의 합계가 1천㎡ 미만인 것이다.
⑬ 안마시술소, 노래연습장 등이다.
⑭ 다중이용 업소의 안전관리법에 따라 고시원 시설 등 독립된 것이다.

4. 상권 분석과 역할

세계적인 경기불황에 따라 금리인상, 유럽발 재정위기 등 고용 없는 성장으로 각
국가들의 디플레이션 현상은 촉진되고 있다. 정부는 기준금리를 1%대로 낮추어 경제
활성화를 위해 소비촉진을 장려하고 있지만 저금리정책에 맞춘 시중의 여유자금은
갈 길을 못 찾고 있다. 이러한 자금들은 점포 및 상가투자, 창업에 유입되면서 긍정
적으로 평가되지만 준비되지 않은 사람들은 이를 적절히 활용하지 못하면서 부익부
빈익빈(富益富貧益貧)현상이 뚜렷하게 나타나고 있다.

1) 상권 분석의 역할

상권 분석은 특정 사업자의 창업과 출점에 대한 성공가능성 자료로 활용된다. 사
업을 한다는 것은 이익을 창출하기 위한 창의성과 발전가능성, 환금성 등 입지를 찾
아 유효고객의 수요를 파악하는 데 있다. 전문적이거나 체계화된 자료를 바탕으로
현장에 활용하거나 영업부진을 극복하기 위한 방법으로 활용된다. 또한 프랜차이즈
본사의 가맹점 유치나 부동산 투자, 지역 경제상황 등에 사용되며, 규모와 범위, 운영

방법등에 따라 다르게 결정될 수 있다.

첫째, 상권 분석은 권역별로 그 특성을 총체적으로 이해할 수 있다.

둘째, 업종, 업태별 현황을 파악함으로써 공급과잉이나 진입가능성을 파악할 수 있다.

셋째, 투자금액에 대한 수익성과 성장성, 발전가능성을 예측할 수 있다.

넷째, 인구통계학적 특성에 따른 예상 매출액과 추정손익계산서를 작성할 수 있다.

다섯째, 마케팅 촉진전략을 수립하는 기초자료로 활용할 수 있다.

여섯째, 경쟁업소의 현황과 차별화 전략을 수립할 수 있다.

일곱째, 업종 및 업태의 추이를 분석할 수 있다.

여덟째, 시장흐름을 통한 소비 트렌드를 파악할 수 있다.

2) 상권 역할에 따른 실패원인

신규 창업자들의 실패원인은 다음과 같다.

첫째, 대부분의 창업자들은 매스컴 영향으로 쉽게 창업하여 대박을 터뜨릴 수 있다는 환상을 가진다.

둘째, 접객과정의 서비스가 제대로 이루어지지 않으며, 용모, 복장, 태도, 매뉴얼 등을 잘 모르고 있다.

셋째, 상품안내, 점포관리가 제대로 이루어지지 않고 있다. "이 집 무엇이 맛있어요?" 하면 대부분 "다 맛있어요!" 한다. 상품특성과 가격, 영양성분, 원산지, 신선도, 효능 등에 대한 설명을 통해 추천할 수 있어야 한다.

넷째, 자본금 확보가 어렵다. 가족, 친척 외, 다양한 기관에 대한 투자채널과 방법이 부족하다.

다섯째, 시설과 장비, 기물관리가 제대로 이루어지지 않고 있다. 시설과 장비가 완벽하게 갖추어져 있다 해도 추가적인 비용이 발생하게 된다.

여섯째, 마케팅 촉진전략을 잘 알지 못한다. 촉진전략을 광고 정도로 알고 있으며, 스스로 모든 것을 다 알고 있는 것처럼 행동한다.

(1) 상권 분석을 준비하는 B씨

B씨는 L사에서 20년째 근무하였지만 진급한계와 후배 직원들의 예의, 선배대접 등으로 회사를 계속 다녀야 할지 고민하였다. 선배답지 못하다는 무언의 시선과 열정, 자긍심, 희망이 사라지면서 퇴직금과 집을 담보로 창업을 준비하였다. 건대역 상권을 자주 이용한 경험을 살려 점포를 알아보았지만 보증금과 권리금이 너무 비싸 컨설턴

트에게 상권 분석을 의뢰하였다. 한 푼이라도 아끼고자 관련 서적을 탐독하였지만 지역 상권을 분석하는 데 한계가 있었다. 고객입장에서 먹어본 음식과 직접 창업하기 위한 분석에는 큰 차이가 있었다. 이를 바탕으로 컨설턴트가 소개한 서울 광진구 군자로 176번지 일대의 점포를 분석하였다.

군자동 4거리는 어린이대공원과 아차산 길 중간으로 CGV 등이 들어서면서 상권이 조금씩 활성화되고 있었다. 여기에 세종대 후문을 중심으로 점심메뉴를 특화할 수 있는 뚝배기 생태탕의 가능성을 가지고 분석을 의뢰하였다.

분석결과 제2상권 내 주거 인구 수는 7,930명이었지만 직장인 인구 수는 15,447명으로 조사되었다. 반면에 음식점은 413개, 서비스 시설 195개, 도소매점 363개로 나타났다.

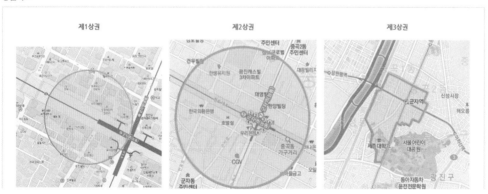

상권분석 간단 보고서

↻ 다시분석　　🖨 출력

| 개요 | 업종분석 | 매출분석 | 인구/지역분석 | 📍 지도보기 | ≡ 업종/시설목록 |

분석 설정 정보

(출처 : 지방자치단체, 자체 조사 데이터, 2016년 07월기준)

분석지역	기준상권	비교상권	선택업종
서울특별시 광진구	제1상권	제2상권,제3상권	음식 > 일식/수산물 > 해물찜/탕전문

상권지도

제1상권	제2상권	제3상권

상권 주요 정보 요약

상권명	상권 유형	면적	가구 수	인구 수		주요 시설 수	집객 시설 수	상가/업소 수			
				주거인구 수	직장인구 수			전체	음식	서비스	도/소매
제1상권	주택상업지역	31,416㎡	115	245	3,108	14	24	119	53	25	41
제2상권	주택상업지역	282,743㎡	3,750	7,930	15,447	82	119	971	413	195	363
제3상권	주택상업지역	840,636㎡	12,294	25,745	38,323	112	199	1,901	713	427	761

TIP 선택상권별 인구/업소/시설의 요약정보를 통해, 각 상권별 특징을 확인하고 비교하실 수 있습니다.

📍상권유형 설명

유형	설명
고밀도주거지역	주거시설밀도가 매우 높은 지역으로, 주로 고층 아파트 밀집지역
중밀도주거지역	상업, 업무시설 밀도가 매우 낮으며, 빌라, 저층아파트가 밀집된 지역. 또는 적은 수의 고층아파트가 있는 지역
저밀도주거지역	상업, 업무시설 밀도가 매우 낮으며, 주거시설밀도가 낮은 지역(단독주택 밀집지역)
고밀도주거상업지역	고밀도주거지역 중 상업시설이 밀집된 지역. 주로 고층아파트 밀집지역에 형성된 상업중심지역(예: 삼성동, 사당동 일대)
주택상업지역	저밀도, 중밀도주거지역 내 상업시설이 밀집된 지역. 주로 저층주택 중심지에 형성된 상업중심지역(예: 서교동, 자양동 일대, 지방도시 중심지)
상업지역	주거시설 밀도가 매우 낮고 상업시설이 밀집된 지역(예: 서울 명동, 부산 남포동 등)

선택업종 현황　　　　　　　　　　　　　　　　　　　　　　(출처 : 지방자치단체, 자체 조사 데이터, 2016년 11월기준)

· **선택업종 추이_(제1상권)**　　　　　　　　　　　　　　　　　　　　　업소위치보기 >

업종	2014년06월	2014년12월	2015년06월	2015년12월	2016년06월	2016년11월
해물찜/탕전문	0	0	0	0	0	0
합계	0	0	0	0	0	0

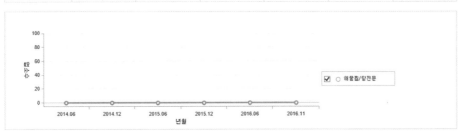

· **선택업종 추이_(제2상권)**　　　　　　　　　　　　　　　　　　　　　업소위치보기 >

업종	2014년06월	2014년12월	2015년06월	2015년12월	2016년06월	2016년11월
해물찜/탕전문	0	0	0	1	1	3
합계	0	0	0	1	1	3

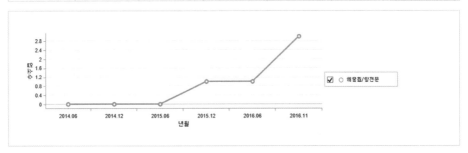

개요	업종분석	매출분석	인구/지역분석		🗺 지도보기	▤ 업종/시설목록

매출비교

매출비교

(출처 : 카드사, 2016년 09월기준)

· 월평균 **매출액 비교**

· 제1상권

(단위 : 월, 만원)

업종	선택상권	유사상권	인근주요상권
해물찜/탕전문	2,363	1,942	2,363

· 제2상권

(단위 : 월, 만원)

업종	선택상권	유사상권	인근주요상권
해물찜/탕전문	2,363	1,942	2,363

선택한 업종을 분석한 결과 2016년에 1개의 점포에서 2017년 3개의 점포로 늘어났으며, 월 매출액은 유사상권 1,942만 원보다 2,363만 원으로 높게 나타났다.

개요	업종분석	매출분석	인구/지역분석		🗺 지도보기	▤ 업종/시설목록
	인구분석		주요/집객시설		점포임대시세	

인구 분석

· 인구 구성

상권명	가구수	인구수	
		주거인구	직장인구
제1상권	115	246	3,108
제2상권	3,750	7,931	15,447
제3상권	12,294	25,750	38,323

· 주거인구 현황

(출처 : 행정자치부 주민등록인구 통계 및 주거인구를 활용한 추정치, 2015년 09월기준)

상권명	구분	총인구수	연령대별 인구수						
			10세 이하	10대	20대	30대	40대	50대	60대 이상
제1상권	전체	246 (100.0%)	15 (6.1%)	20 (8.13%)	43 (17.48%)	48 (19.51%)	39 (15.85%)	40 (16.26%)	41 (16.67%)
	남	122 (100.0%)	8 (6.56%)	10 (8.2%)	21 (17.21%)	25 (20.49%)	20 (16.39%)	19 (15.57%)	19 (15.57%)
	여	123 (100.0%)	7 (5.69%)	10 (8.13%)	22 (17.89%)	23 (18.7%)	19 (15.45%)	20 (16.26%)	22 (17.89%)
제2상권	전체	7,931 (100.0%)	512 (6.46%)	651 (8.21%)	1,432 (18.06%)	1,604 (20.22%)	1,238 (15.61%)	1,223 (15.42%)	1,271 (16.03%)
	남	3,898 (100.0%)	264 (6.77%)	335 (8.59%)	683 (17.52%)	824 (21.14%)	620 (15.91%)	586 (15.03%)	586 (15.03%)
	여	4,028 (100.0%)	247 (6.13%)	315 (7.82%)	747 (18.55%)	780 (19.36%)	617 (15.32%)	636 (15.79%)	686 (17.03%)

인구분포를 보면 제2상권 내 전체 7,931명에서 30대 1,604명(20.22%)과 20대 1,432명(18.06%), 40대 1,238명(15.61%)으로 나타났다. 이 중 남성은 30대가 824명(21.14%)이고 여성은 780명(19.36)으로 가장 많은 분포를 나타내고 있으며, 학교주변 특성상 분석에 잡히지 않는 대학생 수요가 매력적이었다.

점포임대시세 (출처 : 한국감정원자료를 소상공인시장진흥공단에서 사용했음)(단위 : 원, 제곱미터당 월 임대료)

· 지역별 평균 임대료 비교

지역	활성화 지역			비활성화 지역		
	지하	1층	2층 이상	지하	1층	2층 이상
광진구	21,754	29,355	24,934	17,587	23,262	19,308
서울	21,995	33,065	27,508	13,661	19,616	16,747
전국	12,328	18,380	11,641	8,923	13,012	8,686

· 인근 주요상권 점포평균 임대시세

급지 구분	층수	면적	보증금(만원)	임대료(만원)	전세환산가(만원)	제곱미터당 월임대료(원)
활성화	지하	33.058㎡	881	54	6,281	18,117
	1층	33.058㎡	1,140	72	8,340	24,127
	2층 이상	33.058㎡	994	62	7,194	20,525
비활성화	지하	33.058㎡	741	43	5,041	15,728
	1층	33.058㎡	995	59	6,895	20,287
	2층 이상	33.058㎡	853	49	5,753	16,889

임대료는 1층을 기준으로 활성화 지역 서울평균 1m²가 33,065원인 데 반해 광진구는 29,355원으로 상대적으로 낮게 나타났다.

결론적으로 대한민국 상권은 대부분이 특정한 업종과 업태가 그 자리를 굳건히 지키고 있다. 좋다고 생각되면 엄청난 금액의 보증금과 임대료, 권리금까지 필요하므로 초보자는 쉽게 창업하기 힘들다. 그렇다면 기존시장의 틈새를 찾거나 저평가된 미성숙 상권을 찾는 것이 중요하다. 발전가능성이 높은 신도시나 교외상권, 구도심지의 외곽 등 그 범위가 확장되어 가는 상권을 발견하는 것이 중요하다. 경영능력과 메뉴만 잘 선택한다면 의외로 숨어 있는 매력적인 점포를 찾을 수 있다. B씨는 생선탕을 오픈하면서 점심메뉴는 뚝배기 생태탕을 출시하였다. 처음에는 광고와 홍보, PR이 부족한 것을 감안하여 주변상가와 금융, 사무실, 학교 동아리, 지역광고 등에 주력하였다. 시간이 걸릴 것이라는 컨설턴트의 말을 믿고 고객 한 사람 한 사람에게 최선을 다했다.

1년이 지난 지금 많은 변화를 가져왔다. 장사가 잘되어 옆 점포까지 확장하여 다점포화를 위해 2호점을 구상하고 있다. 창업을 준비하는 모든 사람들은 화려하고 폼 나는 것을 좋아한다. 하지만 이러한 창업은 비용이 많이 들어간다. 아무리 좋은 상권도 내 것이 될 수 있는가 남의 것이 될 것인가는 본인의 노력과 준비된 자세에 달려 있다. 상권 분석의 목적은 창업하기 전에 충분한 조사와 수요파악으로 위험성을 줄여 성공확률을 높이는 데 있다.

3) 상권개발 사례

(1) 상권개발에 따른 변화

한인타운에서 경제의 젖줄이라는 LA 자바시장이 술렁이고 있다(중앙일보, 2017). 의류상가 두 곳이 오픈하면서 12번가와 스탠퍼드(stanford) 남서쪽 코너의 LA패션마트와 피코의 플라자가 그들이다. 한인 투자그룹이 오픈하면서 지상 4층과 지하 4층의 LA패션마트에 유닛 100여 개, 스탠퍼드플라자 40여 개가 들어섰다.

자바시장의 대형 프로젝트는 구입 가격만 LA패션마트가 1억 2천만 달러, 스탠퍼드플라자는 3만 달러이다. 기획, 투자, 분양의 전 과정이 한인들에 의해 진행되어 지역경제력을 반영하고 있다. 의류상가 벨트를 계기로 상권의 주도권을 잡기 시작하면서 샌페드로 패션마트와 도보이동 가능한 위치에서 종합발전 플랜을 만들었다. 반대의 목소리도 높다. LA패션마트의 분양가는 2~3백만 달러 수준이다. 수요와 개발투자금을 고려한 결정이지만 높은 금액이다. 분양가가 높으면 임대료가 높다. 주변지역 또한 동반상승 가능성으로 권리금(key money)까지 요구하는 건물주가 있다. 수요가 많다 보니 세입자에게 임대료 외에 웃돈을 요구하는 해프닝도 발생한다. 대형 의류 체인점들의 파산으로 생산업체들이 직접영업하면서 수익성을 높이고 있다.

지명도 높은 업체가 입주해야 고객의 발길이 이어져 전체시장의 가치가 높아진다. 비즈니스를 잘 아는 업주들이 직접 운영해야 성공가능성이 높은데 이들 투자자들은 자바시장 내 지명도 높은 대표들로 성공적인 창업과 개발이익을 올릴 수 있다.

(2) 대기업 골목상권 침투

대기업이 시장에 진출할 때는 골목상권을 보호해야 된다는 사회적 분위기가 조성되었지만 골목상권은 죽어간다(매경, 2016). 동반성장위원회는 영세상권을 보호하겠다는 취지로 중소기업 적합 업종을 선정하여 대기업 확장을 제한하였다. CJ의 '계절밥상', 이랜드의 '자연별곡', 신세계의 '올반', '풀잎채' 등 새로운 먹거리로 한식뷔페에 진출하였다. 1만 원대의 식사와 후식으로 소비자들의 가격부담을 낮추면서 골목상권의 피해가 나타나고 있다. 매장 수를 공격적으로 늘리면서 주변 식당뿐만 아니라 커피 전문점들도 타격을 받고 있다. 동반위는 대기업이 신규 매장을 오픈할 때 역세권 100미터 이내(역 출구로부터 100미터 이내)에 출점은 불가능하며, 타임스퀘어와 같이 연면적 2만㎡ 이상인 대형 건물에 입점해야 한다는 제약을 두고 있다. 예외적으로 대기업 본사나 계열사가 소유한 건물 및 시설은 연면적에 관계없이 출점할 수 있다. 이 규정을 가장 잘 활용한 기업이 이랜드이다. 일산 뉴코아 아울렛과 강남의 NC백화점, 수원의 NC터미널점 등 자연별곡을 비롯 애슐리, 피자몰, 로운 샤브샤브, 수사 등 외식브랜드가 문을 열었다.

자체 소유건물에 대한 예외조항을 둔 것은 동반위의 규정을 통해 영세상권을 보호하자는 목적도 있지만 자본주의 시장경제에 위배될 수 있다는 사회적 여건이나 환경을 고려했기 때문이다. 모두가 힘든 시기에 돌파구를 찾기 위해 시장을 개척하였지만 언제까지 이어질지 모두가 지켜보고 있다.

(3) 상권변화 요인

재벌가 회장님들의 '청담동 사랑'이 유별나다(중앙매거진, 2017). 일반인이라면 땅 한 평 사기 힘든 동네에서 수백억 원의 빌딩을 사들인다. 대기업 오너와 계열 법인이 소유한 빌딩은 청담사거리와 학동사거리, 도산공원, 신사동까지 이어졌다. 1조 원 규모로 거래되며, 진행 중인 곳도 많다. 부동산 경기가 나쁘지만 빌딩 매집은 계속된다. 그들은 왜 청담동에 몰두할까?

도산대로 북쪽은 신세계, 남쪽은 삼성, 청담동 대지주는 신세계그룹이다. 이명희 회장은 90년대 후반부터 전략적으로 접근했다. 청담·신사동 일대는 96년 서울시가 패션거리로 지정한 후 대한민국 최고의 명품거리로 성장했다. 자사매장을 전진배치했으며, 패션 1번지라 불리는 갤러리아 명품관 맞은편 압구정로 60길 '분더 샵', '엠포리오 아르마니', '브루넬로 쿠치넬리' 등이다. 그 가치는 2,000억 원으로 추산된다. 5~6년 전부터 업무용 빌딩을 매입하면서 가격은 오름세이다.

도산대로 남쪽은 삼성이 청담동으로 확장했다. 삼성생명은 이래빌딩·유담빌딩 등 5개와 새 빌딩을 개발했다. 분당선 압구정 로데오역에 위치한 청담동 79-15번지는 이건희 삼성회장 소유로 '토리버치 플래그십 스토어'를 세웠다. 대상그룹도 청담동에 적극적이다. 임세령 상무는 청담동 85번지 토지와 빌딩을 매입, 지하 2층 지상 6층으로 신축, 청담동 97번지의 M빌딩을 매입했다. 대상에이치에스가 투자한 레스토랑 등 고급 외식업체들이 입주하였다. 유동인구가 많은 학동사거리와 갤러리아백화점 사이에 위치한 고급 외식업체들이 효과를 본다. 김정완 매일유업 회장은 도산대로 75길 빌딩을 법인명의로 매입해 폴 바셋 등 자사 외식 브랜드를 입점시켰다. 신영자 롯데 장학재단 이사장도 도산공원 앞 빌딩(신사동 651-1)을 자신이 운영하는 에스 앤 에스 인터내셔날로 매입하여 SK-Ⅱ가 들어섰다.

대기업 일가가 청담동에 몰려드는 이유는 높은 투자가치 때문이다. 대한민국을 대표하는 부촌으로 경기와 무관하게 소비가 이루어진다. 고소득층의 활발한 소비활동은 의류·잡화·요식업 등 고급 매장들의 입점을 대기하게 한다. 시장수요가 공급을 못 따라가니 시세와 상가 임대료가 올라간다. 재벌가에서는 경기 악화와 소비심리 부진으로 기존사업을 확장하기 어려운 상황에서 이익잉여금을 지역 부동산에 투자할 충분한 이유가 된다. 미국의 대표적 부동산 재벌인 도널드 트럼프(2017년 미국대통령)의 "사람이 몰리는 지역은 수요가 꾸준하게 발생하며, 부동산 값도 자연스럽게 오른다"는 투자철학과도 일치한다.

5. 상권 분석의 특성

1) 상권 분석의 특성

상권은 인위적으로 형성되기도 하지만, 주변 환경과 상황, 여건에 따라 자연스럽게 형성된다. 이러한 상권은 다음과 같은 특성을 가진다.

첫째, 점포규모에 비례하여 상권범위는 커진다.

둘째, 교통편이 많을수록 상권범위는 커진다.

셋째, 번화가 중심지일수록 상권의 범위가 커진다.

넷째, 취급상품의 종류에 따라 그 범위는 달라진다.

다섯째, 선매품, 전문품을 취급하는 상권은 편의품을 취급하는 상권보다 범위가 넓다.

여섯째, 점포 지명도가 높을수록 상권범위는 넓어진다.

도시의 기본계획과 개발계획은 구청 및 시청 등 관련 사이트를 통해 확인할 수 있다. 인구통계학적 특성에 따라 주거형태별로 단독, 다가구, 연립, 다세대, 아파트, 오피스텔과 자가, 전세, 월세의 면적기준, 평수에 기초하여 총 가구 수의 집계내역을 조사해야 한다. 생계비와 식료품 구입비, 주거비, 수도광열비, 피복비, 가구 및 가사, 교육비, 오락, 보건의료, 교통비, 통신비, 기타 관련된 월 소비현황을 조사해야 한다.

(1) 상권 특성에 따른 점포 선정

상권은 역세권이나 지구지정 중심지를 통해 성장해 나간다. 중심지를 벗어나더라도 좀 더 저렴한 비용으로 넓은 매장을 운영할 수 있다. 개성 있는 인테리어 시설과 아웃테리어 시설로 새로운 입지의 점포를 찾는 것은 시장분석능력이나 지식에 의해 결정된다. 상권과 점포를 분석한다는 것은 숨어 있는 경쟁력을 찾기 위해서이다. 시장은 항상 변화하기 때문에 아이템과 함께 진행되어야 한다. 그러므로 상권 특성에 따른 중요성을 인식하여 올바른 점포 선정으로 성공확률을 높여주어야 한다.

외식사업은 주력 메뉴상품의 특성을 살려 원재료의 고유한 맛을 살리는 것이 가장 중요하다. 예를 들어 이탈리아에서 맛보던 정통 스파게티를 요리하기 위해서는 이탈리아인 셰프를 두어 영업하는 레스토랑이 고객의 신뢰를 얻을 수 있다. 이탈리아 와인과 유기농 식재료를 함께 사용한다는 것을 보여주는 것은 전략이 된다. 고객 특성에 맞는 메뉴결정과 영업방법, 매뉴얼은 점포가 지향하는 가치를 나타낼 수 있다. 좋은 점포를 찾는 것은 모래사장에서 진주를 찾는 것과 같은 세밀한 분석과 노력이 있어야 한다. 일반인들이 보지 못하는 위험요소를 찾아 이를 낮추면서 잠재된 구매고객을 끌어들일 수 있어야 한다.

(2) 상권 특성을 고려한 역할

창업 후 문제점은 항상 나타나기 때문에 그 특성을 알아야 효과적인 경영관리가 가능해진다.

첫째, 유동인구 및 상주인구 특성을 고려해야 한다. 주 고객층의 연령, 성별, 직업, 구매력, 단가 등 씀씀이는 습관에 따라 다르게 결정되기 때문에 소득 및 주거형태를 통한 시장크기를 분석해야 한다.

둘째, 이용고객의 시간적, 공간적 범위를 고려해야 한다. 접근성은 경쟁력이 된다. 광고나 홍보, PR, 인적 판매 등 목적에 맞는 역할을 필요로 한다.

셋째, 상권별, 지역별, 요일별, 시간대별로 차별화해야 한다. 동일한 업종이라도 수요층의 활동공간은 다를 수 있다. 주 고객층이 직장인, 대학생, 가족, 회사원인지에 따라 촉진방법은 다르게 결정된다.

넷째, 잠재고객 수를 산출할 때 그 특성을 고려해야 한다. 경쟁력 있는 상품을 보유했다면 정보자료를 활용하여 미래의 수요를 산출할 수 있다. 훌륭한 아이템도 실행할 수 있는 능력이나 잠재력, 인력이 없다면 무용지물이다.

2) 상권 분석의 범위

(1) 다운타운 상권

상권 분석의 범위를 파악하는 이유는 타깃 지역 전체의 흥망성쇠를 알 수 있기 때문이다. 입점 전에 죽은 상권인지 번성하는 상권인지 파악해야 한다. 대부분의 다운타운 상권은 높은 임대료와 보증금, 권리금을 요구하는데 이는 대체로 매출액이 안정되어 있다는 의미이다. 번성하는 상권은 각 점포마다 그 특성이 뚜렷하며, 직원들의 말과 행동에 힘이 넘친다. 시장은 살아 있는 생물과 같아 활력이 넘치지만 다운타운 자체가 번성했다면 개별 점포의 입지특성을 놓칠 수도 있다. 실제 점포가 가진 힘은 그 자체가 쇠락의 길을 걷고 있어도 상권이 좋으면 장사가 잘 되는 것처럼 보인다. 하지만 유지비용이 많이 들어 오래가지 못할 수도 있다. 잘 형성된 상권의 경우 개별 점포의 이력을 조사해야 하는 이유가 거기에 있다.

첫째, 상가가 형성되어 있는 범위를 분석해야 한다. 전체를 구성하는 A · B · C등급과 신촌상권, 신림동상권, 대학로, 홍대, 건대, 명동, 영등포, 판교, 동탄 상권 등으로 분류할 수 있다.

둘째, 입지에 따른 상권범위는 위치와 조건에 따라 다르며, 소매업은 입지산업으로 그 자체가 경쟁력이 된다.

사례 3

깎고, 통역하고, SPA 10년, 명동상권이 뜨고 있다(아시아경제신문, 2016)

명동 포에버21 매장 내 중국인들은 9,900원대 상품을 구매한다. SPAO 의류매장에서 한 베트남 여성은 양손 가득히 들고 있다. 봄 신상품인 운동화와 백팩, 셔츠, 점퍼 등 다양한 제품을 구매했으며, 같은 제품도 여러 벌이다. 유니클로 매장은 중국인 남성이 캐시미어 카디건에서 눈을 떼지 못한다. 컬러별로 몸에 걸쳐보거나 동행인에게 의견을 묻는다. 곧 히트 텍을 할인한다는 중국어 방송이 나오자, 카디건 5개를 집어들고 계산대로 향한다. "중국어 방송은 명동매장에서만 지원한다." 명동상권은 글로벌 SPA 브랜드를 중심지로 상품진열장(show window) 역할을 한다. 대개 신제품 생산에 앞서 명동매장에서 고객반응을 테스트한다. 디자인을 반영한 생산가능성을 결정하는 데 최고의 입지조건이다. 따라서 젊은 외국인 쇼핑객들이 몰리는 지역특성에 맞게 전용제품도 나오고 있다.

이랜드의 스파오는 명동매장용 제품을 별도로 제작했다. 화려함을 좋아하는 중국인들의 기호에 맞추어 심플한 디자인과 색상의 야구 점퍼, 화려한 패치를 붙인 야구점퍼를 함께 진열한다. 내수용은 무늬가 없고 모던한 색과 디자인의 제품을 준비하지만 추가적으로 자수나 패치를 달아 중국인 전용제품을 출시하였다. 에잇 세컨즈 매장도 비슷하다. 외국인을 위한 맞춤형 행사로 일정금액 이상 구매고객을 대상으로 금반지 경품증정 등의 이벤트를 실시했다. 황금을 좋아하는 중국인들 반응은 뜨겁다. 테마 여행을 즐기는 일본인들은 가로수길 매출을 빠르게 성장시켰다. 외국어 안내방송을 정기적으로 하며, 중국어, 영어, 일어가 가능한 직원을 배치, 이름표, 통역서비스로 프로모션을 강화하고 있다.

반면, 상권 특성이 외국인 관광객들의 기호를 맞추지 못한 브랜드는 사라지고 있다. 2001년 처음 도입한 스페인의 망고(MANGO)는 부진한 실적에 사업을 접었다. 캐나다의 조 프레시도 부진한 모습이다. 이월상품을 50% 할인해 반값에 팔지만 손님이 없다. 제품 디자인과 퀄리티도 나쁘지 않지만, 간판·모델 중심의 마케팅은 명동상권에서 제대로 힘을 못 쓴다. 품질과 가격, 마케팅 능력을 갖추어야 경쟁력을 가진다. 강남 가로수길이 대세라지만, 여전히 패션의 중심지이다. 이는 매출과 마케팅 전략, 상징성에서 요우커와 외국인 관광객들의 눈높이에 맞는 특성을 고려했기 때문으로 분석된다.

(2) 오피스 상권

오피스 상권은 30~40대 직장인을 타깃으로 여의도, 테헤란로, 마포, 서소문, 광화문, 논현, 역삼, 상암동, 교대 법조타운, 가산디지털 등과 신도시의 판교 테크노밸리, 수내동 정자상권, 화성 동탄, 광교 등 대형 빌딩들이 모여 있으면서도 사무실이 밀집된 상권을 말한다. 통상적으로 한 달에 22일 정도 영업하기 때문에 수익성이 떨어질 수 있지만 남들과 같이 주말에 쉴 수 있다는 장점이 있다. 하지만 강남, 명동 상권은 1년 365일 사람들로 붐빈다.

오피스 상권 및 대형빌딩에 입점할 경우 이용할 수 있는 가망고객 분포를 조사해야 한다. 외부로 노출된 매장은 점심시간을 이용하여 어느 방향으로 이동하는가를 파악해야 한다. 참치전문점, 이자까야, 포차스타일의 퓨전음식점, 가정식 백반, 아침, 점심, 저녁식사 전문점, 커피 전문점들이다. 매출은 점심시간에 이루어지기 때문에 짧은 시간에 해결하는 직장인으로 지나치게 앞선 아이템은 위험할 수 있다.

예를 들어 수프 전문점이나 말고기 전문점은 신사업 아이템으로 관심도가 높았지만 롱런하지 못한 아이템이다. 반면에 교대의 법조타운은 훨훨 날고 있다(더 벨, 2016). 서초구에 위치한 교대역은 주변의 주거단지와 서울교대 등 배후 수요와 법조계 종사자들, 인근 직장인들로 항상 붐빈다. 또한 서초 꽃마을 단지개발이 가속화되면서 향후 성장가능성도 높다. 법원, 검찰청의 변호사, 법무사 사무실 등 유동인구와 고소득 전문가들이 분포되어 있다.

출구별로 유동인구에는 명확한 차이가 있다. 지하철 2, 3호선 환승역을 중심으로 북쪽으로 아크로비스타 입구, 남쪽으로는 서울교대 사거리, 서쪽의 서초역, 동쪽의 경부고속도로 경계지점까지 형성되어 있다. 업종 밀집도가 높은 8, 9번 출구가 메인이다. 상권 전체를 견인하는 먹자골목이 형성되어 30~50대까지 꾸준한 소비력과 외부 영향에도 흔들리지 않는다. 대로변은 커피전문점, 베이커리, 이동통신점, 안경점 등 다른 지역과 차이가 없다. 먹자골목 이면에는 참치전문점, 복집, 한정식, 한우집 등 객단가가 높은 업종이나 토속음식점, 민속주점 등 유동객의 연령층을 고려한 업종이 분포되어 있다. 탄탄한 수요를 기반으로 크게 변하지 않으며, 오랜 기간 영업할 수 있어 유명한 맛집들이 다른 지역보다 많다. 10, 11번 출구는 주간 유동인구가 많다. 건물 상층부에는 변호사, 법무사, 세무사 사무실이 밀집되었으며, 건물 저층부나 지하는 식음시설로 객단가 높은 한정식이 많다. 저녁에는 8, 9번으로 이동하기 때문에 상권규모는 다른 출구에 비해 작은 편이다.

1, 2번 출구는 서울교대, 대성학원 등 교육시설들이 밀집되었으며, 유동인구는 대학생과 학원생이다. 대로변에는 은행, 증권회사 등 금융기관이 많으며, 이면지역은 학생들을 대상으로 분식, 치킨, 삼겹살, 프랜차이즈형 음식점들과 PC방, 세탁소 등이 있다. 임대료는 6번 출구 대로변 1층 207.9㎡ 매장의 경우 보증금 5억, 월세 1,370만 원이다. 역 출구와 조금 더 가까운 매장은 1층 254.1㎡의 보증금 15억, 월세 1,200만

원, 건너편의 8, 9번 출구 1층 495㎡ 매장은 보증금 5억, 월세 2,500만 원 수준이다.

교대역 상권 일대 보증금 및 월세 현황　　　　　　　　　　　　　　(단위 : 억 원/㎡)

위치	층수	전용면적	보증금	월세	비고
서초구 서초동 1694-10번지	1층	207.9㎡	5억 원	1370만 원	구)신한은행
서초구 서초동 1694-8번지	1층	254.1㎡	15억 원	1200만 원	구)HSBC은행
서초구 서초3동 1573-13번지	1층	495㎡	5억 원	2500만 원	신축

출처 : http://www.urbanasset.co.kr(2016년 자료실)

(3) 대학가 상권

　대학가 상권은 분위기가 달라지고 있다. 주말과 방학이라는 휴업기가 있어 4개월 상권이라는 말도 있지만 경기불황과 취업의 어려움으로 취준생, 공시생으로 학교에 가는 학생들이 증가하면서 연중 붐비고 있다. 학기 외에 동아리, 취업 및 공무원 스터디, 학교기업 등으로 다양하게 형성되었기 때문에 라이프스타일을 잘 갖춘다면 새로운 고객층을 끌어들이는 힘이 된다. 학기 중, 주말, 방학은 상대적으로 매출액 차이가 크기 때문에 꾸준한 수요층을 유입시킬 수 있는 전략이 필요하다. 후문을 끼고 배후 주거지의 가망고객은 대학가와 주택가 고객을 함께 공략할 수 있어 시너지효과를 낼 수 있다. 하지만 지방의 대학가 상권은 서울과 달리 매출액과 성장성에 영향이 크다.

　대학가는 유행을 창조하거나 리드하는 상권이다. 좋은 아이템이라도 1~2년을 버티지 못하고 매출액이 곤두박질친다. 따라서 계절과 시간별로 유연하게 대처할 수 있는 경영능력이 필요하다. 최소 1만 명 이상의 학생을 보유한 상권과 지하철 연계여부는 구매력을 결정한다. 학생현황과 주변상황, 주거인구, 방문객 등 복합적인 수요층이 형성되었다면 방학기간 내 감소분을 완화시킬 수 있다.

　건대역은 대표적인 대학가 상권이자 대한민국 5대 상권으로 유동인구가 많은 환승역을 중심으로 로데오거리가 형성되어 고급 주상복합, 백화점, 영화관, 쇼핑센터, 병원 등이 잘 갖추어져 있다. 근처의 건대와 세종대, 한양대, 강변터미널 등으로 출입을 용이하게 하며 고객을 모을 수 있는 집객력이 뛰어나 구매력이 높다. 로데오거리를 중심으로 A블럭과 B블럭은 업종과 업태의 밀집도와 가격대가 다르다. 계속적인 성장으로 연매출액 3,074억 원, 하루 유동인구 6만 1,857명으로 조사되었다(SBS, 2016).

　1999년에 청담대교, 2000년에 지하철 7호선 개통으로 동부상권의 중심지가 되었다. 강남에서 10분 거리로 대형 상권이 적다는 점도 성장에 영향을 미쳤다. 대형 복합쇼핑시설이 들어선 지역과 건대병원 맞은편 먹자골목, 로데오 패션거리, 차이나타운으로 꾸준하게 증가하고 있다. 2007년 건국대 야구장 터를 개발, 이마트, 롯데백화점 등 전문쇼핑몰과 영화관이 입점하면서 다세대주택 외, 주거시설이 없었던 인근 용지에 고급 아파트와 주상복합 건물이 들어서게 되었다. 학생들을 중심으로 20대 소비층과 30·40대 사무직 종사자들이 자연스럽게 늘어났다. 편리한 교통망은 외부 지역 유입인구를 늘어나게 하였으며, 어린이대공원을 찾는 가족 단위와 아차산성 등 산객 등으로 꾸준한 매출을 기록하고 있다.

먹자골목은 업종과 관계없이 서울시 평균 매출액보다 2배 정도 높다. 기존 중저가의 음식점, 주점에서 브랜드 중심의 복합상권으로 불황을 모른다. 2000년대 후반 1만 가구 정도의 상주인구와 성수동, 자양동 배후지역이 추가로 개발되면서 성수 IT와 BT 첨단산업단지, 중곡동 종합 의료단지 등이 성장에 중요한 역할을 하였다.

사례 4

서울 소재 대학가 중 대학로·홍대, 건대 상권
평균점포 권리금이 2억이 넘었다(아시아 경제신문, 2016)

점포라인(www.jumpoline.com)은 최근 5년간 홈페이지에 등록된 3개 지역의 점포 1,324개 조사한 결과 건대 상권은 2016년도 권리금 평균 2억 2,160만 원(10월 기준)으로 가장 높았다. 상승 원인은 교통의 편리함과 점포 밀집도, 학교, 직장인을 수용하는 복합 상권으로 수익성과 안정성이 뛰어나기 때문이다. 홍대 상권은 2016년 1억 8,252만 원, 2015년(1억 4,862만 원)보다 22.8% 상승했다. 2012년까지 3대 상권 중 가장 높았지만 이후 4년째 건대보다 낮다. 상권선택은 정부의 상가 권리금 법제화로 권리금이 법 테두리 안에 들어오면서 임차기간 5년 보장 등도 중요하지만 장사가 잘되느냐 여부에서 결정된다. 젊은 세대들의 음주문화 변화에서도 볼 수 있는데 편안한 분위기, 시원한 맥주, 맛있는 요리안주를 즐기면서 대화를 나누는 사람들이 늘어났기 때문이다. 따라서 대학가 상권은 화려하고 큰 규모보다 작지만 개성과 맛, 실속을 제공하는 매장이 인기이다.

(4) 신도시 상권

2016년 신도시 상권을 대표하는 송도, 영종도, 청라, 판교, 동탄, 김포, 한강, 위례, 운정, 별내, 문정, 세종상권 등을 말한다. 창업자의 장소결정은 상권 분석에서 중요한 의사결정 중 하나이다. 대부분의 창업자들은 자본금을 고민한다. 권리금은 상권의 수익성과 안정성을 보장하는 개념이다. 번성한다는 기준은 정량적 지표로 평가할 수 있으며, 차후 매매할 때에도 안전하게 권리금을 회수할 수 있다는 것이다(H&P 창업이야기, 2016). 창업자금이 넉넉하지 못하면 권리금이 없거나 적은 지역을 선택해야 한다. 그러므로 도심 인근 신도시 상권을 고려하는 것도 좋은 전략이 된다.

첫째, 상권이 형성 중인 신도시 입점은 새로운 기회가 된다. 권리금이 저렴하거나 없는 상가를 구할 수 있으며, 향후 성장이 가능해 시너지 효과를 낼 수 있다. 상권의 성장에 탄력을 받으면 권리금이 높게 형성될 수 있기 때문에 여러 가지 매력적인 요소가 된다. 하지만 권리금이 없거나 낮은 이유는 그만큼 검증되지 않았기 때문이다. 실제 영업은 다양한 업종들이 모여 있어야 상권력이 강해진다. 초기에 입점하여 매출이 안정되기까지는 많은 시간과 비용이 들어간다.

둘째, 업종이나 사업성이 소비성향과 맞지 않을 경우 위험성은 가중된다. 연령과 성별, 직업, 교육 등 다양한 형태의 소비분석과 주력메뉴, 사이드, 가격, 접객태도, 운영방법, 판매촉진 등에서 타당성을 확보할 수 있어야 한다.

① 신도시 상권의 장점
- 신도시는 신축건물 및 상가 형성으로 깨끗한 점포의 개설이 가능하다.
- 비교적 저렴한 권리금으로 창업이 가능하다.
- 상권이 성장하면 함께 발전할 수 있다.
- 상권이 성장하면 타인에게 양도 시 권리금을 받을 수 있다.
- 교통 및 주거환경에 따른 상권력은 한눈으로 드러나게 된다.

② 신도시 상권의 단점
- 상권이 성장하여 안전하게 유지될 때까지 시간이 오래 걸릴 수 있다.
- 신축건물 및 상가건물 보증금과 임대료, 관리비가 비싸다.
- 신도시 입주 고객들의 소비성향을 정확하게 예측하기 어렵다.
- 상권이 활성화되기까지 안정적인 매출을 보장하기 어렵다.
- 초기 설비시설과 장비 등 추가비용이 들어갈 수 있다.

③ 입점 체크리스트(서울, 수도권 기준)
서울, 경기, 인천지역 등 신도시 상권은 지역특성과 주거환경, 교통시설, 편의성, 접근성 등 도심과 어떻게 연결되어 있는가에 따라 달라진다. 상권에 맞는 업종과 사업성은 그에 따른 매력성을 결정한다.

- 신도시와 연결된 도심상권의 규모와 크기, 교통상황, 편의성을 파악해야 한다. 교통의 편리성이 좋다면 소비는 자연스럽게 큰 상권으로 이동하게 된다.
- 상업지역 규모와 입주시설의 수요자를 파악해야 한다. 일반인들이 조사하기 어려운 정보수집은 언론에 노출된 자료나 동사무소, 소상공인시장진흥공단, 비즈맵, 상권 분석 컨설팅 회사 등을 통해 파악할 수 있다.
- 세대 수와 구성원 분포, 교육수준, 복지시설 등에 대한 편의성을 파악해야 한다. 사람들은 특정유형을 선호하는 연령대가 있다. 소비특성은 각기 다르기 때문에 선호도를 파악해야 한다.
- 주거형태와 세대 수 등 분양정보를 파악해야 한다. 아파트와 주상복합, 오피스텔 등의 정보는 현장 방문을 통해 쉽게 확인할 수 있다.
- 소비밀집도가 높은 극장, 대형 할인마트, 백화점, 쇼핑몰 등을 파악해야 한다. 상권에 적합한 업종 선택은 매출액과 사업성에 영향을 미친다. 예상후보지를 검증한 다음 최적의 위치를 결정하며, 다양한 변수를 복합적으로 진단하기 위한 전문가의 조언도 필요하다.

(5) 주택가 상권

주택가 상권은 소비자들이 가장 쉽게 이용하는 상권을 말한다. 적은 자본으로 소규모 점포를 시작으로 프랜차이즈, 대형점포 등으로 구성된다. 거주지역을 중심으로 이웃과 쉽게 만날 수 있어 스스로 잘 알고 있다는 착각에 빠질 수 있지만 직접 창업을 준비하다 보면 여러 가지 어려움에 부딪혀 곤란을 겪을 수 있다. 여기에서 명심해야 할 것은 직접 창업의 주인공이 되느냐 이용고객이 되느냐에 따라 관찰과 몰입, 기준은 달라진다. 그렇다면 이유는 무엇일까? 그것은 상권마다 고유한 특성과 색깔이 있기 때문이다. 유동인구가 적기 때문에 거주지역의 주택형태나 세대 수, 소득수준, 연령층, 성별, 직업 등에 따라 달라질 수 있다. 때론 성질이 다르다는 것을 이해하지 못하거나 아파트, 주택, 빌라에 따라 소비성향이 다른 것은 모를 수 있다. 따라서 점포 수가 50개 이상이면 대체로 잘 갖추어진 지역상권으로 인정된다.

첫째, 아파트 단지, 개인주택, 빌라, 다세대 등 배후세대의 특성에 따라 달라질 수 있다. 중소형 아파트와 주택이 적절하게 결합된 상권이 구매력이 높다. 30~40대 연령층과 2명 정도의 자녀가 있는 맞벌이 부부가 많기 때문에 외부에서 식사하는 횟수가 많다. 또한 친가와 처가의 대·소사를 챙기는 가족문화로 외식기회가 증가한다.

둘째, 아파트는 최소한 800세대 이상이 되어야만 기본적인 영업력을 보장받을 수 있다. 주택지 안쪽의 아파트 예정부지나 큰 공터가 있다면 입점을 피해야 한다. 재개발이나 새로운 아파트가 들어설 가능성이 있어 중심이 이동할 수 있다.

셋째, 월 30일 이상 영업이 가능한 상권으로 직원 관리가 중요하다. 주부가 경험한 불만족은 빠른 시간 내 엘리베이터를 타고 이웃에게 전파된다. 삭막해져가는 이웃 간의 문화에서도 엘리베이터 안을 통한 만남은 가족보다 끈끈한 유대관계를 가진다. 한 가정의 최고 결정권자는 엄마임을 명심하고 주부들의 만족도를 향상시켜야 한다.

넷째, 아파트와 주택, 빌라가 적절하게 어울리는 상권은 독립된 아파트단지보다 소비력이 강하다. 30~40대가 살고 있는 아파트단지는 평일 9시 이후가 되면 유동인구가 급격하게 줄어든다. 그렇기 때문에 다양한 유형의 주거형태는 도움이 된다.

다섯째, 초·중·고가 인접한 상권이라면 상세권은 강력해진다. 1억 원 내외의 자본으로 창업할 수 있지만 쏠림현상이 강해 과열될 수 있다. 그렇다면 정문과 후문 중 어느 쪽의 상권력이 더욱 강할까? 대중교통 흐름과 역세권으로의 이동방향, 노점상 위치 등에서 그 크기를 알 수 있다.

여섯째, 마트, 커피점, 세탁소, 제과점, 미용실, 호프, 정육점, 과일, 부동산, 은행, 이동통신 등이 잘 갖추어져 있다면 시너지 효과를 낼 수 있다. 최근 복고풍의 인테리어 시설로 시선을 모으고 있지만 주위의 소비층에 대한 중복 점포가 많다면 입점을 피하는 게 좋다.

일곱째, 주중 낮손님은 주말에 비해 현저하게 떨어진다. 30~40대 주부층 중 가족단위의 축하연이나 부녀회, 체육진흥회, 운영위원회, 어머니회, 주민자치단체 등과 다양한 모임과의 관계가 중요하다. 이들은 지역사회의 대표적인 입소문자들로 영향력이 크기 때문이다.

여덟째, 대형 판매시설은 사람을 끌어들여 소형매장의 매출에 위협이 된다. 주부 및 가족단위 아이템이나 객단가 1만~1만 5천 원 내외의 중저가 한식 전문점들이 강세이다. 학부모 모임 및 스포츠센터, 동아리 등을 위한 웰빙 테마 음식점들도 인기이다. 커피 전문점과 제과 제빵, 샤브, 쌈 전문점, 주꾸미 해물요리, 치킨, 피자, 족발, 분식, 수타 중국집, 빙수카페, 스몰비어 등은 배달형 아이템들로 스터디 셀러이다. 최근 운동화, 구두, 가방, 이불세탁 등의 업종들도 틈새시장으로 꾸준하게 인기이다.

CHAPTER **5**

상권유형과 발달과정

기회란 포착되어 활용하기 전에는 기회인지조차 알 수 없는 것이다.
─ 마크 트웨인(소설가)

∙∙∙ 요점정리

1. 상권의 활성화는 일정수요를 기반으로 구매력을 가진 지역 상인들이 독점적 권리를 확보하였음을 의미한다. 상품력과 지역 인구 수 및 밀집도에 따라 시장의 수요를 창출하는 소비력은 차이가 난다. 또한 상품과 수송, 구매자의 접근성을 용이하게 하는 교통상황과 자본의 소재가 모이는 크기에 따라 상권력은 영향을 받는다.

2. 상권의 형성은 대부분 오른쪽의 위치에 형성되는 법칙과 낮은 곳에 모이는 법칙, 중심지 법칙, 장애물을 회피하는 법칙으로 분류된다.

3. 상권은 단독 및 복수의 상업시설이 고객을 흡인할 수 있는 지리적 위치를 포함하는 공간적 범위로 분류된다. 이것은 지역상권(일반상권), 지구상권, 지점상권(점포상권) 등으로 분류할 수 있다. 규모에 따라 소형, 중형, 대형 상권으로 나뉘며, 소비자의 이용목적에 따라 목적형 상권과 생활편의형, 관광형(비목적형) 상권으로 분류할 수 있다.

4. 상가의 유형별 특성은 다음과 같다. 첫째, 근린상가는 주거지역 인근에 입지하며, 주민들에게 생활시설, 편의시설을 제공하는 상가를 말한다. 둘째, 아파트 단지상가는 주민들의 생활편의시설을 위해 만들어진 단독상가이다. 셋째, 주상복합상가는 아파트 건물 1, 2층에 입점한 점포로 「건축법」상 전체면적의 10~20% 내로 상가를 만들어야 한다는 규정에서 지은 상가이다. 넷째, 복합타운시설은 대규모 판매시설을 갖춘 도소매점을 비롯하여 대형 소매점을 말한다. 다섯째, 중심상가는 기존에 형성된 전통적인 중심지 상가와 신도시 개발에 따라 형성된 중심상가로 구분된다.

5. 상권조사를 위한 체크리스트는 지역을 선정, 지구와 지점, 용도에 따라 순서를 정하며, 이를 바탕으로 아이템이 적합한가를 분석한다. 평가방법에 절대적 기준은 없지만 전체 80점 이상이면 양호한 상권으로 분류된다. 하지만 40점 이하이면 선택을 고려해야 한다.

Chapter 5 상권유형과 발달과정

1. 상권 형성과 발달

1) 상권 발달요인

상권 활성화는 일정수요를 기반으로 구매력을 가진 지역 상인들이 독점적인 권리를 확보하였음을 의미한다. 특정 상권에 속하지 않는 상인거래는 상업적 관행과 특권에 의해 제한되거나 저지되었지만 서울의 시전은 비상인의 상업적 활동을 막기 위해 금난전권(禁亂廛權)을 실시했다. 공급을 통제하는 독점권은 소비자에게 그대로 전파되어 동일 상권 내 상인 간 자본 대차나 신용거래, 가격조절, 정보교환, 용역 등 상권을 유지하기 위해 강화되었다. 독점적 지위를 가지는 상권일수록 상인 간에 화합과 단결이 좋아 제도적으로 발전하게 되었다.

(1) 상품력

생산물은 자급자족을 넘어 상품화할 수 있는 충분한 양과 품질을 갖추어야 사회적으로 그 지휘를 인정받는다. 생산자들끼리의 물물교환은 매매와 상관없이 멀어지기 때문에 그 토대 위에 형성된 교역권은 상권이라 하지 않는다. 15세기 후반 전라도와 경상도 경계에 처음으로 개설된 시장은 흉년에 고통받던 주민들이 서로 필요물품을 교환하는 장소로 사용되었지만 성장에는 한계가 있었다.

자급자족은 생산과 판매를 통해 미약하지만 지역토착의 경제성장에 영향을 미친다. 현대는 다량의 상품이 유입되면서 화폐를 중심으로 경제를 촉진시키면서 기존의 상권크기를 재편하거나 조정하였다. 개항 이후 무역업으로 발달하면서 상업 중심지로 그 역할을 하게 되었다. 개성이나 수원, 공주, 청주, 전주, 광주, 대구, 동래, 의주, 평양, 함흥보다 인천이나 부산, 원산, 군산, 마산, 목포, 진남포, 신의주, 청진 등 항구를 중심으로 다량의 수출입 개항장으로 집중되면서 성장하였다. 상품매매에 대한 화폐 경제력은 미약하였지만 기존의 상권은 약화되고 대신 개항장을 중심으로 더 큰 상권이 형성되었다.

(2) 소비력

지역 인구 수와 밀집도는 시장의 수요창출과 밀접한 관계로 상권형성과 분할, 확대를 좌우한다. 상권의 소비력은 수요의 크기를 좌우하게 되지만 그 수준에 미달되거나 초과하는 등 그 특성을 가지고 있다.

최근 청자동이 떠오른다(여성조선, 2016). 업소 8만 4,239개, 연평균 매출 4,636만 원, 종사자 13만 1,283명. 이곳은 국내 두발 미용업(헤어숍)의 현 주소로 성장하였다. 뷰티 트렌드를 선도하는 헤어숍 메카는 어떤 지역에 유리할까. 유럽풍 노천카페로 유명한 분당구 정자상권은 수도권 신도시로 가장 주목받고 있다. 청자동(청담동 + 정자동 별칭)은 개발 초기부터 형성된 카페 거리와 이자카야를 기반으로 강남 지역의 생활권 주민들이 유입되면서 독특한 문화로 소개되었다.

행정구역상 정자1동으로 분류되지만 탄천 서쪽 지역은 정자역을 중심으로 오피스텔과 대형 프리미엄 아파트가 자리한다. 판교-양재-강남을 잇는 신분당선은 2015년 정자역 주변 미용실 55개와 주거지역 53%를 차지하는 등 실제 거주자의 라이프스타일에 영향을 미쳤다. 상업지역(22%), 오피스(8%), 기타(17%) 등 마케팅 촉진활동에 돌입하면서 대형 브랜드점은 쇠퇴하고 신흥 브랜드들이 카페형 휴식공간으로 맞춤형 서비스를 선점하고 있다. 이 같은 변화는 수내역 상권 활성화와 판교 신도시 상권 등의 심리적 위협을 받은 데서 기인한다. '휴식공간'을 콘셉트로 미용실 문화를 만들어 내고 있다. 브랜드 살롱이 가진 보수적 운영방식에서 서비스와 스타일 등 고객욕구를 받아들이는 전략으로 바뀌었다. 토니앤가이, 이철 헤어커커 등의 브랜드 점주들은 상호를 변경하면서 변화를 이끌고 있다.

 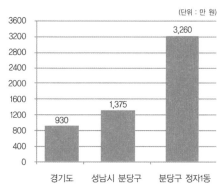

(단위 : 만 원)

〈그림 5-1〉 분당 정자역 상권(정자1동) 55개 미용실의 점포당 월평균매출액

2016년 정자역 상권 내 여성 미용실은 점포당 월평균매출액 3,260만 원으로 추정된다. 55개 미용실 중 상위 20%의 월평균매출액이 1억 2,073만 원, 하위 20%의 276만 원보다 높다. 카페거리와 오피스텔을 통과하는 이면도로는 슈이치 뷰티살롱과 이경민 포레, 반스, 위본헤어, 박승철 스튜디오 등 10~15곳의 대형 미용실로 상위그룹을 형성한다. 점포 수와 이용건수를 비교한 결과 꾸준한 증가세를 나타내며, 점포당 이용건수는 시기별로 차이가 있지만 월평균 400건 정도로 나타났다.

〈표 5-1〉 분당 정자역 상권(정자1동)의 점포 수 및 이용건수 변화

구분	2014년 1월	2014년 4월	2014년 7월	2014년 10월	2015년 1월
점포 수(월말 기준)	46	51	51	53	55
전체 이용건수(월)	19,385	18,308	21,499	21,539	20,928
점포당 평균이용건수(월)	421	359	422	406	381

점포 수 증가는 대형 브랜드 쇠퇴와 중소형 개업으로 바뀌었다. 고객 또한 디자이너와 마케팅, 인테리어에 따라 미용실을 옮기며, 신규창업자의 상호변경에 따라 평균 영업력은 3.9년으로 분석되었다. 경기도(4.1년), 분당구(4.3년)에 비해 상대적으로 짧지만 고객분포는 주거인구가 41.7%, 출·퇴근 직장인이 16%이다. 분당구 주민들이 찾는 것으로 분석되며 성남을 대표하는 뷰티상권임을 입증하고 있다.

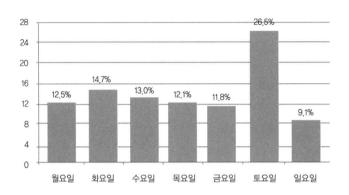

〈그림 5-2〉 분당 정자역 상권(정자1동)의 요일별 매출현황

상권 내 미용실 이용객들의 요일별 매출액은 토요일(26.5%)이 가장 높다. 비교적
고른 분포(일평균 12%)를 차지하지만 꾸준한 단골객으로 분석된다.

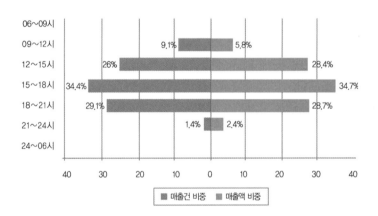

〈그림 5-3〉 분당 정자역 상권(정자1동)의 시간대별 매출액

시간대별 분포는 오후 3~6시가 가장 많다. 주부들은 평일 점심시간부터 저녁 6시
까지 한가한 시간에 많으며, 퇴근 이후 저녁 9시까지는 직장인들이, 주말은 오후 3시
부터 저녁까지로 분석되었다.

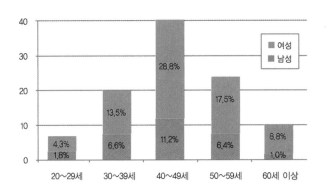

〈그림 5-4〉 분당 정자역 상권(정자1동)의 성별·연령별 이용실태

성별은 40대 여성비율이 28.8%로 많았으며, 상대적으로 시간과 경제적 여유가 많아 높은 객단가의 헤어서비스를 이용하는 것으로 나타났다.

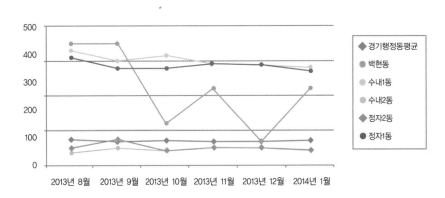

〈그림 5-5〉 점포당 월평균매출액 지수 비교 : 분당과 경기도 미용실(2015년 8월 경기도 평균을 지수 100으로 산정) 및 성남지역 주요 매출액 변화 분석

(3) 교통과 수송

교통의 발달은 상품수송을 용이하게 할 뿐 아니라 구매자의 접근을 쉽게 하여 시장을 성장시킨다. 강과 바다, 포구를 중심으로 성장하였으며, 강경, 칠성포, 상주는 그 옛날 좋은 상권의 요충지였다. 이후 새로운 육상교통이 발달하면서 자연스럽게 신상권 중심지로 떠올랐다. 개항 이후 획기적인 교통발달과 수송수단 변화로 영등포나 천안, 조치원, 대전, 김천, 이리, 송정리, 나주, 사리원 등이 교통과 상업 중심지로 부각되었다.

고속도로 개통은 지방상권의 변화에 영향을 미쳤다. 철도는 기존상권을 위축시켰으며, 천안, 조치원, 김천, 이리 등은 활기를 잃어 도시기능이 약화되었다. 따라서 하나의 도시 내 도로의 개설과 크기, 넓이는 성장에 영향을 미친다. 지리적 요소에 따라 산악지역은 고립되었지만 평야지대는 성장하게 되었다.

(4) 자본소재와 크기

큰 자본이 모이는 상권일수록 주변 소규모 상권을 포괄하여 수용하면서 더 넓고 강한 상권력을 가진다. 우리나라 최초의 시장은 490년(소지왕 12년)으로 경주에 시전을 설치하여 사방의 물자를 교역하였다. 그 이전에는 지방행정 관리와 정치, 군사 중심지에 시전형태의 시장이 개설되었을 것으로 추측된다. 고려시대에는 개경에 관청의 물자조달과 주민수요를 충족시키면서 시전이 성장하였다. 지방은 향시를 개설하여 행정과 교통 중심지가 되면서 상거래가 형성되었다. 조선왕조는 800여 칸의 시전 건물을 지어 특정 상인으로 하여금 관청의 물자를 조달케 하였으며, 일반인들의 필수품을 공급하도록 독점권을 부여했다. 지방은 15세기 후반에야 시작되었지만 그 발달과정은 미약하였다. 상인에 대한 규제조항은 『경국대전』 기록에 존재하며, 부유한 상인들로 소개된다. 소수의 행정과 교통 중심지에 형성되었으며, 나주, 전주, 경주와 같은 도시는 관아에서 설치한 시사(市肆)를 중심으로 대규모 상거래가 이루어졌다. 이와 같이 수도를 비롯한 지방의 요충지에 관청의 감독하에서 시장의 상행위가 이루어졌다. 관청의 규제를 받는 시점에 상인과 결탁하여 어용 상점이 존재하였지만 나름대로 유지와 축적, 관할 관청에의 권한위임으로 성장하였다.

농촌지역은 정기시장이 열리면서 개별시장이 일정 시장권으로 흡수되면서 소멸되거나 통합하였다. 화폐경제 발달이 멀어지던 때에 고정수요가 어려워 여러 개의 군, 현을 중심으로 포괄적으로 지역 대표상권으로 성장하는 데 한계를 가졌다. 경제를 중심으로 다른 지방의 주산물을 정기적으로 공급하거나 집산하는 등 상권 내 정보가 교환되었다. 정기적으로 시장이 열렸지만 점차 도매와 소매를 겸하는 등 상설 점포가 여러 유형으로 성장하면서 통혼권(通婚圈)이 겹치기도 하였다.

개항 이후 한강 상류의 상권보다 더 우월한 상품과 자본이 인천을 통해 한양으로 들어오면서 송파시장은 쇠퇴하였다. 서울 근교 상업지의 운명도 비슷한 변화를 맞이하면서 성장과 소멸을 함께하였다. 근대적인 문물의 유입은 재래시장을 중심으로 도로개설과 함께 흥망성쇠가 결정되었다. 광복 이후 경제성장에 따라 인구의 도시 집중과 교통문화, 통신, 정보발달로 새로운 상권이 형성되었다. 자본의 증가와 수요의 다양화는 인구 밀집지역과 전문시장을 중심으로 강남과 잠실, 영등포 등에서 대형 백화점으로 확장되었고, 재래시장을 중심으로 한 남대문, 동대문상권으로 확장되었다. 전자제품을 대표하는 세운상가, 경동 한약시장, 가락동 농수산물시장 등의 전문시장은 교통과 주거지 환경 및 정부정책에 따라 변하게 되었으며, 일부는 재래시장이나 행정을 중심으로 유지되었다. 이는 상품생산과 경제력의 확장으로 전국적으로, 해외로, 세계시장으로 성장하였다.

(5) 행정구역의 역사적 배경

행정구역이 반드시 역사적 배경과 일치하는 것은 아니지만 도청·시청·구청, 군청 소재지는 지역상권의 중심지로 성장하였다. 물물교환에서 화폐나 용역으로 대체하였던 시대는 경제가 미숙하여 행정적, 군사적 요충지에 따른 새로운 상권이 형성되었다. 개항 이전 순수한 상업도시였던 개성은 자본소재의 크기에 따라 성장과 쇠퇴를 반복하였다. 큰 자본이 모이는 곳일수록 더 넓고 강한 수요를 포괄하여 형성된다. 행정구역상 감영(監營)소재지는 지역을 대표하는 상권으로 꼽혔지만 대부분 20세기에 들어와서야 상설시장이 들어섰다.

대표적인 도시변화는 17세기 후반 서울의 어물전이었다. 시전의 내어물전에 최초로 도전했던 외어물전은 금난전권이 미치지 않던 서소문 밖에 위치하여 새로운 상권을 형성했지만 시장은 수요와 공급의 원리에 의해 자생적으로 성장한 서소문 밖 어물전을 공식적으로 인정할 수밖에 없었다. 두 어물전 사이에 힘겨루기가 계속되었으며, 정부의 어염(魚鹽)분배를 통해 외어물전 1, 내어물전 3의 비율로 조정하였다. 여기에 남대문 밖 칠패(七牌, 개인상인 시장)에 난전이 번성하였다. 이곳은 누원점, 동작진, 수각교, 회현동, 주자동, 어청동, 어의동, 죽전동, 이현동 등 서울의 중심에 공급하면서 독립상권으로서의 역할을 하였다.

18세기 말 통공정책(通共政策)으로 금난전권이 한동안 폐지되어 내·외어물전은 관청에 공급하기 어렵게 되었지만 화폐경제의 발달과 서울 주민들의 구매력 증대로 재기할 수 있었다. 기존 상인들이 새로운 상황에 대처하지 못하는 사이에, 비시전 상인들은 더 좋은 조건으로 생산자와 중개상인, 소비자들의 욕구를 파악하여 새로운 수요를 증가시키면서 성장하였다. 이러한 노력의 일환으로 지방에서 반입되는 물품은 매점매석 등을 통해 서울 근교 교통요충지에 새로운 상권이 형성되었다.

2) 상권 형성

상권 형성은 부동산 속설에 의해 그 과정을 파악할 수 있다. "길을 따라가면 부동산(돈)이 보인다"는 말은 도로가 곧 돈길이라는 의미이다. 교통은 주변상권을 형성하여 임대수요가 몰려 부동산 가치를 높인다. 새롭게 개통된 전철이나 고속도로, 자동차 전용도로 등은 교통이 편리해져 대형 할인점이나 아울렛, 팩터링 등 편의시설이 늘어난다. 생활 속의 편리성은 출퇴근과 상가, 오피스텔, 오피스 등에 대한 임대수요가 풍부해지면서 수익형 부동산에 관심이 높아진다.

대한민국 상권은 지하철과 고속도로, 자동차 전용도로가 잘 뚫려 있어도 강남권과의 연계, 접근성에서 결정된다. 대표적인 9호선 연장과 광역급행철도(GTX), 위례~신사선(경전철), 5호선(하남) 연장, 강남순환 도시고속도로 등으로 강서권과 강남권(9호선)을 가로지르는 신설역을 중심으로 관심이 쏠렸다. 논현동 차병원, 선정릉, 봉은사 사거리에서 종합운동장까지 외국 의료관광객들에 대비한 '의료관광 특구상권'이 조성되었으며, 지하 40~50m에 건설된 터널과 시속 200km의 속도 등은 일산에서 동탄까지 40분에 도달할 수 있게 하였다.

한국창업부동산정보원은 "길 따라 돈이 움직인다"는 말을 한다. 교통이 좋아지면 사회간접자본 시설이 갖추어지면서 직장과 집의 접근성은 중요한 상승요소가 된다. 교통환경은 부동산에 미치는 비중이 커지기 때문에 다양한 호재로 주목받는다. 그러므로 상가투자로 안정적인 임대수익과 시세차익을 얻을 수 있다. 지역별, 업종별, 업태별 유형이 다르기 때문에 같은 건물이라도 층별, 규모, 위치, 동선, 교통망에 따라 수익성은 달라진다. 일반적인 상권 형성은 오른쪽, 낮은 곳, 푸시, 장애물 회피법칙 등으로 소개된다.

상식알기

금난전권(禁亂廛權)

금난전권은 조선 후기에 시행되었던 6의전을 비롯하여 시전 상인들에게 주어진 권리를 말한다. 즉 난전을 금하고 도성 안팎 10리까지 범위를 정해 특정상품을 독점 판매할 수 있는 권리이다. 조선 후기 난전의 상행위가 활발해지자 시전들은 상업적 질서문란, 피해를 호소했다. 그러자 6의전을 비롯, 관청과 사신행차에 들어가는 물품조달과 국역을 부담시키고 단속의 전권을 주었다. 여기에는 물건 단속과 압수, 상인을 가두거나 곤장 등 태형의 권리까지 포함되었다.

숙종 이후, 정부가 직접 평시서(平市署)로 하여금 난전을 단속하면서 고발과 적발, 처벌, 벌금 등과 압수된 물건이 벌금에 미치지 못할 때는 장형 80대에 처했다. 다만 12월 25일~1월 5일 사이에만 난전의 상행위를 공식적으로 인정하여 화폐유통이 활발해지면서 경제가 활성화되었다. 대상인들은 자본력을 바탕으로 금난전권에 대항했지만 양반이나 권세가 등과 직간접적인 관계로 난전행위가 늘어났다. 이들

은 금난전권의 폐지를 요구하였지만 단속효과가 없음을 느낀 정부는, 1791년 신해
통공으로 6의전 외, 다른 시전의 금난전권을 폐지했다. 따라서 조선시대의 엄격한
단속과 금난전권은 상공업 발달을 저해하는 원인이 되었다.

(1) 오른쪽의 법칙

대부분의 상권은 오른쪽의 위치가 더 발달한다는 법칙이다. 소비자들이 거주하는 공간을 중심으로 학생 및 직장인들의 퇴근길 대부분은 오른쪽으로 이루어져 왼쪽보다 상권과 입지가 발달되어 있다. 차량 및 인도의 동선이 퇴근길인 오른쪽으로 이루지고 있으며, 대중교통은 오른쪽에서 오르고 내리면서 목적지로 이동한다. 하지만 오른쪽에 형성되기 어려운 입지적 장애요인이 나

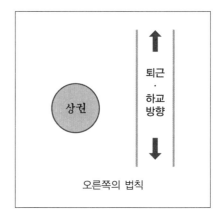

공익적 목적으로 위배되는 규제가 있는 경우, 오른쪽의 법칙을 적용하기가 어렵다.

(2) 낮은 곳의 법칙

물은 크고 작은 골짜기에서 내려와 낮은 곳의 평지로 모여 큰 강물이 된다. 상권 또한 작은 주거지들이 모여서 큰 도시로 집중된다는 이론이다. 상권이 형성되기 위해서는 고정 및 유동인구가 다양한 연령층을 형성할 때 업종의 구색이 갖추어지게 된다.

유동 고객들은 낮은 곳과 평지에서 모이지만 이러한 곳이라도 무조건적으로 상권이

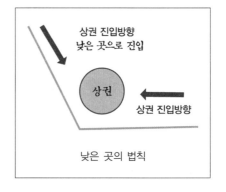

형성되지는 않는다. 도로방향이나 차량통행, 환승 등 동선이 일정조건에 맞을 때 발달하게 된다.

(3) 중심지 법칙(푸시법칙)

중심지 법칙은 도로변 상권보다 중앙으로 몰려 성장한다는 법칙이다. 도로변 초입보다는 한 단계 들어간 블록이 중심지 상권이 될 확률이 높다. 이는 가시성이 뛰어난 대로변 상권만을 고집할 필요성이 없다는 것으로 유동인구가 어떤 방향으로 유입되어 흘러가는지 그 동선을 살펴야 한다는 것이다. 이러한 현상은 상권 내부뿐만 아니라 건물 외부, 역세권, 도로와의 거리 등을 파악할

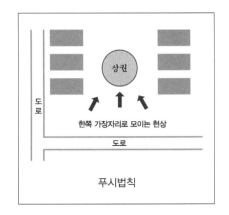

필요성을 제시한다. 차량은 자연스럽게 도심 중심지로 몰린다. 그 특성에 따라 공간이 길 수도, 짧을 수도 있지만 상권 초입에서 진입하는 푸시 현상으로 발걸음 속도는 빨라지거나 느려질 수 있다. 중심지 주변의 점포들은 충동구매가 강한 상품을 배치하거나 저가전략을 시행해야 효과적이다.

(4) 장애물 회피법칙

장애물 회피법칙은 건물이나 도로, 공간 등으로 인해 성장에 장애가 될 수 있어 그 장애물을 피해서 상권이 형성된다는 법칙이다. 대로변의 대형건물이나 호수, 문화재, 관공서 등이 있다면 이곳을 피해 성장한다. 즉 장애물을 피해서 형성된 상권은 이용고객들의 동선으로 새롭게 만들어진다. 고객은 자신의 편리성에 의해 그 동선을 확대시킨다. 이러한 영향요소는 대형건물이나 주

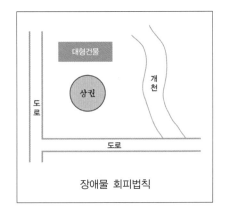

유소, 학교, 관공서, 문화재, 공원, 주차장, 하천, 철길, 4차선 이상의 연결통로 없는 도로, 주거 밀집지역 등에서 일어난다. 특히 공법상에 제한이 있는 장애는 상권이 형성되기 어렵기 때문에 토지이용 계획서를 확인해야 한다.

2. 상권의 유형과 분류

상권은 실질적으로 고객을 확보할 수 있는 지역적 범위와 위치, 구매력을 가진 유효수요자의 집객력과 분포에 따른 공간적 의미를 담고 있다. 규모와 크기, 고객특성에 따라 다양하게 소개되며 그 기준도 차이가 있다. 고객을 흡입할 수 있는 상품과 서비스용역을 통한 재화가 유통되며, 교통과 수도, 전기, 가스, 통신 등 사회간접자본시설들이 잘 구축되어 편리하게 생활한다. 이것은 소비자의 구매욕구와 수요창출 등의 광범위한 권역을 포함한다.

공간적 범위에 따라 지역, 지구, 지점상권으로 분류하며, 그 특성에 따라 도심, 부도심, 역세권, 다운타운, 주택가, 아파트, 대학가, 오피스텔, 산업단지, 교외상권으로 세분할 수 있다. 집적시설의 용도와 목적에 따라, 상업시설은 고객을 흡인할 수 있는 지리적 범위에 따라 상세권(집적 상업시설), 단독상권으로 분류된다. 상세권은 협의의 상권으로 상품이 유통되는 일정지역을 말한다.

중심지의 성격에 따라 상설, 재래시장, 농어촌지역 정기시장으로 나뉘며, 유통되는 재화와 용역에 따라, 대·중·소 크기로 나눌 수 있다. 대상권은 커다란 소비지를 중심으로 생산지로부터 대량 반입된 상품이 그 지역에서 소비되는 것 외에 타 지역에서 유통되는 상권을 포함한다. 중상권은 도매와 소매가 함께 이루어지며, 인근지역 물산지와 집산지 역할을 한다. 소상권은 소매를 중심으로 한 소도시의 정기시장 및 상설시장을 말한다. 따라서 그 성격과 특성, 규모에 따라 다양한 유형으로 분류된다.

■ 용어알기

상세권(Trading Area)

개별 혹은 집단 상업기관의 기반이 되는 범위로 예상고객(prospective customer)을 유인할 수 있는 지리적 공간을 의미한다.

---

1) 공간적 범위에 따른 분류

상권(trade area)에 대한 공간적 범위는 단독 또는 복수의 상업시설이 고객을 흡인할 수 있는 지리적 위치를 포함한다. 업종이나 업태, 규모, 입지 등의 복합적인 요소가 동일하게 취급되기 때문에 고객성향에 따라 방문거리, 시간에 따라 다르게 분류된다. 유효상권은 잠재고객 수와 소득수준, 소비성향, 상권 내 이동상황, 장애물 등에 영향을 미친다. 장애물은 하천이나 산, 강, 문화재 등의 자연자원이나 인종, 종교, 지역, 도로망의 사회적 자원, 역사와 풍속의 문화적 자원으로 나눌 수 있다. 이러한 상권 범위는 축소시킬 수 있기 때문에 새로운 경쟁자의 출연이나 단절에 영향을 미친다. 잠재고객과 중심지 간 접근성을 저해하는 요인인 하천, 도로, 철도, 문화재 등은 공간활동을 저하시킬 수 있다.

서울시는 상권 활성화를 위한 현황과 운영 실태를 통해 민간주도형 진흥지구의 도입방안을 다음과 같이 소개하였다(윤형호, 2015).

중소기업청은 2002년부터 약 1조 5천7백억 원을 투입하여 정부주도형 사업활성화를 강화하고 있다. 역량과 전문성, 예산, 책임감으로 마포구 도화동과 용강동은 상권 활성화 기구를 설립, 정부예산 100억 원을 지원받았다. 지역단위 계획과 주민, 상인, 회사원 등의 재생사업으로 일정경계를 가진 사업구역을 정해 건물주들이 재산세 외에 추가적으로 분담금을 늘려 그 재원을 수익자 부담으로 활성화하는 제도이다. 뉴욕시는 1984년 유니언 스퀘어 사업진흥지구를 설립하여 약 60개를 운영하고 있다. 영국과 독일은 2000년부터 도입하여 운영하고 있다. 이는 지역 상권 내 공동체 간의 합의하에 공감대를 형성하며, 여건이 완료되는 지역부터 추진하고 있다.

첫째, 압구정동 로데오상권을 적용대상지 선정, 침체된 대표상권을 활성화시키겠다는 공감대가 형성되었다. 상인, 지역주민, 부동산 소유자 등 지구 내 공공서비스의 개선과 가로수 환경 등을 개선하였다.

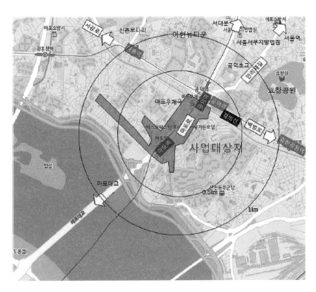

〈그림 5-6〉 용강/도화동 상점가의 지리적 범위

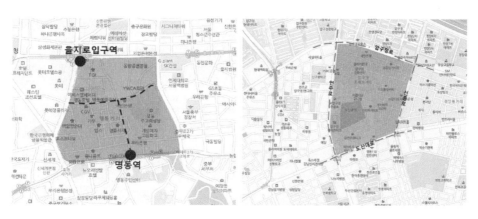

〈그림 5-7〉 명동관광특구협의회 구역　　　〈그림 5-8〉 압구정 로데오의 외곽경계 간선도로

　둘째, 정부주도형이면서 전문성과 역량강화, 자립성이 결여된 상권을 우선적으로 진행한다. 전통시장은 투자는 많지만 정형화된 사업으로만 추진하여 지역 고유의 특성을 제대로 살리지 못한다는 지적이다. 사업주체는 수직적이며, 상인들과 시 등의 이해관자들 간에 예산분담, 책임성 부재, 단기적 성과만 기대하는 등이 문제점으로 나타났다. 명동은 대한민국 최고의 상권으로 자리 잡았지만 관광특구협회의 역량과 역할, 지위의 재정립이 필요하다. 민간기구의 적극적인 참여를 통해 문호를 대폭 개방하여야 한다.

　셋째, 미국의 진흥지구는 민간주도형 사업으로 활성화하기 위해 개선시키고 있다. 뉴욕은 민간주도형 사업으로 선도적 역할을 하며, 안정된 수입과 공공서비스업으로 효율성을 증대시키고 있다. 지역의 고유특성을 적극적으로 반영하여 맞춤형으로 활성화시키고 있다.

　넷째, 다운타운 얼라이언스(Downtown alliance)사업은 도심재생사업에 기여했다. 침체된 지역여건과 낙후된 주거환경을 개선하기 위해 책임감과 전문성, 자립성이 확보된 운영체계를 구축하여 경쟁력을 높이고 주민들의 삶을 개선시키고 있다.

로어 맨해튼의 셔틀버스　　　　거리순찰 및 안내

다운타운 얼라이언스의 노숙자 서비스　　다운타운 얼라이언스 인포메이션 키오스크

〈그림 5-9〉 다운타운 얼라이언스의 경계　〈그림 5-10〉 다운타운 얼라이언스의 주요 사업

(1) 지역상권(local commercial area)과 일반상권(GTA : general trading area)

지역상권은 지역을 중심으로 포괄적으로 형성된 시, 군, 구, 동 등의 범위를 포함한다. 도시 간 흡인관계가 이루어지는 지리적 범위로 규모에 따라 지역경제 활성화에 영향을 미친다. 도심기능을 재생시키거나 중심지를 지원하는 사업은 정부에 의해 2005년에 '중심시가지 상권 활성화법(안)'이 발의되어 산업통상자원부와 유통물류진흥원이 민관합동으로 적용하고 있다. 경기침체가 장기화되면서 중소유통업 활성화사업의 대안으로 규모와 행정, 공공기관의 집적도시설을 상업 및 서비스시설 수와 성격, 교통체계로 분류하였다.

일반상권은 고객이 흡인되는 지리적 범위로 해당지역 점포나 사무실을 이용하는 거주지역을 말한다. 서울, 부산, 대구, 대전, 광주, 울산 등과 같이 대도시의 전체상권과 개별점포, 시장의 상점가 등에 한정하지 않으며, 입지와 업종을 종합적으로 관리한다는 점에서 중소유통사업의 활성화에 기여할 수 있다. 제도적으로 시행하는 선진국의 상권은 비교우위를 찾아 상업적 목적으로 연결하는 사례가 늘고 있다. 무엇보다도 현재의 지역상권 활성화는 선진국 유통정책의 귀착점으로 부작용이 적은 진흥정책으로 평가된다. 이는 상업공간을 이해당사자들의 자발적 참여와 자구노력을 통해 개선시키고 있다. 사업 구성과 추진은 민관 파트너십을 통하여 창의성과 혁신성을 중심으로 그 효과를 나타내고 있다(박찬석, 2015).

사례 1

아울렛 · 쇼핑몰이 지역상권을 무너뜨리기 때문에 구체적이고 강력한 유통산업 발전법을 만들어야 한다(중기 이코노미, 2015)

아울렛을 비롯한 대형 쇼핑몰이 지역 상권으로 들어서면서 소상공인들 피해가 큰 것으로 나타났다. 소상공인시장진흥공단에 따르면 대형 쇼핑몰 입점은 주변 상인들의 월매출액을 평균 1,348만 원으로 떨어지게 하였다. 영등포구 타임스퀘어 주변 소상공인과 경기도 파주 신세계 · 롯데 아울렛의 소상공인 314곳을 대상으로 설문하였다. 대형쇼핑몰 출점 이전 3년간 평균 매출액은 2,898만 원이었으나, 출점 후 4년간 1,550만 원으로 46.5% 줄었다. 매출이 지속적으로 줄어들면서 폐업하는 소상공인들이 늘어났다. 실제 몇 km밖에 떨어지지 않은 고양시 상설 할인매장은 직격탄을 맞았다. 2000년대 초반만 해도 중소상인들이 모여들면서 호황을 누렸다. 하지만 이곳의 200여 개 점포는 20%가 문을 닫았다. 지역상권 피해가 드러났음에도 대기업 입점은 한창이다. 롯데와 신세계는 프리미엄을 앞세워 여주, 파주, 이천 등에 들어섰으며 여기에 현대백화점도 가세했다. 프리미엄을 표방하면서 브랜드 대부분은 중저가 제품들이어서 인근 소상공인들의 매출에 영향을 미치고 있다.

미국은 사막 한가운데 아울렛을 만들어 관광상품화하고 있다. 독일은 주변 소상공인들의 매출액이 10% 이상 줄어들 것으로 예상되면 허가를 내주지 않는다. 우리나라는 많은 소상공인들의 어려움을 가중시키는데 식료품이 아닌 의류업종은 의무 휴업이 없다. 식료품 등을 판매하는 대형마트에만 의무휴업이 적용되어 주변매장과 대형 아울렛은 무관하다는 것이다. 우여곡절 끝에 영업규제를 담은 「유통산업발전법」은 소상공인을 보호하는 데 한계가 있다. 더 이상 지역경제 파탄에 내몰리지 않도록 법적 의무휴업 적용과 정책규제가 필요하다. 지역상권이 무너지고 소상공인들이 폐업한다면 대기업들만 살아남는 생태계로 국가의 정책구조는 흔들릴 수 있다.

(2) 지구상권(DTA : district trading area)

집적시설이 갖는 상권 범위는 지역 내, 상업지가 분포된 공간을 말한다. 수지, 판교, 광교, 평촌, 산본, 위례, 송도, 청라, 효성 같은 지구는 대, 중규모의 넓이를 의미하지만 도시의 팽창에 따라 커지고 있다. 자치단체들은 중앙정부의 정책에만 의존하지 않고 지역 차원에서 주민들의 자급자족과 경제생활을 가능하게 하는 적극적인 개발을 필요로 한다. 지역경제에 중소유통업이 차지하는 비중은 갈수록 높아져 정책적 관심이 커진다. 대형 마트의 등장과 신도시의 지구상권 개발은 도심의 쇠퇴현상을 가속화시킨다. 대부분의 중소도시들은 지구지정에 대한 부동산 침체로 시장은 죽어가지만(시장경영지원센터, 2014), 지구상권은 상업 및 업무, 서비스시설 확충으로 집적도나 교통체계 등으로 유동인구 수와 특성이 변화하고 있다.

분당, 송도, 동탄 2지구 같은 대형 상권은 전국적인 규모의 대단지 아파트가 들어섬으로써 분양시장이 활성화되었다. 이는 정부주도로 더 이상 기획도시를 건설하지 않는다는 발표에 따라 부동산 침체를 벗어나는 원동력이 되고 있다. 지방의 계획도시는 대부분 어려움을 호소하지만 자치단체 차원에서 활성화 정책이 장려되어야 한다.

도심활성화를 위한 조례는 2002년 '대전광역시의 도심활성화 및 지원에 관한 조례'에서 대상 권역의 재정과 기금조성, 운용을 규정하였다. 광주광역시는 2002년 도심활성화 대책추진기획단을 설치하여 관련 사업을 적극적으로 추진하여 예술의 거리, 재개발사업, 주거환경 개선지구 등을 조례로 규정하였다. 하지만 지방정부의 높은 관심에도 불구하고 전반적으로 낮은 재정 자립도로 인해 구체적인 성과를 나타내는 데 한계를 가진다.

■ 부동산 상식알기

계획도시

도시는 자연적, 인공적, 역사적으로 탄생하고 성장해 왔으나 정치·경제·산업에 따라 새로운 도시를 계획하기도 한다. 계획도시는 정부가 주도적으로 국토의 균형발전을 위해 대도시 가까이의 산, 임야, 공업지구, 뉴타운(새로운 교외 주택지)을 건설하는 등 그 계획을 실행한 것이다. 대표적인 계획도시로는 뉴욕·캔버라·브라질리아 등과 창원시, 과천시, 세종특별자치시 등이 있다. 인위적, 인공적인 계획에 따라 건설된 도시는 계획적으로 관리되고 있으며, 현대적 도시들은 넓은 의미로 포함되고 있다.

---

① 계획도시 창원시

통합 창원시는 옛 창원시의 성산구와 의창구를 말한다. 「산업개발촉진법」에 따라 대한민국 최대의 기계공업단지 조성으로 산업기지 배후도시로 계획되었다. 1977년 창원 출장소 행정구역 전역과 창원군, 김해군 일부를 포함한 도시기본 계획이 결정되면서 호주의 캔버라를 모델로 창원 신도시가 설계, 확정되었다.

② 창원시 성장과정

1983년 부산에 소재하던 경남도청이 창원으로 이전함에 따라 산업도시와 행정기능을 가진 지역중심 도시가 성장하였다. 1995년 전국적인 행정구역 개편에 따라 창원군 일부와 도농 통합이 이루어지면서 주택 및 공업용지 잠재력이 확대되는 등 성장의 전기를 맞이하였다.

③ 계획도시 창원과 자전거

창원은 계획도시로 한국을 대표하는 좋은 인프라를 가졌다. 친환경 도시를 표방하면서 다양한 프로그램들이 시행되고 있다. 대표적인 것은 '공영 자전거 누비자'를 중심으로 한 자전거도시 조성이다. 하지만 물리적 인프라가 자전거의 확산을 저해하는 요인임을 생각할 때 계획단계부터 근로자들의 출퇴근과 자전거 수요의 인프라를 고려하지 못한 점이 아쉽게 나타났다.

④ 통합 창원시와 계획도시

2010년 7월 창원시와 마산시는 진해가 단일 도시로 통합함에 따라 창원시의 성산구와 의창구, 마산의 회원구와 합포구, 진해의 진해구를 통합했다. 계획도시는 토지의 용도변경과 지구단위 계획기조를 옛 창원 지역과 기타 지역으로 구분하여 관리하였다. 창원시는 계획도시의 이미지 유지에 따른 한계를 극복하면서 성공한 계획도시의 대표적인 사례로 소개된다.

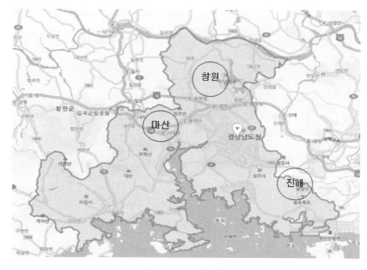

〈그림 5-11〉 통합 창원시

(3) 지점상권/점포상권(ITA : individual trading area)

지점상권은 개별 점포가 갖는 상권범위로 지구상권 내, 특정한 입지의 점포가 갖는 지점을 말한다. 소자본 창업 시 점포의 배후단지와 유동인구를 통한 점포입지를 조사하게 된다. 지역의 권역은 상권을 중심으로 조사되며, 점포의 지점을 중심으로 형성된다. 여기에는 제2롯데월드가 오픈하면서 잠실 주변의 상권이나 석촌역, 송파역의 신천상권, 문정동 로데오, 위례 신도시까지 소규모 점포들이 함께 활성화되는 지점상권을 말한다. 이는 점포상권이라 하며, 1 · 2 · 3차 상권으로 구분된다. 고객이 흡인되는 지리적 범위는 해당지역의 점포나 사무실을 이용한 고객들의 거주지역을 말한다.

1차 상권은 사업장 이용고객의 60~70%를 포함한 범위로 점포의 반경 500m 이내의 지점을 말한다. 2차 상권은 사업장 이용객의 15~25%를 포함하는 범위로 반경 1km 내의 지점을 말한다. 3차 상권은 1 · 2차 상권 외, 고객을 포함하는 범위로 반경 1km 이후의 지역을 말한다.

〈표 5-2〉 지점(점포상권)의 분류

상권 분류	상권의 특성
1차 상권	• 사업장 매출액의 60~70%를 차지하는 소비자가 거주하는 지역으로 반경 500m 이내의 지점을 말한다. • 점포의 지리적 거리와 인접한 지역에 거주하는 소비자들로 구성되며, 이용고객의 빈도가 높다. • 마케팅 전략 수립의 타깃 고객층들로 고정 및 유동고객의 동선을 잘 파악하고 있어야 한다.
2차 상권	• 사업장 매출액의 약 20% 정도를 차지하는 소비자가 거주하는 지역으로 반경 1km 지역 안의 소비자를 말한다. • 1차 상권보다 지역적으로 넓게 분포되어 있다.
3차 상권	• 1 · 2차 상권 외의 고객을 포함하는 범위를 말한다. • 반경 1km 이상의 범위를 벗어나는 지역에 거주하는 고객을 말한다. • 소비자가 가끔씩 방문하는 지역의 상권이다.

사례 2

대구 동성로는 대표적인 다운타운으로 '컬러풀' 페스티벌이 매년 열린다(대구일보, 2016). 축제와 패션, 주얼리 위크가 어우러지면서 시민들의 눈과 귀를 즐겁게 한다. 5월 1~5일까지 동성로를 중심으로 시민참여 퍼레이드와 거리공연을 한다. 2016년 사단법인 달성문화선양회가 주관하는 동성로 축제와 패션 주얼리 특구는 상인회와 문화재단이 주관하는 시민참여 퍼레이드, 근대 문화제 등의 다채로운 행사로 대구의 명물이 되었다. 도심의 일상공간이 축제광장으로 변신하여 시민과 상인, 관람객들이 함께 즐길 수 있다. 직접 참가하는 체험프로그램으로 누구나 주인공이 될 수 있으며, 자발적인 참여로 중국인을 포함한 외국 관광객을 유치하는 등 경제적인 파급효과를 나타내고 있다.

◆ 동성로 축제, 패션 주얼리 위크와 결합

5대 젊음의 킬러 콘텐츠인 '킹 오브 버스킹(king of busking)대회', '동성로 DJ 페스티벌', '동성로 가요제 파워M', 세계 최고의 바디빌딩/피트니스대회인 'NABBA/WFF 대회' 등으로 분위기를 고조시킨다. '웨딩 페스티벌인 동성로 & 주얼리 위크'를 통해 산업효과를 극대화하고 있다. 패션쇼와 마켓시장의 확대, 운영, 일자리 창출 등 부스 개발과 1인 창업 아이템 등으로 젊은이들에게 희망을 보여주는 축제이다. 성공적인 축제를 위해 프로그램을 개발, 운영하며, 민간축제 모델로 자리 잡았다. 모바일 앱을 통한 서비스 제공과 시민참여, 문화산업 연결 등 콘텐츠 산업의 육성으로 지역경제 활성화를 주도하고 있다.

◆ 축제의 꽃 시민퍼레이드

시민참여 퍼레이드는 보디 페인팅을 비롯, 코스프레(costume + play) 치어댄싱, 거리패션쇼, 퍼레이드 카 등 자유로운 아이템과 도구 사용으로 내국인, 외국인 누구나 신청할 수 있다. 주제는 '천개 꽃 만개 대구'로 기업, 동호회, 다문화가족, 대학생 등의 일반부와 초·중·고등학생이 참여하는 학생부로 운영된다. 총상금 4천500만 원으로 대상은 2천만 원이다(www.cdf.or.kr). 거리공연은 중앙로, 근대골목 등에서 펼쳐지며, 열정과 에너지를 발산하는 시민이면 누구나 신청 가능하다. 재즈, 국악, 퓨전, 힙합, 저글링, 마임 등에 제한 없이 참여가 가능하다.

근대문화제에서는 유명 예술인들의 그림, 문학, 영화 등의 작품전시와 북성로 개척 인물에 대한 스토리텔링 강좌, 근대 건축물, 인문학 강좌가 소개된다. 지역출신 예술가와 역사적 의미를 가진 공간을 알려 향촌동 수제화 골목, 북성로 공구골목 등은 상권 활성화에 일익을 담당한다. 180여 명의 자원봉사자가 축제기간 동안 활동하며, 만 18세 이상이면 누구나 신청가능하다. 리드팀, 진행팀, 지원팀, 통역팀, 홍보팀으로 공식 활동복과 자원봉사 ID패스, 인증서 발급, 소정의 실비를 제공한다.

코스프레

코스프레는 의상을 의미하는 costume과 놀이를 의미하는 play의 합성어를 줄여서 표현한 일본식 용어이다. 유명한 게임이나 만화, 애니메이션, 영화 등의 캐릭터를 모방하여 그들과 같은 의상과 분장으로 행동을 흉내 내는 놀이 퍼포먼스이다. 국내에서는 짧게 줄여 코스라 하는데 코스프레하는 사람들은 코스어라 한다. 코스어는 10~20대 여성들인 경우가 많다. 어릴 적 슈퍼맨을 흉내 내며 어깨에 보자기를 둘러본 경험은 누구나 한 번쯤 있으므로 낯선 문화가 아니다. 주인공이 되고 싶다는 꿈을 구체적으로 실천하는 사람이 코스어가 된다. 일본문화의 유입으로 일드가 유행하면서 본격적인 코스프레가 시작되었다. 1995년에 소개된 이후 신종 마니아층이 형성되었으며, 일본 만화와 애니메이션의 인기를 배경으로 모방하지만 좋아하는 연예인을 스스로 만들어 분장한다. 단골 캐릭터는 세일러 문이다. 게임기와 함께 소피티아나 마그나 카르타 같은 게임 속 인물들이 인기이다. 해리포터도 예외일 수 없으며, 촬영 외에 콘테스트, 만화 주제가 경연대회 등의 진행과 동호회의 일러스트를 판매하는 부스도 설치된다.

코스프레는 죽은 영웅을 기리기 위해 생전모습으로 분장하는 등 예식이 있는 영국에서 처음 시작되었다. 영국문화가 일본으로 건너가면서 마니아층을 형성했다. 행사가 열리면 집에서부터 코스웃(코스프레를 하기 위해 입는 옷)으로 분장한다. 행사장 방문이나 귀가 등 분장상태를 유지하지만 불편을 초래하거나 튀는 분장은 범죄의 표적이 된다. 사회적 문제로 일본은 통제하고 있지만 국내에서는 규제책이 없으며, '코믹월드'로 정기적인 애니메이션 페스티벌인 SICAF를 열고 있다. 동호회 중심으로 행사가 진행되며, 다양한 팀으로 운영된다.

2) 상권 규모에 따른 분류

상권을 나누는 기준이 명확하게 구분되지는 않지만 규모에 따라 대·중·소형으로 분류할 수 있다. 이것은 방문 고객 수와 주거 인구 수를 기준으로 한다.

(1) 소형 상권

소형 상권은 일반적인 경제활동과 주거생활 범위 내 지역으로 편의시설이 갖추어진 동네상권을 말한다. 슈퍼마켓, 삼겹살 및 돼지갈비, 분식, 한식, 베이커리, 세탁소, PC방, 호프집, 통신판매, 철물점, 부동산 등이 분포되어 있으며, 배달 프랜차이즈점은

전국에 1,000개 이상으로 소개된다.

예비창업자라면 상권이 잘 갖추어진 대형 상권보다 경쟁이 상대적으로 덜하며, 고정비가 적은 소형 및 중형 상권에 출점하는 것이 유리하다. 이러한 동네 상권은 그 특성을 정확하게 알 수 있어 주변의 부동산까지 임대료와 보증금, 권리금, 홍보비, 인건비 등을 상세히 파악할 수 있다.

(2) 중형 상권

중형 상권은 지구 및 중소도시의 중심에 밀집된 상권을 말한다. 외식업 프랜차이즈 브랜드가 입점된 상권으로 서울의 당산역, 마포역, 수원역, 인계동, 사당, 압구정, 인사동, 교대 법조타운, 분당 정자동, 안양역 등 역세권의 대부분이 여기에 속한다. 이러한 상권은 고정 고객층과 외부에서 유입되는 유동인구로 시장은 활성화되어 있다. 전국에서 약 300개 전후의 상권을 예측할 수 있다.

(3) 대형 상권

대형 상권은 불특정 다수의 유동인구가 많아 성공가능성이 높을 뿐 아니라 안정되고 번성한 상권을 말한다. 국내 70~80개의 상권으로 추산되며 서울 명동, 신촌, 종로, 영등포, 강남, 홍대, 건대, 잠실, 고대 등과 유동인구가 많은 수원역 등에 집객시설, 교통망이 잘 갖추어져 있다. 일일 유동인구는 10만 이상으로 상권 전체 매출액이 50억 이상의 규모가 되는 대한민국 대표 상권이다. 대기업 패밀리 레스토랑을 비롯하여 커피전문점, 통신판매점 등은 수익성보다 홍보 목적의 안테나 숍을 운영한다. 대형 프랜차이즈 및 대기업에서 출점한 외식점 등은 수익을 떠나 지역의 상징성을 가진다.

업종 간 과다 입점으로 경쟁이 치열하며, 권리금, 보증금, 임차료가 높게 책정되어 있다. 입지는 점포에 따라 바닥 권리금이 포함되어 있지만 수익성이 높지 않을 수 있다. 유동객들에 의해 번성한 상권으로 착시현상을 가질 수 있으므로 상권 및 입지 분석이 중요하다.

3) 소비자 이용목적에 따른 분류

고객은 특정 상권을 이용할 때 분명한 목적과 동기를 가지고 있다. 소비목적을 가지고 이용하는 상권으로 이는 목적형 상권과 생활편의형 상권, 관광형 상권(비목적형)으로 나눌 수 있다.

(1) 목적형 상권

고객이 소비목적을 가지고 방문하는 상권을 말한다. 빈도는 높지 않지만 방문에 따라 구매량이 많기 때문에 새로운 경쟁자의 진입이 어렵다. 기존 점포들의 텃새나 단골고객 확보 등 신규 창업자의 진입이 어렵다. 경기침체나 불황 등 해당상품에 대한 소비가 줄면 상권 전체가 타격을 입기 때문에 독자적인 전략을 추진하기가 어렵다. 주택가보다 시내중심지로 향하는 특성이 강하며, 독립지역 점포보다 가격이 저렴하여 원거리 고객의 유입이 가능하다.

명동을 비롯한 로데오 상권, 동대문 의류시장, 고속터미널 꽃시장, 가락동 농수산물, 마장동 축산시장, 아현동 웨딩숍, 제기동 한약방, 중곡동·아현동의 가구전문점, 종로상권의 주얼리 전문점, 인사동의 악기전문점 등이 대표적이다. 무교동 낙지골목, 압구정 오징어골목, 신당동 떡볶이, 신림동 순대타운, 춘천 닭갈비, 의정부 부대찌개, 여주이포 막국수, 홍대 카페골목, 신촌 고기골목, 정자동 미용거리, 보정동 카페거리 등 먹자골목도 목적형 상권에 속한다. 이러한 상권에 진입할 때는 가급적 동일업종보다 비슷한 업종군의 틈새를 공략하는 것이 효과적이다.

(2) 생활편의형 상권

소비자들의 일상적 업무나 비즈니스, 휴식, 만남 등을 위해 자연스럽게 형성된 상권을 말한다. 대표적인 여의도 상권은 정치와 금융, 방송 분야의 1번지로 소개된다. 한국증권거래소 뒤편의 금융가는 주식과 펀드, 파생상품 등과 사투를 벌이는 애널리스트들이 국내외 경제상황과 산업, 기업별 정보를 수집하면서 모인다. 환경변화에 따라 산업을 전망하며, 주식 및 파생상품의 시장관계와 동향을 분석한다. 개별 기업들의 영업상황과 자금운용계획, 재무분석 등으로 수익과 주가 등을 전망한다.

국회의사당이 있는 여의도는 대한민국 정치1번지로 정치인들은 물론 이해관계자, 단체, 개인들로 북적인다. 일반 오피스 빌딩은 샐러리맨이 많아 유동인구가 풍부하다. 전형적인 빌딩상권으로 50평 미만부터 100평 내외의 대형 점포들이 들어서 있다. 고급스러움보다 소박함, 단아함이 풍기는 집들이 많아 '기본 장사는 할 수 있다'는 것이 부동산 대표자들의 설명이다. 같은 빌딩이라도 메뉴만 중복되지 않는다면 기본 매출을 올린다. 권리금 50평 이하는 3,000~4,000만 원, 100평은 1~2억 원의 시세를 보인다. 월세는 30~50평이 300~500만 원, 100평 내외가 1,000만 원 이상으로 올라간다. 국회 정문 앞 금산빌딩과 렉싱턴 호텔 옆의 진미 파라곤 건물 등은 국감 시즌만 되면 의원회관으로 불릴 만큼 방문객들이 넘쳐난다.

맛집들은 다양하게 분포되었지만 유별나지 않은 것이 특징이다. 점심과 저녁 매출로 오후 10~11시 정도면 썰물처럼 빠져 나간다. 여의도 순복음교회는 주일에 수천 명의 사람들이 몰려 6일 상권으로 불린다. 금융을 중심으로 번성하였지만 지하철 9호선 국회의사당역을 좌우로 하여 활성화되었다. 4·5번 출구의 KBS방향은 본관과 신관 방송국 외, 방송관련 기술연구소나 문화센터, 공개홀 등이 포진하면서 크게 발달하지는 못했다. 반면에 1~3번 출구는 지역 자체가 넓은데다 일반 사무실 빌딩들이 오밀조밀 모여 유동인구가 많다. 늦은 저녁시간이 아니면 점심, 저녁은 '웬만하면 된다'는 평판이다.

대표적인 랜드마크는 KDB금융그룹과 KDD산업은행, 한국정책금융공사, 중소기업중앙회, 한국수출입은행, 국민일보, 순복음교회 등 대형 건물들이다. 맞은편 공원에서 바라보면 국립중앙박물관 등이 웅장한 인상을 준다. 호텔은 정치인들의 약속장소와 행사, 이벤트가 많은 렉싱턴을 비롯, 쓰리세븐 스테이, 코보스 호텔 등과 일본, 중국, 동남아 방문객들의 비즈니스와 관광으로 운영된다. 63빌딩, 한강유람선, 서울시티투어 등 인천공항과 김포공항이 가까우면서 대한민국 정치·경제·금융·방송의 중심지로 인기이다.

(3) 관광형 상권(비목적형 상권)

유동인구형 상권으로 시간과 비용 등 경제적 여유가 있으면 편안한 마음으로 쇼핑할 수 있는 상권을 말한다. 사전에 구매의사를 정하지 않으며, 업종 간 연계성이 높지 않기 때문에 목적이 있어도 쉽게 결정하지 않는다. 유동인구가 많고 적음에 따라 성공과 실패를 결정하지만 호객행위나 저가전략, 일시적 충동구매 등의 이벤트로 심리적 변수가 성패를 가른다. 커피점, 김밥, 패스트푸드, 아이스크림, 제과 제빵, 편의점, 생활편의품, 화장품, 스마트폰, 액세서리 등이 적합한 업종이다.

대표적으로 부산의 자갈치시장, 인천 소래포구, 인사동거리, 강릉 커피거리, 대구 안지랑 곱창골목, 부안 변산반도, 전주 한옥마을, 임실치즈, 제주 성산일출봉, 중문단지, 포항의 호미곶, 울산의 간절곶, 제부도, 대부도 등이 있다. 한 해 1,300만 명의 관광객이 몰려드는 강릉 경포대나 속초항은 천혜의 관광자원을 자랑한다. 인구 21만 명의 강릉은 소박한 해안도시의 정취를 담고 있어 안정된 수익을 올리는 독특한 도시이다. 대표적 주거형 상권인 포남동은 1980, 90년대 강릉의 상류층이 선호하는 동네로 고급 이미지를 갖고 있다. 경포의 남쪽인 마을이란 뜻의 '포남'은 1970년대부터 구획정리사업이 이루어지면서 인구밀도가 증가하였다. 그날그날 포구에서 가져오는 싱싱한 자연산 회로 단골손님들의 사랑을 받는 심곡포구나 편의점보다 싼 가격의 나들가게 솔향마트, 매일 다른 반찬을 선보이는 대관령 둥지식당 등이 있다.

보령 중앙시장은 2014년 문화관광형 시장 공모사업에 선정돼 14억 원(국비 7억, 시비 7억 원)을 지원받았다. 지역의 역사와 문화·관광자원을 연계하여 국내외 관광객이 쇼핑을 즐기도록 육성한 사업이다. 2008년부터 실시된 문화관광형 시장사업은 부여시장과 중앙시장, 주변 966개의 점포를 아우르는 상권활성화 지원사업으로 18억 원의 국비를 지원받았다. 부여는 롯데아울렛 진출로 구도심 상권이 어려움에 처하자 공모를 통해 지정받았다. 상권 조성과 스토리텔링 개발, 추억의 거리 조성, 젊음의 이색 창조거리 등 시설개선사업을 추진하였다. 특히 시설현대화와 상인대학 운영, 공동마케팅 등 경영혁신사업을 추진하고 있다(충남일보, 2015).

3. 상가의 유형별 특성

1) 상가별 특징

상가는 초기자금이 많이 들어가지만 입지별 특성이 다르기 때문에 동일지역의 상권이라도 업종과 업태, 취급상품, 동선, 위치, 규모에 따라 매출에는 차이가 있다. 신중한 투자결정과 마케팅 촉진전략을 구체화시켜 실패의 리스크를 줄이는 것이 경쟁력이다. 근린상가, 아파트 단지상가, 주상복합 상가, 대규모 판매시설 중심상가 등이 있으며, 입지의 특성과 이용객의 계층, 흐름에 따라 다르기 때문에 철저한 분석을 필요로 한다.

(1) 근린상가

근린상가는 주거지역 인근에 입지하여, 주민에게 생활시설과 편의시설을 제공하는 상가를 말한다. 「건축법」상 제1종과 제2종 및 일부 판매시설로 생활편의점, 소매점, 일용품, 학원, 병원, 음식점, 서비스업종 등이 입점하게 된다. 약 33~45㎡ 정도의 소규모 점포로 분양하는 경우가 많아 소액투자가 가능하지만 몇 천만 원부터 몇 억 원까지 지역에 따라 차이가 있다.

상가투자의 대부분은 근린상가이다. 지역마다 한 건물에 자리하기 때문에 인근 상권과의 경쟁여부를 따져서 투자하는 것이 좋다. 배후 세대 수와 주거형태, 규모, 고객층을 확인해야 하며, 투자하고자 하는 면적이 적정한지, 위치가 적정한지, 특히 교통량과 주거민의 소비특성을 분석해야 한다.

(2) 아파트 단지상가

아파트 단지상가는 주민들의 생활편의시설을 위해 만들어진 단독 상가를 말한다. 규모가 적기 때문에 소액으로 투자할 수 있지만 인근에 새로운 상권이 형성되거나 주민들의 이동로에 따라 이동통신판매점, 슈퍼마켓, 제과점, 세탁소, 부동산, 미용실, 노래방, 과일, 생선, 반찬, 네일아트 등의 생필품과 서비스업들이 다양하게 형성될 수 있다.

1,000세대 이상의 중소형 단지에 투자하는 것이 좋으며, 중·대형 평형보다 소형의 아파트 단지가 유리하다. 대형 평수의 가족 구성원은 50대 이상으로 자녀의 분가로 인해 주변상권보다 백화점, 대형할인점에서 소비하는 경향이 높다. 주민들을 대상으로 영업이 이루어지기 때문에 고객을 독점적으로 확보할 수 있어 매출액은 안정적이지만, 인근 상권으로 이탈하거나 오랜 대면으로 싫증을 느낄 수 있다.

(3) 주상복합 상가

주상복합 상가는 아파트 건물 1, 2층 등에 입점한 점포로 「건축법」상 전체면적의 10~20%는 상가를 건축해야 하는 규정으로 만들어졌다. 상가 위주의 건물이 아니라 주거 위주의 건물로 업종이 제한되기 때문에 배치 면에서도 불리할 수 있다. 동일 건물 내에서 주거와 상업이 이루어지기 때문에 편리한 점도 있지만 전용면적이 적은 데 비해 관리비가 비싸거나 분양가가 높다. 단위당 인구 밀집도가 높기 때문에 세대수와 배후세대에 따라 차이가 있다.

(4) 복합타운 시설

대규모 판매시설을 갖춘 도·소매점을 비롯하여 대형 소매점을 말한다. 동대문, 남대문, 국제시장 등의 도매시장이나 소매시장이 함께 어우러진 백화점, 쇼핑센터, 할인매장 등을 말한다. 이러한 판매시설은 테마 상가나 쇼핑몰, 할인점 등의 전문업종으로 역세권, 중심 상업지역 등에 입지하는 것이 좋다. 젊은 타깃 고객층을 중심으로 영업하게 되므로 접근성이나 대중교통의 원활함, 업종구성의 다양성, 전문화 등을 고려해야 한다.

(5) 중심상가

기존에 형성된 전통적인 중심상가와 신도시 개발에 따라 형성된 중심상가로 구분할 수 있다. 신도시의 중심상가는 지역을 대표하는 랜드마크로 상징성을 가진다. 접근성이 좋으며, 유동인구가 많아 매출액과 임대비용이 높다. 중심상가의 역세권을 선택하는 것이 좋으며, 입지와 업종을 잘 선택한다면 성공확률은 높아진다. 중심이라는 특수성 때문에 매매가격과 임대료가 비싸다. 투자대비 수익률을 잘 판단해야 하며, 초기비용이 높거나 상권 형성에 많은 시간이 걸릴 수 있다.

〈표 5-3〉 상가의 종류별 특성

상가의 종류	특성	장점	주의할 점
근린상가	주거지 인근 생활편의시설을 위한 상가	분양평수 33~45㎡ 소액투자 가능	세대 수, 상가면적, 규모, 교통량과 흐름, 평형 고려
아파트 단지상가	아파트 주민들의 생활편의시설	아파트 주민독점	1,000세대 이상 중소형 단지, 미래가치와 수익성 검토
주상복합 상가	상가의 10~20% 건축규정 적용, 주거와 상업 및 집적시설 편리성	동일건물 내 주거생활시설	전용면적 적고, 관리비 비쌈. 분양가 높음
복합타운 시설	도·소매시장, 대형 소매점 등 전문업종 상가	소액투자 가능, 젊은 층 소비	대중교통 발달, 업종 구성, 전문화 고려
중심상가	기존의 중심상가와 신도시 중심상가로 구분	랜드마크 상권, 접근성, 유동인구, 매출용이	매매가격, 높은 임대료, 신도시 상권은 안정까지 시간이 걸림

2) 좋은 상가의 유형

성공창업과 안정적인 투자수익은 양질의 점포를 발견하는 데서 시작된다. 지식과 정보, 현장 확인에 따른 발품이 필요하지만 성장 가능한 조건들이 고려되어야 한다.

첫째, 고객시선을 사로잡을 수 있는 가시성은 좋은 점포를 만들 수 있다. 소비자들은 상가의 점포가 잘 노출된 입지를 선호한다. 눈에 쉽게 띈다는 것은 편의성이 좋을 뿐 아니라 활용가치가 높다는 것이다.

둘째, 접근성이 용이해야 한다. 고객이 쉽게 접근하기 어렵다면 선택을 어렵게 한다. 교통망이나 주변의 랜드마크, 복합몰 등이 있을수록 접근성이 높다. 하지만 아무리 눈에 잘 띄어도 다리나 도로, 돌아가는 구조, 위험물이 존재한다면 접근성은 떨어진다.

셋째, 유동인구와 고정고객이 많아야 한다. 유동인구가 많다는 것은 그만큼 활성화되었다는 뜻이다. 고정고객이 많다는 것은 상권의 힘이 클 뿐 아니라 다양한 구조와 업종 형성 등으로 고객욕구를 충족시킬 수 있다는 뜻이다.

넷째, 매력성은 매출액과 관계되며, 주변의 다양한 요소를 자극할 수 있다. 이러한 상권은 양질의 상품력을 가져 소비자들의 방문을 용이하게 한다.

다섯째, 주위에 경쟁 상가가 없어야 한다. 지역 내 경쟁상가의 유무는 새로 신축되었거나 신축 가능성까지 포함된다. 이는 본 상가의 매출액에 직접적으로 영향을 미치는데 후발 상가의 대부분은 전 상가보다 규모를 크게 하거나 화려하게 하여 고객을 유인하기 때문이다.

3) 상권조사 체크리스트

체크리스트는 지역을 선정하여 지구→지점→용도에 따라 순서를 정하는 것이다. 아이템을 가지고 상권을 조사하는 방법은 다음과 같다. 평가방법으로 절대적 기준은 없지만 전체 80점 이상이면 양호한 상권으로 분류된다. 40점 이하이면 선택을 고민해야 한다.

〈표 5-4〉 상권조사 체크리스트

분석 항목	①	②	③	④	⑤
① 아파트, 주택, 역세권, 오피스텔, 대학가, 다운타운, 학원가, 교외상가 등에 적합한 업종인가?					
② 중심상가, 근린상가, 주변상가, 입구상가, 후문상가에 적합한가?					
③ 중심지, 대로변, 골목길, 주택지에 적합한가?					
④ 대형 및 소형 상가, 단독상가에 적합한가?					
⑤ 재래식 시장, 주택상가, 다운타운, 역세권, 주상복합 상가에 적합한가?					
⑥ 특별시, 광역시, 100만 이상 도시, 중도시, 소도시, 구, 군, 동인가?					
⑦ 도시발전이 완성되었는가? 중간 및 개발가능성이 높은 지역인가?					
⑧ 도심의 중심에서 반경 5~10km, 10~20km, 20km 이상인가?					
⑨ 20층 이상의 건물이 3개 이상, 10층 이상이 5개 이상, 대규모 아파트, 주택인가? 아파트 + 주택 + 상업지인가?					
⑩ 지하철 환승권, 독립된 지하철, 국철역 등 반경 300m 이내인가?					
⑪ 정류장에서 정차하는 버스가 5대 이상, 정류장 반경 100m 이내인가?					
⑫ 대학 정문, 중·고등학교 정문 반경 300m 이내, 중문, 후문, 200m 이내인가?					
⑬ 버스 종점에서 반경 300m 이내인가?					
⑭ 편도 2차선 도로를 확보한 삼거리의 반경 200m 이내인가?					
⑮ 200m 이내 동종경쟁자 유무, 반경 500m 이내에 3개 이상의 동점포가 있는가?					
⑯ 인구 유입이 고정되었는가, 이동이 많은가?					
⑰ 고정세대가 1천, 2천 세대 이상인가?					
⑱ 고객 유입이나 이동에 방해요소가 있는가?					
⑲ 창업아이템이 지역 수요자의 욕구를 충족시킬 수 있는가?					
⑳ 창업자의 지식, 자격, 경험, 조언을 받을 수 있는 인력이 있는가?					
평가) 20점 이하, 21~40점, 41~60점, 61~80점, 80점 이상	총점				

CHAPTER **6**
입지 분석

내가 계속할 수 있었던 유일한 이유는 내가 하는 일을 사랑하기 때문이라고 확신합니다.
여러분도 사랑하는 일을 찾으셔야 합니다.
당신이 사랑하는 사람을 찾아야 하듯 일 또한 마찬가지입니다.
- 스티브 잡스

1. 입지의 개념을 학습한다.
2. 입지가 성립되기 위한 구성요소를 학습한다.
3. 입지의 유형과 특성을 학습한다.
4. 입지선정의 원칙을 학습한다.
5. 입지선정을 평가하는 방법을 학습한다.
6. 신도시 입지를 학습한다.

•••요점정리

1. 주거환경의 집적시설물들이 결합된 장소에서 욕구충족과 자기개발, 친목, 화합, 레저 등 기본적인 활동에 필요한 조건을 충족시켜 주는 것이 입지이다. 이러한 입지는 시장성과 안전성, 수익성, 활동성을 바탕으로 성장 가능한 사이클을 가졌을 때 좋은 입지가 된다.

2. 입지는 구체적인 장소와 위치, 공간으로 다양하게 분포되어 있으며, 사람들의 이동방향에 따라 편리성, 접근성, 가시성, 홍보성, 호환성 등 편익적 혜택이 중요하다. 또한 최소비용으로 최대의 이익을 낼 수 있는 구조와 구매거리, 지역속성, 수요자의 특성, 사회적 기반, 정책방향으로 결정한다.

3. 입지의 유형은 이용목적과 집적물, 지리적 특성, 기능에 따라 분류할 수 있다. 첫째, 소비자들이 구매하는 유형은 목적을 가졌는가에 따라 목적형, 적응형, 생활형 입지로 분류할 수 있다. 둘째, 집적시설물들의 유형에 따라 산재형과 집재형, 집심형, 국부적 집중형 입지로 분류할 수 있다. 이러한 지리적 특성은 접근성과 가시성, 홍보성, 호환성을 가져야 한다. 따라서 지리적 위치와 집객기능, 유동인구 유발과 흡인력, 경쟁점포 상황과 고객출입 단절요인 등을 분석해야 한다.

4. 입지를 선정할 때는 점포를 계속적으로 운영할 수 있는가가 중요하다. 점포운영자의 투자대비 매출액이 안정된 영업상태로 선택점포의 입지가 동일상권 내 업종과 조화를 이루면서 균형성을 유지해야 한다. 또한 상권 내 아이템과 운영의 조화로 입지력은 강해지는데 이는 다양한 특성을 고려한 정보를 바탕으로 평가되어야 한다.

5. 넬슨은 입지를 선정할 때 상권의 잠재력, 접근가능성, 성장가능성, 중간 저지성, 누적흡인력, 양립성, 경쟁점포 회피성, 경제성을 가져야 한다는 8가지 원칙을 제시하였다.

6. 입지선정을 평가하는 방법은 3개 이상의 점포후보지를 선정하는 것이 첫 번째이다. 점포의 형태나 가격, 특성, 평수, 이용현황, 예상매출액, 유동인구, 경쟁상황 등을 분석하며 후보지역의 사이클에 따라 상태를 파악해야 한다. 또한 보완관계인가 대체관계인가, 상권규모와 세대 수, 업종과 점포크기 등에 따른 경쟁자를 분석하며, 이를 바탕으로 자본력에 맞는 성장가능성을 예측할 수 있다.

7. 후보지역의 특성을 분석하는 것은 가장 기본적인 분석방법이다. 소규모 입지인지, 주택지, 아파트, 아파트와 주택혼합, 근린생활시설, 대학가, 신도시, 역세권, 오피스 지역 등에 따라 차이가 있다. 여기에는 점포 이용률과 교통상황, 유동인구 등에 따른 특징이 있다.

8. 신도시는 정부 및 자치단체의 계획에 따라 재정비되거나 새로 개발된 지역을 말한다. 이곳은 공업도시, 공단배후도시 등을 비롯하여 보금자리주택, 행복주택 등으로 분류할 수 있다.

Chapter 6 입지 분석

1. 입지의 개념과 구성요소

1) 입지의 개념

인간은 누구나 특정 장소를 중심으로 자신의 역량을 발휘하면서 경제적인 생산활동을 하게 된다. 다양한 형태의 능력을 소유한 구성원들과 공존하면서 개인과 조직이 추구하는 목적과 편익을 얻게 된다. 주거환경의 집적시설물들이 잘 결합된 장소에서 욕구충족과 자기개발, 친목, 화합, 레저 등 기본적인 활동에 필요한 조건을 충족시켜 주는 것이 입지이다. 즉 특정주체가 달성하고픈 목적의 조건을 갖춘 지역의 시설물들을 이용하여 사업에 성공하기 위한 최적의 활동공간을 말한다. 생산활동의 입지조건은 건물을 신축하기나 제한하는 등의 규정과 법률적 해석에 의해 영향을 받기 때문에 사전에 충분한 조사로 분석되어야 한다.

도·소매업이나 서비스업의 입지는 고객의 접근성과 편의성, 가시성이 중요하다. 한번 선택한 점포는 이전이 쉽지 않기 때문에 신중한 결정을 요구한다.

이에 서울시 도시통계지도(http://stat.seoul.go.kr/initinfo), 상가뉴스 레이다(http://www.sangganews.com), 공공데이터포털(https://www.data.go.kr), NICE BizMap(www.nicebizmap.co.kr), 소상공인시장진흥공단(http://www.semas.or.kr) 등의 시스템을 이용하여 개별점포의 특성과 현황, 인구분포, 주거형태, 생활수준, 직업, 소비성향 등의 분석이 가능하다. 입지는 점포의 물리적 공간에 위치한 특정장소에서 장비와 아이템, 자본, 인적 자원이 결합하여 운영되는 필수조건의 집합이라 하겠다.

예를 들어 고려건국의 시조인 태조 왕건에 대한 설화는 많은 사람들에게 입지의 중요성을 일깨워준다. 어느 날 도선대사가 왕건의 집을 지나다가 "백두산의 기운이 마두명당에 이르렀으니 서른여섯 칸짜리 집을 짓고 내년에 아들을 얻으면 이름을 왕건으로 지어라." 하였다. 집터가 왕이 될 자의 탄생을 막고 있다는 것이다. 장사가 잘되는 점포, 명당을 찾아 창업하는 것은 인지상정(人之常情)이다. 좋은 자리를 뜻하는 명당은 모든 사람들이 꿈꾸는 이상향이지만 입지를 결정하는 것은 창업자로서 선택을 위한 지식이 필요하다.

사례 1

조선시대 유명한 두 종류의 송사는 예송(禮訟)과 산송(山訟)이었다. 1659년 효종이 사망하자 신하들은 상복을 몇 년 입어야 되는가로 논쟁을 벌였다. 이것이 1차 예송사건이다. 1674년 인선대비 사망으로 2차 예송사건이 벌어졌다. 서인과 남인은 정권의 주체가 누구인가에 따라 서로 상반된 결론을 내렸다. 논쟁에서 패한 진영은 가문이 몰락하거나 유배를 당했다. 반면에 산송은 좋은 묏자리를 둘러싼 송사이다. 조선시대 민사소송의 60%는 좋은 묏자리를 서로 차지하려는 산송사건이었다. 죽은 사람의 묏자리는 살아 있는 사람들의 사생관(死生觀)에 절대적으로 영향을 미친다는 입지론에 근거하고 있다(조용헌, 2015).

2) 입지조건

창업에서 입지는 "몫이 성공을 결정한다"고 할 정도로 비중이 높기 때문에 많은 비용을 지출하고라도 실패를 줄이기 위해 입지 분석에 대한 컨설팅을 의뢰한다. 업종에 따라 달라질 수도 있지만 대다수의 점포는 어느 곳에 위치하는가에 따라 매출액이나 이익의 크기가 달라진다. 주식회사나 개인점포 등 어떠한 유형이거나 한번 결정하면 그 위치를 쉽게 변경하기가 어렵다. 개업 후의 이전은 추가비용이 들어가기 때문에 적합한 위치와 입지선택은 위험성을 줄이는 방법으로 다양한 정보와 지식을 필요로 한다. 성공적인 입지결정은 소매점에서도 영향을 미친다. 시장은 안전성과 수익성, 성장성, 활동성에 미치는 영향요소를 통해 그 가능성을 예측할 수 있다. 전통적으로 상권, 입지, 점포분석의 형태는 도입기를 지나 성장기와 성숙기, 쇠퇴기를 거쳐 소멸하게 된다. 때론 완만한 혹은 가파른 사이클을 나타낼 수 있기 때문에 사업가들은 쇠퇴기에 이르기 전에 다음을 준비할 수 있어야 한다.

(1) 좋은 입지조건

- 창업지역 반경 2km 내에 10층 이상의 복합건물과 오피스가 밀집되어야 한다.
- 반경 2km 내에 대규모 아파트 단지나 빌라, 주택단지가 위치해야 한다.
- 지하철역으로부터 300m 이내에 선택 점포가 위치해야 한다.
- 버스 정류장 100m 이내에 선택 점포가 위치해야 한다.

- 정류장에 정차하는 버스노선이 5곳 이상인 지역에 위치하여야 한다.
- 중·고등, 대학교 정문의 200m 이내, 후문, 중문 100m 내에 위치해야 한다.
- 버스 종착역 반경 200m 내에 위치해야 한다.
- 주거지로 가는 입구 모퉁이에 위치해야 한다.
- 편도 2차선 이내 삼거리, 사거리 도로의 지역에 위치해야 한다.
- 동일도로 200m 내 동종 업종이 없는 지역에 위치해야 한다.
- 반경 500m 이내 동종 경쟁자가 3곳 이상 없는 지역에 위치해야 한다.
- 고정인구 2만 명 이상, 고정세대 수가 5천 세대 이상인 지역에 위치해야 한다.
- 시간대별로 유동인구가 많거나 주거인구의 이동에 균형을 이루는 입지여야 한다.
- 퇴근길 동선에 선택점포가 위치해야 한다.
- 주민센터, 은행, 관공서 등이 선택점포 방향으로 위치해야 한다.
- 높은 지대의 점포보다 낮은 지대의 점포에 위치해야 한다.
- 주변에 노점상이 많은 지역은 활성화된 입지이다.
- 권리금이나 임대료가 일정하게 유지되는 입지는 매출액이 검증된 지역이다.
- 중심상권의 점포가 좋은 입지가 된다.
- 유동인구가 많은 지역의 입지는 인구 수와 비례하여 그 가치가 올라가게 된다.

(2) 피해야 할 입지조건

- 임대료가 싸거나 권리금이 없는 경우는 나쁜 입지이다.
- 상권이 확대되는 입지는 경쟁이 심화된다. 독점적 지위나 전문기술을 요구하는 상품이 아니라면 고려해야 한다. 맥도날드, 버거킹, 롯데리아 등
- 요란한 분양광고나 특수목적의 빌딩상가는 피해야 한다.
- 유동인구가 그냥 지나치는(흐르는) 곳이나 언덕 위의 점포는 피해야 한다.
- 업종이나 주인이 자주 바뀌는 점포는 문제가 있다.
- 주변에 식당이 없는 경우나 빈 공터 등은 나쁜 입지로 분류된다.
- 맞은편에 상점이나 점포가 없는 경우 피하는 게 좋다. 도로의 양쪽에 상권이 형성되어 있어야 고객의 흡입력이 높아진다.
- 주유소, 재활용품, 경사지, 지하 등은 좋은 입지가 못 된다.
- 큰 규모의 경쟁업종이 있는 점포는 피해야 한다. 소비자들은 같은 조건이라면 크고 화려한 곳을 선택한다.

3) 입지 구성요소

상권 분석이 끝났다면 입지를 구성하는 요소를 통해 점포운영에 필요한 항목을 파악해야 한다. 상권, 입지, 점포분석으로 이어지는 사이클(cycle)은 내적 분석의 절차와 과정이다. 창업목적과 경영목표, 운영방법, 비전, 사업관, 콘셉트, 각종 인·허가, 「상가임대차보호법」 등에 따른 권리와 의무를 포함하고 있다. 외적 요인은 지리적 특성과 기능성으로 분류할 수 있다. 지리적 특성은 고객의 접근에 영향을 미치는 가시성, 홍보성, 인지성, 호환성, 집객시설 내 경쟁점과 고객현황, 주거형태 등의 기능성으로 분류된다.

예를 들어 서울 이태원동 135번지에 신축 중인 농심가 소송사건에 많은 사람들이 관심을 가졌다. 삼성가 뒤편에 살고 있는 농심가의 택송(宅訟)사건이다. 소송원인은 조망권 침해와 소음, 진동으로 추측된다. 삼성가의 신축건물로 인해 그동안 바라보이던 한강 조망권이 침해되어 보이지 않게 되었다. 문제의 장소는 하얏트 호텔 1층 카페에서 한강 쪽을 바라보면 오른쪽이 우백호 쪽의 줄기에 해당되는 지점이다. 이태원동과 한남동 일대는 대기업 총수들이 많이 거주하여 유명해졌는데 그만큼 좋은 입지라는 것이다. 한자문화권에서 수천 년 동안 길지로 꼽았던 배산임수(背山臨水)조건을 갖추고 있다. 한강을 휘감고 돌아가는 지점으로 풍수에서는 물을 중시한다. 산은 화기요, 물은 수기로 물이 반드시 있어야 조화를 이룬다. 수기와 화기가 균형을 갖추었을 때 생태계가 원활하게 돌아간다. 강물은 재물을 상징하며, 휘감아 돌아가면 재물이 많이 모이는 터라는 것이다. 과학적 입증은 불가능하지만 신라 말 도선대사 이래 1천 년 동안 한국의 풍수가들이 신봉해 온 원리이다. 조망권 침해는 입지의 중요성을 감추기 위한 방법으로 추측된다.

입지에 대한 구성요소는 넬슨(Nelson, 1958)이 정의한 8가지 조건을 인용하고 있다. 사람들이 모일 수 있는 구체적인 장소와 위치, 공간으로 소규모에서 대형 쇼핑센터에까지 다양하게 분포되어 있다. 각종 도·소매업이나 제조업, 사무, 금융, 서비스업 등 경제활동을 위한 선택장소로 특정 시설과 관련성이 있다. 시장은 경쟁력 있는 장소에서 자본금과 인력, 아이템, 정보를 통해 움직인다. 입지는 물리적 특성으로 결정되지만 통상적으로 점포의 위치가 먼저 결정되어야 분석이 가능해진다.

첫째, 사람들이 어떤 방향으로 이동하는가? 소매점포를 이용할 때 접근성, 편리성, 가시성, 홍보성, 호환성에 따른 편익적 혜택이 중요하다. 이용고객의 위험도를 줄이면서 매력적인 요소를 제공하는 것은 이윤을 극대화할 수 있기 때문이다.

둘째, 수익은 입지조건에 따라 변하지 않기 때문에 최소비용으로 최대의 이익을 남길 수 있는지가 중요하다.

셋째, 얼마나 많은 사람들이 이용하는가, 특정 시설을 어디에 입점시킬 것인가는 구매거리와 지역속성 차원에서 구분된다. 즉 A라는 상권입지에서 B까지 상품, 인력, 장비, 아이템 정보가 이동하는 데 걸리는 시간과 비용을 말한다.

넷째, 거리가 어느 정도인지, 시간이 얼마나 소요되는지에서 결정된다. 구역은 경쟁시설이나 수요자의 특성, 사회적 기반, 자치단체의 정책과 방향, 규제 등으로 삶의 질을 결정할 수 있다.

다섯째, 특정지역의 입지는 얼마나 투자되었는가? 점포의 입지와 위치, 인력 등은 원재료와 비품, 생산물의 크기와 용도를 결정한다.

여섯째, 불확실성을 해결할 수는 없는가? 경쟁자와 공급자, 소비자의 행동을 예측하기 위한 최상의 방법은 불가능을 줄이는 것이다.

일곱째, 한계점을 인식함으로써 위험성을 줄일 수 있다. 시장규모와 크기가 성공 여부를 결정하지는 않지만 실패를 줄이는 절대적인 요소가 된다.

2. 입지유형과 특징

입지유형을 파악하는 것은 자본의 적합성과 고객의 접근성, 이용의 편리성, 경쟁자의 능력 등으로 이를 통해 안정된 수익을 창출할 수 있기 때문이다. 자신이 보유한 자원을 확인하여 결과물을 만드는 데 영향을 미치는 입지유형은 다음과 같다.

1) 이용목적에 따른 입지유형

소비자들은 점포를 방문할 때 자신의 편익적 혜택과 목적에 따라 이용형태가 달라진다.

(1) 목적형 입지

고객이 특정한 목적을 가지고 상권을 방문하는 형태의 입지를 말한다. 목적에 따라 도심의 백화점, 영화관, 병원, 외곽의 가든, 키즈카페, 전통체험장 등으로 결정된다.

(2) 적응형 입지

점포 앞을 지나는 유동인구에 의해 영업의 매출액이 결정되는 입지를 말한다. 패스트푸드점이나 커피점, 편의점, 보세의류, 잡화점, 할인점 등을 말한다.

(3) 생활형 입지

아파트나 빌라, 주택, 오피스텔 등 주민들의 일상생활 속에 위치하며, 이용고객의 형태에 따라 발전된 입지를 말한다. 마트나 슈퍼마켓, 편의점, 미용실, 학원, 이용원, 세탁소, 은행, 병원, 한의원, 호프, 횟집, 중국집, 치킨집 등의 다양한 일반 음식점을 포함하고 있다.

2) 집적물에 따른 입지유형

고객들은 집적시설물의 유형에 따라 이용동기와 방법, 시간, 소비형태, 유형이 달라질 수 있다. 여기에는 산재형과 집재형, 집심형, 국부적 집중형으로 분류된다.

(1) 산재형 입지

산재형 입지는 동종 업종끼리 서로 분산해야 유리해지는 점포유형을 말한다. 동네 상권 내 업종으로 슈퍼마켓, 잡화점, 반찬가게, 정육점, 과일, 채소, 미용실, 이발소, 치과, 한의원, 독서실, 호프, 커피점, 중국집, 치킨집, 노래방, 부동산, 세탁소 등 지역의 주 상권과 주변 상권으로 분류된다. 지역 내 동일업종이나 경쟁자 수가 적어야 하며, 사거리를 중심으로 코너에 위치해야 한다. 최상류층이나 하류층이 밀집된 지역은 피하는 것이 좋다.

(2) 집재형 입지

동종유형의 업종끼리 같은 상권 내에 모여서 입지해야 유리해지는 상권을 말한다. 고객이 모일수록 상권의 세력권은 확대되며, 고객이 찾아오는 상권을 말한다. 전문적인 업종들이 형성되기 때문에 구로 공구단지나 기계, 논현동 고가구거리, 사당동 중고가구거리, 청담동 웨딩숍거리, 종로 귀금속거리, 전문음식점, 한우촌, 회 타운, 축산물 등을 비롯하여 인사동거리, 압구정 로데오거리, 신사동 가로수길 등의 입지를 말한다.

상권 출점은 성숙도에 따라 성장기에 진입해야 유리하다. 강남, 명동, 종로, 압구정, 건대, 홍대, 영등포 등 광역상권을 비롯하여 신도시 지역상권에 이르기까지 성장성이 높은 입지를 선택해야 한다. 점포위치가 사거리 코너보다 규모가 큰 곳은 전문성을 찾아 사람들이 모일 수 있는 입지가 된다. 이러한 입지는 직원들의 지식을 비롯한 접객태도와 직원관리가 중요하다.

1위 뉴욕 Broadway

2위 파리 Champs-Élysées

3위 캘리포니아 Pacific Coast Highway

4위 뉴올리언스 Bourbon Street

5위 시카고 Michigan Avenue

6위 바르셀로나 La Rambla

7위 Hollywood Road

8위 미국 Wall Street

9위 영국 Abbey Road

10위 샌프란시스코 Lombard Street

출처 : PGR21 자료게시판(http://www.pgr21.com)

〈그림 6-1〉 세계의 유명한 Top 10거리

(3) 집심형 입지

지역 및 지구의 중심지에 입점해야 유리한 점포유형을 말한다. 10~20대를 위한 분식점, 중저가 의류, 액세서리, 화장품, 보세 등이 밀집된 업종을 비롯하여 상류층을 위한 고급업종으로 분류된다. 40대 이상의 중년여성을 위한 입지에 적합하며, 백화점과 명품, 고급음식점, 보석, 카페, 유통센터, 대형서점, 마사지업소, 비즈니스업종 등이 유리하다. 명동이나 종로, 압구정, 강남, 청담, 신촌 등 영화관과 카페, 테이크아웃 카페, 패션의류, 팬시, 화랑 등이 유리하다.

(4) 국부적 집중형 입지

핵심적인 시설과 특화된 동종 업종끼리 국부적인 중심지에 모여 운영해야 유리한 점포를 말한다. 시청광장, 관공서, 대학교, 신림동 고시촌, 경동약재상, 양재 화훼단지, 종묘상, 농기구 기계전문점, 가구 전문점 등의 입지를 말한다. 서초동 법조타운의 변호사, 회계사, 세무사, 법무사 사무실을 비롯하여 부동산 컨설팅회사 등 영업방식과 자본금에 따라 차이가 있다. 이러한 곳은 일반음식점을 비롯하여 한정식, 고급음식점, 카페 등이 유리하다.

3) 입지의 지리적 특성

상권을 분석하였다면 점포가 위치한 입지특성을 파악해야 한다. 대표적으로 고객 유입을 쉽게 할 수 있는 접근성으로 목적에 따라 방문할 수 있는 교통편, 도로상황, 지역현황, 시간과 공간적 범위 등에 대한 편의성을 말한다. 가시성은 점포의 몫으로 입지역할에 따라 가치가 달라진다. 수많은 기업들은 브랜드 이미지를 향상시키기 위해 강남의 중심가에 고비용을 지출하면서도 안테나 숍을 운영한다. 고객의 시선을 집중시켜 경험과 재미, 흥미를 유발함으로써 이익을 줄 수 있지만 자사의 브랜드 인지도를 향상시킬 수 있기 때문이다.

(1) 접근성

접근성은 고객이 점포를 방문할 때 얼마나 빠르고 편리하게 찾아올 수 있는가를 말한다. 도로를 중심으로 인도와 점포 간의 거리, 역세권 방향, 계단상태, 도보여부, 주차공간, 입구 등은 이용을 결정할 때 영향을 미친다. 복합건물일 경우 입구의 통로가 좁다든지 미로처럼 되었거나 엘리베이터 설치유무 등에 따라 달라질 수 있다.

주차장 입구 넓이와 방향은 상대적으로 서툰 여성운전자들의 진입을 어렵게 하여 방문을 취소하게 한다. 대로, 소로, 전용주차장 및 공용주차장 등은 초보자 및 여성 운전자, 노약자들의 방문에 영향을 미친다. 누구나 한번쯤은 원하는 건물 입구를 찾지 못하여 다른 건물지하에 들어가거나 목적지와 떨어진 곳에 주차한 경험이 있다. 이들의 대부분은 재방문을 꺼리게 되므로 호텔급 발레파킹(valet parking)을 백화점, 병원, 음식점에서 실시하고 있다. 서울은 도로가 복잡하고 차량이 많아 시간과 비용을 고려한 대중교통이 일상화되었지만 자신의 불편을 고려하여 지하철과 버스 이용을 꺼리는 운전자가 늘고 있기 때문이다.

(2) 가시성

소비자들이 목적지를 방문하기 위해 점포를 쉽게 발견하여 인지할 수 있는 것은 점포의 외형적 특성 때문이다. 유동고객이 많은 지역의 랜드마크는 소비자들이 모임을 결정할 때 장소의 대표성을 가진다. 잘 보인다는 것은 그만큼 매력성을 가졌다는 것이다.

첫째, 점포는 도로를 기준으로 주위건물과 차별화된 상징성을 나타낼 때 고객은 쉽게 기억할 수 있다. 가로수나 가로등, 보호수, 건물특징, 색상, 로고 등을 말한다.

둘째, 점포의 전면길이가 넓어야 점포가 커 보인다. 바깥에서 보면 매장이 커 보이지만 내부는 작거나 전면이 세로로 작아 보이지만 들어가면 규모가 큰 점포가 있다. 이는 고객이 일정이상의 규모를 선호하는 경향이 있기 때문이다.

셋째, 점포는 공유지와 사유지의 경계선을 중심으로 넓어 보이거나 타원형으로 튀어나왔을 때 쉽게 기억한다. 도심의 가든, 카페 등 보호수가 있으면 사람들은 쉽게 찾을 수 있으며, 여름의 휴식공간으로 활용할 수 있다.

넷째, 계절에 따라 점포의 입지는 차이가 난다. 도로를 중심으로 뻗어 있는 가로수는 봄, 여름, 가을, 겨울에 따라 가시성에 차이가 있다. 특히 2층은 봄부터 초가을까지 잎이 무성하여 점포의 간판을 막을 수 있다.

다섯째, 2층보다 1층 매장이 눈에 잘 띈다. 소비자들의 눈높이에 맞는 위치를 선점한다는 것은 잘 보일 수 있는 공간과 접근성이 뛰어나다는 것이다.

여섯째, 점포 창문이 오밀조밀하게 밀접된 것보다 원통형 유리창이 소비자들의 가시성을 높인다. 창업자들은 입지의 가시성을 높이기 위해 익스테리어(exterior)를 강화하고 있다. 상징물이나 아치, 네온, 간판 글씨체, 글자크기, 방향을 다르게 나타낸다. 미디어 파사드(Media facade)는 건축물 외면의 가장 중심을 가리키는 '파사드(Facade)'와 '미디어(Media)'의 합성어로, 외벽 등에 LED조명을 설치해 그 기능을 강화하는 것이다. 도시의 건축물은 시각적 아름다움과 정보전달매체로 디지털 사이니지(Digital Signage) 형태에 주목한다. 조명과 영상, 정보기술(IT)을 결합한 21세기 건축의 트렌드로 2004년 압구정동 갤러리아 백화점 명품관에 처음 도입되었다.

(3) 홍보성

사업을 시작할 때 얼마나 쉽게 효과적으로 광고, 홍보, PR하여 소비자들에게 알릴 수 있을까를 고민하게 된다. 홍보는 방송매체를 통하거나 사람들의 입을 통해 전달되는데 구전효과는 신뢰성이 가장 높다. 주력상품에 대한 고객인식과 효과는 투입대비 산출효과에 따라 달라질 수 있지만 점포에서 직접적으로 나타낼 수 있는 건물형태나 구조, 간판, 색상, 상징성 등은 그 자체가 홍보성을 가진다.

첫째, 홍보에는 구전효과가 신뢰성이 높다. 남성보다 여성고객들이 호기심이 높으며, 점포방문 시 시식이나 시연회 등 테스트시장에 민감하다. 그렇기 때문에 경쟁자보다 먼저 보여줄 수 있어야 한다. 아래 그림은 간판의 글자를 거꾸로 하여 사람들의 호기심을 자극한 홍보사례이다.

(4) 호환성

상권 내 업종이 다양하게 구성되어 있어야 고객의 유입을 쉽게 할 수 있어 경쟁력이 높아진다. 대한민국 대표상권의 특징은 다양한 업종이 공존하면서 상호 간의 호환성을 가져 시너지 효과를 만들고 있다.

첫째, 다양한 업종이 분포되어야 상권력이 강해진다.

둘째, 고객의 선택 폭이 넓을수록 좋은 입지가 된다.

셋째, 호환성은 상호 간에 실패를 줄일 수 있다.

넷째, 입지조건은 양도·양수 시 권리금 등을 결정한다.

다섯째, 창업은 경제적 이익을 창출하는 것이다.

4) 기능적 특징

점포의 좋은 위치는 특정한 장소의 공간을 선점한 상태로 그 기능과 역할 차원에서 경쟁력이 된다. 창업 초기부터 시장의 위험요소를 파악하여 사전에 이를 차단하려는 노력을 통해 우위를 선점할 수 있다. 생활편의품을 판매하는 대부분의 점포는 입지산업으로 성공에 영향을 미친다. 몫이 좋다는 것은 좋은 입지를 가졌다는 뜻이다.

(1) 지리적 위치

건물의 지형과 지세는 위치에 따라 시계성과 홍보성, 접근성, 호환성 차원에서 달라진다. 대중시설이나 교통상황, 차선넓이, 도로상태, 진입여부, 보행, 생활동선, 구매상황 등은 성장과 발전에 영향을 미친다. 시계성은 점포에 관한 시각적 평가로 방문고객 입장에서 보면 여러 번 반복적으로 평가되는 요소이다.

첫째, 지리적 위치는 기점의 문제이다. 즉 상권중심이 어디에서부터 어디까지 고객의 시선을 끌 수 있는가?를 말한다. 소비자의 시선을 끌 수 있는 매력적인 요소는 가까운 위치에 있어야 한다. 주 출입구나 역의 개찰구, 전철의 메인 출구 등의 위치는 시계성이 좋고 나쁨으로 결정된다. 중심이 불분명하다면 좀 더 세밀한 분석과 시간이 필요하다.

둘째, 대상의 문제이다. 고객에게 무엇이 잘 보이는가?를 말한다. 건물의 위치나 구조, 넓이, 간판, 글자체, 크기, 돌출, 네온 등의 전체, 정면 등은 판매촉진 역할을 하기 때문에 유입방향을 확인해야 한다.

셋째, 거리 문제이다. 어느 정도에서 사람들에게 잘 보이는가? 고객은 점포의 간판을 인식하여 매장에 들어가기까지 약 20~30초 내에서 결정한다. 짧은 시간 고객을 끌어들일 수 있는 요소가 무엇인가에 따라 정보의 신속함을 요구한다.

넷째, 주체의 문제이다. 누가 고객을 끌어들일 수 있는가? 소비자들은 구매상품에 대한 정보가 자신의 시야에 들어오기를 희망한다. 예를 들어 간판의 크기와 위치, 색상 등의 조화를 중시한다. 색상이 같으면 멀리서도 잘 보이지만 그렇지 않을 수도 있다. 지나친 색상과 배열은 조잡함으로 식별에 어려움을 줄 수 있다. 판별하기 쉬운 색상이나 글자체, 크기, 디자인 등은 점포의 외형적 이미지를 긍정적으로 유도하게 된다. 현대는 네온이나 이동식 간판으로 시선을 모으지만 때론 행인들의 보행을 방해할 수 있어 부정적인 영향을 줄 수 있다.

(2) 집객기능

관공서나 은행, 병원, 아울렛, 할인점, 영화관 등은 소비인구가 모이는 입지로 주변환경과 상호작용하게 된다. 집객시설의 기능은 유동인구와 경쟁관계, 주변시설, 단절요인 등 유사한 업종이 많거나 상반된 업종은 나쁜 입지가 될 수 있다. 예를 들어 죽 집을 창업한다면 종합병원은 훌륭한 집객기능을 한다.

(3) 유동인구 유발과 흡인력

대중교통의 환승권은 사람들의 왕래가 잦아 사시사철 유동인구로 붐빈다. 상권력은 강해 보이지만 저가상품이나 생필품, 패스트푸드, 분식, 퓨전요리 등이 주류를 이룬다. 점포형태와 상품력에 따라 유입가능성은 달라지기 때문에 보여줄 수 있는 최적의 타이밍이 중요하다. 노점상들이 시야를 막거나, 출입구의 경사면, 횡단보도와의 거리, 동선이 좁아 출입을 어렵게 할 수도 있다.

(4) 경쟁점포

입지가 뛰어나더라도 자신이 경영하려는 업종을 경쟁자가 선점하고 있다면 개점을 고민하게 된다. 경쟁자 조사는 상권 내 출점 가능한지, 차별화할 수 있는 요소를 개발하여 어떻게 위치해야 되는지, 경쟁자의 인지도와 규모, 직원관리, 특성을 파악하며, 취급상품의 종류와 가격, 영업시간, 운영형태, 매출액, 주 고객 특성 등을 분석해야 한다. 하지만 경쟁자가 많다 하여 모두가 불리한 조건은 아니다. 같은 업종이나 보완관계로 상승효과를 낼 수 있기 때문이다.

첫째, 경쟁점포의 운영상황과 주력상품, 가격, 테이블 유형, 좌석 수, 직원 수, 영업형태, 화장실, 매출액, 접객태도, 고객관리 등을 파악해야 한다.

둘째, 경쟁점포의 시설현황으로 점포위치와 크기, 매장평수, 인테리어시설, 익스테리어, 간판, 출입구, 주차장 등을 파악해야 한다.

셋째, 경쟁점포의 상품력과 경영능력, 이용편리성, 시장점유율과 품질관리, 외형구성, 대표자능력, 직원관리, 접객력, 마케팅 촉진전략, 고객반응 등에 대한 매력성을 평가해야 한다.

(5) 고객출입 단절요인

고객출입을 어렵게 하는 단절요인은 다양한 형태로 나타난다. 유입경로를 통한 점포의 위치와 방향, 직원들의 접객태도, 주메뉴와 가격, 접근성 외에 자연 및 인공 자원, 장애물 등이 영향을 미친다.

첫째, 강이나 하천, 공원, 문화재 등 지형지물은 출입을 어렵게 할 수 있다.

둘째, 철도나 도로상태, 횡단보도 등에 따라 출입을 어렵게 할 수 있다.

셋째, 학교나 병원, 관공서 등은 이동을 어렵게 할 수 있다.

넷째, 주유소, 주차장, 재활자원, 패널 등이 출입을 어렵게 할 수 있다.

다섯째, 카센터나 우유 및 아이스크림 대리점, 신문보급소, 가구점, 공구상, 자동차

중고 매매상 등은 출입을 어렵게 할 수 있다. 반면에 대형시설물들은 1급지를 구성하는 중심상권으로 도보이동을 쉽게 할 수 있다.

3. 입지선정 원칙

1) 입지선정 원칙

입지를 선정하는 데는 원칙이 있으며 점포를 계속적으로 운영할 수 있는가의 안정성과 점포의 균형성, 조화성, 상세성을 가지고 있어야 한다.

(1) 안정성

안정성은 점포를 운영하는 모든 사람들의 희망사항으로 투자대비 매출액 증가로 안정된 영업을 할 수 있는 상태를 말한다. 입지조건이 우수하더라도 개점에 필요한 투자비용이 많이 들어가게 되며 수익 창출에 많은 시간이 걸린다. 유명상권의 중심지는 대기업들이 안테나숍으로 운영하면서 브랜드 이미지를 향상시키고 있다.

예를 들어 경제력에 따른 집중현상은 기업에만 해당되는 것이 아니라 상권의 경쟁력에도 영향을 미친다. 지하철과 광역버스, KTX 등 교통 인프라가 잘 구축된 지역은 경쟁관계나 보완관계로 동네상권을 흡수한다. 강남은 지하철 2호선과 광역버스가 환승하면서 서울 외에도 정자, 이수, 서현, 야탑, 분당, 수원, 안양, 안산, 광주, 파주, 인천상권 등을 흡수하였다(이상균, 2015). 너비 50m, 왕복 10차선의 테헤란로가 만나는 지점은 한남대교를 통해 강북, 강남, 분당을 잇는 남부 관문에서 60여 대의 광역버스가 움직인다. 따라서 하루 30만 명의 유동인구를 쏟아내면서 교통중심지가 되어 대한민국 최고의 상권이 되었다. 커피전문점, 화장품, 패스트푸드, 이동통신사, SPA, 베이커리 등과 더페이스샵, 지오다노, 아리따움, 이니스프리, 스킨푸드, 네이처 리퍼블릭, 뉴 발란스, 자라, FOLDER 등의 경우 하나의 브랜드가 여러 곳에 지점을 내기도 했다. 11번 출구와 신논현역 5번 출구는 나이키 매장에 장사진을 친다. 음식점은 임대료 부담으로 2~3층으로 이동하였다.

유화빌딩 5, 7, 8, 10, 11, 12, 13층에는 8개의 성형외과가 있다. 이는 피부과와 에스테틱, 비만클리닉, 치과, 한의원 등으로 빛과 그늘이 존재한다. 임대료가 워낙 비싸 1층과 2층은 수익이 안 나지만 대부분 안테나숍이다. 5번 출구 앞 아리따움 직영점은 전용면적이 40평 미만이지만 보증금 20억 원에 월 임대료는 4,000만 원, 교보타워 옆 리젠 성형외과는 1층 면적이 100평으로 보증금 30억에 월 임대료는 8,000만 원이다.

구간별로 차이가 있지만 우성아파트 사거리~강남역까지 남쪽 지역은 직장인, 북쪽은 20~30대를 겨냥한 대학생들로 영단기와 파고다어학원, YBM, 해커스, 대성학원이 위치한다. 10번 출구는 역대 최고가인 평당 5억 1,700만 원, 7번 출구는 4억 2,000만 원에 팔렸다. 사업을 운영하는 것은 수익을 극대화하여 안정적인 이익을 달성하기 위해서이다. 하지만 중심상권의 비싼 임대료와 낮은 객단가는 고객의 유입을 많게 하지만 제한된 공간에서의 회전율 문제로 수익성을 떨어뜨리고 있다.

(2) 점포의 균형성

점포가 안정된 수익을 올리려면 주변점포와 균형을 이루어야 한다. 선택점포의 입지가 동일 상권 내 다른 업종과 보완관계를 가져야 시너지 효과를 낼 수 있다. 경쟁자보다 우위를 차지할 수 있는 기본요건은 점포의 규모와 인테리어시설, 가격, 접근성, 접객태도 등에서 결정된다. 상권 내 유사업종이 창업할 때 경쟁점의 규모는 고객을 흡인하는 데 영향을 미친다. 동일조건이라면 쾌적하고 매력적인 점포를 선택하는 데 업종에 따라 프라이버시가 침해되지 않는 시스템으로 적정가격과 혜택을 제공받고 싶어 한다.

예를 들어 커피와 설탕은 상호 보완재이다. 커피 수요가 늘어나면 판매량이 늘어나 설탕수요가 커진다. 설탕은 초과수요가 발생하여 구매경쟁이 벌어져 초과수요가 사라질 때까지 가격이 오르게 된다. 반대로 커피값이 폭락하면 수요가 줄어들어 설탕값은 내려간다. 커피 수요가 줄면 커피 판매량은 감소하며, 설탕 생산자는 초과공급이 발생하게 된다. 생산자들끼리 재고를 처리하느라 판매경쟁이 벌어져 가격이 떨어지게 된다. 삼겹살과 소주도 상호 간에 영향을 미친다. 시장의 수요변화가 상품가격을 변화시키는 것으로 삼겹살집 중 소주값을 받지 않는 점포가 있다. 이러한 전략은 고객이 부담 없이 소주를 마실 수 있게 하여 삼겹살을 더 주문하게 한다. 삼겹살의 판매마진이 소주의 판매마진보다 훨씬 높으면 음식점 입장에서 볼 때 공짜 소주가 판매마진을 높여주는 도구가 된다. 소주는 삼겹살의 보완재 역할을 한다.

대체재는 삼계탕과 추어탕에도 일어난다. 삼계탕 수요가 급증하여 가격이 비싸지면 소비자들은 삼계탕 먹는 횟수를 줄여 추어탕으로 이동한다. 삼계탕의 가격상승은 추어탕의 수요량을 증가시킨다. 이때 추어탕의 수요량 변화는 가격변화에 따른 것이 아니라 삼계탕의 변화에 따라 수요곡선이 이동한 것이다.

(3) 조화성

아이템은 상호 간에 조화를 이룰 때 매출액 증가와 입지력을 강화시킨다. 신도시의 복합건물은 점포 수가 작지만 커피전문점이나 베이커리, 편의점, 미용실 등 몇 개의 업종이 전체의 70~80%를 차지한다. 이러한 상권은 고객선택을 제한하여 집중시키는 데 어려움이 있다. 상권 내 독보적인 상품이라도 영업하기는 쉬워지지만 외부에서 주목받지 못해 성장에 한계를 가진다. 따라서 고객의 시선을 끌 수는 있지만 다양한 업종이 존재해야 전체 상권은 조화를 이루어 성장할 수 있다.

경영자는 상권이 집중된 곳이나 독립공간에서도 경쟁력을 키워야 한다. 메뉴종류와 특성, 콘셉트, 가격, 접객태도, 이벤트 등 경영활동과 관련된 지속적인 차별화를 진행해야 성장할 수 있다.

(4) 상세성

입지를 선정할 때는 다양한 정보를 평가하게 된다.

첫째, 입지를 분석하기 위해서는 기본적인 현황과 약도, 점포별 특성 등을 사진이나 동영상, 로드맵을 통해 상세히 분석해야 한다. 주상권의 입지를 바탕으로 집적시설물의 위치와 상태를 확인해야 한다. 지형과 지세, 교통여건 등의 세부사항을 분석해야 한다.

둘째, 업종 분포도와 본 업종과의 연관성을 분석해야 한다. 다양한 요소를 고려하며, 배후지의 인구통계학적 특성과 소득수준, 고객성향 등을 파악해야 한다.

셋째, 유동인구의 흐름과 성별, 시간대별 이동현황, 요일별 구매동향 등의 추이를 파악해야 한다. 이를 통해 소비계층의 분포와 조건, 특성을 파악할 수 있다.

넷째, 상권 내 매물 정도와 임대료, 권리금을 조사해야 한다. 본 점포와의 경쟁관계 및 장단점, 투자비용과 협상 가능성, 변화상태를 파악해야 한다. 이를 통해 발전가능성을 예측할 수 있다.

다섯째, 점포의 외부조건으로 넓이와 길이, 형태, 지형과 지세, 층별 현황과 엘리베이터, 유동인구 흐름과 방향, 연결점포, 주차장, 구조물, 통로 등 가로세로 길이와 높이, 기타 제반조건을 파악해야 한다.

여섯째, 점주의 특성과 직업, 주변의 평판, 재력상태, 가족상황, 주거형태 등을 파악해야 한다.

일곱째, 동종 경쟁자와 연관된 점포의 기본적 상황을 조사하며, 상권이 가지는 특성을 파악해야 한다. 조사를 통해 각 점포의 경쟁관계와 매력적 요소를 비교함으로써 최종결정에 도움이 된다.

2) 넬슨의 입지선정 원칙

상권 분석을 통한 입지선정의 원칙은 많은 선행연구자들에 의해 소개되었지만 외식점포의 창업과 운영에 필요한 기준은 시대적 변화로 인해 표준화에 한계가 있다. 외식업은 부동산과 연계되어 있기 때문에 미래의 수익구조와 이익창출에 기여할 수 있는 방안을 함께 찾아야 한다. 단기간에 승부가 결정되는 것이 아니라 장기적인 계획과 운영, 경영방법에 따라 혁신적인 변화를 수용하면서 이루어져야 한다. 넬슨(R. L. Nelson)이 소개한 입지선정 원칙은 다음과 같다.

(1) 상권의 잠재력

특정 상권의 입지를 분석하는 것은 잠재된 수요를 파악하기 위해서이다. 성장 및 발전가능성에 따른 잠재력은 현재의 상품력과 수익을 향상시키지만 미래에도 계속적으로 먹거리를 창출할 수 있는가는 별개이다. 도시 주변의 다양한 집객시설물의 등장은 소비생활의 패턴을 바꾸었다. 쾌적한 환경과 시원한 도로상황, 접근성에 따른 잠재력은 계속적인 성장에 기여할 수 있다.

(2) 접근 가능성

상권 내 유입된 고객을 본 점포로 흡인시킬 수 있는 접근 가능성을 말한다. 고객은 이용목적에 따라 모임장소를 결정하는데 행사를 주관할 때는 쉬운 접근성과 편의성에 따른 교통편 등을 따지게 된다.

(3) 성장 가능성

주거환경의 인구 수와 주택지, 소득증가 등은 시장의 성장을 이끌 수 있다. 선택점포의 주변환경을 둘러싸고 있는 변화는 매출향상과 발전에 기여할 수 있다. 현재의 입지가 지역을 대표하여 계속적으로 뻗어 나가는 매력적인 상권인가를 의미한다.

(4) 중간 저지성

점포가 상권의 중간에 위치함으로써 기존상권으로 접근하는 고객들을 중간에 차단할 수 있는 가능성을 말한다. 반면에 자신이 창업한 입지 내에서 후발점포가 상권 입구에 위치하여 자사고객을 중간에서 저지할 수도 있다.

(5) 누적 흡인력

영업형태가 비슷하거나 동일한 점포가 집중되어 있는 지역으로 고객의 흡인력을 극대화할 수 있는 가능성을 말한다. 관공서나 사무실, 학교, 문화시설 등이 인접해 있으면 고객을 흡인하는 데 유리하다. 동종 경쟁자들은 고객선택과 의사결정을 용이하게 하는 집적시설물들이 활성화되어 있으므로 시너지 효과를 낼 수 있다. 예비 창업자들은 아이템에 따라 중간지역에서 저지할 수 있는 입지를 선택할 것인지, 누적된 흡인력을 자랑하는 입지를 선택할 것인지를 판단해야 한다.

(6) 양립성

시장은 항상 양립성을 가지고 있다. 상호 보완관계에 있는 점포가 서로 인접해 있으면 고객의 흡인력을 높일 수 있다. 예를 들어 액세서리 점포를 창업하고자 할 때 옆 점포가 무엇을 판매하는가에 따라 매출액은 달라진다. 부티크(boutique) 의류점이라면 분명한 이익을 볼 수 있다. 옷을 사러 온 쇼핑객들은 의류의 색상이나 이미지, 고객특성에 따라 자신을 코디(coordination)할 것이다. 이처럼 상호 간의 호혜업종으로 점포 간에 고객을 주고받을 수 있는 현상을 말한다. 외식점에서는 음식점 옆에 커피점이나 노래방이 상호 간의 보완관계로 고객유입을 증가시킨다. 이러한 효과를 얻을 수 있는 입지를 찾는 것도 경쟁력이 된다.

(7) 경쟁 회피성

경쟁점포의 위치와 입지, 규모, 형태, 운영방법 등에 따라 우위를 확보할 수 있어야 한다. 향후 신규점포가 입점하더라도 사업장에 미칠 영향을 파악하는 것은 경쟁을 회피하는 전략이 된다. 경험이 풍부한 사업자라면 예비자보다 우위를 점할 수 있는 위치를 선택하는 것도 좋은 방법이다. 경쟁점이 중간에 입지하지 않도록 관심을 가지며, 자사보다 우위를 점할 수 있는 요소가 무엇인지 확인해야 한다. 경쟁자가 들어설 수 있는 다른 중요한 위치를 먼저 선점하는 것도 입점을 막을 수 있는 방법이다. 슈퍼마켓, 베이커리, 커피점, 세탁소 등은 생활필수품에서 치열하게 전개되는 업종으로 경쟁이 심화되어 있다.

(8) 경제성

사업은 경제성이 있어야 한다. 점포의 입지력에 따라 상품과 가격, 촉진전략 등 비용대비 수익성을 고려하게 되는데 좋은 입지라도 이익이 없으면 그 가치는 없어지게 된다. 강남의 중심상권을 비롯하여 지역의 유명상권은 높은 보증금과 임대료가 필요하다. 장사가 잘 되어도 지출비용이 많으면 결국 고생만 하고 돈은 건물주가 벌게 된다. 반면에 열악한 입지조건에서도 저비용으로 고수익을 낼 수 있다. 상권과 입지를 분석하는 것은 손익분기점에 따른 사업타당성을 확인하여 현명한 선택과 결정을 하기 위해서이다.

4. 입지선정 평가방법

소매점포의 입지를 선정할 때 중요하게 생각하는 것은 주력상품의 메뉴종류와 가격, 촉진방법, 매뉴얼, 서비스방법 등으로 이는 영업 중에 변경하기 어렵기 때문이다. 좋은 입지를 선택하는 것도 힘들지만 계약했다면 파기하기는 더욱 힘들기 때문에 현명한 결정이 요구된다. 무엇보다도 입지의 평가요소가 충족되지 못하면 고객에게 보여줄 수 있는 매력성은 상실된다.

1) 점포 후보지 분석

상권 및 입지를 분석하는 궁극적인 목적은 최적의 후보지를 찾기 위해서이다. 부동산을 통해 현재 비어 있거나 계약이 만료된 정보를 쉽게 얻을 수 있지만 대부분의 창업자들은 자신이 잘 아는 입지를 선정하려 한다. 잘 안다는 것은 선입견이다. 다양한 방법으로 꼼꼼하게 확인해서 결정해야 될 일을 쉽게 결정할 수 있기 때문이다. 따라서 후보지가 가진 특성을 고려하여 장단점을 파악해야 실패를 줄일 수 있다.

중개업소를 직접 방문하지 않더라도 자신의 자본금에 맞는 정보를 부동산 사이트를 통해, 관심지역 입지나 점포형태, 특성, 가격, 평수, 이용현황, 예상매출액, 유동인구, 경쟁현황 등을 확인할 수 있다. 앞서서 상권입지의 특성을 모니터링할 수 있지만 이러한 방법의 결정에는 한계가 있다. 스스로 분석이 완료되었다고 단정해서도 안 되며, 반드시 현장을 방문하여 실제 상권의 점포를 비교해야만 위험을 줄일 수 있다. 이러한 정보는 부동산이나 지역생활정보지, 상가 분양사무소, 컨설팅회사 등 어디서나 가능하지만 비용을 지불해야만 양질의 정보를 획득할 수 있는 것이다. 온라인을 통한 블로그나 카페, 컨설팅 보고서 등 검증되지 않은 지식들이 남발하는 현실에서 핵심적인 내용은 공짜로 제공하지 않는다. 계약 전에 충분히 시간을 갖고 평가자료를 종합적으로 분석해야 한다.

〈표 6-1〉 세대 수 조사

주거유형 / 점포거리	반경 300m	반경 500m 이내	반경 1km 이내
아파트			
연립주택 및 빌라			
오피스텔			
단독 및 다세대			

〈표 6-2〉 경쟁유형 조사

경쟁유형과 거리	반경 300m	반경 500m 이내	반경 1km 이내
경쟁유형 중 약			
경쟁유형 중 중			
경쟁유형 중 강			

〈표 6-3〉 동선 조사

구분	상권 내 입지비중(%)	9시 전	11~14시	14~16시	16~20시	20시 이후
도보						
승용차						
10대(남/여)						
20대(남/여)						
30대(남/여)						
40대)남/여)						
50대 이후(남/여)						

2) 후보지 입지 분석

특정지역의 후보지가 결정되었다면 지구나 택지, 신도시 등의 위치를 분석해야 한다. 최적의 입지를 선정하기 위해서는 그 지역의 특성을 파악하는 것이 중요하다. 입지는 마음에 들지만 자본금이 부족하여 고민할 수도 있다. 입지는 셋 이상의 후보지중 최적의 후보지를 결정했을 때 후회가 없어진다. 제조업, 가공업, 서비스업, 도·소매업 등 신규 점포의 입지선정은 최종 후보지의 분석에 따라 자신의 가치관이나 경쟁력, 성장과 관련되어 있다. 이러한 분석은 소매점포의 잠재력을 평가하는 데 유익하며, 그 지역에 거주하는 인구 및 가구 수를 조사하는 것에서 시작된다.

또한 구매력을 측정하기 위해서도 입지를 분석한다. 거주민의 인구 수뿐만 아니라 그들의 가처분소득이나 생활형태, 라이프스타일 등에 따라 달라지기 때문이다.

〈표 6-4〉 상권 내 지역입지의 체크리스트

순서	내용	평가방법 ①~⑤
①	점포입지는 중심상권에 위치하고 있다.	
②	점포입지는 퇴근방향으로 위치해 있다.	
③	점포입지는 아파트 입구, 전철권역 출구 등에 위치해 있다.	
④	점포입지는 반대 차선에서 들어오기 쉬운 위치이다.	
⑤	점포입지는 교차로의 신호등 전에 위치하고 있어 통행인의 시선을 끈다.	
⑥	점포입지는 가로수가 없어 가시성이 충분하다.	
⑦	점포입지는 주차장이 잘 갖추어져 있다.	
⑧	점포입지는 사람들의 시선을 한눈에 보여주는 상징물이 있다.	
⑨	점포입지는 도로폭이 편도 2차선 내에 있어 통행인이 쉽게 찾을 수 있다.	
⑩	점포입지는 100m 전에도 잘 보인다.	

3) 후보지역 사이클

입지를 분석할 때는 후보지역의 상권 영향력과 라이프스타일에 따른 생태적 측면을 고려해야 한다. 도시의 변화나 지구지정, 사회, 경제적인 현상은 다양하게 나타날 수 있다. 지역의 발전현황과 인구분포, 성장가능성, 수요예측, 지가상승이나 점포 공실률 등은 수용인원, 집적시설물 등에 영향을 미친다. 그러므로 도시의 성장 사이클은 개발단계부터 일관성을 가져야 한다. 후보지는 단기간에 계획하여 형성될 수 없기 때문에 관공서의 이전 등 새로운 신축물의 활성화를 통해 파악할 수 있다. 하지만 입지가 아무리 좋다 해도 변하게 되어 있다. 수요자는 기존의 상권 형성과 대항력에서 영향을 미치지만 한순간에 붕괴될 수도 있다.

지역의 발전 가능성이나 영업상태, 동선, 주거형태 등도 번창한 것처럼 보이지만 쇠퇴할 수 있다. 좋은 점포를 발굴하려면 반드시 발로 뛰고 눈으로 확인하는 노력이 필요하다. 인·허가 문제나 보증금, 권리금 등 건물주의 재정상태나 등기부등본, 도시계획확인원 등에 따라 후보지의 사이클을 확인해야 한다.

예를 들어 중앙대 안성캠퍼스 이전은 이슈가 되었다. 개교 100주년이 되는 2018년 세계 100대 명문대학에 진입하기 위해 마련한 'CAU 2018+'의 일환으로 서울을 중심으로 서쪽에는 인천 검단캠퍼스, 동쪽은 하남캠퍼스를 운영하겠다는 것이다. 이에 안성시는 지역갈등이 심각할 경우 개발제한구역 해제 대상에서 제외된다는 당시 국토

해양부의 규정을 활용하여 하남캠퍼스 건립이 지방자치단체 간 마찰을 유발시킬 수 있다는 이유로 성장 관리권역인 안성에서 과밀 억제권역인 하남으로의 이전이 불가능하다는 법률문제를 제기하였다(기호일보, 2015).

중앙대 이전반대위원회는 정부에 탄원서를 제출하고 경기도청 앞에서 반대의 당위성을 설명하였다. 대덕면 내리 대학인마을연합회 등 20개 단체와 시민 2천500여 명이 참석한 집회였다. 교육을 경제논리로 접근, 안성의 지역경제를 황폐화시키고 시민들의 자존심을 짓밟는 비도덕성을 부각시켰다. 황은성 안성시장은 강한 의지를 갖고 안성캠퍼스 이전에 대한 시 차원의 체계적인 대응과 여론수렴, 동향파악, 시민홍보 등 사이버 수집팀을 구성하여 지역민의 경제력을 회복시키겠다는 것이다.

(1) 도입기

지역 택지조성과 지정은 신도시 개발의 시작이다. 과거에 존재하지 않았던 새로운 건축물들이 들어서면서 도시공간으로 활성화된다. 기존의 대표적 계획도시인 분당, 일산, 평촌, 중동, 송도, 위례, 운정, 판교, 동탄 2신도시까지가 전국적인 이슈가 되었다. 타 지역보다 비싼 가격에 분양되었지만 집적시설물이 잘 발달되어 활성화되었다. 신도시 결정과 시공, 완성, 활성화는 최소한 10년 이상이 걸린다는 점에서 그 변화는 국가 및 자치단체들의 정책과 연결되어 있다.

도입기의 상권입지는 규모에 따라 경쟁이 치열할 뿐 아니라 지역기능이 새롭게 형성되기 때문에 시간이 지날수록 중심지는 변화하게 된다. 초기의 좋은 입지는 바닥권리금이 형성될 만큼 우월적 지위를 누린다. 주변의 지가상승과 개발계획, 사업 착수와 준공, 입주, 안정단계까지 긴 시간이 필요하기 때문에 투기현상이 생길 수 있다. 대체로 초기의 입주민들은 교육수준이 높은 30~40대 연령층들로 개인적 의견에 대한 호불호가 뚜렷할 뿐 아니라 적극적인 성향을 보인다.

(2) 성장기

지역이 개발됨에 따라 입지의 규모, 위치가 점차 안정되면서 자족기능이 살아나 경제가 회복되는 단계이다. 상권 및 배후도시의 크기나 주거현황, 거주민의 경제력, 생활형태, 수준에 따라 변화 정도는 눈으로 확인된다. 입지의 경쟁력은 심화되면서 부동산 가격은 올라가지만 생활수준이 향상된 거주민이 유입되면서 지역상권은 활성화된다. 지가상승과 주민들의 잦은 이동은 상권의 성장에 탄력을 넣어 상승곡선을 나타낸다. 새로운 주거환경이나 지역을 선호하는 얼리어답터(early adopter)들로 인해 소모임이 많아지면서 생동감이 넘친다.

(3) 성숙기

성숙기는 주민들이 안정되어 이동은 적지만 지가가 초기에 비해 높게 형성된다. 주민들의 생활환경은 일정한 틀에 의해 이루어지지만 소점포를 운영하는 사람들은 빈익빈부익부 현상이 뚜렷해진다. 즉 잘되는 점포는 더욱 잘되고 안 되는 점포는 폐업 및 이전으로 새로운 공급자들을 만들어낸다. 소비자들은 새로운 것에 대한 희망으로 신규개업점에 몰려다니는 성향을 보이면서 쉽게 싫증을 느끼기도 한다. 경영자들은 쇠퇴기를 맞기 전에 새로운 변화를 모색하거나 리뉴얼로 고객의 관심을 높여야 한다.

〈표 6-5〉 점포 활성화 체크리스트

순서	내용	평가방법 ①~⑤
①	점포 내 접객직원의 행동과 표정이 밝다.	
②	점포 내·외 시설물의 색상이나 밝기 등과 쾌적함을 가지고 있다.	
③	점포의 전체적인 조명이나 상징물이 화려하다.	
④	점포의 조망권이 우수하다.	
⑤	진열상품이 정갈하고, 청결하다.	
⑥	주력상품의 우수성이 쉽게 눈에 뜨인다.	
⑦	인테리어 시설이 화려하다.	
⑧	매장 내·외에서 보여줄 수 있는 스토리텔링이 있다.	
⑨	점포의 정면, 입구를 비롯하여 고객의 유입이 쉽게 되어 있다.	
⑩	배웅하는 직원들의 접객태도가 세련되었다.	
⑪	점포의 전체적인 동선과 정리정돈이 잘 되어 있다.	
⑫	점포입지에 대한 접근성과 느낌, 정서가 따뜻하다.	

(4) 쇠퇴기

쇠퇴기는 시간이 지남에 따라 상권 매력도가 떨어져 노후화되거나 리뉴얼을 필요로 하며 지역경제가 위축된다. 약 20년 이상 된 지역으로 성장기, 성숙기 사람들 대부분은 새로운 지역으로 이동하면서 경제력이 낮은 주민들이 유입되기 시작한다. 지역에 따라 재개발이 이루어지지만 조합형성과 결정 등 크고 작은 문제점이 발생되기도 한다.

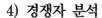

4) 경쟁자 분석

사업을 할 때 경쟁점포의 규모가 크면 그 위상에 눌려 주눅들 때가 있다. 지역입지나 점포구성 등 외적인 요소가 무엇인가에 따라 보완재가 되거나 대체재가 될 수 있다. 상권이 성장해 있으면 유사업종과 조화를 이루면서 그 효과를 낼 수 있다. 새로운 지구나 권역, 택지 등의 후발업체는 자본력과 점포크기, 자원, 촉진전략 등을 바탕으로 진입하게 된다. 그러므로 기존점포 현황과 규모, 크기, 지식, 경험 유무 등을 통해 경쟁자를 분석한 후에 시작해야 한다.

고객을 유입시킬 수 있는 집객시설은 백화점, 할인마트, 영화관 등을 비롯하여 전철과 버스운행노선, 횡단보도 등의 이동수단은 영향을 미친다. 이는 상주인구 수와 세대 수, 주변 상권과의 거리, 잠재시장과의 거리, 시간대별 통행량(주말, 주중), 입지의 가시성, 경쟁업소의 고객계층, 직원 수, 외부환경, 간판과 네온, 자동차 이용상황 등에서 평가된다.

(1) 보완관계인가 대체관계인가?

보완재(complementary goods)는 두 재화를 동시에 소비할 때 효용가치가 증가하는 것을 말한다. 따로 소비했을 때의 가치를 합한 것보다 공동으로 소비했을 때의 가치가 증가하는 것을 협동재라 한다. 보완관계의 두 재화 중 어느 한 재화의 수요가 증가하면 다른 재화의 수요가 증가하고, 한 재화의 가격이 상승하면 두 재화의 수요 모두가 감소하게 된다. 커피와 설탕, 펜과 잉크, 바늘과 실, 버터와 빵 등은 상호 간에 수익성을 증가시키게 된다. 전문음식점과 선매품(shopping goods)[1]은 대표적인 보완관계로 제품에 대한 완전한 지식 없이도 구매를 실행할 수 있지만 시간과 노력이 필요하다. 여러 상품을 비교하여 구매하는 식품·기호품·생활용품 등은 편의품에 비해 구매단가가 높지만 횟수는 상대적으로 적다. 소매점의 중요성에 비추어볼 때 선매품을 취급하는 상점들은 상권의 성장과 함께 발전해 간다.

대체재(substitutional goods)는 재화에서 효용을 얻을 수 있으며, 경쟁재라고도 한다. 버터와 마가린, 쇠고기와 돼지고기, 소주와 맥주 등은 서로 대체재이다. 일반적으

---

1) 제품구매 전에 가격·품질·형태·욕구의 적합성을 비교하여 선별적으로 구매하는 것이다. 비교대상에 따라 동질적 선매품(homogeneous goods), 이질적 선매품(heterogeneous goods)으로 구분된다. 동질적 선매품은 냉장고·가스레인지·텔레비전·세탁기 등과 같이 상표가 다르더라도 표준화의 특징을 가져 가격이 선택기준이 된다. 이질적 선매품은 의류·가구·구두 등으로 상표가 표준화되지 않고 제조업체에 따라 차이가 있기 때문에 제품 특성을 비교하기 위한 시간과 노력이 필요하다. 품질과 스타일·욕구에 대한 적합성은 선택기준이 되며, 직원의 역할이 중요하다. 수요가 비탄력적이기 때문에 소매점은 구매특성을 고려하여 촉진전략을 세워야 한다.

로 대체관계에 있는 두 재화는 하나의 수요가 증가하면 다른 하나는 감소하게 된다. 하지만 호혜업종끼리 군집을 이루면서 시너지 효과를 낼 수 있다. 이러한 관계는 상권과 입지의 크기에 따라 달라질 수 있지만 작은 상권은 보완관계의 업종이라도 상호 간에 경쟁관계가 될 수 있다.

(2) 상권 규모와 세대 수

상권은 배후도시를 중심으로 얼마나 크게 분포되어 있는가에 따라 매출액과 수익성, 성장성이 달라진다. 배후세력이 클수록 구매가능성은 높아져 유동인구는 증가한다. 점포 수가 100개 이상 모여 있을 때 중형 상권으로 소개되는데 생필품을 비롯하여 음식업, 편의점 등의 다양한 업종들이 유리해진다. 최소한 800세대 이상일 때 음식점과 슈퍼마켓, 베이커리, 세탁소 등이 장려되며, 경쟁자가 둘 이상이면 이익을 내기가 힘들다. 1,000세대 이상의 아파트 단지 내 독점적 업종은 어떠한 상품을 판매하더라도 경쟁력이 있다. 실제 이러한 상권은 경쟁이 치열해지기 때문에 두 개 이상의 동종 경쟁자들의 출현에 대비해야 한다.

(3) 업종과 점포 크기

경쟁자를 분석할 때 상권 내 업종분포가 어떻게 형성되어 있는가에 따라 경쟁력은 달라진다. 생활에 밀접한 업종인가, 전문기술을 요구하는 업종인가, 프랜차이즈 또는 독립점포인가에 따라 경쟁관계는 달라진다. 점포크기는 눈에 보이는 경쟁력으로 그 차이를 소비자들은 빠르게 인식한다. 소규모 점포이지만 기술력을 바탕으로 특정거리를 당당하게 평정한 사례도 있다. 하지만 입지가 안정될 때까지 많은 시간과 노력, 비용이 들어가야 한다.

〈표 6-6〉 경쟁자 평가항목

평가구분	내 용
경쟁점포 현황	상권 내 경쟁관계에 있는 점포현황과 개요, 상호, 위치, 규모, 서비스 방법, 인테리어시설, 접근성, 편의성, 가시성, 호환성 등
경쟁점포의 시장위치	상권 내 경쟁점포의 매출액과 점유율, 매출순위, 호혜업종, 매력성, 장단점 등 분석
경쟁자 촉진전략	상품, 가격, 유통, 촉진전략, 인력관리, 물리적 시설 등 경쟁우위 요소
경쟁자 운영상황	주력상품의 경쟁력과 가격, 직원 수, 대표적 촉진방법, 접객태도, 광고 등
경쟁자 매력성	대표자, 지배인, 직원, 인테리어시설, 가격, 접근성, 조망권, 쾌적성 등
경쟁점포 서비스 능력	직원들의 지식과 기술, 안내방법, 친절도, 접객능력, 대기장소 관리, 불평고객 처리방법, 속도, 고객의 사전욕구 파악노력 등

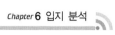

평가구분	내 용
대표자 경영능력	대표자의 지식과 능력, 지역사회 평판과 참여도, 직원 관리능력, 사회적 관계, 친절성, 전문성, 공정한 평가, 보상 등
경쟁자 시설현황	점포 크기와 넓이, 테이블 수, 좌석 수, 화장실(남/여) 구분, 냉방, 온풍기, 환풍기, 후드, 인테리어, 익스테리어, 간판, 출입구, 주차장 등

〈표 6-7〉 경쟁점포 분석표

구분	세부항목	경쟁점포 현황(평가척도 ①~⑤)		
		A점포	B점포	C점포
경쟁자의 일반적 현황	상호 및 디자인 글자체 등			
	메뉴종류와 가격 등			
	출입의 용이성과 평수			
	매장형태와 전면 넓이, 입구의 형태			
	테이블 종류와 좌석 수			
	관리자와 직원능력, 직원 수			
	인테리어시설과 레이아웃			
	쾌적함과 실내 환기시설, 소음 정도			
	영업시간과 휴무일			
	고객 접객방법과 지식, 운영매뉴얼			
	직원용모와 복장, 유니폼			
	대기자 관리방법과 대기시간 관리			
	온풍기, 냉방기, 후드시설 등 적절한 온도			
	영업 활성화 정도			
영업형태	주력상품의 종류			
	고객의 가격기대에 따른 전략방법			
	광고 및 홍보, PR, 인적 판매 등 촉진방법			
	영업일수와 휴무일			
	직원들의 직무분담과 service station 유무			
	직원들의 공정한 평가와 보상			
	직원들의 복지와 incentive			
입지현황	가시성			
	접근성			
	홍보성			
	호환성			
	시설물 현황과 노후화 정도			
	간판의 크기와 글자체, 색상 등의 조화			
	주차장 유무			
	parking 유무			

구분	세부항목	경쟁점포 현황(평가척도 ①~⑤)		
		A점포	B점포	C점포
경영 관리	예상 매출액			
	예상 고객 수			
	단골고객 관리방법			
	고객특성과 현황 등 data 자료			
	주력고객의 분포도			
	주력상품의 종류와 경쟁력			
	대표적인 촉진방법			
	시장의 평판과 홍보활동			
	대표적인 품질관리방법			
	주력상품의 데커레이션			
	비품과 기물사용의 특이성, 식기종류 등			
	메뉴의 다양성과 계절재료 활용성			
	신제품 현황과 추천메뉴			
시설현황	간판 및 네온사인			
	출입구 방향과 동선, 레이아웃			
	상권 내 위치와 조건			
	인테리어 시설			
	익스테리어 시설			
	환풍기, 후드, 온풍기, 냉난방기			
접객 서비스	직원들의 지식과 태도			
	직원들의 용모와 복장, 청결성			
	직원들의 고객응대에 따른 진정성			
	직원들의 신속한 문제해결능력			
	직원들의 접객태도			
대표자 및 관리자 능력	대표자 및 관리자의 친절성			
	대표자 및 관리자의 직무능력과 직업관			
	대표자의 자본력과 신용관리			
	대표자 및 관리자의 접객태도와 복장, 표정			
	대표자 및 관리자의 직원을 대하는 태도			
	대표자 및 관리자의 예절과 인품			
	대표자 및 관리자의 공정한 평가와 보상			

5) 성장 가능성 분석

점포의 입지는 한번 자리를 잡으면 쉽게 바꾸기가 어렵다. 초기에 투입된 자금과 그로 인한 경제적 손실이 크기 때문인데 현재의 적합성은 장기적인 변동사항을 소홀히 할 수 있다. 발전가능성은 이용객들의 증가와 잠재인구, 택지지구 선정 등 주거할 수 있는 아파트, 오피스텔, 역세권 등의 경제활동 인구의 크기에서 결정된다. 특정지역의 지하철역 개통은 상권범위를 확대시켜 유동인구를 폭발적으로 증가시킨다. 관공서의 이전이나 대형건물 입점, 마트, 할인점, 영화관, 문화센터, 병원, 학원 등의 신축과 변화는 활성화를 가능하게 한다. 그렇기 때문에 도시계획 확인원을 조사하여 기본계획도에 따른 도로확장이나 인구유입 가능성 등을 분석하며 이를 통해 성장성을 분석할 수 있다.

6) 자금력 분석

사업을 하기 위해 점포를 조사 분석하다 보면 마음에 드는 점포는 대부분 권리금, 보증금, 임차료가 높게 책정되어 있다는 걸 알게 된다. 고정비용 외 소멸성 자금이 많이 들어가면 자신의 계획과 무관하게 속만 태우는 경우가 생길 수 있다. 이러한 입지조건에 욕심을 내거나 무리하게 진행하다 보면 일정시점이 지난 후 자금압박에 시달려 영업에 전력을 다하기가 어려울 수 있다.

창업자에게 자본금은 상권과 입지, 점포를 결정하는 중요한 요소이다. 전체 소요 금액의 약 1.5배 정도를 확보하고 시작하는 것이 안전하다. 자본금의 60~70% 정도만 투자하고 나머지는 운전자금으로 여유 있게 운용해야 영업활동을 전개하는 데 무리가 없다. 매출액과 투자금액의 상관관계를 고려하여 무리하게 결정해서는 안 되며 수익률을 면밀히 검토한 후 원활하게 운영될 수 있게 해야 한다.

5. 입지유형별 분류와 유동고객

1) 입지유형에 따른 특성

상권의 입지조사 분석에서 후보지역의 특성을 파악하는 것은 가장 기본적인 방법 중 하나이다. 운영하고자 하는 업종의 영업상태, 인구동향, 소비형태 등 그 특성을 파악하여 발전 정도를 확인해야 한다. 입지특성에 따라 적합성을 검토할 수 있으며, 향후 개점 시 영업전략 수립에 유용하게 사용할 수 있다.

최근 창업정보 사이트나 방송, 신문, 월간지 등에서 시장분석의 중요성을 이야기한다. 점포의 입지가 어떠한가에 따라 전체적인 현황을 파악할 수 있으며, 다양한 형태로 제시되는 적합성을 판단할 수 있다. 따라서 점포를 둘러싼 내·외부적 조건들을 충분히 검토한 후 최종적으로 선택해야 실패를 줄일 수 있다.

(1) 소규모 입지

소규모 점포라도 입지조사 분석은 반드시 이루어져야 한다. 거리나 교통상황, 보행고객 등에 따른 대중교통 접근성을 파악해야 한다. 상품은 고객의 방문과 선택으로 결정되기 때문에 전문적인 이미지와 대중적인 매력성, 독창성을 갖추어야 한다. 가격이 저렴하면 다소 먼 거리의 고객이라도 유입이 가능하게 한다. 하지만 저가전략은 단기간 경쟁우위를 점할 수는 있지만 장기간 효과를 기대하기가 어렵다. 이를 위한 기준은 다음과 같다.

첫째, 지역의 택지개발 가능성 등 잠재력을 파악한 후 배후지의 상권력을 확인해야 한다. 동종 경쟁자의 현황과 장단점, 해당지역 내 경쟁상황, 거리, 교통수단 등을 조사해야 한다.

둘째, 교통상황은 고객의 유입을 결정하기 때문에 도로상태와 통행량을 확인해야 한다. 유동고객의 이동상태는 해당 점포를 지나는 고객 수를 말한다. 집적시설물이 잘 갖추어진 상권의 이용현황과 편리성으로 잠재고객의 매출가능성을 예상할 수 있다.

셋째, 주변상가를 분석해야 한다. 1 · 2차 상권 내에서 발전속도가 계속 유지되고 있는지, 쇠퇴하고 있는지에 대하여 면밀히 분석해야 한다.

넷째, 접근성을 확인해야 한다. 고객의 흡인을 용이하게 하는 점포방향이나 동선, 편리성은 이동방향에 따라 영향을 미친다.

다섯째, 가시성에 따른 연출가능성을 판단해야 한다. 점포의 모양과 간판은 얼굴이 되기 때문에 눈에 잘 띄어야 한다. 기존 업종을 인수받았다면 점포력을 바탕으로 특색 있는 이미지로 변신해야 한다.

(2) 주택지

우리나라의 주택설계는 배산임수(背山臨水)형 풍수지리를 기본으로 한다. 현대는 그 개념이 약해졌지만 많은 아파트의 방향은 이것을 기본으로 한다. 개방형 상권이나 배후 고객층을 형성하는 소비자들은 사통팔달로 뒤쪽은 산으로 둘러싸였으며, 아래는 강물이 흐른다. 배후지의 인구 수에 따라 성장에 영향을 미치는데 중심지역의 상가보다 임대료, 권리금 등이 상대적으로 낮아 추천되는 입지이다. 핵심지역을 기준으로 영향력을 미치는 수요는 아파트의 세대 수나 평형, 주거민의 연령, 직업 등으로 핵심지역과의 거리를 토대로 평가된다.

주택가 점포는 20~30평 내외가 안전하다. 너무 큰 평수는 피하는 것이 좋으며, 배후지가 편도 3차선 이상이라면 경쟁력은 약해진다. 거주민의 주 통행로를 비롯하여 주부들의 동선이나 관심사항, 이슈 등 다양하게 혼재된 장애요소를 분석해야 한다. 따라서 보행자들이 흘러가는지, 머무는 자리인지를 보고 결정해야 한다.

서울 금천구 시흥동 은행나무 인근은 전형적인 주택가 상권이다. 은행나무 위쪽 범일운수 차고지를 기점으로 오른쪽은 건영아파트(650세대), 우방아파트(670세대), 왼쪽은 벽산아파트(2,700세대) 등 4,000여 세대의 대단지를 구성하고 있다. 뒤쪽 오르막 도로는 신림동으로 넘어가는 길로 노선버스가 많지 않아 대부분 은행나무를 통해 외부로 빠져 나간다. 기존핵심 상권은 아래쪽 시흥사거리로 이동하였으며, 음식점들이 많은 우방아파트 상권으로 확대되면서 주택가와 혼재되어 호황을 누리고 있다.

(3) 아파트, 주택가 혼합

주택가를 중심으로 주변이 아파트로 싸여 있거나 개발된 지 오래된 입지는 성장과 발전에 어려움을 가진다. 지리적 위치에 따라 유동적이지만 생활수준과 스타일, 소비형태는 중요한 척도가 된다. 배후지의 가맹고객은 2년 단위로 교체될 수 있으며, 가능한 집적시설물이 잘 갖추어진 위치와 장소가 좋은 입지이다. 대부분의 구도심은 주택지와 아파트가 혼재된 입지를 가지고 있다. 아파트 주변에 신흥상가들이 들어서면서 지하철과 연계하여 A급지로 부활하기도 한다.

활성화로 인해 다양한 시설물들이 집적되어 음식점이나 전문점, 주점 등이 혼재되어 있다. 점포 크기가 다양하며, 교차지점을 중심축으로 저녁시간대에 붐빈다. 초보자들은 상권이 번성한 것처럼 혼동하여 낭패를 볼 수 있다. 지역의 점포들은 외부고객이 아니라 거주민을 대상으로 이루어지기 때문에 인간관계가 중요하다. 한편 포위된 섬과 같은 입지는 주위의 크고 작은 상가들로 인하여 분산되는데 주택지 고객들을 대상으로 하기보다 아파트 거주자를 대상으로 하는 것이 유리하다.

(4) 근린생활

1990년대 이전의 상가는 대부분 근린생활 입지로 대·중·소규모 아파트 단지를 중심으로 개발되었다. 인기가 대단하였으며, 가격 폭등으로 바닥 권리금이 형성되기도 하였다. 2000년대 이후에 입주한 대부분의 아파트는 대형단지를 제외하고 단지 내 상가를 개발하지 않고 근린생활지구로 개발하였다. 5,000세대 이상을 최저선으로 1,000세대와는 비교할 수 없을 정도로 활성화되었다. 하지만 개발된 상가들 중 기대 이상으로 장사가 잘 되는 곳도 있지만 매출액이 저조한 점포가 많다. 이들의 대부분은 지하철역을 중심으로 퇴근시간에 이루어지기 때문에 주변상황을 파악해야 한다. 소비자들은 가격이나 편의성, 접근성 등으로만 이용하는 데 한계가 있기 때문에 주민들의 욕구를 수용할 수 있는 업종이나 생활편의시설 등이 공존해야 성장할 수 있다.

(5) 대학가

대학가 입지는 신세대형 프랜차이즈 체인점들이 대거 유입되면서 크게 변화하고 있다. 판매대상의 구매단위와 고객성향, 특성이 고정적이기 때문에 학생들의 취향과 형태를 분석해야 한다. 기술을 바탕으로 전문점이나 양을 앞세운 중·저가 음식점, 대형 룸의 단체고객 등 학교의 성격과 수준, 성비에 따라 차이가 있다. 선택 폭이 한정되어 있지만 고객의 취향과 특성, 창의성, 독창성에 따른 차별성이 중요하다. 취업난으로 연중 열람실을 이용하는 학생들은 늘어나고 있지만 방학으로 인한 비수기의 손익분기점을 따져야 한다.

최근 유명 프랜차이즈형 매장이 늘어나면서 대학별 고유특성은 사라지고 유사한 형태로 획일화되고 있다. 인터넷 동호회가 활성화되었으며, 술 먹는 문화의 자정노력으로 무알코올·무사고·무박으로 변하고 있다. 학교모임과 대규모 좌석이 구비된 술집이 줄어들면서 그 자리에 소형 퓨전요리와 주류, 치킨, 와인바, 맥주 전문점 등이 들어서고 있다. 대학생들의 인기 공간인 오락실과 당구장, PC방은 사라지면서 서바이벌 게임이나 테마별 온라인게임 등으로 대체되고 있다.

연세대와 서강대, 이대 등이 몰려 있는 신촌은 대형주점 수가 30% 이상 격감했다. 신촌역에서 연세대 입구까지 즐비하던 자리에 스타벅스와 할리스 등 테이크아웃 커피전문점, 패밀리 레스토랑, 퓨전 음식점이 대신하였다. 동아리 뒤풀이나 단체모임이 줄어들면서 콘서트나 연극, 영화탐방 등 이벤트성 모임을 선호한다. 고려대 안암 로터리 부근도 와인삼겹살, 멕시코 음식, 치킨 등 퓨전 음식점과 패스트푸드점이 새롭게 들어서면서 신흥상권을 형성하고 있다.

(6) 아파트 단지

아파트 단지 내 상가의 매력은 많은 이익은 아니더라도 안정된 매출을 올릴 수 있다는 점이다. 생활편의시설이나 학원, 미용실, 중저가 음식점, 퓨전요리, 치킨, 중국집, 커피점 등 생활패턴이 유사한 1천 세대 이상의 입지는 구매형태나 소비성향이 유사하기 때문에 생필품이 유리하다. 주민과 유동인구를 흡수할 수 있는 업종은 600세대 이상에서 1개동의 상가를 신축하기 때문에 안정된 수입을 올릴 수 있다. 이는 바닥 권리금으로 형성되는데 투자목적의 매매로 인해 임대차관계가 복잡할 수 있으므로 권리관계나 건물주의 성향 등을 파악해야 한다.

아파트 주변에 큰 상가가 신축되면 빠른 시간 내에 주민들의 이동이 진행된다. 인근 도로에 접한 정문이나 후문, 중문이 생길 수 있다. 상가는 정문을 기준으로 위치하지만 주민들의 편리성에 따라 중문이나 후문으로 확장될 수 있다. 1,000가구 이상이면 육류, 생선, 과일, 채소 등의 식료품이나 분식점, 중식류, 슈퍼마켓, 치킨, 호프, 피아노, 놀이방, 어린이 시설, 학원, 약국, 카센터, 부동산 등이 가능하다. 1,500세대 이상이면 패스트푸드점이나 중형병원, 커피전문점, 고급한식점, 장식 등의 업종이 추가되지만 상권마다 다른 특성을 가질 수 있다.

아파트 단지 내 상가가 1개 이상 존재할 경우 고객은 양분된다. 주 통로가 어디에 있는가? 독점성은 있는가? 변화여부와 주변현상의 쏠림현상을 경계해야 한다. 통상적으로 상권은 변하기 때문에 업종과 아이템을 선정할 때 어려움이 따른다. 특히 후문 쪽의 강력한 집객시설이나 지형지물은 현재가 아니라 앞으로 변할 수 있다. 정문은 차량으로 이용하고 후문은 보행자 통로로 이용할 수 있다.

첫째, 지하철 역사 어느 쪽의 출입구에 있는가?

둘째, 활성화된 재래시장의 위치가 어느 쪽인가?

셋째, 가까운 대로변 인근에 관공서나 은행, 병원, 약국 등이 있는가?

넷째, 자녀들의 학교, 학원 등은 어느 쪽에 위치하고 있는가?

다섯째, 아파트 후문에 대형 복합상가건물이 신축 중인가?

여섯째, 후문 근처에 문화생활시설들이 들어섰는가?

이와 같이 고객을 유인할 수 있는 집적시설물들이 있다면 일단 점포구입 시 신중해야 한다.

(7) 신도시 역세권

신도시는 아침저녁 시간대가 지나면 주중 낮시간은 인근 사무실 손님 외에 지역민의 이동이 많지 않아 주말에만 혼잡하다. 도로상태가 양호하며, 일정규모의 특색 있는 사업장이 존재한다. 간판의 크기나 글자체, 색상, 상품진열, 레이아웃 등으로 개성 있게 연출해야 한다. 유동객이 많지만 고정고객처럼 친절한 접객태도를 보여야 충성도를 높일 수 있다.

역에서 200~500m 내의 점포로 생활편의품이나 음식점, 소매업, 서비스업 등이 대부분이다. 보증금과 권리금이 비싸 투자금액에 맞는 아이템이 중요하다. 도심교통의 체증현상에 따라 지하철 상권을 강화시키는데 통행인구의 생활습관이나 구매태도,

특징을 고려한 중·저가제품을 취급하는 것이 유리하다. 사무실이 밀집된 지역은 소규모 점포에서도 매출을 올릴 수 있다. 지하상가는 화려하게 디스플레이하여 사람들의 시선을 끌어야 한다. 노면의 점포는 청결과 친절한 태도, 시음회, 견본품 등의 이벤트가 필요하다. 따라서 낮시간대의 저조한 매출액과 저녁시간대에 몰리는 현상을 어떻게 해결할 것인가가 중요하다.

월 임대료가 높기 때문에 가능한 점심, 저녁고객을 다양하게 유인할 수 있어야 한다. 전문 식당이나 주점 등 구체적인 콘셉트가 있어 낮시간대에 1만 원 전후와 밤시간대에 4인 기준 4~5만 원대의 전골류, 부대찌개 등의 식사와 주류가 함께 준비되어야 효과가 있다.

(8) 오피스

사무실 밀집지역은 주중, 주말 매출비율에 차이가 있기 때문에 월간 목표달성에 어려움이 있다. 점심 및 퇴근시간 고객층에 맞는 영업활동과 회전율이 중요하다. 주고객층은 화이트칼라 계층으로 각종 정보가 빠를 뿐 아니라 SNS나 모바일 메신저 등의 사회적 관계망이 잘 구축되어 있다. 창의성과 혁신성의 얼리어답터들로 신규점이나 평균이상의 검증된 프랜차이즈점들이 유리하다.

성공적인 경영을 위해서는 점포위치와 입지조건이 중요한데 현실적으로 좋은 점포를 구하기는 어렵다. 대부분의 고객은 점심시간대에 방문하므로 이때 주 매출이 이루어진다. 중저가 전문점이나 신속하게 제공되는 단품메뉴 등이 인기 있다.

입지특성에 따른 경쟁력은

첫째, 관심지역에 대한 입지 분석과 세부특성을 파악해야 한다.

둘째, 후보지의 도시계획과 부동산 정보, 성장전망, 통행량 등을 파악해야 한다.

셋째, 수요자의 소득수준과 교육 정도, 직업분포, 소비성향 등을 파악해야 한다.

넷째, 창업 예정지의 예상 매출액을 추정하여 최적입지를 선정하는 것이 경쟁력이다. 이러한 과정을 통해 좋은 점포를 선택할 수 있다.

〈표 6-8〉 입지 분석을 위한 시장조사표

구 분		100m	200m	300m	400m	500m	500m 이상	계
마트	대형 할인마트							
	SSM(기업형 마트)							
	중소형 마트							

구 분		100m	200m	300m	400m	500m	500m 이상	계
기업	100인 이하							
	100~150인							
	151~200인							
	200인 이상							
학교	초							
	중고							
	대							
음식점	대							
	중							
	소							
주거지	500세대 이하							
	501~1000세대							
	1,000세대 이상							
커피숍								
학 원								
기 타								
합 계								

〈표 6-9〉 상권 및 입지 분석 조사표

상권 분류	체크항목	조사결과	평가방법 (100, 80, 60, 40, 20점)	득점	평가
제1차 상권	인구	5,500명(약 1,500세대)	1만 이상, 8천, 6천, 3천, 2천	80	A
	통행차량	약 8,000대	1만, 8천, 6천, 3천, 2천 이상	80	B
	창업환경	주택지, 아파트 등이 혼재한 입지	도로변, 번화가, 주택가	70	B
	주변 환경평가	주택지로 평가는 좋으나 상권의 지리적 형세는 좋지 않다.	인기가 좋다 → 나쁘다	60	C
	학교 유무	중·고등학교, 초등학교가 있다.	0 → 수가 많다	80	B
	소계			74	(B)
제2차 상권	인구	16,000명(약 4,000세대)	2만 이상, 1만, 5천, 3천, 2천	80	B
	경합상황	경쟁점 00개, 유사업종 00개, 전체 업종 수 000개가 있다.	적다 → 많다	70	B
	유통체인 종류와 크기	백화점, 대형할인점, SSM, 의류점, 전자대리점, 가구점 등 영향	많다 → 적다	60	C
	주요 도로	주 도로, 우회도로(자동차 전용도로), 국도, 지방도 등이 있다.	적다 → 많다	60	C
	가족형태	전원주택, 신도시 아파트단지, 빌라, 주택의 구도심 등의 형태	도시형 → 도농복합형 신도시 → 구 도심	70	B
	소계			68	(B)

상권 분류	체크항목	조사결과	평가방법 (100, 80, 60, 40, 20점)	득점	평가
제3차 상권	인구	75,000명(약 2만 세대)	7만 이상, 5만, 4만, 3만, 2만	90	A
	인구 구성비	전국 평균보다 젊은 층이 많다.	젊은 층이 많다 → 젊은 층이 적다	80	B
	산업 구성비	1차 산업 8.6%, 2차 산업 26.3%, 3차 산업 65%	3차가 많다 → 1차가 많다	90	A
	소계			87	(A)
종합 평가	주택지로서 장래성은 유망하지만 상권의 성장과 안정성에는 시간이 필요함. 주변의 아파트 단지와 학교 등 전 세대를 아우를 수 있어 기술과 전문성이 고려된다면 꾸준한 수익을 창출할 수 있다.			90(A) 우수함	

사례 2

"나를 녹인다. … 게으른 휴식으로"(조선일보, 2016)

◇ 비행기 1등석에서 푸는 피로

비행기 1등석에서 피로를 푼다는 것은 어떤 느낌일까? 카페 '퍼스트 클래스'는 1등석 비행기 서비스를 즐기며 편안한 의자에 앉아 피로를 풀 수 있다. 원하는 만큼 시간을 정하고 하와이·밴쿠버·프라하 등 목적지의 비행기에 타면 된다. 1등석 좌석과 크기가 비슷한 안마의자에 앉아 활력·쾌적, 목과 어깨 등 자신이 원하는 모드를 승무원에게 말한 뒤 신발을 벗고, 담요를 덮으면 여행은 시작된다. 딱딱하게 뭉친 근육과 긴장을 풀며, 안마의자는 종아리부터 엉덩이·허리·목·머리까지 눌러준다. 눈 위에 전용기계를 쓰면 스마트폰과 컴퓨터를 통해 눈을 마사지하여 피로를 풀어준다. 비행기 내부 같은 창문에 구름 위에 떠있는 하늘풍경이 비친다. 실제 비행기를 타고 날아가는 느낌이다. 30분 1만 3,000원. 음료 한 잔과 와플이 기내식 서비스로 제공된다. 서울 충무로 2가 12-27 동양빌딩 지하 1층

◇ 산소존에서 받는 마사지

카페 '미스터 힐링'은 부스마다 청정공기를 제공한다. 안마의자에 앉아 스트레칭과 안마를 동시에 받으며, 20분간 온몸을 눌러준 후 원하는 모드를 통해 뭉친 곳을 풀어준다. 지압 중심의 회복모드, 주무름과 두드림의 활력모드, 발바닥 마사지와 등 두드림의 수면모드 등 강도와 속도를 조정할 수 있다. 어두운 조명 아래서 안마를 받으며 한숨 푹 잘 수 있다. 50분간의 안마가 끝나면 커피나 차를 포함하여 1만 3,000원에 이용하며, 홍대·명동·강남 등에 지점이 있다(misterhealing.com).

◇ 편백나무 속 뜨거운 열기

카페 '토토로의 숲' 문을 열고 들어가면 편백나무 향이 그윽하다. 초록색 식물과 일본 애니메이션 '이웃집 토토로'의 주인공 인형들이 눈에 들어온다. 음료 한 잔을 주문하면 편백나무 원적외선 반신욕기와 족욕기를 1시간 동안 사용할 수 있다. 음료를 주문한 후 신발을 벗고 반신욕기에 들어가 상체만 내놓고 앉아서 쉰다. 건식으로 돼 있어 옷을 벗지 않으며, 쌀쌀한 밖의 온도를 피해 따뜻한 열기를 즐기면 잠이 쏟아진다. 노트북 컴퓨터나 책을 가지고 와도 좋다. 일본 온천욕 느낌으로 원기 회복과 수족냉증, 혈액순환, 몸속 온열효과를 전달해 스트레스를 풀어준다. 음료는 복분자효소라테, 장미꽃차와 복숭아효소차. 청주에 있는 밭에서 꽃과 효소차를 직접 재배해서 가져온다. 방문 전 전화 예약을 하면 기다리지 않아도 된다. 서울 마포구 합정동 414-13 2층

◇ 따뜻한 소금방에서 즐기는 휴식

카페 '화이트 시크릿'은 겉모습만 보면 여느 커피숍과 같다. 안으로 들어가면 벽과 바닥, 천장을 천일염으로 가득 바른 비밀방 7개가 나온다. 동유럽 소금동굴을 모티브로 소금 분사기를 통해 눈에 보이지 않을 정도로 미세한 죽염을 뿌린다. 몸에 좋은 음이온과 미네랄이 만들어진다. 소금방 온도는 조금 높아 많이 움직이면 땀이 날 정도로 더워지는데 되도록 차분히 쉬게 한다. 신발을 벗고 바닥소금을 밟으면 자연스럽게 지압이 된다. 천일염이 들어간 커피 솔티 아메리카노와 솔티 라테는 짭조름한 첫맛이 어색하지만 자꾸 손이 간다. 음료 포함 1시간 1만 원, 서울 강남구 신사동 663-1

◇ 만화카페 섬

바다를 상징하는 파란색 바닥 위에서 만화책을 읽으면서 "지친 마음 조금은 쉴 수 있게 할 거야. 한 걸음 더 천천히 간다 해도 그리 늦은 것은 아냐." 가수 윤상의 '한 걸음 더'가 울려 퍼진다. 하루쯤 잠시 무거운 짐을 내려놓고 순간을 즐겨도 좋다. 침대에서 뒹굴뒹굴하며 게으르게 시간을 보내는 여유로움을 느끼고 싶다. 때가 묻은 집을 떠나 온종일 누워 시간을 보낼 곳이 그리워진다. 신사동 가로수길 '만화카페 섬'은 이름 그대로 바다 위에 떠 있는 하얀 섬(island)을 모티브로 했다. 책상, 빈백 소파, 이층침대가 있어 기호대로 앉으면 된다. 이층침대는 인기 만점으로 전기장판, 담요와 베개가 있다. 이곳에 사는 고양이는 만화를 보는 내내 옆에서 어슬렁거린다. 카운터에서 과자·라면·음료·만두, 밥 등을 판다. 맥주도 있어 '만맥(만화와 맥주)'을 즐길 수도 있다. 1시간 2,400원, 서울 강남구 신사동 517-10 2층

2) 유동인구

유동인구는 평일, 주말, 아침, 점심, 저녁으로 차별되게 조사해야 한다. 주중과 주말, 공휴일은 단기간보다 시간을 두고 조사하는 것이 효과적이다. 업종과 타깃 고객층을 선별하며, 상권 내 모든 수요자를 자신의 고객으로 오인해서는 안 된다. 주부가 주 고객이라면 오전 10시~오후 5시 이전의 이동객, 학생은 초·중·고·대학생으로 분리하여 하교시간과 이동방향을 조사해야 한다. 도로를 마주한다면 건너편 인구와 통행량 등 다른 방향의 흐름을 입체적으로 분석해야 한다.

역세권은 하루 이용객 수를 바탕으로 타깃 고객층의 수요를 집중적으로 조사해야 한다. 음식점은 아침 9시 이전과 점심(11:30~14:00), 저녁(4:30~20:30)시간을 분리하여 조사해야 한다. 고객의 소비형태는 다르기 때문에 업종별로 세분하여 이용객의 연령과 성별, 직업, 소득수준을 파악해야 한다. 1·2차 상권(500m~1km 이내)의 주민 수를 집계하여 예상고객 수를 산출하며, 구청, 동사무소, 소상공인시장진흥공단, 중소기업청, 통계청 등을 통해 언제, 어디서나 분석이 가능하다.

〈표 6-10〉 선택상권 소비자 유형조사

선택상권 시간대별	고객 유형										비 고	특징
	10대		20대		30대		40대		50대 이상			
	남	여	남	여	남	여	남	여	남	여		
08시 이전												
09~10												
10~11												
11~12												
12~13											학생: %	
13~14											남: % 여: %	
14~15											주부: %	
15~16											직장: %	
16~17											남: %	
17~18											여: % 기타: %	
18~19											남: %	
19~20											여자: %	
20~21												
21~22												
22시 이후												
합 계												

〈표 6-11〉 선택상권 집적시설물 조사표

번호	지 번	건물명	업체명	상주인구	인구특성	비 고
①	강남대로 402번지	국민은행	주)대박 외	약 500명	비즈니스맨	금융+서비스

(1) 배후세력

점포입지를 선정할 때 첫 번째로 확인해야 할 사항은 배후지의 상권력이다. 사정권 내에 거주하는 대상고객층의 범위와 특성, 조건과 소득수준, 인구 수, 세대, 주거형태, 연령, 성별, 직업분포, 수입 등을 말한다. 예를 들어 아파트 밀집지역은 총 세대 수와 평형별 구성비로 파악할 수 있다. 소형 밀집지역은 타 소매상권보다 상대적으로 소비지출이 높다. 이러한 분석은 배후지의 세력권에서 결정된다.

(2) 유동고객 분포

점포 앞 유동고객이 많고 적음에 따라 활성화 정도는 다르다. 평일과 주말, 시간대별, 연령별, 성별로 조사하며, 매출액이 기대만큼 오르지 못하는 점포도 있을 수 있다. 이는 단순히 지나가는 사람인가, 머무는 사람인가에 따라 달라지는데 유동고객을 흡입할 수 없는 업종이라면 한계를 가질 수 있다. 후보지의 잠재력은 종합적으로 판단하며, 내점률과 주변의 유사업종현황으로 결정된다. 매출액의 증가는 유동객의 통행량과 시간에 영향을 미치기 때문에 걸음걸이와 보행속도, 스타일, 용모 등을 확인해야 한다.

(3) 점포 이용률

점포는 고객들이 쉽게 찾을 수 있으면서도 편하게 방문할 수 있는 위치가 좋다. 편리성은 특별히 상품을 구매하지 않더라도 쉽게 접근하여 쇼핑할 수 있는 점포를 말한다. 출입이 용이한 위치나 가시성, 주차시설 등이 영향을 미친다.

첫째, 도보 접근성과 차량 접근성으로 분류할 수 있다.

둘째, 상권 내 관공서나 집객시설물은 인구유발에 영향을 미친다.

셋째, 상권 내 대형건물 입점은 사람들을 끌어당기는 힘이 된다.

넷째, 아파트의 세대 수나 밀집된 지역은 이용률에 영향을 미친다.

다섯째, 이용률은 주동선과 보조 동선의 연결고리를 통해 확인할 수 있다.

여섯째, 현장조사를 통해 이용률을 확인해야 한다.

(4) 교통요인

대중교통이 원활한 지역은 유동인구가 다양하게 분포되어 활성화되었다. 지하철과 버스 정류장, 시외버스 터미널 등이 잘 형성되어 있으며, 배후지의 대형 백화점, 할인점, 아울렛, 문화시설 등은 교통요지로 인구 수와 비례하게 된다. 전철역이라 해도 이용객의 동선에 따라 모두가 활성화되는 것은 아니다. 그렇기 때문에 실사를 통해 이동방향과 주 동선을 파악해야 한다.

6. 신도시 입지

1) 계획도시

신도시는 중앙정부 또는 지방자치단체의 계획에 따라 재정비되거나 새로 개발된 지역을 말한다. 이는 공업단지의 배후지나 대도시의 팽창에 따른 문제점을 해결하는 방안으로 시작되었다. 근대적 의미의 신도시는 공업의 발전이나 인구 과밀화 해소정책으로 추진되어 울산시(62년), 광주 주택단지(68년, 현 성남시)가 신도시의 시작이었다. 70년대는 수도권, 대구권, 부산권, 광주권에서 안산, 구미, 창원, 여천의 신 공업도시가 건설되었다. 80년대는 주택중심 신도시로 서울 목동과 상계동에서 택지부족현상을 극복하기 위해 분당, 일산에서 건설되었다. 2003년에는 서울의 부동산 가격폭등 억제를 위해 제2기 신도시가 발표되었다. 중앙정부와 자치단체의 계획에 따라 새로운 주거단지로 개발된 계획도시, 택지지구를 말한다. 2000년대는 경제자유구역, 행정기능 이전, 서민 주택공급 등을 목표로 건립되었지만, 2014년 부동산대책 발표를 기점으로 「택지개발촉진법」이 폐지되어 대규모 계획도시는 지정되지 않고 있다(국토교통부, 정부3.0정보공개, 2016).

(1) 공업도시/공단배후도시

공업도시는 국가의 경제개발계획과 발전을 위한 공단 조성과 맞물려, 주거지와 인프라 조성을 목적으로 계획된 도시이다. 1970년대 여천, 창원 등에 조성되어 처음으로 신도시라는 용어가 등장했다.

(2) 신도시

신도시는 계획도시사업에서 사용되었으나, 현대적인 의미는 80년대 후반 제1기 신

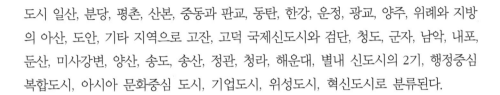

도시 일산, 분당, 평촌, 산본, 중동과 판교, 동탄, 한강, 운정, 광교, 양주, 위례와 지방의 아산, 도안, 기타 지역으로 고잔, 고덕 국제신도시와 검단, 청도, 군자, 남악, 내포, 둔산, 미사강변, 양산, 송도, 송산, 정관, 청라, 해운대, 별내 신도시의 2기, 행정중심복합도시, 아시아 문화중심 도시, 기업도시, 위성도시, 혁신도시로 분류된다.

(3) 보금자리주택

보금자리주택은 이명박 정부의 서민주거 안정정책으로 공공이 짓는 중소형 분양주택과 임대주택을 말한다. 개발제한구역을 해제하여 주변 시세보다 상대적으로 저렴한 장점이 있지만 투기방지책으로 일정기간 전매제한, 의무거주 등의 조건이 있다. 분양가 상승억제와 소외계층 수혜, 서민주거 안정 등의 순기능도 있었으나 부동산 투기현상과 매매시장의 위축, 민간분양 위축 등의 부작용이 나타나기도 했다.

(4) 행복주택

보금자리주택에서 드러난 문제점을 보완하여 행복주택이라는 명칭으로 박근혜 정부 때 추진되었다. 서민주거 안정이라는 목표는 동일하나 임대주택 위주로 공급된다는 차이가 있다. 토지비가 저렴한 유수지나 철도 위에 데크(deck)를 씌우는 방식으로 사용되었다. 1,700만 원 정도의 건축비와 지역주민 반발 등에 부딪혀 가좌지구가 철도 부지를 활용하여 2014년 상반기에 착공되었다. 개발 중인 신축상가 점포를 분양 또는 임대받는 사람들은 초기의 권리금이 없다는 장점과 각종 홍보영향으로 정보를 쉽게 접할 수 있다.

한국토지주택공사나 도시개발공사, 수자원공사 등 공공기관의 개발 계획도를 먼저 살펴보는 것이 중요하다. 계획도 위의 도로나 주택용지(단독, 연립, 아파트), 상업용지(일반상업, 중심상업), 대형 편의시설(법원, 백화점, 호텔, 업무센터) 등 그 규모를 연도별 일정에 따라 파악해야 실패를 줄일 수 있다.

2) 신도시 평가항목

도시개발계획에 따라 발전된 최소한 1곳 이상의 상권은 자연스럽게 활성화된다. 자족형 도시라 해도 수도권의 90% 이상은 베드타운(Bed Town)[2]이다. 아파트 단지

---

2) 도심 직장인들의 주거지 역할로 교외에 형성된 도시를 말한다. 주거비용 상승에 따른 교통수단의 발달로 도시외곽에 베드타운이 형성되었다. 자족도시로 계획·건설되었으나 일자리 창출과 다양한 소비형태가 이루어지기는 어렵다. 주·야간 도심 공동화와 출·퇴근, 교통문제, 지역사회 질 저하 등의 불균형을 초래, 이를 방지할 필요성이 있었다.

내 상권이 형성될 때 시나브로 중심상업 용지로 바뀌게 된다. 신도시에는 통상적으로 지하철이 생기게 되는데 퇴근 후 귀가하기 쉬운 역과 버스를 중심으로 위치하는 것이 좋다. 단지 주변의 용지는 상업용지를 감싸고 있어 주택비율에 영향을 미친다. 30평 전후의 30~40대 연령층이 많아야 좋은 입지가 된다. 야간은 관공서가 밀접된 지역보다 상업시설이 집적돼야 좋은 입지가 된다. 백화점, 대형마트, 먹자골목 등이 군집한 지역으로 지하철과 버스정류장이 연계된 방향이 좋다.

분당 신도시는 역세권과 상업용지가 가까운 서현역과 정자역이 대표적이다. 일산은 주엽역, 평촌은 평촌과 범계역을 동일하게 위치시켰으나 범계역은 생활편의시설이 밀집된 반면에 평촌은 9시 이후에 활성화된 주점이 대부분이다. 중동 및 산본 신도시는 서로 비교할 권역은 없지만 퇴근길 전철역 가까운 곳이 발달되었다. 계획도시 내 상권선택은 분양회사나 임대업자의 말보다 전체를 보는 안목이 중요하다.

첫째, 높은 경사면보다 낮은 곳의 점포가 고객을 유입시키는 데 유리하다.

둘째, 왕복 6차선 이상의 도로는 상권이 양분될 수 있어 반대편에 현혹되지 말아야 한다. 하지만 지하도나 육교, 횡단보도 등이 있으면 상권이 연결될 수 있다.

셋째, 저녁에 사람들의 이동이 단절되면 상권이 활성화되기 어렵다.

넷째, 일반 음식점이 많아야 고객을 유입시킬 수 있는 상권력이 강해진다. 전문점도 그 범위를 넓게 잡아야 시장성을 확보할 수 있다.

다섯째, 고가품이나 기호품은 생활필수품보다 상권범위가 넓다.

여섯째, 오락 및 운동관련 서비스업은 일반 서비스업보다 상권범위가 넓다.

일곱째, 점포의 생김새(도로변과 점포의 높낮이, 출입구 형태, 점포전면 넓이, 주차장 규모, 간판의 크기와 색상, 글자체 등)는 매출액에 영향을 미친다.

■도미토리 타운(Dormitory town) : 도심에 직장을 가진 사람들의 교외 주택지(베드타운 의미)
■위성도시(Satellite town) : 대도시 주변에 위치한 중·소도시, 대도시의 인구분산 역할로 주거기능의 일산, 분당, 행정기능의 과천, 공업기능의 부천, 안산, 군사기능의 동두천, 오산을 만들었다.

CHAPTER **7**

건물 임대차보호법과 인·허가

여러분이 할 수 있는 가장 큰 모험은 바로 여러분이 꿈꾸어오던 삶을 사는 것입니다.
－오프라 윈프리

••• 요점정리

1. 상가건물 임대차보호법은 영세상인들을 보호할 목적으로 2001년 12월 29일에 제정하여 2002년 11월 1일부터 적용하고 있다. 영세상인들의 안정적인 생업종사를 돕고 과도한 임대료 인상 방지와 세입자의 권리를 보장하는 데 목적이 있다. 또한 국민들의 경제적인 생활과 안심하고 영업할 수 있는 권리를 보장해 주는 법적 제도이다.

2. 임대차보호법은 사업자등록 대상건물의 목적물을 영업용으로 사용하고 있는 임대차관계에 적용된다. 임대차는 등기가 없는 경우에도 건물인도와 사업자등록증을 신청하면 다음날부터 대항력이 생긴다. 이는 상가건물 소재지 관할 세무서장이 부여하는 확정일자, 사업자등록신청 등으로 보호받을 수 있다.

3. 권리금은 임대차 목적물인 상가건물에서 영업하는 자 또는 영업하려는 자가 시설이나 비품, 거래처의 신용, 영업상 노하우, 건물의 위치 등에 따른 이점으로 유·무형의 재산적 가치에 따른 이용과 양도의 대가로 보증금과 차임 외에 지급하는 금전적 대가를 말한다.

4. 보증금 적용범위는 보증금 + 월 임차료×100의 공식을 통해 금액을 산출할 수 있다. 환산보증금은 서울특별시는 4억 원, 수도권 정비계획에 따른 과밀억제권역(서울특별시 제외)은 3억 원, 광역시(수도권 정비계획법에 따른 과밀 억제권역에 포함된 시, 군 지역은 제외함), 안산시, 용인시, 김포시, 광주시 등은 2억 4천만 원, 그 밖의 지역은 1억 8천만 원까지 적용받는다.

5. 개인사업자 신청은 다음 기재사항을 신청서와 함께 세무서장에게 제출해야 한다. 사업자의 인적 사항, 사업자등록 신청사유, 개시 연월일, 사업장 설치 착수 연월일, 기타 참고사항 등

6. 국토이용에 관한 법률은 효율적인 국토이용계획과 개발, 보전을 수립하고 집행하는 등 공공복리를 증진시키고 국민들의 삶의 질을 향상시키는 데 그 목적이 있다. 이것은 용도지역의 존(Zoning)에 따라 도시지역, 관리지역, 주거지역, 상업지역, 녹지지역, 경관지구, 미관지구, 고도지구, 보존지구, 시설보호지구, 취락지구 등으로 분류할 수 있다.

7. 가맹거래사업법은 공정한 거래질서를 확립하고 본부와 가맹점 간의 대등한 지위에서 상호 보완적인 관계와 균형 있는 발전이 가능하도록 지원하는 것이다. 이를 바탕으로 소비자의 복지증진과 국민경제의 건전한 발전에 이바지하기 위해 가맹사업 거래의 공정화에 대한 법률을 제정하였다. 가맹사업은 정보공개서를 통해 본부의 전반적인 현황을 파악할 수 있다. 이를 바탕으로 가맹계약서의 작성과 강요, 판촉행사 갱신, 피해보상 등을 보호받는 자료로 사용한다.

8. 가맹거래사는 일정한 자격의 기준에 합격한 자로서 대통령령으로 정한 실무수습을 마친 사람들에게 자격을 부여한다. 이들은 가맹사업성 검토와 계약서 작성, 수정, 영업활동 조건, 교육훈련, 분쟁조정 신청이나 대행, 정보공개서 등록 등에 대해 자문하거나 대행할 수 있다.

Chapter 7 건물 임대차보호법과 인·허가

1. 임대차보호법

1) 입법 배경

「임대차보호법」은 영세상인들의 보호를 목적으로 2001년 12월 29일에 제정되어 2002년 11월 1일부터 시행되었다. 상가건물 임대차에 관한 법률로 민법의 특례를 규정함으로써 영세상인들의 안정적인 생업종사를 돕고 과도한 임대료 인상방지와 세입자의 권리를 보장하였다. 국민들의 경제적인 생활과 안심하고 영업할 수 있는 권리의 보장을 목적으로 한다. 그러나 주택 임대차와 달리 임차인의 보호가 미진하여 임차료 과다인상, 임대인의 해지권 남용, 임대차 기간의 불안정 등 여러 형태의 불이익을 당하는 경우가 많아 이들을 보호하는 데 한계가 있었다. 이러한 문제를 해결하기 위해 임차권 등기가 없는 경우에도 일정한 요건을 갖춘 임차인에게 대항력을 부여하며, 보증금 우선회수, 계약갱신 요구권 등의 보호규정을 마련하였다.

이는 상가건물(사업자등록 대상이 되는 건물)의 임대차(임대차 목적물의 주된 부분을 영업용으로 사용하는 경우)에 적용된다. 임대차 보증금액이 서울특별시는 4억 원, 과밀억제권역(서울특별시는 제외)은 3억 원 이하, 광역시(과밀억제권역에 포함된 지역과 군 지역은 제외), 안산시, 용인시, 김포시, 광주시는 2억 4천만 원 이하, 그 밖의 지역은 1억 8천만 원까지 보호대상이 된다. 환산보증금은 보증금 + (월세×100)으로 계산한다.

2) 상가임대차보호법

「상가임대차보호법」은 상가건물의 임차에 관해 적용된다. 대항력의 요건을 갖추기 위해 건물입주와 실소유, 사업자등록증, 확정일자 등이 충족되는 외국인, 법인을 포함하고 있다. 상가건물은 「소득세법」, 「부가가치세법」 등 법인세법상의 사업자등록 대

상이 되는 건물을 말한다. 건물만이 본 법률의 대상이 되므로 상가건물을 임차한 소
유주라 하더라도 교회나 자선단체, 동아리, 친목회 등의 사무실 운영은 제외된다.

(1) 목적

상가건물의 임대차에 관해 민법이 정한 특례를 규정하고 국민의 경제적인 생활안
정을 보장하는 데 그 목적이 있다.

(2) 적용범위

① 상가건물(사업자등록 대상건물)의 임대차(임대차 목적물을 영업용으로 사용)에
   적용한다. 다만, 대통령령으로 정한 보증금액 초과분은 적용되지 않는다.
② 보증금액은 해당지역 경제여건과 임대차 목적물의 규모를 고려하여 지역별로
   구분하여 규정한다. 보증금 외, 차임은 은행법에 따라 대출금리를 고려하여 대
   통령령으로 정한 비율을 곱하여 환산금액에 포함시킨다.
③ 보증금액을 초과하는 임대차에 적용된다.

(3) 대항력

① 임대차는 등기가 없는 경우에도, 임차인이 건물인도와 사업자등록증을 신청하
   면 그 다음 날부터 제3자에 대해 효력이 생긴다.
② 임차건물의 양수인(임대권리를 승계한 자 포함)은 임대인의 지위를 승계한 것
   으로 본다.
③ 임대차 목적이 된 건물의 매매와 경매 목적물도 이를 준용한다.
④ 제3항의 경우 민법 제536조를 준용한다.

(4) 확정일자 및 임대차 정보제공

① 확정일자는 상가건물 소재지 관할 세무서장이 부여한다.
② 관할 세무서장은 상가건물 소재지, 확정일자, 차임 및 보증금 등을 기재한 확정
   일자를 작성하며, 전산정보처리된 조직을 이용할 수 있다.
③ 상가건물 임대차에 관해 이해관계가 있는 자는 관할 세무서장에게 확정일자 부
   여일, 차임 및 보증금에 대한 정보제공을 요청할 수 있다. 요청받은 서장은 정
   당한 이유 없이 이를 거부할 수 없다.
④ 임대차계약은 임대인의 동의를 받아 관할 세무서장에게 정보제공을 요청할 수
   있다.

⑤ 확정일자 기재사항은 상가건물 임대차에 대한 이해관계가 있는 자의 범위, 관할 세무서장에게 요청할 수 있는 정보범위, 그 밖의 확정일자, 사무와 정보제공 등을 대통령령으로 정한다.

(5) 보증금 회수

① 임차인은 임차건물에 대해 보증금 반환 청구소송의 확정판결이나 이에 준하는 집행권에 의해 경매를 신청한 경우 반대의무 이행이나 제공을 집행개시 요건으로 정하지 않는다.

② 계약서상 확정일자를 받은 임차인은 경매, 공매, 임차건물(임대인 대지 포함)환가대금 후순위 권리자나 그 밖의 채권자보다 우선하여 보증금을 변제받을 수 있다.

③ 임차인은 건물을 양수인에게 인도하지 아니하면 보증금을 받을 수 없다.

④ 변제순위와 보증금의 이해관계자는 경매법원, 체납처분청에 이의를 신청할 수 있다.

⑤ 경매법원에 이의를 신청하는 경우 「민사집행법」 규정을 준용한다.

⑥ 이의신청받은 체납처분청은 이해관계인의 신청일 7일 이내에 임차인, 우선변제권을 승계한 금융기관 등을 상대로 소(訴) 제기한 것을 증명할 때는 소송 종결까지 변제를 유보하고 남은 금액을 배분한다. 이 경우 유보된 보증금은 소송 결과에 따라 배분한다.

⑦ 금융기관 등 우선 변제권을 취득한 임차인은 보증금 반환채권을 계약으로 양수한 경우, 양수금액 범위 내에서 우선변제권을 승계한다.

　가. 은행법에 따른 은행

　나. 중소기업은행법에 따른 중소기업은행

　다. 한국산업은행법에 따른 한국산업은행

　라. 농업협동조합법에 따른 농협은행

　마. 수산업협동조합법에 따른 수산업협동조합중앙회

　바. 우체국예금·보험에 관한 법률에 따른 우정사업본부

　사. 보험업법에 따른 보증보험을 목적으로 허가받은 보험회사

　아. 그 밖에 준하는 것으로서 대통령령으로 정한 기관

⑧ 우선변제권을 승계한 금융기관은 임차인이 대항요건을 상실한 경우나 임차등기가 말소된 경우는 우선변제권을 행사할 수 없다.

⑨ 금융기관 등은 우선변제권을 임차인 대리, 대위하여 임대차를 해지할 수 없다.

(6) 임차권 등기명령

① 임대차가 종료된 후 보증금이 반환되지 아니한 경우 임차건물의 소재지를 관할 지방법원, 지방법원지원, 시·군법원에 임차권 등기명령을 신청할 수 있다.

② 임차권 등기명령을 신청할 때는 신청이유와 등기원인의 사실을 소명해야 한다.

　　가. 신청 취지 및 이유

　　나. 임대차 목적인 건물(임대차 목적건물 일부분인 경우 그 부분의 도면첨부)

　　다. 임차권 등기원인이 된 사실(임차인은 대항력을 취득하였거나 우선변제권을 취득한 경우)

　　라. 그 밖에 대법원 규칙으로 정하는 사항

③ 임차권 등기명령 신청의 재판, 결정에 대한 임대인의 이의신청 및 재판, 임차권 등기명령 취소신청 등 재판 집행에 관해 준용한다. '가압류'는 '임차권등기'로, '채권자'는 '임차인'으로, '채무자'는 '임대인'으로 본다.

④ 임차권 등기명령신청을 기각하는 결정에 대해 임차인은 항고할 수 있다.

⑤ 임차권 등기를 마치면 우선변제권을 취득한다. 임차인이 임차권등기 이전에 대항력, 우선변제권을 취득한 경우 그대로 유지되며, 임차권 등기 이후에는 대항요건을 상실하더라도 취득한 대항력, 우선변제권을 상실하지 아니한다.

⑥ 임차권 등기명령의 집행에 따라 임차등기를 마친 건물을 그 이후 임차한 임대인은 우선변제받을 권리가 없다.

⑦ 임차권 등기의 촉탁, 등기기입 등의 명령과 시행은 대법원 규칙으로 정한다.

⑧ 임차인은 임차권 등기명령 신청과 관련된 비용을 임대인에게 청구할 수 있다.

⑨ 금융기관 등은 임차인을 대위하여 등기명령을 신청할 수 있다.

(7) 임대차 등기효력

① 건물 임대차 등기효력은 민법이 정한 법률에 따라 준용한다.

② 대항력과 우선 변제권은 임대인의 협력을 얻어 임대차 등기를 신청한 경우 신청서에 부동산등기법 사항 외, 증명할 수 있는 서면(도면) 등을 첨부해야 한다.

　　가. 사업자등록을 신청한 날

　　나. 임차건물을 점유한 날

　　다. 임대차계약서상의 확정일자를 받은 날

(8) 임차권 소멸

임차건물에 대한 경매 시 임차건물이 매각되면 소멸한다. 다만, 보증금이 전액 변제되지 아니한 대항력이 있는 임차권은 적용되지 않는다.

(9) 임대차기간

① 기간을 정하지 아니한 1년 미만의 임대차는 그 기간을 1년으로 본다. 임차인은 1년 미만으로 정한 기간이 유효함을 주장할 수 있다.

② 임대차가 종료된 경우, 보증금을 돌려받을 때까지 임대차 관계는 존속한다.

(10) 계약갱신 요구권

① 임대차 기간이 만료되기 1~6개월 전까지 사이에 계약갱신을 요구할 경우, 정당한 사유 없이 거절하지 못한다. 하지만 다음 사항일 경우는 그렇지 않다.

  가. 임차인이 3기 차임액 해당금액에 이르도록 연체한 사실이 있는 경우

  나. 임차인이 거짓이나 그 밖의 부정한 방법으로 임차한 경우

  다. 서로 합의하여 임대인이 임차인에게 상당한 보상을 제공한 경우

  라. 임대인의 동의 없이 목적 건물의 전부 또는 일부를 전대(轉貸)한 경우

  마. 임차한 건물의 전부 또는 일부를 고의나 중대한 과실로 파손한 경우

  바. 임차한 건물의 전부 또는 일부가 멸실되어 임대차 목적을 달성하지 못할 경우

  사. 임대인이 다음 항목에 해당하는 사유로 목적건물 전부 또는 대부분을 철거, 재건축하기 위해 목적건물의 점유를 회복할 필요가 있는 경우

    가) 임대차계약 체결 당시 공사시기, 소요기간 등 철거, 재건축 계획을 임차인에게 구체적으로 고지하고 그 계획에 따른 경우

    나) 건물이 노후 · 훼손 또는 일부 멸실되는 등 안전사고의 우려가 있는 경우

    다) 법령에 따라 철거 또는 재건축이 이루어지는 경우

  아. 그 밖에 임차인으로서 의무를 현저히 위반하거나 임대차를 계속하기 어려운 중대한 사유가 있는 경우

    가) 임차인의 계약갱신은 최초의 임대차 기간을 포함한 전체 임대차 기간이 5년을 초과하지 아니한 범위에서만 행사할 수 있다.

    나) 갱신되는 임대차는 전 임대차와 동일한 조건으로 계약된 것으로 본다. 차임과 보증금은 범위 내에서 증감할 수 있다.

    다) 임대인이 기간 내 갱신 거절의 통지 또는 조건변경 통지를 아니한 경우에는 그 기간이 만료된 때에 전 임대차와 동일한 조건으로 다시 임대차한 것으로 본다. 이 경우의 존속기간은 1년으로 본다.

라) 임차인은 언제든지 임대인에게 계약해지 통고를 할 수 있으며, 임대인이 통고를 받은 날부터 3개월이 지나면 효력이 발생한다.

(10-1) 계약갱신의 특례

보증금액을 초과하는 계약갱신 당사자는 건물의 조세, 공과금, 주변 상가건물의 차임, 보증금, 그 밖의 부담이나 경제사정 변동 등을 고려하여 차임 및 보증금 증감을 청구할 수 있다.

(10-2) 권리금 정의

① 임대차 목적물인 상가건물에서 영업하는 자 또는 영업하려는 자는 영업시설·비품, 거래처신용, 영업상 노하우, 상가건물 위치에 따른 이점 등 유·무형의 재산적 가치양도, 이용대가로서 임대인, 임차인에게 보증금과 차임 외, 지급하는 금전 등의 대가를 말한다.
② 권리금 계약은 신규 임차인이 되려는 자가 권리금을 지급하기로 한 계약을 말한다.

(10-3) 권리금 회수기회와 보호

① 임대인은 임대차 기간이 끝나기 3개월 전부터 종료 시까지 다음에 해당하는 행위로 권리금 계약을 방해해서는 안 된다. 임차인이 주선한 신규 임차인이 되려는 자로부터 권리금을 지급받는 것을 방해해서는 안 된다. 다만, 다음 사항에 해당하는 경우는 적용하지 않는다.
　가. 임차인이 주선한 신규임차인이 되려는 자에게 권리금을 요구하거나 임차인이 주선한 임차인이 되려는 자로부터 권리금을 수수하는 행위
　나. 임차인이 주선한 신규자로 하여금 임차인에게 권리금을 지급하지 못하게 하는 행위
　다. 임차인이 주선한 신규임차인에게 상가건물의 조세, 공과금, 주변 상가건물 차임 및 보증금, 그 밖의 부담금액에 비추어 현저한 고액의 차임과 보증금을 요구하는 행위
　라. 정당한 사유없이 임차인이 주선한 신규 임차인과의 계약체결을 거절하는 행위
② 다음 각 호 하나에 해당하는 경우, 정당한 사유가 있는 것으로 본다.
　가. 임차인이 주선한 신규임차인이 되려는 자는 보증금, 차임을 지급할 자력이 없는 경우
　나. 임차인이 주선한 신규임차인이 되려는 자는 임차인으로서의 의무를 위반할

우려가 있거나 그 밖에 임대차를 유지하기 어려운 상당한 사유가 있는 경우를 말한다.

다. 임대차 목적물인 상가건물을 1년 6개월 이상 영리목적으로 사용하지 아니한 경우

라. 임대인이 선택한 신규임차인이 임차인과 권리금 계약을 체결하고 권리금을 지급한 경우

③ 임대인은 임차인에게 손해를 발생하게 하면 배상할 책임이 있다. 손해배상액은 신규임차인이 지급하기로 한 권리금과 임대차 종료 당시의 권리금 중 낮은 금액을 넘지 못한다.

④ 임대인에게 손해배상을 청구할 권리는 임대차가 종료한 날로부터 3년 내, 행사하지 아니하면 시효의 완성으로 소멸된다.

⑤ 임차인이 임대인에게 임차를 주선하였다면 신규임차인의 보증금, 차임을 지급할 자력 또는 그 밖에 의무를 이행할 의사능력 등에 관한 정보를 제공해야 한다.

(10-4) 권리금 적용 제외

다음 각 호 하나에 해당하는 상가건물 임대차인은 적용하지 않는다.

① 임대차 목적물인 상가건물이 유통산업 발전법에 따라 대규모 점포 또는 준대규모 점포의 일부인 경우

② 상가건물이 국유재산법에 따라 국유재산 또는 물품관리법에 따른 공유재산인 경우

(10-5) 표준권리금 계약서의 작성

국토교통부 장관은 임차인과 신규임차인이 되려는 자가 권리금 계약을 체결하기 위한 표준계약서를 정해 그 사용을 권장할 수 있다.

(11) 미등기 전세금

목적건물을 등기하지 아니한 전세계약에 대해서도 법을 준용한다. 이 경우 '전세금'은 '임대차의 보증금'으로 본다.

(12) 표준계약서 작성

법무부장관은 보증금, 차임액, 임대차기간, 수선비 분담 등 기재된 상가건물 임대차 표준계약서를 작성하여 사용할 것을 권장할 수 있다.

① 2002년 11월 1일부터 시행한다.

② 시행 후 체결되거나 갱신된 임대차부터 적용한다. 단 시행 당시 존속 중인 임

대차에 대해 적용하되, 시행 전 물권을 취득한 제3자에 대해서는 효력이 없다.
③ 기존 임차인의 확정일자 신청에 관한 경과조치는 시행 당시의 임차인으로 규정한다. 보증금 우선변제를 보호받고자 하는 자는 법 시행 전 대통령령이 정한 규정에 따라 건물의 소재지 관할 세무서장에게 확정일자를 신청할 수 있다.

3) 보증금 적용범위와 환산보증금

(1) 임대차 환산보증금

「임대차보호법」은 상가건물의 임대차에 관해 적용된다. 대통령령으로 정하는 보증금액을 초과하는 임대차에 대해서는 적용되지 않는다. 상가건물의 임차인에 대해 적용되는 것이 아니라 환산보증금의 범위 내, 점포 임차인은 여러 가지 보호내용을 적용받게 된다. 임대차 보장기간은 최대 5년간이며, 계약서상의 기간과 관계없이 최대 5년까지 임대인에게 계약기간을 요구할 수 있다. 임대인은 임차인이 3개월 이상 임대료를 연체하거나 위법사항 같은 귀책사유가 없는 한 5년간 임대기간을 보장해 주어야 한다. 이러한 권리는 모든 상가 임차인에게 적용되는 것이 아니라 환산보증금, 즉 보증금+월 임차료×100의 공식을 통해 금액을 산출하게 된다. 이러한 보호법의 적용은 대통령령으로 정한 보증금을 말한다.

- ▶ 서울특별시 : 4억 원
- ▶ 수도권 정비계획법에 따른 과밀억제권역(서울특별시는 제외한다) : 3억 원
- ▶ 광역시(수도권 정비계획법에 따른 과밀 억제권역에 포함된 지역과 군 지역은 제외), 안산시, 용인시, 김포시 및 광주시 : 2억 4천 만 원
- ▶ 그 밖의 지역 : 1억 8천 만 원까지 적용받는다.

〈표 7-1〉 환산보증금

지 역	환산보증금 시행일			금 액
	2008.8.21	2010.7.26	2015.12.31	
서울특별시	2억 6천만 원 이하	3억 원 이하	4억 원 이하	4억 원 이하
수도권 정비계획법에 따른 과밀 억제권역(서울특별시 제외)	2억 1천만 원 이하	2억 5천만 원 이하	3억 원 이하	3억 원 이하
광역시(수도권 정비법에 따른 과밀억제권역에 포함된 지역과 군 지역은 제외) - 안산시, 용인시, 김포시, 광주시 등	1억 6천만 원 이하	1억 8천만 원 이하	2억 4천만 원 이하	2억 4천만 원 이하
그 밖의 지역	1억 5천만 원 이하	1억 5천만 원 이하	1억 8천만 원 이하	1억 8천만 원 이하

보증금 외에 차임이 있는 경우 차임액은 월 단위로 하며, 대통령령으로 정하는 비율이라 함은 100분의 1을 말한다.

(2) 확정일자 기재사항

확정일자 기재사항은 임대차 계약증서의 원본을 소지한 임차인으로 상가건물의 소재지 관할 세무서장에게 신청할 수 있다. 부가가치 세법에 따라 사업자 단위 과세가 적용되는 경우 해당본점, 관할 세무서장에게 확정일자를 신청할 수 있다. 확정일자 신청을 받은 세무서장은 일자번호, 부여일을 임대차 계약증서 원본에 표시하고 관인을 찍는다. 임대차계약의 변경, 갱신은 신청에 따라 새로운 확정일자를 부여한다. 임대인 · 임차인 인적 사항은 자연인(성명, 주민등록번호/외국인은 외국인등록번호), 법인(법인명, 대표자 성명, 법인등록번호), 법인 아닌 단체(단체명, 대표자 성명, 사업자등록번호 · 고유번호 등), 임차인의 상호, 사업자등록번호, 상가건물의 소재지, 임대차목적물의 면적, 임대차기간, 보증금 · 차임 등 필요 사항은 법무부령으로 정한다.

(3) 이해관계인의 범위

정보제공을 요청할 수 있는 상가건물 임대차의 이해관계인은 다음 각 호의 하나에 해당하는 자를 말한다. 건물 임대차계약의 임대인 · 임차인, 상가건물 소유자, 등기부에 기록된 권리자를 말한다. 또한 법무부령으로 정한 우선변제권을 승계한 금융기관에서 규정한 지위와 권리를 가진 자로 정보제공에 관해 법원 판결을 받은 자를 말한다. 임대차계약 당사자는 관할 세무서장에게 다음 각 호의 사항에 기재된 서면열람, 교부의 정보를 요청할 수 있다.

첫째, 임대인 · 임차인의 인적 사항으로 주민등록번호, 외국인등록번호의 앞 6자리에 한정한다.

둘째, 상가건물의 소재지, 임대차 목적물 및 면적, 사업자등록 신청일, 보증금 · 차임 및 임대차기간, 확정일자 부여일, 계약 변경이나 갱신된 날짜, 새로운 확정일자 부여일, 변경된 보증금 · 차임 및 임대차기간을 말한다.

셋째, 법무부령으로 정한 사항은 임대차 당사자가 아닌 이해관계인 또는 계약을 체결하려는 자는 관할 세무서장에게 다음 각 호의 사항이 기재된 서면의 열람, 교부를 요청할 수 있다. 상가건물의 소재지, 임대차 목적물 및 면적, 사업자등록 신청일, 보증금 및 차임, 임대차기간, 확정일자 부여일, 계약변경, 갱신된 날짜, 새로운 확정일자 부여일, 변경된 보증금 · 차임 및 임대차기간

넷째, 차임 등 증액청구 기준은 청구 당시의 차임 또는 보증금의 100분의 9 금액을

초과하지 못한다.

다섯째, 월차임 전환 시 산정은 대통령령으로 정하는 비율로 연 1할2푼을 말한다. 대통령령으로 정하는 배수란 4.5배를 말한다.

여섯째, 우선변제받을 임차인의 범위는 보증금과 차임의 경우 규정에 따라 환산금액의 합계가 다음 각 호의 금액 이하인 임차인으로 한다.

- 서울특별시 : 6천500만 원
- 수도권 정비계획법에 따른 과밀억제권역(서울특별시는 제외) : 5천500만 원
- 광역시(수도권 정비계획법에 따른 과밀 억제권역에 포함된 시·군 지역은 제외), 안산시, 용인시, 김포시 및 광주시 : 3천8백만 원
- 그 밖의 지역 : 3천만 원

일곱째, 최우선변제받을 보증금 범위는 다음 각 호의 금액 이하로 한다.

- 서울특별시 : 2천200만 원
- 수도권 정비계획법에 따른 과밀 억제권역(서울특별시는 제외) : 1천900만 원
- 광역시(수도권 정비계획법에 따른 과밀 억제권역에 포함된 지역과 군 지역은 제외 - 안산시, 용인시, 김포시 및 광주시) : 1천300만 원
- 그 밖의 지역 : 1천만 원

〈표 7-2〉 지역별 환산보증금 및 우선변제권의 범위

구분	우선변제받을 보증금	최우선 변제보증금
서울특별시	6천5백만 원	최대 2천2백만 원
과밀억제권역(서울시 제외) : 안양, 군포, 시흥, 성남 등	5천5백만 원	최대 1천9백만 원
광역시(과밀억제권역과 시·군 지역은 제외), 안산시, 용인시, 김포시, 광주시	3천8백만 원	최대 1천3백만 원
그 밖의 지역	3천만 원	최대 1천만 원

임차인의 보증금액이 상가건물 가액의 2분의 1을 초과하는 경우, 건물가액 2분의 1에 해당하는 금액은 우선변제권이 있다. 하나의 상가건물에 임차인이 2인 이상, 각 보증금 중 일정액의 합산액이 건물가액의 2분의 1을 초과하는 경우는 보증금 합산액에 해당하는 분할금액을 각 임차인 보증금으로 본다.

여덟째, 고유식별 처리에 관해 관할 세무서장은 확정일자 부여업무를 수행하기 위해 불가피한 경우「개인정보보호법 시행령」에 따라 주민등록번호, 외국인등록번호가 포함된 자료를 처리할 수 있다.

4) 대항력

대항력(對抗力)은 임차인이 제3자에게 자신의 임대차관계를 주장할 수 있는 권리를 말한다. 부동산 소유주가 바뀔 때마다 세입자들은 아무 보상 없이 쫓겨날 수 있는가에 대한 문제로, 세입자가 가장 신경 써야 하는 일이다. 부동산 경매에서 가장 많이 쓰이는 법률용어 중 하나로 상가건물 임차인이 세무서에 사업자등록을 신청하고 건물 인도를 받으면 그 익일 0시부터 취득하는 권리를 말한다. 제3자에게 주장할 수 있으며, 임대인이 바뀌더라도 새로운 건물주에게 자신의 권리를 주장할 수 있다. 대항력은 지역별로 정해진 보증금의 일정기준과 금액을 초과하는 임대차에 대해 적용된다. 다만, 2015년 5월 13일 이후 최초로 계약이 체결되거나 갱신되는 임대차부터 적용된다.

임차인이 제3자, 상가임차 건물의 양수인, 임대할 권리를 승계한 사람, 그 밖에 이해관계를 가진 사람에게 임대차 내용을 주장할 수 있는 법률상의 힘이다. 임대차는 등기가 없더라도, 임차인이 건물인도와 사업자등록을 신청한 때에는 그 다음날부터 대항력이 생긴다. 이러한 권리를 취득하기 위해 '건물 인도'가 필요하다. 인도란 점유 이전을 말하며, 건물에 대한 사실상의 지배가 임대인으로부터 임차인에게로 이전하는 것이다. 대항력을 갖춘 임차인은 상가건물이 다른 사람에게 양도되더라도 새로운 상가건물 소유자에게 계속해서 임차권의 존속을 주장할 수 있다.

특히 상가임차 건물에 경매가 실시되어 매각되면 임차권은 소멸된다. 다만 보증금이 전액 변제되지 않은 대항력 있는 임차권은 그렇지 않다. 대항력을 취득한 임차인과 상가건물의 저당권, 가압류 등의 관계는 그 요건을 갖춘 선후에 따라 권리가 결정된다. 주의할 점은 임차인이 건물의 인도나 사업자등록 신청 등의 대항요건을 갖추기 전에 상가건물에 대해 저당권, 가압류, 가등기 등이 행해졌다면 그 결과로 경매나 가등기에 의한 본등기로 소유권자가 변경될 수 있다. 이러한 임차권은 소멸되기 때문에 임차인은 신 소유권자에게 대항할 수 없다.

(1) 사업자등록 신청

창업자는 사업 개시일로부터 20일 이내에 관할 세무서장에게 사업자등록을 신청해야 한다. 신규 사업자는 사업 개시일 이전이라도 등록을 신청할 수 있다. 사업장이 둘 이상인 경우 사업장 단위로 해당 사업자의 본점, 주사무소 관할 세무서장에게 등록을 신청할 수 있다. 이 경우 등록한 사업자를 단위과세 사업자라 한다. 사업자등록을 신청한 사람은 관할 세무서장으로부터 인적 사항, 그 밖에 필요사항을 신청일로부터 3일 이내에 토요일, 공휴일, 근로자의 날은 제외하고 발급받을 수 있다.

사업 개시일로부터 20일 내에 등록을 신청하는 것도 가능하지만, 개시 전 사업자등록을 마쳐 대항력과 우선변제권의 발생시기를 앞당길 수 있다.

> ※ 개인은 「소득세법」에 따라 법인은 법인세법에 따라 사업자등록을 신청해야 한다. 「부가가치세법」에 따라 사업자등록을 신청하는 경우 「소득세법」 또는 「법인세법」에 따라 사업자등록을 한 것으로 본다. 이 경우 별도로 「소득세법」 또는 「법인세법」에 따른 사업자등록은 하지 않아도 된다.

(2) 사업자등록 신청절차

사업자등록을 신청하려는 사람은 신청서에 다음 사항을 기재하여 세무서장(관할 또는 그 밖에)에게 제출(국세 정보망에 의한 제출 포함)해야 한다. 사업자의 인적 사항, 사업자등록 신청사유, 개시연월일, 사업장설치 착수연월일, 기타 참고사항 등을 신청서와 함께 다음의 서류를 첨부하여 관할 세무서장에게 제출한다.

① 개인의 사업신청서

- 법령에 의해 허가를 받거나 등록 또는 신고를 해야 하는 사업장은 사업허가증 사본·등록증 사본, 신고필증 사본이 필요하다.
- 사업장을 임차한 경우에는 임대차계약서 사본이 필요하다.
- 「임대차보호법」 규정에 의해 상가건물을 임차한 경우 해당 부분의 도면(상가건물의 일부분을 임차한 경우에 한함)을 제출해야 한다.
- 사업자금 내역 또는 재무상황 등을 확인할 수 있는 자금출처 명세서는 금지금(金地金) 도·소매업 및 과세 유흥장소에 영업하려는 경우에 제출해야 한다.

② 법인인 경우

- 법인 설립신고서 1부
- 법인 등기부등본 1부(담당 공무원 확인에 동의하지 않은 경우 신청인이 직접 제출해야 함)
- 정관 사본 1부
- 법인명의 임대차계약서 사본(사업장을 임차한 경우) 1부
- 주주 또는 출자자 명세서 1부
- 사업신고필증 사본 1부(신고 전에 등록하는 경우 : 신고신청서 사본 또는 사업계획서)

◑ 현물출자 명세서(현물출자법인의 경우) 1부

◑ 확정일자를 받고자 하는 경우, 임대차 계약서 원본과 임차한 사업장의 상가건물 일부인 경우 해당부분의 도면을 제출해야 한다.

③ 우선변제권 보장

대항요건을 갖추고 임대차계약서에 확정일자를 받은 임차인은 「민사집행법」에 의한 경매와 「국세징수법」에 따른 공매, 매각대금에서 후순위 권리자 및 그 밖의 채권자보다 우선하여 보증금을 배당받을 수 있다. 여기에서 중요한 것은 확정일자를 받아야 효력이 있다는 점이다.

건물의 인도나 사업자등록 신청 등 대항요건과 관할 세무서장으로부터 계약서상의 확정일자를 받은 임차인은 「민사집행법」에 따른 경매, 「국세징수법」에 따른 공매 시 임차건물의 환가대금에서 후순위 관리자나 그 밖의 채권자보다 우선하여 보증금을 변제받을 수 있다. 이의신청을 받은 체납 처분청은 이해관계인의 이의 신청일로부터 7일 이내, 임차인을 상대로 소 제기를 증명할 때는 소송이 종결될 때까지 보증금 변제를 유보하고 남은 금액을 배분해야 한다. 유보된 보증금은 소송결과에 따라 배분한다. 임차인의 경매는 특례로 임차건물에 대한 보증금 반환청구소송의 확정판결, 그 밖에 준하는 집행권한에 의한 경매를 신청할 수 있다. 하지만 「민사집행법」 규정에 따라 반대의무 이행, 이행의 제공을 집행개시 요건으로 하지는 않는다.

④ 소액 임차인 최우선변제권

상가건물 임차인이 경매개시 및 가입등기 전에 대항력을 갖추고 「임대차보호법」에서 규정한 요건에 해당하는 경우 순위와 상관없이 일정금액을 우선적으로 변제받을 수 있는 권리를 말한다. 임차한 상가 점포가 타인에 의한 경매나 공매 등에 처했을 때 임차인보다 우선권을 가진 채권자가 많을 경우 점포 보증금을 받지 못할 수 있다. 이러한 상황을 고려하여 영세 상인들을 보호할 목적으로 최우선변제권 제도를 두고 있다. 최우선 변제금액이 상가건물 가액의 2분의 1을 초과하는 경우, 건물 가액의 2분의 1금액에 한해서 이루어진다. 변제받기 위해서는 소액 임차인이어야 하며, 환산보증금을 기준으로 한다.

우선변제권은 「임대차보호법」상 임차인이 대항요건과 계약서상의 확정일자를 갖춘 경우에 임차보증금을 우선 변제받을 수 있는 권리를 말한다. 상가건물이 경매 또는 공매에 붙여졌을 때도 경락대금의 다른 후순위 권리자보다 먼저 보증금을 변제받을 수 있다.

가. 확정일자 취득

확정일자는 증서가 작성된 날짜에 임대차계약서가 존재함을 증명하기 위해 법률상 인정되는 일자를 말한다. 관할 세무서장이 임대차계약서가 존재하였음을 인정한 날짜로 사업자등록 신청 후 임대차계약서에 수수료 없이 확정일자를 받을 수 있다. 사업자등록 전에 확정일자를 먼저 신청할 수 있으며, 우선변제권의 효력은 사업자등록 신청, 상가건물 인도, 확정일자에서 가장 늦은 날을 기준으로 순위가 결정된다.

확정일자 절차의 경우 신규 사업자등록을 신청한 임차인은 신청서, 임대차계약서 원본, 건물 일부를 임차한 경우 해당부분의 도면, 본인 신분증을 관할 세무서장에게 제출하여 확정일자를 받을 수 있다. 사업자등록을 신청하지 않은 임차인은 확정일자만을 우선하여 신청하는 경우, 계약서 원본과 확정일자, 신분증으로 부여받을 수 있다.

우선변제권 발생시기는 임차인이 상가건물 인도와 사업자등록 신청, 계약서에 확정일자를 받은 경우, 상가건물 인도와 사업자등록을 신청한 다음날 오전 0시부터 우선변제권이 생긴다.

⑤ 전세금보장신용보험

전세금보장신용보험이란 상업용 점포의 임차인이 임대인으로부터 회수해야 할 임차보증금을 보호받기 위해 본인 스스로 가입할 수 있는 상품을 말한다. 서울보증보험에서 취급하며, 임차기간 중 해당 점포의 경매, 계약이 해지 또는 종료된 후 60일이 경과되었음에도 보증금을 반환받지 못할 경우 임차인이 입은 손해를 보상해 준다. 전세금보장신용보험에 가입할 수 있는 임대차계약과 신용보험료율은 다음과 같다.

가. 보험가입 대상

임대차계약 대상의 부동산, 도·소매 등 상업용 건물 등을 말한다.

나. 인수기준

서울 : 7천만 원, 경기 및 광역시 : 5천만 원, 일반시 : 4천만 원, 기타 지역 : 3천만 원 이하(임차보증금액 전액 기준), 선순위 설정 최고액은 추정시가의 50% 이내를 조건으로 한다.

다. 보험료율

보험료율은 연 0.659%로 한다.

※ 전세금보장신용보험 내용은 SGI서울보증 홈페이지(www.sgic.co.kr)에서 확인
할 수 있으며, 그 기준은 상가 계약일이 아니라 등기부등본상 최초 담보물권 설
정일로 한다.

2. 국토의 계획 및 이용에 관한 법률

「국토의 계획 및 이용에 관한 법률」은 효율적인 국토이용 계획과 개발, 보전을 수
립하고 집행하는 등 필요사항을 정해 공공복리를 증진시키고 국민의 삶의 질을 향상
시키는 데 그 목적이 있다. 자연자원의 효율적인 활용을 통해 건전한 환경유지와 보
전은 사업자들의 미래에 영향을 미치기 때문에 이를 조사 분석해야 한다.

1) 도시계획의 종류

(1) 광역도시 계획

특별시, 광역시, 시·군·구의 행정구역에 대해 장기적인 발전방향을 제시하거나
그 기능을 상호 연계하여 성장관리를 도모하는 것이다. 20년 단위의 장기계획으로
도시계획 체계상 최상의 도시·군 기본계획, 관리계획 등을 말한다. 광역도시 목표와
전략, 현황과 특성, 여건변화, 전망, 주요지표, 공간구조의 골격을 구상하며, 개발(성
장축)과 교통, 녹지축을 설정하여 기능분담과 물류유통체계, 문화 및 여가 공간, 시설
계획, 경관, 환경보전, 방재, 개발제한 구역조정 등에 따른 집행 및 관리를 말한다.
수립절차는 광역 계획권의 공간범위에 따라 도시계획 수립을 이원화한다.

① 광역 계획권은 둘 이상의 광역시·도와 관할구역에 걸쳐 있는 경우 - 광역계획
을 지정(국토부장관) → 광역도시 계획수립(관할 시·도지자 공동) 입안 → 승
인신청(입안권자 → 국토부장관) → 중앙도시계획위원회 심의 → 확정 및 승인
을 한다.

② 광역 계획권이 도의 관할구역에 속해 있는 경우 계획권 지정(도지사) → 광역도
시 계획수립(관할 시장·군수 공동) 입안 → 승인신청(입안권자 → 도지사) →
도·지방도시계획위원회 심의 후 확정과 승인을 한다.

※ 입안권자는 공청회, 지방의회 의견청취, 지방도시 계획위원회 자문 등 순차적으
로 진행되며, 신속성을 요구할 경우 동시·병행적으로 추진할 수 있다. 계획수
립 대상권역은 수도권, 부산권, 대구권, 광주권, 대전권, 마산·창원·진해권, 광
양만권, 전주권, 청주권, 전남 서남권, 제주권(11개 권역)으로 분류된다.

(2) 도시계획

특별시, 광역시, 시·군·구의 관할권에 대해 수립되는 공간구조와 발전방향 계획은 도시의 기본계획과 관리계획으로 구분된다.

① 도시 기본계획

국토의 계획 및 이용은 법률에 따라 특별시, 광역시, 시·군·구의 관할구역에 대해 기본적인 공간구조와 관리계획 수립, 장기 발전방향을 제시하는 등 종합계획서로서 지침서가 된다. 또한 관리계획을 수립함으로써 필요사항을 정한 지침내용을 종합적으로 고려하며, 지역실정과 여건 등의 세부내용 중 일부에 대해 적용하는 것이 불합리한 경우 법령범위 안에서 명백히 밝혀 다르게 적용할 수 있다. 개발·정비·보전을 위해 수립되는 토지이용은 교통·환경·경관·안전·산업·정보통신·보건·후생·안보·문화 등 1가지 이상이 포함된 계획을 말한다.

　가. 용도지역·지구지정 변경에 관한 계획
　나. 개발제한구역, 시가화 조정구역 또는 수산자원보호구역 지정 및 변경에 관한 계획
　다. 기반시설의 설치, 정비, 개량에 관한 계획
　라. 도시개발사업 또는 정비사업에 관한 계획
　마. 지구단위계획 구역지정, 변경에 관한 계획

② 도시 관리계획

도시 관리계획의 입안과 기준은 대통령령에 의해 국토교통부장관이 정하며, 계획도는 축척 1천분의 1, 5천분의 1의 지형도에 명시한 도면으로 작성해야 한다. 지형도가 간행되어 있지 않으면 해도·해저 지형도면으로 갈음할 수 있다. 국토교통부장관은 규정에 따라 도시·군 관리계획을 수립할 때 다음 사항을 종합하여 고려한다.

　가. 광역 도시계획 시·군·구 기본계획에 제시한 내용을 수용하고 개별 사업계획과의 관계, 도시의 성장추세를 고려하여 수립해야 한다.
　나. 도시·군 기본계획을 수립하지 아니한 경우 당해 장기발전 구상의 원활한 수립을 위해 필요사항을 포함시켜야 한다.
　다. 관리계획의 효율적인 운영을 위해 특정지역 및 부문을 한정하여 정비할 수 있다.
　라. 공간구조는 생활권 단위로 구분하여 생활편의시설을 갖추어야 한다.
　마. 도시, 농어촌, 산촌의 인구밀도와 토지이용 특성, 주변 환경을 고려하여 지역별 상세도를 다르게 하며, 기반시설의 배치와 용도 등은 서로 연계해야 한다.

바. 토지이용계획 수립시 주간, 야간활동인구 등 규모와 성장성을 고려하여 적합한 개발밀도가 되도록 해야 한다.

사. 녹지 및 생태계, 산림, 경관축의 양호한 자연환경과 우량농지 등을 고려하여 토지이용계획을 수립해야 한다.

아. 인구집중 유발시설이 수도권 외 지역으로 이전하는 경우 종전의 대지에 대해 지방이전이 촉진될 수 있도록 토지이용계획을 수립해야 한다.

자. 계획시설은 집행능력을 고려하여 기존 설치현황과 운영상태를 점검하며, 규모가 불합리하게 결정되었거나 실현가능성이 낮은 시설은 재검토, 최소화한다.

차. 도시개발 및 기반시설의 설치는 환경영향평가를 통해 유기적인 연관성과 건전성을 높여 지속가능한 발전을 도모해야 한다.

③ 관리계획 수립기준

관리계획 수립은 토지이용 현황과 기초조사 시점으로 하며, 목표연도는 10년을 기준으로 연도 끝자리가 0년, 5년으로 한다(2010년, 2015년). 기본계획을 5년마다 재검토하거나 여건변화로 다시 수립하는 경우 시장 · 군수는 정책방향에 부합되도록 재검토하거나 재검토 및 그 시점으로부터 10년으로 한다. 기간 중 관리계획을 일부 변경하는 경우 목표연도를 변경할 수 있다.

④ 계획 수립원칙

관리계획은 시 · 군 · 구에서 제시한 내용을 수용하고 개별사업과의 관계, 성장추세에 따라 수립한다. 당해연도 장기발전구상 및 기본계획에 포함될 사항은 원활한 수립을 위해 특정지역 부문에 한정하여 정비할 수 있다.

용도변경으로 지가상승이 발생 및 예상되는 경우 특별시 · 광역시 · 특별자치시장 · 도지사 · 시장 · 군수는 대지의 소유자로 하여금 도로, 문화시설 등의 기반시설을 기부채납하도록 할 수 있다. 국가균형발전법에 따라 재정지원을 받은 경우, 추가 설치할 수 있으며, 기존 도시의 설치현황을 관리, 운영한다. 불합리하게 결정되었거나 실현가능성이 없는 시설은 재검토 및 최소화할 수 있다.

도시개발, 기반시설 등은 환경영향평가를 통해 유기적으로 발전 가능한 모델을 개발해야 한다. 계획을 수립할 때는 지역의 개발밀도, 주변여건, 환경 등 예상되는 재난과 방재상황, 기후환경(바람유동, 열섬현상) 등을 고려해야 한다. 국유지가 포함될 경우 이용현황과 장래 활용계획, 기후변화와 재해 취약성 등을 토대로 무분별하게 운영되어서는 안 된다. 주민의 재산피해 방지와 계획의 안정성, 도시발전을 도모하기 위해 신중을 기하며, 빈번하게 변경하지 말아야 한다.

2) 용도지역 존(Zoning)

용도지역제란 도시 관리계획에 따라 전국의 토지에 관해 특정 용도와 지역, 지구, 구역으로 지정하는 것을 말한다. 토지 이용에 관해 공법상의 제한과 건축물 규모, 용도, 건폐율 등을 규제함으로써 합리적인 사용과 보전, 생활환경을 조성하기 위한 제도이다. 전국의 모든 토지를 대상으로 하거나 특정구역에 대해 국지적으로 지정된다.

(1) 도시지역

인구와 산업이 밀집되어 있거나 예상되는 지역에 체계적으로 개발, 정비, 관리, 보전이 필요한 지역을 말한다.

〈표 7-3〉 용도별 도시지역

구 분	내　　　용
주거지역	국민들의 거주와 안녕, 건전한 생활환경의 보호를 위해 필요한 지역
상업지역	거주민들의 업무와 생활안정, 편익을 증진시키기 위해 필요한 지역
녹지지역	농림, 산림보호의 육성을 위한 자연환경과 위생, 안전, 무분별한 개발을 방지하기 위해 녹지공간의 보전이 필요한 지역
공업지역	산업 및 공업 육성 등 주거민들의 편익을 증진시키기 위해 필요한 지역

(2) 관리지역

도시지역의 인구유입에 따라 산업을 수용하거나 체계적인 관리, 농림업의 진흥, 자연환경, 산림 등을 보전할 필요가 있는 지역을 말한다.

〈표 7-4〉 용도별 관리지역

구 분	내　　　용
보전관리지역	자연환경을 보전 관리하기 위해 산림보호와 수질오염 방지, 녹지공간 확보, 생태계 등에 대한 보전이 필요하지만 주변 지역용도와의 관계를 고려할 때 자연환경 보전지역으로 지정하여 관리하기가 곤란한 지역을 말한다.
생산관리지역	농업, 임업, 어업 생산을 위해 관리가 필요하지만 주변의 지역용도와의 관계를 고려할 때 농림지역으로 지정하여 관리하기가 곤란한 지역을 말한다.
계회관리지역	도시지역으로 편입이 예상되지만 자연환경을 고려하여 제한적인 이용과 개발을 할 때 지역적으로 계획적, 체계적인 관리가 필요한 지역을 말한다.

(3) 용도지역의 세분화

용도지역은 도시 관리계획 결정으로 세분하여 이를 지정하고 변경할 수 있다.

〈표 7-5〉 법률 및 시행령에 의한 용도지역 분류

법률적 용도지역	시행령 용도지역		내 용
주거지역	전용	1종	주거지역 중심의 단독주택이나 주거환경을 보호하기 위해 필요한 지역 - 아파트 건축, 음식점, 골프장 등의 시설을 금지한다.
		2종	공동주택 중심 주거환경을 보호하기 위해 필요한 지역으로 아파트 건축이 가능하다.
	일반	1종	저층(4층 이하) 중심으로 주거환경 편리성을 조성하기 위해 필요한 지역을 말한다.
		2종	중층주택(15층 이하)을 중심으로 주거환경의 편리성을 조성하기 위해 필요한 지역을 말한다.
		3종	중고층 주택을 중심으로 주거환경의 편리성을 조성하기 위해 필요한 지역 - 아파트 층수 제한 없음, 재건축이 가능하다.
	준주거지역		주거기능을 지원하기 위해 일부 상업 및 업무기능을 보완할 필요성이 있는 지역을 말한다.
상업지역	중심상업지역		도심, 부도심의 상업 및 업무기능 확충에 필요한 지역으로 토지 이용도가 높은 상업지역을 말한다.
	일반상업지역		일반적인 상업 및 업무기능을 담당하기 위해 필요한 지역으로 토지 이용도가 비교적 높은 지역을 말한다.
	근린상업지역		근린지역의 일용품 및 서비스 공급을 위해 필요한 지역으로 재래시장 등이 있다.
	유통상업지역		도시 내 지역 간 유통기능의 증진을 위해 필요한 지역으로 남대문, 동대문 도매시장 등을 말한다.
녹지지역	보전녹지지역		도시의 자연환경이나 경관, 산림, 녹지 공간 등을 보전할 필요성이 있는 지역을 말한다.
	생산녹지지역		농업생산을 위해 개발을 유보할 필요가 있는 지역으로 도시의 외곽 농경지 등을 말한다.
	자연녹지지역		도시 내 녹지공간 확보와 확산, 장래 도시공급을 위해 보전할 필요가 있는 지역을 말한다. 하지만 완만한 경사나 임야 등 불가피한 경우 제한적인 개발을 허용한다.

(4) 용도지역 내 행위제한

〈표 7-6〉 건축물 용도 및 행위제한

건축물 용도	내 용
단독주택	유통 상업 및 전용 공업지역에서만 건축을 금지한다. 단) 농림 및 자연환경 보전지역은 농어가 주택에 한해 허용함
연립 및 다세대주택	유통 상업지역, 전용공업, 일반공업, 보전녹지, 보전관리, 농림, 자연환경 보전지역에서 건축을 금지한다.

건축물 용도		내 용
아파트		제1종 전용주거지역·일반주거, 유통 상업, 전용공업, 일반공업, 녹지, 관리, 농림, 자연환경 보전지역에서 신축을 금지한다.
숙박시설		상업 및 준공업지역, 계획관리(조례에 의한 3층 이하, 바닥면적 660㎡ 이하), 유통 상업, 관광지, 관광단지 내 자연환경 보전지역 내의 숙박시설을 허용한다.
위락시설		모든 상업지역 내 가능
제1종 근린생활시설		모든 용도지역 내 가능
제2종 근린 생활 시설	원칙	전용주거지역, 보전녹지, 자연환경 보전지역 내 금지
	안마시술소	전용주거지역, 일반주거, 보전녹지, 농림, 자연환경 보전지역 등 금지
	단란주점	상업지역 가능
	종교집회장	모든 용도지역 내 가능
초·중·고등학교		전용 공업지역만 금지
의료 시설	일반병원	전용주거지역, 유통 상업, 자연환경 보전지역에서 금지
	격리병원	주거지역과 근린상업, 유통공업, 자연환경 보전지역에서 금지
	장례식장	전용주거지역, 일반주거, 전용공업, 자연환경 보전지역에서 금지
공장		전용주거지역, 유통 상업, 보전녹지, 농림, 자연환경 보전지역에서 금지
분뇨, 쓰레기 시설		공업지역과 생산녹지, 자연녹지, 계획관리, 생산관리, 농림지역에서 가능
묘지 관리시설		녹지지역, 관리, 농림, 자연환경 보전지역 내에서 가능

3) 용도지역·용도지구·용도구역

용도지역은 합리적인 공간구조를 형성하고 교통 및 기반시설, 배치, 주거환경보호, 경관 등과의 상호 관련성을 고려하여 규모별 시가지의 특성에 따라 지정되어야 한다. 도시기능과 효율적인 교통관리, 생활환경의 질적 향상을 도모할 수 있도록 합리적으로 계획해야 한다. 보전 및 개발이 필요한 지역은 우선적으로 지정하고 공간구조와 생활권 배치에 따라 용도지역을 부여한다. 용도지정은 가급적 생태계가 연결될 수 있도록 녹지축이 단절되지 않도록 해야 한다.

토지이용계획 수립은 대상지역을 체계적으로 개발, 관리, 정비, 보전하도록 지구단위 계획을 지정하여 개발할 수 있다. 가구 수나 소득증대에 따라 주거면적이 확대되는 등 수요증가가 예상될 때에는 한정된 자원의 효율적인 이용을 고려해야 한다. 주거지역은 생활권체계를 근간으로 인구배분, 교통, 공급처리 시설 및 생활편의시설의 관련성을 고려해야 한다.

첫째, 주거지역은 각 시군구의 특성과 지형조건을 고려하여 자연과 조화롭게 개발할 수 있도록 인구밀도 등을 참고해야 한다.

둘째, 상업지역은 시군구의 규모와 기능에 따라 도심, 부도심, 지구중심으로 구분할 수 있으며, 위치 적정성을 고려하여 경제활동공간을 체계화시켜야 한다.

셋째, 공업지역은 당해 시군구의 특성에 맞게 산업종류와 원단위(용지 · 직원 · 생산액)에 의해 구체적인 입지계획을 정한다. 특히 수질 및 대기오염 등 환경오염이 예상되면 그 피해가 최소화될 수 있도록 자연환경을 활용할 수 있는 입지를 선정한다.

넷째, 용도지역 변경 시 토지이용, 개발수요, 사회변화 등을 종합적으로 고려하며, 빈번하게 변경되지 않도록 해야 한다. 밀도가 높아지도록 변경할 때에는 당해 지역 안의 도로, 기반시설을 확충하는 등 지구단위계획을 함께 시행할 수 있다.

다섯째, 그 밖의 계획은 적정한 기능유지를 위한 도로, 공급처리시설 등 기반시설의 수용과 확보가능성을 감안하여 용도지역을 수립한다. 특정 목적으로 토지이용의 극대화를 도모할 수 있도록 용도지구계획을 연계한다. 수해, 재해 빈발지역은 가급적 개발지역으로 부여하지 않으며, 하천 상류지역에 대한 개발은 하류지역의 재해 유발 가능성을 고려하여 지정한다. 개발 제한구역 해제는 원칙적으로 저층 · 저밀도, 중밀도 이상으로 계획할 때는 인근지역의 개발압력, 주변경관 훼손, 환경오염, 도시 간 연담화, 교통문제 등이 발생되는지 종합적으로 검토하고 대책을 수립해야 한다.

여섯째, 집단취락 해제지역은 주거 밀도 · 주변 토지이용 상황 · 자연환경 등에 따라 자연녹지 또는 주거지역 용도로 부여한다. 주거지역의 변경은 제1종 전용주거지역, 일반주거지역으로 계획하여 저층 · 저밀도로 정비한다. 다만, 집단취락 규모에 따라 환경영향평가 결과를 고려하여 지정할 수 있다.

(1) 경관지구

① 자연경관지구

산악 · 구릉지 · 숲 등의 자연경관이 우수하여 보호할 필요성이 있는 지역에 한해 지정한다. 대상지의 범위는 새로운 건축이나 개발행위로 인해 손상을 입을 수 있는 지구 중에서 선정한다. 형태는 가로변을 따라 선형적으로 지정될 수도 있으며, 대상지와 접하는 지역, 조망권 지점과 연결하는 축으로 지정할 수 있다. 국립공원, 도시 자연공원, 보전 녹지지역 등과 그 주변은 자연경관지구로 함께 계획할 수 있다.

② 수변경관지구

하천, 호소변, 해안 등 자연생태적 경관을 유지하거나 조망하기 위해 수변을 면한 건물 등 양호한 인공경관을 형성하기 위해 지정한다. 시가지내에서 복개되지 않은 모든 수변은 지정대상이 될 수 있으며, 수변 폭이나 크기에 따라 범위를 다르게 지정한다. 하천변은 평균 1~2배 폭으로 지정하며, 호소변에는 200~300m, 해안변은 1~

2km를 지정한다.

③ 시가지 경관지구

기존 시가지의 도시이미지 제고를 위해 양호한 경관을 유지하거나 조성할 필요가 있는 지역을 지정한다. 건축물을 정비하여 도시적인 경관 이미지를 조성하거나 자연환경과 건축물의 조화를 필요로 하는 도시내부, 진입부, 우량 주택지구 등이 될 수 있다. 도시 진입부란 외부로부터 진입하는 도시 경계부로 고속도로, 철도, 주요 지역간 도로 등 양쪽 간 인접지역이 된다. 행정구역의 경계선으로부터 약 1~3km 정도까지 노선에 따라 선형으로 지정된다. 폭은 가시거리에 따라 달라지나 도로(철도)경계로부터 500~1,000m에 이르는 개발가능 지역에 지정한다.

(2) 미관지구

① 중심지 미관지구는 상업지역을 중심으로 도시 미관을 유지하거나 토지이용이나 건축물을 관리하기 위해 필요한 지역을 지정한다. 중심 상업지역으로 지정된 곳은 중로 이상으로 구획된 가구단위를 말한다. 단 기존 중심 상업지역의 지정이 불합리한데도 수정하기 곤란한 경우는 경계를 다르게 할 수 있다. 상업지역이 아니더라도 상징적으로 가로변 양편에 지정할 수 있으며, 노선이 지구로 지정될 경우, 교통량과 가로 폭을 고려하여 50m 정도 지역을 경계로 한다.

② 역사문화 미관지구는 사적지, 전통 건축양식 등이 소재된 미관을 유지하기 위해 주변지역을 포함하여 토지이용과 건축물을 특별관리 지역으로 지정한다. 당해 건축물이 존재하는 경계선을 기준으로 고밀도 개발이 미관을 해칠 우려가 있는 경우 도로(소로)로 구획된 가구(보전대상 건물)를 경계로 설정한다. 역사성을 갖는 경우는 양편 모두를 일정 폭(각 50m)만큼 지구에 포함시킨다.

③ 일반 미관지구는 주거지역을 중심으로 토지이용이나 건축물을 특별 관리하기 위해 필요지역을 지정한다. 중심지구 및 역사문화 지구 외에도 미관을 유지관리하기 위해 지정한다.

(3) 고도지구

첫째, 최저 고도지구는 도시환경의 조성 및 토지이용 증진을 위해 건축물 높이의 최저한도를 규제할 필요가 있는 지역을 말한다. 도심 주요부에 고층화가 필요한 지역이나 아파트 건설 등 토지이용의 고도화, 스카이라인 계획에 의한 고층화, 일정높이 이상의 건축물을 건축할 필요가 있는 지역에 지정한다.

둘째, 최고 고도지구는 도시환경의 조성과 경관유지 및 제고를 위해 건축물 높이를 규제할 필요가 있는 지역을 말한다. 공원, 녹지지대 등 경관차단을 방지하기 위해 문화재 및 문화적 가치가 있다고 인정되는 시설물, 경관보호 필요지역, 시가지 관광도로 등 공동주택 건축을 허용하였다. 하지만 주변지역 이용에 바람직하지 않은 시설물이 설치되었거나 계획된 도로, 상하수도, 학교 등 기반시설의 유지를 위해 전체 건물의 용적 및 인구밀도 등을 일정 수준으로 제한할 필요가 있다. 시가지 내 공기흐름, 바람통로 확보를 위해 필요지역 건축물 높이를 제한한다.

셋째, 최저 및 최고 고도는 미터법에 의한 높이로 하고, 아파트 건축을 위한 경우는 층수로 할 수 있다. 건축물의 높이 계산은 건축법에서 정하는 바에 따른다.

(4) 보존지구

첫째, 역사문화 환경보존지구는 문화적으로 보존가치가 큰 지역의 시설물 보호와 보존을 위해 지정한다.

둘째, 중요시설물 보존지구는 국방상 또는 안보상 중요한 시설물의 보호와 보존을 위해 필요한 지역을 말한다.

셋째, 생태계 보존지구는 야생동식물 서식지, 도래지로서 생태적으로 보존가치가 큰 지역의 보호와 보존을 위해 지정한다.

(5) 시설 보호지구

학교시설 보호지구는 교육환경을 보호, 유지하기 위해 필요한 지역이나 학교의 집단화를 위해, 대학촌 조성 등을 위해 필요한 지역을 말한다.

첫째, 공용시설 보호지구는 공용시설을 보호해야 할 필요가 있는 지역으로 업무 효율화를 위해 유사기능을 집단화할 필요가 있는 지역을 지정한다.

둘째, 항만시설 보호지구는 항만 및 어항구역으로 지정된 보호기능을 유지하기 위해 필요한 지역으로 장래 확충을 위해 토지수요가 예상되는 지역을 말한다.

셋째, 공항시설 보호지구는 보호기능을 유지하기 위해 필요한 지역으로 항공기의 소음 등 주거생활에 지장을 초래하는 지역을 말한다. 즉 공항시설의 장래 확충을 위해 토지수요가 예상되는 지역을 말한다.

(6) 취락지구

취락지구는 녹지지역, 관리지역, 농림지역, 자연환경 보전지역 안의 취락을 정비하기 위해 지정한다. 용도지역 틀 안에서 운용되므로 취지와 정비개발, 보전방향, 조화 등 주민생활의 불편을 해소할 수 있다. 주민의 집단적 생활근거지로 이용되거나 주택 정비와 주민복지시설, 소득증대를 위한 생산시설의 계획지역을 말한다. 입지조건이나 인구동향, 농지전용, 건축행위, 교통 편리성, 공공시설 상황 등 양호한 주거환경을 갖는 지역으로 체계적인 정비가 필요하다고 인정된 곳을 지정한다. 주택 노후화와 일조, 통풍 등 이웃환경을 악화시킬 우려가 있는 지역, 댐 건설, 전원개발사업 등으로 기존에 지정된 조성지역의 이전이 필요한 경우 등을 말한다.

첫째, 집단 취락지구는 개발제한구역 안을 정비하기 위해 필요시 지정한다. 지정·해제·관리정비는 특별조치법령의 규정에 따른다.

둘째, 개발 진흥지구는 주거 및 공업, 유통물류, 관광 휴양기능을 집중적으로 개발 정비할 필요가 있는 지역에 지정한다. 기능에 따라 주거개발 진흥지구, 산업유통 개발진흥지구, 관광휴양 개발진흥지구, 복합 개발진흥지구로 세분한다. 하지만 자연환경 보전지역은 관광휴양 개발진흥지구에서 제외된다. 「문화재보호법」에 의한 보호구역은 「자연환경보전법」에 의한 생태보전, 「도로법」에 의한 접도구역, 「수도법」에 의한 상수원보호구역, 지방 상수원보호구역은 수계상 10km 이내 지역으로 제한한다.

셋째, 농지법에 따른 진흥지역 안의 농지와 경지정리, 수리시설 등 농업생산 기반이 정비된 농지는 시장(구가 설치된 시의 시장은 제외한다), 군수, 구청장이 지역여건에 따라 개발이 불가피하다고 인정하는 농지 등은 제외한다.

넷째, 주거개발 진흥지구는 주거기능을 중심으로 개발 정비가 필요한 지역에 지정한다. 종전의 「국토이용관리법」상 취락지구 중 향후 주거지역으로 발전할 가능성이 있어 이를 계획적으로 개발할 필요가 있는 지역에서 지정한다.

다섯째, 산업·유통개발 진흥지구는 해당 지역의 여건 및 특성을 종합하여 지역의 부존자원 특성화와 외국인 자본유치, 정보화 생명공학 등 공해 없는 첨단산업의 유치를 위해 지정한다. 산업개발로 지역경제를 활성화할 수 있는 지역은 특별히 지정한다. 토지이용을 고도화하거나 지역경제를 활성화할 수 있는 지역은 유통기능으로 개발하거나 지역산업 발전을 견인할 수 있다. 경쟁력을 강화하기 위해 지역발전위원회 심의를 거쳐 선정된 지역은 건폐율 완화 등을 지정한다.

여섯째, 복합개발 진흥지구는 주거, 산업, 유통, 관광휴양 등 2가지 이상의 기능을 복합적으로 개발함으로써 상승효과가 기대되는 지역에 지정한다.

일곱째, 특정개발 진흥지구는 지역전략산업 육성과 특정기능을 유치하기 위해 지정할 수 있다.

3. 가맹사업 거래의 공정화 법률

1) 가맹사업 현황

(1) 사업 현황

세계적인 경기 불황과 마이너스 성장에 따른 취업난 악화에서도 베이비부머 세대들의 은퇴는 프랜차이즈 시장을 활성화시키고 있다. 2015년 프랜차이즈협회에 등록된 가맹본부는 3,482개, 브랜드 수 4,288개로 늘어났지만 신규창업을 준비하는 희망자들이 선택할 지표나 정보는 부족한 실정이다(좋은가맹사업지원센터, 2016).

2010년부터 가맹본부 2,042개에서 2016년 3,482개로 매년 15% 정도 증가하고 있으며, 본부가 내세울 브랜드의 영업표시는 2010년 2,550개에서 16년 4,288개로 증가세를 보이고 있다. 하지만 본부와 계약을 체결한 가맹점 수는 2010년 149천 개에서 2016년 194천 개로 본부 증가율의 절반수준인 약 7%를 나타내고 있다. 2015년도에 비해 2016년도는 1.82% 증가한 것으로 나타났다. 직영점 수와 가맹점 수는 연평균 약 10% 정도 증가하였지만 15년에는 1.98% 증가하였다. 이는 가맹본부 설립은 활발하게 일어나지만 본부와 계약을 체결한 가맹점은 적었기 때문이다.

(2) 업종별 현황

가맹사업의 업종별 추이를 살펴보면, 가맹본부는 2012년 전체 2,678개 중 외식사업이 차지하는 비율은 67.6%인 1,810개로 나타났다. 서비스업은 19.2%(513개), 도·소매업 13.3%(355개)로 외식업 비율은 꾸준하게 증가세를 보이다가 2015년은 가맹본부의 72.4%에 해당하는 2,521개로 조사되었다. 브랜드나 가맹점별 현황도 유사하게 나타났다. 2012년 67.8%의 외식사업은 2015년도에 73.3%로 증가하였다. 직영점은 외식사업보다 도·소매업이 많은 비중을 차지하였으며, 2012년 11,326개(42.7%)에서 2015년도 11,690개(45.9%)로 큰 비중을 차지하였다. 창업비용은 1천만 원 전후부터 2억 원 이상까지 브랜드별 편차가 다양하게 나타났다.

공정거래위원회에 등록된 정보공개서에 의하면 전체의 60%에 해당하는 2,665개 브랜드는 1억 원 이하의 자본금으로 창업이 가능하다. 1천만 원 이하 브랜드는 133개(3%), 2억 원 이상은 526개(11.8%)로 나타났다. 이와 같이 대부분의 개인 창업자들은 안정된 수익창출을 위해 프랜차이즈 사업권을 선택하고 있다. 하지만 분쟁이 빈번하게 일어나기 때문에 가맹사업 거래의 공정화를 위한 법률(「가맹사업법」) 제정과 규정을 파악할 필요성이 있다(가맹거래 법령, 2016).

2) 가맹거래사의 사업

(1) 가맹거래사 사업의 목적과 개념

「가맹사업법」은 공정한 거래질서를 확립하고 본부와 가맹사업자 간 대등한 지위에서 상호 보완적인 관계와 균형 있는 발전이 가능하도록 지원하는 것이다. 이를 바탕으로 소비자의 복리증진과 국민경제의 건전한 발전에 이바지하는 데 그 목적이 있다.

가맹사업은 본부가 가맹자로 하여금 자기의 상표·서비스·상호·간판, 그 밖의 영업표지를 사용하여 일정한 품질기준이나 영업방식에 따라 상품(원재료 및 부재료 포함), 서비스, 용역 등을 같은 방법으로 판매하도록 경영 및 영업활동에 대한 통제, 교육 등을 지원한다. 이에 가맹사업자는 영업표지의 사용과 활동에 따른 지원과 교육대가로 가맹금을 지급하는 등 계약을 통해 거래를 계속적으로 유지할 수 있는 권리를 말한다. 반면에 가맹본부는 사업과 관련하여 가맹점 운영권을 부여하는 사업자를 말한다. 가맹점사업자는 사업과 관련하여 본부로부터 운영권을 부여받은 사업자를 말한다.

① 가맹지역 본부는 계약에 따라 일정지역 안에서 가맹점 사업자의 모집과 상품, 서비스, 용역 등 품질유지와 개선, 경영 및 영업활동의 지원·교육·통제 등 본부의 전반적인 업무를 대행하는 사업자를 말한다.

② 가맹 중개인은 가맹본부 또는 지역본부로부터 사업자를 모집하거나 계약준비, 체결하는 업무를 위탁받은 자를 말한다.

③ 가맹계약서는 가맹사업의 구체적인 내용과 조건 등에서 본부와 가맹사업자 간 권리와 의무사항(거래조건, 유의사항 등)을 기재한 문서를 말한다.

④ 가맹희망자는 계약을 체결하기 위해 본부 및 지역본부와의 상담 등을 협의한 자를 말한다.

(2) 가맹점 범위

① 운영권은 가맹점 사업자가 본부의 사업과 관련하여 가맹점을 운영할 수 있게 하는 계약상 권리를 말한다.

② 환경개선은 점포의 기존시설과 장비, 인테리어 등 새로운 디자인이나 품질로 교체하거나 신규로 설치한 것을 말한다. 점포확장 및 이전을 수반하거나 그렇지 아니한 경우를 포함한다.

③ 영업지역은 가맹사업자가 계약에 따라 상품, 서비스, 용역을 판매하는 지역을 말한다.

④ 가맹금은 명칭과 지급형태가 어떻든 간에 다음 항목에 해당하는 대가를 말한다.
단, 본부에 귀속되지 않는 것으로서 대통령령으로 정한 대가는 제외한다.

　가. 가입비 · 입회비 · 가맹비 · 교육비, 계약금 등 가맹사업자가 영업표지의 사용
과 허락 등 운영권이나 영업활동에 대한 지원 및 교육 등을 받기 위해 가맹
본부에게 지급하는 대가를 말한다.

　나. 가맹점 사업자는 본부에게 공급받는 상품대금 등에 관한 채무액이나 손해배
상액의 지급을 담보하기 위해 가맹본부에게 지급하는 대가를 말한다.

　다. 가맹사업자가 가맹점 운영권을 부여받을 당시 사업 착수를 위해 본부로부터
공급받는 정착물 · 설비 · 상품가격, 부동산 임차료 등의 명목으로 가맹본부
에게 지급하는 대가를 말한다.

　라. 가맹점 사업자는 본부와의 계약에 의해 허락받은 영업표지 사용과 활동에
관한 지원 및 교육 등을 말한다. 또한 가맹본부에 정기적, 비정기적으로 지
급하는 대가로서 대통령령으로 정하는 것을 말한다.

　마. 그 밖에 가맹희망자 및 사업자가 운영권을 취득하거나 유지하기 위해 본부
에게 지급하는 모든 대가를 말한다.

(3) 정보공개서

프랜차이즈 기업의 정보공개서는 상품을 제조하거나 판매하는 등 본사와 가맹점
이 영업을 위해 협력관계를 맺는 것을 말한다. 본사는 상표 사용권과 판매권, 영업기
술 등 다양한 정보를 가맹점에게 제공하여 운영할 수 있는 기술을 전수한다. 이러한
정보를 공개하기 위해서 작성하는 문서이다. 본사와 가맹점 사이에 모든 정보가 기
록되어 있으며 프랜차이즈업체의 전체적인 현황을 파악할 수 있다. 계약체결이 이루
어지는 경우 반드시 공개해야 할 의무사항으로 이행하지 않으면 본사의 귀책사유로
계약 해지가 가능하다. 단 새로 설립된 회사는 공개된 정보자료가 없으므로 제공의
무가 없다. 공정거래위원회에 등록된 문서만 효력이 발생하며, 공개내용이 사실과 다
르거나 허위내용은 등록할 수 없다. 가맹점 모집도 불가능하기 때문에 대통령령으로
정한 모든 사항을 수록한 문서를 말한다.

① 가맹본부의 일반적 현황

② 가맹본부의 가맹사업 현황(가맹점 사업자의 매출사항 포함)

③ 가맹본부와 임원이 다음 하나에 해당하는 경우를 말한다.

　가. 독점규제 및 공정거래에 관한 법률, 약관규제에 관한 법률을 위반한 경우

　나. 사기 · 횡령 · 배임 등 타인재산을 편취, 획득 등 죄와 관련된 민사소송에서

패소판결을 받았거나 민사상 화해를 한 경우

　다. 사기·횡령·배임 등 타인재산을 편취한 죄로 형을 선고받은 경우

④ 가맹점사업자의 부담

⑤ 영업활동에 관한 조건과 제한

⑥ 가맹사업의 영업 개시에 관한 상세한 절차와 소요기간

⑦ 가맹본부의 경영 및 영업활동을 지원하며, 교육훈련에 대한 설명 등을 말한다.

(4) 적용배제

다음 각 호의 어느 하나에 해당하면 적용하지 않는다.

① 가맹사업자가 가맹금의 최초 지급일로부터 6개월까지 가맹본부에게 지급한 가맹금 총액이 100만 원 이내의 범위에서 대통령령으로 정한 금액을 초과하지 아니하는 경우는 배제한다.

② 가맹본부의 연간 매출액이 2억 원 이내의 범위에서 대통령령으로 정한 일정규모 미만인 경우는 배제한다. 다만, 본부와 계약을 맺은 사업자 수가 5개 이상의 범위이면 대통령령으로 정한 수 이상인 경우는 제외한다.

3) 가맹사업 거래의 기본원칙

가맹사업 거래는 신의와 성실의 원칙에 따라 당사자 간에 사업을 영위함에 있어 각자의 규칙을 준수하면서 성실하게 이행해야 한다.

(1) 기본수칙

① 가맹사업 성공을 위한 사업구상을 계속해야 한다.

② 상품이나 용역, 서비스관리 등 품질향상과 판매기법의 개발을 위해 계속적으로 노력해야 한다.

③ 가맹사업자에 대한 합리적인 가격과 비용, 점포설비와 장비설치, 상품과 용역 등을 공급해야 한다.

④ 가맹사업자와 그 직원에 대한 교육, 기술훈련 등을 정기적으로 실시해야 한다.

⑤ 가맹사업자의 경영 및 노하우, 영업활동에 대해 지속적인 조언과 지원을 해야 한다.

⑥ 계약기간 중 가맹자의 영업지역 안에서 직영점을 설치하거나 유사한 업종의 가맹점을 설치하는 행위를 금지한다.

⑦ 분쟁해결을 위해 가맹사업자와 지속적인 대화, 협상을 위해 노력해야 한다.

(2) 가맹점 사업자 준수사항

① 가맹사업의 통일성이나 가맹본부의 명성 등을 유지하기 위해 노력해야 한다.

② 가맹본부와의 공급계약과 수요충족에 필요한 적절한 재고유지와 상품진열 등을 제공해야 한다.

③ 가맹본부가 상품 및 서비스용역에 대해 제시한 품질기준을 준수해야 한다.

④ 품질수준이 높은 상품 및 용역을 구입하지 못할 경우 가맹본부가 제공하는 상품, 용역, 서비스 등을 사용해야 한다.

⑤ 가맹본부는 사업장의 설비와 외관, 운송수단 등 적절한 기준을 준수해야 한다.

⑥ 취급상품이나 용역 등 영업활동을 변경하는 경우 본부와 사전협의를 해야 한다.

⑦ 상품 및 용역, 판매에 관한 회계장부 등 본부와 통일된 경영 및 판매전략 수립에 필요한 자료를 유지하고 제공해야 한다.

⑧ 가맹사업자의 업무현황과 규정, 자료 확인, 기록의 열람 등을 포함하여 본부의 임직원 및 대리인의 사업장 출입을 허용해야 한다.

⑨ 가맹본부의 동의를 얻지 아니한 경우 사업장 위치변경, 운영권 양도 등을 금지한다.

⑩ 가맹계약 기간 중에는 본부와 동일한 업종을 영위해야 한다.

⑪ 가맹본부의 영업기술이나 영업비밀의 누설을 금지한다.

⑫ 영업표지에 대해 제3자의 침해사실을 인지한 경우, 통보, 금지조치에 필요한 적절한 협력을 해야 한다.

(3) 가맹사업 거래의 공정화

① 사업거래의 공정화

가맹사업의 공정한 거래와 질서를 확립하기 위해 정보공개서를 등록, 공개해야 한다.

가. 가맹본부는 가맹희망자에게 제공할 정보공개서를 공정거래위원회에 등록해야 한다.

나. 등록한 정보공개서의 기재사항 중 대통령령으로 정한 사항을 변경하려면 기한 내 공정거래위원회의 기재사항 변경등록을 해야 한다. 또한 경미한 사항이라도 신고해야 한다.

다. 공정거래위원회는 등록·변경등록하거나 신고한 정보공개서를 공개할 수 있다.

라. 정보공개서를 공개한 경우 가맹본부의 내용과 방법을 미리 통지하고, 사실과 다른 내용은 정정할 기회를 주어야 한다.

마. 공정거래위원회는 정보 공개를 위해 예산범위 내 가맹사업 정보제공시스템을

구축·운용할 수 있다.

바. 정보공개서 등록, 변경, 신고, 공개방법, 절차 등은 대통령령으로 정한다.

② 정보공개서 등록 거부

정보공개서 등록을 다음과 같이 거부할 수 있다.

가. 공정거래위원회는 신청서류에 거짓이나 필요내용을 기입하지 아니한 경우, 정
보공개서 등록거부나 내용변경을 요구할 수 있다.

나. 공정거래위원회는 정보공개서 등록 시 신청인에게 등록증을 내주어야 한다.

③ 정보공개서 등록 취소

다음 하나에 해당하는 경우에는 등록을 취소할 수 있다.

가. 거짓이나 그 밖의 부정한 방법으로 정보공개서가 등록된 경우

나. 각 항목의 기재사항 중 대통령령으로 정한 중요사항이 누락된 경우

다. 가맹본부가 폐업 신고를 한 경우

라. 가맹본부가 정보공개서 등록취소를 요청한 경우

 공정거래위원회는 정보공개서 등록이 취소된 가맹본부 명단을 공개할 수 있다.

④ 가맹계약서 기재사항

가맹본부는 가맹희망자가 계약내용을 미리 이해할 수 있도록 각 호의 문서를 빠르
게 제공해야 한다.

가. 가맹계약의 체결일

나. 가맹금의 최초 수령일, 가맹희망자가 최초로 가맹금을 예치하기로 본부와 합
의한 날이 있는 경우에는 그날로 한다.

다. 영업표지의 사용권 부여에 관한 사항

라. 가맹점사업자의 영업활동조건에 관한 사항

마. 가맹점사업자에 대한 교육·훈련, 경영지도에 관한 사항

바. 가맹금 등의 지급에 관한 사항

사. 영업지역 설정에 관한 사항

아. 계약기간에 관한 사항

자. 영업의 양도에 관한 사항

차. 계약해지의 사유에 관한 사항

카. 가맹희망자 또는 사업자가 계약체결일로부터 2개월까지의 기간 동안 예치 가

맹금을 예치기관에 예치해야 한다는 사항

타. 가맹희망자가 정보공개서에 대해 변호사, 가맹 거래사에게 자문받은 사항

⑤ 부당한 점포환경개선 강요 금지

가. 가맹본부는 대통령령이 정한 정당한 사유 없이 점포환경 개선을 강요하지 못한다.

나. 비용의 100분의 40 이내 범위에서 대통령령이 정한 비율의 금액을 부담해야
한다. 하지만 다음 어느 하나에 해당하는 경우에는 하지 않아도 된다.

　가) 가맹본부의 권유, 요구 없이도 가맹자의 자발적 의사에 의해 개선을 실시한
　　경우

　나) 가맹점 사업자의 귀책사유로 인해 위생·안전 등 유사한 문제로 개선이 필
　　요한 경우

⑥ 광고·판촉행사 관련 집행내역 통보

가. 가맹본부는 가맹자가 비용 전부 또는 일부를 부담한 광고나 판촉행사의 집행
내역을 가맹점 사업자에게 통보하거나 요구할 때 열람할 수 있게 해야 한다.

나. 집행내역 통보, 열람의 구체적인 시기·방법·절차는 대통령령으로 정한다.

⑦ 가맹계약의 갱신

가맹본부는 가맹자가 계약기간 만료 전 180일부터 90일 사이에 갱신을 요구할 때
정당한 사유 없이 거절하지 못한다. 다만, 다음 하나에 해당하는 경우 그렇지 않다.

가. 가맹사업자가 계약상 가맹금 등의 지급의무를 지키지 아니한 경우

나. 가맹자에게 통상적으로 적용되는 계약조건, 영업방침을 수락하지 아니한 경우

다. 가맹사업 유지를 위해 필요하다고 인정되는 다음 어느 하나의 영업방침을 지
키지 아니한 경우

　가) 가맹점 운영에 필요한 점포설비나 법령상 필요한 자격·면허·허가 취득사항

　나) 상품, 용역의 품질유지를 위해 제조공법, 서비스 기법 등의 준수사항

　다) 가맹사업자가 사업을 정상적으로 유지하기 위해 필요하다고 인정되는 것으
　　로 대통령령으로 정한 사항

라. 가맹자의 계약갱신 요구권은 최초 계약기간을 포함하여 전체 10년을 초과하지
아니한 범위 내에서만 행사할 수 있다.

마. 가맹본부가 갱신요구를 거절한 경우, 요구받은 날부터 15일 이내에 가맹자에
게 거절 사유를 서면으로 통지해야 한다.

바. 거절통지를 하지 않거나 계약기간 만료 전 180일부터 90일 사이에 조건변경에 대한 통지나 가맹계약을 갱신하지 아니한 경우 단, 사실통지를 서면으로 하지 아니한 경우, 계약 만료 전의 가맹계약과 같은 조건으로 체결한 것으로 본다. 계약만료일부터 60일 전까지 이의를 제기하거나 천재지변, 그 밖에 대통령령으로 정한 부득이한 사유가 있는 경우에는 그렇지 않다.

⑧ 가맹점 사업자 피해보상 보험계약

가맹본부는 가맹자 피해보상을 위해 다음 하나에 해당하는 계약을 체결할 수 있다.

가. 「보험업법」에 따른 보험계약

나. 가맹자 피해보상금의 지급을 확보하기 위한 「금융위원회의 설치 등」 채무지급보증계약

다. 공제조합과의 공제계약

⑨ 가맹거래사

공정거래위원회가 실시하는 가맹거래사 자격시험에 합격한 후 대통령령이 정하는 바에 따라 실무수습을 마친 자는 가맹거래사의 자격을 가진다. 하지만 다음 각 호 하나에 해당하는 자는 가맹거래사가 될 수 없다.

가. 미성년자·금치산자 또는 한정치산자

나. 파산선고를 받고 복권되지 아니한 자

다. 금고이상 실형에 그 집행이 종료되거나 확정된 후 2년이 경과되지 아니한 자

라. 금고이상 형의 집행유예를 받고 유예기간 중에 있는 자

마. 가맹거래사 등록이 취소된 날부터 2년이 경과되지 아니한 자

바. 시험부정행위로 무효처리받고 응시일로부터 5년간 응시자격 정지된 자

⑩ 가맹거래사의 업무

가맹거래사는 다음의 사항에 관한 업무를 수행한다.

가. 가맹사업성에 관한 검토

나. 정보공개서와 가맹계약서의 작성·수정이나 이에 관한 자문

다. 가맹사업자의 부담, 영업활동의 조건 등에 관한 자문

라. 가맹사업 당사자에 대한 교육·훈련 등에 대한 자문

마. 가맹사업 거래의 분쟁조정이나 신청, 대행 등

바. 정보공개서 등록 신청의 대행 등

CHAPTER **8**

상권 결정요소와 분석방법

당신은 움츠리기보다는 활짝 피어나도록 만들어진 존재입니다.
최고가 되기 위해 가진 모든 것을 활용하세요. 이것이 바로 제가 사는 방식이랍니다.
역경은 당신에게 생각할 수 없는 것을 생각하게 할 용기를 준다.
– *Andy Grove* (인텔 창업자)

••• 요점정리

1. 예비 창업자들이 좋은 상권을 결정하기 위해서는 많이 보고, 많이 듣고, 많은 현장을 확인하는 습관이 중요하다. 눈으로 확인하는 습관을 통해 사실적인 현장감을 키울 수 있으며, 주변 환경과 경쟁상황을 파악할 수 있다. 목표 상권에 대한 정확한 정보와 범위, 상권의 지형과 지세, 주변의 영향요인, 배후지, 고객동선 등의 자료를 통해 점포의 성장가능성을 확인할 수 있다.

2. 상권을 결정할 때에는 지형과 지물, 밀집도, 도로현황과 상태, 교통시설과 편의성, 대형 집적시설물 등을 파악함으로써 고정고객과 유동고객의 현황과 상태 등을 확인할 수 있다.

3. 상세권은 도시의 시장에 상업활동이 미치는 배후지역의 범위를 말한다. 이것은 종합 상세권과 지구 상세권, 지점 상세권, 업종 상세권으로 분류할 수 있다. 종합 상세권은 전체적인 유통기관이 합쳐져서 하나의 상권으로 형성된 지역 상권으로 인접한 시, 군, 구의 역할에 따라 교통구조나 현황, 지리적 특성이 달라진다. 지구 상세권은 도시의 여러 지구 중에서 전체적인 유통시설이 잘 형성된 입지를 말한다. 부분적으로 겹치기도 하지만 집적시설물의 크기와 규모, 수에 따라 변할 수 있다. 지점 상세권은 단일점포가 고객을 흡인할 수 있는 입지를 말한다. 여기에는 점포의 입지력이 경쟁력이 된다.

4. 상권을 분석하기 위해서는 매출액 측정방법을 알아야 한다. Reilly의 소매인력법칙과 Converse의 소매인력 제2법칙, Christaller의 중심지 이론, Huff 모델, 고객분포(CST)기법, 유추법, 최소비용과 최대수요 이론 등이 대표적이다. 일반적으로 널리 사용되는 CST기법은 고객을 흡인할 수 있는 지역범위 내 거주지의 비중에 따라 크기를 결정할 수 있다. 이것은 지리적 특성이나 행정구역의 조건, 단절요인 등을 고려하여 설문조사나 차량번호, 고객기록, 고객활동 등을 통해 확인할 수 있다.

5. 사업자들은 자신이 운영하는 점포의 1일간, 주간, 월간 달성해야 할 매출액이 얼마인가를 계산할 수 있어야 한다. 이러한 예상매출액을 산출하는 방법에는 월 매출액 및 직원 1인당 매출액 산정방법과 경쟁점포의 매출액, 점유율, 통행인구 내점률, 가망고객 매출액 산정방법, 간이산출법, 좌석회전율, 자본과 자산회전율, 소매점포의 면적 비율법 등이 있다.

Chapter

8 상권 결정요소와 분석방법

1. 상권 결정요소

1) 상권 결정요소

창업하기 위해서는 많이 보고, 많이 듣고, 많은 현장을 확인하는 것이 중요하다. 이러한 노력을 통해 훌륭한 상권과 입지, 점포를 선택할 수 있는 능력이 생긴다. 눈으로 확인하는 습관을 통해 현장감을 키울 수 있으며, 주변 환경과 경쟁자를 확인할 수 있다. 상권을 결정하기 위한 선택요소와 분석방법을 살펴보기로 하자.

(1) 목표상권

유네스코 세계문화유산으로 상징되는 '자유의 여신상'은 하늘을 향해 오른손에는 횃불을, 왼손에는 미국 독립선언서의 책을 들고 있다. 여신상을 들고 있는 뉴욕의 리버티(Liberty)섬은 전 세계인들의 관심이 집중되어 있다. 인류에게 던지는 메시지는 전쟁과 독재, 가난을 뒤로 하고 꿈과 희망을 가슴에 품고 대서양을 건너온 이민자들을 맞아주었던 자유의 상징이다. 미 독립 100주년을 기념하여 프랑스에서 기증한 작품으로 1886년 이후 오늘까지 자유와 민주주의 상징으로 많은 사람들에게 희망과 기회의 땅으로 그 가능성을 보여주고 있다.

높이 46m, 총무게 225t에 달하는 거대한 동상을 완성하는 것도 어려웠지만 대서양을 건너 미국까지 운반하는 것 또한 이벤트였다. 효과적인 운반을 위해 300개가 넘는 조각으로 나누었으며, 기차를 이용해 대서양 연안에 자리한 프랑스 항구도시 루앙에서 군함으로 옮겨졌다. 이러한 과정을 거쳐 '세계를 밝히는 자유'라는 의미로 동상이 세워졌다. 뉴욕시민들은 그 거대함에 또 한번 놀라야 했다. 이전까지 만들어졌던 그 어떤 동상보다 아름답고 웅장했으며, 그 안에는 다음의 글이 수록되어 있다.

"자유를 바라는 그대여, 가난에 찌들어 지친 이여 나에게 오라! 고난에 처해 의지할 곳 없는 자들이여, 나에게 오라! 나는 황금의 문 옆에서 횃불을 들리라!" 창업자들은 누구나 자유의 여신상이 들고 있는 횃불과 독립선언서의 중요성만큼이나 성공창업의 목표를 향해 상권과 입지, 점포를 세밀하게 분석할 수 있어야 한다.

① 타깃 상권정보

창업을 준비하는 사람들은 먼저 무엇을 파악해야 할까? 모든 것을 조사하고 알아야 실패를 줄일 수 있기 때문에 우선순위를 체계적으로 정할 수는 없다. 하지만 잊지 말아야 할 것은 타깃 상권에 대한 지리적 위치와 주변 환경의 특성을 파악하는 것이 중요하다. 포털사이트에서 제공하는 상권지도나 위치, 현황은 실제 현장에서 눈으로 확인하는 것과 차이가 있다. 특정 상권의 입지를 나타내는 정보는 횃불처럼 밝은 길라잡이가 될 수 있다. 따라서 현장을 방문할 때는 카메라와 노트, 볼펜 등 부수적인 도구를 가지고 움직이는 것이 현명하다.

사업하는 사람들의 희망은 안정된 매출달성과 계속적인 성장, 발전가능성이다. 집을 나설 때도 목적지를 알고 출발하는 것이 시간과 비용을 절약할 수 있다. 예를 들어 예식장을 찾을 때도 미리 장소를 파악하고 출발하는 것이 시간을 아끼는 것이다. 처음 방문하는 지역의 역세권은 도로방향이나 입구, 주변상황, 규모, 크기 등 현장을 확인하고도 모를 수가 있다. 그러므로 미리 파악할 수 있는 대표건물이나 상호, 도로상황 등을 알고 있어야 일처리를 수월하게 할 수 있는 것처럼 문제점을 해소할 수 있다.

② 범위 파악

다수의 사람들은 상권과 입지를 분석할 때 반경 100m 범위를 벗어나지 못하고 있다. 눈에 보이는 모습만을 쫓는 것이 일반적인 현상이다. 한정된 범위를 벗어나지 못하는 것은 관성에 따른 습관적 행동 때문이다. 상권과 입지를 분석할 때는 최소한 반경 1km 범위 내를 눈으로 확인해야 점포의 안전성과 성장성, 위협요소를 파악할 수 있다. 전체범위 내 특정지역이나 지구, 신도시를 중심으로 핵심상권의 집적시설물까지 조사하는 것이 좋다. 점포 주변에 보이는 것만을 의존하지 말고 보이지 않는 심리적 요소까지 추론하여 해답을 찾아야 한다. 타깃 점포가 중심지인지, 주변인지, 변두리인지, 들어가는지, 나오는지 실질적인 조사를 통해 확인해야 한다.

③ 상권 지형

전체적인 상권 지형이 사각형인지 타원형인지, 원인지, 마름모인지를 조사해야 한다. 주변의 업종 구성과 교통상황, 대로변, 이면도로 등 그 특성과 편의성을 조사하며, 주변상권과의 연계성 여부를 파악해야 한다. 하천이나 산, 문화유산 등의 장애물과 주차공간, 배후세대 인구분포와 밀도, 평수, 세대 수 등을 조사해야 한다.

〈그림 8-1〉 삼각형 상권

④ 점포 성장성

큰 지도를 보고 있으면 입점하는 지역상권이 계속적으로 성장할 수 있는 상권인지 단절된 상권인지를 확인할 수 있다. 주 도로의 형태나 크기, 건설 중인 도로상태, 주거단지, 신설도로의 계획과 지구지정, 지하철 개통, 지방도로 연계성 등은 상권의 발전과 변화에 영향을 미친다. 특히 재개발이 계획되었거나 신도시 지역은 구역표시가 잘 되어 있어 훌륭한 자료로 활용할 수 있다. 구체적인 계획은 시, 군, 구청이나 LH(한국토지주택공사), 부동산 중개소 등을 통해 향후 발전가능성과 성장성의 변화를 확인할 수 있다.

⑤ 주변의 영향

독립된 상권은 성장의 한계를 가질 수 있지만 주변 상권과의 유기적인 관계 속에서 발전과 쇠퇴의 변화를 보인다. 신도시 상권은 규모와 위치, 배후수요 등 계속적인 성장여부와 단절요인을 확인해야 한다. 인근의 대형 쇼핑몰이나 할인점, 재개발여부, CGV, 시청, 구청 등의 등장은 지역성장과 발전에 직접적으로 영향을 미친다. 특히 소도시는 자치단체장이 누구인가에 따라 상권의 발전과 변화는 달라진다. 단체장들은 임기 내에 자신의 업적을 만들기 위해 시청 및 관공서를 도심 주변에 거대하게 짓는 등 단숨에 중심지를 바꾸어버린다.

⑥ 배후지

상권 유형이 고 · 중 · 저밀도 주거지인지, 아니면 과밀 주거상업지역, 과밀 주거업무지역, 주택상업지역, 주택업무지역, 상업지역, 복합지역, 공업지역, 기타 지역인지 등과 배후지가 어떻게 구성되어 있는가를 파악해야 한다. 신규 택지개발지역의 상업지 비율은 5% 이하로 낮은 곳을 선택하는 것이 유리하다. 비율이 적을수록 독점적인 영업이 가능하기 때문이다. 특히 상업지 입지가 배후세대를 충분히 흡입할 수 있는 직접적인 흡인력이 있는지 확인해야 한다. 오피스 상권은 유사한 대형건물이 몇 개 입점하였는가를 비교하며, 어느 정도의 고객을 자사로 유입시킬 수 있는가를 조사해야 한다.

⑦ 고객동선

특정지역에 오랫동안 살아도 사람들의 출 · 퇴근 동선을 정확히 파악하는 것은 어렵다. 출근 동선인지, 퇴근 동선인지 파악하는 것은 그들이 지출하는 비용이 다르기 때문이다. 대부분의 사람들은 퇴근 후에 소비생활을 한다. 아파트는 세대 수와 규모, 크기, 도로상황에 따라 주동선과 보조동선이 존재한다. 대체로 단골집 주변의 업종과 사용빈도가 높은 점포를 중심으로 이동하는 동선을 그리게 되는데 장사가 잘되는 점포가 어느 집인지, 몇 대째 지역을 대표하여 영업하고 있는지 파악해야 한다. 하지만 그들에게 지리적 위치가 어떻게 구성되어 있는가를 물어본다면 그 대답은 달라진다. 지역형태에 따라 지형과 지물에 대한 선입견이 있기 때문이다. 따라서 상권 분석은 경제적인 행위로 지역상황을 세분하여 면밀히 분석하는 과정으로 정확한 매출액 산출을 위한 자료로 사용할 수 있다.

⑧ 현장방문

점포를 찾을 때 대부분의 사람들은 부동산을 무작위로 방문하거나 전화로 자신의 자본력에 맞는 업종과 크기, 임대보증금, 월세를 의뢰한다. 대부분의 예비창업자들은 짧은 시간에 결정해야 할 일들이 많다 보니 귀가 얇을 수밖에 없다. 전문가에게 컨설팅을 의뢰하는 것은 이후에 일어날 수 있는 위험요소를 사전에 예방할 수 있기 때문이다. 의뢰자가 잘 모를 경우 원주민 부동산을 찾는 것도 하나의 방법이다. 목적에 따라 점포를 보는 눈은 다를 수 있지만 오랫동안 지역을 대표하는 사람들은 여러 가지 문제점들을 잘 파악하고 있다. 특히 지역에서 노년층이 운영하는 부동산은 사랑

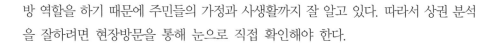

방 역할을 하기 때문에 주민들의 가정과 사생활까지 잘 알고 있다. 따라서 상권 분석을 잘하려면 현장방문을 통해 눈으로 직접 확인해야 한다.

⑨ 상권 분석의 심리전

특정상권 내 동일점포라도 조사자에 따라 보는 시각은 다르다. 의뢰자 및 분석자가 중요하게 생각하는 것은 심리적 가중치를 부여하기 때문이다. 공통적으로 바라보는 상권 특성과 현상은 대동소이(大同小異)하다. 축적된 자료를 합리적으로 분석한다면 그 내용을 훌륭하게 이용할 수 있다. 상권을 조사 분석하는 이유는 일반인들이 볼 수 없는 매력과 경쟁력, 활성화 정도를 파악할 수 있기 때문이다. 업종과 업태, 규모, 집객시설, 고객분포 등 다양한 특성을 포함하여 자사고객으로 흡인할 수 있는 유효소비자를 파악하는 이유가 여기에 있다. 또한 점포의 행정구역, 도로상황, 고객동선 등의 구성요소 외에 심리적 결정사항은 임차하기 전에 분석되어야 한다. 이를 바탕으로 점포의 발전가능성을 확인할 수 있기 때문이다.

2. 상권 결정요인

1) 상권 결정요인

상권은 도매, 소매의 생활용품을 비롯하여 레저스포츠, 식품가공, 체험시설 중간재, 기호품, 액세서리, 사무실, 공부방, 독서실, 백화점, 할인점, 쇼핑센터, 전문점, 수리점, 전통시장 등에 이르기까지 다양하게 형성되어 있다. 반경 500m 범위 내를 1차 상권으로, 1,000m 내를 2차 상권, 1km 이상을 3차 상권으로 규정하고 있다. 이러한 분류는 교과서적인 구분으로 현장상황을 모르는 소리이다. 도시를 중심으로 유입되는 도로상황이나 상권크기, 형태, 역과 터미널 위치, 문화센터, 관공서, 환승여부, 편의시설, 레저 스포츠, 오락쇼핑 등에 따라 상권력은 달라진다.

또한 도로를 중심으로 편도 4차선 이상이거나 횡단보도, 육교, 지하도 등은 영향을 미친다. 행정구역상 지역표시나 도시계획 등 그 특성을 파악해야 하는데 자사가 팔고 싶은 아이템에 맞는 타깃 고객층이 누구인가를 고려해야 하기 때문이다. '이들은 어떠한 방법으로 어느 시간대에 방문할 것인가?'에 따라 결정 요소는 달라진다. 고객동선을 고려하지 않고 무조건적으로 반경 몇 m와 같은 식으로 구분하는 것은 여러 상황을 고려할 때 정확한 분석이라 하기 어렵다. 따라서 해당지역의 지형과 지물, 도로상황, 집적시설물, 고객 유입방향 등을 고려해서 결정해야 한다.

"이코노미스트·삼성카드 공동기획 '대한민국 100大 상권'"
빅데이터 활용한 대한민국 '영업지도'(중앙매거진, 2016. 4. 18)

2016년 한국의 1등 상권은 강남상권으로 조사되었다. 매출액을 기준으로 평균 이용금액이 가장 높았으며, 의정부역(경기 의정부시) 부근과 비교해도 2.4배나 높다. 서래마을의 월 평균 이용회원은 16만 명으로 많은 사람들이 이곳을 찾는다. 구매력이 높은 30·40대들이 많으며 이들은 전체 매출액의 57%를 차지하고 있다. 50대는 18%에 불과하지만 사용금액은 22% 수준으로 큰 비중을 차지한다. 고급 매장이 유망할 수 있으며, 지난 3년간 한식·의류·잡화종합 등의 매출이 3배나 성장하였다. 이 중 잡화점의 고객 수는 10배나 증가하였다.

이는 2013년부터 2016년까지 삼성카드사 외에 사용자의 연령·성별·결제금액과 가맹업종·결제횟수 등을 비교한 빅데이터를 통해 분석·추론하였다. 서래마을에 대한 다양한 해석이 가능해지는데 특정 상권과 업종, 점포를 선택하는 데 중요한 자료가 된다. 특히 어느 가게를 선택해야 할지 막막할 때, 구체적인 결제 정보는 판단의 근거가 된다. 자료를 통해 현장을 직접 방문하면 실제 얼마나 영업이 잘되는지 확인할 수 있다. 이러한 분석이 가능한 것은 카드사가 고객의 이용패턴과 데이터를 경영에 활용하기 때문이다. 개인을 특정할 수 있는 부분만 제외하고 모든 내용은 빅데이터로 축적된다. 연령·성별·결제금액과 가맹점 위치(상권)·업종·결제횟수 등을 종합한 자료는 교차 분석하여 어느 곳에서 어떤 제품이 얼마나 팔리는지 확인할 수 있다.

이용자 수가 가장 많은 상권   (단위 : 명/월평균)

순위	위치(상권 설명)	이용자 수
1	서울 강남구 역삼1동(강남상권)	17만9985
2	서울 서초구 반포4동(서래마을)	17만2051
3	인천 중구 운서동(영종도-공항신도시)	11만2020
4	서울 강남구 삼성1동(코엑스)	10만6788
5	서울 강남구 신사동(가로수길)	10만4998
6	경기 의정부시 의정부동(의정부역)	9만1925
7	경기 성남시 분당구 서현동(서현역상권)	9만321
8	서울 마포구 서교동	8만2801
9	경기 수원시 팔달구 인계동	8만2364
10	서울 금천구 가산동(롯데·마리오아울렛)	8만389
11	경기 수원시 팔달구 매산로1가(수원역)	7만8944
12	충남 천안시 서북구 두정동	7만7846
13	서울 서초구 서초4동	7만3903
14	서울 영등포구 여의도동	7만2764
15	인천 남동구 구월1동	7만181
16	서울 서초구 서초2동	6만9699
17	대전 서구 둔산2동	6만3422
18	서울 용산구 한강로3가	6만2914
19	서울 서초구 양재동	6만2633
20	경기 수원시 영통구 매탄3동	6만2504

이용금액이 크게 늘어난 상권   (단위 : %)

순위	위치(상권 설명)	증가율
1	경기 파주시 문발동	2846
2	서울 중랑구 면목4동	1871
3	경기 김포시 고촌읍	1477
4	인천 부평구 부평5동	1304
5	대전 서구 둔산3동	1251
6	경기 부천시 오정구 여월동	952
7	경기 성남시 수정구 신흥2동	940
8	부산 사상구 감전동	890
9	서울 강북구 송중동	799
10	경기 구리시 수택동	728
11	서울 송파구 잠실6동	721
12	전남 순천시 해룡면	680
13	서울 노원구 중계2·3동	619
14	서울 마포구 상수동	569
15	인천 서구 경서동	526
16	대전 서구 가수원동	515
17	경기 남양주시 별내동	478
18	대구 달서구 송현동	451
19	경기 시흥시 정왕동	451
20	충남 천안시 서북구 성정동	443

이용자 수가 크게 늘어난 상권   (단위 : %)

순위	위치(상권 설명)	이용자 수
1	인천 부평구 부평5동	1498
2	서울 강북구 송중동	847
3	서울 종로구 예지동	751
4	서울 서초구 양재동	650
5	전남 순천시 해룡면	645
6	경기 구리시 수택동	643
7	서울 마포구 상수동	609
8	서울 송파구 잠실6동	609
9	경기 화성시 송산면	587
10	경기 남양주시 별내동	569
11	경기 부천시 오정구 원종동	566

가맹점 수가 크게 늘어난 상권   (단위 : %)

순위	위치(상권 설명)	이용자 수
1	경기 구리시 수택동	632
2	인천 부평구 부평5동	577
3	서울 서초구 양재동	505
4	충남 천안시 서북구 성정동	473
5	서울 마포구 상수동	422
6	충북 청주시 흥덕구 봉명동	410
7	충북 청주시 상당구 용암동	392
8	경기 시흥시 정왕동	386
9	서울 강북구 송중동	367
10	경기 부천시 오정구 원종동	343
11	대구 달서구 이곡동	310

순위	위치(상권 설명)	이용자 수	순위	위치(상권 설명)	이용자 수
12	인천 서구 경서동	550	12	경기 남양주시 별내동	303
13	울산 남구 신정2동	513	13	인천 서구 경서동	302
14	경기 부천시 오정구 여월동	488	14	충남 아산시 온양1동	294
15	대전 서구 가수원동	480	15	부산 사하구 하단2동	289
16	충남 천안시 서북구 성정동	480	16	전남 순천시 해룡면	288
17	서울 동작구 노량진2동	469	17	대구 달서구 송현동	279
18	제주 제주시 구좌읍	451	18	서울 강서구 방화동	273
19	대구 달서구 송현동	449	19	울산 남구 신정2동	270
20	서울 종로구 종로5가	446	20	경남 거제시 아주동	268

특이한 점은 서울 소공동이 매출액 4위라는 점이다. 이는 전국 스타벅스 매출액이 본사가 있는 소공동에 집계되기 때문이다. 동(洞)별 100대 상권을 지정하였더니 100위에 간신히 이름 올린 중구, 충무로2가가 있다. 상위 순위에 있을 법한 명동 상권이지만 한국인보다 중국인·일본인 등 외국인 매출이 많아 국내 카드 매출액 비중이 작은 것으로 풀이된다.

손님이 가장 많은 상권은 서울 역삼1동 강남 상권이다. 서래마을, 영종도 공항신도시, 코엑스, 가로수길, 의정부역, 서현역, 홍대 앞 순으로 나타났다. 3년 사이에 사람이 크게 몰린 곳은 다르게 나타났다. 인천 부평5동은 15배가량 이용자가 늘어났으며, 유동인구가 큰 신흥상권으로서 성장성이 높다. 2013년 이후 대형 아울렛(outlet)이 들어온 곳은 이용금액이 크게 늘었다. 경기 파주시 문발동은 매출액이 28배, 중랑구 면목4동, 김포시 고촌읍, 대전 서구 둔산3동은 10배나 급등했다. 가게 수가 크게 늘어나는 곳을 주목해야 한다.

경기 구리시 수택동은 3년 전에 비해 6배, 인천 부평5동, 양재동, 천안 성정동, 마포구 상수동, 청주 봉명동과 용암동은 4배나 늘었다. 이러한 상권은 매출액은 높지 않지만 새로 영업하려는 자영업자들이 몰리고 있다. 분석자료를 통해 특정 상권의 업종이 성공을 보장하는 것은 아니지만, 타깃 지역의 점포와 매출액, 고객특성을 파악할 수 있다. 이를 꼼꼼히 확인하는 것은 내비게이션을 켜고 도로로 나서는 것과 같은 원리이다.

대한민국 100대 상권

평균이용금액 상위 순(단위 : 개, 명, %)

순위	위치(상권 설명)	가맹점 수	이용자 수	가맹점 증가율	이용자 증가율	이용금액 증가율	순위	위치(상권 설명)	가맹점 수	이용자 수	가맹점 증가율	이용자 증가율	이용금액 증가율
1	서울 서초구 반포4동(서래마을)	688	172051	129	150	112	51	서울 노원구 상계2동(노원역-4·7호선 환승)	615	38065	106	137	121
2	경기 의정부시 의정부동(의정부역)	2095	91925	465	248	142	52	서울 강남구 대치2동(대치동 은마아파트)	664	37834	97	82	78
3	인천 중구 운서동(영종도-공항신도시)	409	112020	114	147	116	53	경남 거제시 고현동(고현버스터미널)	1113	43966	105	128	101
4	광주 서구 광천동(신도사-기아자동차 공장)	200	40228	106	109	116	54	부산 해운대구 중5동(해운대구청역)	665	39979	161	221	221
5	서울 강남구 신사동(가로수길)	2090	104998	94	116	112	55	경기 고양시 일산서구 대화동(대화역, 킨텍스)	763	49994	118	187	163
6	서울 강남구 역삼1동(강남상권)	2363	179985	92	117	95	56	광주 서구 치평동(광주시청)	841	38928	107	122	98
7	경기 성남시 분당구 서현동(서현역상권)	722	90321	90	103	68	57	서울 강동구 천호동2동(천호동 로데오거리)	579	32648	144	121	102
8	서울 금천구 가산동(롯데/마리오아울렛)	1076	80389	101	176	202	58	강원 원주시 단계동(원주고속버스터미널)	779	26718	108	132	116
9	서울 강남구 삼성1동(코엑스)	808	106788	87	110	102	59	충남 아산시 탕정면	369	49420	174	108	139
10	서울 강남구 청담동	1005	53400	100	120	125	60	대구 북구 칠성동2가	244	16446	112	107	97
11	경기 수원시 팔달구 매산로1가(수원역)	538	78944	137	129	101	61	대구 중동 대봉1동	261	11884	147	137	129
12	경기 파주시 탄현면(운정신도시, 헤이리마을)	423	29817	101	179	227	62	경기 성남시 분당구 수내1동	398	35681	90	121	106
13	제주 제주시 용담이동	196	47037	110	176	125	63	광주 광산구 장덕동	304	20897	170	165	148
14	대전 중구 문화1동	123	28304	73	103	104	64	대전 서구 괴정동	445	24947	115	121	111
15	대전 서구 둔산2동	699	63422	163	194	151	65	경기 구리시 인창동	472	29180	98	143	132
16	부산 기장군 기장읍	833	37435	107	244	382	66	서울 용산구 한남동	546	31092	116	132	118
17	울산 남구 삼산동	1031	57697	109	156	140	67	서울 구로구 구로3동	754	47631	108	150	136
18	경남 창원시 마산 합포구 산호동	364	15979	107	111	112	68	울산 남구 달동	1249	36589	108	150	138
19	서울 용산구 한강로3가	221	62914	94	134	134	69	충남 천안시 동남구 신부동	685	58592	105	125	112
20	서울 서초구 서초2동	511	69699	146	109	101	70	경기 고양시 덕양구 화정2동	382	31391	87	154	231
21	경기 수원시 팔달구 인계동	1201	82364	99	138	110	71	서울 강남구 역삼2동	476	52027	93	213	141
22	경남 창원시 성산구 상남동	1183	48710	101	111	97	72	전북 전주시 완산구 서신동	562	20843	90	99	97
23	서울 강남구 논현2동	956	51565	99	144	134	73	제주 제주시 연동	1330	30420	99	139	128
24	서울 양천구 목1동	526	57596	89	122	107	74	대구 수성구 두산동	518	23513	96	140	128
25	경기 부천시 원미구 중1동(부천 로데오거리)	805	59367	112	153	133	75	충남 아산시 배방읍	671	54440	97	107	100
26	경기 파주시 문발동	189	20340	136	384	2846	76	경기 수원시 영통구 망포동	270	42025	123	202	188
27	서울 마포구 공덕동	404	14902	89	109	91	77	서울 용산구 이태원1동	843	30583	119	169	151
28	경기 안양시 동안구 범계동	307	53009	140	163	121	78	세수 제수시 노형동	989	32151	116	153	149
29	서울 영등포구 여의도동	1005	72764	58	80	64	79	경기 안산시 단원구 고잔2동	783	31684	94	139	115
30	서울 서초구 양재동	1156	62633	505	650	426	80	서울 마포구 동교동	562	42292	106	163	157
31	경기 수원시 영통구 매탄3동	472	62504	135	128	117	81	부산 사상구 괘법동	996	28905	105	131	106
32	서울 마포구 서교동	1987	82801	95	123	118	82	인천 부평구 부평1동	979	34405	74	94	89
33	충남 천안시 서북구 두정동	1015	77846	109	105	107	83	대구 동구 율하동	373	17086	124	155	146
34	서울 강남구 대치4동	683	60774	97	134	105	84	경기 성남시 분당구 구미동	621	48247	101	129	111
35	서울 서초구 서초4동	593	73903	94	112	108	85	서울 송파구 잠실본동	817	40078	108	159	145
36	인천 남동구 구월1동	998	70181	121	152	123	86	서울 광진구 화양동	953	44219	103	133	122
37	경기 고양시 일산동구 장항2동	888	53582	68	96	89	87	서울 마포구 상암동	592	37357	121	215	275
38	서울 강남구 논현1동	918	54964	98	143	109	88	서울 중구 을지로6가	1683	23159	80	100	92
39	경기 수원시 영통구 영통1동	734	53123	98	112	87	89	서울 동대문구 전농1동	343	22933	98	128	119
40	서울 송파구 잠실3동	253	31356	100	117	99	90	광주 서구 풍암동	526	16383	105	113	113
41	서울 구로구 신도림동	250	42777	87	142	186	91	경기 용인시 기흥구 중동	347	32184	125	169	155
42	충남 천안시 서북구 불당동	419	45804	141	192	150	92	경기 안양시 만안구 안양1동	691	33286	84	124	97
43	경기 김포시 고촌읍	243	19706	127	394	1477	93	전남 순천시 조례동	450	15217	104	126	95
44	경기 성남시 분당구 정자1동	822	59287	115	158	145	94	대구 중구 삼덕동1가	697	32205	141	213	185
45	서울 서대문구 창천동	823	53790	94	118	111	95	경기 광명시 철산3동	397	3133	102	155	150
46	부산 해운대구 우1동	683	42132	93	42	10	96	서울 노원구 중계2·3동	241	18262	109	284	619
47	경남 거제시 장평동	568	40476	106	120	93	97	서울 서초구 잠원동	431	24121	99	118	130
48	서울 강남구 도곡2동	300	33135	100	122	105	98	대전 유성구 봉명동	600	30959	127	202	143
49	경기 평택시 평택동(평택역, 버스터미널)	725	31931	118	129	113	99	경기 수원시 영통구 영통2동(망포역 부근)	247	37603	102	145	142
50	경기 성남시 분당구 삼평동(판교역)	606	48848	205	275	293	100	서울 중구 충무로2가(명동 상권)	362	25084	198	306	190

※2016년 1~2월 기준, 비교 대상은 2013년 1~2월　　　　자료 : 삼성카드

※2016년 1~2월 기준, 비교 대상은 2013년 1~2월　　　　자료 : 삼성카드

(1) 지형과 지물, 밀집도

도로와 지하철이 잘 연결된 대규모 역세권은 점포 밀집도가 높다. 밀집도란 상대적인 상권면적 대비 분포로 점포 수를 말한다. 배후지역의 규모나 크기, 위치에 따른 지형과 지물은 시장발전과 성장을 결정한다. 점포 수가 500개인 상권보다 1,000개인 상권이 더 활성화되어 구매력이 높다. 이러한 인구 수의 증감과 성비, 연령, 주거형태, 지출비용 등의 밀집도는 통행인의 구매형태나 습관, 스타일, 쇼핑태도 등에도 영향을 미친다.

전국의 계획도시(신도시)는 소비자들의 접근성과 편의성을 갖추어 사통팔달로 시원하게 뚫려 있어 불편함이 없다. 주거지역, 주상복합, 상업지역, 공원시설, 학교시설 등이 잘 구획되어 살기는 좋지만 상권력은 약하다. 초기의 상업지역은 주거지역보다 비 활성화되었으며, 점포 밀집도가 상대적으로 낮아 편중현상이 심하다. 반면에 주상복합 타운과 같은 상업지역은 용적률이 어떻게 적용되는가에 따라 시장 활성화는 차이가 있다.

(2) 도로현황과 교통망

도로는 고객의 접근성과 가시성을 판단하는 기본적인 요소이다. 상권이 잘 형성되려면 교통환경과 현황, 연계성을 살펴야 한다. 폭이 넓거나 좁음, 횡단보도, 육교, 지하도, 중앙 분리대 등 연결망이 어떻게 형성되어 있는가에 따라 달라진다. 교통변화로 상권이 번성하기도 쇠퇴하기도 한다. 지하철이나 대형 유통시설물, 쇼핑 및 레저오락, 영화관 등이 있어도 영향을 미친다. 경쟁자들은 오래전부터 소매점들 사이에서 주인역할을 하며, 탄탄한 기반을 구축하고 있다. 이러한 도로현황과 교통망은 백화점이나 대형할인점, 쇼핑센터, 먹거리촌, 소극장, 컨벤션센터, 은행, 커피전문점, 통신사, 제과 제빵 등의 입점에도 영향을 미친다.

> **사례 2**

판교 현대백화점 식품관이 들어서면서 주변의 상인들은 "죽을 맛!"
(일요신문, 2015)

동양 최대를 자랑하는 현대백화점은 2015년 8월 문을 연 지 100일 만에 방문객 1,000만 명을 돌파하면서 2,100억 원의 매출액을 올렸다. 목표액 2,000억보다 5% 초과 달성한 수치로 성공비결은 국내 최대의 식품관 인기 때문으로 풀이된다. 인근 상인들은 큰 위기로 식품관련 업종들은 영업을 접고 있다. 개점 100일간 하루 최고 매출은 83억 9,000만

원(개점일 당일), 주말 평균매출은 30억 원 수준이다. 구매고객 중 20~30대가 41%, 40대
는 30%를 차지하는데 여타 백화점에 비해 젊은 층이 많다.

상대적으로 고소득층 비율이 높은 판교, 광교, 수원, 안양 등 경기 남부지역 소비자들
이 서울을 상경하는 것보다 인접한 지역에서 소비하는 문화가 형성되었기 때문이다. 반
면에 분당구 핵심 3개 동(판교동, 백현동, 삼평동)의 9월 신한카드 매출액은 지난해 같은
기간보다 29.6% 늘어났다. 개점 전부터 불거진 지역 상인들의 반대가 기우인 측면이 있
다. 이는 식품관을 철저하게 전략적으로 만들어 동일 브랜드가 없는 상권은 시너지 효과
를 내고 있기 때문이다. 특히 규모가 있으면서도 조용한 분위기의 식당은 매출액이 도리
어 늘어났지만 일반 매장들은 직격탄을 맞았다.

현대백화점은 지역민 우선고용과 지역상권 지원책을 내놓았지만 기존 상인들에 대한
배려는 없다. 실제 해외에서나 접할 수 있었던 메뉴와 브랜드, 유명 셰프의 매장 등 반값
할인과 프랑스 치즈, 각종 잡화, 의류들을 함께 행사하면서 젊은 층과 가족 전 구성원들
의 놀이터가 되었다. 성남시는 판교점 입점으로 지역경제 활성화를 기대하지만 실제 수
혜는 대기업이 가져간다. 지역 상인들의 상생을 지원한다지만 대기업 시스템이나 자본력
은 현실성이 떨어진다는 게 전문가들의 평가이다.

(3) 대형 집적시설물

대형 시설물들이 집적된 상권은 중심지에 위치할 뿐 아니라 편의시설이나 업종,
규모가 다양하게 분포되어 있어 경쟁력이 높다. 상권범위는 행정구역상으로 확인할
수 있으며, 백화점, 쇼핑센터, 아울렛 등 사람들이 모일 수 있는 공간으로 활성화된
다. 이는 신도시나 역세권, 환승권, 인지도 높은 상권에서도 나타날 수 있는데 외형은
비슷하지만 소비자를 유치하는 흡인력이 2배라면 상권력은 10배로 확대된다. 상권은
항상 두 개 중 하나로 쏠림현상이 일어나기 때문에 집적시설이 잘 갖추어진 강력한
상권만이 살아남게 되며 나머지 상권은 고립되어 쇠퇴할 수 있다.

상권이 잘 갖추어져 있다 해도 주변에 새로운 계획도시가 들어서면 기존상권은 공
동화 현상3)으로 공공시설물이나 상업시설물들만 남게 된다. 예를 들어 특정한 목적
으로 지정된 인사동 상권은 전통공예를 비롯한 화랑, 갤러리, 도예, 찻집, 서예, 한식,
옛날책방, CD, 액세서리 등의 목적과 배치되는 업종은 진입이 제한될 수 있다.

---

3) 공동화 현상은 도심지역 내 지가급등, 각종 공해 등으로 주택이 도시외곽으로 진출하는 것을
말한다. 도심은 줄고 공공기관 및 상업기관만 남아 텅 비어 공동화되지만 외곽이 밀집되어 도넛
과 같아서 생긴 명칭이다. 가중되면 도시 외곽의 출·퇴근이 혼잡해져 교통난을 가중시켜 비능률
적으로 심화된다.

(4) 도로방향

상권은 중심지로부터 외부로 확장되면서 성장하게 된다. 도심은 중앙에서 퍼져나가는 형태를 가지는데 역이나 터미널, 정류소, 4거리 등의 지역은 유동인구의 밀도가 높다. 교통은 다운타운을 중심지로 이동하기 때문에 통행량이 많아진다. 요일과 시간, 주중·주말에 따라 유동인구는 차이가 있으며, 월요일부터 금요일까지 출·퇴근 및 시간대별, 인구 수와 통행량, 특징은 다르게 나타난다. 또한 중심과 반대방향으로 흐르는 상권이 있을 수 있다. 인구밀도가 낮을 뿐 아니라 구도심이나 서민층, 노년층의 분포를 가진다. 역세권이나 다운타운, 대학가 상권의 도로방향은 유동인구의 특성이 그대로 반영되기 때문에 상권 성장에 영향을 미친다. 그러므로 이동객들의 동선에 따른 도로방향을 파악해야 할 필요성이 있다.

분석이 어려운 상권은 아파트나 주택, 빌라, 오피스텔 등이 다양하게 공존하는 상권이다. 지역특성과 상권규모, 고객분포를 고려한 세대 수와 인구 수, 주택형태, 종류, 규모 등 트렌드가 다를 수 있기 때문이다. 따라서 소상공인 상권정보시스템이나 나이스비즈맵, 통계청 지리정보시스템 등을 통해 세밀하게 분석해야 한다.

〈그림 8-2〉 인사동 문화의 거리

2) 상권범위

(1) 상세권(trading area)

상세권은 도시의 시장에 상업활동이 미치는 배후지역 범위를 말한다. 개별 또는 집단, 기관이 포함되어 예상고객을 흡인할 수 있는 지리적 공간이다. 시장크기와 다양한 업종, 상품종류, 구색, 도로상황 등은 도시발달의 확대와 축소에 영향을 미친다. 교통발달은 대규모 상권으로 성장하지만 작은 상권은 큰 규모의 상권에 흡수되어 계층화 현상이 일어난다. 우리나라는 서울, 부산, 인천, 대구, 대전, 울산의 대상권과 지방 중소도시의 중·소형 상권으로 구분된다. 이러한 상세권은 범위를 결정하는 것으로 점포이용 가능고객들의 형태를 알 수 있다. 이것은 종합 상세권, 지구 상세권, 지점 상세권으로 분류된다.

① 종합 상세권(GTA : general trading area)

도시의 행정구역과 유사한 개념으로 전체의 유통기관이 합쳐져 하나의 상권으로 형성된 지역상권이라고도 한다. 인접한 시, 군, 구 등의 역할에 따라 교통구조나 현황, 지리적 특성 등은 커지거나 작아진다. 대표적인 개념은 레일리(W. J. Reily)의 소매인력법칙이다. 두 도시 간의 고객 흡인력은 인구 규모에 따라 비례하고 두 도시의 분기점으로부터 거리의 제곱에 반비례한다. 예를 들어 A와 B도시 간 인구가 같을 경우, 두 도시 간 상권 경계는 중간이 되지만 A도시가 B도시보다 2배 크면 A : B = 2 : 1의 비율이 된다.

사례 3

판교역 근처 Courtyard by Marriott 호텔은 평균 숙박률 90%를 자랑한다. 주말에도 서울 도심의 주요 호텔보다 분주하다. 주중은 인근 테크노밸리로 출장 온 비즈니스맨들이 대부분이지만 주말은 판교 인근을 거닐며 쇼핑과 여유를 즐기는 가족단위 투숙객들이 주 고객이다. 현대백화점이 오픈하면서 색다른 먹거리와 체험행사 등은 지방과 서울에서 몰리는 쇼핑족들로 호황을 누린다. 판교는 강남의 IT기업과 관련된 오피스 수요뿐만 아니라 분당권까지 흡수하는 빨대 효과를 나타낸다. 신분당선이 연장되면서 제2의 테크노밸리 개발까지 배후수요는 확대되고 있다(매일경제신문, 2016).

현대백화점 식품관을 방문하는 인파들이 모이면서 부동산시장도 지각변동이 일어났다. AK백화점과 롯데백화점에 발길이 뜸해진 것은 물론 차별화된 MD(상품) 구성에 아비뉴프랑(Avenue France)도 매출하락에 직면했다. 강남과 분당의 노후화된 오피스상권을 흡수하여 전체의 몸값을 키우고 있다. 시장성은 분당지역을 추월한 지 오래되었다. 강남권과 비교해도 상승세를 보여 기대감이 높다. 오피스 임대료는 판교가 강남 절반 수준으로 안정되면서 생활의 편의성은 자연스럽게 높아졌다.

계획도시의 분당은 KIS와 CSIS 등 국제학교와 혁신학교 등 강남과 다른 교육수요를 자랑한다. 10분 이내의 먹거리는 분당 주부와 자녀들에게 새로운 맛 거리로 유명하다. 현대백화점 식품관은 뉴욕의 대표 베이커리 '매그놀리아(Magnolia)'와 부산의 '삼진어묵'이 입점해 평일 오후에도 1시간 이상 대기 줄을 형성한다. 주차문제 등 해결할 문제가 많아 한눈에 물건이 들어오는 기존 백화점이 편하다는 소비자들도 늘어나고 있다. 개점 효과는 상권독식을 판가름하기가 어렵다. 장기적으로 소비자들이 해외직구로 전환할 수 있다는 점을 고려할 때 인근 상권의 개성과 특성을 살려 공생할 수 있는 방안을 찾아야 한다. 반면에 10분 거리인 아비뉴프랑은 전략적인 MD 구성과 유럽식 스트리트 몰로 위기를 극복하고 있다.

② 지구 상세권(DTA : district trading area)

지구 상세권은 도시의 여러 지구 중에서 전체적인 유통시설이 잘 형성된 입지를 말한다. 이는 부분적으로 서로 겹치지만 하나의 지역에서 집적된 시설물의 규모, 상권력은 점포 수와 크기를 변화시킨다. 대형매장의 유명도나 업종분포, 경쟁상황, 서비스 시설, 점포 간의 조화, 결속력 등 고객을 끌어들이는 힘은 다르게 결정된다. 상세권이 분석되었다면 자사가 출점할 수 있는 후보지의 권리를 파악해야 한다. 대형점포의 분포나 업종 구성은 유인할 수 있는 매력적인 요소가 있어야 안정된 상권이 된다. 성장가능성 측면에서 보면 도시외곽의 지구 상세권은 유리한 입지를 차지할 수 있다. 특히 소비인구의 대부분은 상권이 완성될 때까지 지역점포에 의해 구매력이 결정되기 때문에 중소도시는 주변부의 대형할인점을 중심으로 대규모의 쇼핑센터가 들어서면서 구도심의 상업지구는 쇠퇴하게 된다.

③ 지점 상세권(ITA : individual trading area)

지점 상세권은 지구상권 내 단일점포가 고객을 흡인할 수 있는 입지를 말한다. 지역 중심부에 위치한 대규모 집적시설물을 바탕으로 대형 소매점이나 전문점, 다운타운거리 등 지역 상세권과 겹치기도 한다. 고객에게 판매할 수 있는 범위에 따라 외곽점포나 저밀도, 몰링타운 등 대형점에 속하더라도 한정된 상권력을 가진다. 지구상권 내 특정 입지의 점포가 존재하는 지점으로 점포상권이라고도 한다. 소자본 창업에서 유동인구 및 점포조사는 지점 및 상권 위주로 조사되기 때문에 이 모두를 포함하고 있다.

④ 업종 상세권

특정한 업종이 모여 있는 상권으로 한약 재료상, 기계 및 공구단지, 건축자재, 화훼단지, 먹거리촌 등이 형성된 상세권을 말한다. 동종업종이 집적화되어 지역에 몰려 있어 부가가치를 창출할 수 있으므로 소비자들은 짧은 시간에 원하는 상품을 다양하게 선택할 수 있다. 따라서 시너지 효과를 낼 수 있으며, 상호 간에 대체재 역할을 하면서 전문화로 인식된다.

사례 4

부산 동구는 차이나타운 지역발전 특구 활성화를 위해 한·중 수교 23주년을 기념하는 축제를 열었다. 국제 여객터미널에 크루즈관광객 유입의 기반조성을 위해 '특색 있는 콘텐츠운영'으로 세계적인 축제로 발돋움하는 것을 목표로 했다. 주민이 직접 참여하고 구민이 주체가 되는 '실버예술제', 'DJ 뮤직페스티벌', '최고의 가면을 찾아라' 먹거리 장터 등 다채로운 행사를 선보였다(아시아투데이, 2016).

중국 자매도시 예술단과 부산 총영사관, 유학생 등 경극·변검, 홍등터널, 용 퍼레이드, 다문화 프로그램 등 중국 향기가 가득한 대표 콘텐츠로 구민과 관광객 모두가 행복한 축제가 되었다. 19세기 청관거리가 재현되고 '소망의 띠 묶기', 외국인 맥주페스티벌, 장기려 기념 더 나눔센터, 초량 이바구길, 전통시장 일원까지 활성화되고 있다. 부산의 최우수 축제로 선정되면서 지역가치를 끌어올릴 뿐 아니라 매출증대로 지역민의 만족도를 높이고 있다.

(2) 점포위치의 입지력

소매업에서 점포가 위치한 입지는 절대적으로 경쟁력이 된다. 고객을 유입시키는 매력성은 가시성과 편리성, 접근성이 높은 위치를 말한다. 한번 정한 점포는 능동적으로 경영자 자신이 만들어내기가 어렵다. 마케팅 촉진전략으로 고객을 끌어들일 수는 있지만 계획된 시설물은 도시발전에 따라 설계되었기 때문에 선택에 한계가 있다. 사업을 운영하다 보면 예상된 비용 외에 추가비용이 발생할 수 있다. 좋은 입지조건은 비용을 줄일 수 있을 뿐 아니라 매출증대와 동종경쟁자보다 우위를 점할 수 있는 경쟁력이 된다.

열악한 입지조건에서도 꿋꿋하게 성공한 점포들이 있다. 이들은 수많은 고통과 인내를 극복한 결과물이다. 자본금 부족이나 마케팅촉진전략 부재, 구인난 등 수많은 어려움과 비용이 드는데도 이를 유지하기 위한 노력은 상상을 초월한다. 그러므로 다양한 접객시설물들이 들어선 입지는 고객 선택의 폭을 넓혀준다. 사람들이 모이는 곳은 재화나 용역, 서비스가 발생하기 때문에 같은 점포라도 도로상태, 연결망, 지하철 환승권, 역세권 등은 자연스럽게 상권을 성장시킨다.

① 점포위치의 경쟁력

도시 주변에 아파트나 주택, 대형 건물들이 들어서면 중심부를 연결하는 도로망이나 교통상황은 자연스럽게 좋아진다. 사람들이 모이기 때문에 그들의 수요에 맞는 생활편의시설물들이 입점하게 된다. 반면에 교외 도로변이나 나홀로 점포는 고객을 끌어들이는 데 한계가 있다. 이러한 위치는 편의점, 차량용품, 주유소, 수타 중국요리, 기사식당, 한식뷔페, 해장국, 설렁탕 등이 운영되지만 점포가 안정되기까지는 많은 시간과 비용이 든다. 하지만 다양한 상품을 종합적으로 취급하는 대형 쇼핑몰은 충분한 주차시설과 접근성, 상품의 다양성, 문화시설, 쇼핑공간의 쾌적함 등으로 경쟁력이 높아 그 자체가 경쟁력이 된다.

주변 점포의 다양한 업종과 고객유입 가능성, 물적 시설물, 환경 등은 그 자체로써 소비자를 흡인할 수 있는 매력성이 된다. 그러므로 대형점포들을 둘러싸고 있는 전문점이나 특성화된 시설물들의 복합건물 등은 고객을 자연스럽게 끌어들이게 된다. 전철역 등 광장을 중심으로 다수의 점포들은 성황을 이루지만 반대편은 가전대리점이나 재생자원, 우유대리점, 판넬, 철물점, 목재소 등 상업시설과 무관한 점포들이 입점하면서 성장에 한계를 보인다.

② 점포위치 이동력

특정 장소의 점포도 주변에 집적시설물과 편리성, 상품구색이 잘 형성되어 있다면 강력한 매력성으로 고객의 이동을 용이하게 한다. 소비자들에게 호기심과 볼거리, 흥미, 재미를 제공하면서 관심을 끌 수 있는 능력은 경쟁력이 된다. 그러므로 구매력을 증가시킬 수 있는 요소는 서비스 만족도를 향상시키는 데서 가능해진다. 구도심 상권은 거주민의 인구감소가 예상된다. 소비한계는 물론 신규 매출을 창출하는 데도 어려움을 가진다. 이러한 점포는 타인에게 양도하거나 판매권을 위임하는 것도 하나의 방법이다. 미래엔 더 나아질 것이라는 막연한 기대와 경험에 따른 자부심, 이전하더라도 현재보다 나아지기 어렵다는 불안감 등 근거 없는 논리는 버리는 것이 좋다.

상권은 개보수를 통한 리뉴얼, 상품종류, 촉진전략을 추진하더라도 성장에 한계를 가질 수 있다. 축적된 경험과 노하우를 가졌지만 발전가능성이 없다면 새로운 위치로 전환하여 기회를 모색하는 것이 하나의 방법이다. 상권은 살아 있는 생물과 같아서 잘될 수도 안 될 수도 있지만 항상 변하는 게 사실이다. 그렇기 때문에 상품종류와 직원관리, 운영 등에 관심을 가지는 것도 중요하지만 주위 상권의 변화와 사회적 현상, 경쟁력을 파악하는 것이 전략이 된다.

③ 위치의 분산력

중소규모 사업자들은 자본금이나 시설장비, 인력구성, 촉진전략 등에서 한계를 호소한다. 현대의 소비자들은 변화와 혁신을 요구하는 시대적 현상으로 다양한 방법으로 구매를 선택하고 있다. 반면에 경영자들은 업종과 업태가 유사한 형태의 점포들이 생겨나면서 고유의 특성으로 고객을 점포 내로 끌어들이기가 어렵다.

예를 들어 통신 및 IT기술 발달은 전자상거래(e-Commerce)시장의 성장을 촉진하였다. '이 커머스에 대한 닐슨 글로벌 조사에 따르면(매경닷컴, 2016)' 전 세계 소비자들은 온라인에서 항공권 예약과 도서, 의류, 생필품과 이벤트 티켓(영화, 공연, 전시, 스포츠 경기) 등을 구매한다. 이는 60개국 3만 명 이상의 온라인 패널을 대상으로 일상적인 소비재와 내구 소비재, 문화 서비스재 등의 22개 카테고리로 조사된 결과이다. 온라인 구매의향이 높은 품목은 '문화 소비재'이며, 항공권 48%, 의류/액세서리/신발 46%, 여행상품/호텔예약 44%, 이벤트티켓 41%, 도서 39%로 나타났다. 한국 소비자들은 휴대폰 26%, 장난감/인형 29%, 자동차/오토바이 관련 액세서리 17%, 꽃 16%, 알코올음료 17%를 제외한 모든 카테고리에서 전 세계 소비자들의 평균보다 높게 나타났다. 특히 도서 64%와 이벤트 티켓 64%, 항공권 52%, 의류/액세서리/신발 50%, 여행상품/호텔예약 50% 순으로 높게 나타났다. 반면에 컴퓨터 하드웨어/소프트웨어, 휴대폰, 자동차/오토바이 액세서리는 세계적으로 낮게 나타났다. '온라인 쇼핑은 편리하다 76%', '제품구매 전에 온라인 리뷰를 읽는 것이 좋다 71%', '온라인 쇼핑은 재미있다 63%' 순으로 나타났다. 한국 소비자들은 '온라인 쇼핑이 편리하다 80%', '온라인에서 최저상품을 구입할 수 있다 73%', '오프라인 매장에서 제품을 구매하기 전에 온라인상에서 제품을 쇼핑한다 71%' 등 쇼루밍 현상이 활발하게 진행되었다. 따라서 모바일은 인터넷 쇼핑을 위협하며, 컴퓨터 90%와 휴대폰/태블릿 PC 85%로 구매를 선택했다. 아시아 태평양, 중동, 아프리카 지역은 온라인 쇼핑 시 모바일기기를 이용하겠다는 답변이 87%, 93%로 나타났다.

조사결과 식료품에서 생활소비재로 확산되면서 온·오프라인 유통채널 경계가 허물어져 옴니채널(Omni-Channel)4) 통합관리전략이 필요하다.

---

4) 옴니채널(Omni-Channel)은 소비자가 온오프라인, 모바일 등 다양한 경로로 상품을 검색, 구매할 수 있는 서비스이다. 과거에는 온라인 소비자와 오프라인 소비자의 경계가 분명하였으나 최근 경계가 무너져 쇼루밍(showrooming, 매장에서 제품을 살펴본 뒤 온라인에서 구매), 역 쇼루밍(온라인에서 살펴본 후 오프라인에서 구매), 모루밍(morooming, 오프라인에서 살펴본 후 모바일 구매) 형태 등 각각의 유통채널 특성을 모아 어떤 채널에서든지 같은 매장을 이용한다는 느낌을 주도록 조성되었다.

3. 상권 분석을 위한 매출액 측정방법

1) 상권 분석이론

상권이 좋다는 것은 배후지의 주거 인구 수와 유동인구, 잠재고객, 가망고객이 많다는 것이다. 실제 자사유입이 가능한 고객을 찾는 것은 창업자 및 경영자의 능력이다. 상권을 분석하는 것은 1·2·3차 범위로 나누어 규모와 크기, 주력상품, 구성요소, 가격, 지출현황, 가처분소득 등으로 추론할 수 있지만 절대적 기준은 아니다. 그러므로 쉽게 현혹되지 말고 경쟁점포의 입지와 규모에 따른 환경 및 조직구성원, 운영방법 등을 파악해야 한다. 따라서 매출액을 추론할 수 있는 특징은 다음과 같다.

첫째, 유동인구가 얼마나 많은가? 머무는 사람들인가? 흘러가는 사람들인가?

둘째, 어떤 유형의 사람들이 이동하는가? 성별, 연령, 스타일, 보행속도, 태도 등을 말한다.

셋째, 목표 고객인가를 판단해야 한다. 아무리 많은 이동객이라도 업종에 맞지 않는 고객에게서 매출증가를 기대하기는 어렵다. 이러한 상권의 특징은 고객 흡인력이 상대적으로 낮은 소규모 점포에서 먼저 일어난다.

넷째, 지역위치와 지형, 지세에 따른 도로상태, 인구분포 등을 파악해야 한다.

다섯째, 경사진 언덕은 상권 형성이 어려워 발전을 느리게 한다. 반면에 계획도시나 신도시는 베드타운 역할을 하기 때문에 주거 인구 수가 많아 잘 형성된 것처럼 보이지만 실제 활성화 정도가 기대에 못 미칠 수도 있다.

여섯째, 점포방향이 중요하다. 음양오행에 근거한 좋은 점포는 직사광선이나 습기가 없는 공간이다. 바람이 잘 통하고 햇볕이 잘 들며, 전면이 탁 트인 넓은 위치를 말한다.

일곱째, 출입이 용이해야 한다. 지하철과 연계, 유동인구와 배후수요 등 중심상권을 이룬다. 그렇다면 어떤 상권이 좋은 상권일까? 시내 중심가인가, 역세권, 대학가, 오피스, 교외상권인가? 그 답은 다를 수 있지만 유입되는 연령, 성별, 직업 등의 특성을 파악하는 것이 좋다. 지역마다 주거 인구 수와 소득, 교육, 주거형태는 다르기 때문에 다양한 형태의 소매점이나 생활, 편의시설물들이 잘 구축되어 있어야 시너지 효과를 낼 수 있다.

⟨표 8-1⟩ 입지이론

농업입지	공업입지	상업입지	주거입지
• 튀넨의 고립국	• 베버의 최소비용이론 • 뢰슈의 최대수요이론 • 그린헛의 이윤극대화론 • 스미스의 준최적입지론	• 크리스탈러의 중심지이론 • 레일리의 소매인력법칙 • 컨버스의 분기점모형 • 허프의 중심지이론 • 넬슨의 소매입지이론 • 후버의 입지효과 시간법칙	• 알론소의 최적 주거입지 한계주거비용 = 한계교통비용

(1) 소매인력법칙

소매인력법칙은 두 도시 간의 상대적인 소매시장의 잠재력을 평가하기 위해 사용된다. 1929년 Reilly에 의해 상권의 중력법칙(law of retail gravitation)으로 소개되었다. 두 경쟁도시 사이에 위치한 다운타운으로부터 유입되는 소매거래 비율로 중심지에 대한 세력권을 결정한다. 두 도시의 인구에 비례하고 중간에 위치한 타운까지 거리제곱에 반비례한다.

예를 들어 두 개 도시를 A와 B로 하고 그 중간을 C로 하였을 때 주변지역 소비자를 흡인하는 비율은 두 도시의 인구 수와 비

$$\frac{B_a}{B_b} = \frac{\left(\dfrac{P_a}{P_b}\right)}{\left(\dfrac{D_a}{D_b}\right)^2} = \left(\frac{P_a}{P_b}\right) \times \left(\frac{D_b}{D_a}\right)^2$$

예제)
- A도시의 인구 : 25만 명
- B도시의 인구 : 100만 명
- C지점부터 A도시까지의 거리 : 4km
- C지점부터 B도시까지의 거리 : 16km

$$\frac{B_a}{B_b} = \frac{25}{100} \times \left(\frac{16}{4}\right)^2 = \frac{1}{4} \times (4)^2 = 4$$

따라서 C지점은 A도시에 4, B도시에 1의 비율로 흡인된다.

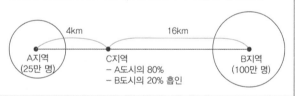

출처 : 전창진 외 3인, 상권 분석론, 부연사, p. 312 참조

⟨그림 8-3⟩ 소매인력법칙

례하고 거리제곱에 반비례한다. 같은 조건하에서 두 도시의 크기나 규모가 클수록 도시 밖의 소비자들을 더 많이 유입시킬 수 있기 때문에 인구 수와 거리는 상권의 경계가 된다. 따라서 점포의 밀집도와 규모를 통해 소비자의 이동공간을 설정할 수 있다.

고객이 점포를 선택할 때 인구 수와 거리 등 다양한 변수를 고려하지 못한 측면도 있지만 이후 캔버스나 허프가 연구를 확장할 때 기초원리가 되었다. 백화점이나 다운타운, 역세권 등 광역상권 결정에서 사용되며, 독립된 두 도시 사이에 대립하는 소

매력을 측정할 수 있다. 지방의 소도시 범위를 설정할 때 읍, 면, 동의 경계 등에 적용할 수 있다.

(2) 컨버스의 소매인력 제2법칙

Converse는 Reilly의 소매인력 모델을 확장하여 수정하였다. 두 도시 사이에서 거리가 나누어지는 중간지점의 위치를 찾기 위해 또는 분기점 결정을 쉽게 하기 위해 계량하였다. A와 B도시 분기점이 A도시로부터 Ba만큼 떨어진 거리를

$$\frac{Q_a}{Q_b} = \left(\frac{P_a}{H_b}\right) \times \left(\frac{M}{d}\right)^2 \quad \text{또는} \quad Q_b = \frac{1}{\left(\frac{P_a}{H_b}\right) \times \left(\frac{M}{d}\right)^2 + 1}$$

공식)
- Q_a : 외부의 대도시로 유출되는 중소도시 X의 유출량(%)
- Q_b : 중소도시 X에서 소비되는 양(%), 즉 X의 체류량
- P_a : 외부 대도시 Y의 인구
- H_b : 당해 중소도시 X의 인구
- d : 대도시 Y와 중소도시 X의 거리(mile)
- 4 : 관성인자로 4mile = 6km를 적용하는 평균치

컨버스의 소매인력 제2법칙

나타낸다. A와 B의 경합도시에서 어느 도시로 구매하러 갈 것인가를 결정하는 접근법으로 무차별적 경합지점을 나타내는 공식으로 선매품(shopping goods)[5], 전문품(specialty goods)[6] 판매가 적합한 이론이다.

큰 도시의 중간에 위치한 소도시는 어느 한 도시의 중심에 귀속될 수 있으나 소도시 내에 소매점이 있는 경우 모두가 대도시에 귀속되는 것은 아니다. 소도시 내 점포에서 일정부분 소비가 이루어지며, 여기에 잔류한 소비자와 외부 도시로 유출된 소비자와의 관계를 확실하게 구분하는 것이 컨버스의 소매인력 제2법칙이다. 거리가 근접한 대도시와 소속도시(소도시) 거래량은 두 도시의 인구와 비례하고 거리제곱에 반비례하는 속성인자 M을 이용하여 편차를 줄이는 것이다.

---

5) 소비자는 여러 제품을 비교하여 최종적으로 결정, 행동을 한다. 식품·기호품·일용품 등 최소의 노력으로 구매를 결정하는 편의품에 비해 단가가 높고 횟수가 적다. 취급상점들은 동질적 선매품(homogeneous goods)인 냉장고·가스레인지·텔레비전·세탁기 등의 상표가 다르더라도 표준화된 특징으로 가격선택이 중요하지만 수요는 탄력적이다. 이질적 선매품(heterogeneous goods)은 의류·가구·구두 등으로 표준화되지 않아 제조업체에 따라 차이가 있으므로 특성비교에 시간과 노력이 필요하다. 따라서 품질·스타일·욕구 등 판매직원의 역할이 중요하다.
6) 가격이 비싸 특정 상표만을 수용하려는 상표집착(brand insistence)의 행동을 나타낸다. 자동차·피아노·카메라·전자제품 등 독점성이 강한 디자이너나 고가품 의류 등은 기술적으로 품질판단을 하기 어려워 적은 수의 판매점으로 유통된다. 경로가 제한적이고 고마진에 상표브랜드가 중요한 역할을 한다.

(3) 중심지 이론

사람들이 살아가는 체계는 각종 활동공간에서 핵심적인 중심지로부터 배열되어 있다는 원리이다. 이는 독일 Walter Christaller(1933)에 의해 개발되었으며, 지역 내 입지와 규모, 자연적인 공간에 대한 평가로 소매입지의 지리적 문제를 해결하기 위해 여러 요인들을 접목하여 개발한 이론이다. 한 지역의 중심기능은 인구 수와 규모에

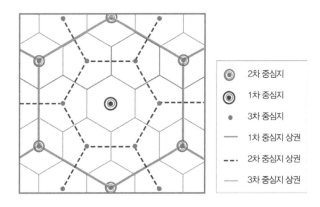

〈그림 8-4〉 Christaller의 중심지 이론

비례하며, 배후지역의 상품과 서비스 제공에 따른 교환 및 편의성을 통해 수행하게 된다. 여기에는 중심지를 통한 계층의 포섭원리(nested principle)가 적용되어 있다.

계층의 포섭원리란 고차원적인 중심지의 영향권(배후지) 내에 차수로 낮은 규모의 중심지들이 어떻게 포섭되었는가를 설명하는 것이다. K-value체계를 이용하여 최고의 중심지 영향권(배후지) 내에 차수가 낮은 중심지를 몇 개 포함하고 있는가를 통해 K값 배수를 설명할 수 있다. K=3, K=4, K=7 등을 가지고 계층 간 포섭원리를 설명할 수 있다. K=3는 하나의 고차중심지 영향권(배후지) 내에서 차지하는 중심지에 3개가 포함되었다는 원리이다. K=4는 4개, K=7는 7개의 차하중심지(바로 아래 계층중심지)가 고차중심지의 영향권 내에 포함되었다는 의미이다. 이를 바탕으로 원을 형성하며, 서비스를 받지 못하는 장소는 없어야 한다. 아래 그림처럼 중복되는 부분이 존재하게 되는데 양분된 부분이 그림처럼 육각형 형태의 공간배열을 형성하게 된다.

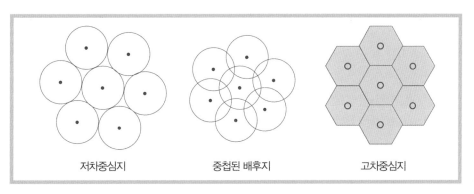

| 저차중심지 | 중첩된 배후지 | 고차중심지 |

〈그림 8-5〉 확장된 Christaller의 중심지 이론

① 시장원리(marketing principle : K=3)

시장은 가능한 넓은 지역에서 상품과 재화, 서비스를 공급하기 때문에 서로 분리되어 있어야 한다. 하나의 작은 중심지는 이론상 등거리에 위치하여 차상(바로 상위계층)의 3개 중심지에 영향을 미친다. 각자 1/3씩 분할되어 가장 가까운 중심지에 포함되는 원리이다. 고차중심지의 영향권(배후지) 내에는 완전한 1개의 차하중심지(바로 아래계층 중심지)와 배후지가 포함된다. 1/3씩 분할된 차하중심지의 배후지는 6개이므로 실제로 3개의 차하중심지가 된다.

② 교통원리(traffic principle : K=4)

교통은 큰 도시(고차중심지)로 연결되는데 도로상 저차원 중심지들이 많이 배열되도록 편리성을 도모하게 된다. 효과적인 교통망을 건설할 수 있는 고차중심지의 육각형 중앙에서 저차중심지의 6개로 분포되어 효율성을 극대화할 수 있다. 고차중심지의 육각형 내에 1개의 차하중심지와 배후지가 포함되며, 1/2로 분할된 차하중심지와 배후지는 6개가 된다.

③ 행정원리(administrative principle : K=7)

행정은 경제적 관점이 아니라 정치적으로 유도된 공간적 배열로 통제하는 각각의 위치가 중심지 내 영향권에서는 세분될 수 없다는 원리이다. 고차중심지의 세력권 내 6개의 차하중심지가 모두 포섭된 원리를 말한다.

(4) 허프 모델(Huff model)

대도시 사이에 위치한 쇼핑센터 간 세력권을 설정하기 위해 만들어진 모델로 센터를 중심으로 주변에 인접한 소비자 몇 퍼센트를 흡인할 수 있는가를 확률적으로 나타낸 이론이다. 몇 개의 상업적 센터가 존재할 경우 소비자는 어떤 모델을 선택할 것인가에 대한 확률은 효용에

$$P_i = \frac{S_j}{D_i} \div \sum_{j=1}^{n} \frac{S_j}{D_j^2}$$

공식)
- P_i : 쇼핑 갈 확률
- D_i : i지점에서 j쇼핑센터 간의 2승
- S_j : 쇼핑센터의 매장면적
- Σ : 전부 합산

허프 모델의 1유형

비례한다. 특히 인접한 쇼핑센터의 매장면적과 거리, 도달시간, 상품특성, 접근성, 방해요소 등을 통해 이용확률을 계산할 수 있다. 특정 센터를 선택할 확률은 점포로부터 얻을 수 있는 기회비용에 대한 효율성에서 결정된다.

쇼핑센터가 제공하는 총효용가치의 합계에서 차지하는 크기의 비율을 말한다. 점포까지의 거리와 규모에 대한 민감도 값은 임의적으로 주어지기 때문에 모수(parameter) 추정이 정확하지 않을 수 있다. 이를 나카시니와 쿠퍼(일본 통산성)는 로그치환과 최소 자승법을 이용하여 수정된 모델을 개발했다. 허프 모델과의 차이점은 저항계수 바로미터 수치를 2로 고정시켜 상점가 소

$$P_{ij} = \frac{\left(\dfrac{S_i}{T_{ij}{}^\lambda}\right)}{\sum_{j=1}^{n}\left(\dfrac{S_i}{T_{ij}{}^\lambda}\right)}$$

공식)
- P_{ij} : i지구 주민이 쇼핑센터 j로 갈 확률
- S_i : 쇼핑센터 j의 매장면적
- T_{ij} : i지구에서 쇼핑센터 j로의 소요시간
- λ : 거리의 저항요인

허프 모델의 2유형

요시간을 거리로 치환했다는 점이다. 예를 들어 어떤 지역에 사는 소비자가 특정 쇼핑센터를 방문할 확률은 매장면적의 규모에 비례하고, 거기에 도달하는 시간과 거리의 2승에 반비례한다는 것이다.

(5) 고객분포기법(CST : customer spotting technique)

고객분포기법은 특정지역 상권 내에 비슷한 점포를 선정하여 경계와 범위를 측정하는 것이다. 추정값을 통해 자사점포의 신규진입과 운영 중인 상업시설 내 규모, 매출액, 고객 분포 등을 확인하는 CST지도법으로 소개된다. 방문객을 대상으로 설문조사나 인터뷰 등으로 거주지를 파악할 수 있다. 지도상의 위치에 점을 그어 경계범위를 분석하며, 방문고객의 샘플을 이용하여 거주지를 표시한다. 점포를 중심으로 일정 규모를 시각적으로 파악할 수 있기 때문에 소매점포 분석 시 실무적으로 사용할 수 있다.

Knoger company를 위해 Apple Baum(1930)이 개발했으며, 고객출발지조사법, 유사점포접근법, 점포분석기법, CST지도법으로 소개된다. 고객을 흡인할 수 있는 범위 내 거주지의 비중에 따라 크기를 결정할 수 있다. 지리적 특성이나 행정구역의 조건, 단절요인 등이 가장 널리 사용되는 분석방법이다. 경쟁관계에 있는 동종업종을 스티커로 부착하여 지리적 위치와 거리, 이용형태, 동선, 규모, 경쟁력, 활성화 정도 등을 사실적으로 확인하며, 상권형태와 특성을 시각적으로 파악할 수 있다. 각 지역의 고객비율을 결정하기 때문에 총 가구 수나 인구 수 등의 이용특성을 계산할 수 있다.

소매점들은 다양한 방법으로 고객을 발견하고자 CST기법을 사용한다. 상권크기와 구성요소, 동선을 관찰하며, 거래범위를 식별할 수 있다. 유통업체들은 집을 기준으로 고객현황을 파악하는 기술적인 방법도 적용하지만 차량번호, 명함, 설문조사, 이벤트참여 등을 통해 데이터 수집이 가능해진다(MD Reality Corporation, 2016).

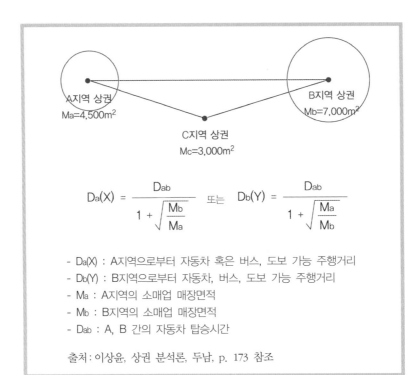

$$D_a(X) = \frac{D_{ab}}{1 + \sqrt{\dfrac{M_b}{M_a}}} \qquad \text{또는} \qquad D_b(Y) = \frac{D_{ab}}{1 + \sqrt{\dfrac{M_a}{M_b}}}$$

- $D_a(X)$: A지역으로부터 자동차 혹은 버스, 도보 가능 주행거리
- $D_b(Y)$: B지역으로부터 자동차, 버스, 도보 가능 주행거리
- M_a : A지역의 소매업 매장면적
- M_b : B지역의 소매업 매장면적
- D_{ab} : A, B 간의 자동차 탑승시간

출처 : 이상윤, 상권 분석론, 두남, p. 173 참조

① 설문조사

설문조사는 연령, 성별, 직업, 주거환경 등을 고려하지 않고 무작위로 방문고객 및 행인들에게 설문할 수 있다. 팀이나 단체, 우편, 전화 등 다양한 방법으로 조사가 가능하며, 소비자 특성과 생활형태를 확인할 수 있다. 특히 메일이나 문자를 통한 금융 및 쇼핑센터의 광고는 스팸으로 등록하기 쉽기 때문에 지나친 발송은 역효과를 낼 수 있다. 그러므로 조사비용과 시간, 효과 등을 고려하여 활용할 수 있어야 하며, 현재 및 잠재고객의 정보를 파악하는 목적 외로 사용되어서는 안 된다.

② 차량번호판 및 알림 안내

차량번호는 아파트, 주택, 연립 등 거주지나 방문점포 주차장의 무인카메라를 통해 획득할 수 있다. 운전자의 인구통계학적 특성을 조사할 수 있는 장점으로 요일별, 아침, 점심, 저녁으로 구분하여 파악할 수 있다. 하지만 실제쇼핑과 정보연계의 활용에는 한계가 있으며, 누가, 언제, 어디서, 무엇을, 얼마만큼 구입하는지는 알 수가 없다. 따라서 카드사 등을 통한 빅데이터의 활용으로 일상생활의 행태를 조사할 수 있기 때문에 어떻게 활용하는지가 중요하다.

③ 고객 기록

기업은 고객정보를 얻기 위해 다양한 방법을 사용한다. 이벤트를 통해 자발적 참여를 유도하면서 정보의 신뢰성을 높이고자 한다. 방문고객의 실제조사를 통해 현장에서 확인할 수 있으며, 대상자들에게 그 목적을 이해시키면서 유도할 수 있다. 조사자는 고객행동과 태도에 대한 편견을 가져서는 안 되며, 진정한 목적에만 사용되어야한다. 방문횟수와 연령, 성별, 직업, 구매습관, 가족, 상품종류, 구매액, 우수고객, 불량고객, 서비스 종류, 배달, 특징 등 양질의 정보는 기록을 통해 구축되어야 한다.

④ 고객 활동

소비자들은 다양한 활동을 통해 자신이 추구하는 목적과 가치에 따라 내·외부적영역을 확장한다. 공통적으로 편향된 정보를 얻을 수 있다는 단점도 있지만 모임 특성에 따라 조직의 정보자료는 중요하게 활용된다. 이름과 주소, 전화번호 등을 얻기위해 각종 대회의 지원이나 이벤트, 협찬 등을 통해 양질의 정보를 수집할 수 있다. 하지만 편향된 특징은 한쪽으로의 쏠림현상이 있기 때문에 모임성격과 분포, 연령, 성별 등을 고려하여 분석해야 한다.

(6) 유추법

유추검사(analogy test)는 2개 이상의 현상들이 어떤 속성이나 관계, 구조, 기능에서 일치하거나 유사한 것을 추론하는 것이다. 즉 두 개의 사물이 여러 면에서 비슷하다는 것을 근거로 다른 속성도 유사할 것이라고 추론하는 것을 말한다. 생소하거나 어렵고 복잡한 주제를 설명할 때, 단순하게 비교해 나가는 방법 중 하나이다. 근본적으로 자신과 관련된 사항에 관심을 가지지만, 하나 또는 둘 이상의 범주에 속하는 것과 비교할 수 있다.

다른 것은 하나의 형태나 행위를 통해 알려진 것과 알려지지 않은 것을 설명한다. 즉 새로운 점포가 위치할 지역에 대한 판매예측으로 자사의 특성과 유사한 점포조사의 결과값을 통해 예상 매출액과 범위를 측정할 수 있다. 이용고객의 거주지를 지도상에 표시한 후 점포를 중심으로 서로 다른 거리의 동심원을 그리면서 규모와 위치, 현황을 시각적으로 분석할 수 있다.

기본정보

분석지역	서울시 중구 명동1가	비교상권	없음.
기준 상권	명동길(성당길) 라인상권	운영업종	디저트카페 (유사업종 : 커피&생과일 카페)

〈 상권주요정보 〉 ·····   ● 디저트카페   ● 커피&생과일 카페

1. 상권유형 :
주거시설밀도가 매우 낮으며, 상업시설 및 업무시설밀도가 매우 높은 지역으로 복합지역에 해당함.

2. 유사업종 현황 :
100M이내 경쟁업종 · 디저트카페 : 4곳 / 커피&생과일 카페 : 7곳

3. 유동인구 현황(출처:소상공)
요일 : 평일 100만 / 주말 200만
남녀 : 남 46.88% / 여 53.16%
연령 : 20대(12.72%), 30대(26.85%), 40대(26.45%), 50대(19.83%), 60대이상(14.15%)

〈 점포주요정보 〉

1. 브랜드네임 : ★★★★★
2. 주소 : 서울 중구 명동길 ★★★★(명동1가)
3. 업종 : 디저트카페 (주력제품 : 첫눈빙수)
4. 점무면적 : 임대면적 64.46m2 , 전용면적 33.00m2
5. 임대조건 : 보증금 9천만원 / 월차임 370만원(VAT별도)
6. 입지조건 : 2층, 전면6미터이상, 가시성 높음, 인근주차시설 있음.

① 유추법 사용방법

가. 고객특성 조사

인구통계학적 및 일반적 특성을 통해 상권규모와 크기, 범위에 따른 수요와 공급을 결정할 수 있다. 고객특성은 적절한 장소와 시기에 상품과 서비스를 유통시키기위해 상품화 계획(merchandising)을 실행해야 한다. 이를 바탕으로 가격과 촉진전략 등을 수립하는 데 중요한 자료가 된다.

나. 상권규모 파악

소매점을 분석할 때에는 CSTmap을 이용하여 상권규모를 파악해야 한다. 창업자들은 규모가 다른 동심원을 그리면서 각 원이 차지하는 고객비율을 계산할 수 있어야 한다.

다. 광고홍보와 판매촉진

상권 내 거주민들에게 노출되지 않은 매체나 도달범위가 넓은 광고 홍보방법은 고객들이 이용하는 데 어려움을 준다. 판매촉진을 계획할 때 CST지도를 이용하면 표적고객을 설정하는 데 도움이 된다. 예를 들어 편의점을 이용하는 동네 주민들을 위해구독범위가 넓은 신문에 광고하는 것은 불필요한 비용을 낭비하는 것이다. 점포를경영하는 사업자들은 구입가능성이 높은 타깃 고객층들이 활용할 수 있는 촉진방법을 선택해야 한다.

라. 경쟁 정도 파악

CST지도를 통해 경쟁점포 상황과 고객특성, 동선, 분포현황을 파악할 수 있다. 예를 들어 독립점포 A와 경쟁하는 B와 C점포는 상권 내 경쟁관계로 쏠림현상이 일어날 수 있다. A는 독점적 권리로 경쟁우위를 확보하여 운영을 쉽게 할 수 있지만 업종에 따라 다른 결과를 나타낼 수 있다. 즉 B·C점포 간 경쟁이 심화되면서 A점포 고객을 자연스럽게 흡인하게 된다. 따라서 경쟁에 의해 고객을 끌어들이는 힘이 강해지기 때문에 한쪽으로 편중되는 현상이 생긴다.

마. 점포 확장계획

기존 상권 내에 신규점포를 계획한다면 경쟁자의 고객을 어느 정도 잠식할 수 있는지 확인해야 한다. 기존 점포 분석을 소홀히 하면 안 되는 이유는 진입장벽이 그만큼 높기 때문이다. 모든 경영자들이 꿈꾸는 이상향은 전국적인 체인망과 다점포화이다. 이를 달성하기 위해 현재의 벽을 넘어 자신의 고유한 특성을 키웠을 때 경쟁력은 높아진다.

② 분석절차

가. 비교대상 점포 선정

자사점포의 특성에 맞는 고객분포를 분석하기 위해서는 경쟁자의 인구통계학적 특성과 구매패턴, 사회경제적인 현상 등에 따라 유사점포를 선정하며, 이를 비교분석해야 한다.

나. 상권범위 설정

경쟁점포를 통해 고객을 끌어들일 수 있는 범위는 전체고객의 70~80% 정도 된다. 이러한 소비자의 행동패턴이나 연령, 성별, 직업, 소비습관 등을 분석할 수 있으며, CST맵으로 확인할 수 있다.

다. 매출액 분석

전체적인 상권거리나 도로상태, 행정구역에 따라 각 지역 내 경쟁점포가 달성할 수 있는 매출액은 인구 수의 분포로 나누어 1인당 매출액을 계산할 수 있다. 자사점포의 입지가 지역상권 내에서 차지하는 비율과 특성에 따라 경쟁사를 추정할 수 있다. 인구 수는 지역별 1인당 매출액을 곱하여 신규점포 예상매출액을 산출할 수 있다. 이러한 매출액은 결과값으로 점포가 위치할 특성과 경쟁자를 파악하는 자료가 된다.

(7) 최소비용과 최대수요 이론

① 최소비용이론

최소비용이론은 생산제품 수요가 어디에서나 동일하지만 각 지점마다 다르다는 가정하에 그 비용이 최소가 되는 지점이 최적입지가 된다는 원리이다. 베버(Weber) 는 최소비용이론에 입각하여 운송비, 노동비, 집적시설물 지향론을 제시하였다.

② 최대수요이론

최대수요이론(the maximum revenue theory)은 산업입지에서 수요를 최대로 확보할 수 있는 장소가 최적입지라는 원리이다. 뢰슈는 수요를 핵심적 변수로 보고 입지이론을 전개시킨 최초의 경제학자이다. 최소비용이론을 부정하고 총소득의 최대가되는 지점, 즉 수요를 최대로 하는 지점이 이윤을 극대화시키는 최적점이라 했다. 그는 생산비 측면을 강조하는 베버이론을 비판하면서 수요 측면을 강조했다. 시장확대가능성이 높은 지역에서 이루어지며, 시장중심부가 최적입지가 된다.

점포와 고객 간의 거리가 멀어지면 유통비가 증가하여 가격은 상승하게 된다. 이러한 수요 감소는 일정지점에서 0이 된다. 판매량을 세로축, 거리를 가로축으로 하여 추세를 분석할 수 있다. 지역마다 다른 형태의 수요원이 나타나는데 시장 확대가능성이 큰 장소는 정육각형 모형의 총수요량 패턴을 보인다.

4. 예상매출액 계산방법

1) 예상매출액 산출방법

사업자들은 자신이 운영하는 점포가 1일간 또는 주간, 월간 얼마의 매출액을 달성해야 하는가를 궁금해 한다. 정확한 계산은 어렵지만 몇 가지 분석을 통해 추정할수 있다. 창업을 준비하는 모든 사람들은 기본적으로 프랜차이즈 본사 교육팀이나 컨설팅회사 등에서 일방적으로 제시하는 이익률을 검증할 수 있어야 한다. 표준화된 평균가격이나 산출방법, 1인당 매출액, 회전율, 객단가 등 결과값의 신뢰성에 의문이 생길 수 있지만 성공사업을 위해서는 타당성을 분석할 수 있어야 한다. 잠재된 가망고객의 수요를 찾아 계속적인 성장을 이끌 수 있는 동력은 무엇인지 이를 찾아 반영해야 한다. 본서에서는 일반적으로 널리 사용되는 분석방법을 통해 예비창업자들에

게 기초자료를 제시하는 데 그 의미를 두고자 한다.

(1) 월 매출액 및 직원 1인당 매출액 산정

월 매출액은 내점 고객 수와 구매율, 평균단가, 상품 수, 영업일수를 통해 계산할 수 있다. 반면에 직원 1인당 매출액은 전체 매출액에서 직원 수로 나누어 계산한다. 시계나 안경, 보석, 의약품 등의 전문기술로 판매하는 업종은 1인당 매출액이 높다. 1m²당 매출액을 산정하는 방법은 전체 매출액에서 면적으로 나누면 된다. 각 산업별로 달성 가능한 평균을 비교할 수 있으며, 정부통계 자료나 유통연감, 기업경영연감 등으로 비교할 수 있다.

- 월 매출액 = 내점 고객 수 × 상품의 평균단가 × 구매 상품 수 × 영업일수
- 직원 1인당 매출액 = 전체 매출액 ÷ 직원 수
- 1m²당 매출액 = 전체 매출액 ÷ 매장면적

(2) 경쟁점포 조사

경쟁점포를 분석하는 것은 상권 내 동종 경쟁자의 시장분포와 점유율, 규모를 파악하기 위해서이다. 자사의 강점과 약점을 통해 시장의 기회와 위험을 통한 전략을 수립할 수 있다. 원활한 시장진입을 위해서는 자사의 수익구조를 확인해야 한다. 상권 내 동종 경쟁자가 차지하는 비율은 1일 방문 고객 수나 객단가, 메뉴종류, 영업일수 등을 통해 계산할 수 있다. 상권 내 경쟁자가 차지하는 점유율은 자사가 점유할 수 있는 점포크기와 주력상품, 접객방법, 입지, 마케팅 촉진전략, 브랜드, 서비스수준 등에 따라 달라진다. 따라서 평일, 주말, 오전, 오후, 저녁으로 구분하여 평균값을 통해 경쟁자의 매출액을 확인해야 한다.

- 경쟁점 매출액 : 1일 방문 고객 수 × 객단가 × 영업일수
- 상권 내 점유율 : 상권 전체 매출액 ÷ 자사매장 매출액

(3) 통행인구 내점률과 가망고객, 독점세대의 매출액 산정

경영자의 영원한 숙제는 유동인구를 얼마나 자사매장으로 끌어들일 수 있는가이다. 대부분의 초보자들은 프랜차이즈 본사에서 소개하는 통행인구 수 대비 자사의 매출액이 차지하는 비율에 현혹되기 쉽다. 경험 없는 창업자들은 지나가는 행인 모두가 지폐로 보이거나 자신의 고객으로 인식할 수 있다. 유동고객이 많은 지역은 편

의점이나 커피전문점, 가전판매점, 화장품, 의류점, 신발 등 고객의 흥미를 끌 수 있는 생활 편의용품점이 적합하다.

통행인구가 달성할 수 있는 매출액은 고객 수에 내점률, 객단가, 영업일수를 곱해서 계산할 수 있다. 특정 지구나 아파트 단지 내에 경쟁자가 없는 단독점포는 독점세대 수, 이용률, 구매단가, 영업일수를 곱해서 계산할 수 있다. 잠재된 가망고객이 만들어낼 수 있는 매출액은 가망세대 수, 이용률, 구매빈도, 구매단가, 영업일수에서 경쟁점포 수를 나누어 계산할 수 있다.

- ▶ 통행인구 내점률에 의한 월 매출액 = 통행인구 수 × 내점률 × 객단가 × 영업일수
- ▶ 독점세대 월 매출액 = 독점세대 수 × 이용률 × 구매단가 × 영업일수
- ▶ 가망세대 월 매출액 = (가망세대 수 × 이용률 × 구매빈도 × 구매단가 × 영업일수) ÷ 상권 내 경쟁점포 수
- ▶ 월 매출액 = 내점 고객 수 × 구매율 × 상품의 평균단가 × 구매 상품 수 × 영업일수
- ▶ 직원 1인당 월 매출액 = 전체 매출액 ÷ 직원 수
- ▶ $1m^2$당 매출액 = 전체 매출액 ÷ 매장면적
- ▶ 경쟁점 매출액 = 1일 방문고객 수 × 객단가 × 영업일수
- ▶ 통행인구 내점률에 의한 월 매출액 = 통행인구 수 × 내점률 × 객단가 × 영업일수
- ▶ 독점세대 월 매출액 = 독점세대 수 × 이용률 × 구매단가 × 영업일수

- ▶ 가망세대 월 매출액 = $\dfrac{\text{가망세대 수} \times \text{이용률} \times \text{구매빈도} \times \text{구매단가} \times \text{영업일수}}{\text{상권 내 경쟁점포 수}}$

- ▶ 상권 내 점유율 = 상권 전체 매출액 ÷ 자사매장 매출액

- ▶ 점포면적 비율법 = $\dfrac{\text{자사의 소매점 면적}}{\text{상권 내 경쟁자의 매장면적} + \text{자사의 소매점 면적}}$

예제 1

특정 상권 내 통행인구가 1일 10,000명으로 1,000명이 점포를 방문한다면 내점률은 몇 %인가? 점포 방문자의 평균 구매금액은 10,000원, 영업일수 30일일 때 통행인구 수를 통한 월 매출액을 계산하시오.

답 10,000명 ÷ 1,000명 = 10%가 된다.

10,000명 × 10% × 10,000원 × 30 = 300,000,000원이 된다.

(4) 간이 산출법

점포의 매출액을 계산하는 방법은 다양하다. 여러 가지 조합을 통해 매출액을 산출할 수 있으며, 객단가와 회전율, 구매가격, 영업일수 등으로 계산할 수 있다. 하지만 계산과 실제는 언제나 오차확률이 발생하며, 절대치가 아닌 추정치임을 전제하고 있다.

① 객단가

경영자들은 점포에 방문하는 고객이 얼마만큼 돈을 쓰고 가는지, 월 매출은 어느 정도 되는지 궁금해 한다. 상품을 판매하는 서비스 기업 중 객단가는 백화점, 전문점, 슈퍼마켓, 할인점 순으로 낮다. 마트가 50평 이하인 경우 1만 원대, 100평은 1만~1만 5천 원, 200평 이상은 2만 원 이상의 객단가를 나타낸다. 대도시의 평균은 상대적으로 높지만 지역에 따라 차이가 있다. 상품 판매업의 경우 방문객 모두가 구매하지는 않지만 음식점은 내점고객의 95% 이상이 매출로 연결된다. 구매목적으로 방문한 고객들의 경우 직원들이 어떻게 접객하는가에 따라 추가매출 여부를 결정한다.

② 좌석회전율

가. 좌석회전율(seat turnover)

좌석회전율은 점포를 효율적으로 운영하기 위한 방법으로 활용된다. 식사시간 동안 빈 좌석 없이 손님으로 채울 수 있는 횟수로 레스토랑 경영 관리자는 원하는 매출액을 달성하기 위해 테이블 회전 수를 계산해야 한다. 사람들이 식사하는 시간은 대체로 같다. 오전 11시~오후 2시, 4~8시까지 좌석이 차지 않으면 목표액을 달성하기 어렵다. 한정된 시간 내에 고객을 수용하지 못하면 테이크아웃, 배달(delivery)로 매출을 극대화시켜야 한다.

패스트푸드점의 좌석은 딱딱하거나 최소화하여 배치하고 있다. 레이아웃과 좌석 배치는 빠른 회전이 가능하도록 설계된 전략이다. 음식의 종류나 서비스 방법, 메뉴 단가, 식사시간, 테이블형태 등은 회전율에 영향을 미친다. 아침과 점심은 저녁에 비해 회전이 빨라지며, 한정된 공간에서 시간과 좌석 수를 고려해서 운영되어야 한다. 회전율을 높이기 위해서는 방문고객의 성향과 특성을 파악해야 한다. 2인, 4인, 6인, 8인 등 테이블에 착석시키는 방법에 따라 효율성은 달라진다.

테이블에 80% 이하의 고객이 착석한다면 공간이용 최대화를 위해 지혜로운 서빙이 필요하다. 서비스 방법이나 모임크기, 테이블 수, 손님유형, 대기고객 수 등 그 성격에 맞게 배치되어야 한다. 직원들은 최대한 빠른 시간 안에 고객성향을 분석하여 테이블에 맞게 착석시켜야 한다. 회전율은 메뉴판매가 이루어지는 고객 수에서 업장의 좌석 수로 나누어 계산할 수 있다.

- ◉ 전체 메뉴판매 수÷고객 수
- ◉ 회전율=(총지출금액 / 평균 재고액)×100%로 계산할 수 있다.

나. 자본회전율(turnover ratio of capital)

자본회전율은 자본이 일정기간 중 몇 번 회전하였는가를 나타내는 비율을 말한다. 투자자본이 매출액으로 회수되는 빈도수로 회전속도가 빠를수록 이용률은 높아 자본이익률이 높아진다. 자본에 대한 매출액(연환산)비율은 1회기 기간 동안 얼마나 회전시켰는가를 나타낸다. 비율이 높을수록 자본을 유용하게 회전시킨 것으로 본다. 이것은 총자본회전율, 자기자본회전율, 영업자본회전율로 구분된다.

- ◉ 매출액÷자본액으로 나누어 자본비율로 표시할 수 있다.

다. 자산회전율(turnover ratio of assets)

자산회전율은 투자금의 이용형태로 일정기간 내에 자산을 운용하여 얼마만큼 매출액을 달성했는지를 나타낸 비율이다. 고정자산회전율과 매출채권회전율이 있으며, 비율이 높을수록 수익성은 높다. 업종이나 특성에 따라 차이가 있기 때문에 적정수준을 구하는 데 어려움은 있지만 기업 및 기간비교를 평가할 때 사용된다. 기업의 소유자산을 활용하여 얼마나 효율적으로 사용하는가를 측정하는 활동성 비율법 중의 하나로 총자산이 1년에 몇 번 회전되었는가를 나타낸다. 총자산회전율이 높으면 유동자산과 고정자산이 효율적으로 사용되었다는 것이다. 반대로 낮으면 과잉투자로 비효율적인 투자를 의미한다.

- ◉ 총자산회전율 = 매출액÷총자산

음식점 회전율은 어떻게 계산할까? 점포의 메뉴에 대한 평균가격에서 보유한 좌석 수를 곱하면 1회전 매출액을 계산할 수 있다.

예제 2

스파게티를 판매하는 '빙그레 레스토랑'의 메뉴는 까르보나라 8,000원, 게살 11,000원, 해물 11,000원이다. 4인 테이블을 10개 보유하고 있으며 1일 매출액은 120만 원으로 추정된다. 월 근무일수는 30일로 레스토랑의 평균 메뉴가격과 회전율, 월 매출액을 계산하시오.

답

- 빙그레 레스토랑의 평균 메뉴가격은 10,000원이다.
   (8,000원 + 11,000원 + 11,000원) ÷ 3
- 테이블 회전 수는 3회전이다.
   1,200,000원 ÷ {(10,000원 × 40인(10T)}
- 월 매출액은 36,000,000원이 된다.
   1,200,000 × 30일

③ 소매점포 면적비율법

소매점포는 매장면적 크기에 따라 경쟁우위 전략과 매출액 결정에 영향을 미친다. 상권 내 경쟁점포의 크기가 몇 퍼센트를 차지하는가에 따라 고객을 흡인할 수 있는 능력은 달라진다. 점포크기가 절대적인 평가기준은 아니지만 외적 요인과 점포 특성을 고려할 때 점유율을 산출하는 데도 영향을 미친다.

예제 3

가람시 사랑동에 소재한 각 커피점(100평)은 4개가 입점해 있다. 이곳에 300평 규모의 오픈을 준비한다면 자사점포가 차지하는 비율은 얼마인가?

답 300평 ÷ (400 + 300) = 42.8%가 된다.

가람시 사랑동에 소재한 커피전문점(100평)의 전체 매출액이 100만 원이라면 신규 오픈을 준비하는 유사매장의 1평당(3.3㎡) 달성 가능한 매출액은 1만 원이 된다. 이러한 분석방법은 추정치로 정확한 계산을 위해서는 업종과 업태, 상품종류, 선호도, 소비성향, 가격, 할인유무, 상품구색, 고객취향, 마케팅촉진 전략 등을 고려해서 계산해야 한다. 절대적인 기준이 아니라 추정치로 경쟁점의 입지나 영업환경, 고객특성 등에서 차이가 날 수 있기 때문에 다음 사항을 고려해야 한다.

첫째, 경쟁점포 조사이다. 상권 내 출점할 장소로부터 반경 2km 이내, 경쟁자를 조사해야 한다. 매장면적을 포인트로 영업형태와 운영방법, 주력상품 현황, 점포위치와 가시성, 편리성, 안전성 등 경영자 능력을 조사해야 한다.

둘째, 상권 내 자사가 차지할 수 있는 비율을 산출해야 한다. 분석이 끝났다면 반경 2km 내 주거 인구 수와 주거형태, 가족 수, 가망고객 분포, 지역의 평균소득과 취급상품, 소비지출에 따른 '가계조사연보' 등을 확인해야 한다.

셋째, 추정된 예상매출액의 비율을 확인해야 한다. 매장면적 비율법만으로 매출액을 추정하는 것은 위험하다. 같은 매장이라도 입지와 형태가 다르며, 취급상품이나 운영특성이 다르기 때문이다. 따라서 생필품은 점포규모에 따라 종류나 가격 등에서 차이가 있기 때문에 경영자의 능력이나 운영기간, 외부환경, 접근성 등을 조사해야 한다.

CHAPTER **9**

상권 분석의 실제

나중에라는 길을 통해서는 이르고자 하는 곳에 결코 이를 수 없다.
－스페인 격언

•••요점정리

1. 창업자가 특정한 지역의 상권을 분석하기 위해서는 제1상권과 제2상권, 제3상권의 범위를 설정해야 한다. 이러한 범위는 교과서적인 형태가 아니라 실제 도로를 중심으로 단절요인과 연결구조, 고객 동선 과 특성에 맞게 작성함으로써 원형이나 마름모, 육각형, 사각형 등의 다양한 형태로 나타나게 된다.

2. 소상공인시장진흥공단의 상권 분석시스템, 나이스 비즈맵 외에 다양한 기관과 협회를 통해 분석시스템 을 활용할 수 있다. 분석을 위해서는 첫 번째가 회원가입을 통한 로그인이다. 이를 바탕으로 원하는 지역의 주소를 상세하게 입력하면 고객 동선에 따른 접근성과 편의성, 활동성, 가시성 등을 고려한 범위 를 선정할 수 있다. 또한 업종을 통해 대분류와 중분류, 소분류로 세분화하여 선택할 수 있다.

3. 선택지역에 대한 상권유형과 업종 현황, 유사업종 현황 등을 통해 사업자의 증감유무와 창업, 폐업률을 분석할 수 있다. 또한 전국 및 소속시, 군, 구와 선택지역으로 세분하여 비교할 수 있다.

4. 매출분석을 통해 제1상권, 제2상권, 제3상권 및 유사상권의 월평균 매출액을 분석할 수 있다. 또한 1건당 매출액과 성별, 연령별, 시간대별로 매출특성을 비교할 수 있다.

5. 요일별, 시간대별 유동인구 현황과 주거 인구 수, 직장인 현황 등을 제1상권, 제2상권, 제3상권별로 분석할 수 있다. 인구현황에 따른 소득을 성별, 연령별, 주거지 동별로 분석하며, 소비분석에 따른 실제 수입과 지출의 규모를 비교할 수 있다.

6. 직업과 직종, 주거형태에 따라 인구변화를 분석할 수 있다. 집객시설과 교통시설, 주요 기업 수, 브랜드 지수, 임대시세 등에 따라 지역적 특성을 분석할 수 있다.

Chapter 9 상권 분석의 실제

사례 1

더블 역세권에 프리미엄을 고스란히 누리는 브랜드 지식산업센터!

(동아일보, 2016)

G밸리로 출·퇴근하는 2만 3천여 명의 직장인 동선을 결정하는 가산디지털단지역은 지하철 1·7호선이 만나 지역의 입지적 장점이 큰 초역세권 상권이다. 가산디지털단지역과 독산역 일대를 아우르는 G밸리 단지는 서울과 경기남부, 서부를 연결하는 중심지로 인근 수요자들의 선호도가 높다. 특히 가산디지털단지역을 기준으로 나누어진 4개 권역의 상권은 중심지를 축으로 끊이지 않는 수요를 자랑한다. 사업지의 뒤쪽은 먹거리촌과 인접해 있으며, 앞쪽은 지하철과 버스 등 대중교통이 연계되어 사람들의 이동을 자유롭게 한다. 주변에는 다양한 편의시설물들이 들어서 있으면서 아울렛을 중심으로 CGV 등 생활편의시설들이 잘 형성된 상권으로 사람들이 늘 붐비는 역세권이다.

사례 2

지식산업센터도 브랜드를 따져야 한다. 가산디지털단지 역세권!

(서울경제, 2016)

가산디지털단지역(1·7호선)은 더블 역세권 지역으로 직장인의 출·퇴근시간을 단축시켜 노른자의 입지를 위치하고 있다. 브랜드별로 대단지를 형성하며, 미래의 가치가 높다고 부동산 전문가들은 평가한다. 수요자의 신뢰도가 높아 꾸준한 성장과 안전성을 추구할 수 있는 상권으로 소개된다.

직장인의 출·퇴근을 수월하게 하며, 역세권 내에 위치한 지식산업센터는 기업들의 선호가 높아 인기 있는 입지이다. 기업을 대상으로 하는 지식산업센터는 무엇보다도 교통여건에 의해 시세가 좌우된다. 역세권 내 지식산업센터의 위치가 뛰어난 입지적 장점으로 실제 운영하는 시세도 차이가 있어 거래는 활발해진다.

물 들어올 때 노 저어라… 수익형 부동산에 중도금 무이자 대출!

(매일경제, 2016)

금융권의 저금리로 몸값이 높아진 수익형 부동산시장은 투자자들의 관심이 높다. 공급물량이 늘어나면서 상품 간 경쟁이 치열해지고 있지만 아파트 매매에서 적용하던 중도금 무이자 제도를 상가나 오피스텔, 공장형 상가 등 수익형 부동산 시장에서 도입하고 있다. 이러한 경제신문 기사들을 참조하여 서부지역의 가산디지털역을 중심으로 상권을 분석하였다.

분석을 위해 가산디지털 9길 23번지 반경 400m를 1차 상권으로 선정하였으며, 대로를 중심으로 고객의 이동경로에 따라 실제 이용하는 편의성을 기준으로 2차 상권을 지정하였다. 이를 분석하기 위해 소상공인시장진흥공단 상권 분석정보시스템을 활용하여 상세분석을 실시하였다. 분석순서는 개요를 시작으로 업종분석과 현황, 창업, 폐업률, 매출분석 비교, 인구 및 지역분석을 통한 집객시설과 점포 및 임대 현황 순으로 서술하였다.

〈그림 9-1〉 가산디지털역을 중심으로 한 목표상권지도

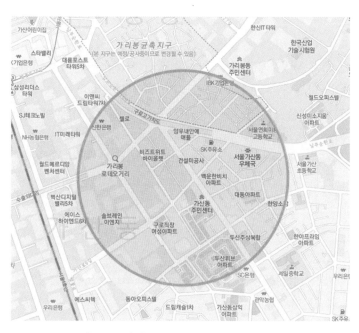

〈그림 9-2〉 반경 400m를 중심으로 한 1차 상권

〈그림 9-3〉 대로중심과 고객편의성을 바탕으로 한 2차 상권 선정

1. 개요

본 분석은 예비 창업자가 업종을 결정한 상태에서 상권 분석을 실시하였으며, 20년간 가산디지털단지역 주변에서 직장을 다녀 지역 특성을 누구보다도 잘 알고 있다는 자신감에서 입지를 선택했다. 직장생활 중 주변 사람들과의 인간관계와 노후에 안정된 수익을 창출할 수 있을 것이란 기대와 판단 때문에 가산디지털 9길을 결정했다. 마리오아울렛, 현대아울렛, 롯데시네마 등을 중심으로 활성화된 지역과 2블록 벗어난 비활성화 지역의 틈새시장을 찾아 준활성화지역 상권과 입지를 분석하였다. 의뢰자의 업종에 맞는 분석으로 창업결정에 도움이 되고자 소상공인시장진흥공단 상권정보시스템을 활용하였다.

분석을 위한 순서와 방법은 다음과 같다.

첫째, 소상공인시장진흥공단 홈페이지(www.semas.or.kr)에 접속하여 '상권 분석 바로가기'를 클릭한다.

둘째, 상권 및 입지, 점포를 분석하기 위해서는 회원가입을 완료한다.

셋째, ID와 비밀번호를 입력하여 회원로그인을 시작한다.

주소입력을 통해 '구주소', '신주소'를 구분하여 입력한다.

의뢰한 상권의 주소는 서울 금천구, 가산로 9길 23번지이다.

간단분석

간단분석

　　단계별로 제1상권(반경 100m 원형)과 2상권과 3상권을 다각형으로 설정하였다.
이러한 분석은 교과서적인 형태가 아니라 실제 창업하고자 하는 상권의 지역범위 내
도로상황, 거주민들의 동선, 이동상황 등에 따른 특성을 고려해서 결정되어야 하며,
누구나 쉽게 따라 할 수 있다.

제1상권과 제2·3상권이 결정되었다면 업종을 선택하여 분석한다. 본 분석은 커피
전문점으로 대분류(음식), 중분류(커피점/카페), 소분류(커피전문점/카페/다방)를 통
해 '분석하기'를 클릭하면 다음과 같은 결과가 나온다.

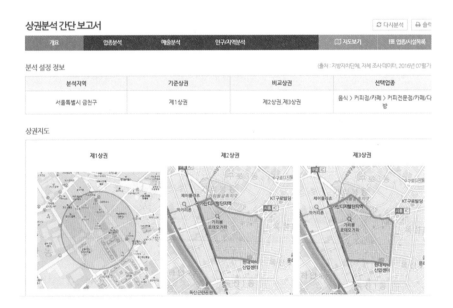

상권 주요 정보 요약

상권명	상권 유형	면적	가구수	인구수		주요 시설수	집객 시설수	상가/업소 수			
				주거인구수	직장인구수			전체	음식	서비스	도/소매
제1상권	주택상업지역	125,664㎡	1,360	2,351	4,972	3	49	321	87	28	206
제2상권	주택상업지역	1,087,527㎡	12,578	23,629	95,590	91	253	2,096	553	232	1,311
제3상권	주택상업지역	1,218,360㎡	13,488	25,258	98,224	97	332	2,498	758	306	1,434

TIP 선택상권별 인구/업소/시설의 요약정보를 통해, 각 상권별 특징을 확인하고 비교하실 수 있습니다.

📍상권유형 설명

유형	설명
고밀도주거지역	거시설밀도가 매우 높은 지역으로, 주로 고층 아파트 밀집 지역
중밀주거지역	상업, 업무시설 밀도가 매우 낮으며, 빌라, 저층아파트 가 밀집된 지역. 또는 적은 수의 고층아파트가 있는 지역
저밀주거지역	상업, 업무시설 밀도가 매우 낮으며, 주거시설밀도가 낮은 지역(단독주택 밀집지역)
고밀주거상업지역	고밀주거지역 중 상업시설이 밀집된 지역. 주로 고층아파트 밀집지역에 형성된 상업중심지역(예: 삼성동, 사당동 일대)
주택상업지역	저밀, 중밀주거지역 내 상업시설이 밀집된 지역. 주로 저층주택 중심지에 형성된 상업중심지역(예: 서교동, 자양동 일대, 지방도시 중심지)
상업지역	주거시설밀도가 매우 낮고 상업시설이 밀집된 지역(예: 서울 명동, 부산 남포동 등)
고밀주거업무지역	고밀주거지역 중 업무시설이 밀집된 지역. 주로 고층아파트 밀집지역에 형성된 업무중심지역(예: 목동, 서초, 도곡동 일대 등)
주택업무지역	저밀, 중밀주거지역 내 업무시설이 밀집된 지역. 주로 저층주택 중심지에 형성된 업무중심지역(예: 여의도, 문래동 일대)

　　상권유형은 주택상업지역으로 저밀, 중밀 지역 내 상업시설이 밀집된 지역이며 저층 주택 중심지에 형성된 상업중심 지역이다. 비슷한 지역으로 홍대 주변의 홍대역과 합정역, 망원역 등의 서교동과 건대역, 뚝섬유원지역, 광진구청 등의 자양동 일대와 지방의 중소도시 중심지 역할을 하는 상권유형을 말한다. 제1상권의 가구 수는 1,360가구이며, 주거 인구 수는 2,351명, 직장인 인구 수는 4,972명으로 나타났다. 제2상권 내 가구 수는 12,578가구에서 주거 인구 수는 23,629명, 직장 인구 수 95,590명으로 약 4.5배 많은 유동 인구 수를 자랑한다. 반면에 제3상권으로 범위를 확장하면 가구 수 13,488가구에서 주거 인구 수 25,258명과 직장인 인구 수 98,224명으로 나타났다.

　　가구 수에 따른 상주 인구 수를 분석한 결과 1가구 2인 정도로 배후의 가망고객이 적은 것으로 나타났다. 유동인구를 비롯한 직장인 인구 수가 상대적으로 높은 지역이며, 다양한 업종의 종사자들이 분포되어 있음을 나타내고 있다. 또한 주택 상업지역으로 1차 상권의 전체 상가 수 321개와 2차 상권 2,096개, 3차 상권 포함 2,498개로 나타났다. 이 중 2차 상권의 음식점 553개(1차 상권 87개)와 서비스업 232개(1차 28개), 도소매 1,311개(1차 206개)로 나타났다. 상권의 주요 정보를 요약한 내용은 다음과 같다.

2. 업종 현황

1) 선택업종 현황

선택한 커피전문점을 분석한 결과 제2상권 현황은 2014년 12월 70개에서 2015년 91개로 65개가 줄어들었다. 이는 기존 다방형태의 영업에서 머신기계로 추출하는 커피전문점으로 세대교체 중이기 때문에 이러한 결과를 나타내고 있다.

행정구역별 선택업종 분포에서는 전국 81,949개(2016년 11월 기준)에서 54,416개 (2014년 12월), 69,133개(2015년 12월)인 반면에 서울은 14,435개(2014년 12월), 17,639 개(2015년 12월), 2016년 11월 16,339개로 줄어들었다. 금천구는 308개(2014년 12월), 417개(2015년 12월), 2016년 11월은 318개로 줄어든 것을 확인할 수 있다.

· 행정구역별 선택업종 추이

업종	지역	2014년06월	2014년12월	2015년06월	2015년12월	2016년06월	2016년11월
커피전문점/카페/다방	전국	52,129	54,416	56,854	69,133	70,415	81,949
	서울	13,626	14,435	14,848	17,639	19,163	16,339
	금천구	299	308	315	417	421	318

도움말 · 선택 상권과 행정구역별 업종의 추이 확인을 통해 전국 또는 지역적으로 업종이 성장세인지 감소세인지를 파악할 수 있습니다.
· 업종에 따라 특정 지역집중으로 인한 밀집효과가 있을 수 있으므로, 동일 업종이 많다고 해서 반드시 창업여건이 나쁜 지역은 아닙니다.
(예: 감자탕골목, 순대골목, 전문상가 등은 긍정적인 밀집효과, 편의점, 소매점 등은 부정적인 밀집효과)

2) 유사업종 현황

대한민국 소상공인들의 업종분포를 분석해 보면 주력메뉴를 중심으로 특화한 개인독립형태의 점포들은 프랜차이즈 점포로 변화하고 있음을 알 수 있다. 프랜차이즈 업종들은 다양한 메뉴를 지속적으로 개발하여 수익구조를 다각화하고 있다. 경쟁이 치열할수록 수명주기는 짧아지지만 새로운 메뉴로의 론칭이나 인테리어시설 등으로 고객의 변화에 순응하고 있다. 이는 이익을 창출하는 것처럼 보이지만 가맹점들은 울며 겨자 먹기 식으로 강요되기 때문에 크고 작은 마찰의 원인이 된다. 고유한 업종이나 업태별 특성, 영역은 사라지고 있는데 경쟁은 갈수록 심화되어 구분이 모호해지고 있다. 결국 제살깎기 식 경영형태를 벗어나지 못하는 실정이다.

반면에 커피전문점들은 고유한 원두종류를 선별하여 블렌딩, 로스팅 등으로 프리미엄 상품화하여 경쟁력을 강화하고 있다. 원두와 우유, 생크림, 시럽 등 한 단계 업그레이드된 각종 과일류와 시럽, 에이드(ade), 프라페(frappe), 와플(waffle), 스무디(smoothie), 제과 제빵 등의 세트메뉴를 개발하여 영역을 확장하고 있다. 따라서 경쟁구도는 갈수록 심화되기 때문에 세밀한 분석을 필요로 한다. 그렇기 때문에 유사업종 및 협업화를 통해 시장수요를 분석할 필요성이 있다. 이를 바탕으로 목표상권 내 유사업종 현황을 살펴보면 다음과 같다.

목표상권 내 생과일주스 전문점은 3개(2014년 12월)에서 4개(2015년 12월), 2016년 11월 3개로 1개가 줄어들었다. 전통찻집과 인삼찻집은 2014년부터 16년까지 1개로 변화가 없는 것으로 나타났다.

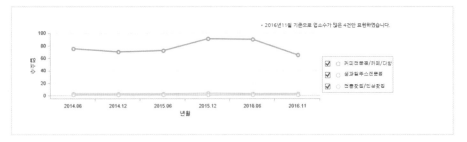

· 유사업종 추이_(제2상권)   업소위치보기 >

업종	2014년06월	2014년12월	2015년06월	2015년12월	2016년06월	2016년11월
커피전문점/카페/다방	75	70	72	91	90	65
생과일주스전문점	3	3	3	4	3	3
전통찻집/인삼찻집	1	1	1	1	1	1
합계	79	74	76	96	94	69

3) 업소의 증감추이

상권분석 상세 보고서   ⟳ 다시분석   🖨 출력

| 개요 | 업종분석 | 매출분석 | 인구분석 | 지역분석 | | 🗺 지도보기 | ☰ 업종/시설목록 |

선택업종 현황   유사업종 현황   중분류 업종현황   대분류 업종현황   업소증감 추이   창/폐업율 통계

업소증감 추이   (출처 : 지방자치단체, 자체 조사 데이터, 2016년 11월기준)

· 커피점/카페업종 업소수 증감추이

지역	2014년06월	2014년12월		2015년06월		2015년12월		2016년06월		2016년11월	
	업소수	업소수	증감률	업소수	증감률	업소수	증감률	업소수	증감률	업소수	증감률
전국	53,837	56,101	4.21% ▲	58,502	4.28% ▲	71,199	21.7% ▲	72,300	1.55% ▲	84,036	16.23% ▲
서울	14,067	14,878	5.77% ▲	15,268	2.62% ▲	18,171	19.01% ▲	19,588	7.8% ▲	16,693	-14.78% ▼
금천구	306	315	2.94% ▲	322	2.22% ▲	425	31.99% ▲	426	0.24% ▲	324	-23.94% ▼
제1상권	9	9	-	10	11.11% ▲	12	20.0% ▲	12	-	3	-75.0% ▼
제2상권	79	74	-6.33% ▼	76	2.7% ▲	96	26.32% ▲	94	-2.08% ▼	69	-26.6% ▼
제3상권	82	77	-6.1% ▼	79	2.6% ▲	99	25.32% ▲	95	-4.04% ▼	71	-25.26% ▼

전국의 커피 및 카페 전문점은 2014년 12월 56,101개로 전년대비 4.21% 증가하였다. 2015년 12월 71,199개로 21.7% 증가, 2016년 11월 84,036개로 16.23% 증가하였다. 반면에 서울은 2014년 12월 14,878개로 5.77% 증가와 2015년 12월 18,171개로 증가하였지만 2016년 11월 16,693개로 -14.78% 감소한 결과를 나타내고 있다. 금천구는 315개(2014년 12월)로 2.94% 증가와 425개(2015년 12월)로 31.99% 증가하였다. 하지만 2016년 11월은 324개로 -23.94% 감소하였다. 가산디지털역의 제1상권은 2014년 12월 9개에서 2015년 12월 10개, 2016년 11월 3개로 줄어들었다. 제2상권은 2014년 12월 74개에서 2015년 12월 96개로 최고의 정점을 찍었지만 2016년 11월 69개로 -25.26%로 감소하였다. 이러한 특성은 기존 다방이 줄어들면서 그 자리를 커피전문점들이 들어서면서 통계에 변화를 보이고 있다. 하지만 더 큰 원인은 대한민국의 정치, 경제, 사회, 문화적인 어려움과 불경기 등을 반영한 결과로 풀이된다.

4) 업종별 창업 및 폐업률

상권분석 상세 보고서   　　　　　　　　　　　　　　　　　　　　　　　　　　　 ↻ 다시분석 　🖨 출력

| 개요 | 업종분석 | 매출분석 | 인구분석 | 지역분석 | 🗺 지도보기 | ☰ 업종사설목록 |

| 선택업종 현황 | 유사업종 현황 | 중분류 업종현황 | 대분류 업종현황 | 업소증감 추이 | 창폐업을 통계 |

창/폐업률 통계   　　　　　　　　　　　　　　　　　　　　　 (출처 : 지방자치단체, 자체 조사 데이터, 2016년 11월기준)

- **중분류 업종별 창/폐업률 및 업력 통계**   　　범례: ■1년미만 ■1년~2년 ■2년~3년 ■3년~5년 ■5년 이상 (기준월: 2016년 11월)

업종	지역	전년			기준월		
		창업률	폐업률	업력비율	창업률	폐업률	업력비율
한식	금천구	1.7%	2.4%		1.2% (-0.5% ▼)	1.3% (-1.1% ▼)	
	서울특별시	1.6%	1.6%		1.6% (0.0%)	1.5% (-0.1% ▼)	
	전국	1.6%	1.5%		1.5% (-0.1% ▼)	1.3% (-0.2% ▼)	
중식	금천구	2.7%	4.1%		2.2% (-0.5% ▼)	1.4% (-2.7% ▼)	
	서울특별시	1.3%	1.5%		1.7% (0.4% ▲)	1.5% (0.0%)	
	전국	1.5%	1.3%		1.4% (-0.1% ▼)	1.3% (0.0%)	
일식/수산물	금천구	2.9%	4.7%		3.4% (0.5% ▲)	3.4% (-1.3% ▼)	
	서울특별시	1.9%	2.0%		1.9% (0.0%)	1.8% (-0.2% ▼)	
	전국	1.8%	1.7%		1.8% (0.0%)	1.6% (-0.1% ▼)	
패스트푸드	금천구	0.9%	2.8%		2.8% (1.9% ▲)	1.9% (-0.9% ▼)	
	서울특별시	1.5%	2.0%		1.5% (0.0%)	1.4% (-0.6% ▼)	
	전국	1.4%	1.6%		1.7% (0.3% ▲)	1.5% (-0.1% ▼)	
제과제빵떡케익	금천구	0.0%	5.7%		0.0% (0.0%)	0.0% (-5.7% ▼)	
	서울특별시	1.3%	1.5%		1.8% (0.5% ▲)	1.4% (-0.1% ▼)	
	전국	1.1%	1.3%		1.3% (0.2% ▲)	1.0% (-0.3% ▼)	
유흥주점	금천구	0.7%	2.3%		1.1% (0.4% ▲)	2.1% (-0.2% ▼)	
	서울특별시	1.3%	1.7%		1.5% (0.2% ▲)	1.8% (0.1% ▲)	
	전국	1.5%	1.7%		1.4% (-0.1% ▼)	1.5% (-0.2% ▼)	
별식/퓨전요리	금천구	1.3%	2.5%		1.3% (0.0%)	1.3% (-1.2% ▼)	
	서울특별시	1.6%	2.0%		1.6% (0.0%)	2.1% (0.1% ▲)	
	전국	1.9%	2.1%		1.9% (0.0%)	1.6% (-0.5% ▼)	
커피점/카페	금천구	0.7%	2.6%		0.6% (-0.1% ▼)	1.2% (-1.4% ▼)	
	서울특별시	1.8%	1.9%		1.8% (0.0%)	1.4% (-0.5% ▼)	
	전국	2.1%	1.7%		1.9% (-0.2% ▼)	1.3% (-0.4% ▼)	
음식배달서비스	서울특별시	0.0%	0.0%		3.6% (3.6% ▲)	0.0% (0.0%)	
	전국	1.8%	2.8%		2.0% (0.2% ▲)	1.8% (-1.0% ▼)	
	금천구	1.1%	2.1%		0.4% (-0.7% ▼)	0.7% (-1.4% ▼)	

- **대분류 업종별 창/폐업률 및 업력 통계**

업종	지역	전년			기준월		
		창업률	폐업률	업력비율	창업률	폐업률	업력비율
음식	금천구	1.3%	2.7%		1.2% (-0.1% ▼)	1.5% (-1.2% ▼)	
	서울특별시	1.5%	1.7%		1.5% (0.0%)	1.5% (-0.2% ▼)	
	전국	1.5%	1.6%		1.5% (0.0%)	1.3% (-0.3% ▼)	
생활서비스	금천구	0.6%	1.4%		0.6% (0.0%)	1.2% (-0.2% ▼)	
	서울특별시	0.7%	1.0%		0.8% (0.1% ▲)	1.0% (0.0%)	
	전국	0.7%	0.9%		0.7% (0.0%)	0.7% (-0.2% ▼)	
숙박	금천구	0.0%	0.0%		0.0% (0.0%)	0.0% (0.0%)	
	서울특별시	0.7%	0.8%		0.5% (-0.2% ▼)	0.7% (-0.1% ▼)	
	전국	0.7%	0.7%		0.7% (0.0%)	0.7% (0.0%)	

업종별 창업 및 폐업률에서 한식은 전국이 창업 1.6%에서 폐업이 1.5%로 낮은 반면, 금천구는 창업이 1.7%에서 폐업은 2.4%로 높은 것으로 나타났다. 반면에 중식은 전국이 창업 1.5%에서 폐업이 1.3%이지만 금천구는 창업이 2.7%인 반면에 폐업이 4.1%로 높아 타 지역과 다른 형태를 보이고 있다.

카페 및 커피전문점은 전국 창업이 2.1%인 반면에 폐업이 1.7%로 낮은 데 반해 금천구는 0.7%의 창업에서 폐업이 2.6%로 높은 것으로 나타났다.

업종별 대분류에 따른 창업과 폐업률은 음식업이 전국 1.5% 창업에서 폐업이 1.6%로 높았다. 생활서비스는 전국의 0.7% 창업에서 폐업이 0.9%로 높았다. 숙박업은 전국에서 0.7%의 창업과 폐업률을 나타내고 있다.

3. 매출 분석

1) 월 매출액 분석

제1상권 및 2, 3상권 내 커피 및 카페전문점의 평균 매출액과 이용건수는 다음과 같다. 제1상권 내 평균 매출액은 2016년 4월 3,209만 원에서 이용건수 4,401건으로 나타났다. 5월 3,534만 원, 4,739건, 6월 3,245만 원, 4,727건, 7월 4,211만 원, 6,000건, 8월 4,091만 원, 6,094건, 9월 3,813만 원, 5,700건으로 줄어들었다. 반면에 제2상권은 4월 1,873만 원, 2,733건, 5월 2,131만 원, 3,158건, 6월 2,033만 원, 3,213건, 7월 2,340만 원, 3,581건, 8월 2,431만 원, 3,861건, 9월 1,995만 원, 3,197건으로 나타났다. 커피전문점과 카페점의 가산디지털역 상권의 월평균 매출액은 1,779만 원으로 나타났다. 유사상권 1,435만 원 매출액보다 높았지만 인근의 주요 상권 매출액 2,291만 원보다는 낮은 것으로 나타났다. 제2상권으로 범위를 확대하였을 때도 유사한 결과를 나타내고 있다.

상권분석 상세 보고서

| 개요 | 업종분석 | 매출분석 | 인구분석 | 지역분석 | 🔄 다시분석 | 🖨 출력 |

| | 매출추이 | 매출비교 | 매출특성 | | 🗺 지도보기 | ☰ 업종/시설목록 |

매출추이

(출처 : 카드사, 2016년 09월기준)

• 선택업종 평균매출 및 이용건수 추이

지도보기 >

상권명	업종	구분	2016년04월	2016년05월	2016년06월	2016년07월	2016년08월	2016년09월
제1상권	커피전문점/카페/다방	평균매출액(만원)	3,209	3,534	3,245	4,211	4,091	3,813
		이용건수	4,401	4,739	4,727	6,000	6,094	5,700
제2상권	커피전문점/카페/다방	평균매출액(만원)	1,873	2,131	2,033	2,340	2,431	1,995
		이용건수	2,733	3,158	3,213	3,581	3,861	3,197
제3상권	커피전문점/카페/다방	평균매출액(만원)	1,844	2,095	2,001	2,301	2,395	1,971
		이용건수	2,687	3,109	3,160	3,531	3,808	3,156

• 평균 매출추이

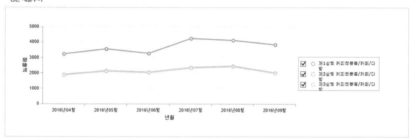

• 이용건수 추이

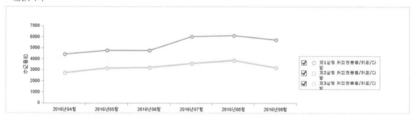

• 중분류 업종 평균매출 및 이용건수 추이

상권명	업종	구분	2016년04월	2016년05월	2016년06월	2016년07월	2016년08월	2016년09월
제2상권	부페	평균매출액(만원)	0	1,504	747	698	742	541
		이용건수	0	594	557	653	670	508
	한식	평균매출액(만원)	2,166	2,183	1,975	2,132	2,028	1,969
		이용건수	696	702	690	714	741	666
	중식	평균매출액(만원)	2,263	2,324	2,452	2,280	3,008	2,392
		이용건수	1,251	1,321	1,358	1,349	1,681	1,352
	일식/수산물	평균매출액(만원)	2,140	2,399	2,105	2,114	1,996	2,005
		이용건수	611	641	606	615	600	592
	분식	평균매출액(만원)	1,484	1,627	1,661	1,723	1,803	1,540
		이용건수	1,266	1,416	1,368	1,472	1,540	1,362
	닭/오리요리	평균매출액(만원)	6,077	6,549	6,198	7,847	7,335	5,139
		이용건수	2,408	2,453	2,397	2,745	2,554	1,854
	양식	평균매출액(만원)	3,356	3,221	3,902	4,021	4,099	3,373
		이용건수	1,276	1,294	1,613	1,652	1,763	1,608

패스트푸드	평균매출액(만원)	3,558	4,930	3,326	3,897	3,492	3,554
	이용건수	3,519	5,319	3,014	3,502	3,220	3,149
제과제빵떡케익	평균매출액(만원)	2,042	2,252	2,090	2,339	3,428	2,757
	이용건수	2,390	2,660	2,525	2,767	4,074	3,082
유흥주점	평균매출액(만원)	3,594	2,795	3,216	2,861	2,756	3,667
	이용건수	351	345	365	366	401	414
별식/퓨전요리	평균매출액(만원)	2,436	2,365	2,646	2,570	2,716	2,947
	이용건수	1,787	1,692	1,837	1,820	2,054	2,121

2) 유사상권과 월평균 매출액 비교

매출액은 카드사 통계자료를 활용하여 분석하였다. 유사상권 및 인근의 주요 상권을 통해 월평균 매출액을 비교할 수 있다. 가산디지털역을 중심으로 제1상권 내 커피 및 카페전문점 평균 월매출액은 3,812만 원인 반면 유사상권은 1,951만 원으로 인근의 주요 상권 3,337만 원보다 높게 나타났다. 제2상권은 커피전문점 1,995만 원에서 주요 상권 3,812만 원인 반면에 유사상권은 1,951만 원으로 인근의 주요 상권 3,337만 원보다 높게 나타났다.

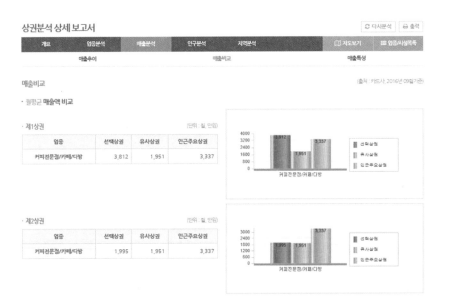

3) 건당 매출액 비교

전표를 통해 1건당 커피 및 카페전문점의 매출액을 분석할 수 있다. 선택한 제1상권의 1전표당 매출액은 6,689원으로 나타났으며, 유사상권의 6,613원과 인근 주요 상권의 6,474원보다 높게 나타났다. 범위를 확장한 제2상권은 6,241원과 유사상권 6,613원, 인근 주요 상권 6,474원으로 낮게 나타났다. 이러한 특징으로 보아 제1상권과 비활성화된 제2상권의 고객분포 및 소비층이 뚜렷하게 구분되어 있음을 알 수 있다.

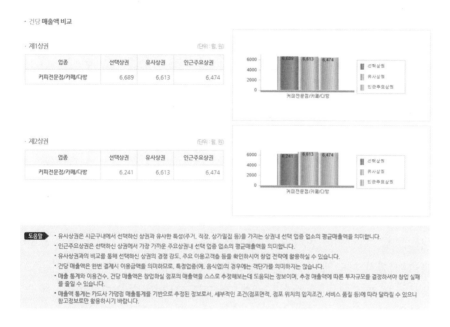

· 건당 **매출액 비교**

· 제1상권 (단위 : 월, 원)

업종	선택상권	유사상권	인근주요상권
커피전문점/카페/다방	6,689	6,613	6,474

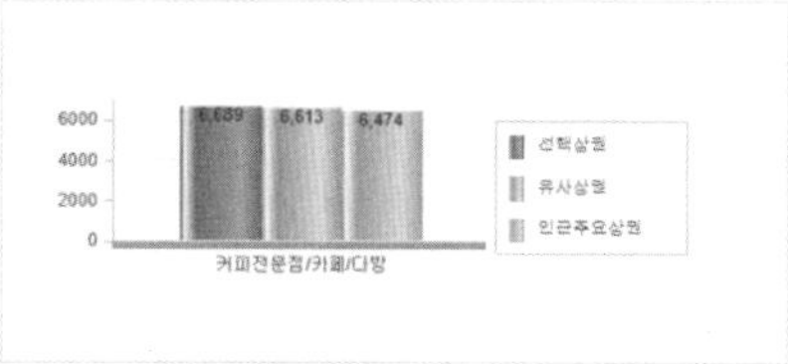

· 제2상권 (단위 : 월, 원)

업종	선택상권	유사상권	인근주요상권
커피전문점/카페/다방	6,241	6,613	6,474

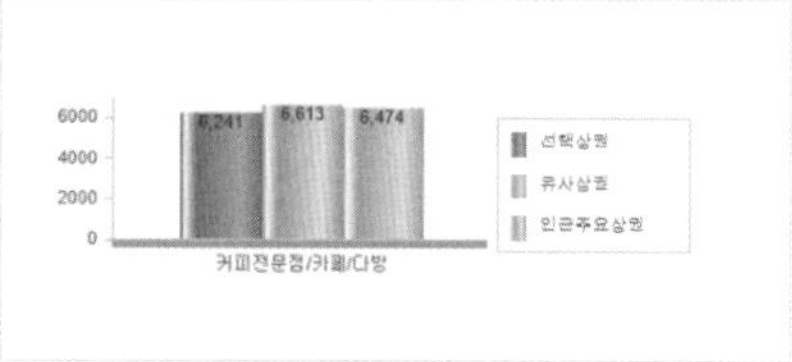

도움말
- 유사상권은 시군구내에서 선택하신 상권과 유사한 특성(주거, 직장, 상가밀집 등)을 가지는 상권내 선택 업종 업소의 평균매출액을 의미합니다.
- 인근주요상권은 선택하신 상권에서 가장 가까운 주요상권내 선택 업종 업소의 평균매출액을 의미합니다.
- 유사상권과의 비교를 통해 선택하신 상권의 경쟁 강도, 주요 이용고객층 등을 확인하시어 창업 전략에 활용하실 수 있습니다.
- 건당 매출액은 한번 결제시 이용금액을 의미하므로, 특정업종(예, 음식업)의 경우에는 객단가를 의미하지는 않습니다.
- 매출 통계와 이용건수, 건당 매출액은 창업하실 점포의 매출액을 스스로 추정해보는데 도움되는 정보이며, 추정 매출액에 따른 투자규모를 결정하셔야 창업 실패를 줄일 수 있습니다.
- 매출액 통계는 카드사 가맹점 매출통계를 기반으로 추정된 정보로서, 세부적인 조건(점포면적, 점포 위치의 입지조건, 서비스 품질 등)에 따라 달라질 수 있으니 참고정보로만 활용하시기 바랍니다.

4) 매출의 특성비교

의뢰상권은 주말과 주중의 차이가 크며, 요일별루 매출액 차이가 높았다. 주말은 25.7%인 반면에 주중은 74.3%로 나타났다. 특히 목, 금요일이 높았으며, 토, 일, 월, 화, 수요일의 매출액은 큰 변화가 없이 안정된 매출을 나타내고 있다.

개요 | 업종분석 | 매출분석 | 인구분석 | 지역분석 | 지도보기 | 업종/시설목록

매출추이 | 매출비교 | 매출특성

매출특성 (출처 : 카드사, 2016년 09월기준)

· 주중/주말, 요일별 **매출 비율**

· 제1상권 (단위 : 월, 만원)

업종	주말/주중		요일별						
	주말	주중	일	월	화	수	목	금	토
커피전문점/카페/다방	25.7%	74.3%	12%	12.3%	14.1%	12%	17.3%	18.6%	13.7%

TIP 매출분석은 배후지를 포함한 상권으로 분석됩니다. 지도보기 >

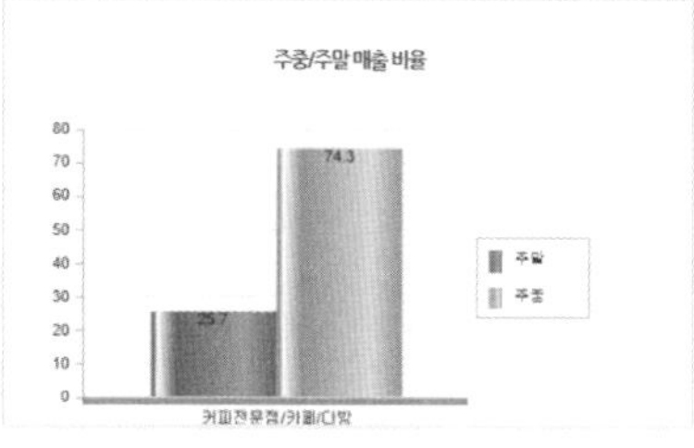

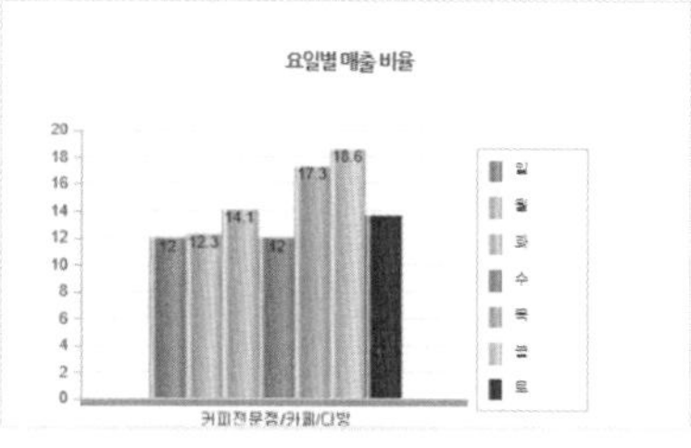

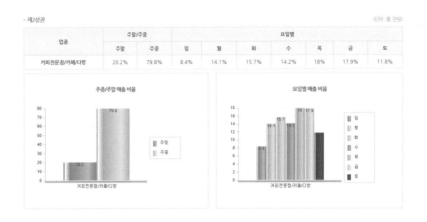

・제2상권

(단위: 원, 만원)

업종	주말/주중		요일별						
	주말	주중	일	월	화	수	목	금	토
커피전문점/카페/다방	20.2%	79.8%	8.4%	14.1%	15.7%	14.2%	18%	17.9%	11.8%

5) 시간대별 매출비율

가산디지털 제1상권의 커피 및 카페전문점에 대한 시간대별 매출현황을 분석한 결과 11~14시까지 매출액 수요가 35.2%로 가장 높게 나타났다. 14~17시는 20.9%, 17~21시는 16.3%로 시간이 갈수록 줄어드는 것을 확인할 수 있다. 범위를 확장한 제2상권의 경우 11~14시는 36.3%이고 14~17시는 19.9%, 17~21시는 14.9%로 1상권과 유사한 매출비율을 나타내고 있다.

・시간대별 매출 비율

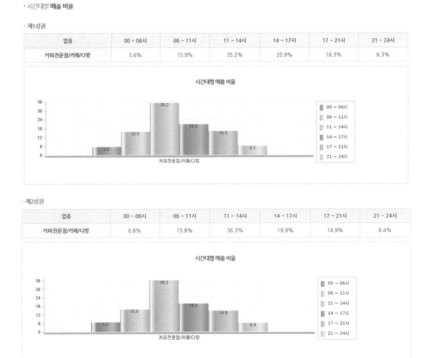

・제1상권

업종	00 ~ 06시	06 ~ 11시	11 ~ 14시	14 ~ 17시	17 ~ 21시	21 ~ 24시
커피전문점/카페/다방	5.6%	15.9%	35.2%	20.9%	16.3%	6.3%

・제2상권

업종	00 ~ 06시	06 ~ 11시	11 ~ 14시	14 ~ 17시	17 ~ 21시	21 ~ 24시
커피전문점/카페/다방	6.8%	15.8%	36.3%	19.9%	14.9%	6.4%

6) 성별/연령별 매출현황

제1상권에 대한 성별·연령별 매출현황을 비율로 분석한 결과 남성 45.5%와 여성
54.5%로 나타났다. 연령별로는 30대가 43.4%로 가장 높게 나타났으며, 40대 29.2%와
20대 17.7% 순으로 낮아 상권 자체가 젊은 사람들의 수요가 많음을 알 수 있다. 반면
에 제2상권은 남성 51%, 여성 49%이고 30대 45.1%, 20대 28.2%, 40대 18.6% 순으로
낮아지는 것을 알 수 있다.

• 성별, 연령대별 **매출액 비교**

• 제1상권

업종	남성	여성
커피전문점/카페/다방	45.5	54.5

업종	10대	20대	30대	40대	50대	60대
커피전문점/카페/다방	0.1	17.7	43.4	29.2	8	1.6

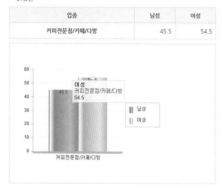
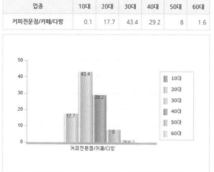

• 제2상권

업종	남성	여성
커피전문점/카페/다방	51	49

업종	10대	20대	30대	40대	50대	60대
커피전문점/카페/다방	0.4	28.2	45.1	18.6	5.9	1.7

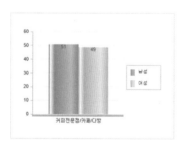

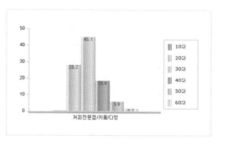

TIP ›	요일별/시간대별 매출 비율 통계를 통해 평균 매출이 낮은 요일에 할인행사를 진행하는 등의 영업/마케팅 및 점포 운영 시간의 조정 등 점포 운영방안 수립에 활용하실 수 있습니다. 성별/연령대별 매출 비율은 선택 상권과 업종을 주로 이용하는 타겟 고객층을 의미합니다. 주 타겟고객의 특성을 통해 서비스 메뉴, 마케팅 방향의 수립에 활용하실 수 있습니다.

4. 유동인구 분석

1) 유동인구 분석

상권 내 유동인구 현황을 살펴보면, 연령은 제1상권 내 남성이 11,584명, 여성이 9,244명이고 제2상권의 남성은 19,238명, 여성은 15,886명으로 남성이 높은 비중을 차지하였다. 시간대별 유동인구 비율을 분석한 결과 아침 09시부터 저녁 18시 30분까지가 가장 높은 유동비율을 나타내고 있다.

요일별 유동인구 비율을 분석한 결과 월요일에서 금요일까지 인구비율이 가장 높았다. 일평균 유동인구는 2015년 9월부터 2016년 9월까지 약 4~5만 명이 이동하는 것으로 나타났다.

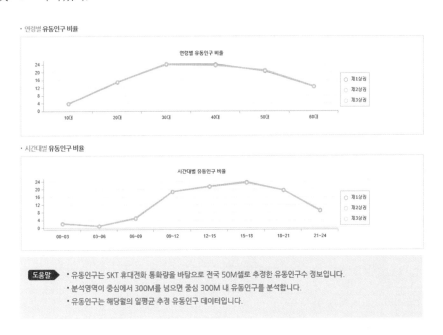

2) 인구 분석

조사지역 내 인구 분석 결과 제2상권 내 가구는 12,578가구이고 주거 인구는 23,629명, 직장인 인구는 95,590명으로 나타났다.

인구 분석

· 인구구성

상권명	가구수	인구수	
		주거인구	직장인구
제1상권	1,360	2,351	4,972
제2상권	12,578	23,629	95,590
제3상권	13,488	25,258	98,224

주거의 경우 제2의 상권에서 23,629가구가 거주하고 30대가 4,950명(20.95%)으로 높게 나타났다. 이 중 남자 3,021명(23.25%), 여자 1,929명(18.14%)으로 나타났으며, 20대는 4,439명(18.79%)으로 전체에서 두 번째로 높았다. 여성은 2,021명(19.01%)으로 가장 높은 분포를 나타내고 있으며, 60대 여성은 세 번째로 많았는데 1,938명 (18.22%)으로 나타났다.

· 요일별 유동인구 비율

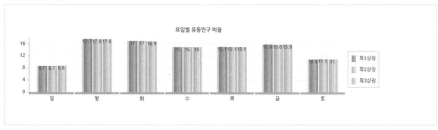

· 월별 유동인구 추이

		23,629 (100.0%)	1,427 (6.04%)	1,566 (6.63%)	4,439 (18.79%)	4,950 (20.95%)	3,654 (15.46%)	3,811 (16.13%)	3,782 (16.01%)
제2상권	전체	23,629 (100.0%)	1,427 (6.04%)	1,566 (6.63%)	4,439 (18.79%)	4,950 (20.95%)	3,654 (15.46%)	3,811 (16.13%)	3,782 (16.01%)
	남	12,994 (100.0%)	719 (5.53%)	815 (6.27%)	2,420 (18.62%)	3,021 (23.25%)	2,102 (16.18%)	2,075 (15.97%)	1,842 (14.18%)
	여	10,634 (100.0%)	708 (6.66%)	750 (7.05%)	2,021 (19.01%)	1,929 (18.14%)	1,551 (14.59%)	1,737 (16.33%)	1,938 (18.22%)

· 주거인구 현황
(출처 : 행정자치부 주민등록인구 통계 및 주거인구를 활용한 추정치, 2015년 09월기준)

상권명	구분	총인구수	연령대별 인구수						
			10세 이하	10대	20대	30대	40대	50대	60대 이상
제1상권	전체	2,351 (100.0%)	122 (5.19%)	134 (5.7%)	473 (20.12%)	504 (21.44%)	362 (15.4%)	394 (16.76%)	362 (15.4%)
	남	1,329 (100.0%)	59 (4.44%)	70 (5.27%)	259 (19.49%)	318 (23.93%)	217 (16.33%)	221 (16.63%)	185 (13.92%)
	여	1,023 (100.0%)	63 (6.16%)	65 (6.35%)	214 (20.92%)	186 (18.18%)	145 (14.17%)	173 (16.91%)	177 (17.3%)
제2상권	전체	23,629 (100.0%)	1,427 (6.04%)	1,566 (6.63%)	4,439 (18.79%)	4,950 (20.95%)	3,654 (15.46%)	3,811 (16.13%)	3,782 (16.01%)
	남	12,994 (100.0%)	719 (5.53%)	815 (6.27%)	2,420 (18.62%)	3,021 (23.25%)	2,102 (16.18%)	2,075 (15.97%)	1,842 (14.18%)
	여	10,634 (100.0%)	708 (6.66%)	750 (7.05%)	2,021 (19.01%)	1,929 (18.14%)	1,551 (14.59%)	1,737 (16.33%)	1,938 (18.22%)
제3상권	전체	25,258 (100.0%)	1,495 (5.92%)	1,673 (6.62%)	4,611 (18.26%)	5,169 (20.46%)	3,988 (15.79%)	4,176 (16.53%)	4,146 (16.41%)
	남	13,880 (100.0%)	752 (5.42%)	872 (6.28%)	2,510 (18.08%)	3,147 (22.67%)	2,297 (16.55%)	2,287 (16.48%)	2,015 (14.52%)
	여	11,379 (100.0%)	742 (6.52%)	801 (7.04%)	2,103 (18.48%)	2,022 (17.77%)	1,690 (14.85%)	1,890 (16.61%)	2,131 (18.73%)

3) 직장인구 분석

직장인 인구 수를 분석한 결과 제2상권 내 전체 95,590명 중 남성이 56,013명 (58.6%), 여성은 39,600명(41.43%)으로 나타났다. 연령별로는 30대가 35,689명 (37.34%), 40대가 26,738명(27.97%), 50대가 15,887명(16.61%)으로 나타났다.

· 직장인구 현황
(출처 : KCB, 2015년 09월기준)

상권명	총인구수	성별 인구수		연령대별 인구수				
		남	여	20대	30대	40대	50대	60대 이상
제1상권	4,972 (100.0%)	2,693 (54.16%)	2,279 (45.84%)	367 (7.38%)	1,600 (32.18%)	1,465 (29.47%)	1,019 (20.49%)	521 (10.48%)
제2상권	95,590 (100.0%)	56,013 (58.6%)	39,600 (41.43%)	10,521 (11.01%)	35,689 (37.34%)	26,738 (27.97%)	15,887 (16.62%)	6,755 (7.07%)
제3상권	98,224 (100.0%)	57,377 (58.41%)	40,870 (41.61%)	10,608 (10.8%)	36,068 (36.72%)	27,506 (28.0%)	16,755 (17.06%)	7,287 (7.42%)

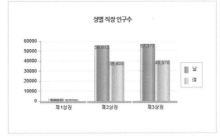

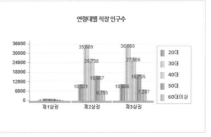

4) 소득 분석

행정동의 이름을 중심으로 제2상권 범위는 독산1, 4동, 가리봉동, 가산동, 구로3동으로 구성되었다. 제2상권 내 2016년 상반기 직장인 소득은 남성이 324~376만 원으로 나타났으며, 여성은 241~281만 원으로 조사되었다.

개요	업종분석	매출분석	인구분석	지역분석		🗺 지도보기	☰ 업종/시설목록
유동인구분석	인구분석	소득	소비	직업직종	주거형태/아파트	인구변화분석

소득 (출처 : NICEBIZMAP, 2016년 상반기 기준)

· **행정동 구성**

상권명	행정동명
제1상권	가산동
제2상권	독산4동, 가리봉동, 가산동, 구로3동, 독산3동, 독산1동
제3상권	독산4동, 가리봉동, 가산동, 구로3동, 독산3동, 독산1동

· **성별 소득현황** [단위 : 인당 평균 월 소득액(만원/월)]

성별		2015년 하반기		2016년 상반기	
		거주인구 소득	직장인구 소득	거주인구 소득	직장인구 소득
제1상권	남성	286~332	329~383	289~335	331~385
	여성	229~267	243~283	228~264	240~280
제2상권	남성	289~335	323~375	289~335	324~376
	여성	235~273	243~283	234~272	241~281

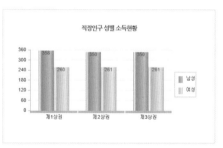

연령대별 소득현황을 살펴보면 50대가 365~425만 원으로 가장 높았으며, 40대는 352~410만 원, 30대는 264~306만 원으로 나타났다.

주변 행정동별 소득현황은 다음과 같다.

· 연령대별 소득현황 [단위 : 인당 평균 월 소득액(만원/월)]

연령대별		2015년 하반기		2016년 상반기	
		거주인구 소득	직장인구 소득	거주인구 소득	직장인구 소득
제1상권	20대	182~ 212	183~ 213	188~ 218	188~ 218
	30대	250~ 290	264~ 306	254~ 296	270~ 314
	40대	310~ 360	357~ 415	322~ 374	364~ 422
	50대	314~ 364	384~ 446	317~ 369	383~ 445
	60대 이상	263~ 305	314~ 366	256~ 298	297~ 345
제2상권	20대	180~ 210	181~ 211	185~ 215	186~ 216
	30대	248~ 288	258~ 300	253~ 293	264~ 306
	40대	304~ 354	347~ 403	309~ 359	352~ 410
	50대	306~ 356	367~ 427	307~ 357	365~ 425
	60대 이상	258~ 300	301~ 349	253~ 293	290~ 336

· 주변 행정동별 소득현황 [단위 : 인당 평균 월 소득액(만원/월)]

지역		2015년 하반기		2016년 상반기	
		거주인구 소득	직장인구 소득	거주인구 소득	직장인구 소득
제1상권	가산동	264~ 306	298~ 346	264~ 306	297~ 345
제2상권	독산4동	253~ 293	273~ 317	253~ 293	272~ 316
	가리봉동	245~ 285	260~ 302	241~ 281	261~ 303
	가산동	264~ 306	298~ 346	264~ 306	297~ 345
	구로3동	275~ 319	289~ 335	274~ 318	288~ 334
	독산3동	257~ 299	279~ 325	256~ 298	281~ 327
	독산1동	273~ 317	278~ 322	272~ 316	277~ 321
제3상권	독산4동	253~ 293	273~ 317	253~ 293	272~ 316
	가리봉동	245~ 285	260~ 302	241~ 281	261~ 303
	가산동	264~ 306	298~ 346	264~ 306	297~ 345
	구로3동	275~ 319	289~ 335	274~ 318	288~ 334
	독산3동	257~ 299	279~ 325	256~ 298	281~ 327
	독산1동	273~ 317	278~ 322	272~ 316	277~ 321

5) 소비 분석

2016년도 상반기 제2상권 내 거주인구의 성별에 따른 소비는 남성은 109~127만 원, 여성은 102~118만 원으로 나타났다. 반면에 직장인들의 소비는 남성이 153~177만 원, 여성은 130~152만 원으로 거주인구보다 높게 나타났다.

상권분석 상세 보고서   ↻ 다시분석   🖨 출력

| 개요 | 업종분석 | 매출분석 | 인구분석 | 지역분석 | | 🗺 지도보기 | ☰ 업종/시설목록 |

| 유동인구분석 | 인구분석 | 소득 | 소비 | 직업직종 | 주거행태/아파트 | 인구변화분석 |

소비   (출처 : NICEBIZMAP, 2016년 상반기 기준)

· 행정동 구성

상권명	행정동명
제1상권	가산동
제2상권	독산4동, 가리봉동, 가산동, 구로3동, 독산3동, 독산1동
제3상권	독산4동, 가리봉동, 가산동, 구로3동, 독산3동, 독산1동

· 성별 소비현황   [단위 : 인당 평균 월 소비액(만원/월)]

성별		2015년 하반기		2016년 상반기	
		거주인구 소비	직장인구 소비	거주인구 소비	직장인구 소비
제1상권	남성	114~ 132	153~ 177	116~ 134	157~ 183
	여성	101~ 117	129~ 149	105~ 121	133~ 155
제2상권	남성	105~ 121	148~ 172	109~ 127	153~ 177
	여성	97~ 113	125~ 145	102~ 118	130~ 152

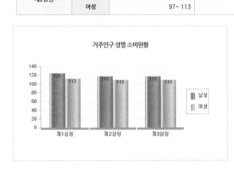

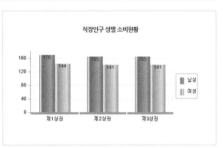

연령대별 소비는 40대가 169~197만 원으로 가장 높았으며, 30대가 152~176만 원, 50대 142~164만 원 순으로 높았다.

· 연령대별 소비현황   [단위 : 인당 평균 월 소비액(만원/월)]

연령대별		2015년 하반기		2016년 상반기	
		거주인구 소비	직장인구 소비	거주인구 소비	직장인구 소비
제1상권	20대	81~ 95	98~ 114	92~ 106	107~ 125
	30대	131~ 153	145~ 169	136~ 158	154~ 180
	40대	126~ 146	168~ 196	129~ 149	175~ 203
	50대	98~ 114	148~ 172	96~ 112	149~ 173
	60대 이상	73~ 85	112~ 130	74~ 86	113~ 131
제2상권	20대	74~ 86	96~ 112	85~ 99	105~ 121
	30대	126~ 146	142~ 166	134~ 156	152~ 176
	40대	120~ 140	164~ 190	124~ 144	169~ 197
	50대	92~ 108	141~ 163	93~ 109	142~ 164
	60대 이상	68~ 80	104~ 120	68~ 80	105~ 121

	20대	74~86	96~112	85~99	105~121
	30대	126~146	142~166	134~156	152~176
제3상권	40대	120~140	164~190	124~144	169~197
	50대	92~108	141~163	93~109	142~164

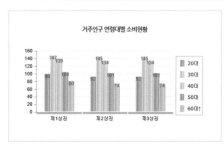

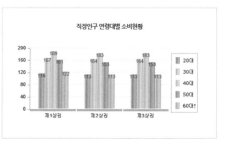

· 금액구간별 **소비분포**

상권명	금액구간	20대		30대		40대		50대		60대	
		거주	직장	거주	직장	거주	직장	거주	직장	거주	직장
제1상권	월 170만원 이하	21.8%	11.9%	13.9%	8.1%	25%	10%	35.6%	15.8%	44%	27.7%
	월 170~250만원	29.7%	26.7%	18.8%	15.2%	20%	15%	23.7%	20.8%	29%	26.7%
	월 250~330만원	34.6%	42.6%	36.6%	37.4%	26%	30%	22.8%	29.7%	17%	24.8%
	월 330~410만원	9.9%	12.9%	16.8%	22.2%	15%	21%	8.9%	15.8%	5%	9.9%
	월 410만원 이상	4%	5.9%	13.9%	17.2%	14%	24%	8.9%	17.8%	5%	10.9%
제2상권	월 170만원 이하	27%	13%	14.6%	8.9%	23.4%	11%	34.5%	18.1%	45%	30.2%
	월 170~250만원	29.4%	27.2%	19.4%	15.8%	22.1%	15.9%	25.3%	21.8%	27.7%	26.9%
	월 250~330만원	31.6%	41.9%	35%	37%	27.5%	30%	23.7%	29.2%	18.4%	24.4%
	월 330~410만원	8.3%	12.5%	18%	21.8%	14%	20.2%	9%	14.7%	5.1%	8.9%
	월 410만원 이상	3.8%	5.5%	13.1%	16.6%	13%	22.8%	7.5%	16.2%	3.8%	9.6%

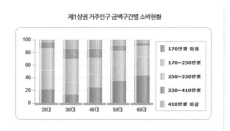

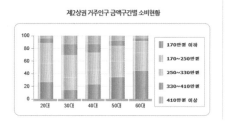

6) 직업/직종분포

(1) 직업 및 직종 분석

직업 및 직종에 대한 금천구의 수요자 분포를 살펴보면 다음과 같다. 기능직 종사자가 25.6%로 나타났으며, 서비스 및 판매직 23.5%, 사무직 19.1%, 단순 노무직 10.4%, 준전문직 및 기술공은 9.4%로 나타났다. 직종은 제조업이 23.6%로 나타났으며, 도·소매업이 18.1%, 임대 및 사업서비스업 10.8%, 건설업 10.4%, 숙박 및 음식업 8.9%, 운수 및 창고 통신업 6.1% 순으로 나타났다.

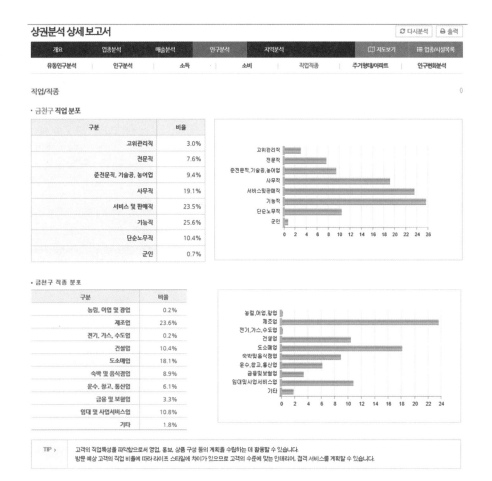

(2) 주거형태별 분포

제2상권 내 주거형태별 전체 가구 수는 13,488가구로 나타났으며, 아파트 2,668가구, 비아파트는 10,820가구로 조사되었다. 세대별/규모별 아파트 단지 현황을 살펴보면 300세대 이하는 제2상권에서 9개 브랜드와 1,000~1,500세대 이하의 아파트는 1개의 분포를 나타내 전형적인 구도심 지역임을 확인할 수 있다. 아파트 면적별 세대 수는 제2상권 내 66㎡ 미만은 843세대, 99㎡대는 113세대, 132㎡대는 183세대를 나타내고 있다.

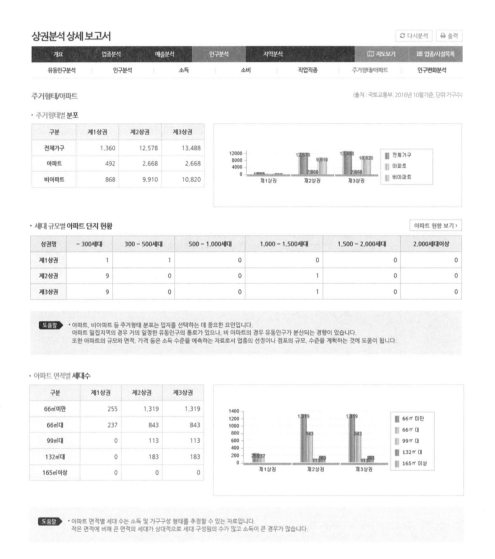

상권분석 상세보고서 ⟳ 다시분석 🖨 출력

| 개요 | 업종분석 | 매출분석 | 인구분석 | 지역분석 | 🗺 지도보기 | ☰ 업종/시설목록 |

| 유동인구분석 | 인구분석 | 소득 | 소비 | 직업직종 | 주거행태/아파트 | 인구변화분석 |

주거형태/아파트 (출처 : 국토교통부, 2016년 10월기준, 단위:가구수)

• **주거형태별 분포**

구분	제1상권	제2상권	제3상권
전체가구	1,360	12,578	13,488
아파트	492	2,668	2,668
비아파트	868	9,910	10,820

• **세대 규모별 아파트 단지 현황** 아파트 현황 보기 ›

상권명	~ 300세대	300 ~ 500세대	500 ~ 1,000세대	1,000 ~ 1,500세대	1,500 ~ 2,000세대	2,000세대이상
제1상권	1	1	0	0	0	0
제2상권	9	0	0	1	0	0
제3상권	9	0	0	1	0	0

도움말 • 아파트, 비아파트 등 주거형태 분포는 입지를 선택하는 데 중요한 요인입니다.
아파트 밀집지역의 경우 거의 일정한 유동인구의 통로가 있으나, 비 아파트의 경우 유동인구가 분산되는 경향이 있습니다.
또한 아파트의 규모와 면적, 가격 등은 소득 수준을 예측하는 자료로서 업종의 선정이나 점포의 규모, 수준을 계획하는 것에 도움이 됩니다.

• **아파트 면적별 세대수**

구분	제1상권	제2상권	제3상권
66㎡미만	255	1,319	1,319
66㎡대	237	843	843
99㎡대	0	113	113
132㎡대	0	183	183
165㎡이상	0	0	0

도움말 • 아파트 면적별 세대 수는 소득 및 가구구성 형태를 추정할 수 있는 자료입니다.
작은 면적에 비해 큰 면적의 세대가 상대적으로 세대 구성원의 수가 많고 소득이 큰 경우가 많습니다.

7) 인구변화 분석

가산디지털 상권 내 인구변화를 분석한 결과 제2상권에 거주하는 가구 수는 2014년 12,304가구이고 인구 수는 23,694명이며, 직장인 가구 수는 51,659명으로 나타났다.

상권분석 상세 보고서

⟳ 다시분석 · 🖨 출력

| 개요 | 업종분석 | 매출분석 | 인구분석 | 지역분석 | 📖 지도보기 | ☰ 업종/시설목록 |

| 유동인구분석 | 인구분석 | 소득 | 소비 | 직업직종 | 주거형태/아파트 | 인구변화분석 |

인구변화 분석

(출처 : 행정자치부 주민등록인구 통계 및 주거인구를 활용한 추정치, 2015년 09월기준, 단위:가구수)

· 선택 상권의 배후지 인구 변화 추이

구분	주거가구수			주거인구수			직장인구수		
	2012년	2013년	2014년	2012년	2013년	2014년	2012년	2013년	2014년
제1상권	2,123	2,119	2,415	3,760	3,742	4,174	0	13,857	13,917
제2상권	12,270	12,304	12,615	23,563	23,548	23,694	0	51,405	51,659
제3상권	13,778	13,769	14,013	26,305	26,190	26,208	0	53,307	53,561

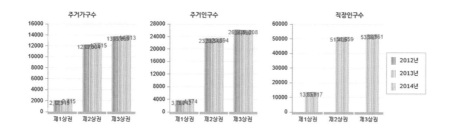

● 인구변화 분석

· 선택 상권의 배후지 인구 변화 추이

(출처 : 안전행정부 주민등록인구 통계 및 이를 활용한 추정치, 2014년 11월기준, 단위:가구수)

구분	주거가구수			주거인구수			직장인구수		
	2012년	2013년	2014년	2012년	2013년	2014년	2012년	2013년	2014년
제2상권	12,599	12,628	12,931	24,213	24,185	24,310	0	54,255	54,499
제1상권	6,765	6,717	6,928	12,058	11,933	12,069	0	37,303	37,386

· 인구변화분석은 배후지를 포함한 상권으로 분석됩니다. 지도보기 ▶

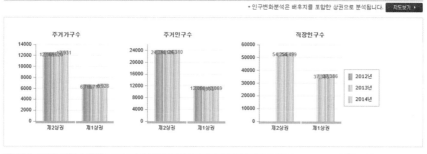

TIP › 상권 배후지와 상권이 속한 행정구역 인구변화 추이를 통해 상권의 변화를 가늠하는데 도움이 됩니다.
직장인구수는 2013년 부터 제공되고 있습니다.
단 과거의 변화 추이이므로 대형 주거지역/상가, 집객시설의 개발계획에 의해 바뀔 수 있음을 참고하시기 바랍니다.

5. 지역 분석

분석지역의 공공기관은 2개이고 의료 및 복지 시설은 78개, 학교 11개, 대형유통점 12개, 숙박시설 43개로 조사되었다.

상권분석 상세보고서　　　　　　　　　　　　　　　　　　　　⟳ 다시분석　🖶 출력

| 개요 | 업종분석 | 매출분석 | 인구분석 | 지역분석 | 📖 지도보기 | ☰ 업종/시설목록 |

| 주요/집객시설 | 학교시설 | 교통시설 | 주요기업 | 브랜드지수 | 점포임대시세 |

주요/집객시설　　　　　　　　　　　　　　　　　　　　　　　(출처 : 각급기관, 2016년 09월기준)

· 주요/집객시설 **현황**　　　　　　　　　　　　　　　　　　　　주요/집객시설 위치보기 ⟩

상권명	주요 시설				집객 시설			
	공공기관	금융기관	의료/복지	학교	대형유통	문화시설	숙박시설	교통시설
제1상권	0	0	2	1	15	0	7	0
제2상권	2	0	78	11	113	0	43	0
제3상권	2	0	84	11	128	0	63	0

1) 집객시설

상권 내 주요 집객시설 현황은 다음과 같다. 2016년도 제2상권 내 주요 시설은 161개, 집객시설은 265개로 나타났다.

· 주요/집객시설 **추이**

상권명	2014년		2015년		2016년	
	주요시설	집객시설	주요시설	집객시설	주요시설	집객시설
제1상권	3	2	4	9	10	52
제2상권	73	10	91	43	161	265
제3상권	79	10	98	62	174	346

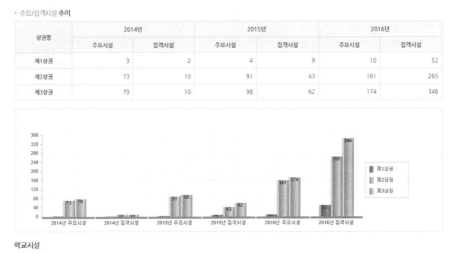

학교시설

· 학교시설 **현황**

상권명	대학교	고등학교	중학교	초등학교	유치원
	학교수 (학생수)	학교수 (학생수)	학교수 (학생수)	학교수 (학생수)	학교수 (학생수)
제3상권	0(0)	0(0)	1(442)	1(412)	11(587)
제2상권	0(0)	0(0)	1(442)	1(412)	11(587)
제1상권	0(0)	0(0)	0(0)	0(0)	1(124)

2) 교통시설현황

교통시설은 버스 정류장이 제2상권 내 58개로 조사되었다.

교통시설

· 교통시설 **현황**

상권명	지하철역	버스정류장
제3상권	0	0
제2상권	0	58
제1상권	0	5

3) 주요 기업

분석지역 내 주요 기업 현황은 다음과 같다. 제2상권 내의 주요 기업은 전체 1,687 개로 나타났으며, 대기업 34개와 중소기업 1,596개, 단체 17개로 나타났다.

주요기업

· 기업체수 **통계**   (출처 : 중소기업청, 2016년 09월기준)

상권명	전체	대기업	중소기업	단체
제3상권	1,687	34	1,636	17
제2상권	1,647	34	1,596	17
제1상권	55	3	52	0

4) 브랜드 지수

조사지역 내 제2상권의 2016년도 브랜드 지수는 1.57로 나타났다.

브랜드지수   (출처 : 지방자치단체, 자체 조사 데이터, 2016년 11월기준)

상권명	2014년06월	2014년12월	2015년06월	2015년12월	2016년06월	2016년11월
제3상권	1.63	1.64	1.62	1.62	0.99	1.36
제2상권	1.85	1.85	1.83	1.76	1.07	1.57
제1상권	2.13	2.13	2.12	2.69	1.59	2.02

TIP 브랜드지수는 배후지를 포함한 상권으로 분석됩니다. 지도보기 >

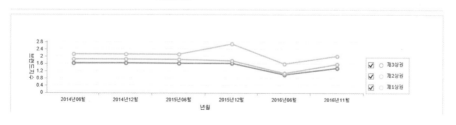

도움말 ▶ · 브랜드 지수는, 선택하신 상권에 유명 브랜드가 얼마나 분포되어있는지를 나타내는 지수입니다.
　　　　　해석1 : 제1상권의 브랜드지수가 4.55이면, 전국대비 4.55배 브랜드지수가 높은 것입니다. (전국의 브랜드지수값은 1)
　　　　　해석2 : 상권별 브랜드지수를 구하여 각 영역의 브랜드 지수를 비교할 수 있습니다.
　　　　　예) 제1상권의 브랜드지수가 2이고, 제2상권의 브랜드지수가 4이면, 제2상권은 제1상권에 비해서 약2배가량 브랜드지수가 높은 것입니다.

5) 임대시세

분석지역에 대한 임대료를 조사한 결과 전국의 활성화지역 1층은 제곱미터당 18,380원으로 조사되었다. 서울은 33,065원, 금천구는 24,254원으로 상대적으로 낮은 임대료를 나타내고 있다. 반면에 비활성화지역의 1층은 전국 13,012원인 데 비해 서울은 19,616원, 금천구는 27,156원으로 높게 나타났다. 인근지역의 1층 임대료는 활성화지역 26,404원, 비활성화지역 21,633원보다 높게 나타났다.

상권분석 상세 보고서

ↄ 다시분석   🖶 출력

| 개요 | 업종분석 | 매출분석 | 인구분석 | 지역분석 | 🕮 지도보기 | ☰ 업종/시설목록 |

| 주요/집객시설 | 학교시설 | 교통시설 | 주요기업 | 브랜드지수 | 점포임대시세 |

점포임대시세 (출처: 한국감정원 등, 2016년 03월기준) (단위: 원, 제곱미터당 월 임대료)

· **지역별 평균 임대료 비교**

지역	활성화 지역			비활성화 지역		
	지하	1층	2층 이상	지하	1층	2층 이상
금천구	17,957	24,254	20,547	20,512	27,156	24,105
서울	21,995	33,065	27,508	13,661	19,616	16,747
전국	12,328	18,380	11,641	8,923	13,012	8,686

· **인근 주요상권 점포평균 임대시세**

급지 구분	층수	면적	보증금(만원)	임대료(만원)	전세환산가(만원)	제곱미터당 월임대료(원)
활성화	지하	33,058㎡	1,024	53	6,324	19,599
	1층	33,058㎡	1,389	71	8,489	26,404
	2층이상	33,058㎡	1,152	61	7,252	22,652
비활성화	지하	33,058㎡	902	47	5,602	16,274
	1층	33,058㎡	1,164	59	7,064	21,633
	2층이상	33,058㎡	997	51	6,097	18,832

· **지역별 점포 평균 임대시세 추이**

지역	급지 구분	층 구분	2015년06월	2015년09월	2015년12월	2016년03월
금천구	활성화	지하	17,965	18,043	17,625	17,957
		1층	23,750	23,907	24,234	24,254
		2층이상	19,837	19,933	20,218	20,547
		활성화평균	20,517	20,628	20,692	20,919
	비활성화	지하	20,443	20,619	20,489	20,512
		1층	27,623	27,933	27,327	27,156
		2층이상	22,789	23,170	23,748	24,105
		비활성화평균	23,618	23,907	23,855	23,924
	금천구평균		22,068	22,268	22,274	22,422

서울	활성화	지하	22,223	22,555	21,943	21,995
		1층	32,149	32,358	32,873	33,065
		2층이상	27,539	27,424	27,040	27,508
		활성화평균	27,304	27,446	27,285	27,523
	비활성화	지하	13,000	12,908	13,692	13,661
		1층	19,276	19,360	19,309	19,616
		2층이상	15,952	16,249	16,520	16,747
		비활성화평균	16,076	16,172	16,507	16,675
	서울평균		21,690	21,809	21,896	22,099
전국	활성화	지하	12,502	12,659	12,440	12,328
		1층	17,780	17,972	18,228	18,380
		2층이상	11,514	11,652	11,707	11,641
		활성화평균	13,932	14,094	14,125	14,116
	비활성화	지하	9,132	9,293	9,007	8,923
		1층	13,118	13,264	13,068	13,012
		2층이상	8,355	8,445	8,527	8,686
		비활성화평균	10,202	10,334	10,201	10,207
	전국평균		12,067	12,214	12,163	12,162

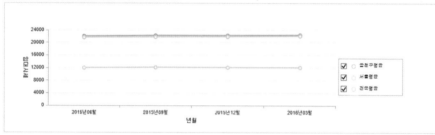

C H A P T E R **10**

손익분기점 계산

스트레스 속에서 성공하는 법을 배워야 한다.
- 폴 게티

1. 손익분기점이 무엇인가를 학습한다.
2. 소매점 창업에서 손익분기점이 왜 중요한가를 학습한다.
3. 감가상각비가 무엇인가를 학습한다.
4. 감가상각비를 계산하는 정액법과 정률법을 학습한다.
5. 손익분기점 분석을 학습한다.
6. 투자수익률과 회수기간법에 따른 사업타당성 분석을 학습한다.

•••요점정리

1. 손익분기점이란 한 기간 동안 매출액이 당해 기간의 비용과 일치하는 점을 말한다. 매출액이 그 이하로 감소하면 손실이 나지만 그 이상으로 증가하면 이익이 되는 기준점을 말한다.

2. 손익분기점은 한 기간 동안의 매출액이 같은 기간 동안의 총비용과 같아지는 점을 말한다. 사업자들은 1일간, 주간, 월간 달성해야 될 매출액을 파악할 수 있어야 경영에 필요한 식재료 구입과 직원관리, 시설 및 장비설치와 교환, 마케팅 촉진전략 등을 설계할 수 있다. 그렇기 때문에 반드시 이를 계산할 수 있어야 한다.

3. 손익분기점을 계산하려면 매출액이 생산량과 상관없이 일정하게 발생하는 고정비와 조업량에 비례하여 변동하는 비용을 파악할 수 있어야 한다. 이를 통해서 판매가격에서 변동비를 차감한 공헌이익을 계산할 수 있다. 변동비와 고정비는 매출액의 크기에 따라 비례하여 발생하는 금액으로 늘어나면 매출액과 변동비는 상승하게 된다. 단위당 공헌이익을 판매가격으로 나눈 값을 통해 공헌이익률을 계산할 수 있다.

4. 감가상각비는 시설물이나 장비, 구축물, 건물, 비품 등의 가치 감소분을 자산에 반영하여 회계 처리하는 것이다. 이것은 자산 취득가액을 매년 동일하게 감가상각하는 정액법과 유형자산의 기초 장부금액에서 일정한 상각률을 곱하여 감가상각비를 계산하는 정률법으로 분류할 수 있다.

5. 손익분기점의 활용은 목표로 하는 1일간, 주간, 월간 매출액 달성과 프랜차이즈 가맹점 등의 선택 시 의사결정 자료로 사용된다. 이것은 지역후보지의 매출분석, 투자금 회수기간, 수익대비 지출비용의 평가, 상권과 업종분석에 따른 내역, 직원관리, 마케팅 촉진전략 등의 수익성과 안전성, 활동성, 성장성을 판단하는 자료로 활용된다.

6. 기업의 경영성과를 종합적으로 측정하는 대표적인 분석방법으로 투자수익률이 소개된다. 또한 자기자본 이익률과 자산이익률, 회수기간 등을 통해 사업의 타당성을 분석할 수 있다.

Chapter
10 손익분기점 계산

1. 손익분기점

1) 손익분기점

　사업하는 대부분의 사람들은 자신이 보유한 등기부등본상 소유권을 가진 집 외에 전 재산을 투입하여 성공을 확신하면서 사업을 시작하게 된다. 100% 자기자본으로 운영하는 사람들도 있겠지만 다수의 사람들은 일정 이상을 타인자본에 의존하여 경영하게 된다. 하루하루 쌓이는 이자를 걱정하면서 제때에 갚을 수는 있을까? 원금상환은 언제부터 가능할까? 사업이 원만하게 운영되면서 안정된 수익은 창출할 수 있을까? 등 온갖 걱정을 하게 된다. 특히 자신의 전 재산과 시간, 노력을 투입한 결실은 언제부터 서둘 수 있는지 궁금해 한다. 영업의 모든 상황은 남에게 의지 않고 스스로 당당하게 해결할 수 있기를 기대한다. 투입한 총비용의 원금은 언제부터 회수가능한지, 그 기간은 얼마나 걸리는지 궁금해 한다.

　사업자의 자본금 투입대비 회수능력을 알아보기 위해서는 1일 판매액과 달성해야 할 월별 목표액을 산출해야 한다. 손해 보지 않고 매출을 달성하기 위한 첫 걸음으로 손익분기점을 계산할 수 있는 능력이 첫 번째이다. 따라서 이번 장(chapter)은 손익분기점이 왜 중요하고, 왜 필요한가를 통해 계산방법을 소개하고자 한다.

(1) 손익분기점의 중요성

　손익분기점은 한 기간 동안 매출액이 같은 기간의 총비용과 일치하는 점을 말한다. 매출액이 총비용보다 많으면 이익이 되지만 적으면 손실이 생기는 기준점으로 사업자들이 목표로 하는 매출액을 알 수 있기 때문에 경영 관리자들은 이를 반드시 계산할 수 있어야 한다. 기업에 투자하는 주주들은 1년에 한 번 공시되는 특정기업의 대차대조표와 손익계산서를 활용하여 의사결정자료로 활용하지만 늘 정보부족을 호소한다. 당기 순이익만으로 회사의 경영성과를 파악할 수 있지만 손익분기점을 파악함으로써 좀 더 세분하여 확인할 수 있다. 하지만 소상공인들은 문제가 다르다. 소규모의 점포 매출은 기업 회계기준의 공준에 의해 공시되지도 않을 뿐만 아니라 계산방법을 알지 못하면 하루에 달성해야 할 매출액이 얼마인지 파악할 수 없게 된다. 또한 이익은 나는지 알 수 없기 때문에 앞으로 남고 뒤로 밑진다는 속담처럼 실속 없는 영업이 될 수 있다.

손익분기점이 갖는 의미는 단순히 기업차원에서 투자금을 유치하고 회수하는 데 필요한 매출액 증가 수준이 아니라, 경영성과를 통해 이익을 평가하는 기준이 된다. 생산량을 결정하거나 설비투자, 이익을 내지 못하는 상품결정 등에서도 의사결정의 중요한 자료가 된다. 따라서 기업경영의 기본방침이자 다양한 상황들을 결정하는 데 필요한 기준점으로서 그 중요성이 제시된다.

투자자가 손익분기점을 분석하고 싶어도 외부에 공시되는 재무상태표로 완전하게 이해하는 데는 한계가 있다. 중요성에 비추어볼 때 꼭 알아야 할 학문적 영역임에도 불구하고 경제학, 재무, 회계, 경영학에서는 사전적 의미 그 이상을 다루지 않고 있다. 이는 원가관리와 회계차원에서 학습되는데 경영학 전공자라면 꼭 알아야 할 필수영역이라 생각한다. 사회과학에 종사하는 많은 사람들도 그 개념과 계산 정도를 파악하고 있어야 한다. 실용학문으로서 현장에 적용할 수 있는 경영관리자라면 꼭 알아야 할 필수과목이다.

손익분기점을 계산할 때 변동비와 고정비로 구분해서 계산한다. 단기적인 관점에서 보면 조업도의 변화를 통해 나타나는 비용을 1차적인 선형함수로 매출과 비교하는 방식을 사용한다. 기업 내 모든 비용은 영업활동을 통해 회수된다. 단, 기간은 기업상황에 따라 차이가 생기는데 토지나 주식처분에 따른 손익처럼 영업활동과 무관한 요소를 배제한 순수활동이 진짜 수익성을 갖는지 보여주는 기준점이 된다. 따라서 기업투자에 있어 의사결정 기준으로 비영업물의 성과까지 포함하는 당기손익보다 바람직한 평가로 소개된다.

(2) 손익분기점 계산의 어려움

손익분기점 계산은 계정과목을 변동비와 고정비로 구분하여 원가 함수를 쉽게 구할 수 있다. 실제로 변동비와 고정비 자체를 구분하는 데는 모호성이 있기 때문에 특정 기간을 중심으로 발생한 총원가와 생산량을 축으로 산포도를 계산해야 한다. 핵심은 생산시설물에 대한 감가상각비나 지출비용 등을 고려한 원가산출로 정확성을 확보할 수 있다는 점이다. 이와 같이 생산 뒤에 소멸되는 비용으로 단기적인 의사결정에서 왜곡된 결론을 도출할 수도 있다. 경제학에서 처음 배우는 것이 '소멸되는 비용은 무시하라'라는 것을 생각한다면 손익분기점이 갖는 0(zero)는 그 중요성을 충분히 담고 있다.

손익분기점은 모든 투자비용이 회수되는 조업수준을 말한다. 이는 최초 투자나 시장수요를 고려한 설비규모를 결정하는 장기적인 의사결정에 유용하게 활용된다. 단기적 인 관점에서 보면 생산량의 결정이나 성과 차원에서 적용하는 데 무리가 있을 수 있기 때문에 절대적인 기준은 못 된다.

결론적으로 주관성을 배제한 객관적인 평가지만 신뢰성을 확보하는 데 어려움이 있어 특정목적에 사용하기가 부적합할 수 있다. 하지만 기본적인 개념 자체가 쉽고 단순하여 소상공인들은 물론 점포규모와 인력관리, 매출달성 등의 의사결정 시 유용하게 사용된다. 이와 같이 고정비와 변동비를 통제할 수 있는 가능성과 기회비용, 소멸비용 등을 고려하여 일일 원가를 계산할 수 있다. 이는 일차선형 원가함수가 아니라 비선형 함수로 분석되며, 발생주의에 의한 손익분석이 아니라 현금흐름표를 중심으로 분석되는 등으로 응용되어 활용할 수 있다. 단기적인 관점에서 보면 고정비와 같이 소멸비용의 분석에서 제외되어야 하지만 순이익이 아니라 공헌이익을 사용한다는 측면에서 관련 자료를 해석하는 데 도움이 된다.

2) 손익분기점의 개념정의

손익분기점(break-even point, 損益分岐點)은 한 기간 동안 매출액이 당해 기간의 총비용과 일치하는 점을 말한다. 매출액이 그 이하로 감소하면 손실이 나지만 그 이상으로 증가하면 이익이 되는 기준점이다. 손익분기점 계산은 창업자가 1일 및 주간, 월간, 분기별, 1년에 달성해야 할 매출액을 산출할 때 유용하게 활용된다.

매출액(수익)을 달성하기 위해 지출되는 비용을 분석함으로써 이익을 계산할 수 있다. 여기에는 고정비와 변동비를 상쇄하고 남은 매출액이 0가 되는 지점을 말한다. 총매출액과 총비용이 같아져 손실이나 이익이 발생하지 않는 지점으로 창업자가 이익을 달성하기 위해 판매해야 할 최소한의 매출액과 수량을 계산할 수 있다. 사업을 운영하기 위해 발생하는 비용과 수익을 정확하게 파악하므로 효율적인 경영이 가능해진다. 대략적인 계산이 아니라 체계적인 관리, 매출달성을 위한 목표이익, 지출비용 등으로 극대화할 수 있다.

또한 고정비와 변동비(비례비)로 분류하며, 매출액과의 관계를 분석하는 것이다. 매출액은 수량과 단가, 판매계획 등을 결정하여, 해결점을 제시할 수 있다. 문제가 발생하였을 때, 상호 간의 인과관계를 파악하여 활용하는 데 도움이 된다. 생산계획이나 조업도, 경영정책, 직원관리, 원가관리 등 각 분야에서 다각적으로 이용된다. 비용과 수익이 동일한 매출액을 의미하며, 일정기간 총수익의 합계로부터 총비용을 차감한 금액으로 도표상 교차되는 지점을 말한다.

기업은 일정기간 달성할 수 있는 매출액과 그에 따라 소비된 비용을 회수할 수 있는 매출액을 결정한다. 손익분기점을 초과할 경우 이익이 발생하지만 미달하면 손실이 된다. 기업은 어떤 환경이나 변화에 직면하더라도 손익분기점 이상의 매출액을 달성해야만 장기적으로 계속 운영할 수 있다. 여기에는 고정비와 변동비로 구성된 증감을 통해 계산할 수 있으며, 비용에 들어간 원가는 특정목적을 달성하기 위해 희생된 또는 포기된 자원을 말한다. 원가의 발생행태나 조업도의 변화와 관계없이 일정하게 발생하는 원가를 고정비라 한다. 어떤 원가가 조업도의 변화에 비례하여 변동하는 원가를 변동비라 한다. 이러한 계산식은 다음과 같다.

첫째, 수익과 비용(총매출액 = 총지출비용)이 일치되는 지점을 말한다.
둘째, 고정비 + 변동비 = 총매출액이 같아지는 지점을 말한다.
셋째, 이익은 0가 되는 지점을 말한다.
넷째, 고정비/(1 - 변동률)로 계산할 수 있다(변동률은 변동비/매출액)
  • F/1 - VR = F/1 - (V/S)

(1) 고정비(fixed cost)

고정비는 매출액이나 생산량과는 상관없이 일정하게 발생하는 비용을 말한다. 기업의 생산제품에 대한 판매가격은 영업력에서 결정된다. 하지만 여러 부서의 종합적인 수치에 대한 개선이나 오류를 탐지하는 데 어려움이 있다. 이를 생산부서의 의사결정이나 성과 및 평가에 적용할 경우, 영업부서가 다른 부서의 비효율성을 생산부서로 오인하여 수익성을 계산할 수 있다. 이러한 손실은 생산성을 확대하거나 인력수급, 시설추가 등을 결정하는 데 문제점으로 지적된다. 특히 고정적으로 일어나는 판매 관리비일 경우 광고나 건물 유지비까지 포함하지만 기간 동안의 조업상황에 따른 변동과 관계없이 항상 발생하는 원가를 말한다.

건물 임차료나 지대, 기계장치, 구축물 등에 따른 감가상각비나 경영자를 비롯한 고정 직원의 급료, 4대 보험료와 재해보험료, 지불이자(대출이자), 수도광열비, 제세공과금, 인터넷 및 POS사용료 등은 조업도가 0인 경우에도 일정하게 발생한다. 또한 조업량에 비례하여 증가하는 원가요소를 준변동비라 한다. 기계 수리비나 직원급료, 통신비, 세금(재산세 포함), 수도세·전기세·가스비 등을 말한다. 이와 같이 일정기간 내 조업범위는 고정적이지만 발생금액이 항상 일정하기 때문에 조업도가 증가할 수록 단위당 원가(고정비) 부담액은 줄어들게 된다.

현대적 기업은 대량생산 구조하에서 '규모의 경제성(economy of scale)'을 실현할 수 있다. 생산량이 증가할수록 단위당 고정비의 크기가 감소하는데 일정규모의 조업 변화가 발생하여도 그 금액은 변하지 않는다. 조업도 변동이나 생산량의 많고 적음 과 관계없이 발생하는 비용으로 장기적인 관점에서는 모두가 변할 수 있다. 순수 고 정비가 아니라 준변동비일 경우, 조업범위를 벗어나면 설비 수준의 변화가 발생하여 단기적으로 변동할 수 있다. 그러므로 조업과 무관하게 발생하는 것을 절대적인 고 정비라 한다. 즉 일정한 조업도 범위에서는 고정적이지만 그 범위를 벗어나면 급격 하게 증가하거나, 일정 조업도에서 변동하지 않는 순수 고정비가 된다.

창업 시 일시적으로 지출되는 비용이 있는가 하면, 정기적으로 지출되는 비용도 있다. 보증금, 권리금, 관련 시설과 설비, 인테리어비용 등은 일시적으로 지불되지만, 임차료나 이자비용, 관리비, 금융 외 지불이자, 보험료, 인터넷 사용료, POS시스템 등 은 고정적으로 지출된다. 반면에 재료비와 수도광열비, 통신비, 파트타임 인건비 등 은 매월 지출되는 비용이 다를 수 있다.

손익분기점 계산에서 보증금은 계약이 완료되었을 때 회수할 수 있다. 은행대출금 등의 금융비용은 확정된 이율만큼 매월 지출되는 비용으로 계산해야 정확한 손익분 기점을 산출할 수 있다. 설비시설과 장비, 인테리어 시설 등은 계약기간이 지나면 소 멸되기 때문에 감가상각하여 월 지출비용으로 계산해야 한다.

예를 들어, 총시설비용(설비시설 5,000만 원, 장비 3,000만 원, 인테리어 시설 5,000 만 원 등)을 투자하여 5년간 임차계약을 체결했다면 월간 소멸되는 감가상각비는 약 2,167,000원이 된다. 이러한 비용은 임대기간이 종료된 5년 후에는 상품가치가 없거 나 노후화로 재사용이 어렵다. 특히 인테리어 시설 등은 단골고객 등이 식상함에 따 라 리뉴얼을 실시하는 등 일반적인 경영형태이기 때문에 5년 후의 상품가치는 없다 고 계산해야 한다.

- ⊙ 설비시설 50,000,000원
- ⊙ 장비 30,000,000원
- ⊙ 인테리어 시설 50,000,000원
- ⊙ 12개월 × 5년 = 60개월
- ⊙ 130,000,000 ÷ 60 = 2,166,667원이 된다.

(2) 변동비(variable cost)

변동비는 어떤 기업의 원가가 조업변화에 비례하여 변동되는 원가를 말한다. 대부분은 재료비와 부품원가, 작업 등으로 변동할 수 있는데 직원 인건비(파트타임), 수수료, 각종 수당, 마케팅 촉진비 등을 말한다. 변동비는 단위당 원가가 일정하며 총원가는 조업도의 변화에 따라 정비례한다. 하지만 변동비에 속하는 원가라 하여도 조업에 따라 동일하게 영향을 받는 것은 아니다. 변화 정도에 따라 비례비, 체감비, 체증비로 구분되는데 생산량이나 매출변화로 발생하는 비용은 노무비, 연료비 등이 대표적이다.

변동비의 대부분은 생산량 증감과 비례하지만 정확하게 정비례하지는 않는다. 예를 들면 학습효과 및 병목현상은 비교적 단기간의 수확 체증이나 체감으로 원가함수는 관련 범위 내에서 비선형으로 나타나게 된다. 과학기술의 발달은 생산을 표준화하였기 때문에 오차가 크지 않다. 이러한 전제하에 1차 선형함수로 단순화하여 분석하는 것이 일반적이다. 그러므로 고정비 성격을 갖는 일부는 준변동비 항목으로 존재하게 된다.

준고정비는 고정비임에도 불구하고 관련 범위가 좁게 나타나 계단형 변동원가의 형태를 띠게 되면서 변동비로 분석할 수 있다. 하지만 일정범위 내 조업도 변화에서는 고정적(불변적)이지만 그것을 넘어서면 급증하여 재차 고정화되는 원가요소를 말한다. 준고정비와 준변동비는 실질적으로 모호하여 구분이 어렵기 때문에 원가계산에서는 어느 것에 귀속시키는가에 따라 달라진다.

예를 들어, 기계를 과도하게 사용하면 감가상각비는 변화가 생길 수 있다. 이를 가변비용이라 하는데 원재료 및 파트타임 인건비, 마케팅 촉진비, 소모품비 등은 생산에서 소비되는 비용으로 매출액과 관계되어 자연스럽게 증감하게 된다.

① 비례비(proportional cost)

비례비는 생산량의 증감과 정비례하여 변하는 원가로 재료비와 직원들의 능률급 등을 말한다. 원가가 생산량 증감에 따라 정비례하는 변동비로 직접 재료비와 직접 노무비 등으로 계산할 수 있다. 특히 원료비와 같이 조업도 변화에 따라 증감하는 비용을 말한다.

② 체감비

체감비는 이자비와 같이 조업도의 증진에 따라 증가하는 것으로 증진비율 이하가 되는 비용을 말한다. 생산량 증감에 따라 원가는 증감하지만 그 비율은 생산량의 증감보다 약한 원가요소로 연료비와 동력비를 말한다.

③ 체증비

야근수당과 같이 조업도 증진비율 이상으로 증가하는 비용을 말한다. 일정한 생산 설비에 따라 조업변화가 변동하는 원가를 가변비용이라 한다. 생산량 증감에 따라 원가가 변하지만 그 원가의 변동비율이 생산량의 증감비율보다 큰 경우를 말한다. 야간작업 시 수당을 더 지급하기 때문에 발생하는 노무비 등을 총합하여 변동비라 한다. 고정비와 대조되는 성격을 가져 변동할 수 있는 정도에 따라 다르게 구분된다.

(3) 공헌이익(contribution margin)

공헌이익은 판매가격에서 변동비를 차감한 금액을 말한다. 생산제품의 단위당 판매가격에서 고정비를 회수하고 얼마의 이익을 창출했느냐의 정도를 나타낸다. 판매 수량의 증감에 따라 변하는 총수익과 총변동비의 차이로 매출액에서 고정비를 회수하고 이익을 획득하는 데 공헌한 금액을 말한다. 총공헌이익이 고정비보다 크면 이익이 발생하지만 적으면 손실이 된다. 이를 바탕으로 다음과 같은 공식을 제시할 수 있다.

- 단위당 공헌이익 = 단위당 판매가격 - 단위당 변동비
- 공헌이익 = 매출액 - 변동비
- 순이익 = 총공헌이익 - 고정비

변동비와 고정비는 매출액의 크기에 따라 비례하여 발생하는 금액으로 늘어나면 매출액과 변동비는 상승하게 된다. 판매량에 따라 비용은 부가적으로 들어가는데 이때 생긴 공헌이익에서 고정비를 빼면 월 또는 당해연도 이익이 된다. 이러한 분석은 기업 내부의 생산성이나 조업도, 성과 등의 평가와 의사결정에 유용하게 활용된다. 고정비가 설비투자와 같이 장기적이었다면 최초 투입비용에 해당되지만 이를 상회하여 수익이 달성되면 이익이 된다. 단기적인 고정비는 매몰비용으로 이를 배제한 분석은 왜곡될 수 있다. 따라서 기업의 의사결정은 순이익이 아니라 공헌이익으로 이루어져야 한다.

공헌이익에 적용되는 대표적인 분석방법은 손익분기점으로 총비용선과 총매출선이 같아지는 것이다. 이 지점에서 발생하는 생산(판매)량은 증가하는 대로 이익이 된다. 투자자 입장에서 보면 장기적인 현금 유입액은 공헌이익이 아니라 순이익이 된다.

사업부별 생산량 평가는 내부 경영자의 의사결정 차원에서 공헌이익으로 계산되지만 장기적인 관점에서 보면 고정비를 고려하지 않아 제대로 평가되지 못할 수도 있다.

① 공헌이익률

특정제품의 원가를 계산할 때 공헌이익은 단위당 판매가격에 대한 비율로 표시한다. 여기에는 단위당 공헌이익을 판매가격으로 나눈 값을 통해 공헌이익률을 계산할 수 있다. 총매출액에서 변동비를 뺀 수익으로 고정비를 지급하고 남은 비용은 이익이 된다. 고정비를 차감하기 전에 직접적으로 공헌한 비용으로 손익분기점을 계산하는데 일 년 동안(4분기) 발생한 이익과 손해액에서 변동비를 제외한 나머지를 말한다. 매출액에서 기업의 고정비를 제외하면 실질적으로 이익이 된다. 총금액에서 고정적으로 들어간 비용을 차감하면 순이익이 된다. 손익분기점을 계산할 때 매출액에 표시된 비율로 변동비를 합한 금액을 100%라고 가정할 때 여기에서 남은 금액이 공헌마진이 된다.

레스토랑의 직접운영경비와 변동비용이 65%라면 공헌마진은 35%가 된다. 이를 소수로 표시하면 0.35가 된다. 공헌이익률을 월별로 입력한 자료를 통해 정확하게 계산할 수 있다. 전월, 당월에 발생한 항목을 기록하여 공헌이익, 경상이익, 순이익을 계산할 수 있다.

> **예제 1**

한국 레스토랑의 비빔밥 가격을 7,000원이라고 할 때, 식재료 원가가 3,500원, 노무비가 2,500원이라면 이익을 보상하는 공헌마진은 얼마인가? 또한 1일 판매량이 100개라면 1일 공헌마진은 얼마인가?

풀이 ・ 이익을 보상하는 공헌마진은 1,000원으로 화폐단위로 표시할 수 있다.

　　　판매가격 - (식재료원가 + 노무비)

　　・ 1일 공헌마진은 1,000원 × 100개로 = 100,000원이 된다.

이러한 자료를 통해 레스토랑의 전체메뉴를 계산할 수 있으며, 이를 합한 판매믹스전략을 통해 공헌마진을 계산할 수 있다.

> **예제 2**

'한국레스토랑'의 2016년도 매출액과 지출비용 내역은 다음과 같다. 이를 바탕으로 공헌이익률을 계산하시오.

☑ 매출액 = 300,000,000원이다.

☑ 직접재료비는 40,000,000원

☑ 직접노무비는 50,000,000원

☑ 변동할 수 있는 생산비는 10,000,000원

☑ 고정된 생산비는 100,000,000원

☑ 고정된 판매관리비는 50,000,000원

☑ 변동할 수 있는 판매관리비가 20,000,000원이라면 공헌이익률은 얼마인가?

$$공헌이익률 = \frac{단위당\ 공헌이익}{단위당\ 판매금액} = \frac{단위당\ 판매가격 - 단위당\ 변동비}{단위당\ 판매가격}$$

$$공헌이익률 = \frac{단위당\ 공헌이익 \times 판매량}{단위당\ 판매금액 \times 판매량} = \frac{총공헌이익}{총매출액}$$

$$= \frac{총매출액 - 총변동비}{총매출액}$$

풀이 • 공헌이익률은 총매출액 - 총변동비 / 총매출액이다.

• 300,000,000 - 120,000,000 / 300,000,000 = 0.60(65%)가 된다.

• 총변동비 계산은

    ☑ 직접재료비 40,000,0000원

    ☑ 직접노무비 50,000,000원

    ☑ 변동할 수 있는 생산비 10,000,000원

    ☑ 변동할 수 있는 판매관리비 20,000,000원 = 120,000,000원이다.

(4) 매출액(sales)

매출액은 기업의 영업활동에서 얻은 수익으로 상품의 판매와 용역으로 실현된 금액을 말한다. 영업활동이 아닌 것으로 획득한 수익은 영업외 수익으로, 비정상적 활동으로 얻은 수익은 특별이익으로 구분할 수 있다. 손익계산서상 매출액은 매출에누리와 매출환입을 차감한 순매출액으로 표시된다. 매출과 용역으로 제공된 수입은 반제품, 부산품, 작업폐기물 등을 포함한 총매출액에서 환입, 에누리액을 공제한 순매출액을 말한다.

매출액은 현실주의 원칙에 따라 상품을 인도한 날, 용역을 제공한 날로부터 실현된 것으로 계산할 수 있다. 예외적으로 건설업이나 조선업의 미완성공사 등은 진행

정도에 따라 실현된 것으로 간주한다. 점포를 운영하는 사람들은 1일 및 월간 지출된 고정비나 변동비를 정확하게 계산하여 달성 가능한 1일, 주간, 월간 매출액을 계산할 수 있어야 한다.

(5) 발생주의

발생주의(accrual basis)는 현금수취 및 지출보다 기업의 경제적 사건에서 발생한 기간 동안의 거래수익과 비용을 식별하여 요약, 분류, 기록한 것이다. 현금을 받지 못하더라도 기간경과로 획득과정이 완료되었다면 수익으로 인식한다. 현금지출 없이도 비용이 발생하면 비용으로 계산한다. 현금수취나 지급시점이 아니라 해당 사건의 거래시점을 인식하는 것이다. 회계상의 이익은 수익에서 비용을 차감하여 계산할 수 있다. 그러므로 재화나 용역을 제공하기 전에 미리 받은 계약금이나 먼저 지급한 비용을 계산하는 데 유용하게 사용된다. 회계기간별 이익크기를 보다 정확하게 측정할 수 있기 때문에 재무제표를 구성하는 모든 요소는 발생주의에 의해 측정된다.

수익인식은 재고자산이나 서비스를 구매자 및 수요자에게 인도할 때, 현금이나 등가물(채권)의 교환에서 발생한다. 비용인식은 물품이나 노동, 서비스를 이용하거나 소비할 때, 자산이 변동하거나 수익성을 획득, 상실할 때 발생한다. 소비지출은 장래에 그 효과를 미칠 때 발생하는데 매매가 이루어지거나 소비가 이루어지는 경제적 사상에서 수익과 비용을 인식한다. 이와 같이 현금수입과 관계없이 수익과 비용은 발생시점에서 기간의 손익을 인식한다.

회계를 배운 사람들과 안 배운 사람의 경계선은 발생주의를 알고 있는가에서 결정된다. 재무상태표나 손익계산서 등은 분식회계의 도구로 사용될 수 있기 때문에 회계의 척추와 같다. 한국회계기준원은 2007년도에 이를 제정하였으며, 재무보고를 위한 체계는 2011년도에 발생주의에 따른 계속기업을 가정하여 작성한다는 원칙을 세웠다.

① 발생주의의 역사

발생주의가 도입되기 시작한 것은 산업혁명으로 상업자본주의가 태동한 시점부터를 말한다. 동인도회사 사람들은 회계장부를 작성할 때 물건을 사고파는 행동만 머릿속에 기억하였다. 상업자본주의는 대항해시대로부터 비롯된 무역경제였으며, 물건을 싸게 사서 비싸게 파는 것이 전략이었다. 하지만 HTS(home trading system)시스템은 지구 반대편에서 발생한 온갖 파생상품인 주식 같은 유가증권을 초단위로 사고파는 데 활용되었다. 이는 현대사회에서 변하지 않는 원칙이다.

산업자본주의 경제체제로 바뀌면서 자본가들이나 공장 소유자들은 많은 문제점을 떠안게 되었다. 제조업은 제품을 생산하기 위해 최소한의 토지나 건물, 구축물과 같은 기계장치, 원재료 등이 있어야 생산이 가능하다. 통상적인 사업주기는 1년이므로 투자가 확실히 성공한다는 전제하에 원가는 1년 안에 제품으로 생산해서 팔아야만 문제가 없어진다. 토지, 건물, 기계장치들은 미래에 수익을 창출할 수 있겠지만 생산하는 동안에는 비용이 발생된다. 이러한 상황에서 기존의 현금주의 회계를 통한 손익계산서는 당연히 엉터리가 될 수 있다는 데서 발생주의가 태동하게 되었다.

② 발생주의의 사례

토지와 건물, 기계장치들을 구입하였을 때 지출비용을 곧바로 처리하지 않고 자산계정에 기입한다. 기존의 현금주의에서 모두가 비용이었다면, 발생주의는 비용이 아니라 투자로 받아들여진다. 그렇다면 왜 자산이 되었을까? 자산(asset)은 개인과 법인이 소유한 유·무형의 물품이나 재화, 권리 같은 자원을 통해 미래의 경제적 효익을 제공해 줄 수 있다. 즉 구체적인 실체가 있는 유형적인 가치를 말한다. 현금주의는 사업 초기 원료만을 비용으로 계산하였지만 발생주의는 매출액이 발생한 만큼 자산으로 설정한 계정과목을 비용으로 처리한다. 이러한 개념이 감가상각이다.

손익계산서상 비용계정으로 감가상각비와 재무상태표의 유형자산 계정에서 감가상각 누계액이 발생한다. 현금의 입·출금 상황에서 매출채권 계정이 발생하는데 발생주의는 돈의 유입과 지출에 상관없이 매매계약을 체결한 시점의 수익을 매출채권(외상매출금)으로 인식하게 된다. 비용에서는 수익발생 제품만을 매출원가계정으로 처리한다.

(6) 계속기업

계속기업(going concern)은 원칙적으로 기업 구성원이나 소유자인 주주와 별도로 계속적인 생명을 가지고 상품을 생산하는 조직체로 보는 것이다. 현대적인 기업은 연속성을 갖는 것으로 1회적인 사업과는 다르다. 본래의 기업목적을 달성하기 위해 계속적으로 재투자하는 과정에서 구매·생산·영업활동을 수행하게 된다. 일시적 존속이 아니라 계속해서 존재하는 생명체와 같다. 기업은 반대가 없는 한 영업은 미래에도 계속적으로 이어질 것이라는 전제에서 시작되었다. 이러한 기업공준은 회계원칙에 따라 작성되어야 한다.

감사인은 재무제표에 대한 의견을 제시함으로써 기업의 존속과 불확실성 여부를 확인해야 한다. 잠재된 위험성은 기업존립에 의문을 나타내기 때문에 불확실성은 감사의견에 반영되어야 한다. 기간 동안 특별한 일이 없으면 계속적으로 영업할 것이라는 전제와 경영활동을 청산하거나 축소의도, 매매의도 등이 없다는 전제하에 회계는 이루어진다. 재무제표는 기업의 계속적인 운영과 기간 동안의 영업활동이 유지될 것으로 보고 작성된다. 계정항목은 역사적인 취득원가로 기록하는 것에서 정당성을 확보한다. 건물이나 기계장치를 시가가 아닌 취득원가로 기록하고 그에 기초하여 사용기간 동안의 비용을 배분하여 감가상각을 기록한다. 특정사유로 더 이상 경영할 수 없는 상태라면 이들의 자산취득은 청산가격가치로 측정할 수 있다.

회계기간을 설정하여 기간별 재무제표를 작성, 보고하는 것은 기업의 계속적인 경영을 전제로 한다. 청산을 전제로 총수익과 총비용을 계산하면 정확한 이익을 산출할 수 없다. 모든 자산을 현금화하여 부채를 상환하고 남은 돈을 설립자본과 비교한다면 경영자의 주관적 판단이 개입되어 정확한 손익을 계산하기가 어렵다. 따라서 합리적인 의사결정을 돕기 위해서는 회계기간과 기간별 재무상태, 경영성과를 측정하여 주기적으로 제공하는 것이 투명한 경영과 신뢰성을 확보는 것이다.

3) 감가상각비

토지를 제외한 기업의 유형적인 자산은 영업활동을 지속하면 물리적, 경제적 요인에 따라 미래의 경제적 효익은 점차 감소하게 된다. 시간경과로 마모되거나 성능저하, 진부화 등으로 부적합하여 경제성이 떨어진다. 가치감소분을 개별적으로 관찰하여 측정하기는 어렵지만 유형자산 감소분을 체계적으로 배분하여 비용화할 수 있다.

감가상각(Depreciation)은 시간의 흐름에 따라 자산가치에 대한 감소분을 회계에 반영한 것이다. 영업활동을 지원할 목적으로 취득한 유형자산은 장기간 이용하기 때문에 수명이 다할 때까지 사용된다. 이를 비용으로 처리하기 위해서는 수익대비 비용대응 원칙에 따라 자산의 효익을 제공하는 기간에 걸쳐 감가상각하게 된다. 이러한 감가상각은 유형자산 취득원가에서 매입가액 또는 제조원가의 부가비용을 합한 금액으로 취득을 위해 지출된 총비용을 말한다.

> ➤ 유형자산 취득과 부대비용 사례
> • 토지, 건물 등의 취득세, 등록세, 등기 수수료 등
> • 구축물, 기계장치, 장비, 비품 등의 운송비, 보험료, 하역비, 설치비, 시운전 비용 등

예제 3

한국레스토랑은 냉장고를 1,000,000원에 구입하였다. 운임은 50,000원이며, 설치비는 30,000원, 부속 재료비는 20,000원이다. 취득원가는 얼마인가?

풀이
- 순수한 냉장고 구입비　　　1,000,000원
- 운임　　　　　　　　　　　50,000원
- 설치비　　　　　　　　　　30,000원
- 부속 재료비　　　　　　　　20,000원
  ➡ 취득원가는 1,100,000원이 된다.

　　경제학에서 감가상각비는 자산의 가치 감소분을 의미한다. 회계학에서는 취득한 자산원가를 사용기간에 걸쳐 비용으로 배분하는 과정(allocation)을 말한다. 편의상 세법에 적용되는 내용연수를 기준으로 이루어지기 때문에 생산현장의 관리자들은 감가상각비 발생을 통제할 수 없어 의사결정에 활용하기가 어렵다. 이는 회계부서가 생산부서의 성과와 평가를 좌우하는 원인이 될 수 있기 때문에 회계처리를 위해서는 그 개념과 내용을 이해해야 한다. 비용을 지불하고 구입한 시설과 장비들은 장기간 사용하는 자산으로 소멸비용이 발생한다. 자산으로 창출되는 이익과 구입비용이 일치하는 과정으로 수익과 비용의 대응은 감가상각의 본질이라 할 수 있다.

예제 4

레스토랑을 운영한 A는 영업을 위해 1억 원에 냉장고를 구입하였다. 냉장고는 10년 동안 사용할 수 있으며, 대금 1억 원을 취득연도에 모두 비용처리하기보다 사용기간 10년에 걸쳐 배분하여 처리하는 것으로 감가상각하였다. 이를 감가상각하면 얼마인가?

풀이

　　장비의 구입가격을 사용기간 동안 분할하여 비용으로 처리하는 것이 감가상각이다. 냉장고 1억 원을 10년 동안 사용하는 것으로 감가상각한 값은 1년 동안 10,000,000원을 월로 계산하면 833,333원의 비용으로 처리할 수 있다.

- 100,000,000원 / 10년
- 1년 / 12개월
- ➡ 월 833,333원이 된다.

(1) 감가상각 결정요소

감가상각 대상은 취득원가에서 잔존가치를 차감한 금액을 말한다. 자산으로 사용 가능한 기간(내용연수)을 산정하여 계산할 수 있으며, 일반적으로 정액법, 정률법으로 널리 활용된다.

- 감가상각 대상금액 = 자산의 취득원가 - 잔존가치
- 감가상각비 = 기초 장부금액 × 감가상각률
- 감가상각률 = $1 - \sqrt[내용연수]{(잔존가액 \div 취득원가)}$

- ● 감가상각비 : 특정 기업에 대해 기간별로 배분된 당기비용으로 포괄 손익계산서 항목을 말한다.
- ● 감가상각 누계액 : 해당기업 자산취득 시점부터 현재까지 인식하는 감가상각 총액으로 재무상태표에서 자산의 차감항목을 표시한다. 감가상각 누계액이 존재할 경우 장부가는 취득원가에서 감가상각 누계액을 차감한 금액이 된다.
- ● 감가상각 대상금액 : 내용연수에 따라 배분할 총비용으로 자산의 취득원가에서 잔존가치를 차감한 금액을 말한다.
- ● 내용연수 : 해당자산을 사용할 총감가상각 기간으로 유형자산이 영업활동과 관련하여 경제적 효익을 제공하거나 수익을 창출하는 데 사용될 것으로 기대되는 기간을 말한다.
- ● 취득원가 : 회계적 취득원가로 자산의 매입대가로 지불한 금액과 기타 취득한 부대비용의 합계를 말한다.
- ● 잔존가치 : 내용연수 동안 감가상각을 하고 난 뒤 남을 것으로 예상되는 자산가치를 말한다. 자산을 처분할 때 획득할 수 있을 것으로 예상되는 금액을 말한다.

(2) 감가상각 대상

감가상각은 시설물이나 장비, 구축물, 건물, 비품의 가치 감소분을 자산에 반영하는 과정으로 이해하면 된다. 통상적으로 물건을 사고팔 때 그 상품의 공정한 가치나 시장가치가 감소하기 때문에 이를 감가상각하여 가정하게 된다. 각 산업의 영역에 따라 기본개념과 계산방법은 다르게 운영되기 때문에 주의해야 한다. 기업의 감가상각 가치분에 대한 감소율이 같다고 할 수도 있지만 이를 언급하지 않는 연구자도 있다. 회계기준은 자산에 대한 미래의 경제적 효익으로 예상되는 소비행태를 반영하는 것을 감가상각으로 규정한다. 잘 준수되어 예외적인 상황이 발생되지 않도록 해야 하며, 가정을 전제로 재무제표상의 차이를 보여서는 안 된다. 기업의 가치감소는 감가상각만이 아니라 평가손실이나 감모손실 등 여러 가지로 세분되기 때문에 비슷하게 적용된다.

경제학에서는 정책 의사결정과 같은 거시적 분석의 편의를 위해 단순화하여 정의하고 있다. 하지만 법인세의 처분비용, 현금흐름, 할인율 등 미시적 변수를 고려하는 경영학이나 회계학에서는 엄격하게 적용된다. 가치감소는 감가상각이라기보다 분석의 편의성을 하나의 가정하에 전제한다. 정확한 이해를 위해서는 수익과 비용 간의 대응으로 파악해야 한다. 감가상각은 건물이나 기계장치, 구축물, 장비, 비품 등 유형적인 자산이 평가 대상이다. 토지는 영구적으로 이용하며, 건설 중인 자산은 완공 후에 건물로 전환되기 때문에 감가상각하지 않는다.

(3) 감가상각 방법

감가상각은 유형자산이 가지는 경제적 효익으로 그 가치에 대응하는 비용을 인식하는 것이다. 회계 연도별로 유형자산이 제공하는 경제적 효익을 정확하게 측정하기는 어렵지만 일관성을 가지고 합리적으로 계산되어야 한다.

① 정액법

정액법(Straight-Line Depreciation Method)은 자산의 취득가액을 매년 동일하게 감가상각하는 것을 말한다. 자산의 내용연수에 따라 금액을 각 사업연도별로 나누어 상각비를 결정한다. 매년 균등한 비용으로 배분하게 되므로 일정한 사용기간을 정해놓고 감가상각하는 방법이다. 간단하다는 장점 때문에 일반적으로 유형자산의 취득원가 계산에 많이 사용된다. 건물은 세법상 정액법으로 감가상각하는 것을 원칙으로 한다.

> 공식
>
> • 감가상각비 = 취득가액 - 잔존가치 / 내용연수
>> ☑ 감가상각비(Depreciation)
>> ☑ 취득가액(Original Cost)
>> ☑ 잔존가치(Salvage Value)
>> ☑ 내용연수(Useful Life of Asset)

예제 5

한국레스토랑은 취득원가가 5,000,000인 냉장고를 구입하였다. 사용가능 기간은 10년이며, 잔존가치가 없다고 가정하여 정액법으로 계산하시오.

〈표 10-1〉 감가상각비 정액법 계산 (단위 : 원)

경과연수	감가상각액 계산	감가상각비	감가상각 누계액	장부금액
신규 취득				5,000,000
1년	5,000,000 × 1/10	500,000		4,500,000
2년	5,000,000 × 1/10	500,000	1,000,000	4,000,000
3년	5,000,000 × 1/10	500,000	1,500,000	3,500,000
4년	5,000,000 × 1/10	500,000	2,000,000	3,000,000
5년	5,000,000 × 1/10	500,000	2,500,000	2,500,000
6년	5,000,000 × 1/10	500,000	3,000,000	2,000,000
7년	5,000,000 × 1/10	500,000	3,500,000	1,500,000
8년	5,000,000 × 1/10	500,000	4,000,000	1,000,000
9년	5,000,000 × 1/10	500,000	4,500,000	500,000
10년	5,000,000 × 1/10	500,000	5,000,000	0

② 정률법

정률법(Declining Balance Method)은 유형자산의 기초 장부금액에서 일정한 상각비율을 곱하여 감가상각비를 계산한다. 유형자산 취득 초기에는 감가상각비를 많이 인식하지만 내용연수가 경과함에 따라 감소되는 특징이 있다. 기초 장부금액은 유형자산의 취득원가에서 기말의 감가상각 누계액을 차감한 금액을 말한다.

> **공식**
> • 감가상각비 = 취득가액 × 상각률
> • 감가상각비(D) = (취득가액 - 감가상각 누계액) × 상각률
> ☑ 감가상각비(Depreciation)
> ☑ 취득가액(Original Cost)
> ☑ 감가상각 누계액(Accumulated Depreciation)
> ☑ 상각률(Depreciation Rate)

상각률은 다음과 같은 공식으로 결정되며, 정률법으로 감가상각할 때는 상각률을 제시하는 것이 일반적이다.

$$\text{상각률} = 1 - \sqrt[n]{\frac{\text{잔존가액}}{\text{취득원가}}}$$

☑ n : 내용연수

예제 6

한국레스토랑(주)은 2017년도 1월 1일 사업을 시작하기 위해 기계장치를 10,000,000원에 구입하였다. 내용연수는 5년이며, 정률법에 따라 연도별 감가상각비와 매 연도 말 기계장치의 장부가격을 계산하시오. 단 상각률은 0.45이다.

〈표 10-2〉 감가상각비 정률법 계산　　　　　　　　　　　　　　　　　　　　　　(단위 : 원)

경과연수	감가상각액 계산	감가상각비	감가상각 누계액	장부금액
신규 취득				10,000,000
1년	10,000,000 × 0.45	4,500,000	4,500,000	5,500,000
2년	5,500,000 × 0.45	2,475,000	6,975,000	3,025,000
3년	3,025,000 × 0.45	1,361,250	8,336,250	1,663,750
4년	1,663,750 × 0.45	748,688	9,084,938	915,062
5년	915,062 × 0.45	411,778	9,496,716	503,284

* 마지막 연도의 장부가액이 잔존가치가 된다.

③ 생산량비례법

생산량비례법(Units-of-Production Depreciation Method)은 자산의 이용 정도를 고려하여 예상되는 조업도나 생산량에 근거한 비율로 감가상각비를 계산한다. 유형적인 자산보다 자연자원인 광산, 유전 등 감모상각을 계산하는 데 주로 이용된다.

> **공식**
>
> • 감가상각비 = (취득가액 - 잔존가치) × 당기 실제 생산량 ÷ 추정 총생산량
>   ☑ 감가상각비(D)
>   ☑ 취득가액(Original Cost)
>   ☑ 잔존가치(Salvage Value)
>   ☑ 당기 실제 생산량(Units Produced of during the Year)
>   ☑ 추정 총생산량(Total Units of Production)

④ 연수합계법

연수합계법(Sum-of-Years' Digits Method)은 급수법이라고도 한다. 취득원가에서 잔

존가치를 뺀 금액으로 자산의 내용연수 합계로 나눈 후 남은 내용연수를 곱하여 감가상각비를 산출하는 방식이다. 기간이 지날수록 감가상각비가 감소하는 특징이 있다.

$$D = (Original\ Cost - Salvage\ Value) \times \frac{N}{1 + 2 + 3 + \cdots + n}$$

> **공식**
> • 감가상각비 = (취득가액 - 잔존가치) × N ÷ 1 + 2 + 3 + ... + n
> > ☑ 감가상각비(D)
> > ☑ 취득가액(Original Cost)
> > ☑ 잔존가치(Salvage Value)
> > ☑ 내용연수(n)
> > ☑ 잔존 내용연수(N)

대차대조표를 작성할 때(결산 시)는 취득원가에 대한 가치의 감소액을 계산한 후, 그 비용을 처리해야 한다. 이때의 계정과목명은 '감가상각비'가 되며, 직접법과 간접법으로 계산할 수 있다.

- ▶ 직접법 : 감가상각비 계상과 함께 해당 자산 계정의 대변에 직접 기입한다.
- ▶ 간접법 : 해당 자산 계정의 대변에 직접 올리지 않고 계정별로 '감가상각 누계액'이라는 특수계정을 만들어 설정한다. 이러한 간접법은 취득원가를 알 수 있다는 장점이 있기 때문에 현장의 실무에서 다양하게 활용된다.

예제 7

다음은 건물에 대한 10만 원의 가치 감소를 직접법과 간접법으로 분개한 사례이다.

〈표 10-3〉 감가상각비 분개 및 기장

구분	차변		대변	
직접법	감가상각비	100,000원	건물	100,000원
간접법	감가상각비	100,000원	건물감가상각 누계액	100,000원

이후 계정상태를 직접법과 간접법으로 기입한 내용을 비교하면 다음과 같다.

〈표 10-4〉 감가상각비 기장

구분	감가상각비		건물		건물 감가상각 누계액
직접법	100,000		100,000	100,000	
간접법	100,000		100,000		100,000

** 세법은 특정 사업연도에 대한 감가상각비를 많이 계상하여 소득금액을 조작하는 경우를 방지하기 위해 감가
상각이 가능한 한도를 정해놓고 그 이상의 손금(비용)은 인정하지 않고 있다.

2. 손익분기점 계산방법

1) 손익분기점 계산

(1) 손익분기점 계산의 활용

창업을 준비하는 모든 사람들은 손익분기점을 계산하는 공식을 숙지하여 계산할
수 있어야 한다. 사업계획서 작성에서부터 이를 실행하기 위한 상권 및 입지 분석,
자본금, 운영매뉴얼, 고객서비스 등의 경영방법을 통한 예상매출액을 파악하며, 불필
요한 지출을 줄여야 한다. 손익분기점 계산은 다음과 같이 활용된다.

첫째, 목표로 하는 1일간, 주간, 월간 매출액을 계산할 수 있다.

둘째, 프랜차이즈 가맹점을 선택할 때 유용한 자료로 활용된다.

셋째, 해당 업종의 지역후보지를 판단하는 기초자료로 활용된다.

넷째, 프랜차이즈 가맹점의 안전성과 수익성, 활동성, 성장성을 판단하는 자료가
  된다.

다섯째, 투자금을 회수할 때 회수기간을 알 수 있다.

여섯째, 수익대비 지출비용을 적절하게 관리할 수 있다.

일곱째, 상권 및 업종분석을 통해 소요되는 자본내역을 계산할 수 있다.

여덟째, 레스토랑의 직원관리에 효율적으로 활용할 수 있다.

아홉째, 마케팅 촉진전략을 추진할 때 활용할 수 있다.

(2) 손익분기점 산출공식

● 손익분기점은 순이익이 0(Zero)가 되는 지점이다.

  ☑ 매출액 = 총지출 비용이 같아지는 것이다.

  ☑ 매출액은 판매수량과 단위당 판매가격을 곱하여 계산할 수 있다.

  ☑ 총비용은 고정비와 변동비를 합한 금액을 말한다.

◉ **매출액** = 판매수량 × 단위당 가격

　☑ 총비용 = 고정비 + 변동비

　☑ 고정비 = 판매수량 × (단위당 판매가격 - 단위당 변동비)

　☑ 변동비 = 판매수량 × (단위당 판매가격 - 단위당 고정비)

　☑ 판매수량 = 고정비 / (단위당 판매가격 - 단위당 변동비)

◉ **공헌이익** = 매출액(단위당 판매가격) - 변동원가로 계산할 수 있다.
즉 단위당 판매가격 - 단위당 변동비 = 단위당 공헌이익이 된다.

◉ **공헌이익률**은 공헌이익을 매출액으로 나누어 계산할 수 있다.

　　= 매출액 - 변동원가 / 매출액

　　= 1 - 변동원가 / 매출액

　　= 1 - 변동률

◉ **손익분기점 매출액** = 고정비 / 단위당 공헌이익

매출액 = 변동비 + 고정비 + 이익(S = VC + FC + NI)

　☑ 손익분기점 매출액(BEPs : break even point sales)

　☑ 매출액 = S(sales)

　☑ 순이익 = NI(net income)

　☑ 변동비 = VC(variable cost)

　☑ 고정비 = FC(fixed cost)

◉ **손익분기점**(BEP)

손익분기점은 고정원가 / 1 - (변동원가 / 매출액)

　　　• 고정원가 / 1 - 변동률

　　　• 고정원가 / 공헌이익률

◉ **손익분기점 판매량**(BEQ) = 고정비 / 단위당 매출액 - 단위당 변동원가

　　　　　　= 고정비 / 단위당 공헌이익

◉ **목표이익 달성 매출액** = 고정원가 + 목표이익 / 1 - (변동원가 / 매출액)

　　　　　　= 고정원가 + 목표이익 / - 변동비율

　　　　　　= 고정원가 + 목표이익 / 공헌이익률

◉ 목표이익 판매량 = 고정원가 + 목표이익 / 단위당 매출 - 단위당 변동원가

= 고정원가 + 단위당 변동원가 / 단위당 공헌이익

2) 손익분기점 계산의 실제

예제 8

'한국커피전문점'의 평균 커피가격은 5,000원이다. 1 메뉴의 단위당 변동할 수 있는 원가는 커피재료비를 포함하여 판매비와 일반관리비 등 3,000원이다. 여기에 고정원가는 정직원의 인건비를 비롯하여 임차료, 수도광열비, 보험료, 감가상각비, 지급이자, 통신비, 인터넷 사용료, POS 사용료 등 월 총 6,000,000만 원이다. 이를 바탕으로 공헌이익과 손익분기점의 매출액을 산출하시오.

풀이

공헌이익은 커피가격 5,000원에서 원가 3,000원을 차감한 비용이다. 순익분기점에 도달하기 위한 매출수량은 1개월을 기준으로 6,000,000원에서 3,000원을 나누면 된다. 한국커피전문점은 한 달에 약 2,000잔의 커피를 판매해야 손익분기점에 도달하게 된다. 이를 정리하면 다음과 같다.

☑ 공헌이익 = 5,000원 - 3,000원 = 2,000원

☑ 판매해야 할 수량 = 6,000,000원 / 3,000원 = 2,000잔

☑ 손익분기점 달성 금액 = 2,000잔 × 5,000원 = 10,000,000원

예제 9 손익분기점 분석

다음은 주)한국커피전문점의 판매가격과 고정원가, 변동원가이다. 이를 가지고 손익분기점에 도달할 매출액과 매출수량, 고정원가를 계산하시오.

구분	단위당 판매가격	변동원가	고정원가
1) 손익분기점 계산	500원	350원	300,000원
2) 손익분기점 매출수량	200원	판매가격의 60%	600,000원
3) 고정원가	300원	• 손익분기점 매출 2,100개 • 공헌이익률 40%	

풀이

1) 손익분기점 매출액 = 고정원가 / 1 - 변동비율 = 고정원가 / 공헌이익률

 • 변동비율 = 변동원가 / 단위당 판매가격 = 300,000원 / 1 - 0.7 = 1,000,000원

2) 손익분기점 매출수량 = 고정원가 / 단위당 매출액 - 단위당 변동원가

 = 고정원가 / 단위당 공헌이익(단위당 변동원가 = 단위당 판매가격 × 변동률)

= 600,000원 / 200 - 120 = 7,500개

3) 고정원가 = 손익분기점 매출수량 × 단위당 공헌이익

= 손익분기점 매출액 × 공헌이익률(2,100개 × 120원 = 252,000원)

- 단위당 공헌이익 = 300 × 40% = 120원이 된다.

공식

- $VR = VC/S$

- $CR = 1 - VR$

- 손익분기점 $BEP = FC / 1 - (VC / S)$

  ☑ 변동비(VC : variable cost)

  ☑ 고정비(FC : fixed cost)

  ☑ 매출액(S : sales)

  ☑ 변동률(VR : variable rate)

  ☑ 공헌율(CR : contribution rate)

예제 10

'사랑나무 커피전문점'은 임대보증금이 1억 원, 권리금 1억 원, 인테리어 비용 8천만 원, 시설 및 장비 7천만 원을 투자하여 오픈하였다. 정직원 인건비는 5백만 원이며, 임대료는 6백만 원, 관리비 5십만 원, 수도광열비 1백만 원, 대출이자 비용 1백만 원, 보험료 2십만 원을 통해 1개월 판매한 매출액은 38,000,000원으로 나타났다. 지출비용은 상품의 원가와 파트타임 인건비, 수선비, 광고 및 홍보비, 소모품비 등 매출액의 약 45%로 나타났으며, 계약기간은 5년이다. 사랑나무 커피전문점의 손익분기점은 얼마인가?

• 참고사항

외식기업은 소멸성 투자금(인테리어 비용, 장비 구입, 시설비 등)을 계산하여 손익분기점을 계산해야 한다. 보증금은 계약기간이 끝나면 회수할 수 있지만 시설투자금은 계약이 만료되는 5년 후에는 회수하기가 어렵다(사업이 잘되어 계속영업하면 상관없지만 잘못하면 고물값으로 처리됨). 그렇기 때문에 투자금에 대해 감가상각(정액·정률법)하여 고정비로 계산해야 한다. 반면에 보증금은 회수할 수 있지만 다른 용도에 투자했을 때 얻을 수 있는 수익 정도를 고려해야 정확한 손익분기점과 회수기간, 투자수익률을 계산할 수 있다. 보증금에 대한 연이율은 편의상 10%를 가정하였다.

해설

▶ 고정비

• 인건비	5,000,000원
• 임대료	6,000,000원

- 관리비   500,000원
- 수도광열비(전기, 수도, 가스) 1,000,000원
- 보험료   200,000원
- 감가상각비   월 약 4,200,000원이다(250,000,000원 / 5년 = 4,166,667원)
- 2억 5천만 원(권리금 1억 원, 인테리어 8천 원, 시설장비 7천 원)에 대한 5년간의 가치
- 5년(60개월)

보증금 1억 원에 대한 기회비용은 1억 원×10%÷60개월(5년)

 = 월 약 170,000원(166,667원)

▶ 변동비는 매출액의 45%

매출액 38,000,000원의×45% = 17,100,000원으로 나타났다.

➡ 손익분기점 공식은 FC / 1 - (VC / S)

풀이

➡ 고정비 = 17,070,000원

인건비(5,000,000) + 임대료(6,000,000원) + 관리비(500,000원) + 수도광열비(1,000,000원) + 보험료(200,000원) + 감가상각비(4,200,000원) + 보증금 기회비용(170,000원)

➡ 변동비
- VC / S = 17,100,000원 / 38,000,000원 = 0.45
- 17,070,000 / 1 - 0.45 = 31,036,363원

손익분기점(BEP)은 약 3천1백만 원이 된다.

예제 11

보증금 1억 원에 권리금 5,000만 원, 인테리어 비용 5,000만 원, 시설 및 장비 5,000만 원, 월 임차료 500만 원에 임차기간 5년으로 하여 '사랑나무 커피전문점 2호점'을 오픈하였다. 월 매출액은 30일 영업한 결과 3천5백만 원으로 나타났다. 직원은 4명 중 2명의 인건비는 500만 원(대표자 포함)과 2명은 300만 원으로 구성되었다.

운영경비는 관리비 50만 원, 수도광열비(가스, 수도, 전기세) 100만 원, 카드수수료(카드매출액의 80%를 가정하였을 때 2천8백만 원 × 약 2.5%) 월 70만 원, POS시스템(설치교육비 5만 원, 기계임대비 3만 원 ÷ 60개월 = 1,600원 + 월 수수료 5천 원)은 월 6천6백 원, 통신비 10만 원, 인터넷 사용료 3만 8천 원, 건물관리비 및 청소비 50만 원이다. 변동비는 매출원가의 25%, 소모품(우유, 설탕, 크림, 냅킨 등) 10%, 광고홍보비(행사 및 신제품) 외 5%, 홈페이지 및 블로그 관리비 등 매출액의 1%인 35만 원, 기타(쓰레기 봉투, 인터넷 사용료, 신문) 등 1%를 포함하여 총 매출액의 42%이다.

☑ 메뉴구성은

에소프레소 2,700원, 아메리카노 2,900원, 라떼 3,200원, 카푸치노 3,200원으로 평균 3,000원
의 가격을 유지하고 있다. 그렇다면 월 손익분기점에 달성해야 할 매출액과 1일 방문 고객 수는
몇 명인지를 계산하시오.

해설

손익분기점 매출액을 계산하기 위해 비용별로 나누어 살펴보면 다음과 같다.

◉ 감가상각비(정액법으로 계산)

정액법 : (상품원가 - 잔존가치) / 내용 연수

소매점의 감가상각은 제조기업과 다르게 결정되어야 한다. 계약기간(5년)이 완료되
면 소멸될 수 있기 때문에 기간 내 감가상각비를 회수할 수 있어야 한다. 즉 5년
후 고물로 폐기처분한다고 가정할 때 중고 상인이 줄 수 있는 비용은 약 5백만 원으
로 가정함

• 시설장비 : 5,000만 원 + 인테리어 : 5,000만 원 + 권리금 : 5,000만 원 / 60개월(「상가
임대차보호법」에서 인정하는 임대기간 5년을 적용)

• 5년 동안의 소멸비용으로 사업이 부진하거나 폐업할 때 발생하는 비용이 된다.

◉ 변동비 합계 42% = 14,700,000원

• 매출원가 25% : 8,750,000원

• 소모품(우유, 설탕, 주스, 과일, 크림, 냅킨 등) 10% : 3,500,000원

• 광고홍보비(행사 및 신제품) 외 5% : 1,750,000원

• 홈페이지 및 블로그 관리비 외 1% : 350,000원

• 기타(쓰레기봉투, 인터넷 사용료, 신문) 등 기타 1% : 350,000원

◉ 고정비 합계 = 17,995,000원

• 직원 인건비 : 8,000,000원, 500만 원(대표자 포함 2명,) 300만 원(2명)

• 보증금

  - 보증금 1억 원을 다른 용도로 사용했다면 기회비용이 생긴다.

  - 타인자본(은행 등)을 차용하였다면 지급이자가 발생한다. 이를 연 8%의 대출이
    자율을 적용하면, 약 134,000원이 월 지출비용으로 발생한다.

  - 1억 × 연 8%(은행이자) ÷ 60개월 = 약 134,000원(133,333원)

• 관리비 및 청소비 : 500,000원

• 수도광열비(수도세, 전기세, 가스비) : 1,000,000원

• 감가상각비(정액법, 5년) = 상품원가 - 잔존가치 / 사용기간

: 약 2,417,000원(150,000,000 - 5,000,000원) / 60개월 = 2,416,667원

- 월 임차료 : 5,000,000원
- 카드수수료(매출액의 약 80% 가정할 때, 2천8백만 원×약 2.5%) : 700,000만 원
- POS시스템(설치비, 교육비 약 3만 원(회사에 따라 다름), 임대비 3만 원÷60개월
  = 1,000원, 월수수료 5천 원) : 6,000원
- 통신비 : 100,000원
- 인터넷사용료 : 38,000원
- 기타 : 100,000원

풀이

◉ 손익분기점 공식 = FC / 1 - (VC / S)

◉ 17,995,000 / 1 - (14,700,000 / 35,000,000원) = 17,995,000 / 0.58 = 31,025,862원

'사랑나무 커피전문점'은 월 평균 약 31,026,000원을 팔아야 손해를 보지 않는다.

☑ 손익분기점 매출액 31,026,000원 / 1달(30일) = 1일 1,034,200원 팔아야 한다.

☑ 커피 한 잔의 평균가격은 3,000원으로

- 에소프레소 2,700원, 아메리카노 2,900원, 라떼 3,200원, 카푸치노 3,200원 / 4
  1일 345명이 방문해야 한다.

☑ 이를 시간당 계산하면(10~10시까지 영업)

  345명÷10 = 시간당 35명이 꾸준하게 들어와야만 손익분기점에 도달할 수 있다.

➡ 예제의 순이익이 월 4백만 원이며, 투자한 총자본금이 1억 5천이라면 수익률은
  몇 %가 될까?

  투자수익률(ROI) = 순이익 / 총 투자액(총자본) × 100

  순이익(4백만 원) / 투자 자본금(1억 5천만 원) × 100 = 2.67%가 된다.

여러분들이 단골로 다니는 커피전문점은 과연 몇 명이나 내방하는가? 1시간만 관심 있게 관찰한다면 점포규모와 크기에 맞는 가격결정, 직원관리, 임대료, 판매관리비 등에서 이익이 나는지 손실이 나는지를 확인할 수 있다.

대학생들이 하루 평균 한 잔 이상을 마시는 커피전문점 내에서도 생존법칙은 존재한다. 수익을 발생시키기 위해 들어가는 비용요소가 존재하기 때문에 다양한 경영의 원리가 숨어 있다. 경영관리자들은 고정비와 변동비 항목을 빠뜨리지 않고 반영해야만 정확한 분석을 할 수 있다.

많은 사람들은 자신의 개인적 지식이나 현장의 경험 없이 교재를 집필하기 때문에 잘못하면 실전 현장에 적용하기 어려운 내용이 될 수 있다. 현장에서 일어나는 점포 경영의 다양한 지출항목에 소홀하면 많은 고객들이 내방한다 하더라도 정확한 이익을 산출할 수 있는 손익분기점은 무시될 수 있다. 따라서 상권 분석을 공부하는 사람들은 실제 자신의 상권 및 입지 분석에 맞는 구성요소를 파악하여 창업에 적용할 수 있는 계산방법을 숙지해야 한다.

> **● 참고사항**
>
> 손익분기점을 계산할 때 경영관리자 등이 간과하기 쉬운 내용이 있는데 이는 다음과 같다.
>
> 첫째, 보증금은 돌려받기 때문에 소멸되는 것으로 보지 않는다. 하지만 1억이라는 보증금을 다른 용도에 투자하면 수익을 창출할 수 있는 기회비용이 생긴다. 5년간 정기예금에 넣어둔다면 이자수익이 발생된다. 보증금은 돌려받는다는 인식하에 비용항목으로 보지 않고 있다는 점이다. 본 교재는 보증금에 대한 기회비용을 고려하여 고정비 명목으로 계산하였다.
>
> 둘째, 권리금과 인테리어 비용, 시설비 등은 5년 계약이 끝났을 때 소멸확률이 높다. 타인에게 양도하더라도 시설이나 장비가 노후하여 재사용이 어렵다. 5년 후 장비나 비품 등을 중고시장에 판매한다는 가정하에 1억 5천에 대한 잔존가치를 5백만으로 잡았다. 상권을 분석하는 컨설턴트는 5년간 감가상각되는 시설 장비에 대한 비용부분을 고려하여 계산할 수 있어야 한다. 감가상각액은 일반적으로 널리 이용되는 정액법을 사용하였다.
>
> 셋째, 개인 독립창업을 꿈꾸는 다수의 사람들은 카드 수수료에 대한 비용부분을 인식하지 못하고 있다. 카드 수수료는 업종과 매출구분, 결제금액에 따라 차등하여 적용하지만 매출액의 약 80% 정도는 카드로 계산된다. 결제수단이 현금인지, 카드인지 주위사람들을 관찰해 보면 얼마나 많은 사람들이 카드를 이용하는지 알 수 있다.
>
> 넷째, POS시스템을 대여해 주는 회사는 설치비와 교육비를 포함하여 월 관리비용 명목으로 일정 비용을 받는다. 이러한 비용을 고려해야 정확한 계산이 가능하다.
>
> 다섯째, 인터넷 사용료, 홈페이지 및 블로그 관리비, 신문대금, 유선비, TV시청료, 종편채널 사용료, 음식찌꺼기 및 쓰레기봉투, 신제품 및 행사기간 전단지 배포, 문자발송 등의 명목으로 월 지출되는 경비를 확인해야 한다. 준조세 성격을 띠는 이러한 항목들을 소홀하여 계산하지 않는 경우가 많다.
>
> 여섯째, 하나의 사업장에 통신비, 유류비 등은 부가가치세를 신고할 때 매입자료로 활용할 수 있음에도 이를 비용으로 계산하지 않고 있다. 점포를 운영하면서 발생할 수 있는 지출내역을 정확하게, 꼼꼼하게, 빠진 것 없이 제시할 수 있어야 정확한 손익분기점을 산출할 수 있다.

3) 투자수익률(return on investment)

투자수익률(ROI : return on investment)은 경영성과를 종합적으로 측정하는 데 이용하는 가장 대표적인 재무비율 분석방법이다. 순이익을 총투자액으로 나누어 계산할 수 있다. 총투자는 대차대조표상의 총자본과 금액이 같다. 총자산과 같기 때문에 총자본 이익률 혹은 총자산 이익률(ROA : return on asset)로 투자수익률과 같은 의미로 사용된다.

ROI 분석은 미국의 화학회사 듀퐁(Du Pont)사가 사업부의 업적을 평가 및 관리하기 위한 방법으로 개발되었다. 경영성과의 종합적인 척도가 곧 투자수익률이라는 등식에 따라 이를 결정하는 재무적 요인을 체계적으로 관찰하여 통제하는 기법이다.

자기자본이익률(ROE : return on equity)과 ROI는 투자자들이 투자를 결정할 때 고려하는 중요한 참고지표가 된다. ROI는 경영성과를 종합적으로 판단하지만, 타인자본 사용으로 ROI가 증가하는 경우도 있어 기업의 효율성을 제대로 측정하지 못할 수 있다. 이러한 단점을 보완하여 ROE를 이용한다. 투자수익률은 가장 널리 사용되는 경영성과에 대한 측정기준의 하나로, 기업의 순이익을 투자액으로 나누어 계산할 수 있다. 듀퐁사의 업적을 평가 관리하기 위해 사용된 분석으로 내부통제기법으로 개발되었다. 이 분석은 투자수익률이 경영성과의 종합척도가 된다는 점에서 수익성과 회전율을 계산할 수 있다. 세부항목의 관리를 통해 경영성과를 계획, 통제하는 목적으로 사용되는데 최근에는 기업 전체의 경영성과 차원에서 계획, 통제, 자원배분, 이익 예측, 채권자 및 투자자에 대한 경영평가 등으로 사용된다.

> ● 첫 번째 예제의 순이익이 7백만 원이며, 투자자본이 2억 5천이라면 투자수익률
> (ROI)은 = 순이익 / 총투자액(총자본) × 100으로 계산된다.
> 순이익 7백만 원 / 2억 5천만 원 × 100 = 2.8%가 된다.

4) 회수기간법(payback period method)

투자에 대한 회수는 수익성과 감가상각에서 감모 설비에 대한 초기 투자를 회수하는 데 필요한 기간이나 유동성을 알 수 있는 척도로 이용된다. 회수기간법은 투자에 소요된 자금을 그 투자로 인해 발생하는 현금으로부터 회수하는 데 걸리는 시간을 말한다. 재무관리자가 사전에 정해놓은 회수기간과 비교하여 투자안을 평가하게 된다. 미래현금 흐름에 관한 불확실성을 줄일 수 있으며, 기업의 유동성이 향상된다는 장점이 있다. 하지만 회수기간 이후의 현금흐름을 무시하므로 투자의 수익성을 정확하게 알 수 없거나 시간가치를 무시한다는 단점이 있다.

예제 12

보증금 1억 원, 권리금 1억 원, 인테리어 비용 8천만 원, 시설 및 장비 7천만 원으로 '사랑나무 커피전문점'을 오픈하였다. 1개월간 영업한 결과 3천8백만 원을 달성하였으며, 고정비와 변동비를 제외하고 매월 달성해야 할 손익분기점 매출액은 31,036,363원으로 매달 약 7백만 원 (6,963,637)의 순이익이 발생된다면 투자금을 회수할 수 있는 기간은 언제인가?

해설

투자비용 중 보증금 1억 원은 사업이 종료되더라도 회수할 수 있다.

◉ 총투자금액 / 연간 이익 = 회수기간을 산출할 수 있다.

◉ 2억 5천만 원 / (7백만 원 × 12개월) = 2.98년이 소요된다.

따라서 약 3년 정도 운영했을 때 초기 투자금 2억 5천만 원을 회수할 수 있다.

5) 사업타당성 분석

창업을 준비하는 사람들은 자신이 투자한 금액 대비 수익률과 투자비용에 대한 회수기간을 분석할 수 있어야 한다. 투자대비 수익률은 월간 매출액에서 비용을 차감한 금액이다. 1억 원을 투자하여 월 300만 원의 순이익을 달성했다면 월 3%의 수익률을 달성한 것이다. 계약기간을 2년으로 가정할 때, 매우 양호한 수준으로 판단된다. 실제 상권의 임대가 이루어지는 현장에서는 「상가임대차보호법」에서 규정한 5년 기준은 잘 지켜지지 않고 있다. 그렇다면 월 3%의 임대수익은 1년으로 환산하면 연 수익률은 36%가 된다. 2년이면 72%의 투자수익률을 달성하므로 3년이면 투자한 원금을 회수할 수 있다.

예제 13

2억 5천만 원을 투자하여 레스토랑을 창업하였다. 보증금은 1억 원이며, 권리금 및 장비시설, 인테리어 등은 1억 5천만 원이다. 월 3%의 투자수익률을 달성하려면 얼마를 판매해야 할까?

해설

1억 5천 × 3% = 월 450만 원의 순이익을 달성해야 한다. 1년 단위로 계산하면 월 3% × 12개월은 1년에 36%의 투자수익률을 올린 것이다. 창업자가 자신의 임금을 고정비로 책정한 후 약 3년 내 투자금을 회수할 수 있다는 것은 아주 훌륭한 투자결정 요소가 된다. 하지만 많은 사업자들은 이러한 금액을 달성하기가 어렵다. 대부분의 독립 창업자들은 임대차 계약이 2~3년으로 이루어지고 있어 2년 이상 유지하기도 어렵다.

대한민국 소상공인으로 성공하기란 희망사항에 불과할 수 있기 때문에 5년 이내에 자신의 일정부분 인건비를 제외한 후 2% 이상 투자수익률을 보장받을 수 있다면 기꺼이 창업에 뛰어들어야 한다.

〈표 10-5〉 사업타당성 판단기준

투자비 회수기간	투자수익률	사업타당성 판단기준
1년 이내	3.5% 이상	매우 양호함
2년 이내	3~3.5% 이내	양호함
3년 이내	2.5~3% 이내	보통
4년 이내	2~2.5% 이내	부족함
5년 이상	2% 이하	매우 부족함

6) 평균결재 금액별 가맹점 수수료율

2015년 10월 30일 기준 여신금융협회에서 제시하는 신용카드 평균결재금액별 가맹점 수수료율은 다음과 같다.

평균결제금액별 (2014.10 ~ 2015.09. 기간 중 / 2015.10.30. 게시)

| 평균결제금액별 | 신용카드 매출액별 | 영세·중소가맹점 우대수수료율 | 평균가맹점 수수료율 |

1. 신용카드 평균결제금액별 가맹점수수료율 구간대 사업자 수 비중

신용카드 평균결제금액 (신용카드사별)	가맹점수수료율	KB국민카드 영세	중소	특수	일반	구간내비중	NH농협은행 영세	중소	특수	일반	구간내비중	롯데카드 영세	중소	특수	일반	구간내비중	비씨카드 영세	중소	특수	일반	구간내비중	영세	중소
2만원 이하	1.50%이하	12.49	-	0.01	0.66	9.28	14.32	-	0.03	3.18	28.73	65.44	-	0.81	3.64	15.14	11.47	-	0.02	0.88	12.73	12.21	0.34
	1.50초과~1.80이하	-	-	-	0.32	4.48	-	0.11	-	0.40	3.62	-	-	-	1.22	5.07	-	-	-	0.31	4.43		0.15
	1.80초과~2.10이하	-	0.84	-	0.75	10.60	-	0.70	-	1.05	9.47	3.36	0.01	-	3.57	14.84	-	0.69	-	0.79	11.34		0.95
	2.10초과~2.40이하	-	-	-	0.98	13.76	-	-	-	1.56	14.06	-	-	0.02	6.76	28.10	-	-	-	0.80	11.48		-
	2.40초과~2.70이하	-	-	-	4.40	61.88	-	-	0.01	4.88	44.11	-	-	0.02	8.86	36.84	-	-	0.01	4.17	60.03		-
2만원 초과 ~5만원 이하	1.50%이하	21.42	0.01	0.21	0.92	12.68	20.52	0.01	0.56	3.97	31.98	0.24	-	0.23	0.14	4.06	20.71	-	0.12	1.37	18.04	21.35	0.50
	1.50초과~1.80이하	-	-	-	0.36	5.00	-	0.13	-	0.48	3.90	-	-	-	0.08	2.41	-	-	-	0.36	4.72		0.21
	1.80초과~2.10이하	-	1.05	-	0.78	10.80	-	0.94	-	1.29	10.39	0.14	-	-	0.31	9.08	-	0.89	-	0.76	10.02		1.22
	2.10초과~2.40이하	-	-	-	2.16	29.69	-	-	0.01	2.73	21.97	-	-	-	1.31	38.30	-	-	0.01	2.24	29.40		-
	2.40초과~2.70이하	-	-	-	3.04	41.85	-	-	0.01	3.95	31.76	-	-	-	1.58	46.15	-	-	-	2.88	37.82		
5만원 초과 ~10만원 이하	1.50%이하	11.80	0.01	0.54	0.67	14.05	10.21	0.01	0.72	1.90	26.59	0.01	-	0.16	0.02	1.60	12.04	0.01	0.37	1.04	19.98	12.21	0.32
	1.50초과~1.80이하	-	-	-	0.23	4.81	-	0.08	-	0.28	3.94	-	-	-	0.02	1.51	-	-	-	0.24	4.56		0.14
	1.80초과~2.10이하	-	0.67	-	0.73	15.28	-	0.61	-	0.93	13.01	0.01	-	-	0.09	8.94	-	0.60	-	0.58	11.12		0.81
	2.10초과~2.40이하	-	-	-	2.40	50.22	-	-	-	2.83	39.68	-	-	-	0.46	44.39	-	-	0.01	2.48	47.72		-
	2.40초과~2.70이하	-	-	-	0.75	15.64	-	-	-	1.20	16.78	-	-	-	0.45	43.56	-	-	-	0.86	16.63		
10만원 초과 ~50만원 이하	1.50%이하	18.14	0.25	0.65	1.04	14.96	9.80	0.01	0.11	1.67	22.84	-	0.11	-	0.82		18.73	0.02	0.19	1.45	18.01	17.70	0.45
	1.50초과~1.80이하	-	-	-	0.26	3.78	-	0.09	-	0.24	3.34	-	-	-	-	0.88	-	-	-	0.30	3.73		0.14
	1.80초과~2.10이하	-	0.90	-	2.72	39.08	-	0.60	-	1.73	23.69	-	-	-	0.05	12.60	0.97	0.03	-	1.54	19.13		1.12
	2.10초과~2.40이하	-	-	-	2.52	36.21	-	-	0.01	3.10	42.37	-	-	-	0.19	44.01	-	-	0.01	4.22	52.36		-
	2.40초과~2.70이하	-	-	-	0.42	5.98	-	-	-	0.57	7.76	-	-	-	0.18	41.70	-	-	-	0.55	6.76		-
50만원 초과 ~100만원 이하	1.50%이하	1.53	-	0.02	0.24	19.90	0.77	-	0.01	0.14	16.49	-	0.07	-	0.68		1.61	-	0.01	0.29	21.84	1.86	0.08
	1.50초과~1.80이하	-	-	-	0.06	4.68	-	0.01	-	0.04	4.29	-	-	-	-	0.84	-	-	-	0.06	4.47		0.03
	1.80초과~2.10이하	-	0.10	-	0.55	45.07	-	0.05	-	0.31	37.44	-	-	-	0.04	16.78	0.09	-	-	0.30	22.53		0.15
	2.10초과~2.40이하	-	-	-	0.29	23.77	-	-	-	0.27	33.00	-	-	-	0.11	47.01	-	-	-	0.57	42.81		-
	2.40초과~2.70이하	-	-	-	0.08	6.58	-	-	-	0.07	8.78	-	-	-	0.08	34.69	-	-	-	0.11	8.36		-
100만원 초과	1.50%이하	0.79	-	0.02	0.30	25.84	0.32	-	0.01	0.06	14.36	-	0.01	-	0.15		0.85	-	0.02	0.36	28.04	0.96	0.08
	1.50초과~1.80이하	-	-	-	0.05	4.37	-	-	-	0.02	4.03	-	-	-	-	0.31	-	-	-	0.06	4.54		0.02
	1.80초과~2.10이하	-	0.06	-	0.51	43.66	-	0.02	-	0.18	40.75	-	-	-	0.03	34.78	0.06	-	-	0.29	22.63		0.09
	2.10초과~2.40이하	-	-	-	0.26	22.30	-	-	-	0.15	33.15	-	-	-	0.03	45.08	-	-	-	0.50	38.48		-
	2.40초과~2.70이하	-	-	-	0.04	3.84	-	-	-	0.03	7.71	-	-	-	0.01	19.67	-	-	-	0.08	6.31		-

- **신용카드 평균결제금액** : '14.10월~'15.9월중 총 매입금액/총 매입건수(개인신용카드 기준)
- **가맹점수수료율** : 9.30일 현재 실제 적용 가맹점수수료율
- **가맹점수 비중** : 가맹점번호 기준으로 산출(거래정지 및 해지, 무실적 가맹점 제외)
- **영세가맹점** : 여전법 제18조의3제3항 및 시행령 제16조의12제1항에 따른 연간매출액 2억원이하인 가맹점. 단, 영세가맹점 범위 초과에 대한 유예의 경우는 일반가맹점으로 분류
- **중소가맹점** : 여전법 제18조의3제3항 및 시행령 제16조의13제1항에 따른 연간매출액 2억원을 초과하고 3억원 이하인 가맹점. 단, 중소가맹점 범위 초과에 대한 유예의 경우는 일반가맹점으로 분류
- **특수가맹점** : 여전업감독규정 제25조의4제2항에 따른 (별표5)에 해당하는 경우(특수성을 고려하여 적격비용을 차감조정할 수 있음)
  1. 국가 및 지방자치단체가 신용카드업자와 직접 계약을 체결한 경우
  2. 행정기관이 행정서비스의 이용대금 등을 신용카드 등으로 결제 받으면서 법령·행정규칙·자치법규 등에 신용카드에 대한 거래조건을 명시하여 이에 따라야 하는 경우. 다만, 행정기관의 장은 관련 규정을 제정·개정하기 전에 미리 금융위와 협의하여야 한다.
  3. 제공되는 재화 또는 용역이 국민생활에 필수불가결한 것으로서 공공성을 갖는 경우
  4. 그 밖에 1호부터 3호에 준하는 경우로서 신용카드업자가 객관적이고 합리적인 근거를 기초로 적격 비용을 차감 조정할 필요가 있다고 인정하는 경우
- **일반가맹점** : 영세·중소가맹점 및 특수가맹점을 제외한 가맹점(대형가맹점 포함)
  한국씨티은행은 비씨카드사 가맹점을 이용하고 있으며, 일부 가맹점에 대해서만 자체 운영하고 있음.

- 여전법 제18조의3제3항 및 시행령 제16조의12제1항에 따른 연간매출액 2억원이하인 영세한 중소가맹점에 대해서 카드업계는 자율적으로 가맹점수수료율을 여전법 제18조의3제3항 및 감독규정 제25조의6제1항에 따른 법정우대상한(업계 평균가맹점수수료율의 80%)보다 가맹점수수료율을 낮게 적용

가맹점별 실제 적용수수료율 확인 방법

해당 가맹점의 카드사별 실제 적용 가맹점 수수료율은 여신금융협회에서 무료로 운영중인
가맹점매출정보통합조회시스템(www.cardsales.or.kr)을 통해서 일괄적으로 확인 가능

○ 신용카드 매출액별 (2014.10 ~ 2015.09. 기간 중 / 2015.10.30. 게시)

평균결제금액별	▼ 신용카드 매출액별	영세·중소가맹점 우대수수료율	평균가맹점 수수료율

☑ 프린트

› 2. 신용카드매출액별 가맹점수수료율 구간대 사업자 수 비중 (단위:%)

신용카드 매출액 (신용카드사별)	가맹점수수료율	KB국민카드					NH농협은행					롯데카드					비씨카드				
		영세	중소	특수	일반	구간내비중	영세	중소	특수	일반	구간내비중	영세	중소	특수	일반	구간내비중	영세	중소	특수	일반	구간내비중
2천만원 이하	1.50%이하	65.09	0.09	0.34	3.38	18.14	55.91	0.03	0.95	10.91	28.68	13.71	–	0.17	0.72	9.47	64.06	0.04	0.16	4.53	
	1.50초과~1.80이하	–	–	–	0.98	5.25	–	0.41	–	1.44	3.79	–	–	–	0.34	4.47	–	–	–	0.91	
	1.80초과~2.10이하	–	2.95	–	3.56	19.07	–	2.91	0.01	5.13	13.50	–	0.82	0.01	1.76	23.00	–	2.36	0.01	2.42	
	2.10초과~2.40이하	–	–	–	5.12	27.43	–	–	0.02	9.97	26.22	–	–	0.01	0.71	9.27	–	–	0.01	5.31	
	2.40초과~2.70이하	–	–	–	5.62	30.11	–	–	0.02	10.57	27.80	–	–	0.01	4.11	53.79	–	–	0.01	5.47	
2천만원 초과 ~5천만원 이하	1.50%이하	1.05	0.14	0.26	0.41	6.55	0.01	–	0.33	0.01	0.95	21.84	–	0.40	0.96	12.70	1.30	0.01	0.09	0.62	
	1.50초과~1.80이하	–	–	–	0.26	4.20	–	–	–	0.01	2.00	–	–	–	0.38	5.03	–	–	–	0.36	
	1.80초과~2.10이하	–	0.65	–	1.43	22.83	–	–	–	0.18	24.53	1.01	–	–	0.79	10.46	–	0.91	0.02	1.21	
	2.10초과~2.40이하	–	–	–	1.93	30.79	–	–	–	0.42	58.61	–	–	–	1.46	19.26	–	–	–	2.83	
	2.40초과~2.70이하	–	–	–	2.23	35.63	–	–	–	0.10	13.91	–	–	–	3.99	52.55	–	–	–	2.24	
5천만원 초과 ~1억원 이하	1.50%이하	0.03	0.05	0.33	0.03	1.48	0.10	–	–	–	1.07	11.94	–	0.55	0.66	13.72	0.03	–	0.11	0.10	
	1.50초과~1.80이하	–	–	–	0.03	1.30	–	–	–	–	1.32	–	–	–	0.24	4.92	–	–	–	0.05	
	1.80초과~2.10이하	–	0.02	–	0.56	26.39	–	–	–	0.07	31.17	0.65	–	–	0.50	10.40	0.03	–	0.01	0.33	
	2.10초과~2.40이하	–	–	–	0.86	40.53	–	–	–	0.13	60.73	–	–	0.01	1.59	33.06	–	–	–	1.55	
	2.40초과~2.70이하	–	–	–	0.64	30.31	–	–	–	0.01	5.72	–	–	–	1.82	37.89	–	–	–	0.67	

결제금액	매출액																			
1억원 초과 ~2억원 이하	1,50%이하	-	-	0,23	0,01	0,70	-	-	0,03	-	0,25	15,82	-	0,22	0,96	13,88	0,01	-	0,13	0,05
	1,50초과~1,800이하	-	-	-	0,01	0,84	-	-	-	-	1,81	-	-	-	0,26	3,70	-	-	-	0,01
	1,80초과~2,100이하	-	-	-	0,25	30,42	-	-	0,04	-	38,65	-	0,86	-	0,78	11,35	-	-	-	0,14
	2,10초과~2,400이하	-	-	-	0,37	45,97	-	-	0,06	-	54,36	-	-	-	3,94	56,98	-	-	-	0,65
	2,40초과~2,700이하	-	-	-	0,18	22,07	-	-	0,01	-	4,93	-	-	-	0,98	14,09	-	-	-	0,19
2억원 초과 ~5억원 이하	1,50%이하	-	-	0,17	-	0,67	-	-	0,01	-	0,25	1,58	-	0,03	0,22	17,76	-	-	0,14	0,06
	1,50초과~1,800이하	-	-	-	-	0,71	-	-	-	-	1,47	-	-	-	0,06	4,50	-	-	-	-
	1,80초과~2,100이하	-	-	-	0,14	34,33	-	-	0,04	-	52,94	-	0,10	-	0,17	13,44	-	-	-	0,09
	2,10초과~2,400이하	-	-	-	0,21	52,46	-	-	0,03	-	41,79	-	-	-	0,64	51,37	-	-	-	0,31
	2,40초과~2,700이하	-	-	-	0,05	11,84	-	-	-	-	3,55	-	-	-	0,16	12,92	-	-	-	0,05
5억원 초과 ~10억원 이하	1,50%이하	-	-	0,07	-	0,78	-	-	-	-	0,55	0,81	-	0,02	0,27	24,22	-	-	0,06	0,03
	1,50초과~1,800이하	-	-	-	-	0,56	-	-	-	-	0,55	-	-	-	0,05	4,63	-	-	-	-
	1,80초과~2,100이하	-	-	-	0,05	39,74	-	-	0,02	-	66,58	-	0,06	-	0,15	13,24	-	-	-	0,03
	2,10초과~2,400이하	-	-	-	0,07	53,23	-	-	0,01	-	30,68	-	-	-	0,54	48,53	-	-	-	0,09
	2,40초과~2,700이하	-	-	-	0,01	5,69	-	-	-	-	1,64	-	-	-	0,11	9,38	-	-	-	0,01
10억원 초과	1,50%이하	-	-	0,03	-	0,58	-	-	-	-	1,97	-	-	-	-	-	-	-	0,04	0,01
	1,50초과~1,800이하	-	-	-	-	1,11	-	-	-	-	5,51	-	-	-	-	-	-	-	-	-
	1,80초과~2,100이하	-	-	-	0,07	54,94	-	-	0,01	-	48,43	-	-	-	-	-	-	-	-	0,05
	2,10초과~2,400이하	-	-	-	0,05	40,61	-	-	0,01	-	37,80	-	-	-	-	-	-	-	-	0,07
	2,40초과~2,700이하	-	-	-	-	2,76	-	-	-	-	6,30									

● 평균가맹점 수수료율 (2014.01 ~ 2014.12. 기간 중 / 2015.01.31. 게시)

평균결제금액별	신용카드 매출액별	영세·중소가맹점 우대수수료율	▼ 평균가맹점 수수료율

> 4. 2014년 1월부터 2014년 12월 기간동안의 신용카드 업계 평균가맹점수수료율 ☑ 프린트

신용카드	직불카드	선불카드
2,10	1,52	1,51

신용카드업계 평균가맹점수수료율
여신전문금융업법 제18조의3제3항 및 감독규정 제25조의6에 따라 영세한 중소가맹점의 우대수수료율을 정하기 위한 신용카드업계의 전년도 평균가맹점수수료율로서 감독규정 제25조의6제2항에 따라 영세한 중소신용카드가맹점 및 감독규정 별표 5에 해당하는 가맹점의 카드 매출액과 가맹점수수료 수익은 제외

■ 1. **신용카드업계 평균 신용카드 가맹점수수료율** = (모든 신용카드자의 직전연도 1년 동안의 신용카드 가맹점수수료 수익/모든 신용카드업자의 직전연도 1년동안의 신용카드매출액)×100
 ・ 가. **신용카드매출액** : 여신전문금융업법 제64조의제6호에 따라 여신전문금융업협회가 관리하고 있는 '가맹점 매출거래정보 통합조회 시스템'에서 조회되는 신용카드 매출액 합계 중 다음의 매출액을 제외한 금액
  1)영세한 중소신용카드가맹점의 신용카드매출액
  2)여전업 감독규정 (별표 5) 제1호에서부터 제4호까지에서 정하는 경우에 해당하는 신용카드가맹점의 신용카드 매출액
 ・ 나. **가맹점수수료 수익** : 여신전문금융업법 제64조제6호에 따라 여신전문금융업협회가 관리하고 있는 '가맹점 매출거래정보 통합조회 시스템'에서 조회되는 가맹점수수료 수익 합계 중 다음의 수수료 수익을 제외한 금액
  1)영세한 중소신용카드가맹점으로부터 받는 신용카드 가맹점수수료 수익
  2)여전업 감독규정 (별표 5) 제1호에서부터 제4호까지에서 정하는 경우에 해당하는 신용카드가맹점의 신용카드 가맹점수수료 수익
  3)신용카드가맹점계약과 구분되는 별도의 약정에 따라 신용카드업자가 신용카드가맹점으로부터 받는 수수료료 수익
  ※ 해외 발급카드 매출액과 수수료 수익금액도 제외
■ 2. **신용카드업계 평균 직불카드 가맹점수수료율** = (모든 신용카드업자의 직전 연도 1년 동안의 직불카드 가맹점수수료 수익/모든 신용카드업자의 직전연도 1년 동안의 직불카드 매출액)×100
■ 3. **신용카드업계 평균 선불카드 가맹점수수료율** = (모든 신용카드업자의 직전연도 1년동안의 선불카드 가맹점수수료 수익/모든 신용카드업자의 직전연도 1년 동안의 선불카드 매출액)×100

※ 직불카드(선불카드)매출액 및 가맹점수수료 수익의 산출기준은 평균 신용카드 가맹점수수료율 산출방법을 준용

재무제표 작성과 사업타당성 분석

당신의 마음에 들지 않는 것이 있다면 그것을 바꾸어라.
그것을 바꿀 수 없다는 당신의 마음을 바꾸어라.
불평하지 마라.
— 마야 앤젤루

학습목표	1. 재무제표인 손익계산서와 대차대조표, 현금흐름표를 학습한다.
	2. 수익과 비용이 무엇인가를 학습한다.
	3. 창업할 때 사업타당성이 왜 중요한가를 학습한다.
	4. 수익성과 안정성, 성장성을 학습한다.
	5. 기업의 활동성과 생산성을 학습한다.
	6. 손익계산서를 통한 매출이익, 영업이익, 경상이익, 당기순이익(손실)의 구조를 학습한다.

•••요점정리

1. 기업의 경영활동은 재무활동과 투자활동, 영업활동으로 이루어지며 자본조달과 운영능력, 기업의 규모와 크기를 결정한다. 경영에 필요한 생산시설과 투자결정, 상품 등은 재무적 역할에 따른 자본금과 직원관리, 운영매뉴얼, 판매촉진 활동의 지표가 된다. 재무제표는 기업의 일정시점에 대한 자산, 부채, 자본을 나타내는 대차대조표와 일정기간의 수익과 비용에 따른 순이익을 결정하는 손익계산서로 나타낼 수 있다.

2. 손익계산서란 일정기간 동안 기업의 경영성과를 나타내기 위해 발생한 수익과 비용을 대비시켜 당해연도의 순이익(순손실)을 확정한 보고서이다. 또한 생산활동을 통해 상품생산과 판매, 용역, 서비스제공 등으로 벌어들인 가치를 수익이라 한다. 정상적인 영업활동에서 얻은 매출액과 수수료 수익, 이자 수익, 배당금 수익, 로열티 수익, 임대료 수익 등의 투자활동으로 발생한 영업외 수익 등이 있다.

3. 비용은 기업이 수익을 얻기 위해 소비한 재화나 용역으로 소멸된 원가를 말한다. 즉 경제적 효익을 얻기 위해 유출되었거나 소비된 원가로 당기의 영업활동과 관련되어 수익에 공헌하지 못한 것은 손실이 된다. 여기에는 생산에 필요한 원재료나 임금, 전기, 가스, 수도 등과 같은 직접비와 개별제품에서 직접적으로 파악할 수 없는 원가로 각 부문에 공통적으로 사용된 간접비로 구분할 수 있다. 또한 생산성이 많고 적음과 관계없이 일정하게 발생하는 고정비와 생산량에 비례하여 증가하는 변동비로 나눌 수 있다.

4. 퇴직금은 근로자들의 퇴직 후 안정된 생활을 위해 도입된 제도이다. 직원들이 퇴직할 때 지급받는 금액으로 근무연수에 비례하여 지급된다. 여기에는 퇴직사유로 발생한 날 이전 3개월 동안에 근로자에게 지급된 임금의 총액을 그 기간의 전체 일수로 나눈 금액을 말한다. 이러한 계산은 기업의 임금규정이나 근로자에 따라 각기 다른 상황이 있을 수 있으며, 평균임금에도 기본급을 비롯하여 연차수당, 정기상여금 등이 포함된다.

5. 사업타당성은 성공과 실패여부를 판단하는 기준으로 분석할 수 있다. 성공을 위해서 자본금과 창업가의 능력, 경영마인드, 추진력, 기술, 아이템, 매뉴얼, 직원관리, 마케팅 촉진전략 등에 따른 성공가능성과 발전성, 수익성, 성장성을 평가할 수 있다. 또한 기업의 새로운 투자처나 메뉴개발, 신사업 발굴 등의 발전수요와 성장동력을 찾아 계속적으로 성장하기 위한 평가자료로 활용된다.

첫째, 수익성이란 특정기간 동안의 영업실적을 통해 어느 정도 달성하였는가를 측정하는 지표로 기업의 경영활동을 총괄적으로 분석하여 투입자본에 대한 이익 창출능력을 평가하게 된다. 이것으로 매출 순이익률과 매출액 영업이익률, 총자산 순이익률, 총자본 순이익률, 자기자본 순이익률, 경영자산 영업이익률을 분석할 수 있다. 둘째, 안정성 분석이란 일정시점의 재무상태를 측정하여 이를 판단하고 인식하는 것이다. 이것은 유동비율, 당좌비율, 고정비율, 부채비율, 이자보상비율, 자기자본비율로 분석된다. 셋째, 성장성 분석은 일정기간 동안 기업의 자산, 매출규모가 얼마나 증가하였는가를 나타내는 비율로 경쟁력이나 미래의 수익창출 능력을 간접적으로 나타내는 지표이다. 이것은 매출액 증가율, 총자산 증가율, 순이익 증가율, 자기자본 증가율로 평가할 수 있다.

넷째, 활동성 분석은 회전율을 분석하는 데 필요한 자산, 자본의 물리적 효율성을 말한다. 결과를 말하는 것이 아니라 매출액 대비 자산, 자본이 얼마나 묶여 있는가를 분석하는 방법이다. 이것은 총자본 회전율, 매출채권 회전율, 재고자산 회전율로 분석할 수 있다. 다섯째, 생산성 분석은 생산활동을 위해 투입된 수량과 산출량의 효율성을 평가한다. 이것으로 직원 1인당 매출액을 등을 분석할 수 있다.

1. 재무제표

1) 재무제표의 이해

(1) 재무제표의 이해

기업의 경영활동은 재무활동과 투자활동, 영업활동으로 이루어진다. 자본조달과 운영은 규모와 크기를 결정하는데 얼마만큼 잘 진행할 수 있는가와 생산시설의 개선과 확대 등에 따른 신규투자, 신사업결정에 영향을 미친다. 기업은 재무적 위험 속에서도 계속 성장해야 한다. 재무제표는 기업목적을 달성하기 위한 최소한의 시설장비와 직원관리, 판매촉진활동으로 평가된다. 이를 통해 재무건전성과 안전성, 성장성, 활동성 등 주주 및 투자자, 채권자들의 합리적 의사결정에 유용한 자료가 된다.

① 재무제표의 종류

재무제표(financial statement)는 기업을 경영하는 데 있어 회계원칙에 따라 재무상태를 파악하기 위해 간단하게 표시한 재무적 보고서를 말한다. 기업 내 재무상태와 현황을 정확하게 보고하기 위해 작성되며, 투자자, 고객, 정부, 공급자, 직원, 경영자 등의 합리적인 의사결정에 필요한 자료로 활용된다. 여기에는 재무상태표와 손익계산서, 자본변동표, 현금흐름표 등이 있다. 재무상태표는 일정한 회계 시점부터 자산과 부채, 자본의 변동상황을 나타낸다. 손익계산서는 일정한 회계기간 동안 발생한 수익과 비용을 대조하여 순이익을 평가할 수 있다. 현금흐름표는 일정 기간 동안 기업의 경영활동에 따라 발생하는 현금흐름을 파악하기 위해 나타내는 표이다. 자본변동표란 자본규모와 변동상황을 제공하는 재무제표로 투자를 위해 주주들에게 제공되는 재무제표 서식을 말한다. 대차대조표와 손익계산서, 현금흐름표 등은 자금의 변동사항과 수익구조를 나타낸다.

회계기준은 일반적으로 인정하는 원칙(GAAP : generally accepted accounting principles) 하에 2007년 11월 23일 한국채택국제회계기준(K-IFRS)으로 제정되어 모든 기업들이 준수하게 한다. 거래발생과 성립, 취득, 교환가치의 평가는 역사적 인식에 따라 원가주의에 의한 경제적 사건을 식별하고 생산, 판매, 회수기준에 따라 수익을 인식한다. 대응하는 비용원가는 재무상태와 손익계산에 따라 정보를 공정하고 완전, 명확하게 표시하는 발생주의 회계가 성립된다.

② 대차대조표의 역할

대차대조표는 특정한 회기연도의 시점을 기준으로 기업의 재정상태와 현금의 증감상황을 나타낸다. 반면에 손익계산서는 일정기간 동안에 기업의 경영상태를 파악하여 손익을 나타난다. 외부감사 대상인 재무제표는 금융감독원 전자공시시스템으로 조회가 가능하며, 발생주의에 의해 성립된다. 예외적인 상황도 있지만 대부분은 은행 및 금융권에서 차용된 자본금으로 충당되고 있다. 문제는 돈을 빌려준 은행이나 주주들의 권리이다. 원금이나 이자상환 등에서 문제가 없어야 하며, 보유주식만큼 배당받을 수 있다. 이와 같이 소유와 경영에 따라 대리인 문제가 발생되는데 기업의 이해관계자들은 영업활동이 잘 되고 있는지 숫자로 표시된 재무상태표를 통해 객관적으로 평가할 수 있다.

③ 상장법인의 감사 의무화

상장법인은 「외부감사에 대한 법률」에 의해 공인회계사의 감사를 의무화한다. 감사보고서의 적정의견을 확대 해석하여 '투자해도 좋다'라는 오해가 생길 수 있다. 적정의견은 해당 재무제표의 형식이 기준에 위배되지 않았다는 것이다. 부실기업도 조작 없이 작성되면 적정의견이 나올 수 있다. 감사보고서는 많은 사람들의 의사결정에 중요한 자료로 활용되기 때문에 정확하게 작성되어야 한다.

기업은 조금씩 상이하지만 비금융업과 금융업으로 나눌 수 있다. 비금융업은 제조업, 유통업, 서비스업, 수주업으로 분류된다. 재무제표에 나타난 항목들은 그 자체에서도 분석에는 의미가 없다. 다른 항목과의 관계나 과거 · 현재 · 미래상태를 비교할 때 기간별 변동상황이나 방향성, 크기에 따라 달라진다. 이러한 분석을 통해 상관관계나 구성비, 추세, 비율 등을 분석할 수 있다.

(2) 구성비 분석

구성비 분석은 백분율 또는 수직적 분석으로 재무제표에 대한 각 항목의 구성비

(백분율)를 평가하는 것이다. 전체에서 차지하는 비율로 재무상태나 경영성과를 파악하는 데서 사용된다. 총자산에서 각 항목이 차지하는 비율을 백분율로 나타낼 수 있다. 손익계산서는 매출액에서 각 항목이 차지하는 금액이나 비율로 상호관계에서 총액에 대한 백분율로 표시할 수 있다. 상대적 크기나 중요도, 변화추세, 기업 간 영업상황, 기간별 실적 등을 비교할 수 있으며, 표준을 요구하지만 기업특성을 고려하여 최적의 상태를 유지해야 한다. 〈표 11-1〉은 재무상태표와 손익계산서 구성비 분석의 예이다.

〈표 11-1〉 구성비 분석

계정과목	2016년 12월 31일	2017년 12월 31일
자산		
* 당좌자산	11.5%	13.2%
* 재고자산	12.5%	10.8%
* 유형자산	50.2%	58.5%
* 무형자산	17.5%	11.3%
* 투자사산	8.3%	6.2%
합계	100%	100%
부채		
* 유동부채	36.2%	38.5%
* 비유동부채	24.5%	17.7%
자본금		
* 자본잉여금	25.3%	21.2%
* 이익잉여금	9.2%	6.2%
* 자본조정	4.8%	16.4%
합계	100%	100%

〈표 11-2〉 손익계산서

계정과목	2016년	2017년
수익(매출액)	100%	100%
* 매출원가	45.7	46.8
매출이익	54.3%	53.2%
* 판매관리비	24.7	25.6
영업이익	29.6%	27.6%
* 영업외 수익	10.6	5
* 영업외 비용	12.5	6.9
경상이익	27.7%	29.5%
* 특별이익	2.5	1.2
* 특별비용	3.5	1.5
법인세 차감 전 순이익	26.7%	29.2%
* 법인세 비용	2.8	1.6
당기순이익(손실)	23.9%	27.6%

(3) 재무비율 분석

재무비율은 구성항목들 간의 상호관계를 일정한 비율로 나타내어 경영의 전반적인 성과를 분석하는 방법이다. 계정과목을 통해 산업의 표준과 타 기업과의 비율을 비교, 평가할 수 있다. 여러 측면에서 다양하게 분석되며, 수요자의 목적에 따라 그 중요성은 달라진다. 금융기관은 투자금에 대한 상환능력과 경영자의 경영의지, 이익 창출능력 등을 확인하는 지표로 사용된다. 계정 간의 관계를 통해 기업의 안정성과 성장성, 수익성, 생산성, 시장가치 등을 분석할 수 있다. 이것은 대차대조표와 손익계산서, 현금흐름표, 주가, 부가가치, 매출액 등의 관련지표를 통해 확인할 수 있다. 특히 대차대조표에서는 유동성과 안전성, 레버리지(leverage)를 분석할 수 있으며, 손익계산서에서는 기업의 수익성과 활동성, 생산성, 성장성을 평가할 수 있다.

① 분석의 의의

재무 분석은 금융기관이 기업의 대출이나 주주의 투자, 정부의 세금결정, 소비자의 기업평가 등 그 기준을 표준화하기 위해 개발된 분석방법이다. 금융기관은 물론, 기업활동을 진단하거나 조세결정, 산업구조 개편, 조정 등에서 광범위하게 사용된다. 계량화된 정보는 저렴하고 신속하게 활용되어야 하며, 타 정보에 비해 객관성이나 신뢰성이 높아야 한다. 경영활동을 일목요연하게 수치화함으로써 상호 간의 비교를 가능하게 한다. 분석을 통해 나아갈 방향을 제시할 수 있으며, 산업 내 특정한 위치와 경쟁력의 지표로 사용된다.

1997년 IMF와 2008년 글로벌 경제위기 이후 기업의 감사보고서는 정확한 정보제공을 요구한다. 분식회계는 수업의 좋은 사례로 소개되는데 아무리 좋은 분석이라도 조작되거나 거짓된 자료는 신뢰성을 떨어뜨린다. 엄격한 기준과 명확한 자료라 할지라도 특정 회계연도의 기말을 평가하기 때문에 회기 중의 변화를 정확하게 진단하지 못한다는 단점이 있다. 또한 과거의 자료는 미래를 확대 해석할 가능성이 높기 때문에 잘못된 경영전략을 수립할 수 있다. 이를 보완하여 산업의 전반적인 동향과 경기 상황, 트렌드 등을 고려하여 분석되어야 신뢰성을 높일 수 있다.

② 분류체계

재무비율 분석은 대차대조표와 손익계산서 자료를 혼합하여 시장가치를 분석할 수 있다. 시장가치는 주가수익률(PER : price earning ratio)과 주가대비 장부가치(PBR : price-book value ratio) 등 주식가격의 적정성을 통해 기업을 분석하게 된다. 목적에 따라 유동성 비율, 부채비율, 재무보상비율, 수익성비율, 레버리지비율, 활동성비율, 성장성비율, 주식평가비율로 분류된다. 자산운영과 부채는 효율성에 맞추어 유동성 비율로 분석되며, 수익성은 시장가치에 따라 비율을 평가할 수 있다. 따라서 재무제표 분류법은 그 목적에 따라 어떤 항목이 자산운영 및 자본조달 원천과 관련되었는가를 알 수 있다.

유동성은 현금예산(cash budgets)과 전환, 순환으로 유동자산과의 관계를 파악할 수 있다. 자산관리 비율로 기업이 보유한 효율적인 관리가 유지되고 있는가를 알 수 있다. 부채비율은 기업의 자본에 대해 주주들이 통제권을 가지는지, 채권자들이 주주들보다 더 많은 자금제공으로 위험과 변화를 가지는지 등을 알 수 있다. 수익성은 유동성과 자산관리, 부채관리 등이 나타난 항목들을 총괄하여 분석할 수 있다.

(4) 추세분석

재무제표로 나타난 추세분석은 앞으로도 계속되리라는 가정하에 과거의 시계열자료들을 분석하며, 그 변화의 방향을 탐색하여 미래를 예측하는 방법이다. 투사법(Projective Techniques)[7], 외삽법(extrapolation)[8]으로 사용되며, 정책입안과 결정권자에게 정보를 제공할 수 있다. 이러한 변화는 주가의 움직임으로 변화되는 추세를 관찰하며, 매매시점을 포착할 수 있다.

첫째, 추세선은 주가의 바닥을 이은 지지선과 천장을 이은 저항선으로 설정된다.

둘째, 주가의 상향과 하향, 평행선의 추세를 판가름할 수 있다.

셋째, 추세선의 전환은 다른 사람들보다 한 발 앞서 감지할 수 있다. 이러한 추세치(trend)는 시계열자료로 장기적인 변화와 흐름을 나타낼 수 있다. 정보자료가 장기적으로 커지는지, 작아지는지, 변화가 있는지, 없는지를 통해 선형모형(linear model)과 지수모형(exponential model)의 함수관계를 알 수 있다. 이러한 모형을 찾는 것이 추세(경향)분석이다.

---

7) 투사법(Projective Techniques)은 특정 주제에 직접 질문하지 않고 단어, 문장, 이야기, 그림 등 간접 자극으로 응답자의 신념과 감정의 반응을 얻는다. 목적을 알지 못한 상태에서 자유롭게 정보를 획득하며, 제3자를 통해 타인행동을 분석할 수 있다. 간접측정방법은 관찰조사와 투사법으로 대표된다. 응답자가 의식하지 못하거나 숨기고 싶은 태도를 측정하는 데 사용한다. Murray와 Frank(1930)의 심리테스트에서 소개되었으며, 애매한 자료분석에 활용된다. 불명확한 해석을 특징하거나 의식적, 잠재적 개성을 파악할 수 있다. 이것은 Freud의 꿈 해석과 Jung의 단어 연상법으로 시작된 잉크/얼룩(Ink-blot)의 Rorschach Test에서 근거하고 있다.

8) 외삽법(extrapolation)은 이전 데이터를 통해 어느 순간 새로운 것을 예측하는 기법이다. 특이점이 나타날 경우 더 이상 외삽할 수 없기 때문에 실패로 보는 사물을 발견하는 데 사용된다.

〈표 11-3〉 연도별 매출액 추세 손익계산서 (단위 : 백만 원)

계정	2014년	2015년	2016년	2017년	2018년
수익(매출액)	1,000	1,050	1,100	1,200	1,250
순이익	20	25	32	50	35

원 시계열 분석은 추세를 제거함으로써 추세가 없는(detrending) 시계열 형태를 얻을 수 있다. 정상적 시계열(stationary time-series)로 다른 변동상황을 찾기 위한 모형식으로 적용된다. 객관적인 근거를 위해 시계열자료에 차이점을 두거나, 상관관계(autocorrelation)분석으로 계산된다. 둘 이상의 기간에 대해 재무제표상 계정을 비교, 평가하는 방법으로 기간의 변화추세를 파악할 수 있다. 2개년 이상의 계정과목이나 각 항목의 재무비율을 비교, 평가할 수 있다. 장기간에 걸쳐 기업변화를 살펴볼 수 있으며, 매출과 수익이 증가하면 순이익이 증가한다. 수익 증가율보다 순이익 증가율이 크다는 것을 알 수 있으며, 제조원가 중에 고정비가 상대적으로 크다는 것은 기술개발에 따라 원가절감이 이루어졌다는 의미이다.

〈표 11-4〉 추세분석 (단위 : %)

계정	2014년	2015년	2016년	2017년	2018년
수익(매출액)	100	105	110	120	125
순이익	100	125	160	250	175

2. 손익계산서

1) 손익계산서

손익계산서(income statement)는 기업의 일정기간 내 경영성과를 나타내기 위해 발생한 수익과 비용을 대비시켜 당해연도 순이익(순손실)을 확정한 보고서이다. 일정기간 동안의 경영성과를 나타내는 재무제표로 어떤 활동을 통해 수익을 발생시켰는가 등 발생비용을 알기 쉽게 기록한 표이다. 경영성과를 명확하게 표시하기 위해 수익에 대응하는 비용을 상세하게 기록하였다. 영업이익은 매출 총이익에서 판매비와 일반 관리비를 뺀 금액으로 생산활동과 판매, 판매 후의 서비스까지 영업활동과 관련되어 있다. 경상수익은 영업활동 외, 이자수익이나 배당금, 임차료, 수수료 등에서 얻어진 수익이다. 특별수익은 자산매각이나 자연재해에 따른 보상, 면제 등 본래의 경영활동과 관계없이 법인세, 소득세, 방위세, 주민세 등을 차감하여 당기 순이익을 표시한다.

손익계산서에 나타난 매출 총이익(매출액에서 매출원가를 차감)으로 생산활동과 성과를 측정할 수 있다. 수익을 발생시키는 원인은 매출액 외에 이자수익과 배당금 수익, 임대료 등으로 영업활동과 관련 없이 증가하지만 반대로 투자에 따른 이자비용과 배당금 손실, 임차비용 등이 발생한다. 이와 같이 그 기능은 순손익을 명백히 할 뿐만 아니라 발생과정을 분석하거나 추적 등 영업의 전 과정을 알려주게 된다.

이는 기업의 목표달성에 요구되는 기준과 경영전략수립, 방향설정 등 투자자들의 의사결정에 중요한 자료가 된다. 이것은 계정식(計定式)과 보고식으로 분류되며, 기업회계 기준은 보고식을 원칙으로 한다. 계정식은 총계정 원장의 차변과 대변을 그대로 옮겨놓은 형식으로, 총비용과 총수익을 대조하는 방식을 통해 관계자들의 이해를 돕고 있다.

2) 수익

(1) 수익의 의미

수익(revenue)은 기업의 생산활동으로 상품을 생산, 판매, 용역, 서비스 제공 등을 통해 벌어들인 가치를 말한다. 정상적인 영업활동의 매출액과 수수료 수익, 이자 수익, 배당금 수익, 로열티 수익, 임대료 수익 등에서 발생된다. 또한 생산부재 시 재화나 용역을 제공하여 기업이 받는 대가(매출액)로 측정된다.

이익은 수익의 원천으로 수익 - 비용 = 이익이라는 등식이 성립된다. 한 기간 내 획득한 수익은 손익계산서상의 대변에 기재하고 영업수익과 영업외 수익으로 구분된다. 영업수익은 기업의 정상적인 생산 및 제조, 판매활동, 용역, 서비스 제공으로 얻어진 수익을 말한다. 영업외 수익은 그 밖의 원천으로 자본의 소유관계나 금융상으로 나타난 이자수익, 배당금수익, 임대료 등 기간 외 수익으로 구분된다.

(2) 수익 인식

수익은 상품을 판매하거나 용역, 서비스를 제공하는 시점에 실현된다. 장부에 기록하는 것은 수익으로 인식한다는 것이다. 판매시점에 인식한다는 것은 다음의 조건을 갖추었다는 것이다.

첫째, 수익금액은 신뢰성을 확보했을 때 인식하게 된다.

둘째, 수익금액은 회수할 가능성이 높을 때 인식한다.

① 영업수익

영업수익(operating revenue)은 기업의 경영활동과정에서 발생한 수익을 말한다. 기업활동을 통해 창출되는 본원적 수익으로 제조 및 생산 활동, 판매, 용역 등 매출액이 주 수입원이 된다. 운송업, 전력사업, 보관업 등과 용역업은 운송료, 전기료, 보관료 수익, 용역제공 등을 주 업무로 한다. 이는 업무와 역할에 따라 다르게 결정되는데 영업활동을 통해 증가한 자산을 대표적인 매출액으로 나타낸다. 매출수익은 현금을 비롯하여 외상매출금이나 재화, 용역을 제공한 시점에서 나타난다. 제조업은 생산활동의 결과로 얻어진 수익과 건설업의 공사대금, 무역상사의 구매 및 판매대금 등을 말한다. 이러한 기업회계 기준은 영업수익(순매출액)을 상품판매나 용역제공 등으로 실현한 것이다.

② 영업외 수익

영업외 수익(non-operating income)은 기업의 경영활동 외, 부수적으로 발생한 순자산 증가로 성격상 비정상적인 것이나 비반복적인 항목들을 포함하고 있다. 여기에는 이자수익, 유가증권 이자, 평가이익, 할인료, 수입지대, 배당금수익(주식 배당액은 제외), 임대료, 단기 투자자산 처분이익과 유가증권 평가이익, 외환차익과 환산이익, 지분법 이익, 장기투자 증권손상 차손환입, 유형자산 처분이익, 사채상환이익, 전기 및 오류의 수정이익 등이 포함된다. 매출할인이나 매입할인은 각각 매출액이나 매출원가에서 차감된다.

〈표 11-5〉 영업외 수익

계정과목	내 용
이자수익	은행예금이나 대여금에 대한 이자를 받은 것
배당금 수익	주식을 출자하여 받은 수익
임대료 수익	건물 및 부동산을 임대해 주고 받은 수익
단기 매매증권 처분이익	유가증권의 처분가액이 취득가액을 초과하는 금액
단기 매매증권 평가이익	기말의 유가증권 시가가 장부가액을 초과한 금액
외환차익	외화부채를 상환할 때 환율의 차이에서 발생한 이익
투자자산 처분이익	투자 부동산 등 투자자산의 처분이익
유형자산 처분이익	유형자산의 처분이익
사채 상환이익	사채상환으로 발생한 이익
보험차익	보험금액이 장부금액보다 높을 때 발생한 이익
잡수익	기타 수익

3) 비용

(1) 비용의 의의

비용(expense)은 수익을 얻기 위해 기업이 소비한 재화나 용역으로 소멸된 원가를 말한다. 경제적 효익을 얻기 위해 유출되었거나 소비된 원가는 당기의 영업활동과 관련되어 수익에 공헌하지 못한 것은 손실이 된다. 기업회계 기준으로 제시한 비용은 발생주의 원칙으로 인식된다. 매출원가, 판매비와 관리비 등 수익창출과정에서 직접 발생한 비용과 감가상각비 등의 기간대응, 사무원 급료, 광고 선전비 등과 같이 간접대응으로 세분할 수 있다.

비용은 어느 회계연도의 비용으로 기록하느냐에 따라 수익이 발생되는 연도로 인식하는데 이를 수익·비용대응의 원칙이라 한다. 예를 들어 매출이 발생하면 원가를 대응시켜 매출의 총이익을 계산한다. 또한 판매한 상품원가 및 관리를 위해 지출된 비용으로 영업활동을 통해 소비된 가치의 크기를 말한다. 회계 및 경제학에서는 상품을 생산하는 데 필요한 여러 요소 중에 지불된 토지, 건물, 기계 등의 감가상각비와 임금, 이자, 보험료 등을 말한다. 이것은 직접비와 간접비, 고정비, 가변비용으로 분류된다.

① 직접비(direct cost)

생산에 필요한 원재료비나 임금, 전기, 가스, 수도 등을 직접비라 한다. 제품의 생산 및 판매를 위해 직접 소비된 비용으로 인식되는 원가를 말한다. 구성비에 따라 직접재료비와 직접노무비, 직접경비로 분류된다. 직접재료비는 원재료의 매입과 부품비 등이고, 직접노무비는 고정 직원의 임금, 직접경비에는 외주가공비, 특허권 사용료 등이 포함된다.

② 간접비(indirect cost)

간접비는 개별 제품에 대해 직접 파악할 수 없는 원가로 각 부문에 공통적으로 사용된 비용을 말한다. 이는 간접재료비와 간접노무비, 간접경비로 구성되며, 제품 제조와 관련하여 발생한 제조간접비, 그리고 판매와 관련된 간접비로 분류된다. 간접비 배분은 일정 기간 비용을 부문별로 파악하여 다음 기간의 연도 기준에 대한 수량으로 나누어 백분율을 구할 수 있다.

간접재료비는 청소용 연료나 공장 소모품 등을 말한다. 간접노무비는 건물 경비원, 화기책임자 임금, 부대비용 등을 말한다. 간접경비는 감가상각비, 보험료, 토지임대료, 집세, 수선비, 동력비, 광고비, 복지후생비, 전기세, 수도세, 가스비 등과 생산에 직접 관여하지 않은 직원의 급여 등을 말한다.

③ 고정비

생산성이 많고 적음과 관계없이 일정한 금액으로 발생하는 급료나 이자, 관리비, 보험료, 감가상각비, 임차료 등을 말한다.

④ 가변비용

원자재비와 수도, 전기, 가스비 등의 동력비로 생산량에 비례하여 증가하는 변동비 (비례적 가변비용)를 말한다. 급료 및 보수비와 같이 생산량의 증대에 비례하지 않는 증가율을 준변동비라 한다.

(2) 판매관리비

기업의 전반적인 경영과 영업활동에서 소비된 비용으로 상품, 용역, 서비스 등 판매로 발생하는 비용을 일괄적으로 영업비라 한다. 이는 제조활동에 따라 발생하는 제조비용과 구별된다. 일반 관리비는 본사의 생산활동을 지원하기 위해 소비되는 비용으로 임원 및 사무원의 급여와 복리후생비, 건물 및 설비시설의 감가상각비, 일반 관리부문의 접대비와 통신비, 사무용품, 조세공과금 등이 여기에 속한다. 판매비는 판매활동에 따라 발생하는 비용으로, 판매원의 급여나 포장운송비, 광고 선전비 등을 말한다.

일반관리비는 기간비용으로 매출 총이익에서 이를 공제한 영업이익을 산출할 수 있다. 영업이익을 증대시키기 위해서는 제조원가를 절감하는데 관리자들은 일반관리비와 판매관리비의 절감을 위해 노력해야 한다. 상품의 생산활동이나 용역 등 기업의 경영활동과 유지, 보수관리를 위해 발생하는 비용으로 급여나 임차료, 보험료, 이자수수료, 광고비, 감가상각비, 소모품비 등을 말한다.

① 급여

직원 및 임원, 대표이사 등에게 근로의 대가로 제공하는 보수(재화)를 말한다. 기본급과 수당, 상여금, 인센티브 등을 포함하는데 급여를 지급할 때는 직원이 부담하는 소득세나 지방세뿐만 아니라 국민연금, 건강보험료, 고용보험료, 산재보험료 등 4대 보험료는 회사에서 원천 징수한 다음 나머지 금액을 직원에게 지급한다. 원천 징수한 돈은 예수금 계정에 기록한 다음 세금으로 납부한 후 예수금 계정에서 차감한다. 특히 급여를 지급할 때 경영자들은 직원을 위해 4대 보험료를 별도로 하여 복리후생비로 처리한다.

② 퇴직급여

퇴직금이란 근로자들이 퇴직 후 생활 안정을 위해 도입된 제도이다. 직원들이 퇴직할 때 지급받는 금액으로 근무연수에 비례하여 지급된다. 퇴직금은 매월 지급하는 것이 아니라 매 결산기마다 앞으로 지급할 퇴직금을 예상하여 충당 부채인 퇴직급여 채무를 설정하여 처리한다. 실제 퇴직금을 지급할 때는 퇴직급여 채무계정을 감소시켜 마감처리한다.

퇴직금은 상시근로자 수와 상관없이 1인 이상 전 사업장에서 1년 이상 근로한 직원들에게 지급하도록 규정하고 있다. 2010년 11월 30일 이전에는 현실을 감안하여 상시근로자 5인 이상 사업장에서 1년 이상 근로자에게 지급되었으나, 12월 1일부터는 상시근로자 5인 미만 영세사업장에서도 근무한 근로자에게 퇴직금을 지급하도록 규정하고 있다.

● 퇴직금 계산방법

퇴직금은 평균 임금을 기준으로 산정된다. 사유가 발생한 날 이전 3개월 동안에 근로자에게 지급된 임금의 총액을 그 기간의 전체 일수로 나눈 금액을 말한다. 이러한 계산은 평균임금을 기준으로 근로자마다 각기 다른 상황이 존재할 수 있기 때문이다. 평균임금에는 기본급을 비롯하여 연차수당(전년도 연차휴가를 사용하지 못해 지급받은 수당), 정기 상여금 등이 포함된다. 반대로 실비의 변상적 비용인 출장비나 출근 일수에 따라 변동되는 차량유지비, 중식대 등은 제외된다.

☑ 최종 3개월간 임금 : 퇴직 전일로부터 3개월간 받은 임금(임금에 해당되지 않는 금품 제외) = a

☑ 퇴직 전일로부터 1년간 지급된 상여금 × 3/12 = b

☑ 퇴직 전일로부터 전년도 연차휴가를 사용하지 못해 지급받은 수당 × 3/12 = c

☑ (a + b + c)/퇴직 전 3개월간의 일수(89~92일) = d. 여기에서 d가 평균임금이 된다.

첫째, 평균임금을 계산하는 것이 퇴직금 산정의 중요한 요소이다.

둘째, b와 c의 포함 여부로 퇴직금액의 편차가 크게 차이날 수 있다.

셋째, 평균임금이 통상임금에 미달될 경우 통상임금을 기준으로 퇴직금을 산정한다.

● 퇴직금 계산사례

2011년 1월 1일에 입사하여 2017년 12월 31일까지 근무하고 2018년 1월 1일 퇴사한 홍길동 씨가 있다. 퇴사일 기준으로 월 기본급 250만 원을 수령하였으며, 각종 수당은 월 50만 원과 연간 총 1,200만 원의 상여금을 받았다. 2017년에 부여된 18일의 연차휴가 중 사용하지 못한 15개를 2017년 12월 급여에 80만 원 수당으로 지급받았다. 홍길동 씨의 퇴직금을 계산하면 얼마인가?(퇴직금 계산기 이용)

- 계산 결과

▶ 근무기간은 2011년 1월 1일부터 2017년 12월 31일까지이다.

▶ 기본급은 월 250만 원이며, 각종 수당은 50만 원, 상여금은 1,200만 원이다.

▶ 퇴직연도는 사용하지 않은 연차 수당 80만 원이 된다.

▶ 계산결과 약 28,164,865원이 된다.

③ 복리후생비

직원들의 복지를 위해 다양한 종류로 지출되는 비용을 말한다. 4대 보험을 비롯하여 임·직원의 회식비, 경조사비, 선물비, 야유회비, 휴게시설, 다과, 차 등의 경비를 말한다.

④ 임차료

점포나 기계장치, 렌터 장비 등을 사용할 때 재산 소유자에게 지급하는 비용을 말한다.

⑤ 광고 선전비

제품의 판매촉진을 위해, 회사의 광고와 홍보, PR 등 TV나 라디오, 인터넷, 신문, 잡지, 인쇄물, 견본품 등으로 광고를 하거나 인쇄하는 데 들어간 비용을 말한다.

⑥ 접대비

업무와 관련하여 접대할 목적으로 지출한 비용으로 거래처의 경조사비나 축의금, 선물비, 식사비 등을 말한다. 접대는 현금으로 지출하지 않았다 하여도 접대행위가 있을 경우 당해연도 비용으로 처리한다. 회사는 불특정 다수인에게 광고와 홍보, PR의 목적으로 선물 등을 사주는 경우, 접대비가 아니라 광고 선전비로 처리한다.

⑦ 여비 및 교통비

기업 직원들의 영업을 목적으로 지급되는 임·직원의 여비 및 교통비를 말한다.

⑧ 수도광열비

냉·난방 연료비, 수도세, 가스비, 전기료 등의 지출비용을 말한다.

⑨ 차량유지비

기업의 영업을 목적으로 운행하는 유류비나 주차비용, 부품교체비 등을 말한다.

⑩ 보험료

건물이나 기계장치, 비품, 상품 등의 임대 비용이나 화재, 손해 보험료 등을 말한다.

⑪ 도서인쇄비

신문이나 잡지 등의 구독료와 인쇄, 복사비 등을 말한다.

⑫ 운반비

상품이나 비품 등을 운반할 때 사용된 항공 운임료, 차량 배송료, 택배비 등을 말한다.

⑬ 통신비

모바일폰, 일반전화, 인터넷전화 외 우편요금이나 인터넷 사용료 등을 말한다.

⑭ 소모품비

각종 사무용품이나 소모품비 등의 구입비용을 말한다.

⑮ 수수료 비용

신용카드 수수료, POS시스템 임대료, 법률, 회계, 세무 등의 자문수수료 등을 말한다.

⑯ 세금 및 제세 공과금

국가나 지방자치단체에 납부하는 각종 세금류와 회비, 음식중앙회 및 지회비를 비롯하여 각종 협회비 등을 말한다. 세금과 공과금은 당해연도 비용으로 처리하는 것이 대부분이지만 취득세와 등록세처럼 자산 취득시점 원가로 처리하는 경우가 많다.

(3) 영업외 비용

영업외 비용은 기업의 주된 경영활동인 매출수익 외, 부수적인 경영활동에서 발생한 비용을 말한다. 이자비용, 단기매매 증권처분손실 및 평가손실, 재고자산 감모손실, 외환차손 및 외환 환산손실, 기부금, 투자자산 처분손실, 유형자산 처분손실, 사채상환 손실 등을 말한다.

(4) 법인세 비용

법인세 비용(corporation tax)은 주식회사와 같이 법인기업의 소득에 부과하는 세금을 말한다. 사업연도의 순손익을 기준으로 과세소득 금액을 계산하며, 과세금액에 세율을 곱하여 당기에 부담해야 할 법인세액으로 주민세가 포함된다. 회계상 손익계산서에 보고하는 법인세 비용과 기업이 당해연도 소득에 대해 실제 납부해야 하는 법인세 비용이 반드시 일치하는 것은 아니다. 하지만 회계에서 제시하는 순이익과 법인세법상의 과세소득 및 구조가 상이하기 때문에 발생된다. 수입이자에 대한 원천징수 등으로 선납하는 법인세는 선급비용인 법인세 계정으로 처리하며, 당기소득에 대해 납부해야 할 법인세 중 미납액은 당기법인세 부채계정으로 보고한다.

3. 사업타당성 분석

1) 사업타당성 분석

(1) 사업타당성 분석

사업타당성(feasibility study)은 사업의 성공가능성과 실패여부를 판단하는 기준으로 삼기 위해 분석된다. 성공창업을 위해서는 필요자금이나 경영자의 마인드, 추진능력, 기술, 시장안전성, 수익성, 성장성을 분석해야 한다. 기업의 새로운 투자기회와 신기술, 아이템 발굴 등 미래의 발전수요와 성장의 동력을 찾아야 계속적으로 성장할 수 있다. 경영자들은 새로운 사업진출의 기회를 포착하며, 기술개발에 따른 사업 확장 등을 결정하는 데 평가자료로 활용한다. 기업운명과 직결되기 때문에 자금과 인력, 설비시설 등 자원관리와 투입비용에 따른 회수여부를 결정할 때 분석된다.

소비자들은 끊임없이 자신의 욕구와 취향, 기호, 트렌드를 반영해주기를 원한다. 이러한 사회적 현상은 상품의 수명주기를 단축시키지만 변화를 통해 욕구를 반영하며, 새로운 기회를 창출하게 된다. 사업은 잘 나갈 때 다음을 준비하는 자세가 중요하다. 일시적인 도취로 제품개발에 소홀하면 도태되기 쉽다. 지식사회를 기반으로 핵심역량을 발굴하며, 선제적인 결정으로 성공창업을 이끌 수 있다. 이러한 평가기준은 다음과 같다.

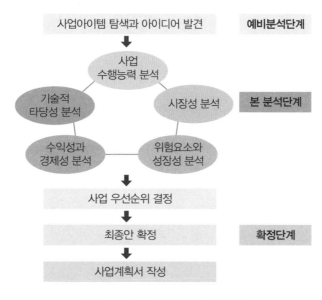

〈그림 11-1〉 사업계획서 작성과정

첫째, 새로운 사업에 대한 창업자의 수행능력을 평가해야 한다.

둘째, 제품생산에 필요한 기술과 아이템의 활용가능성을 분석해야 한다.

셋째, 시장환경과 경쟁자를 분석하여 중장기적인 발전가능성을 분석해야 한다.

넷째, 적정한 수익성을 확보할 수 있는 아이템을 분석해야 한다.

다섯째, 위험요소를 파악하여 성장가능성을 제시해야 한다.

사업계획서를 작성할 때 "실패는 성공의 어머니"라는 에디슨의 이야기를 인용하지만, 그 반대가 될 수도 있다. 과거의 성공에 연연하거나 단맛에 취해 변화에 둔감해지면 경쟁에서 뒤처질 수 있다. 실패를 딛고 성공한 이야기는 책이나 드라마, 영화로 소개된다. 하지만 반대의 경우는 크게 조명받지 못한다. 당사자는 결코 유쾌하지 못하지만 성공을 위해서는 실패를 통해 그 전략을 배워야 한다.

코닥은 사진과 필름의 대명사로 성공한 세계적 기업이다. 미국 뉴욕주 북부에 위치한 Rochester시와 로체스터대학교는 코닥의 파산으로 재정에 타격을 받았다. 휴대폰 세계 1위였던 모토롤라와 노키아는 스마트폰 시대의 변화에 적응하지 못해 실패했다. 삼성이 세계적 기업으로 우뚝 선 배경에는 끊임없는 변신과 기득권 버리기가 있었기 때문이다. 서울 도심에서 흐르는 물소리와 붕어, 잉어, 쉬리를 보고, 버들가지를 만져볼 수 있게 한 청계천 복원은 우리 모두를 행복하게 하는 인공하천이다. 운영비가 많이 들어간다는 비판의 소리도 있지만 관광서울의 이미지와 환경, 휴식, 삶의 질을 향상시켰다. 이러한 성공 모델은 불가능을 가능하게 하였기 때문이다. 개인과 기업을 넘어 정부, 자치단체 등의 미래를 위한 성공전략은 계속되어야 한다.

(2) 사업타당성 분석요소

이익은 기업의 총매출액에서 비용을 차감하여 계산할 수 있다. 매출액을 추정하는 것은 상권 내 유사한 규모의 점포에서 아이템이나 서비스방법, 입지, 가격결정 등 동종 경쟁자를 분석할 수 있기 때문이다. 정확한 계산을 위해서는 데이터 자료의 신뢰성과 타당성이 전제되어야 한다.

회계적 지식을 하루아침에 습득할 수는 없지만 계정과목의 유형을 관찰하는 등 학습을 통해 실력을 키울 수 있다. 손익계산서는 1일간, 주간, 월간 달성해야 할 손익분기점 파악과 투자비용에 대한 회수율을 통해 기간파악과 수익성, 성장성, 안정성을 분석할 수 있다.

사업자들은 최종투자를 결정하기 위해 다양한 정보원천과 프로젝트로 미래에 예상되는 경제적 효익을 창출할 수 있는지를 평가

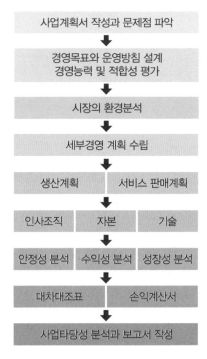

〈그림 11-2〉 사업타당성 분석과정

하게 된다. 전체적인 연관성이나 가능성을 분석하는 과정으로 신규투자와 이익은 프로젝트에 소요되는 자금 확보에서부터 시작된다. 여기서는 원가와 일반관리비 등 추정되는 재무제표와 현금흐름표, 사업계획서 등 경제성과 원리금 상환여부 등을 종합적으로 평가하게 된다.

기업사례

특정 기업의 재무제표를 파악하기 위해서는 재무 건전성과 안전성을 통한 수익성과 성장성을 분석해야 한다. 다음은 주)한국의 재무제표인 대차대조표와 손익계산서를 중심으로 비율분석을 실시하였다. 이를 통한 안전성과 수익성, 성장성을 분석하기 위한 내용과 공식, 비율을 소개하면 다음과 같다.

〈표 11-6〉 재무상태표

주)한국(회기 : 2016년 12월 31일/2017년 12월 31일)　　　　　　　　　　　　　　　　(단위 : 천만 원)

차변계정	2016	2017	대변계정	2016	2017
〈자산〉			〈부채〉		
Ⅰ. 유동자산	147	166	Ⅰ. 유동부채	96	108
1) 당좌자산	115	133	Ⅱ. 비유동부채	30	29
2) 재고자산	32	33	부채 총계	126	137
Ⅱ. 비유동자산	430	486	〈자본〉		
1) 유형자산	288	298	Ⅰ. 자본금	9	9
2) 무형자산	16	17	Ⅱ. 자본잉여금	64	64
3) 투자자산	126	171	Ⅲ. 이익잉여금	444	510
			Ⅳ. 자본조정	-70	-87
			Ⅴ. 포괄 손익누계액	6	20
			자본 총계	453	516
자산 총계	577	652	부채와 자본 총계	579	653

〈표 11-7〉 손익계산서

주)한국(회기 : 2016년 12월 31일/2017년 12월 31일)　　　　　　　　　　　　　　　　(단위 : 천만 원)

계정과목	2016년	2017년
Ⅰ. 매출액	590	632
매출원가	424	468
Ⅱ. 매출이익	166	164
판매관리비	97	104

계정과목	2016년	2017년
Ⅲ. 영업이익	69	60
영업외 수익	27	34
영업외 비용	19	11
Ⅳ. 경상이익	77	83
특별이익	2	2
특별비용	1	1
Ⅴ. 법인세차감 전 순이익	78	84
법인세 비용	8	8
Ⅵ. 당기 순이익(손실)	70	76

2) 수익성 분석(profitability analysis)

수익성은 특정기간 동안의 영업실적을 통해 어느 정도 달성하였는가를 측정하는 분석방법이다. 기업의 경영활동을 총괄적으로 분석하여 그 효과를 판단하는 기준으로 투입자본에 대한 이익창출 능력을 평가하게 된다. 경영자의 사업 확장이나 신규 투자를 결정하며, 주식에 대한 가치평가를 통해 주주들의 의사결정에 영향을 미친다. 채권자들은 장기적인 상환능력에 대한 안정성을 판단하며, 직원들의 임금교섭권을 합리적으로 수행할 수 있게 한다. 이와 같이 이해관계자들의 주된 관심사로 과거의 경영성과를 측정하거나 미래의 수익창출능력을 제시하는 것은 기업의 생존과 직결되기 때문이다.

레스토랑은 일일 마감 전의 결제금액 또는 POS시스템의 일련번호로 그날의 매출액을 확인할 수 있다. 매출액 추정이 끝나면 회계기준이나 정보공개서, 상권 분석시스템 등 손익계산서를 통해 비용을 산출할 수 있다. 이러한 형식은 변하지 않으며, 그 내용을 숙지하여 확인하는 습관이 필요하다. 여기에는 매출원가와 판매관리비, 임·직원 임금, 임차료, 수도광열비, 감가상각비, 지급이자, 보험료, 통신비, 인터넷 사용료, POS시스템 사용료, 부가가치세 등으로 제시된다.

기업 타당성 분석은 사회적 편익비용을 화폐로 환산하여 사용할 수 있다. 균형의 차이가 크거나 흑자가 날 경우 수익성이 높아 우량하다 할 수 있지만 초기비용이 많이 들어가 이익을 확보하는 데 오랜 시간이 걸린다. 장래의 수익을 현재의 가치로 표현하기 위해서는 대출금리의 평균값을 할인율로 적용할 수 있다.

첫째, 추정 손익계산서를 계산할 수 있다.

둘째, 손익분기점을 계산할 수 있다.

셋째, 현실적인 매출추정을 가능하게 한다.

넷째, 투자대비 경제성을 확인할 수 있다.

다섯째, 사업의 장기적인 비전을 제시할 수 있다.

여섯째, 투자대비 수익률을 계산할 수 있다.

일곱째, 투자수익률로 회수기간을 계산할 수 있다.

경영활동에 필요한 비용을 보전하고 이익을 낼 수 있는 능력은 성장성과 더불어 기업의 재무 건전성과 유동성에 영향을 미친다. 따라서 수익성을 분석하는 것은 사업타당성을 결정하는 재무분석의 기초이자 본질이다.

(1) 수익성 분석법

● 회계적 분석 : 매출액 총이익률, 영업이익률, 순이익률, 투자자본 수익률(ROI), 자기자본 이익률(ROE) 등이 있다.

● 재무적 분석 : 현금흐름표, 순현재가치(NPV), 내부수익률(IRR) 등이 있다.

회계적 이익률을 계산할 때는 현재가치(present value)를 이용함으로써 시간가치 (time value)에 따른 지표를 반영할 수 있다.

(2) 수익성 판단지표

① 매출 순이익률

매출 순이익률(profit margin ratio)은 매출액과 매출 총이익 간의 관계를 나타내는 비율로 사업의 본질적 차원에서 수익성 지표가 된다. 일정한 표준비율은 없지만 업종과 규모에 따라 약간의 차이가 존재하는데 그 비율이 높을수록 생산과 제조, 판매 등 매입활동은 양호해진다. 매출 총이익을 매출액으로 나눈 비율로 판매 효율성을 측정하는 방법이다. 순이익은 매출액에서 제조원가 또는 매입원가, 영업비용을 공제하고 다시 영업외 손익을 가감한 것을 말한다. 경영활동을 판단할 때 쓰이는 비율로 관계비율 중 동태적 비율로 분류된다.

기업활동의 전체적인 능률은 매출액과 결부시켜 판단할 수 있다. 타인자본 조달능력에 따른 영업외 비용과 경영상 특별 손실, 경영 외, 수익, 특별 이익을 총 망라하여 매출액에서 어느 정도 차지하는가를 나타낸다. 매출액의 순이익률이 높을수록 양호하며, 표준비율은 없지만 재무구조가 비슷한 동종의 타 기업과 비교하여 판단하기도 한다. 따라서 경영활동을 통해 발생하는 모든 비용을 감안하여 회사이익의 발생능력을 측정하게 된다.

◑ 매출액 순이익률(%) = 당기순이익 / 매출액 × 100

② 매출액 영업이익률

매출액 영업이익률(operating income to sales)은 기업활동에서 경영성과를 판단하는 지표로 사용된다. 제조 및 판매활동과 직접 관계는 없지만 영업외 손익을 제외한 순수한 영업이익만을 매출액과 비교할 때 계산할 수 있다. 영업활동능력을 측정하는 기준으로 매출액과 경상이익률 등 수익성을 판단하는 분석자료로 활용된다. 매출이익에서 판매비와 관리비를 공제한 영업이익을 매출액과 비교하여 분석하게 된다. 제조와 판매부문만 관련되기 때문에 영업외 손익이나 특별손익은 포함되지 않는다. 경영의 외적인 활동은 포함되지 않아 영업의 고유한 활동만을 뚜렷하게 파악할 수 있다. 영업활동을 통해 얻는 수익이 높아야 부가활동으로 얻은 손실을 쉽게 확인할 수 있다. 이익률이 높을수록 좋으나 동종 경쟁자와 비교하여 효율성과 이익 발생률을 측정할 수 있다.

◑ 매출액 영업이익률(%) = 영업이익 / 매출액 × 100

③ 총자산 순이익률

총자산 순이익률(ROA : return on assets)은 기업에 투자된 자산(자본)이 얼마나 효율적으로 이용되었는가를 나타내는 비율로 순이익을 총자산으로 나누어 계산한다. 총자산에서 당기 순이익이 얼마나 달성되었는가를 판단하는 지표로 중요한 재무비율 분석 중의 하나이다. 즉 특정한 금융기관의 총자산을 얼마나 효율적으로 운용하였는가를 나타내는 지표로 보유자산을 대출하거나 유가증권 등을 운용하여 순이익을 얼마나 창출했는가를 알 수 있다.

◑ 총자산 순이익률(%) = 당기순이익 / 총자산 × 100

④ 총자본 순이익률(ROI : return on investment)

기업매출 단위는 총자산을 통해 달성되며, 경영활동은 자기자본과 타인자본을 합한 것이다. 순이익은 손익계산서상 법인세를 차감한 당기 순이익을 말한다. 총자본 순이익률은 특정기간 영업활동을 통해 얻은 순이익과 자본을 통해 계산할 수 있다. 이는 영업이익이나 경상이익 등과 연결되지만 투자활동 결과를 제대로 반영하지 못할 수도 있다. 자본의 효율성을 판단하는 기준에서 순이익률이 높을수록 좋게 평가

되지만 발생기간의 기초와 기말평균으로 평가하게 된다.

종합적인 자본구성 내용과 상관없이 독립된 존재로 효율성을 측정하기 위한 지표로 소개된다. 이는 연간 순이익을 기초로 기말의 평균 총자본으로 나누어 계산할 수 있다. 총자본 이익률을 높이기 위해 하나의 거래내용과 채산성을 높이며, 거래횟수와 금액을 증대시켜 매출이익률과 자본회전율을 계산할 수 있다.

$$\frac{\text{이익}}{\text{총자본}} = \frac{\text{이익}}{\text{매출액}} \times \frac{\text{매출액}}{\text{총자본}}$$

(총자본이익률) (매출이익률) (자본회전율)

⑤ 자기자본 순이익률(ROE : return on equity)

기업에서 투자된 주주지분인 자기자본금뿐만 아니라 이익이나 자본잉여금을 통해 얼마나 효율적으로 사용되었는가를 나타낼 때 자기자본 순이익률을 계산할 수 있다. 주주에게 귀속된 순이익을 자기자본으로 나누어 계산하기 때문에 투자단위당 얼마의 이익을 달성하였는가를 파악할 수 있다. 통상적으로 20%를 넘으면 양호한 것으로 판단된다. 예를 들어 10%이면 10억 원의 자본을 투자했을 때 1억 원의 이익이 났다는 것이다. 20%이면 10억 원의 자본을 투자했을 때 2억 원의 이익을 의미한다. ROE가 높다는 것은 자기자본에 비해 당기 순이익이 많아 효율적인 경영활동을 했다는 것이다. 수치가 높은 종목일수록 투자자의 수익률을 높여주기 때문에 이익의 척도가 된다. 일반적으로 ROE가 회사채 수익률보다 높으면 양호한 것으로 평가되지만 정기예금 금리보다 높아야 적절한 것으로 판단한다.

투자자 입장에서 보면 ROE가 시중금리보다 높아야 기업에 투자하는 의미가 있다. ROE가 시중금리보다 낮으면 투자금을 은행에 예금하는 것이 낫기 때문이다.

● 자기자본 순이익률(%) = 당기순이익 / 자기자본 × 100

⑥ 경영자산 영업이익률

경영자산 영업이익률은 직접적인 기업활동을 위해 투입된 자산을 말한다. 하지만 자회사에 투자된 유가증권이나 관계사 출자금, 투자부동산 등과 같이 영업활동 외에 사용하기 위해 취득 중 또는 건설 중인 자산은 제외된다. 우리나라는 경영의 외적인 자산활용에 사용되며, 실제 업무에 투입된 자본 효율성을 측정하기 위해 가장 합리적인 방법으로 사용된다. 경영자산에 대한 영업이익률은 표준 비율은 낮지만 타인자본 이자율보다 높다. 기업의 과거 평균비율이나 동종규모나 비슷한 타 기업과 비교할 때, 직접적인 영업활동의 수익성을 측정할 때 사용된다.

　기업의 경영 효율성을 파악하기 위해서는 당기 경영자본을 분모로 하여 총자본에서 사업목적에 사용되지 않은 토지나 기타 비영업용 자산을 공제한 것이다. 어느 경우이든 자본은 회기 중에 변동이 있을 수 있으며, 기초와 기말평균을 사용하게 된다. 당기 영업이익을 영업자본(당기평균)으로 나누어 100을 곱해 계산한다. 경영자산 이익률이 높을수록 기업수익은 양호한 것으로 판단한다.

　● 경영자산 영업이익률(%) = 영업이익 / 경영자산 × 100

예제 1

　매출액을 기초하여 총자산 순이익률, 자기자본 순이익률을 계산할 수 있다. 다음은 주)한국의 〈표 11-6〉 대차대조표와 〈표 11-7〉 손익계산서의 자료를 바탕으로 이익률을 분석한 결과값이다.

〈표 11-8〉 수익성 분석

재무비율	주식회사 한국	
	2016년	2017년
매출액 순이익률	11.8	12
총자산 순이익률	12	11.7
자기자본 순이익률	15.5	14.7
총자본 순이익률	15.3	14.7

3) 안전성 분석

　안전성 분석(liquidity analysis)은 일정시점 특정기업의 재무상태를 측정하여 분석하고 이를 기준으로 판단하고 인식하는 개념이다. 기업의 지급능력과 장기적인 경기상황, 시장상태 등 그 변화에 대응할 능력을 갖추고 있는가를 측정하는 비율방법이다. 이를 통해 자산과 자본구조의 안전성, 지급능력, 타인자본 의존성, 운전자본 안전성 등을 평가할 수 있다.

　기업의 단기채무 변제능력이나 자금사정의 정보를 제공하는 유동성과 장기부채 사용에 따른 원리금 상환능력, 채무불이행 위험에 따른 정보제공(레버리지 분석)으로 구별할 수 있다. 유동성이란 원래 자산을 정상적인 가격으로 현금화할 수 있는 가능성을 말한다. 1년 내, 만기가 도래하여 갚아야 할 단기성 부채의 크기와 보유자산 중에서 현금화 가능성, 자산의 유동성 크기를 비교할 수 있다. 이는 향후 발생하게 될 자금사정을 평가하는 데 활용된다. 유동성 분석이 중요한 것은 기업회계 기준에서 작성된 손익계산서상의 이익이 실현되어도 일시적인 유동성 부족으로 단기채무상환능력이 없으면 최악의 경우 흑자 도산이 발생할 수 있기 때문이다. 회사의 자본구조가 타인자본에 의존하는 정도가 높을수록 경기변동에서 이자율 등의 기업환경은 불안정하게 된다.

(1) 유동비율

유동비율(current ratio)은 기업의 유동성을 측정하는 대표적인 비율로 단기부채 상환능력을 판단하는 기준으로 삼는다. 1년 내 만기가 도래하는 유동부채를 상환하기 위해 1년 내 현금화할 수 있는 유동자산을 얼마나 보유하였는가를 나타낸다. 불경기나 채권회수 불능 등 여러 가지 위험성을 대비하여 현금화할 수 있는 금액으로 1년 내 지불해야 될 부채가 어느 정도인가를 파악할 수 있다. 기초와 기말을 합하여 2로 나눈 평균값으로 계산하며, 200% 이상일 경우 지불능력이 있다는 것이다. 우리나라와 일본의 제조기업은 평균 유동비율이 약 100~130%에 머물고 있어 지불능력이 우수하다.

유동비율이 200%를 넘는다 하여도 유동자산 중 당좌자산이 적고 재고자산이 많다면 기업의 지급능력과는 관계가 없게 된다. 유동비율이 높은 경우 재고자산과 매출채권에 대한 투자가 과다하여 수익성은 낮아진다. 따라서 각 국가의 경제사정이나 금융, 자본시장, 업종 등으로 고려하여 평가되어야 한다.

▶ 유동비율(%) = 유동자산 / 유동부채 × 100

(2) 당좌비율

당좌비율(quick ratio)은 1년 이내 지급기일이 도래하는 모든 부채를 말한다. 유동부채에 대한 현금, 예금, 유가증권, 매출채권 등 빠른 시일 내 현금화할 수 있는 당좌자산의 지급능력을 분석하는 것이다. 엄격한 유동성을 측정하는 비율로 양호하더라도 자산을 현금화하는 데 오랜 시간이 걸리면 어려울 수 있다. 유동자산에서 재고자산을 차감한 당좌자산을 유동부채로 나누어 계산한다. 즉각적인 현금화가 어렵고 매각에 따른 위험이 있는 경우 재고자산을 제외한 유동자산으로 단기채무 변제능력을 평가할 수 있다.

예를 들어 재고자산을 과다하게 보유하여 현금화 속도가 늦거나 불량할 경우 현금화가 힘들 수 있다. 당좌비율은 절대적인 판단기준이 될 수 없어 보조비율로 사용된다. 그러나 수익성이 발생하지 않는 자산을 지나치게 많이 보유하면 안전성은 높지만 수익성은 떨어지게 된다. 따라서 현금화에 대한 불확실성이 높은 재고자산을 제외한 유동성을 측정하는 것으로 100% 이상일 경우 '양호하다'고 판단한다.

▶ 당좌비율(%) = 당좌자산(당좌자산 - 재고자산) / 유동부채×100

(3) 고정비율

고정비율(fixed ratio)은 기업의 안정성 측정을 위해 사용된 자기자본에 대한 고정자산비율을 말한다. 투자자들은 장기적인 지급능력을 파악하기 위해 경영자의 자본이 얼마나 고정자산에 투입되었는가를 파악하게 된다. 투자된 자본의 회수가 늦을 경우 상환능력이 필요 없는 자기자본을 대비시킴으로써 적절한 투자여부를 판단할 수 있다. 고정자산은 기업의 장기적인 지불능력을 파악할 수 있어 안정된 자금으로 사용된다. 자기자본비율은 100% 이하가 되었을 때 이상적으로 판단하며, 지불능력이 양호한 상태가 된다. 자본배분상태나 고정화는 회전율이 낮은 고정자산에 얼마나 투자되었는가를 표시하는 것이다. 따라서 자기자본의 비율이 높다면 고정자산에 과대하게 투자되었다는 것으로 유동성이 낮아지게 된다.

▶ 고정비율(%) = (고정자산÷자기자본)×100

(4) 부채비율

부채비율(debt ratio)은 기업의 자본구조를 나타내는 대표적인 비율분석 방법으로 재무구조가 양호한지를 판단한다. 채권자 지분인 타인자본과 주주지분인 자기자본과의 관계를 나타내는 비율로 타인자본 의존도를 파악할 수 있다. 채권자들에게 기업의 안전성을 판단하는 자료가 되며, 주주들에게는 부채 사용에 따른 재무 레버리지(leverage)효과를 평가할 수 있다. 기업의 장기적인 안정성 파악을 목적으로 자기자본과 부채를 비교한 비율로 재무구조를 알기 위한 가장 대표적인 방법이다. 부채가 많은 기업은 변제 압박을 받는데 불황은 이자 지급의 어려움으로 안정성을 떨어뜨린다. 특히 불경기일 때 부채를 많이 사용하면 투자수익률이 이자비용보다 낮아져 자금운용의 압박을 받는다.

자기자본이 많은 기업은 불황에도 잘 견딜 수 있기 때문에 안정성이 높다. 타인자본과 자기자본의 구성관계를 측정하는 것은 부채비율 100% 이하를 표준으로 삼기 때문이다. 채권자는 100% 이하가 되어 지불능력이 높아 재무구조가 안정될지 모르지만 기업의 경우 반드시 그렇지는 않다. 수익성이 좋으면 자기자본보다 부채가 많아도 별다른 영향을 받지 않는다. 왜냐하면 자본을 충분히 부담할 수 있을 뿐만 아니라 세금절약 효과로 자기자본 비용보다 저렴한 자본을 조달할 수 있기 때문이다.

- 부채비율(%) = 부채 / 자기자본 × 100

(5) 이자보상비율

이자보상비율(interest coverage ratio)은 이자지급능력을 나타내는 비율로 영업활동에서 얻은 이익 또는 현금흐름이 이자비용 충당에 몇 배 정도 여유가 있는가? 등의 안전성을 측정하는 지표이다. 1 이하의 비율은 영업활동으로 창출된 이익이나 현금흐름이 타인에게 조달된 차입금 이자를 지급하지 못한다는 것이다. 이자부담능력을 측정하는 것은 회사의 안전성을 측정하는 것이다. 이는 채무상환능력으로 영업이익을 가지고 이자비용을 얼마나 감당할 수 있는가를 알 수 있어 그 값이 높을수록 양호하게 된다.

특정 회사가 이자를 감당할 수 있는가, 감당한 후 얼마 정도의 여유가 있는가를 보여주는 지표이다. 보상비율이 1보다 클 경우 기업 자체의 수익으로 금융비용을 감당하고도 이익을 낼 수 있어 이자지급능력이 충분하게 된다. 1보다 작다는 것은 영업활동으로 창출한 이익이 대출금이나 기발행 회사채의 이자 등을 감당할 수 없어 차입해야 되는 상태이다. 영업이익이 적자인 경우 이자보상 비율은 1 이하가 되어 잠재적 부실기업이 된다. 통상적으로 1.5배 이상이면 지급능력이 충분하다 하겠다.

- 이자보상비율(%) = 영업이익 / 이자비용 × 100
- 영업이익 = 경상이익 + 금융비용

(6) 자기자본비율

자기자본비율(net worth total asset ratio)은 총자본에 대한 자기자본비율로 부채를 포함한 자본구조의 안정성을 파악하는 것이다. 자기자본으로 조달된 금액이 얼마인가를 나타내는 비율로 높을수록 재무적 위험이 감소하여 안전성이 높다. 건전한 재무구조 유지는 일반적으로 50% 이하가 바람직한 구조이다. 은행대출의 심사기준으로 '은행지도 비율'이라고 한다.

국제결제은행(BIS)이 정한 위험자산(부실채권) 대비 자기자본비율은 1988년 7월 각국 은행의 건전성과 안정성 확보를 위해 최소한의 자기자본비율에 대한 국제기준을 제시하였다. 총자산에서 자기자본이 차지하는 비율지표는 재무구조의 안전성을 나타낸다. 자기자본은 직접적인 금융비용을 부담하지 않고 장기적으로 운용할 수 있는 안정된 자본으로 비율이 높을수록 재무 건전성이 높다. IMF 외환위기를 계기로 BIS비율은 은행의 위험이 가중되는 자산에 대한 자기자본비율을 평가한 것이다.

1987년에 제정된 BIS 국제 통일기준으로 금융의 자유화, 국제화에 따라 경쟁조건 평준화 및 건전성의 필요성으로 규제가 높아지자 자기자본비율 8% 제도를 도입하여 1992년까지 충족시킬 것을 권고하였다.

BIS기준 자기자본비율은 은행의 다양한 리스크 중 신용만을 감안하여 제정되었다. 금리, 환율, 주가변동 등은 경영의 건전성에 영향을 미치기 때문에 증감에 따라, 바젤위원회(1996년 1월)는 새로운 자기자본 비율 기준을 정해 1997년부터 회원국에게 적용하였다.

▶ 자기자본비율(%) = 자본(자기자본) / 총자본(자산 + 자본) × 100

이상과 같이 〈표 11-6〉 재무상태표와 〈표 11-7〉 손익계산서를 바탕으로 안정성 분석을 실시하였다. 유동비율과 당좌비율, 부채비율, 자기자본비율의 값은 다음과 같다.

〈표 11-9〉 안정성 분석

재무비율	주식회사 한국	
	2016년	2017년
유동비율	153	154
당좌비율	120	123
부채비율	28	27
자기자본 비율	78	79

4) 성장성 분석

일정기간 동안 기업자산 또는 매출규모가 얼마나 증가하였는가를 나타내는 비율로 경쟁력이나 미래의 수익창출능력을 간접적으로 나타내는 지표이다. 과거 수년간의 영업실적을 시계열로 배열하고 그 경향을 분석하는 방법이다. 대표적인 지표로 매출액 증가율, 순이익 증가율로 납입 자본금, 자기자본, 부가가치, 직원 수, 고정자산 등을 확인할 수 있다. 기업의 성장성뿐만 아니라 전반적인 경기와 시장흐름, 추세 등을 비교 분석할 수 있다. 기업가치는 현재의 자산가치에서 평가되지만 미래에 계속적으로 발생할 수 있는 이익의 크기나 예상수익을 현재가치로 평가하게 된다. 현재보다 미래의 수익성을 예상하는 성장성은 기업의 중요한 지표가 된다.

미래수익 예측은 객관성을 확보하기 힘들어 자의적일 뿐 아니라 점포규모나 경영성과가 전년도에 비해 어느 정도 증가하였는가를 통해 측정하게 된다. 일반적으로 200% 이상이면 양호한 것으로 판단하지만 향후 수익창출능력이나 성장성에 따른 잠재력, 시장경쟁력 등 종합적으로 평가되어야 한다. 기업의 외형이나 발전 정도를 나타내는 비율로 성장성이 높다는 것은 투자자에게 미래의 수익발생능력이 높다는 것이다. 이것은 매출액 증가율과 순이익 증가율, 총자산 증가율로 평가할 수 있다.

(1) 매출액 증가율

기업의 전기 매출액에 대한 당기 매출액 증가를 나타내는 비율로 외형적인 신장세를 판단하는 지표이다. 명목 증가율로 가격상승과 판매수량 증가에 영향을 미치며, 전기 매출액보다 당기 매출액이 많으면 기업의 외형적인 신장세를 나타낸다. 비율이 높을수록 양호하다고 판단하며, 당해연도 기업 매출이 경쟁자보다 빠른 증가율을 나타내면 시장점유율이 높아 경쟁력이 생긴다. 매출액 증가율이 높다는 것은 시장에서 잘 나가거나 점유율이 높아 지위가 확대되었다는 것이다. 이는 매출액과 가격, 판매수량 증가에 영향을 미친다.

순이익과 매출 총이익 증가율을 비교함으로써 질적 수준을 분석할 수 있다. 매출액은 증가하지만 총이익률이나 순이익률 증가가 기대에 미치지 못하면 무리한 출혈로 가격 경쟁력에서 뒤질 수 있다. 예를 들어 업계의 1위를 지키기 위해 원가 이하로 판매하는 행위 등을 말한다.

▶ 매출 증가율(%) = (당기말 매출액 - 전기말 매출액) × 100 / 전기말 매출액

(2) 총자산 증가율

총자산 증가율(total assets growth ratio)은 기업의 전체적인 성장규모를 나타내는 비율을 말한다. 자산규모에 따른 성장성 비율로 전기 총자산 증가로 경영규모와 발전상태를 파악할 수 있다. 일정기간의 총자산 증가분을 기초 총자산으로 나누어 계산할 수 있다. 자산이 전년대비 얼마나 증가하였는가를 측정하는 지표로 전체적인 성장세를 측정할 수 있다.

예를 들어 기업의 총자산이 얼마나 증가하였는가를 표시하는 비율로 총자산 증가율이 매출액 증가율과 큰 차이를 보일 때, 그 원인을 분석해야 한다. 매출액 증가율과 비교하여 기업의 과대투자 여부를 간접적으로 평가하는데 그 비율이 높을수록 양호한 것이다.

▶ 총자산 증가율(%) = (당기말 총자산 - 전기말 총자산) × 100 / 전기말 매출액

(3) 순이익 증가율

순이익 증가율(net income growth ratio)은 기업의 내적 성장지표로 질적 성과를 평가한다. 실질적인 성장으로 당기 순이익이 전기 순이익에 비해 얼마나 증가하였는 가를 파악하는 비율로 성장성의 중요한 기준이 된다. 기업은 당기 순이익을 증가시 켜야만 계속적으로 경영할 수 있다. 영업활동과 투자활동, 재무활동, 비경상적인 활 동까지 반영하여 나타난 결과물로 전기보다 당기 순이익이 높다는 것은 기업이 성장 하고 있다는 것이다. 기업의 총괄적인 성과를 파악할 수 있으며, 증가율이 높을수록 양호한 편이다. 매출이익, 영업이익, 경상이익, 세전이익 등 어느 부분이 증가되었는 가를 파악해야 실제 그 내용을 알 수 있다.

> ● 순이익 증가율(%) = 당기 순이익 - 전기 순이익 / 전기 순이익 × 100

(4) 자기자본 증가율

자기자본이 당해연도에 얼마나 증가하였는가를 나타내는 지표로 총자산 증가율과 비교하여 분석할 수 있다. 증가 요인에는 유상증자, 내부 유보자산, 재평가 등이 포함 된다. 유상 증자나 내부 유보액 증가는 비율이 높아지면서 재무 안정성이 양호해진 다. 전기말보다 당기말의 자기자본이 증가하면 그만큼 위험대비 재무구조가 안전하 다는 것이다.

> ● 자기자본 증가율(%) = (당기말 자기자본 - 전기말 자기자본) × 100 / 전기말 매출액

이상과 같이 〈표 11-6〉 재무상태표와 〈표 11-7〉 손익계산서를 바탕으로 성장성을 분 석하였다. 매출액 증가율, 총자산, 순이익, 자기자본 증가율의 결과값은 다음과 같다.

〈표 11-10〉 성장성 분석

재무비율	주식회사 한국			
	2017년	활동성 분석	2016	2017
매출액 증가율	7	총자본 회전율	1	1
총자산 증가율	13	재고자산 회전율	19	18
순이익 증가율	9			
자기자본 증가율	14			

5) 활동성 분석

활동성은 회전율로 분석하며, 자산 및 자본의 물리적 효율성을 말한다. 결과를 말하는 것이 아니라 매출액 대비 자산 및 자본이 얼마나 묶여 있는가를 파악하는 분석 방법이다.

(1) 총자본 회전율

총자본 회전율(turnover ratio of total liabilities and net worth)은 매출액을 총자본으로 나누어 계산할 수 있다. 기업 소유의 자본이 얼마나 효율적으로 운영되었는가를 측정하는 지표로 당해연도 매출액을 얼마나 사용하였는가를 파악할 수 있다. 매출액 이익률이 일정하다면 총자본이 1년 동안 몇 번 회전하였는가를 나타내는 비율로 총자본 회전율이 높을수록 양호한 것이다. 총자본 회전율은 1회전에 어느 정도 시간이 걸렸는지 측정하며, 1일 매출의 몇 배에 해당하는 금액이 투입되었는가를 알 수 있다.

총자본 회전율과 경영자본 회전율을 비교할 때 양자의 크기가 차이가 나면 기업의 고유활동 외, 투입된 자본의 비중이 높음을 의미한다. 투자한 자본 효율성과 장래의 경영계획, 정책수립 등을 검토할 때 사용된다. 전체의 자산에 대한 효율성을 총괄적으로 측정하는 비율로 한 단위당 얼마의 수익(매출)을 창출하였는가를 나타낸다. 각 산업의 특성에 따리 2~2.5회를 가장 이상적인 회전율로 삼는데 보유자산의 효율성을 측정하는 기준으로 사용하고 있다.

● 총자본 회전율(회) = 매출액 / 총자본

(2) 매출채권 회전율(receivables turnover)

매출액을 매출채권으로 나누어 기말 잔액이 1년간 영업활동을 통해 현금으로 회전된 속도를 말한다. 회전율이 높다는 것은 채권이 순조롭게 회수되고 있음을 나타낸다. 회전율이 낮으면 채권 회수기간이 길어져 대손발생의 위험이 증가하여 수익감소의 원인이 된다. 평균 매출채권은 월별 이동평균치 또는 기초 및 기말잔액 평균치를 이용하는 것이 타당하지만 편의상 기말잔액을 그대로 사용하는 경우가 많다.

매출채권 회수기간(receivables collection period)은 365일로 계산하였을 때, 회전율로 나누어 채권을 회수하는 데 얼마나 걸리는가를 나타낸다. 즉 매출채권이 현금화되는 속도로 자산투자의 효율성을 측정할 때 사용된다. 학자에 따라 6회전 이상이 좋다고 하지만 절대적인 표준비율은 없다. 각 산업마다 다양한 특성이 존재하므로 평균치와 비교하여 판단하는데 6회전 이하인 경우, 불량채권이 포함되어 회수 불가능성이 존재할 수 있다.

> ▶ 매출채권 회전율(회) = 매출액 / 매출채권

(3) 재고자산 회전율

재고자산 회전율(inventory turnover ratio)은 연간 매출액을 평균 재고자산으로 나누어 계산하는데 당좌자산으로 변하는 속도를 말한다. 재고자산 보유수준의 과부족을 판단하는 지표로 회전율을 측정하지만 일정한 표준비율은 없다. 비율이 높으면 자본 수익률이 높아져 매입채무가 감소하고 재고 손실을 막을 수 있어 기업경영에 유리하다. 과대하게 높아지면 원재료 및 제품의 부족으로 계속적인 생산과 판매활동에 지장을 초래할 수 있다. 이와 같이 재고자산이 연간 매출액에서 어느 정도 회전하는가를 파악하는 비율로 현금화 속도를 측정하기 위해 사용된다. 8회를 가장 이상적인 회전율로 삼지만 각 산업의 특성이 다르기 때문에 일정하지는 않다.

> ▶ 재고자산 회전율(회) = 매출액 / 평균재고자산

6) 생산성 분석

생산성 분석(productivity analysis)은 생산활동을 위해 투입된 수량과 산출량의 효율성을 평가하는 방법이다. 투입량은 최종적으로 손익계산서의 비용항목으로 처리하기 때문에 손익과 관련되어 있다. 손익분석보다 직접적으로 생산활동의 효율성을 분석하는 데 이용된다. 최근 인건비 상승 등에 대한 부담을 고려하여 생산요소의 투입 대비 비율을 나타낼 때 사용된다.

(1) 직원 1인당 매출액

노동생산성을 간접적으로 측정하는 지표로 단위당 매출액을 나타낸다. 즉 매출 달성에 투입된 노동자원의 효율성을 나타낸다. 보조비율로 직원 1인당 인건비 증가율 등을 사용하고 있다.

> ▶ 직원 1인당 매출액 = 당기 매출액 / 당기 직원 수

4. 손익계산서 계정항목의 구분

손익계산서는 매출액을 달성하는 데 기여한 지출비용을 조사하여 매출이익과 영업이익, 경상이익, 세전이익, 당기 순이익을 계산할 수 있다. 기업 회계기준(financial accounting standards)에서 공준하는 일반적인 회계원칙(GAAP: generally accepted accounting principles)에 의해 성립되며 계정과목 내역을 통해 수익과 비용을 확인할 수 있다. 이론서로서 기업이익과 손실을 평가하지만 그 점포의 현장에서는 통신비, 인터넷 가입비, POS시스템, 카드 단말기 임대료, 카드수수료, 부가가치세 등의 세부적 항목들을 활용하여 세밀하게 계산해야 정확하게 나타낼 수 있다. 따라서 영업 중에 나타날 수 있는 다양한 지출항목들을 미리 파악해야 정확한 매출액과 이익, 손실을 계산할 수 있다.

〈표 11-11〉 레스토랑의 추정 손익계산서 분석

구 분	내 용
매출액	• 레스토랑의 메뉴 종류, 알코올성 · 비알코올성 음료, 디저트, 차 종류 등 • 1일 매출액 × 영업일수 = 월간 매출액 산출 • 매출액은 현금, 카드영수증, 직불카드 영수증, 외상대금 등으로 구분 • 주력메뉴의 종류와 규모, 크기, 서비스방법 등에 따라 추정할 수 있다. • 동종 경쟁자의 매출액으로 예상 매출액을 추정할 수 있다. • 경쟁사의 POS시스템이나 일련번호 등으로 확인할 수 있다.
매출원가	• 요리 종류에 맞는 원재료와 양념류를 포함한다. • 알코올 및 비알코올성 음료의 원가를 포함한다. • 원재료 생산에 직접적으로 참여한 직원급여 등을 말한다.
매출이익	**매출액 - 매출원가**
판매관리비	매출액을 만들기 위해 들어간 비용으로 직원급여, 임차료, 수도광열비, 감가상각비, 통신비, 연구개발비, 마케팅 촉진비, 카드수수료, 이자비용, 보험료, POS시스템 임대료, 부가가치세, 인터넷 사용료, 복리후생비 등
영업이익	**매출이익 - 판매관리비**
영업외 수익	영업활동 외 수익으로 이자수익, 배당수익, 임대료 수익, 투자이익 등
영업외 비용	영업활동을 위해 차입한 이자비용, 단기매매 증권처분손실, 재고자산 감모손실, 외환차손, 기부금, 투자 및 유형자산 처분손실, 사채상환 손실 등
경상이익	**영업이익 + 영업외 수익 - 영업외 비용**
특별수익	자연재해 등으로 갚아야 할 비용을 감면 또는 면제받을 때 생기는 수익 등
특별비용	특별한 비용으로 지출되는 금액
세전이익	**경상이익 + 특별수익 - 특별비용**
세금	개인은 종합소득세, 법인은 법인세 등

구 분	내 용
당기 순이익 (순손실)	경상이익 - 법인세
사업성 분석	• 레스토랑의 당기 순이익은 은행 이자율보다 높아야 한다(약 10% 이상). • 업종 및 업태에 따라 이익은 차이가 있다. • 정부통계 연감을 통해 제시하는 이익률을 확인, 비교해야 한다. • 투자대비 목표수익률을 초과하면 양호하다고 판단한다. • 손익분기점은 고정비와 변동비를 정확하게 구분해서 계산해야 한다. • 기타 준조세(카드수수료, 단말기 사용료, 협회비, 홈페이지 관리비, 신문대금, 인터넷 사용료 등) 성격의 지출비용을 포함해야 정확한 계산이 된다.

CHAPTER **12**

자금의 종류와 조달방법

어제는 역사이고 내일은 불가사의이며 오늘은 신이 준 선물입니다.
– 엘리노어 루스벨트(미국 루스벨트 대통령의 부인)

학습목표

1. 사업을 운영하기 위한 시설자금, 운전자금이 무엇인가를 학습한다.
2. 정부 및 각종 기관의 정책자금 종류와 지원조건에는 무엇이 있는가를 학습한다.
3. 정책운영 목적과 방향에 따른 자금조달의 법적 근거를 학습한다.
4. 각 사업별 정책자금의 융자계획을 학습한다.
5. 창업지원 자금 및 투·융자자금, 개술개발자금, 신성장자금, 재도약자금, 긴급경영안전자금 등에 대해 학습한다.

••• 요점정리

1. 정부는 글로벌 경제위기 이후 서민경제를 활성화시키기 위해 다양한 지원방법들을 장려하고 있다. 여기에는 정부 및 자치단체의 창업지원자금, 소상인지원자금, 농산물가공창업지원센터, 중소기업청년지원센터, 창조경제혁신센터, 서울시벤처창업지원센터, 경기벤처창업지원센터, 여성기업종합지원센터, 장애인창업지원센터, 다자녀창업지원센터, 실버창업지원센터 등 다양한 정책들이 진행되고 있다.

2. 중소기업창업 지원법에서는 기존 법령을 개정하여 초보자들이 쉽게 창업할 수 있도록 법적 근거와 규정을 마련하였다. 2016년 청년창업자의 범위와 창업지원기관의 행정기준을 담은 중소기업창업 지원법 시행령이 통과되면서 법적 우대근거를 마련하였다. 여기에는 청년창업 범위를 39세 이하로 하였으며 시니어 지원사업은 40세 이상부터로 한다. 거짓이나 등록요건미비, 정당한 사유 없이 1년 이상 사업하지 않았을 때, 목적 외 자금사용, 운영실적 미흡 등은 1차 경고, 2차 지원중단, 3차 등록취소 등의 행정처분 기준을 마련하였다.

3. 창업자금은 사업장을 운영하기 위한 건물, 생산설비, 장비 등의 시설자금과 영업활동에서 발생하는 비용으로 원재료 구입을 통한 제품생산 및 판매과정에서 일정하게 지출되는 비용 등의 운전자금으로 분류할 수 있다.

4. 정책운영의 목적은 지원이 필요한 기술이나 사업성이 우수한 중소기업에게 자금조달을 위한 장기 및 저리자금을 공급하여 경쟁력을 향상시켜 성장을 촉진시키는 데 그 의미를 두고 있다. 여기에는 다양한 산업과 경영상황에 맞는 정책자금의 공급을 확대하며, 수출 및 고용증대를 지원하기 위한 시설투자 활성화와 자금별 지원요건의 개선, 재도전, 정책자금 인하, 예약시스템 등을 활성화시켜 지원을 강화하고 있다.

5. 정책자금 및 융자는 일반 및 청년을 대상으로 창업을 지원하며 이익공유나 성장공유, 프로젝트 금융 등에 따른 투자와 융자 등 복합금융을 지원한다. 기술개발사업화와 신성장이 유망한 기업, 기술사업이 우수한 기업, 고성장기업, 협업화기업, 기초 제조기업에 대한 신성장기반 자금과 사업전환기업, 재창업, 구조개선 기업에는 재도약 지원자금으로 긴급경영 안정자금을 지원하며 그 외 기업은 수출금융사업을 통해 지원을 강화하고 있다.

6. 중소기업진흥공단의 지역본부는 서울(목동, 서초구, 중구), 인천(연수구, 서구), 경기(수원, 성남, 안산, 고양시), 대전시, 충남 천안, 충북(청주, 충주), 전북(전주, 군산), 대구, 경북(구미, 포항, 경산), 강원(춘천시, 강릉시), 광주시, 전남(무안, 순천시), 부산(사상, 해운대), 경남(울산, 창원, 김해), 제주시 등으로 여기에서 신청, 접수, 상담이 가능하다.

Chapter 12 자금의 종류와 조달방법

1. 자금조달방법

1) 정부 및 기관의 정책자금

글로벌 경제위기 이후 정부는 서민경제를 활성화시키기 위해 다양한 프로그램들을 지원하고 있다. 정부 및 자치단체의 창업지원자금, 소상공인지원자금, 농산물가공창업지원센터, 중소기업청년지원센터, 창조경제혁신센터, 서울시창업지원센터, 경기벤처창업지원센터, 여성기업종합지원센터, 장애인창업지원센터, 다자녀창업지원센터, 실버창업지원센터 등 일자리 창출과 맞물려 다양한 정책들이 진행되고 있다. 이러한 제도를 파악하여 잘 활용하는 방법은 창업자의 지식과 능력으로 효과적인 자금운용과 확보방안이라 할 수 있다.

어떤 종류의 자금이 나에게 알맞은지 매스컴이나 정부자료, 기관, 협회 등을 통해 관심을 가지는 습관이 중요하다. 그렇다면 자금조달방법에는 어떤 것이 있을까? 본장에서는 중소기업청에서 지원하는 자금지원방법을 소개하고자 한다.

2) 자금조달의 법적 근거

세계적인 경기불황으로 각 국가들은 창업시장에서 그 답을 찾고 있다. 제조업에서 벤처기업, 외식업, 전자상거래업, 아이템업 등 전 산업으로 확장시키고 있지만 소상공인들을 위한 창업은 소수의 음식업, 전자상거래, 소매점으로 한정되고 있다. 정부는 불황을 타계할 대책과 고용창출을 위해 권장하지만 성과는 미미한 실정이다. 「중소기업창업 지원법」에서는 기존법령을 개정하여 초보자들이 쉽게 창업할 수 있는 규정을 마련하였다.

2016년 4월 청년창업자 범위 및 창업지원기관(중소기업상담회사, 창업보육센터)의 행정기준을 담은 「중소기업창업 지원법 시행령」이 통과되었다. 창업 촉진사업을 추진할 예비청년 창업자들의 우대근거를 마련하였으며, 다른 목적으로 사용 시 지정취소 및 행정처분을 받는다. 지원법 개정은 청년실업 해소와 일자리 창출의 토대가 되었으며, 불이익에 대한 기준과 구체성, 명확성으로 민간활동을 장려할 수 있다. 이를 요약 정리하면 다음과 같다.

첫째, 창업촉진사업을 추진할 때 청년창업자 범위를 39세 이하로 한다.

둘째, 시니어 지원사업은 40세 이상 창업자를 기준으로 한다.

셋째, 중소기업 상담회사는 거짓과 등록요건 미비, 사업수행이 어려울 때, 정당한 사유 없이 1년 이상 사업하지 않을 때, 거짓 및 목적 외 자금 사용, 운영실적 미흡, 등록요건 미비 등의 경우 1차(경고), 2차(12개월 지원 중단), 3차(등록 취소)로 처분 기준을 구체화하였다.

넷째, 제출서류를 정비하였다. 현재는 사업자등록증, 법인등기사항증명서, 국세(지방세)납세증명서 없이도 창업 확인이 가능하기 때문에 제출서류를 간소화하였다.

다섯째, 대주주의 투자의무 이행과 등록요건 완화, 사회적 신용조건을 신설하여 투명성과 창업기업 부담금을 면제받도록 절차를 간소화했다.

여섯째, 사업계획 변경승인제도를 도입하여 국·공유재산 사용료는 재산가액의 1/100로 감면하는 지원을 확대했다.

일곱째, 대학 내 창업지원 전담조직을 설치할 수 있게 허용했다. 청년창업의 전진기지 역할을 할 수 있게 제도적 기반을 마련했다. 이를 바탕으로 벤처창업의 투자환경 개선과 창업기업 부담완화, 대학의 창업기지화 등 활성화 계기를 마련했다.

사례 1

창업을 준비하는 외식 프랜차이즈 점포의 자본형태와 소요자금을 시설자금과 운전자금으로 소개하고 있다.

B급지 4거리 상권에 약 50평 규모의 프랜차이즈 음식점이다. 보증금은 5천 만 원이며, 집기를 비롯한 설비시설은 3천5백만 원, 프랜차이즈 가맹비를 비롯한 보증금, 로열티 등은 2천만 원, 인테리어 비용은 5천만 원, 권리금 3천만 원, 기타 영업에 필요한 비용 2천만 원으로 시설자금이 2억 5백만 원 들었다. 운전자금에는 대표자를 비롯하여 홀과 주방 직원 인건비 1천만 원, 재료비 1천만 원, 임차료를 비롯한 광고 선전비, 관리비, 수도광열비, 제세공과금 등 8백만 원, 은행이자 1백만 원 등 약 2천9백만 원이다. 전체비용은 2억 3천4백만 원 정도의 예산으로 프랜차이즈 음식점을 창업하였다. 이를 재무상태표로 나타내면 다음과 같다.

〈표 12-1〉 재무상태표

구분	내역	금액(원)
시설자금(점포 및 사무실등에 투입된 자금)	임차 보증금(점포 혹은 사무실 보증금)	50,000,000
	집기비품(설비, 사무기기, 냉난방기기 등)	35,000,000
	가맹비(본사에 제공한 가맹비 및 보증금 등)	20,000,000
	인테리어공사비(내외부 모두 포함)	50,000,000
	권리금(영업 혹은 바닥권리금:중고집기시설제외)	30,000,000
	기타자금(상기에 포함 안된 자금)	20,000,000
	시설자금 계(A)	205,000,000
운전자금 (1회전 비용)	인건비(1개월분)	10,000,000
	재료비(상품 및 원부자재 구입비 등 1회전비용)	10,000,000
	경비(임차료, 관리비, 광고선전비 세금공과금, 기타경비 등 1개월분)	8,000,000
	지급이자(금융비용 1개월분)	1,000,000
	운전자금 계(B)	29,000,000
합계(A + B)		234,000,000

(1) 시설자금

시설자금(equipment funds)은 사업장을 운영하기 위해 필요한 건물, 생산 설비시설, 장비 등을 말한다. 직접 구매하거나 임대, 리스 등 정보화를 촉진시키기 위해 개발되었거나 교체하는 등 시스템의 활성화 자금을 말한다. 레스토랑의 시설자금은 임차보증금, 설비시설, 사무기기, 냉·온풍기, 냉장고, 기물 등과 프랜차이즈 가맹비, 보증금, 로열티, 권리금(바닥, 영업, 시설권리금), 기타 비용으로 분류할 수 있다.

기업의 고정자산이나 기타 자산을 매입할 때 필요로 하는 자금이다. 시설자금은 대차대조표를 작성할 때 일정금액을 감가상각한 후 회사의 자산가치로 남게 된다. 대부분 외부로부터 매입되므로 자금내역서는 매입거래처 계약서나 견적서를 통해 금액을 산출하게 된다. 시설자금 외, 초기에 들어가는 비용은 인건비, 재료비, 경비 등으로 나눌 수 있다. 소요되는 시설자금표와 운전자금표를 작성하여 자금계획을 세우면 유용하게 활용할 수 있다.

〈표 12-2〉 시설자금표

시설자금 종류	내용	금액	비고
점포 보증금	점포 임대료		
주방장비와 기물	레스토랑 내 주방장비 및 기물		
시설비	전기, 수도, 가스 등		
온·난방기	온풍기, 에어컨 등		
인테리어 비용	천장, 바닥, 벽 등 인테리어 시설		
비품	테이블, 의자, 탁자 등		
가맹비 및 가맹보증금	프랜차이즈 가맹계약일 경우		
기타	기타 시설자금		
합계			

(2) 운전자금

운전자금(working funds)은 기업의 영업활동에서 발생되는 비용으로 원재료를 구입하여 제품을 생산, 판매하는 과정에서 일정하게 지출되는 비용을 말한다. 이것은 매입채무와 재고자산, 매출채권 등으로 묶여 있는데 이를 운전자금이라 한다.

기업의 영업활동을 위해 투자되는 자금으로 경영에 필요한 재화는 투자활동을 수행하는 설비자금과 구분된다. 유동자산을 뜻하며, 유동부채를 뺀 순운전자금을 의미한다. 재무제표상 미지급금과 미수금 계정은 투자활동, 영업활동, 재무활동과 관련 없는 항목은 제외한다. 당좌자산 중 매출채권과 재고자산, 유동부채 중에서 매입채무만으로 구성된 항목을 말한다.

기업을 운영하기 위해 발생하는 직원들의 임금이나 이자비용, 임차료, 원재료 매입 등 정상적인 활동에서 필요한 자금을 경영자금이라 한다. 일반적인 운전자금은 지출에 의해 발생되는 생산물이나 매입상품, 매출로 회수된다. 설비자금의 회수가 고정적이고 장기적이라면 운전자금은 유동적이거나 단기적인(1년 이내) 특징이 있다. 대부분의 단기자금은 은행이나 주변의 지인 등을 통해 조달된다.

◉ 운전자본 = 매출채권 + 재고자산 - 매입채무로 계산할 수 있다.

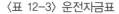

〈표 12-3〉 운전자금표

운전자금 종류	내용	금액	비고
점포 임차료	월 점포 임차료		
관리비	월 건물 관리비		
보험료	화재 및 각종 보험료		
이자비용	대출금 이자		
제세공과금	가스, 전기, 수도세		
복리후생비	직원들의 4대 보험, 식대 등		
소모품비	소모품비		
통신비	스마트폰, 일반전화, 인터넷전화 등		
마케팅 촉진비	오픈행사, 아치, 선물, 전단지 등		
인건비	직원 인건비		
프랜차이즈 로열티	프랜차이즈 로열티		
접대비 및 개발비	접대비, 아이템 개발비		
기타 경비	기타 비용		
합계			

2. 정책운용과 방향

1) 정책운용과 방향

(1) 운용목적

정책적 지원이 필요한 기술이나 사업성이 우수한 중소기업에 장기로 저리자금을 공급하여 중소기업의 경쟁력 제고와 성장촉진을 향상시키는 데 그 목적이 있다.

(2) 운용방향

• 수출, 고용창출, 시설투자 등 중소기업에 대한 자금을 우선 지원한다.
• 전기·전자, 섬유 등 한·중 FTA 취약업종 중 산업경쟁력 확보를 위해 지원을 강화한다.
• 중소기업 생산성 향상과 성장기반 지원을 위해 장기자금 중심으로 공급한다.
• 기술사업성 평가를 통해 미래 성장 가능성이 높은 기업에 직접, 신용대출 위주로 지원한다.

요약 1	2016년 중소기업 정책자금 중점지원 방향

구분	주요 내용	비고
정책자금 공급규모 확대	예산 : ('15) 3조 260억 원 ⇒ ('16) 3조 5,100억 원 ●창업기, 재도약기 중소기업에 대한 지원예산 확대 - 창업기업지원 : ('15) 1조 3,000억 원→('16) 1조 4,500억 원(1,500억 원↑) - 재도약지원 : ('15) 1,990억 원 → ('16) 2,550억 원(560억 원↑) ●수출금융지원사업 지원예산 확대 - ('15) 750억 원 → ('16) 1,250억 원(↑500억 원) ●한·중 FTA 피해기업의 산업경쟁력 강화 및 경영안정 지원 - 신 성장유망(산업경쟁력 강화) 300억 원, 사업전환 260억 원, 긴급경영 안정자금 50억 원	4,840억 (16.3%↑)
수출, 고용기업 지원 강화	●시설투자, 수출기업 등은 정책자금 우선지원 ●기업평가 지표內 고용창출, 수출실적 항목 등을 신설하여 고용우수기업 및 수출 중소기업 평가 우대 - 고용 및 수출지표 20% 내 반영 예정('16. 상반기 시행) ●정책자금 지원 후 수출에 성공한 기업과 수출실적이 향상된 기업에 대해 금리를 우대('16. 하반기 시행) ●일자리 창출기업 운전자금 한도 상향(5억 원→10억 원)	
시설투자 활성화	●소요금액 대비 지원금액 인정비율 상향(80% → 100%) ●시설자금 활용 시 우대금리 적용(0.7% 이내) ●시설자금 신용대출기간 확대(5년 → 6년)	일부 자금 제외
자금별 지원요건 개선	●(창업기업자금) 직접대출 기업을 대상으로 원금 30% 이상 상환하고, 대출만기가 1년 이상 남은 기업 중 일시적 자금애로기업 최대 2년까지 연장('16. 상반기 시행) - 상환기간 연장, 신청기준 사업경력 3~7년 기업 ●(투융자복합) 이자부담 최대한도 완화, 고정이자 경감	
재도전 활성화	●재창업자금 접수를 격월 접수 → 수시 접수로 변경 ●융자상환금 조정형 지원대상 확대 ●재창업자금은 운전자금 지원횟수 제한(연 2회) 적용 배제 ●재창업자금 신청기업 기업 평가 시 신용위험 평가 면제	
정책자금 금리인하	●정책자금 기준금리 인하 ('15. 4) 2.60% ⇒ ('16. 1) 2.52%	△0.08%p
예약시스템 운영	●정책자금 상담 시, 수요기업의 대기시간을 감축하기 위해 사전상담 예약시스템을 도입('16. 2월)	

요약 2	2016년 중소기업 정책자금 융자대상 및 조건

자금명		예산(억 원)		신청대상	대출기간	대출한도	금리
		'15	'16				
창업기업지원	일반창업	12,000	13,500 (1,500억 증)	사업경력 7년 미만 중소기업 및 창업 준비 중인 자	시설 : 8(3) 운전 : 5(2)	45억 원(지방 50억 원) 이내 (운전 5억 원 이내)	정책자금 기준금리
	청년전용 창업	1,000	1,000	대표자 만 39세 이하로 사업경력 3년 미만 중소기업 및 창업준비 중인 자	시설 : 6(3) 운전 : 5(2)	1억 원 이내	2.5% (고정)
투융자복합금융	이익공유	750	1,100 (350억 증)	일정수준 영업이익 달성이 가능한 사업경력 7년 미만 기업	시설, 운전 : 5(2)	20억 원 이내 (운전 5억 원 이내)	별도기준
	성장공유	200	350 (150억 증)	기업공개 가능성이 있으나, 민간창업투자회사가 투자하지 아니한 기업	시설, 운전 : 5(2)	45억 원(지방 50억 원) 이내 (운전 10억 원 이내)	
	프로젝트 금융	50	50	문화산업 전문회사로 민간 창업투자회사가 투자하지 아니한 기업	시설, 운전 : 7(-)	10억 원 이내 (소요금액 70% 이내)	
개발기술사업화		3,000	3,500 (500억 증)	개발기술을 사업화하고자 하는 기업	시설 : 8(3) 운전 : 5(2)	20억 원 이내 (운전 5억 원 이내)	정책자금 기준금리
신성장기반	신성장 유망	3,970	5,200 (1,230억 증)	사업경력 7년 이상 중소기업 등	시설 : 8(3) 운전 : 5(2)	45억 원(지방 50억 원) 이내 (운전 5억 원 이내)	정책자금 기준금리 +0.50%p
	기술사업성 우수	500	500	사업경력 7년 이상 중소기업 중 기업평가등급 우수기업	시설 : 15(5) 운전 : 5(2)		
	고성장기업	2,800	2,800	사업경력 4년 이상, 최근 3년간 상시근로자 또는 매출액이 연평균 20%(지방 15%) 이상 증가한 기업 등	시설 : 8(3) 운전 : 5(2)		
	협동화	1,000	1,000	협동화 실천계획 및 협업 사업계획 승인 기업	시설 : 10(5) 운전 : 5(2)		정책자금 기준금리
	기초 제조기업	2,000	2,000	사업경력 4년 이상, 매출액 10억 미만의 기초 소재형 및 가공조립형 기업	시설 : 8(3) 운전 : 5(2)	10억 원 이내 (운전 2억 원 이내)	
재도약지원	사업전환	990	1,250 (260억 증)	사업전환 계획승인 기업 무역조정 지원기업	시설 : 8(3) 운전 : 5(2)	45억 원(지방 50억 원) 이내 (운전 5억 원 이내)	정책자금 기준금리
	재창업	700	1,000 (300억 증)	재창업 신청요건 충족기업	시설 : 9(4) 운전 : 6(3)		
	구조개선 전용	300	300	구조개선 전용 신청요건 충족기업	운전 : 5(2)	10억 원 이내 (3년간 10억 원 이내)	
긴급경영안정	긴급경영 안정	250	300 (50억 증)	일시적 경영애로 신청요건 충족기업	운전 : 5(2)	10억 원 이내 (3년간 10억 원 이내)	정책자금 기준금리 +1.05%
				재해 피해 중소기업			2.4고정
	수출금융	750	1,250 (500억 증)	수출계약 또는 수출실적에 근거한 수출 소요자금	운전 : 180일 이내(최장 1년)	20억 원 이내	정책자금 기준금리

2) 공통사항

(1) 융자대상

「중소기업기본법」상의 중소기업으로 세부사항은 각 사업별 정책자금 융자계획에서 규정하며, 주된 업종이 융자 제외 대상인 업종은 지원을 제외한다.

- 다음의 전략산업을 영위하는 기업은 연간예산의 일정부분을 우선 배정한다.

> ● 전략산업 : 미래성장동력산업, 뿌리산업, 소재·부품산업, 지역전략·연고산업, 지식서비스산업, 문화콘텐츠산업, 바이오산업, 융·복합 및 프랜차이즈산업, 물류산업

(2) 융자범위

시설자금과 운전자금은 사업목적에 따라 자금용도 및 융자범위를 구분하여 지원한다. 세부사항은 사업별 정책자금과 융자계획에서 규정한다.

(3) 융자한도 및 금리

① 융자한도

개별기업의 융자한도는 중소기업청 소관 정책자금의 융자잔액을 기준으로 45억 원(수도권 제외한 지방소재 기업은 50억 원)까지이며, 매출액의 150% 내에서 지원한다. 잔액기준 한도 예외 적용은 최대 70억 원 이내에서 지원한다.

> ● 잔액기준 및 매출액 한도 예외 적용
> ① 신성장 기반자금 중 혁신형 기업 시설자금 및 고성장(가젤형)기업육성 자금의 시설자금, ② 협동화·협업 사업 승인기업 지원자금, ③ 긴급경영 안정자금 중 재해로 인한 피해복구 비용, ④ 고용창출 100대 우수기업, ⑤ 중소기업회계기준 준수기업, ⑥ 지방중소기업특별지원지역 입주기업, ⑦ 사업전환, 업종전환 승인기업에 대한 사업전환자금, ⑧ 글로벌 강소기업, ⑨ 산업혁신 3.0에 참여한 중소기업 중 산업통상자원부장관이 인정한 우수기업, ⑩ 해외진출기업 중 국내복귀 지원법령에 의한 복귀기업, ⑪ 직전연도 정책자금 지원 후 10인 이상 고용창출 기업, ⑫ 고용부 인증시간 선택제 우수기업, ⑬ 명문 장수기업

• **매출액 한도 예외 적용**

① 신성장기반 자금 중 시설자금 및 기초 제조기업 성장자금, ② 개발 기술사업화 자금, ③ 창업기업 지원자금 중 시설자금, ④ 재도약 지원자금 중 시설자금, 무역조정 지원기업, ⑤ 사업경력 5년 미만 기업, ⑥ 창업을 준비 중인 자, ⑦ 협동화사업 승인을 받은 「중소기업협동조합법」상의 협동조합

② 대출금리

중소기업 진흥채권 조달금리에 따른 정책자금 기준금리는 분기별로 연동되는 변동금리 적용을 원칙으로 한다. 시설자금은 각 사업별로 고정금리를 적용할 수 있다. 기존 대출기업도 공고에 의한 금리체계를 따른다(일부자금 소급적용 제외). 이율은 정부정책에 따라 변동금리가 가능하다. 분기별 대출금리(기준금리)는 중소기업진흥공단(www.sbc.or.kr)에서 공지한다. 예산은 자금사정 및 경기상황 등을 고려하여 조정하며, 신용위험 등급 및 담보종류에 따라 금리를 차등하여 적용한다.

정책자금 대출업체 중 대출월로부터 3개월 이내 1인 이상 추가고용 계획이 있는 기업은 추가인원 1인당 0.1%p~최대 2%p, 신성장유망(인재육성형)자금 대출월로부터 6개월 이내 내일채움공제에 추가 가입 시 인원 1인당 0.1%p~최대 2%p 금리를 우대 적용받는다.

❍ 금리우대(고용 및 내일채움공제 합산)는 1년간 한시적용 및 최대 5천만 원, 2%p 이내이며, 고정금리 및 금리우대 자금은 적용을 제외한다.

❍ 시설자금 지원기업은 3개월 이내 추가고용 없는 기업 중 6개월 시점에서 추가고용 실적자료 제출 시 고용실적을 인정한다. 여기에는 금리를 우대 적용하며, 수출에 성공한 기업과 수출실적이 향상된 기업은 대출금리를 일정기간 우대한다.

(4) 융자방식

중진공에서 융자신청 · 접수하여 대상결정 후, 직접대출 또는 금융회사(대리대출)에서 신용 및 담보대출을 실시한다. 보증서 담보는 시설자금에 대해서만 취급이 가능하다.

(5) 융자절차

① 융자 신청·접수

● 융자 신청은 자가진단→사전상담→온라인 신청 순으로 진행된다. 당월 자금 희망기업은 전월말까지 자가진단 및 사전상담(온라인신청 포함)과 정책우선 평가가 필요할 경우, 지역본(지)부 접수상황에 따라 신청접수 및 조정이 가능하다.

● 자가진단 신청자금의 적정성은 www.sbc.or.kr을 통해 가능하며, 허위 진단결과 제출기업은 발견일로부터 1년간 정책자금 신청을 제한한다. 사전상담 자가진단 실시 결과를 바탕으로 해당 지역본(지)부에 방문상담 후, 지역본(지)부의 정책자금 신청기회를 부여, 결정한다(시설투자, 수출기업 등은 우선 지원).

● 월 사전상담 완료기업은 중진공 지역본(지)부별 실태조사, 가용인력범위를 초과하는 경우, 운전자금 신청기업에 대해 정책 우선도(시설연계, 수출연계, 신용위험 등)평가를 실시하며, 신청기회를 부여, 결정한다. 자금 신청수요 집중시기는 지역본(지)부에서 사전상담 기간을 조정하여 실시한다.

● 온라인신청, 사전상담 완료 후 신청기회를 부여받은 기업은 www.sbc.or.kr을 통해 지역본(지)부에 융자를 신청, 내용입력 및 서식을 전송한다.

• 중소기업 진단 및 정책자금 융자신청서 제출

일반창업기업지원자금, 투·융자복합금융자금, 개발기술사업화자금, 신성장기반자금(신성장유망, 기술사업성 우수기업), 고성장(가젤형)기업육성, 재도약지원자금(재창업지원, 구조개선 전용, 무역조정), 긴급경영안정자금(일시적 경영애로, 수출금융)

• 사업별 융자신청서 제출

청년전용 창업자금, 신성장기반자금(협동화 및 협업화사업지원 자금, 기초제조업 성장), 재도약 지원자금(사업전환), 긴급경영 안정자금(재해자금)

● 중진공 지역본(지)부장은 신청기업에 대한 건강진단 대상여부를 결정한다. 건강진단 실시기업은 중진공 및 중소기업청 건강관리위원회의 추천서(정책자금 연계)를 발급받은 후 '중소기업 진단 및 정책자금 융자신청서'를 신청·접수한다.

● 기업을 진단하여 문제점(기업애로)을 도출한 후 처방전(해법)을 제시하고 치유를 위한 자금을 연계하여 지원한다.

② 융자대상 결정절차

● 기업평가는 기술성, 사업성, 미래성장성, 경영능력, 사업계획서 타당성 등을 종합하여 평가, 등급(rating)을 산정(청년전용 창업자금 대출은 별도기준 운영)한다.

● 기술사업성 평가등급을 기본으로 신용위험 등급의 조정은 재무 등 비중반영을 최소화한다. 사업경력 3년 미만 및 재창업자금 대상기업은 기술사업성 평가등급을 산정한다. 고용창출, 수출실적 등 기업평가지표에 반영하여 우대한다.

● 융자대상 결정은 평가결과로 등급 또는 일정기준 이상의 기업을 대상으로 융자 여부를 결정한다.

③ 자금대출

융자 대상으로 결정된 기업은 약정 체결 후 대출한다. 중진공 직접대출로 융자하는 시설자금은 전자거래시스템을 통한 계약, 전자세금 계산서 발행을 의무화한다(사업장 매입, 건축용 부지, 외국어 제작 및 설비 등은 제외). 기술사업성평가 결과(청년전용 창업자금의 경우 심의위원회) 일정등급 이상 기업은 연대보증 및 보증인 면제 등이 가능하다.

④ 사후관리

● 대출 후 사업목적에 부합하는 자금집행과 점검을 위해 관련자료 청구 등 실태조사를 실시한다. 자금의 용도 외 사용 시 조기회수 등의 제재조치를 실행한다.

● 청년전용 창업자금, 재창업, 구조개선 전용자금에 대해서는 대출 후 1년간 사업계획 진행사항 등의 멘토링을 지원한다.

(6) 융자 제한기업

① 세금체납 기업은 분납계획에 따라 성실하게 납부하는 기업은 융자대상에 포함한다.

② 전국은행연합회의 "신용정보 관리규약"에 따라 연체, 대위변제 · 대지급, 부도관련인, 금융 질서문란, 화의 · 법정관리 · 기업회생 및 청산절차 등의 기업은 제한된다.

③ 허위 또는 부정한 방법으로 신청하거나 자금을 융자목적 외, 용도로 사용한 기업, 임직원의 자금횡령 등 사회적 물의를 일으킨 기업 등은 제외한다.

④ 휴 · 폐업 중이지만 재해를 직접적인 원인으로 휴업 중인 기업은 가동으로 간주, 대상에 포함한다.

⑤ 다음에 해당하는 우량기업

- 중진공 신용위험등급의 최상위인 CR1등급(사업경력 3년 미만 기업 및 결산연도 자산총계 10억 원 미만, 소자산기업은 예외), 신용평가 회사의 BB 이상 등급인 기업
- 유가증권(코넥스 제외), 코스닥 상장기업 또는 최근 2년 이내 자체 신용으로 공모 회사채를 발행한 기업
- 재무제표 기준 자본총계 300억 원 이상 기업
- 재무제표 기준 자산총계 1,000억 원 초과 기업
  - 신성장기반 자금 중 고성장(가젤형)기업 육성자금은 신용평가회사 BBB까지, 자본총계 300억 원 이상 또는 자산총계 1,000억 원 초과 기업은 지원이 가능하다.

⑥ 업종별 융자제한 부채비율을 초과하는 기업(협동화 및 협업사업은 승인신청 시 기준)

- **업종별 융자제한 부채비율 기준 적용 예외**
  - 사업경력 5년 미만 기업, 사업 전환자금 신청기업 중 무역조정 지원기업
  - 소득세법 및 동법 시행령에 의한 일정규모 미만의 간편 장부 대상 사업자
  - 「중소기업협동조합법」상의 협동조합
  - 긴급 경영안정자금 신청기업 중 일시적 경영애로 기업, 재해중소기업
  - 재도약자금 중 구조개선 전용자금
  - 기초 제조기업 성장자금
  - 결산연도 유형자산 증가율이 동 업종 평균 2배를 초과하는 중소기업의 시설 투자금액, 매출액 대비 R&D투자 비율이 1.5% 이상인 기업의 R&D금액 등은 융자제한 부채비율 산정 시 제외

⑦ 정책자금 융자제외 대상 업종을 영위하는 기업

- **융자제외 업종 운용기준**

  자금조달이 열악한 우수기술 보유 중소기업은 장기·시설자금 지원 → 한정된 재원을 효율적으로 배분하기 위해 제외 업종을 운용한다.
  - 사행산업 등 국민 정서상 부적절한 업종(도박, 사치, 향락, 건강유해, 부동산 투기 등)

> - 정부 등 공공부문에서 직·간접적으로 운영, 지원하는 업종(철도 등 운송, 도로 및 관련시설 운영업 등)
> - 고소득 및 자금조달이 상대적으로 용이한 업종(법무, 세무, 보건 등 전문서비스, 금융 및 보험업 등)
> - 자영업 등 소상공인 자금지원이 적합한 업종(소매업, 음식·숙박업, 기타 개인 서비스업 등)

⑧ 융자 신청일 기준 사업경력 5년 초과 기업 중 한계기업이나 중진공 지정 부실징후 기업

> - 2년 연속 매출액이 50% 이상 감소한 기업
> - 2년 연속 적자기업 중 자기자본 전액 잠식기업
> - 3년 연속 이자보상 비율 1.0 미만, 3년 연속 영업활동 현금흐름이 (-)인 기업
> - 최근 3개월 내 연체일수 45일 이상 또는 10일 이상이 4회 이상인 기업
> - 중진공 신용위험등급 최하위(CR6) 등급(재도약 지원자금 중 재창업자금 및 구조개선 전용자금 적용 제외)

⑨ 융자심사에서 탈락하였거나 6개월이 경과되지 아니한 기업, 신청연도가 나르거나, 자금심사에 탈락하더라도 재도약 지원자금(사업전환, 무역조정, 구조개선), 긴급경영 안정자금(수출금융, 일시적 경영애로, 재해자금)은 신청가능하다.

⑩ 융자 신청일 기준, 사업경력 5년 이상의 법인기업 중 정부(5개 부처 해당자금) 및 광역, 지방자치단체 등을 통한 정책자금(소상공인지원자금 제외) 실적이 다음에 해당하는 기업(중소기업지원사업 통합관리시스템, http://sims.go.kr)을 말한다.

> - 시설자금 : 시설자금 대출 잔액 45억 원(비수도권 50억 원) 이상(협동화/협업사업 실천계획 승인과 해당여부)
> - 운전자금 : 최근 1년 내 2회 이상 지원기업 긴급경영 안정자금, 재도약 지원자금(사업전환자금, 무역조정 포함한 재창업자금), 투·융자복합금융자금(성장공유형 대출)은 제외

(7) 접수시기 예외

◉ 연간 계획된 예산 소진 시 신청은 불가하다.

◉ 다음에 해당하는 자금은 월별 구분 없이 신청·접수하여 운영한다.

> • 투·융자복합금융자금(성장 공유형 대출), 프로젝트 금융형 대출은 접수시기
>   와 별도로 공지한다.
> • 신성장기반 자금(협동화 및 협업사업)
> • 재도약 지원자금(사업전환, 무역조정, 구조개선 전용, 재창업자금)
> • 재해 중소기업, 사회적 기업 및 건강진단에 따른 중진공, 중소기업청 건강관리
>   위원회의 정책자금 연계 추천서 발급기업 등

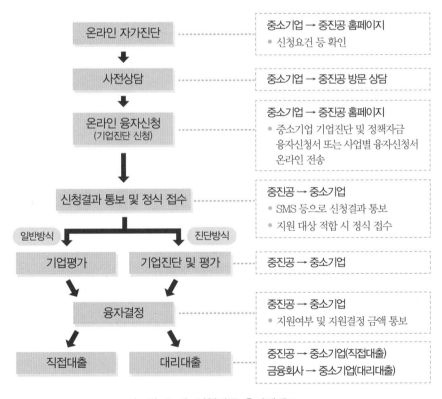

〈그림 12-1〉 정책자금 융자체계도

(8) 신청 · 접수 및 문의처

① 중소기업진흥공단 지역본(지)부

지역본(지)부	전 화	지역본(지)부	전 화	지역본(지)부	전 화
서울(목동)	02) 6678-4127	충북(청주시)	043) 230-6800	전남(무안군)	061) 280-8000
서울동남부(서초구)	02) 2156-2200	충북북부(충주시)	043) 841-3600	전남동부(순천시)	061) 724-1045
서울북부(중구)	02) 769-6436	전북(전주시)	063) 210-9900	부산(사상구)	051) 630-7400
인천(연수구)	032) 450-0500	전북서부(군산시)	063) 460-9800	부산동부(해운대구)	051) 784-3630
인천서부(서구)	032) 450-0560	대구(대구시)	053) 601-5300	울산(울산시)	052) 703-1100
경기(수원시)	031) 259-7900	경북(구미시)	054) 476-9340	경남(창원시)	055) 212-1350
경기동부(성남시)	031) 788-7300	경북 동부(포항시)	054) 223-2046	경남 동부(김해시)	055) 310-6600
경기서부(안산시)	031) 496-1000	경북 남부(경산시)	053) 212-3300	경남 서부(진주시)	055) 756-3060
경기북부(고양시)	031) 920-6700	강원(춘천시)	033) 259-7600	제주(제주시)	064) 751-2070
대전(대전시)	042) 866-0114	강원 영동(강릉시)	033) 655-8870		
충남(천안시)	041) 621-3687	광주(광주시)	062) 600-3000		

② 중소기업청 통합 콜센터

전국 어디서나 국번 없이 ☎ 1357

③ 중소기업진흥공단 지역본(지)부의 관할구역

지역 본 · 지부	관 할 구 역
서울 지역본부	양천구, 강서구, 관악구, 구로구, 금천구, 동작구, 영등포구
서울 동남부지부	서초구, 강남구, 강동구, 광진구, 성동구, 송파구
서울 북부지부	강북구, 노원구, 도봉구, 동대문구, 서대문구, 성북구, 은평구, 종로구, 중구, 중랑구, 마포구, 용산구
인천 지역본부	연수구, 계양구, 남동구, 부평구, 부천시
인천 서부지부	서구, 동구, 남구, 중구, 강화군, 옹진군, 김포시
경기 지역본부	수원시, 안성시, 오산시, 용인시, 평택시, 화성시, 과천시, 안양시, 의왕시, 군포시
경기 동부지부	광주시, 구리시, 남양주시, 성남시, 이천시, 하남시, 가평군, 양평군, 여주군
경기 서부지부	시흥시, 광명시, 안산시
경기 북부지부	고양시, 동두천시, 양주시, 의정부시, 파주시, 포천시, 연천군, 김포시
대전 지역본부	대전, 세종, 공주, 계룡, 논산, 보령시, 금산군, 부여군, 서천군, 청양군, 옥천군, 영동군, 당진군, 예산군
충남 지역본부	천안시, 서산시, 아산시, 당진군, 예산군, 태안군, 홍성군, 공주시, 세종시
충북 지역본부	청주시, 보은군, 영동군, 옥천군, 진천군, 증평군, 청원군, 음성군
충북 북부지부	충주시, 제천시, 괴산군, 단양군, 음성군
전북 지역본부	전주시, 남원시, 무주군, 순창군, 완주군, 임실군, 장수군, 진안군, 정읍시, 익산시, 김제시
전북 서부지부	군산시, 고창군, 부안군, 서천군, 익산시
대구 지역본부	대구시, 고령군

지역 본·지부	관 할 구 역
경북 지역본부	구미시, 김천시, 문경시, 상주시, 안동시, 영주시, 고령군, 군위군, 봉화군, 성주군, 예천군, 의성군, 칠곡군
경북 동부지부	포항시, 경주시(외동읍, 내남면, 산내면), 영덕군, 영양군, 울릉군, 울진군, 청송군
경북 남부지부	경산시, 영천시, 청도군
강원 지역본부	춘천시, 원주시, 양구군, 영월군, 인제군, 정선군, 철원군, 평창군, 홍천군, 화천군, 횡성군, 가평군
강원 영동지부	강릉시, 동해시, 삼척시, 속초시, 태백시, 고성군, 양양군, 평창군, 정선군
광주 지역본부	광주시, 나주시, 담양군, 영광군, 장성군, 함평군, 화순군
전남 지역본부	무안군, 목포시, 강진군, 신안군, 영암군, 완도군, 진도군, 해남군, 영광군, 함평군
전남 동부지부	순천시, 광양시, 여수시, 고흥군, 곡성군, 구례군, 보성군, 장흥군
부산 지역본부	사상구, 강서구, 동구, 부산진구, 북구, 사하구, 서구, 영도구, 중구
부산 동부지부	해운대구, 금정구, 남구, 동래구, 수영구, 연제구, 기장군
울산 지역본부	울산시, 경주시(외동읍, 내남면, 산내면), 양산시
경남 지역본부	창원시, 의령군, 함안군, 창녕군
경남 동부지부	김해시, 밀양시, 양산시
경남 서부지부	진주시, 거제시, 사천시, 통영시, 거창군, 고성군, 남해군, 산청군, 하동군, 함양군, 합천군
제주 지역본부	제주시, 서귀포시

3. 사업별 정책자금 융자계획

1) 창업기업 지원자금

(1) 사업목적

우수한 기술력과 사업성은 있으나 자금이 부족한 중소 및 벤처기업의 창업을 활성화시켜 고용창출을 도모하는 데 그 목적이 있다.

(2) 융자규모

14,500억 원

(3) 신청대상

일반창업 기업과 청년전용 창업자금으로 구분하여 지원한다(1인 창조기업 포함).

일반창업 기업지원은 「중소기업창업 지원법」 시행령 제2, 3조의 규정에 의해 사업 개시일로부터 7년 미만(신청·접수일 기준)인 중소기업 및 창업을 준비 중인 자이며, 청년전용 창업은 대표자가 만 39세 이하로 사업 개시일로부터 3년 미만(신청·접수일 기준)인 중소기업 및 창업을 준비 중인 자를 말한다. 이들은 모두 최종 융자시점에는 사업자등록증이 필요하다.

(4) 융자범위

① 시설자금

- 생산설비 및 시험검사장비 도입 등에 소요되는 자금
- 정보화 촉진 및 서비스 제공 등에 소요되는 자금
- 공정설치 및 안정성 평가 등에 소요되는 자금
- 유통 및 물류시설 등에 소요되는 자금
- 사업장 건축자금, 토지구입비, 임차보증금 등을 말한다. 토지구입비는 건축허가 (산업단지의 계획입지 입주계약자 포함)가 확정된 사업용 부지 중 6개월 이내에 건축착공이 가능한 경우에 한함
- 사업장 확보자금(매입, 경·공매)은 사업 영위의 필요성에 따라 기업당 3년 이내 1회로 한정하여 지원한다.

② 운전자금

창업소요 비용, 제품생산 및 기업경영에 소요되는 자금을 말한다.

(5) 융자조건

- 대출금리(변동금리) : 정책자금 기준금리를 적용하며, 일반창업 기업지원자금은 시설자금 지원 시 고정금리 선택이 가능하다. 청년전용 창업자금은 연 2.5%의 고정금리를 적용한다.
- 대출기간은 시설자금 8년 이내 거치기간 3년과 운전자금 5년 이내 거치기간 2년, 청년전용 창업자금의 시설은 6년 이내로 거치기간 3년, 운전자금은 5년 이내 2년의 거치기간을 둔다.
- 대출한도는 개별기업당 융자한도에 따라 운전자금은 연간 5억 원 이내로 한다. 단, 10억 원 이상 시설투자기업, 10인 이상 고용창출기업 및 2년간 고용유지기업의 운전자금은 연간 10억 원 이내로 한다(청년전용 창업자금 제외). 청년전용 창업자금은 기업당 1억 원 이내로 한다.
- 융자방식은 일반창업 기업지원은 중진공이 자금 신청·접수와 함께 평가를 통해 대상자를 결정한 후, 중진공(직접대출) 또는 금융회사(대리대출)에서 대출한다. 청년전용 창업은 중진공이 자금 신청·접수와 함께 교육·컨설팅 실시 및

사업계획서 등에 대한 평가를 통해 대상자를 결정하여 직접 대출한다(융자상환금 조정형). 융자상환금 조정형은 정직한 창업실패자에 대해 심의를 거쳐 선별적으로 융자상환금의 일부를 조정한다.

2) 투·융자복합 금융자금

(1) 사업목적

기술성과 미래시장의 성장가치가 우수한 중소기업에 대해 융자와 투자요소를 접목한 방식의 지원자금으로 창업 활성화 및 성장단계 진입을 목적으로 한다.

(2) 융자규모

1,500억 원

(3) 신청대상

이익공유형 대출, 성장공유형 대출, 프로젝트 금융형 대출로 구분하여 지원한다. 이익공유형 대출은 기술개발 및 시장진입 등 미래의 성장가능성이 큰 기업으로 일정수준의 영업이익 달성이 예상되는 사업경력 7년 미만의 기업을 말한다. 성장공유형 대출은 기술성과 미래시장의 성장가치가 큰 기업으로 기업공개 가능성이 있으나 민간 창업투자회사(창업투자조합)가 투자하지 아니한 기업을 말한다. 프로젝트 금융형 대출은 성공 가능성이 높은 문화콘텐츠 추진을 위해 설립된 전문회사로 민간 창업투자회사(조합)가 투자하지 아니한 기업을 말한다. 문화콘텐츠산업 중 게임, 음악, 뮤지컬, 애니메이션, 캐릭터 등을 우선적으로 지원한다.

(4) 융자범위

시설자금은 생산설비, 시험검사장비, 정보화 촉진 및 서비스 제공 등에 소요되는 자금(건축 및 사업장 구입자금 제외)이다. 운전자금은 창업소요 비용, 원부자재 구입비용, 시장 개척비용, 제품생산 비용, 콘텐츠 제작비용 등 경영에 소요되는 자금을 말한다.

(5) 융자조건

① 이익공유형 대출

● 대출이자는 고정이자와 이익연동이자로 구성되었다. 대출기간에 따른 고정이자

와 이익연동이자를 합한 총금액은 대출원금의 35% 한도로 한다(대출 1년차에 원금의 10%, 대출 2년차에 원금의 20%를 한도로 함).

◖ 고정이자는 영업실적에 관계없이 대출잔액에 고정금리를 적용하여 계산한 금액이다. 대출시점의 기준금리를 적용한 신용대출에서 2.2%p를 차감한다(대출기간동안 고정). 기준금리는 정책자금의 준금리에 따르며, 이익연동 이자는 대출일이후 각 결산기 영업이익의 3.3%이다. 매 결산기 이후에 부과되며, 원금상환 종료와 차연도에 최종회차를 부과한다. 각 결산기의 영업손실, 당기 순손실 등이 발생했을 때 이익연동이자는 면제한다.

◖ 대출기간 : 5년 이내 거치기간 2년으로 한다.

◖ 대출한도 : 기업당 연간 20억 원 이내에서 운전자금은 5억 원 이내로 한다.

② 성장공유형 대출(대출방식 : 전환사채 인수)

◖ 대출금리 : 표면금리 1%, 만기보장금리 4%

◖ 대출기간 : 5년 이내 거치기간 2년, 7년 미만 기업은 7년 이내로 거치기간 4년 이내를 포함한다.

◖ 대출한도 : 개별기업당 융자한도 중 운전자금은 연간 10억 원 이내로 한다.

③ 프로젝트 금융형 대출(대출방식 : 이익참가 부사채 인수)

◖ 대출금리는 연 4%로 하며, 만기 시 원리금 상환 후 이익배당, 배당률 등은 사례별로 협의한다.

◖ 대출기간 : 7년 이내로 하며, 원리금 만기 일시상환으로 한다.

◖ 대출한도 : 프로젝트당 10억 원 이내와 소요자금의 70% 이내로 한다.

(6) 융자방식

중진공이 자금 신청·접수와 함께 기업평가를 통해 대상을 결정한 후 직접 대출한다.

3) 개발기술 사업화자금

(1) 사업목적

중소기업이 보유한 우수기술이 사장되는 것을 방지하기 위해 상품화와 사업화를 촉진하여 육성한다.

(2) 융자규모

3,500억 원

(3) 신청대상

● 「중소기업 기본법」상의 하나에 해당되는 기술로 사업화하고자 하는 기업, 자체 기술을 보유한 사업 등 Inno-Biz, Main-Biz, 벤처기업, 지식재산 경영인증(특허청 인증)을 말한다.

● 최근 3년간 기술개발 사업화자금을 2회 이상 지원받은 기업은 융자에서 제외한 다. 산업통상자원부, 중소기업청 등 정부출연 연구개발사업에 참여하여 기술개 발에 성공(완료)한 기술기업을 말한다.

● 중기청 R&D사업 참여기업은 최종보고서 제출 시(사업성공 판정 이전) 자금신청 이 가능하다. 특허, 실용신안 또는 저작권 등록기술을 보유한 기업, 정부 및 공 인기관이 인증한 기술을 보유한 기업을 말한다.

● 신기술(NET), 전력 신기술, 건설 신기술, 보건 신기술(HT) 등 국내외 대학, 연구 기관, 기업, 기술거래기관 등으로부터 이전받은 기술, 「사업화 촉진에 관한 법률」 상 기술평가기관으로부터 인증받은 기술, 기업 부설연구소(한국산업기술진흥협 회 인정) 보유기업이 개발한 기술을 말한다.

(4) 융자범위

● 시설자금 : 기술개발 사업화에 소요되는 생산설비, 시험검사장비 등에 소요되는 자금

● 운전자금 : 기술개발 사업화에 소요되는 원부자재 구입비용, 시장 개척비용 등

(5) 융자조건

● 대출금리(변동금리)는 정책자금 기준금리를 적용하며, 시설자금 지원 시 고정금 리를 선택할 수 있다.

● 대출기간은 시설자금 8년 이내 거치기간 3년, 운전자금은 5년 이내 거치기간 2 년이다.

● 대출한도는 기업당 연간 20억 원 이내 운전자금은 5억 원 이내로 한다. 10억 원 이상 시설투자기업, 10인 이상 고용창출 기업 및 2년간 고용유지기업 운전자금 은 연간 10억 원 이내로 한다.

● 융자방식은 중진공이 자금의 신청·접수와 함께 평가를 통해 대상기업을 결정

한 후 직접 대출한다.

4) 신성장기반 자금

(1) 사업목적

● 기술 및 사업성이 우수한 성장성이 유망한 중소기업의 생산성 향상과 고부가가
치화 등 경쟁력 강화에 필요한 자금을 지원하며, 성장동력을 창출한다.

● 한 · 중 FTA 취약업종의 산업경쟁력을 강화하고 인적 자원 투자유도를 통한 성
장잠재력 확충과 중소기업의 해외진출 및 글로벌 기업으로 성장을 지원한다.

(2) 융자규모

11,500억 원

(3) 신청대상

● 신성장유망(일반) 및 기술사업성 우수기업 전용자금의 합산과 지원 횟수가 최근
3년 이내, 2회 이상인 기업은 제외한다. 사업승계, 법인전환 등 사업경력 7년 미
만이나 최초 창업한 기업의 사업 개시일로부터 7년 이상인 기업은 신성장기반자
금으로 융자한다.

● 신성장유망(산업경쟁력 강화, 인재육성형, 글로벌 진출기업 전용), 기술사업성
우수기업 전용, 협동화 및 협업화 사업지원, 기초제조 기업성장, 고성장(가젤형)
기업 육성자금 등으로 구분하여 지원한다. 또한 「중소기업 기본법」상 사업경력
7년 이상 중소기업, 한 · 중 FTA 취약업종 영위기업, 인재육성형 기업, 글로벌 진
출기업 등을 말한다.

  - 산업 경쟁력 강화 : 사업경력 7년 이상의 한 · 중 FTA 취약업종의 영위기업

  - 인재육성형 기업 : 중소기업청 인재육성형 사업 선정(유효기간 이내), 내일채
    움공제 가입 중인 기업, 중소기업에서 지원하는 계약학과에 참여 중인 기업 등
    을 말한다.

  - 글로벌 진출기업 : 중소기업청 소관 수출지원 사업체 중 수출기업 및 수출추진
    중소기업(사업기간, 사업 종료 후 1년 이내 업체)을 말한다.

  - 인재육성형 기업 및 글로벌 진출기업 전용자금은 사업경력 제한이 없다. 기술
    사업성 우수기업 전용은 「중소기업 기본법」상 7년 이상 평가등급이 우수한 기
    업을 말한다. 협동화 및 사업 승인기업 지원은 3개 이상의 중소기업이 규합, 협

동화 실천계획 승인을 받은 자 또는 2개 이상의 중소기업이 규합하여 협업사업 계획의 승인을 얻은 자를 말한다. 기초제조 기업성장은 사업경력 4년 이상으로 3년간 평균 매출액 10억 원 미만의 기초소재형, 가공조립형 산업을 영위하는 기업을 말한다.

> ● 기초소재형 산업 : 섬유제품(의류 제외), 목재 및 나무제품(가구 제외), 펄프·종이제품, 코크스·연탄 및 석유정제품, 화학물질 및 화학제품(의약품 제외), 의료용 물질 및 의약품, 고무 및 플라스틱 제품, 비금속광물, 1차 금속 등
> ● 가공조립형 산업 : 금속 가공제품(기계 및 가구 제외), 전자부품·컴퓨터·영상·음향, 통신장비, 의료·정밀·광학기기 및 시계, 전기장비, 기타 기계장비, 자동차 및 트레일러, 기타 운송장비 등
>   - 한국은행 기업경영 분석상, 산업형태별 제조업 분류기준

◑ 고성장(가젤형)기업육성은 「중소기업 기본법」상 사업경력 4년 이상으로 최근 4개년간('12~'15년간) 상시근로자 또는 매출액이 연평균 20% 이상(수도권 제외한 지방 소재기업은 15% 이상) 증가한 기업, 중소기업청 고성장기업 수출역량 강화 사업 선정으로 협약기간 이내 기업을 말한다. 시작연도와 최종연도의 상시 근로자 수 5인 이상인 기업만 신청 가능하며, 2016년 결산 재무제표가 나오지 않은 경우, 2015년 재무제표를 활용한다. 청년(만 29세 미만) 고용기업은 고용증가율 1.5배를 적용한다.

(4) 융자범위

① 시설자금

◑ 생산설비 및 시험검사 장비도입 등에 소요되는 자금

◑ 정보화 촉진 및 서비스 제공 등에 소요되는 자금

◑ 공정설치 및 안정성 평가 등에 소요되는 자금

◑ 유통 및 물류시설 등에 소요되는 자금

◑ 무역·수출 안전시설 설치 등에 소요되는 자금

◑ 사업장 건축자금, 토지구입비, 임차보증금 등을 말한다. 토지구입비는 건축허가(산업단지 등 계획입지의 입주계약자 포함)가 확정된 사업용 부지 중 6개월 이내 건축착공이 가능한 경우에 한다(협업화 사업 승인기업 지원자금은 건축 허가 조건 적용에서 배제함).

- 사업장 확보(매입, 경·공매)자금은 사업영위 필요에 따라 기업당 3년 이내 1회로 한정 지원한다.
- 조성 공사비는 협동화 및 협업사업 승인기업에 한함
- 생산성 향상, 환경개선 및 후생 복지시설 등에 소요되는 자금을 말한다. 신성장 유망(산업경쟁력 강화)자금은 생산 및 검사시설, 정보화시설 등 기계시설을 지원한다(건축, 토지구입비, 임차보증금, 사업장 확보자금 등은 지원 제외).

② 운전자금

자금을 융자받은 기업 중 시설도입 후 소요되는 초기 가동비는 시설자금의 50% 이내로 한다. 지식서비스 산업, 문화콘텐츠 산업 영위기업, 협동화 및 협업사업 승인기업, 국토교통부 인증 우수 물류기업, 기초 제조기업 성장자금, 고성장(가젤형)기업 육성자금의 경우 상품생산과 개발비, 시장개척비 등에 소요되는 운전자금은 시설자금과 별도로 융자 가능하다(기술 사업우수기업은 시설자금과 별도 융자 불가).

(5) 융자조건

- 대출금리(변동금리)는 정책자금 기준금리에서 0.5%p 가산한 금리를 적용한다. 협동화사업 승인기업 지원, 기초 제조기업 성장자금, 인재육성형 전용자금, 글로벌 진출기업 전용자금은 정책자금 기준금리를 적용한다. 시설자금(시운전자금 포함)은 고정금리 선택이 가능하다(협동화 및 협업사업 승인기업은 제외).
- 대출기간은 시설자금 8년 이내 거치기간 3년으로 하며, 기술사업성 우수기업 전용자금은 15년 이내 거치기간 5년, 협동화 및 협업사업 승인기업은 10년 이내 거치기간 5년, 운전자금은 5년 이내 거치기간 2년으로 한다.
- 대출한도는 개별기업당 융자한도 운전자금 연간 5억 원 이내로 하며, 산업경쟁력 강화자금은 시설자금만 연간 10억 원 이내로 지원, 기초 제조기업 성장자금은 연간 10억 원 이내, 운전자금은 연간 2억 원 이내로 한다.
- 10억 원 이상 시설투자기업, 10인 이상 고용창출기업 및 2년간 고용유지기업, 협동화(협업화) 승인기업, 고성장(가젤형)기업, 경영혁신 마일리지 500마일리지 사용기업의 운전자금은 연간 10억 원 이내로 한다.
- 융자방식은 중진공이 자금 신청·접수와 함께 기업평가를 통해 융자대상 결정 후, 중진공(직접대출) 또는 금융회사(대리대출)에서 대출한다. 기술사업성 우수기업 전용 및 시설 및 운전자금은 직접 대출(담보부)방식, 금융회사(대리)에서 대출한다.

5) 재도약 지원자금

(1) 사업목적

사업전환, 구조조정, 재창업지원을 통해 재도약과 경영정상화를 위한 사회적 기반을 조성하는 데 그 목적이 있다.

(2) 융자규모

2,550억 원

(3) 신청대상

● 사업전환(무역조정 포함), 구조개선, 재창업자금으로 구분하여 지원한다.

● 사업전환자금은 다음 각 호의 요건을 충족하며, 사업전환 계획승인을 얻은 중소기업을 말한다. 한·중 FTA 관련업종의 사업전환지원을 포함한다.

- 사업전환 계획 승인신청일 기준 3년 이상 영위하며, 상시근로자 5인 이상인 중소기업을 말한다.

현 영위업종	전환 진출업종
모든 업종(「중소기업창업 지원법 시행령」에 따라 제외 업종은 제외)	제조업 또는 서비스업

  * 「서비스업」은 제9차 한국표준산업 분류상의 농업,.임업 및 어업, 광업, 제조업, 전기·가스·증기 및 수도사업, 건설업을 제외한 업종이다.
- 영업 중인 업종이 전체 매출액의 35% 이상을 차지하는 주력사업으로 사업전환 대상이 된다.
  * 전환계획 승인받은 경우, 융자제한 기업으로 2년 연속 매출액 50% 이상 감소한 기업은 적용에서 제외한다.

● 자유무역협정 체결에 따른 지원 법률로서 지정받은 중소기업을 말한다.

● 구조개선 전용은 융자제한 기업 중 금융질서문란, 청산절차 등록기업은 제한한다.

① 기업 구조개선 진단기업은 은행권이 구조개선 진단 대상으로 추천한 중소기업을 말한다.

  기업 신용위험 평가결과 B, C등급으로 분류된 기업, 은행권 자체프로그램에 의한 워크아웃 추진 기업

  * 기업 구조개선 진단 추진 기업은 융자제한 기업 중 재무제표 기준 자본총계 300억 원 이상 기업은 제외

② 일시적 경영애로를 겪는 중소기업 중 경영개선 진단 기업은 정책금융기관(중진공, 신용보증기금, 기술보증기금)이 부실징후로 지정한 중소기업을 말한다.

③ 채권은행협의회 운영협약 또는 「기업구조조정 촉진법」에 의한 워크아웃 추진 중소기업을 말한다.

④ 전국은행연합회 신용정보 관리규약에 따라 연체, 대위변제·대지급, 부도, 관련인 정보가 등록되어 있는 기업 또는 「채무자 회생 및 파산에 관한 법률」에 근거 회생계획 인가기업(회생인가 종결 후 1년 이내 기업) 중 강력한 자구노력(자산매각, 대주주 감자 등) 추진기업, 회생계획을 성실히 수행하는 기업

⑤ 진로 제시 컨설팅 결과 구조개선 대상으로 판정된 기업은 제한한다.

○ 재창업은 사업실패로 전국은행연합회의 "신용정보관리규약"에 따라 연체 및 공공정보가 등재(등록 및 해제 사실)되어 있거나 저신용자로 분류된 기업인, 사업실패로 자금조달에 애로를 겪는 기업인 중 다음 요건을 충족한 자를 말한다. 신용 미회복자는 신용회복승인, 개인회생, 파산면책 최종인가 경우에 한해 지원하며, 융자제한 중 금융질서문란, 청산절차 등록 기업은 제한된다.

① 범위는 재창업을 준비 중인 자 또는 재창업일로부터 7년이 경과하지 않은 자를 말한다. 실패한 개인 및 내표자, 법인 대표이사·경영실권자 등으로 업종이 비영리업종, 사치향락업종, 음식숙박업, 소매업, 금융 및 보험업, 부동산업, 공공행정, 국방 및 사회보장행정, 가구 내 고용 및 자가소비 생산활동, 국제 및 외국기관의 요건이 아니며, 영업실적을 보유한 기업을 말한다.

② 재창업을 준비 중인 자는 자금지원 결정 후 3개월 이내에 법인 대표 등록이 가능해야 한다.

③ 실패 사업체의 폐업을 완료했거나, 재창업 지원결정 후 3개월 이내에 완료가 가능할 것

④ 고의부도, 회사자금 유용, 사기 등 폐업 사유가 부도덕하지 않을 것

⑤ 신용 미회복자(회복절차가 정상적으로 진행 중인 경우 제외)는 총 부채규모가 30억 원 이하일 것

* 재창업 자금 중 융자상환금 조정형 대출을 신청한 경우, 상기 5가지 요건 충족 및 다음 4가지 요건 중 1가지 이상에 해당하는 경우에만 신청이 가능하다.

① 재창업한 기업으로 정부의 R&D사업 등에 참여하고 있는 자(기업)
② 중기청 재도전 성공 패키지사업 승인자(기업) 및 미래부 ICT 재창업 사업 참여자
③ 재도전 Fund 지원기업
④ 특허 · 실용신안을 보유하고 재창업 후 동 기술 사업화 중 또는 예정자(기업)

(4) 융자범위

① 시설자금

● 생산설비 및 시험검사장비 도입 등에 소요되는 자금

● 정보화 촉진 및 서비스 제공 등에 소요되는 자금

● 공정설치 및 안정성평가 등에 소요되는 자금

● 유통 및 물류시설 등에 소요되는 자금

● 사업장 건축자금, 토지구입비, 임차보증금 등으로 하며, 토지구입비는 건축허가(산업단지 등 계획입지의 입주계약자 포함)가 확정된 사업용 부지 중 6개월 이내 건축착공이 가능한 경우에만 가능하다.

● 사업장 확보(매입, 경 · 공매)자금은 사업영위 필요성에 따라 기업당 3년 이내 1회로 한정 지원한다.

② 운전자금

경영애로 해소와 재창업, 사업전환, 무역조정 등 경영정상화에 소요되는 비용으로 상품생산과 기업경영 소요비용 등을 말한다. 회생계획 중 어려움을 겪는 기업은 채무상환비용의 지원이 가능하며, 구조개선은 운전자금만 지원이 가능하다.

(5) 융자조건

● 대출금리(변동금리)는 정책자금 기준을 적용하며, 시설자금 지원 시 고정금리로 선택이 가능하다.

● 대출기간의 경우 시설자금은 8년 거치 3년 이내를 포함하며, 재창업 자금은 9년 이내 거치기간 4년을 포함한다. 운전자금은 5년 이내 거치기간 2년, 재창업 자금은 6년 이내 거치기간 3년으로 한다.

● 대출한도는 개별기업당 융자한도 운전자금은 연간 5억 원 이내, 10억 원 이상 시설투자 기업의 운전자금은 연간 10억 원 이내로 한다. 구조개선 전용자금은

연간 10억 원 이내(3년간)로 하며, 회생계획인가 기업 중 어려움을 겪는 기업은 채무상환, 담보부 대출방식으로 연간 30억 원 이내로 한다. 재창업자금 중 융자상환금 조정형 대출은 기업당 5억 원 이내로 한다.

▶ 융자방식은 중진공의 자금 신청·접수와 함께 기업평가를 통해 대상기업을 결정한 후, 중진공(직접), 금융회사(대리)에서 대출한다. 재창업 자금은 융자결정 후 별도로 지정교육을 수료한 경우에만 대출한다. 구조개선 전용자금, 재창업자금 중 융자상환금 조정형 대출은 직접 대출하며, 융자상환금 조정형은 정직한 재창업 실패자를 심의한 후 선별적으로 융자상환금 일부를 조정해 준다.

6) 긴급경영 안정자금

(1) 사업목적

중소기업의 경영애로를 해소하고 수출품 생산비용 등 긴급한 자금수요를 지원하며, 안정적인 경영기반을 조성하는 데 그 목적이 있다.

(2) 융자규모

1,550억 원

(3) 신청대상

긴급경영 안정사업, 수출금융 지원사업으로 구분하여 지원하며, 긴급경영 안정사업은 「중소기업 기본법」상의 중소기업을 말한다. 수출금융 지원사업은 융자 제외 대상 업종에 해당되지 아니한 생산품(용역, 서비스 포함)을 수출하고자 하는 중소기업을 말한다.

(4) 융자범위

① 긴급경영 안정사업

▶ 자연재해 또는 기업지원 지침에 따라 결정된 인적 재난으로 피해를 입은 중소기업의 복구비용을 말한다.

▶ 일시적인 경영애로 기업 중 회생가능성이 큰 기업의 경영애로 해소와 경영정상화에 소요되는 경비를 말한다.

- **긴급경영 안정사업(일시적 경영애로) 신청 요건**
  - 경영애로 사유는 환율피해, 대형사고, 대기업 구조조정, 주요 거래처 도산, 결제조건 악화, 기술유출 피해, 한·중 FTA 피해 등 중소기업청장이 필요하다고 인정하는 사유를 말한다.
  - * 재화와 용역의 시장성 부족, 시장경쟁력 저하에 따른 영업부진 등은 제외한다.
  - 경영애로는 매출액 또는 영업이익이 10% 이상 감소한 기업, 대형사고(화재 등)로 피해규모가 1억 원 이상인 기업을 말한다.
  - * 비교시점은 직전연도와 직전 전년도, 신청전월과 전년 동월, 신청월 전분기와 전년 동분기, 신청전월과 전전월, 신청월 전분기와 전전분기를 참조한다.
  - 신청기한은 경영애로 피해 발생(피해 비교 가능시점) 후 6개월 이내로 한다.
  - 신청제한은 최근 3년 이내 긴급경영 안정사업(일시적 경영애로) 2회 이상 지원기업은 융자에서 제외한다.

② 수출금융 지원사업

수출계약(L/C, D/A, D/P, Local L/C, T/T, M/T, 구매확인서, O/A, 해외계약에 따른 P/O, 해외유통망 P/O), 수출실적에 근거한 수출품 생산비용 등의 소요자금을 말한다.

(5) 융자조건 및 방식

① 긴급경영 안정사업

- 대출금리(변동금리) : 정책자금 기준금리를 1.05%p 가산한 기준금리를 적용. 단, 재해 중소기업은 연 2.4% 고정금리를 적용한다.
- 대출기간 : 5년 이내 거치기간 2년을 포함한다.
- 대출한도 : 기업당 연간 10억 원 이내(3년간)로 한다.
- 융자방식 : 중진공이 자금 신청·접수와 함께 평가를 통해 대상기업을 결정한 후 직접 대출한다.

② 수출금융 지원사업

- 대출금리(변동금리) : 정책자금 기준금리를 적용한다.
- 대출기간 : 180일 이내로 수출품 선적(용역납품) 후 어음 매입 시 정산한다(단, 수출계약이 180일 초과한 경우 최장 1년 이내까지 인정). 대출일로부터 180일 이내 일시상환하며, 실적 등을 감안하여 최장 1년 이내까지 인정한다.

- 대출한도는 기업당 20억 원 이내로 해외조달 참여기업 및 글로벌 강소기업, 무역
  보험공사의 환·변동보험 및 중소 Plus+단체보험 가입기업, 글로벌 성장사다리기
  업, 해외수요처 연계 R&D제품, 수출실적 향상기업은 기업당 30억 원 이내로 한다.
  * 해외조달시장 참여 중소기업은 UN 및 산하기구, WTO정부 조달협정 양허기관,
    FTA정부 조달협정계약에 입찰하여 낙찰받은 기업을 말한다.
  * 글로벌 강소기업은 성장과 잠재력이 높은 기업을 집중 지원하며, 수출 5천만
    불 이상의 강소기업을 육성하기 위해 중소기업청장이 선정한다.
  * 글로벌 성장사다리 기업은 중소·중견기업을 수출 강소기업으로 육성하기 위
    해 한국무역보험공사가 선정한 글로벌 기업을 말한다. 수출실적이 50억 원
    이상, 2년 이상 보유한 기업 중 자금 신청월 기준 6개월 실적이 12개월 실적
    의 60% 이상, 24개월 실적의 30% 이상을 말한다. 수출계약 기준은 실적 및
    계획을 근거로 계약액의 90% 이내로 하며, 최근 1년간 실적의 70% 또는 6개
    월간 실적범위 내에서 수출계약 기준과 병행하여 대출이 가능하다.
- 융자방식은 중진공의 자금 신청·접수와 함께 평가를 통해 대상기업을 결정한
  후 직접 대출한다.

> ※ 중소기업 정책자금 융자계획의 규정사항과 세부운용은 중소기업청 및 중소기업진흥공단의 각 사업규정
> 등을 따른다.

C H A P T E R **13**

손익분석 실무와 성공사업자의 자세

당신이 아무것도 가진 게 없다면, 당신에게 주어진 시간을 활용하라.
거기에 황금 같은 기회가 있다.
— 피터 드러커

1. 손익계산서의 실무분석 자료를 학습한다.
2. 실제 상권 분석을 통해 종합적인 평가자료를 도출한다.
3. 성공사업자의 자세를 학습한다.
4. 성공사업자의 능력을 바탕으로 21세기 메가트렌드를 학습한다.

•••요점정리

1. 특정기업의 사업체 현황과 경영자의 인구통계적 특성을 바탕으로 소매점포의 기본적인 현황을 분석할 수 있다. 첫째, 사업주의 특성에 따른 경영자의 자질과 사업수행능력, 창업 및 경영을 위한 준비 정도를 파악할 수 있다. 둘째, 사업의 운영현황을 통해 상권 내 업종분포와 특성, 상권 활성화 요소, 경쟁점포 현황과 경쟁력, 주변점포와 잠재적 고객 분석, 외부광고 및 홍보, 간판, 인테리어 시설 및 진열, 레이아웃, 판매촉진전략 등을 파악할 수 있다. 셋째, 재무상태표를 통해 점포의 시설자금과 운전자금 등을 파악할 수 있다. 넷째, 손익분석을 위한 매출액 달성과 매출원가, 판매관리비, 급료, 임차료, 통신비, 수도광열비, 복리후생비, 감가상각비, 기타 경비 등을 통해 손익을 분석할 수 있다.

2. 상암 디지털단지의 상권과 손익을 분석하였다.
첫째, 컨설팅 목적과 추진과제를 통해 상권과 입지 분석의 의미를 파악할 수 있다. 둘째, 컨설팅 수행방법과 계획서를 통해 목표상권의 현황을 파악할 수 있다. 셋째, 목표상권의 업종 현황과 경쟁자, 고객분포 등을 파악할 수 있다. 또한 타깃 상권 내 주변점포의 임대료 현황이나 매출특성 등 세부적인 손익분석의 자료로 활용할 수 있다.

3. 성공사업자는 남다른 마음가짐을 가지고 있다. 이를 소개하면 다음과 같다.
첫째, 혁신적인 아이디어 창출능력을 가지고 있다. 둘째, 준비된 도전정신을 가지고 있다. 셋째, 미래를 예측하여 준비할 수 있다. 넷째, 긍정적인 마인드와 자신감, 추진력을 가지고 있다. 다섯째, 배우려는 자세와 학습력으로 스스로를 성장시킨다. 여섯째, 미래지향적인 비전을 제시할 수 있다. 일곱째, 사회적 책임감과 상생 마인드로 함께 성장하려는 마음을 가지고 있다.

4. 성공사업자의 능력과 21세기 메가트렌드를 분석한 자료는 다음과 같다.
성공사업자는 도시화에 따른 기후변화, 자원부족, 인구증가 등의 세계적 변화에 주목한다. 이들은 개인과 사회, 국가가 관련된 인구변화나 먹거리, 기술 등의 관심에 집중해야 한다. 특히 세계경제에 미치는 상호연관성을 바탕으로 공공의 목적을 위한 관심사와 이슈 트렌드, 권력이동에 따른 삶의 변화에 미칠 영향력 등에 주목해야 한다.
첫째, 인구변화와 고령화에 대비하라. 둘째, 개인의 부상과 여성에게 투자하라. 셋째, 유용한 기술을 활용하라. 넷째, 경제적인 상관성과 이익 리스크를 관리하라. 다섯째, 공공의 부채를 줄여라. 여섯째, 경제권력의 이동과 새로운 세계질서의 재편에 주목하라. 일곱째, 기후변화에 대한 국제적 협력에 주목하라. 여덟째, 자원부족에 따른 관리에 힘써라. 아홉째, 도시화의 양면성을 모니터링하라.

손익분석 실무와
성공사업자의 자세

1. 손익계산서 분석사례

1) 손익분석의 실무

기업은 재무제표를 통해 일정시점의 재무상태를 나타내는 대차대조표와 현금흐름표, 자본변동표가 있으며, 일정기간 기업의 수익에 대응하는 비용분석을 통해 손익계산서를 작성할 수 있다. 특정일 기준, 기업의 재무상태를 나타내는 대차대조표는 자산과 부채, 자본의 변동과 증감을 나타낸다. 반면에 손익계산서는 특정 기간 동안 달성한 매출액을 통해 판매관리비와 영업외 비용, 특별비용, 세금 등을 차감하여 매출이익과 영업이익, 경상이익, 세전이익, 당기순이익을 산출할 수 있다.

"제11장 재무제표 작성과 타당성 분석"에서 소개한 것처럼 손익계산서는 기업의 수익성을 나타내는 대표적인 분석방법이다. 일정기간 동안의 경영성과를 측정하는 비율로 투자된 자산이나 자본대비 매출액이 얼마인가에 따라 이익률을 결정하게 된다. 특정기업이 회기 기간 동안 달성한 매출액과 지출비용을 통해 정량적 분석이 가능하다. 이러한 분석으로 자산을 이용한 효율성이나 이익창출 능력, 순이익률, 매출액 대비 영업이익률, 이자 보상률 등에 대한 평가를 할 수 있다. 현대사회의 이해관계자들은 재무상태표를 통해 언제, 어디서나 스마트폰으로 그 결과를 확인할 수 있다.

이는 금융감독원 전자공시시스템(http://dart.fss.or.kr)을 이용하여 쉽게 확인할 수 있으며, 자산과 부채, 자본의 크기에 따라 매출대비 수익률을 평가할 수 있다. 상장된 기업들은 기업회계 기준의 원칙에 따라 1년에 한 번씩 대중매체를 통해 보고할 의무가 있다. 정보를 이용하는 이해관계자들은 손익계산서 및 대차대조표상의 변동과 계정항목을 통해 세부적인 지출상황을 파악할 수 있다. 다음은 소상공인시장진흥공단 컨설팅 사업에서 실제 수행한 수진업체 사례를 바탕으로 현장에서 이루어지는 실무적 분석방법을 소개하고자 한다.

(1) 사업체 현황

주)노리울은 각종 찌개와 볶음, 탕 종류를 반가공 조리하여 포장상품으로 take-out 하는 영업형태의 프랜차이즈 기업이다. 구매 후 가정이나 직장, 야외행사 등 특정 장소에서 간단하게 데워 식사할 수 있는 편의성으로 성장이 기대되는 한식 편의식품이다. 주 5일 근무가 정착되고 국민소득 3만 불 시대에 맞는 시간적 여유는 다양한 레저활동을 일상화시켰다. 특히 결혼을 기피하는 독신자 증가와 1인 가구 수 증가, 여성의 사회적 진출증가 등에 따른 수요는 계속적인 성장을 기대할 수 있게 한다.

아파트와 주택, 빌라, 오피스텔 등 주거생활지에 위치한 점포는 여성고객들과 싱글족들의 구매연결로 이어질 수 있기 때문에 지역적 특성을 고려한 단골고객 확보가 중요하다. 이를 보완하여 배달시스템을 구축하거나 신제품 출시, 가족의 대소사 챙기기, SNS활용 등에 따른 다양한 촉진전략과 주민들과의 커뮤니티 활동으로 성장성이 기대된다.

◆ 사업체 현황

업체명	노리울	신청인	김미숙	사업자 등록번호	134-33-00640
전화	010-4272-4140	휴대번호	010-4272-4140	이메일	ms7008@nate.com
주소	경기도 안산시 상록구 본오로 134 1층우측				
업종	음식업				
분야	마케팅				

대표자는 김〇〇이며, 위치는 안산시 상록구 본오로길로 신도시와 구도심이 함께 어울려 도시기능이 외부로 확장되는 상권이다. 수진업체 의뢰자는 다양한 마케팅 촉진전략으로 현재보다 10% 이상 매출상승을 기대하면서 소상공인시장진흥공단에 경

영컨설팅을 의뢰하였다. 현재 1일 70~80만 원 정도의 매출액을 달성하고 있으며, 주방 2인, 홀 1인으로 총 3명이 운영하고 있다.

수진업체 주위상권(본오동 4거리)

① 사업주 특성

김○○ 대표자는 10년 이상 점포를 운영한 경력을 가지고 있다. 친절하고 성실할 뿐 아니라 적극적인 자세를 가졌으며, 고객과 격의 없이 어울리는 친화력은 큰 장점으로 판단된다. 인근에 네일아트 전문기술자를 고용하여 네일아트 숍을 운영하고 있으며, 점포운영의 경험이 많아 원만한 대인관계와 유연한 사고력, 합리적인 자세, 긍정성까지 지녔다. 새로운 것을 받아들이려는 학습력이 뛰어나며, 도전정신과 열정, 고객대면능력, 소통력이 뛰어나다. 특히 사람을 끌어들이는 능력과 언변, 안정된 음성 등으로 적극적인 자세를 보여주고 있다.

현 점포의 사업수행기간은 1년 10개월로 경영노하우와 음식조리에 대한 기본적인 감각, 미각, 고객관리 능력을 가지고 있어 점포운영에는 문제가 없어 보였다. 운영방법은 소규모 점포이지만 직원 3명을 채용하여 경영하는데 대표자는 주부들의 저녁시간에 맞추어 매장일을 도와주고 있었다. 낮에는 팀장과 주방장, 서빙직원으로만 운영하고 있는데 저녁시간 및 퇴근시간에 맞추어 짧은 시간 판매에 참여하는 시스템으로 오후 4~8시까지가 하루 매출의 80% 이상을 차지하였다.

본오점은 프랜차이즈화를 위한 직영점으로 가맹점을 확장하기 위해 예비자들의 견학과 운영모델로 보여줄 수 있기를 희망하면서 테스트매장으로 활성화해야 할 당위성을 가지고 있다. 로고와 상호, 글씨체, 크기, 형상 등 브랜드화와 다점포화를 위해 가맹점을 모집하지만 매출을 확장하는 데 한계를 가져 전문가의 도움을 요청했다. 이를 바탕으로 컨설턴트가 분석한 문제점을 제시하면 다음과 같다.

첫째, 직원 3명 모두가 주인의식이 결여되어 있다. 능동적이기보다 수동적인 자세로 찾아오는 손님의 주문에 대응하는 방식으로 운영되고 있다.

둘째, 노리울은 take-out 편의형 점포이다. 하지만 기술과 노하우가 쌓이면 직원들이 그만둔다는 점이다. 따라서 단골고객과의 인간관계를 개선시킬 수 있는 직원관리가 중요하다.

셋째, 대표자가 저녁시간에만 판매를 돕거나 돈을 가져가는 모습은 동네 주민들에게 부정적으로 인식된다. 이는 단골고객으로 대접받기를 원하는 주민들의 기대를 충족시켜 주지 못한다는 점이다.

넷째, 오픈주방으로 홀과 주방, 입구 등 청결과 정리정돈에 문제가 있었다. 특히 가마솥 위에 놓여 있는 장갑, 양말, 수건, 조리대 위에 방치된 식재료들, 검은 포장지에 아무렇게나 쌓여 있는 식재료 등이 문제였다.

다섯째, 입구테라스를 비롯한 넓은 공간을 적절히 활용하지 못하고 있다. 단골을 위한 시식코너로 주부들의 코와 입맛을 자극할 전략이 필요하다.

여섯째, 친근감을 표시하면서 수다를 떨거나 커피 한 잔의 여유를 가질 수 있는 의자와 테이블을 활용한 공간창출이 부족했다.

일곱째, 찌개, 탕, 조림 등 반가공조리식품의 경우 우연한 구매는 없다. 분명한 목적과 동기를 가지고 방문하기 때문에 이들을 위한 욕구충족이 선행되어야 한다. 특히 주부들이 걱정하는 저녁메뉴 준비에 필요한 정보가 부족했다. 홍보나 전단지, 점포 앞 플래카드 등 기본적인 활용과 호기심을 자극할 필요성이 있었다.

여덟째, 마음 떠난 고객들을 되돌릴 수 있는 획기적인 이벤트나 사은품 증정, 리뉴얼 등 점포 운영자의 마인드를 고취시킬 필요성이 있다. 이를 바탕으로 주인의식과 서비스 마인드, 매출액 향상의 전략방안이 필요하다.

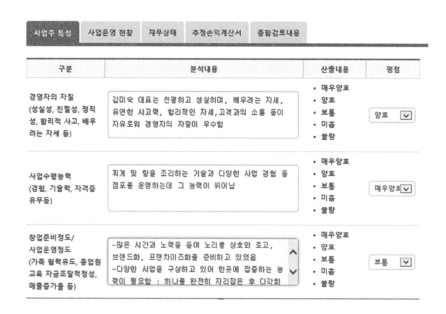

구분	분석내용	산출내용	평점
경영자의 자질 (성실성, 친절성, 정직성, 합리적 사고, 배우려는 자세 등)	김미옥 대표는 친절하고 성실하며, 배우려는 자세, 유연한 사고력, 합리적인 자세, 고객과의 소통 등이 자유로워 경영자의 자질이 우수함	• 매우양호 • 양호 • 보통 • 미흡 • 불량	양호 ▼
사업수행능력 (경험, 기술력, 자격증 유무등)	찌게 및 탕을 조리하는 기술과 다양한 사업 경험 등 점포를 운영하는데 그 능력이 위어남	• 매우양호 • 양호 • 보통 • 미흡 • 불량	매우양호 ▼
창업준비정도/ 사업운영정도 (가족 협력유도, 종업원 교육 자금조달적정성, 매출증가율 등)	-많은 시간과 노력을 들여 노리울 상호와 로고, 브랜드화, 프랜차이즈화를 준비하고 있었음 -다양한 사업을 구상하고 있어 한곳에 집중하는 능력이 필요함 : 하나를 완전히 자리잡은 후 다각화	• 매우양호 • 양호 • 보통 • 미흡 • 불량	보통 ▼

② 사업운영 현황

중심상권 내 업종을 분석한 결과 1·2차 상권 내 동종 사업형태(찌개, 탕, 조림 등)의 테이크아웃점은 없었다. 하지만 2차 상권 내에 반찬 전문점이 있어 탕과 찌개, 조림 등을 추가하거나 메뉴상품을 다양화하고 있는 상황이다. 2차 상권 내 노리울 점포가 위치하고 있으며, 매출은 꾸준하게 일어나 안정되게 운영되고 있다. 경쟁자 없이 지역 상권 내 독점적 지위를 가질 수 있다. 유사업종의 반찬 전문점들은 오래전부터 영업하고 있어 메뉴개발의 필요성이 제기된다.

반찬 전문점들은 매출액 저하에 따라 수익구조 다변화를 위해 본사의 메뉴개발팀에서 다양한 찌개류와 볶음, 탕류를 추가하고 있다. 현재 및 잠재된 경쟁자로서 누가 더 새로운 메뉴를 개발하는가와 맛, 양, 품질로 고객들에게 다가갈 수 있는가에 따라 성패가 달라진다. 하지만 18~42평까지 다양한 형태의 아파트 수요와 빌라, 주택, 학교, 병원, 대형마트 등이 분포되어 있어 예상수익을 향상시키는 데 긍정적으로 평가된다.

본오동 4거리에 위치한 본 상권은 아파트와 주택, E-마트, 전철권의 이동이 교차하는 4거리 점포로 위치상 양호한 상권의 입지를 가졌다. 사람들의 이동이 전철권 반대편에 위치하거나 서민아파트와 빌라, 주택의 구도심, 후문 및 중문 쪽에 위치하여 중심상가에서 벗어났다는 단점도 있다. 하지만 찌개 전문점의 특성상 지나가는 유동인구를 통해 매출액이 발생하는 것이 아니라 구매목적을 정해놓고 이동하는 고객들이 대상이기 때문에 상권이 나쁘다고 할 수는 없다.

노리울 찌개 전문점의 점포현황은 전체적으로 찌개, 탕, 조림 등이 활성화되고 있기 때문에 성장기에 들어서는 프랜차이즈 사업이다. 안산시장을 중심으로 가맹사업의 초기단계이지만 전국 망을 구축하여 콘셉트를 강화한다면 계속적인 성장을 기대할 수 있다. 목표시장 내 잠재고객의 현황은 급격하게 성장하는 데 무리가 있다. 구도심 공동화 현상으로 노령인구가 많을 뿐 아니라 30~40대 수요층이 상대적으로 적은 분포를 나타내고 있다. 주변지역으로 확장되는 데 한계가 있지만 혁신적인 사고의 변화를 수용한다면 20% 이상의 성장을 기대할 수 있다.

외부간판을 비롯하여 색상이나 아웃테리어 시설은 양호하게 구성되어 있다. 매장의 대표음식인 찌개와 볶음, 탕과 어울리는 연두색 계열의 내부나 아웃테리어 시설은 식상하지 않으면서도 청결성과 잘 어울리는 효과를 나타낸다. 하지만 근무하는 직원들은 유니폼을 입지 않거나 주류회사 로고가 부착된 앞치마를 착용하고 있어 교체를 요구했다. 유니폼과 앞치마의 색상을 인테리어시설과 통일시켜 로고와 명찰 착용으로 고객에게 신뢰와 안정감을 주게 하였다. 초기에는 추가비용이 들어가지만 고객들에게 위생적이고 안전한 요리를 제공함으로써 긍정적인 효과를 낼 수 있다. 홀과 주방을 비롯한 내·외부 시설의 정리정돈과 청결, 진열상태 등 시각적 효과와 유니폼 및 앞치마의 색상으로 통일성을 상기시켰다.

테이크아웃점은 오픈주방으로 조리과정을 고객이 직접 확인할 수 있다. 인체에 유해한 플라스틱이나 비닐 사용, 포장 전 조리음식을 식히기 위해 노출된 음식상태, 방치된 식재료 등이 문제점으로 지적되었다. 이를 스테인리스 바트 및 락앤락 등으로 교체하여 외부에서 보더라도 청결과 정리정돈이 잘된 기구와 기물을 사용하여 안정감을 줄 수 있게 권장하였다.

촉진전략에는 정기적인 DM발송과 미니카드(도장 20개 모으면 18,000원 상당 특정메뉴 공짜지급)를 도장 10개로 교체하였다. 또한 '배달의 민족'과 '요기요' 등을 통해 전화주문 배달을 강화하였다. 입구 테라스를 활용하기 위해 2인, 4인 테이블을 설치하였으며, 단골 및 주민들이 언제나 자유롭게 커피 마실 공간을 제공하였다. 이러한 분위기를 만들어줌으로써 충동구매를 유도하고 고객들이 언제나 바글바글한 모습을 보여줄 수 있다.

개업 2주년 행사를 준비하면서 전자저울(유리저울)을 선물하여 재미와 흥미, 관심을 유도하였다. 주변의 아파트 입구나 엘리베이터 안의 거울에 상호와 전화번호 안내, 아파트 동입구 전단지 비치대 활용, 엘리베이터 안 TV광고, 게시대에의 부착 등으로 홍보하게 했다. 특히 점포 입구 만국기 설치와 스피커의 외부노출로 음악이 흐르게 하였으며, 테라스에 원두커피를 내려 먹을 수 있는 버튼식 머신기계를 설치하였다. 커피 한 잔에도 싸구려 같은 느낌이 들지 않도록 고객의 취향과 분위기를 고려한 감성과 정서를 자극하였다.

③ 상권 내 소비현황

상권 내 소비현황을 분석하기 위해 인구현황과 직업, 성별, 연령 등을 파악했다. 안산시 지역은 고위 관리직이 전체 인구의 3.7%, 전문직 7.4%, 준전문직 및 농어업은

11.3%, 사무직 18.4%, 서비스 판매직 19%, 기능직이 32.7%로 나타났으며, 전형적인 산업도시로 기능직 근로자들이 주류를 이루고 있다. 반면에 단순 노무직은 7.3%, 군인은 없는 것으로 조사되었다. 직종 분포는 제조업이 36.6%로 가장 높았으며, 도·소매업이 14%, 건설업 8.5%, 임대 및 서비스업이 8.4%, 운수 및 창고, 통신업이 5%, 금융 및 보험업이 2%, 농·어업이 1.4% 순으로 나타났다.

상권 내 타깃 고객층 현황을 살펴보면 제3상권 내 주거 가구 수는 2015년 16,595가구에서 2016년 16,578가구로 17가구 줄었다. 주거 인구 수는 2015년 42,806명에서 42,615명으로 191명 줄었다. 주거형태별 분포는 제3상권 내 전체 14,845가구에서 아파트는 8,368세대, 주택 및 빌라 6,477가구로 나타났다. 아파트의 세대 수와 규모별 크기를 살펴보면 제3상권 내 2,000세대 이상은 2개이고 1,000~1500세대 미만 2개, 500~1,000세대 2개, 300~500세대는 1개 단지로 조사되었다. 하지만 300세대 이하는 5개 단지로 상대적으로 많은 분포를 나타내고 있다.

규모에 따른 제3상권 내 아파트 현황은 66m² 미만이 3,481가구, 66m²는 3,649가구, 99m²는 286가구, 132m²는 776가구, 165m²는 266가구로 분포되어 20평대 아파트 단지와 서민주거 지역임을 알 수 있다.

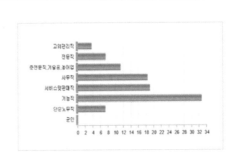

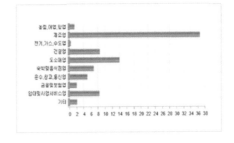

인구분포는 제3상권 내 가구 수 14,845가구와 주거인구 38,004명, 직장인 인구 수 12,790명에서 남자는 18,869명, 여자 19,131명으로 조사되었다. 10세 이하는 3,288명, 10대는 5,425명 중에서 남자 2,745명, 여자 2,681명이고, 20대는 5,653명 중에서 남자 2,863명, 여자 2,790명이며, 30대는 5,803명 중에서 남자 2,935명, 여자 2,488명, 50대는 5,747명 중에서 남자 2,983명, 여자 2,762명으로 남자가 많은 것으로 조사되었다. 하지만 40대는 7,708명으로 남자 3,751명, 여자 3,956명, 60대 이상은 4,380명 중에서 남자 1,904명, 여자 2,478명으로 연령이 높아질수록 여성인구가 많은 것으로 나타났다.

● 인구변화 분석

・ 선택 상권의 배후지 인구 변화 추이

(출처 : 안전행정부 주민등록인구 통계 및 이를 활용한 추정치, 2014년 11월기준, 단위 가구수)

구분	주거가구수			주거인구수			직장인구수		
	2011년	2012년	2013년	2011년	2012년	2013년	2011년	2012년	2013년
제2상권	13,051	12,998	12,960	34,638	33,479	33,274	0	0	6,018
제3상권	16,236	16,595	16,578	43,166	42,806	42,615	0	0	7,858
제1상권	3,487	3,398	3,400	9,260	8,750	8,725	0	0	1,153

・ 인구변화분석은 배후지를 포함한 상권으로 분석됩니다. 지도보기 ▸

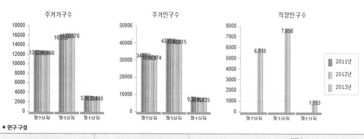

● 인구 구성

상권명	가구수	인구수	
		주거인구	직장인구
제1상권	2,092	5,291	1,724
제2상권	11,262	28,825	11,296
제3상권	14,845	38,004	12,790

● 주거인구 현황

(출처 : 안전행정부 주민등록인구 통계 및 이를 활용한 추정치, 2014년 11월기준)

상권명	구분	총인구수	연령대별 인구수						
			10세이하	10대	20대	30대	40대	50대	60대 이상
제1상권	전체	5,291 (100.0%)	451 (8.52%)	733 (13.85%)	803 (15.18%)	822 (15.54%)	1,063 (20.09%)	804 (15.2%)	615 (11.62%)
	남	2,626 (100.0%)	231 (8.8%)	373 (14.2%)	405 (15.42%)	418 (15.92%)	514 (19.57%)	417 (15.88%)	268 (10.21%)
	여	2,663 (100.0%)	220 (8.26%)	360 (13.52%)	397 (14.91%)	404 (15.17%)	548 (20.58%)	387 (14.53%)	347 (13.03%)
제2상권	전체	28,825 (100.0%)	2,510 (8.71%)	4,145 (14.38%)	4,256 (14.76%)	4,394 (15.24%)	5,872 (20.37%)	4,341 (15.06%)	3,307 (11.47%)
	남	14,324 (100.0%)	1,288 (8.99%)	2,098 (14.65%)	2,157 (15.06%)	2,223 (15.52%)	2,865 (20.0%)	2,258 (15.76%)	1,435 (10.02%)
	여	14,496 (100.0%)	1,220 (8.42%)	2,048 (14.13%)	2,098 (14.47%)	2,170 (14.97%)	3,005 (20.73%)	2,082 (14.36%)	1,873 (12.92%)
제3상권	전체	38,004 (100.0%)	3,288 (8.65%)	5,425 (14.27%)	5,653 (14.87%)	5,803 (15.27%)	7,708 (20.28%)	5,747 (15.12%)	4,380 (11.53%)
	남	18,869 (100.0%)	1,688 (8.95%)	2,745 (14.55%)	2,863 (15.17%)	2,935 (15.55%)	3,751 (19.88%)	2,983 (15.81%)	1,904 (10.09%)
	여	19,131 (100.0%)	1,598 (8.35%)	2,681 (14.01%)	2,790 (14.58%)	2,866 (14.98%)	3,956 (20.68%)	2,762 (14.44%)	2,478 (12.95%)

④ 재무분석

　재무분석은 특정기업의 대차대조표를 통해 자산과 부채, 자본의 변동상황을 파악할 수 있다. 소상공인컨설팅을 의뢰한 점포의 자본구조는 일반기업 계정과목처럼 복잡하지 않기 때문에 대체로 시설자본금과 운영자본금으로 나누어 분석된다. 재무분석에서 절대적인 규정이나 형식은 없지만 대체로 대차대조표와 현금흐름표를 통해 파악할 수 있다.

• 주거형태별 분포

(출처 : 국토교통부, 2014년 11월기준, 단위 가구수)

구분	제1상권	제2상권	제3상권
전체가구	2,092	11,262	14,845
아파트	713	5,643	8,368
비아파트	1,379	5,619	6,477

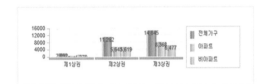

• 세대 규모별 아파트 단지 현황　　아파트현황 보기 ▶

상권명	~ 300세대	300 ~ 500세대	500 ~ 1,000세대	1,000 ~ 1,500세대	1,500 ~ 2,000세대	2,000세대이상
제1상권	2	0	1	0	0	0
제2상권	7	1	1	2	0	1
제3상권	5	1	2	2	0	2

• 아파트 면적별 세대수

(출처 : 국토교통부, 2014년 11월기준, 단위 가구수)

구분	제1상권	제2상권	제3상권
66㎡미만	503	2,310	3,481
66㎡대	210	2,301	3,649
99㎡대	0	158	286
132㎡대	0	608	776
165㎡이상	0	266	266

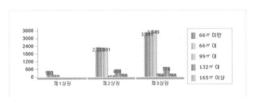

　수진업체의 점포 크기는 약 116㎡(약 35평)이며, 보증금 3천5백만 원, 집기비품을 비롯한 설비시설과 장비는 2천5백만 원, 가맹비 1천만 원, 인테리어 비용은 2천5백만 원, 권리금은 2천만 원 등 총 1억 2천5백만 원의 시설자금이 들어갔다. 운전자금은 대표자 인건비를 포함하여 직원 3명의 급료는 8백만 원, 재료비 1천만 원, 경비 5백만 원, 이자비용 5십만 원으로 2천3백5십만 원에서 총 1억 4천8백5십만 원의 비용으로 창업하였다.

⑤ 손익분석

　노리울의 시설자금은 1억 2천5백만 원과 운영자금 2천3백5십만 원 등 총 1억 4천8백5십만 원을 투자하였다. 대표자가 알고 있는 손익분석과 컨설턴트가 분석한 후 손익을 비교한 결과 차이가 높게 나타났다. 매출액은 컨설팅받기 전에 일매출액 70~80

만 원이었지만 컨설팅 후 약 1백만 원으로 월 3천만 원의 매출액을 달성하였다. 매출원가는 1천2백만 원으로 매출이익이 1천8백만 원이 되었다. 판매관리비는 컨설팅 전에 고용된 3명의 직원에서 1명 늘어나 1천만 원(대표자 포함)의 급여가 지급되었다. 임차료는 3백만 원, 통신비 3십만 원, 수도광열비 1백만 원, 복리후생비 5십만 원, 감가상각비 8십5만 원, 기타 경비를 제외한 영업이익은 2백5만 원으로 나타났다.

- ● 월 매출액   30,000,000원
  - ➡ 매출원가   12,000,000원
  - ➡ 임차료   3,000,000원
  - ➡ 통신비   300,000원
  - ➡ 수도광열비   1,000,000원
  - ➡ 복리후생비   500,000원
  - ➡ 감가상각비   850,000원
- ● 영업이익   2,050,000원

이를 통해 사업타당성을 분석하였으며, 그 결과는 다음과 같다.

시설자금과 운전자금으로 지출된 총투자금 1억 4천8백5십만 원에서 2백5만 원의 순이익을 달성했다. 이를 월 수익률로 계산하면 1.38%가 된다. 이를 연간 순이익률로 환산하면 약 17(16.56)%의 수익률을 올리고 있다.

예를 들어 "서울 치킨집 10곳 중 4곳은 3년 내 문 닫는다"(조선일보, 2016)

서울시내 골목상권에 들어선 치킨·커피·호프집 등 중소점포의 3곳 중 1곳은 3년 이내에 문을 닫는 것으로 조사되었다. 이런 위험에도 새로 문을 여는 점포 수는 증가하기 때문에 골목상권의 창업위기는 더욱 심화되고 있다. 서울시는 대형 유통시설이 없는 골목상권 1,008곳 58만 개의 점포를 빅데이터자료로 활용하여 신규창업 및 폐업현황을 발표했다. 매출현황과 유동인구, 사업체 특성 등을 파악하기 위해 "서울시 우리마을가게 상권 분석 서비스"(www.golmok.seoul.go.kr)를 오픈했다.

분석에 의하면 상권 내 신규 창업자 수는 2007년부터 늘어나다가 최근 5년간 급증세를 보이고 있다. 새로 문을 연 커피점 수는 2010년 1,291개에서 2015년 3,053개로 5년간 2.36배 증가하였다. 호프집은 553개에서 1,272개로 2배, 한식집은 증가율 자체가 높지는 않지만 2010년 6,689개, 2014년 7,082개, 2015년 9,772개로 신규개업 점포 수가 꾸준하게 증가하는 것으로 나타났다. 대부분의 업종은 10곳 중 4곳이 1년 안에 문을 닫고 있으며, 치킨집은 3년 내 폐업신고율이 동대문구 64%, 도봉구 60%로 가장 높게 나타났다. 호프집은 강남구 57%, 커피점은 중랑구 48%가 폐업률 1위를 차지했다.

골목상권의 월별 매출액은 2014년 1점포당 2,262만 원에서 2015년 2,554만 원으로 12.9% 상승하였다. 1회 평균 판매액은 2만 3천3백 원에서 2만 76원으로 13.7% 하락하였다. 매출은 늘었지만 직원들의 인건비나 기타 경비, 관리비 등이 늘어나면서 자영업자의 비용부담이 커졌기 때문이다. 이와 같이 골목상권 창업이 급증한 반면에 문을 닫는 곳도 많아 전형적인 불경기 증상을 나타내고 있다. 한국창업부동산은 "불황으로 양산된 실업자들이 골목상권으로 몰리지만 소비자의 구매력이 떨어진 상태에서는 경쟁만 치열할 뿐 고용이 늘지 않아 어려워지고 있다"고 하였다.

사업주 특성	사업운영 현황	재무상태	추정손익계산서	종합검토내용

구분	내역	금액(원)
시설자금(점포 및 사무실등에 투입된 자금)	임차 보증금(점포 혹은 사무실 보증금)	35,000,000
	집기비품(설비, 사무기기, 냉난방기기 등)	25,000,000
	가맹비(본사에 제공한 가맹비 및 보증금 등)	10,000,000
	인테리어공사비(내외부 모두 포함)	25,000,000
	권리금(영업 혹은 바닥권리금·중고집기시설제외)	20,000,000
	기타자금(상기에 포함 안된 자금)	10,000,000
	시설자금 계(A)	125,000,000
운전자금(1회전 비용)	인건비(1개월분)	8,000,000
	재료비(상품 및 원부재료 구입비 등 1회전비용)	10,000,000
	경비(임차료, 관리비, 광고선전비 세금공과금, 기타경비 등 1개월분)	5,000,000
	지급이자(금융비용 1개월분)	500,000
	운전자금 계(B)	23,500,000
합계(A + B)		148,500,000

사업주 특성	사업운영 현황	재무상태	**추정손익계산서**	종합검토내용

과목	금액(원) 최근월간실적(또는 개업 후)	비고
Ⅰ. 매출액	30,000,000	월평균매출
Ⅱ. 매출원가	12,000,000	월상품구입비(또는 원재료비)
Ⅲ. 매출이익	18,000,000	Ⅰ-Ⅱ
Ⅳ. 판매관리비	15,950,000	아래 1.급료부터~7.기타경비의 합계
1.급 료	10,000,000	직원인건비(월평균 아르바이트비용포함)총액
2.임 차 료	3,000,000	월세 및 건물관리비
3.통 신 비	300,000	통신비(인터넷전용회선비용 및 휴대요금포함)
4.수도광열비	1,000,000	전기,가스,수도료 등 합계
5.복리후생비	500,000	차량유지비,식비,휴가비,회식비,4대보험료등
6.감가상각비	850,000	집기,시설비용등을 사용연한(보통60개월)로 나눈금액
7.기타경비	300,000	접대비 및 홍보비 등 상기항목 미표함금액
Ⅴ.영업이익	2,050,000	Ⅲ-Ⅳ
Ⅵ.영업외 비용	0	월발생 지급이자 등 영업과 관련없이 지출한 비용
Ⅶ.경상이익	2,050,000	Ⅴ-Ⅵ

⑥ 종합내용

노리울에 대한 컨설팅 후 평가내용을 종합하면 다음과 같다.

● 글로벌 금융위기로 인한 불황은 새로운 수요와 먹거리 창출, 촉진방법을 필요로 한다. 최근 1~2년 전에 오픈한 점포들은 소비촉진을 위해 다양한 전략을 개발하고 벤처마킹, 협업화사업, 혁신성, 프랜차이즈화로 매출향상을 위해 노력하고 있다. 이러한 와중에도 주력상품의 수명은 짧아지는데 개별 소비자들의 욕구는 더욱 다양해지면서 경영의 어려움은 가중되고 있다. 따라서 새로운 트렌드에 부합하는 메뉴개발이 선행되어야 한다.

● 외식점포의 직원들이 자주 이직하면서 고정고객 관리가 어려워지고 있다. 고객과 고객, 고객과 직원, 직원과 사업주 간의 커뮤니티를 강화할 필요성이 있다. 고객은 개인적 특성과 욕구가 다르기 때문에 진심으로 자신을 접객해 주거나 남들보다 나은 차별적 혜택을 기대한다. 따라서 입구의 테라스에서 언제든지 커피 한 잔의 여유를 제공하면서 유동객들의 시선을 붙잡을 수 있어야 한다.

● 현대의 소비자들은 경제적인 여유로 주말을 이용한 레저문화에 관심이 높다. 한끼 식사를 위한 찌개, 탕, 볶음 등 반조리된 상품에 대한 수요가 증가하고 있다. 특히

밤 먹자는 사회적 분위기가 확산되면서 1인 가구, 간편 가정식 등이 성장하고 있다. 따라서 아침식사를 연결하는 배달을 강화해야 지속적으로 성장할 수 있다.

● 대표자의 사업다각화를 위해 지배인 및 팀장을 둠으로써 회사에 충성할 수 있는 인재를 육성하는 것이 중요하다. 이들을 통해 단골고객을 확보할 수 있다. 일정한 경력이 쌓이면 가맹점의 영업권을 보장하거나 우선권의 혜택을 줌으로써 훌륭한 인재를 확보할 수 있다.

● 주변 아파트의 엘리베이터 안 거울이나 입구의 전단지함 등을 이용하여 정기적인 이벤트 내용과 신상품, 세트메뉴 등에 대한 광고와 촉진전략을 강화해야 한다.

● 조리된 음식을 판매하는 업장은 외부조경에서부터 입구의 현관, 홀, 인테리어 시설, 주방, 화장실 등의 청결과 정리정돈 등 위생적으로 안전한 서비스를 제공해야 한다. 이를 바탕으로 상호와 로고, 색상, 운영매뉴얼 등에 맞는 일관성을 유지하여 성장을 촉진시킬 수 있다.

2. 상암 디지털단지 주변상권의 손익분석

1) 상암 디지털단지역 주변 카페운영 컨설팅

상암 디지털시티의 개발은 약 20년 전부터 시작되었다. 1997년 난지도 쓰레기 매립장과 상암동 일대의 부락촌, 연탄공장, 유휴지 등이 개발되었다. 미래산업으로 주목받는 미디어, 문화 콘텐츠산업 유치에 맞추어 상암 택지개발지구가 지정되었다. 1999년 새서울 타운 발전구상이 발표되면서 상암 새천년 신도시 기본계획(2000년) 발표, 2002년 한일 월드컵 일정에 맞추어 경기장과 공원이 완공되었다. 2006년 11월, DMC 1단계 용지공급 공고가 들어가면서 11월부터 건설이 시작되었다.

도심이 지나치게 과밀화되면서 교통문제, 인구공동화 현상, 집값 등 다양한 사회적 문제가 발생하고 있다. 신촌, 청량리 등 강북지역의 부도심들이 도심으로 흡수되면서 서울의 균형발전을 위한 개발이 필요해졌다. 서울시는 DMC를 부도심으로 적극 육성하기 위해 다양한 시설을 입주시켜 여러 기능을 담당하는 서울의 대표적 부도심으로 성장시켰다. 2014년 MBC 사옥 이전, 글로벌미디어센터, SBS 프리즘 타워, YTN 사옥, 중앙일보의 JTBC와 QTV, 동아일보의 채널A, 조선일보의 TV조선, 한국경제신문과 한국경제TV, 한국방송공사 등 다양한 언론과 방송사, 미디어 그룹이 들어서면서 90년대 여의도 방송가 이후 폭발적인 성장세를 보이고 있다. 여기에 LG유플러스, LG CNS, 팬택의 R&D 본사, 현대중공업 해양사업부센터, 삼성SDS 등의 IT와 미디어 등 첨단산업 계열회사들이 입주하면서 주택 수요도 급증하였다.

경기도 판교와 함께 상암은 신생벤처기업 육성과 창업허브 조성을 위한 아시아판 실리콘밸리로 지정되면서 창업과 문화콘텐츠의 허브로 성장하였다. 상암 DMC와 누리꿈 스퀘어를 중심으로 VR, 홀로그램, 컴퓨터그래픽, 3차원 영상 등의 첨단기술과 창의적인 스토리가 융합되면서 디지털 문화콘텐츠를 생산, 수출하는 거점도시가 되었다. 한류행사와 우수벤처 중소기업 해외시장을 연계한 로드쇼 진행 등은 벤처기업의 요람으로 서울의 게임 테마파크로 조성되었다. 이는 세계 최초의 e-스포츠 경기장 건설 등의 허브로 육성한다는 계획으로 대한민국 미래산업의 메카로 자리매김하고 있다. 이러한 지역에도 틈새시장은 존재하며, 소규모 커피전문점을 오픈하기 위한 상권 및 입지 분석의 손익분석을 제시하면 다음과 같다.

의뢰자

2017년 2월에 정년퇴임을 앞둔 김○○ 씨는 자녀가 2명으로 모두 미혼이며, 1명은 아직도 대학생이다. 본인 또한 건강하며 앞으로 70세까지 안정된 수익을 창출해야만 자녀들의 결혼과 대학 졸업, 노후설계를 할 수 있어 일자리를 찾고 있다. 하지만 중장년층의 재취업과 실버세대들의 일자리에 대한 사회적 배려는 약하다. 이에 퇴직금 3억 원을 가지고 앞으로 10년 후까지 안정된 수익을 창출할 수 있기를 희망하면서 컨설팅을 의뢰하였다. 장소는 약 10년 정도 몸담았던 상암 디지털단지에 인접한 곳에 커피숍을 개점키로 하였으며, 근무지에서 비교적 익숙한 상권 및 입지 분석을 의뢰하였다. 활성화된 지역보다 앞으로의 성장가능성에 무게를 두고 준활성화 지역의 1층 점포를 희망하였다.

임차조건은 점포 임차기간이 5년이고 임차보증금 5,000만 원 정도에 월임차료 300만 원 내외, 권리금은 3,000만 원 미만이거나 없는 쪽을 선호하였다.

상암 디지털단지 주변에 위치한 의뢰상권의 입지를 분석하기 위해 1차적으로 소상공인시장진흥공단 상권정보시스템을 이용하여 1, 2, 3차 상권을 분석했다. 기본적인 인구현황과 업종, 특성을 분석하였으며, 그 자료를 바탕으로 세부현황을 파악하여 입점여부를 결정하기로 했다.

1. 컨설팅 목적과 추진과제

● **컨설팅 목적**
　상권/입지/점포분석을 통한 지속적인 성장과 마케팅 전략 수립

● **컨설팅 추진과제**
▶ **상권 분석 및 경영진단(핵심요청 과제)**
　－ take－out 커피전문점 환경분석
　－ 3C 분석(고객분석, 자사분석, 경쟁점포분석)
　－ 부문별 경영진단
▶ **SWOT분석 및 전략방안 도출**
▶ **전략수립**
　－ 성공전략 수립
　－ 직원교육, 매뉴얼관리
　－ 마케팅 촉진전략
　－ 오픈 전 사전 리허설 및 점검

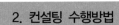

2. 컨설팅 수행방법

▶ **컨설팅기간** : 2016. 9월 1일~30일까지(30일간, 11시~2시 : 30/5~21시까지)

▶ **수행방법** : 현장조사

구분	일시	시간	추진내용
1차	9/1	4	• 컨설팅 서약서 및 협약서 교환 • 도보로 상권 및 입지, 경쟁자 분석 • 컨설팅 신청내용의 내역과 전문위원, 컨설턴트 간 진단을 비교평가 • 전반적인 시장분석과 상권특성, 주변현황 파악
2차	9/5	5	• 분석을 통한 의뢰자/컨설턴트 간 문제점 교환 : 마케팅 촉진전략 방안제시 • 소상공인 상권정보시스템 활용 시장수요와 인구현황, 주택분포와 직업현황 • 3C분석 : 고객, 자사, 경쟁자 - 성장가능성, 가망고객, 경쟁자 분석
3차	9/15	5	• SWOT분석 통한 마케팅 촉진전략 제시, 접객태도 교육 • 시설장비와 인테리어시설 • 구매 및 검수와 우수한 식재료, 직원교육 관리 점포운영 매뉴얼
4차	9/20	5	• 개업선물, 광고방법 : 팸플릿, 플래카드, 아파트 입구/엘리베이터 안/게시대 등 • 직원 교육과 고객응대 방법 : 이름, 전화번호/거주아파트 이름 등 고개 데이터 • 직원 청결과 유니폼, 주방모자, 앞치마 색상과 디자인 등
5차	9/25	5	• 컨설팅 내용 종합정리 : 오픈 전 사전리허설, 전략(대표)상품 숙지 • 고객접객 태도와 직위에 맞는 역할과 언어 사용 • 행사선물 증정, 설치, 입구 테라스 활용, 만국기 등 지속적인 광고/홍보

3. 상암디지털 take-out 커피점 사업자 현황

▶ **점포개요**

업체명	'12 St Coffee day'	사업자번호	123-456-7890
사업시작일	2017년 3/1일	업종업태	휴게업(take out)
경쟁형태	개인 단독	사업장 전화	010-123-4567
사업장 주소	서울 마포구 월드컵북로 44번길 72번지		

▶ **대표자**

성명	김경규	연령	52
최종학력	대졸	경력	○○기업 영업부장
자택주소		휴대폰 번호	010-4272-4140

4. 12 St Coffee day

▶ 점포 현황

면적	약 33m² 약 10평	입지구분	가산디지털
상시 직원	3명 (정규 1명/ 파트 2명)	가족종사자 및 대표자	1명
임차현황	보증 3,000/월 150만 원		

▶ 영업 현황

월 평균매출액		이익률	50%
인건비	600만 원/사업자 포함	수도광열비	921,000원
통신비	228,000원	관리비	456,000원
카드 수수료	456,000원	감가상각비	1,000,000원
광고 선전비	228,000원	유류비	410,400원
복리 후생비	410,000원	기타	100,000원

5. 상암 디지털단지 주변 상권 맵

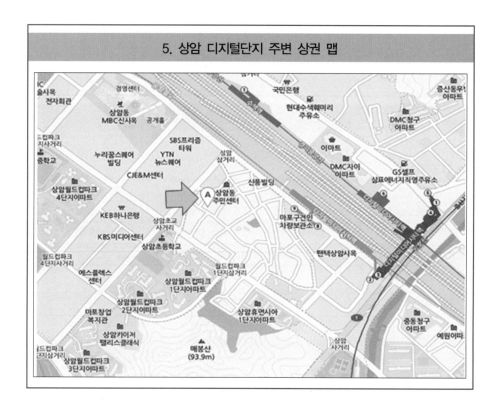

6. 12 Street Coffee 현장조사

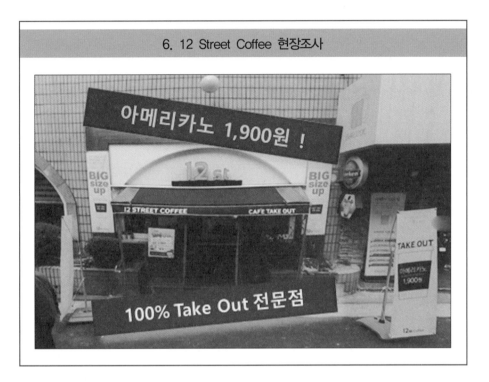

7. 12 St Coffee 경쟁점포 조사

8. 경쟁자 분석

구분	내용	비고
대상 점포	Coffee day	초근접 위치
점포 규모	50m²(약 15평)	
직원 현황	매니저 1명 / 파트타임 2명 / 사업주 1명	
임대 현황	5,000만 원 / 월 200만 월	
점포 특성	MBC, SBS, KBS 미디어센터, 팬택사옥, YTN뉴스스퀘어, CJE&M센터, LG사옥, 누리꿈 스퀘어 등 방송 및 미디어	
판매 수량	500잔 / 1일	
객단가	평균 3,000원(Americano)	
월 수익	?	

출처 : 한일공인중개사 신동술 대표(H.P 010-2298-2959, 2016. 9. 10)

9. 타깃 상권 주변 점포임대료 현황

구분	층수	면적 (10평)	보증금 (만 원)	임대료 (만 원)	m²당 월 임대료(원)
활성화	지하	33m²	약 500~1,500만 원	63	63,000원
	1층	33m²	약 5,000~1억 원까지	180	180,000원
	2층 이상	33m²	1,500~2,500만 원까지	80	80,000원
비활성화	지하	33m²	500~1,200만 원까지	45	45,000원
	1층	33m²	3,000~6,000만 원까지	130	130,000원
	2층 이상	33m²	800~1,200만 원까지	59	17,864원

출처 : 한국감정원 등 2016년 12월 기준

10. 커피전문점 요일별 매출 특성

업종	주중/주말		요일별						
	주중	주말	월	화	수	목	금	토	일
커피숍 카페	80.6%	19.4%	17.1%	21.3%	14.3%	14.1%	13.8%	7.8%	11.6%

출처 : 한국감정원 등 2016년 12월 기준

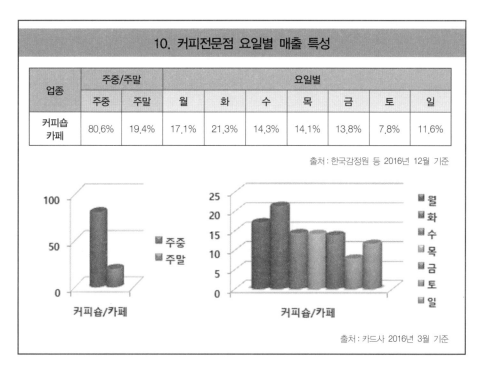

출처 : 카드사 2016년 3월 기준

11. 커피전문점 시간대별 매출 특성

업종	00~06시	06~11시	11~14시	14~17시	17~21시	21~24시
커피숍 카페	0.6%	21.0%	32.7%	26.3%	16.3%	3.1%

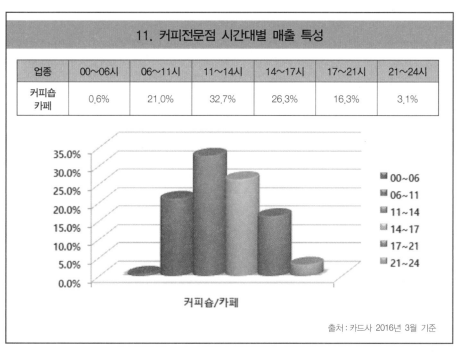

출처 : 카드사 2016년 3월 기준

12. 커피숍 선택상권 월 평균매출 비교

(단위 : 만 원/월)

업종	선택상권	유사상권	인근 주요 상권
커피전문점/카페	1,818	1,435	2,291

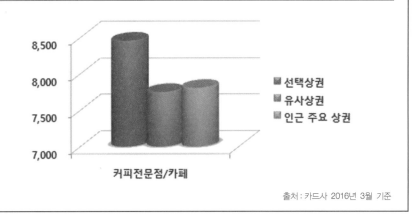

출처 : 카드사 2016년 3월 기준

13. 커피숍 선택상권 월 건당 매출 비교

(단위 : 원)

업종	선택상권	유사상권	인근 주요 상권
커피전문점/카페	8,456	7,749	7,804

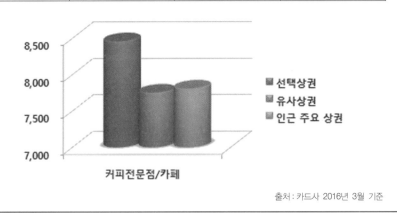

출처 : 카드사 2016년 3월 기준

14. 점포(커피숍) 임대료 산출

구분	내용	비고
대상 점포	12 Street Coffee	
점포 규모	10평	
임대료	• 10평 = 150만 원(준활성화 1층) → 1평 = 15만 원(활성화 인접) ☆ 1평 ÷ 100,000원	주위상권 평균 15평 기준 = 약 150만 원
보증금	• 10평 = 3,000만 원(비활성화 1층) → 1평 = 300만 원 ☆ 1평 ÷ 300만 원	15평 기준 4,500만 원
권리금	• 15 = 3,000~5,000만 원 → 1평 = 200만 원 정도 ☆ 1평 ÷ 200만 원	한일부동산 15평 기준 3,000만 원

15. 12 St Coffee 월 예상 매출 산출

(단위 : 원)

구분	요일	월	화	수	목	금	토	일	계
주야 매출비율	매출비율	17.1%	21.3%	14.3%	14.1%	13.8%	7.8%	11.6%	100.0%
	상대비율	119.6%	149.0%	100.0%	98.6%	96.5%	54.5%	81.1%	
주간 (8시~14시) 54.3%	평균매출	345,000	614,893	12,680	406,902	398,236	224,910	334,683	2,737,304
	평균객단가	1,900	1,900	1,900	1,900	1,900	1,900	1,900	1,900
	판매잔수	182	324	217	214	210	118	176	1,441
야간 (17~23시) 45.7%	평균매출	290,360	17,507	47,320	342,458	335,164	189,289	281,677	2,302,800
	평균객단가	1,900	1,900	1,900	1,900	1,900	1,900	1,900	1,900
	판매잔수	153	272	183	180	176	100	148	1,212
일 평균	평균매출	635,360	1,132,400	760,000	749,360	733,400	414,200	616,360	5,040,080
	평균객단가	1,900	1,900	1,900	1,900	1,900	1,900	1,900	1,900
	판매잔수	334.4	596	400	394.4	386	218	324.4	2,653.2

1일 평균 매출액 약 760,000원

월 예상 매출액 22,800,000원

☆ 자료는 저자가 직접 계산(계산방법에 따라 차이가 날 수 있음)

16. 12 St Coffee 손익계산서

(단위 : 원)

항목	매출에 따른 추정 손익계산서		비고
	금액	%	
I. 매출액	22,800,000	100%	
매출원가	5,472,000	24%	
II. 매출이익	17,328,000	83.6%	4,987,818
판매관리비	14,523,000	63.7%	● 대표자 인건비 300
인건비	7,450,000	32.7%	● 지배인 250
전기료	456,000	2%	● 파트타임 2명 = 195만 원
수도료	114,000	0.5%	● 6500원 × 5시간
소모품비/사무용품	228,000	1%	
수리비	114,000	0.5%	
통신비(사업용 일반전화 등)	228,000	1%	
복리후생비	410,400	1.8%	
제세 공과금 외 인터넷/pos임대료 등	159,600	0.7%	
가스비	342,000	1.5%	
비품/집기 보충	114,000	0.5%	
유니폼 및 세탁, 수선비	114,000	0.5%	
차량유지비 및 유류비	410,400	1.8%	
관리비	456,000	2%	
월 임대료	1,500,000	6.6%	● 장비 및 인테리어시설
광고선전비(블로그/홈페이지)	228,000	1%	(주방 홀, 외부 등)
감가상각비	1,083,000	4.75%	● 6천5백만 원 5년(정액법)
카드수수료	387,600	약 2%(수수료 인하)	매출액의 약 85% 카드
연구개발비	228,000	1%	
기타	500,000	2.2%	
III. 영업이익	2,805,000	12.3%	

17. 종합평가

점포 인수여부

- 월 임대료 150만 원, 보증금 3,000만 원, 권리금 없음
  - → 월 매출 22,800만 원(1일 76만 원 / 일 400잔) 달성 시
  - → 월 수익(영업이익) 280만 원 예상
  - → 점포인수 및 오픈 긍정적으로 판단됨

손익분기점

- 월 매출액 19,950만 원(일 66만 5천 원↑/1일 350잔) 이상 올려야 함!
  - → 월 매출액 1,950만 원 이하 손실 발생

추가 수익창출

- 점포 운영자가 커피전문점 운영경험이 있을 경우 추가매출 기대됨
  - → 개인 커피숍 운영 시 특화하여 추가지출 비용 줄일 수 있음

```
┌─────────────────────────────────────────────────────────┐
│                      18. 추후과제                          │
│                                                           │
│   ┌─ 추후 검토과제 ──────────────────────────────────┐     │
│   │                                                  │     │
│   │   • 점포 계약 전 실제 판매수량을 반드시 확인할 것(1달간)!   │     │
│   │   • 점포 포스에서 나타나는 일 매출액을 확인할 것         │     │
│   │   • 최근 6개월간 월 매출의 변화를 직접 확인할 것!        │     │
│   │   • 타 부동산(3개 이상)에 임대료, 보증금, 권리금 확인 후 점포계약 결정! │
│   │   • 점포주와 보증금 및 월 임차료 재협상 요구            │     │
│   │   • 경기불황에 따른 점포운영의 노하우를 점검할 것        │     │
│   │   • 고객 접객태도를 교육할 것                         │     │
│   │   • 점포 특성화를 통해 차별화할 것                     │     │
│   │                                                  │     │
│   └──────────────────────────────────────────────────┘     │
└─────────────────────────────────────────────────────────┘
```

3. 성공사업자의 자세

1) 성공사업자의 정신과 자세

(1) 성공사업자의 정신

"시장은 보이지 않는 손에 의해 결정된다." 경제학의 아버지라 불리는 애덤 스미스 (Adam Smith : 1723~1790)는 "자신의 이익을 추구하는 행동은 보이지 않는 손에 이끌려 나라의 부를 크게 만들고 생산력을 커지게 한다"고 하였다. 결과적으로 시장은 자연스럽게 조화를 이룬다는 자연의 법칙에 근거하여 조화설을 밝히기도 했다. 창업자는 변화하는 환경에서 유연하면서도 창의적인 자세로 문제를 받아들여야 한다. 이를 통해 혁신성과 조화를 통해 이익을 창출할 수 있기 때문이다.

창업자의 정신은 지속적인 성장과 기업의 번영을 촉진한다. 시장은 다양한 특성이 존재하는데 이를 무시한 채 경제성만 추구한다면 매우 위험한 발상이 된다. 따라서 다음과 같은 마음가짐을 요구한다.

첫째, 경영자는 혁신적인 아이디어를 창출할 수 있어야 한다. 기업을 경영하다 보면 여러 가지 위험요소가 상존할 수 있다. 문제점은 기회와 함께 오기 때문에 이를 잘 극복하여 변화시킬 때 그 가능성은 커진다. 따라서 외식기업은 구매에서 검수, 저장, 재고관리와 유통방법의 개선, 주방관리, 요리를 만들기 위한 준비과정, 쓰레기 문제 등 점포를 확장하기 위해서는 수많은 준비가 필요하다.

둘째, 창업자는 준비된 도전정신이 필요하다. 시장은 항상 진화하기 때문에 소비자들은 새로운 아이템을 요구한다. 레스토랑 경영에서도 빠른 변화를 요구하는 소비자들로 인해 새로운 아이템 개발과 가격경쟁력, 고객혜택 등에 소홀해서는 안 된다.

셋째, 창업자는 미래를 예측할 수 있어야 한다. 자사상품에 대한 성장 가능성은 그 누구도 정확하게 예측할 수 없다.

넷째, 긍정적인 마인드로 자신감과 추진력을 가져야 한다.

다섯째, 배우려는 자세와 학습력은 스스로를 성장시킨다. 그러므로 나는 할 수 있다는 마인드를 가져야 한다.

여섯째, 미래지향적인 비전을 제시할 수 있어야 한다.

일곱째, 사회적 책임과 상생을 통해 함께 성장할 수 있어야 한다. 세상은 나 혼자 살 수 없기 때문이다.

(2) 성공사업자의 자세

창업자는 지식과 경험을 바탕으로 미래를 내다보는 식견과 목표의식, 책임감, 솔선수범, 성취욕구, 유머감각 등의 능력을 가지고 있어야 한다.

첫째, 사업에 대한 높은 몰입도와 인내심을 가지고 있어야 한다.

둘째, 사업에 대한 강한 성취욕구로 계속적인 성장을 이끌 수 있어야 한다.

셋째, 사회적 변화와 시대적 흐름을 반영하는 기회포착능력과 목표지향적인 사고를 가져야 한다.

넷째, 구체적인 목표와 책임감을 바탕으로 리드할 수 있는 강인함을 가지고 있어야 한다.

다섯째, 문제가 발생하였을 때 이를 포기하지 않고 해결할 수 있는 학습력과 끈기가 있어야 한다.

여섯째, 매사에 낙관적이며, 현실주의적인 사고와 유머, 감각적인 경영능력을 가지고 있어야 한다.

일곱째, 위험요소를 해결하려는 적극성이 필요하지만 독단적으로 해결하려는 아집은 없어야 한다.

여덟째, 지위·직책에 따른 오만이나 권력을 남용하면 안 된다.

아홉째, 신속한 결단과 실천의지로 직원 상하 간에 화합할 수 있어야 한다.

열째, 자신을 비롯하여 조직의 실패경험을 반영할 수 있어야 한다.

열한째, 낮은 자세를 유지하며, 사업에 대한 애착과 열정이 있어야 한다.

열두째, 솔선수범하는 자세로 정직과 겸손을 통해 신뢰받을 수 있어야 한다.

(3) 사례

땅콩 회항부터 백화점 갑질 모녀까지 슈퍼 갑질에 분노한 을의 목소리가 커지고 있다. 무조건적인 친절을 요구하는 대신에 이름과 존중으로 감정노동자들을 배려하자는 것이다. 점포에서는 그들이 정한 '룰'을 지켜줄 것을 정중하게 요구한다. 『윤리지능』(브루스 와인스타인 저, 송기동 역, 2012)은 "고객이 부당한 요구를 할 때, 당신에게는 그것을 거부할 권리가 있을 뿐 아니라 그렇게 해야 할 윤리적 의무가 있다"고 했다. 실제 '상하, 갑을관계'가 아니라 평등한 구매자와 공급자로 정립시키려는 움직임이 높다. 직원을 보호하는 것이 고객에 대한 서비스를 향상시키는 것이다.

첫째, 무례한 말은 가장 큰 상처를 준다!

알바몬(919명)의 조사에 따르면(조선일보, 2015) '상처받은 감정을 숨기는 것'은 가장 큰 고통이라 하였다. 말의 상처에 큰 충격을 받으며, 90.8% 비매너 손님 때문에 상처받은 적이 있다는 것이다. '어이, 야, 알바!' 등 함부로 부르는 것과 손님의 실수를 알바생에게 사과하라고 강요하는 것 등으로 나타났다. 이러한 무례는 큰 상처를 준다. 환경노동위원회 심상정 의원은 성인 남녀 1,000명을 대상으로 조사한 결과, 응답자의 51.8%가 "감정노동자들은 감정을 숨기거나 참는다"고 했다. 가장 큰 고충은 50.9%로 지나친 항의와 폭언, 욕설, 성희롱이었다. 우리나라는 외국에 비해 '갑의 횡포'가 심각하다. 유교문화와 사농공상(士農工商)의 전통이 있어 직업으로 사람을 판단하는 편견이 생겼다. 급격한 산업화를 겪으면서 돈만 중요하게 생각할 뿐 예의나 인성, 존중을 망각하는 세태가 퍼져 있다. '존댓말문화'도 사람 간 관계를 설정하는 역할을 한다. 나이·직급·직업 등이 위계질서를 만들기 때문에 외국에 비해 갑을관계가 빈번하게 생긴다.

둘째, 모든 손님은 왕이 아니다! 롯데백화점은 손님들의 무례한 말과 행동에 대한 자제를 호소하는 안내문을 걸었다. 가족이란 감성적 단어를 호소하면서 단호한 느낌을 준다. 직원은 고객의 가족 중 한 사람이다. 지점별로 관할 경찰서와 '감정노동자 보호 업무협약'을 체결하고 안내데스크, 층별 계산대, 고객상담실 등에 설치했다. 15년간 근무한 한혜정(40) 씨는 "직원들은 고객의 기분을 먼저 생각하면서 일해야 하기 때문에 불합리한 대우를 받거나 그러한 상황에도 적극적으로 대응하기 어렵다"고 했다.

감정노동자의 대표 격인 콜센터에서도 변화가 두드러진다. 114 상담원들은 상대방이 성희롱, 욕설을 할 경우 '법적 조치를 하겠다'고 경고한 뒤 이런 행위가 3회 이상 계속되면 경찰에 고발하는 '삼진 아웃제'를 실시한다. CJ오쇼핑은 '절대 먼저 전화를 끊으면 안 된다'는 조항을 삭제했다. SK텔레콤은 '무조건 죄송하다고 하지 마라'고 교육한다. 반면에 미국은 '손님을 거부할 권리가 있다'(We reserve the right to refuse service to anyone)는 안내문을 붙인 식당들이 많다. 다른 손님에게 피해를 주거나 직원에게 무례한 손님 역시 거절 대상이다.

셋째, 친절보다 자부심으로 승부해야 한다. 무조건 친절해야 한다는 점포만의 규정이 아니라 원칙을 지키도록 한다. 81년 명동 뒷골목의 5평짜리 반지하에서 시작한 '틈새라면'은 '주인이 왕이다'라는 콘셉트로 성공했다. 박준호 본부장은 당시 주고객이었던 학생들과의 격의 없는 소통을 성공요소라 하였다. 라면 하나를 팔더라도 프로의식을 담는다는 '자부심'이 중요하다. 서울 봉천동과 신사동에 있는 소고기덮밥 '지구당' 입구에는 '친절은 없습니다. 따뜻한 밥이 있습니다. 그래도 괜찮다면 어서 와'라고 쓴 메모가 붙어 있다. 가게 안에서 괴성을 지르는 것은 물론, 전화하는 것도 금지한다. 레스토랑은 손님들이 편안하게 식사할 수 있도록 만들어진 곳이라며 3명 이상은 받지 않는다. 당당하고 자신감 있는 식당이라는 평가와 '오만하다'는 평가가 엇갈린다.

사람들은 도도하고 당당한 서비스 제공자를 재미있다고 여긴다. 품질이 받쳐준다면 이런 콘셉트는 손님들의 기대심리를 끌어올리는 장치가 된다. 음식점들은 자체 규정을 마련하여 손님을 가려 받는 것이 문제가 되지는 않을까? 헌법에서 규정하는 평등권에 위배되지 않는 한 법적인 처벌은 어렵다. 대한변협은 "종교, 성별, 인종 등에 따른 차별이 아닌 합리적인 영업방침과 규정이라면 마케팅의 일환으로 볼 수 있다"고 했다.

2) 성공사업자의 능력과 21세기 메가트렌드 분석

성공사업자들은 미래의 환경변화와 흐름을 파악하는 능력이 뛰어나다. 다양한 지식과 능력, 기술, 트렌드에 관심을 가지며, 외부 전문가들과 네트워크를 형성하고 있다. 과학기술의 발달은 사회적 변화를 이끌고 있다. 이를 위해 메가트렌드를 분석하며, 연대표를 작성하여 이해해야 한다. 그렇다면 발명과 발견은 세상을 어떻게 바꿀 것인가? 어떤 비즈니스가 유행할 것인가? 과학이 지배하는 세상에서 어떻게 혁신성을 가질 수 있는가를 그려나가야 한다.

21세기를 지배할 메가트렌드는 인간의 존재감에 따른 혁신성, 정보지식사회의 가속화, 친환경문제, 세계화, 무한경쟁시대, 사회경제, 문화, 정치 등의 재편을 말한다. 이를 바탕으로 KPMG에서 제시한 「미래국가 2030(Future State 2030 : The global megatrends shaping governments)」보고서의 내용을 소개하면 다음과 같다(곽노필, 2014).

세계는 빠른 속도로 변화하고 있다. 기술 발달에 따라 멀리 있는 사람들 간의 네트워크가 긴밀해지면서 기존의 사회구조적인 시스템은 바뀌고 있다. 한 지역에서 일어난 사건은 지구 반대편의 사람들에게도 영향을 미쳐 명실상부한 지구촌 세계화를 이루고 있다. 반면에 각 국가들은 공공부채가 늘어나면서 경제활동이 위축되는데 기후변화의 영향으로 기상이변이 갈수록 잦아져 그 강도가 세지고 있다. 국제 컨설팅업체인 KPMG는 각국 정부들이 직면하는 메가트렌드를 정리한「미래 국가 2030」보고서를 발표했다. 향후 인류의 생활방식에 영향을 미칠 9가지 트렌드를 3가지 범주로 정리하여 어떻게 대응해야 하는지 조언하고 있다(한겨레, 2014. 1. 13).

첫째, 도시화, 기후변화, 자원 부족화 등의 흐름이 포함된 물리적 환경변화이다.

둘째, 개인과 관련된 인구변화, 개인적 부상, 기술변화를 의미한다.

셋째, 세계경제의 상호연관성, 공공부채, 경제적인 권력이동 등을 말한다.

(1) 첫째, 인구변화, 고령화에 대비하라

기술문명과 소득 증가의 영향으로 기대수명은 늘어나는데 출산율이 감소함에 따라 고령자 비율은 높아지고 있다. 이는 연금, 건강보험 등 사회복지 시스템을 위협하며, 특정지역의 노동시장은 포화상태로 청년들의 일자리 문제가 심각하게 대두된다. 2030년이면 전 세계 65세 이상 인구는 10억 명으로 추산되며, 현재의 2배로 예상된다. 이는 노동시장의 생산성과 금융시스템에 대한 우려를 낳으며, 다수의 개도국들은 청년인구가 폭발적으로 증가하게 된다. 인도는 20년 동안 매달 1백만 명의 젊은이들이 새롭게 노동인구로 편입된다. 노동력을 성공적으로 활용할 수 있다면 개도국들은 인구배당효과(전체 인구에서 생산가능 인구비율이 증가하면서 경제성장률이 높아지는 현상)를 누리게 될 것이다.

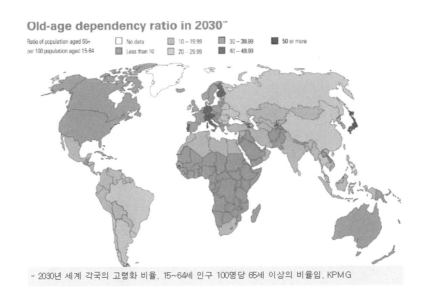

Old-age dependency ratio in 2030™

Ratio of population aged 65+ per 100 population aged 15-64 · No data · Less than 10 · 10 – 19.99 · 20 – 29.99 · 30 – 39.99 · 40 – 49.99 · 50 or more

» 2030년 세계 각국의 고령화 비율. 15~64세 인구 100명당 65세 이상의 비율임. KPMG

반면에 믹 올워스는 21세기에 정부가 직면할 가장 큰 현안으로 고령화를 지적했다. 이를 잘 관리하려면 지속적인 모니터링과 정책 조정이 필요한데 무시하면 경제성장은 위협받게 된다. "나는 늙어서 연금을 받을 수 있을까, 연금은 내가 살아가는데 충분한 수준인가? 우리는 후세를 위해 일자리를 충분히 갖고 있는가?" 정부는 이러한 질문에 답해야 한다.

(2) 개인의 부상, 여성에게 투자하라

개인이 부상하면서 공공정책 참여를 통해 투명한 경영을 요구하고 있다. 교육수준이 높아지면서 기술의 발전과 건강한 삶으로 장수하게 됨에 따라 각 개인들은 과거와 다르게 큰 힘을 갖게 되었다. 2022년에는 빈곤층보다 중산층이 더 많은 새로운 시대가 될 것이다. 여성 교육에 대한 투자야말로 빈곤 제거와 불평등 완화, 사회경제적인 발전을 촉진시키는 결정요소이다. 세계 중산층 비율은 2009년 27%에서 2030년 60%로 높아질 것이다. 2030년 세계 중산층 인구의 80%는 개발도상국 주민으로 2010년 58%를 훌쩍 넘겼다. 오늘날 세계의 문자해독 능력은 84%이며, 여성의 지위가 향상되면서, 많은 사람들은 빈곤에서 벗어나고 있다. 인터넷은 사람들을 연결시켜 주는

플랫폼 역할을 한다. 안정적인 고용과 교육의 질, 비용, 건강보험, 연금 등의 서비스
에 대한 우려가 있지만 불평등 또한 정부가 해결해야 할 과제이다.

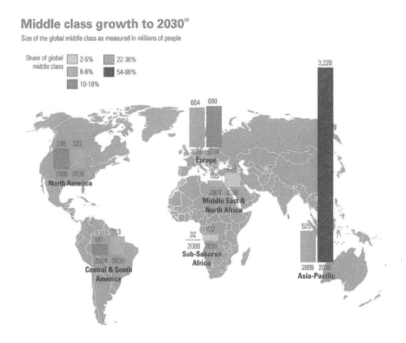

KPMG 파트너인 존 허홀트는 "시민들이 정부와 첨단기술을 활용한 상호관계 구축
을 요구할 뿐 아니라 새로운 목소리를 낼 것"으로 보고하였다. "나를 위한 서비스 개
선을 위해 어떤 일을 하고 있는가? 나의 정보 접근권을 어떻게 유지해 줄 것인가?
사생활과 보안을 어떻게 지켜줄 것인가?" 정부는 이러한 질문에 답할 수 있어야 한다.

(3) 유용한 기술을 활용하라

정보통신기술(ICT)은 지난 30년간 사회를 완전히 바꿔놓았다. 새로운 기회와 빠른
성장은 신시장의 출현과 제도적 시스템을 바꾸었다. 선진국들은 기술에 앞서고 있지
만 개도국들은 기술이 부족한 실정이다. 따라서 혁신적인 사고로 새로운 시장을 만
들면서 도약의 기회를 제공해야 한다.

Global heatmap by year of mobile 4G (LTE) deployment"

2009   2016

Note: LTE is Long Term Evolution, a 4G mobile communications standard (source: Oxford dictionary).

예를 들어 아프리카처럼 통신 네트워크가 없던 지역들은 유선 통신망을 갖춘 나라들보다 앞으로 더 많은 이득을 볼 수 있다. 2000년 기준으로 세계 인터넷 인구는 3억 6천만 명에 불과했으나 2012년엔 24억 명에 이르렀다. '앱'이 만든 경제는 2017년 전 세계적으로 1,510억 달러를 달성했다. 세계의 빅데이터 90%는 최근 2년 사이에 만들어졌다.

대만 전자기업인 홍하이는 앞으로 3년 안에 제조공정에 1백만 대의 로봇을 투입한다고 선포했다. "2030년 나의 아이들은 무슨 일을 할까? 나의 기술은 어떻게 진화할 것인가?" 정부는 시민들의 이러한 질문에 답할 수 있어야 한다.

(4) 경제적 상관성과 이익, 리스크를 관리하라

세계는 국제적 무역과 자본이동으로 경제적인 상호연관성이 계속적으로 높아진다. 글로벌 경제무역은 2030년까지 매년 약 5% 정도 성장할 것으로 전망된다. 아시아가 차지하는 비중은 39%로 지금의 2배로 늘어날 것이다. 그에 따라 국제협약이 체결되지 못하면 기대만큼 경제적 이익을 누리기가 어렵다. 경제적 상관성과 진전은 중요한 잠재력을 갖는다. 자유무역이 확대되면서 향후 10~20년 사이 6억 5천만 명의 인구가 빈곤에서 벗어나게 될 것이다. 하지만 무역에 따른 위험도가 함께 증가한다. 따라서 무역의 이점을 획득하고 리스크를 잘 관리할 수 있는 정책을 갖추어야 한다.

Participation in regional trade agreements (RTAs)

"어떻게 우리의 경쟁을 도와줄 것인가? 내 은행이 안전하다는 것을 어떻게 보장할 것인가?" 정부는 시민들의 이러한 질문에 답해야 할 것이다.

(5) 공공부채를 줄여라

공공부채는 2030년 이후까지 금융 및 정책을 결정하는 데 중요한 제약요인이 된다. 그러므로 부채를 줄이고 공공 서비스를 시행하는 새로운 방식을 찾아야 한다. 공공부채는 단순히 글로벌 금융위기와 그로 인한 과다지출에서 비롯된 것이 아니다. 대부분의 경우 2008년 이전에 상당한 규모의 부채를 보유하고 있었다. 금융위기에 앞서 5년 이상 재정적자를 이어갔으며, 선진국은 GDP 대비 순부채 평균비율이 2007년 46.3%에서 2013년 78.1%로 높아졌다. 지금과 같은 추세가 계속될 경우, 2035년 순공공부채 수준은 세계 평균 98%로 예상된다. 유로존은 GDP의 133%, 미국은 GDP의 213%, 일본은 GDP의 386%로 예측된다.

"저성장시대에 어떻게 예산을 확보하고 궁극적으로 부채를 줄일 것인가. 성장 필요성과 부채 감축 필요성에서 어떻게 균형을 맞출 것인가? 이전 세대들이 초과해서 쓴 비용을 왜 내가 지불해야 하는가?" 정부는 이러한 질문에 답해야 한다.

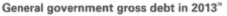

Note: While net debt was used previously in this chapter, many governments do not post these figures.

(6) 경제권력 이동과 새로운 세계질서의 재편에 관심을 가져라

신흥국가들이 가난을 벗어나면서 세계경제에 대한 영향력도 확대되고 있다. 힘의 균형이 재편되면서 국제기구와 정부 등은 투명성과 통합성을 유지하는 데 초점을 맞추고 있다. 무역자유화와 경제개혁, 자본과 기술이동, 자유로운 시장에서 중국, 인도, 브라질, 남아프리카공화국 등 신흥국들의 경제력은 국제 금융시장에서 갈수록 중요한 역할을 한다. 중국과 인도는 2030년 세계인구의 35%, 세계 GDP의 25%를 차지할 것이다. 중국기업의 외국기업 인수 규모는 2배로 늘어나고 있으며, 2020년까지 4배로 확대될 것으로 전망된다. 그러나 이런 움직임에도 기회는 있다. 국가가 더 많은 부를 쌓을수록 불평등도 심화되고 있다.

"새로운 경제질서에 어떻게 적응해 나갈 것인가? 기업의 외국인 오너십을 어떻게 관리할 것인가?" 정부는 시민들의 이러한 질문에 답해야 한다.

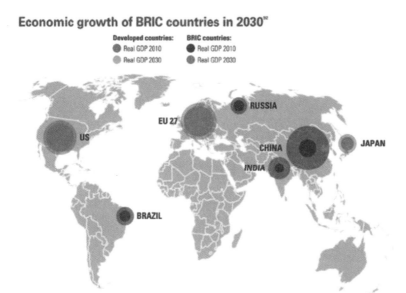

Economic growth of BRIC countries in 2030[92]

Developed countries:
- Real GDP 2010
- Real GDP 2030

BRIC countries:
- Real GDP 2010
- Real GDP 2030

RUSSIA
EU 27
US
CHINA
JAPAN
INDIA
BRAZIL

(7) 기후변화에 대한 국제협력이 필요하다

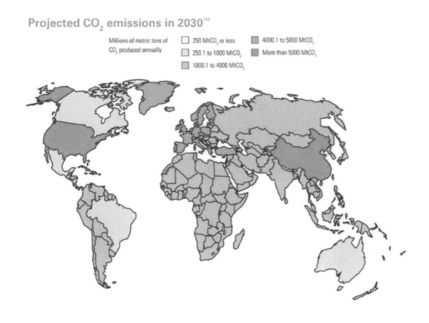

Projected CO$_2$ emissions in 2030[112]

Millions of metric tons of CO$_2$ produced annually
- 250 MtCO$_2$ or less
- 250.1 to 1000 MtCO$_2$
- 1000.1 to 4000 MtCO$_2$
- 4000.1 to 5000 MtCO$_2$
- More than 5000 MtCO$_2$

온실가스 배출 증가가 기후변화를 야기한다. 자연환경은 예측불허의 변화를 초래하는데 각 국가들의 대응책은 보이지 않는다. 기후변화의 복잡성과 불확실성은 정부의 대책을 부질없게 만든다. 이산화탄소의 증가 등 최악의 결과를 막으려면 다자간의 유례없는 협력이 필요하다. 현재 이산화탄소 배출 규모는 2020년 달성 목표치보다 14%나 많다. 2050년이 되면 기상이변으로 인한 비용은 세계 GDP의 1%에 이르게된다. 2012년 세계 GDP의 1%는 7억 2천만 달러이다. 2050년까지 기온 상승폭을 2도로 억제하려면 매년 700~1,000억 달러가 온실가스 감축부문에 투입돼야 한다. 지구기온이 3~4도 상승할 경우, 해수면 상승과 홍수, 가뭄 등으로 인한 기후난민은 2억 명으로 추산된다.

"이산화탄소 배출 감소를 위해 충분한 일을 하고 있는가? 기상이변 시대를 맞아 내 재산을 어떻게 보호할 것인가?" 정부는 이러한 질문에 답해야 할 것이다.

(8) 자원 부족, 자원관리에 힘써라

인구 증가와 기후변화라는 복합적인 압력 속에서 경제성장은 물, 식량, 에너지 등 필수적인 자원의 부족사태를 만들고 있다. 이런 이슈들은 지속가능한 자원관리를 위해 정부의 어젠다를 그 중심에 놓게 한다.

세계 인구는 2010년 69억 명에서 2030년 83억 명으로 늘어날 것이다. 2030년부터 물 공급량과 수요량 사이에 40% 이상의 격차가 생긴다. 에너지 수요도 40% 늘어나며, 10억 명 이상이 물 부족상태에 직면하게 될 것이다. 식량 수요는 증가하는 반면에 기후변화로 인해 생산량은 불안정해지면서 세계의 식량가격은 2배로 뛸 것이다.

"어떻게 충분한 물을 확보할 것인가? 나의 아이들이 충분한 식량과 물, 에너지를 누릴 수 있도록 하고 있는가?" 정부는 이러한 질문에 답해야 할 것이다.

(9) 도시화의 양면성을 모니터링하여라

성장률 상위 600대 도시에는 세계 인구의 약 20%가 거주하면서 GDP의 절반 이상 (34조 달러)을 생산하고 있다. 이 도시들은 2025년까지 2배인 65조 달러에 이르게 된다. 2030년까지 세계인구의 60%, 약 3분의 2가 이 도시에 거주할 것이다. 도시화는 사회, 경제적 발전과 지속가능한 삶의 기회를 제공해 준다. 하지만 인프라 구축과 자원, 에너지에 대한 압박도 심해질 것이다.

도시의 성장은 개도국에서 주로 일어난다. 앞으로 20년 동안 세계 도시의 80%는 아프리카와 아시아 지역에서 성장할 것이다. 인구 1천만 명이 넘는 거대도시는 현재 20곳으로 2025년에는 37곳으로 늘어날 것이다. 도시의 슬럼가에 살고 있는 시민은 10억 명에 이른다. 국가가 적절하게 대처하지 못할 경우 2030년에는 2배로 늘어날 것이다. 도시화 과정을 모니터링하고 적절한 주택공급과 물, 에너지 서비스를 받도록 관리해야 한다. "어떻게 인프라를 효과적으로 지속가능하게 구축할 수 있는가? 내가 살고 있는 도시에서 빈곤퇴출을 위해 무엇을 할 것인가?" 정부는 이러한 질문에 답해야 한다.

결론적으로 KPMG가 제시하는 메가트렌드들은 단기적인 이슈가 아니라 최소한 10년 이상, 장기적인 계획으로 전 세계의 정부에 영향을 미치는 요소들이다. 정부의 핵심의지와 경제성장, 안보, 사회적 단결, 지속적인 환경변화 등으로 향후 도전과 기회를 동시에 가져다줄 것이다.

REFERENCE
참고문헌

강유리(2013). 미국의 창업정책 현황 및 시사점 − 스타트아메리카를 중심으로. 방송통신정책, 25(15). 정보통신정책연구원.

곽노필(2014). 정부가 대비해야 할 메가트렌드. 미래창, 1월 13일.

국토교통부(2016). 정부3.0정보공개. 신도시 개념 및 건설현황. 2월 1일.

김대호(2014). 창조경제 정책의 이해. 커뮤니케이션북스.

김성건 · 이재진(2013). 소비자 만족과 지속가능 경영을 위한 기업의 핵심가치의 역할과 중요성− L그룹사례를 중심으로. 한국정치연구학회, 11(5) : 211-223.

김양희 외(2007). 국가균형발전모델 전략 개발 − 성 평등한 지역발전을 위한 사례분석과 가이드라인 개발. 삼성경제연구소.

김영갑(2012). 상권 분석론. 교문사.

김진세(2015). 화는 행복을 불태워 버린다. Economic review. 김진세 칼럼. 2월 2일.

김혁 · 이원강 · 윤승준(2013). 알기쉬운 회계원리 기초. 무역경영사.

마샤 캐넌 저(2011). 안진희 역. 똑똑하게 분노하라(Anger Power). 대림.

맥스웰 몰츠 저(2010). 공병호 역. 성공의 법칙. 비즈니스북스.

박연숙 · 최성호(2016). 중소유통업 발전을 위한 지역상권 활성화 방안. 중소기업연구원 보도자료실.

박한백(2014). 지역균형발전정책, 창조경제혁신센터.

브루스 와인스타인 저(2012). 송기동 역. 윤리지능. 다산북스.

빌 올렛 저(2014). 백승빈 역. MIT스타트 업 바이블(Disciplined Entrepreneurship), 비즈니스북스.

서울특별시 경제일자리 창출 정부자료. 2013. 11. 20.

안계환(2011). 성공하는 사람들의 독서습관. 좋은책만들기.

안병한 변호사(2014). YTN 라디오 생생 로펌, 프랜차이즈 본사 인테리어 강요할 수 없다. 법무법인 한별, 10월 6일.

양진모(2015). 2015년 공정거래위원회 등록된 정보공개서 분석. 좋은가맹사업지원센터 (가맹거래사), 3월 18일.

오리스 스웨트 마든 저(2007). 박정숙 역. 하고 싶은 일을 하라(Discovering Yourself).

다리미디어.

오리스 스웨트 마든 저(2015). 배진욱 역. 버리고 얻는 즐거움. 리더북스.

유재권(2015). 에센스 회계원리. 유원북스.

유형준(2014). 2014년 '스타트 업 엔진' 프로그램 참가기업 모집. 정보통신산업진흥원
      (NIPA), 8월 13일.

이광림 · 배준우 · 심창용 · 석상환 · 이청수 · 김환 · 김주환 · 이찬샘 · 이환희 · 오성지
      (2015). 2014 해외 외식 및 한식산업조사(북경). 한식재단, 3월 25일.

이광형(2015). 미래경영 — 3차원 미래예측으로 보는. 생능.

이미자(2015). "모든 손님은 王은 아니다"… 당하기만 하던 乙, 당당해졌다. 조선일보, 1월
      9일.

이민화 외(2013). 상생형 M&A와 혁신거래소. 창조경제연구회.

이민화 외(2013). 창업자 연대보증과 국가 편익. 창조경제연구회.

이상군(2015). 강남역 상권 1층은 모두가 적자! 강남상권의 위력, 위기의 동네상권 안테
      나숍! The Bell, Article, 12월 14일.

이상윤(2010). 상권 분석론. 두남.

이상훈(2010). 성공은 1만 시간의 노력이 만든다. 워즈덤하우스.

이요행 · 이건남 · 김강호 · 변정현 · 정명진(2013). 대학생 창업활동 및 창업지원제도 현
      황 분석. 고용노동부, 한국고용정보원.

임수열(2014). 최고의 습관. 토네이도.

임흥준(2015). 나는 세계역사에서 비즈니스를 배웠다. 더퀘스트.

전우영(2012). 1%의 행운에 대한 믿음은 성공으로 가는 길을 앞당긴다! 시사저널
      (weekly newsmagazine). 1월 19일.

전준우(2010). 성공창업을 위한 상권입지 분석론. 매경출판사.

전창진 · 이귀택(2016). 상권 분석론. 부연사.

조용헌(2015). 휴휴명당. 불광출판사.

존 맥스웰 저(2014). 박산호 역. 어떻게 배울 것인가. 비즈니스북스.

존 템플턴 저(2006). 권성희 역. 성공론(Worldwide laws of life). 굿모닝북스.

최정길(2007). 원가관리 — 호텔, 관광, 외식사업 영업중심. 무역경영사.

토니 로빈스(2008). 조진형 역. 무한능력. 씨앗을뿌리는사람.

통계청(2016). 대한민국 경제활동 인구. 통계정책 자료실, 7월.

해리 덴트 저(2015). 권성희 역. 2018 인구절벽이 온다. 청림출판.

현대연구원(2015). 한중수교 23주년 의미와 시사점. 통권. 628호. 8월 19일.

훈샘의 Design story(http://brandesign.tistory.com).

Harvard Business Review Korea(2012). 연쇄 창업가(serial entrepreneurs)들은 선배들의 지혜를 통해 성공사례를 만들고 있다.

KPMG(KPMG.com/insights). 자료실 Future state 2030 : The global megatrends shaping governments.

Brown, P. B., Kiefer, C. F., & Schlesinger, L. A.(2012). New project? Don't analyze. Harvard Business Review Korea. 3월.

Charles, W. L., & Jones, G. R.(2008). Strategic management. Houghton Mifflin, 8. 14.

Drucker, P. F.(1985). Innovation and entrepreneurship practice and principles. New York : Harper & Row.

Erikson, E. H.(1956). The problem of ego identity. JAPA. 4 : 56-121.

McClelland, D. C.(1962). Business drive and national achievement. Harvard Business Review. 40(4) : 99-112.

Schumpeter, J.(1934). The theory of economic development. Cambridge, Mass : Harvard University Press.

Timmons, J.(1994). New venture creation. Irwin : Burr Ridge.

〈기사〉

기호일보(2013). 28년간 동반성장 안성캠퍼스 이전문제. 3월 28일.

동아일보(2015). 더블 역세권에 프리미엄을 고스란히 누리는 브랜드 지식산업센터! 12월 2일.

서울경제신문(2015). 지식산업센터도 브랜드를 따져야 한다. 가산디지털단지 역세권! 12월 7일.

아시아투데이(2015). 차이나타운 지역발전특구 활성화 사업. 한·중 수교 23주년 기념 축제. 8월 29일.

일요신문(2015). 판교 현대백화점 식품관 인기의 그늘 "경쟁이 안 된다" 인근 상인들 죽맛! 12월 9일.

조선비즈(2015). 판교 현대백화점 오픈 3개월…주변 상권 "장사 안돼 못 살겠다". 11월 23일.

조선비즈(2016). 갤러시 노트 7 돌풍, 홍채인식, 삼성 페이 도약 이끌까? 7월 20일.

조선일보(2015). 모든 손님이 왕은 아니다. 당하기만 하던 '을'이 당당해졌다. 1월 9일.

조선일보(2016). 나를 녹인다. … 게으른 휴식! 2월 18일.

중앙매거진(2016). "이코노미스트·삼성카드 공동기획 '대한민국 100大 상권'" 빅데이터 활용한 대한민국 '영업지도'. 4월 18일.

공공데이터포털(https://www.data.go.kr).
상가뉴스레이다(http://www.sangganews.com).
서울시 도시통계지도(http://stat.seoul.go.kr/initinfo).
소상공인시장진흥공단(http://www.semas.or.kr).
NICE BizMap(www.nicebizmap.co.kr).
Pgr21(http://www.pgr21.com).

저자약력 │ 백 남 길

세종대학교 외식경영학 박사

현재
숭실사이버대학교 외식조리경영학과 학과장
at센타 "에이토랑(청년외식사업인큐베이팅사업)" 심사위원 및 컨설팅
농림축산식품부 교육문화정보원 "청소년 진로프로그램" 주제선정 및 평가위원
소상공인시장진흥공단 "소상공인컨설턴트"
한국 C&W문화연구원 Barista 1·2급 심사위원, Sommelier 심사위원

전
세종대학교 글로벌지식교육원 주임교수
세종대학교 호텔관광경영학부 일반대학원 외식경영학과 외래교수
세종대학교 호텔관광경영학부 외식경영학과 외래교수
성신여자대학교 창업시뮬레이션 외래교수
한국관광대학교 외식경영학과 호텔조리과 겸임교수
장안대학교 프랜차이즈경영학과 겸임교수
대림대학교 호텔조리과 시간강사

저서
외식조리원가관리(백산출판사, 2016)
외식창업경영(지식인, 2016)
외식마케팅(백산출판사, 2013)

논문
레스토랑의 다인스케이프가 상호작용품질과 충성도에 미치는 영향(박사학위논문)
소비자의 갈비한식점 선택시 평가기준 항목의 중요도와 만족도에 관한 연구(석사학위논문)
음식축제를 찾는 방문객들의 참여 동기가 만족도에 미치는 영향에 관한 연구(2017. 3)
명상훈련을 통한 외식기업 경영자의 스트레스와 생활만족도에 관한 연구(2016. 10)
프랜차이즈 창업박람회 품질기능이 창업결정과 추천의도에 미치는 영향(2015. 12)
스토리텔링 상징성이 지각된 품질과 기업이미지에 미치는 영향연구-외식프랜차이즈 기업을
　　　중심으로(2015. 7)
농산물의 지리적 표시 기능이 지역이미지와 구매의도에 미치는 영향(2015. 3)
연소증후군과 친사회적 행동, 이직의도 관계: 외식프랜차이즈 기업 직원을 대상으로(2014. 4)
외식기업 직원들의 감정노동이 소진과 고객지향성에 미치는 영향(2013. 10)
농산물의 지리적 표시 단체표장이 선호인식과 구매의도에 미치는 영향(2012. 12)
축산물 지역브랜드에 대한 지각된 품질과 구매태도에 관한 연구(2012. 2)
소고기 원산지에 대한 지역이미지가 원산지의 품질인식과 구전에 미치는 영향(2011. 6)
외식 프랜차이즈 기업의 저가 메뉴가격이 고객의 지각된 가치에 따른 만족과 재방문에 미치
　　　는 영향(2011. 4)
한식레스토랑의 다인스케이프가 고객의 감정반응과 행동적 충성도에 미치는 영향(2010. 8)
외식기업 고객과 직원간의 상호작용품질이 감정반응과 구전에 미치는 영향(2010. 4)
외식기업 다인스케이프가 서비스품질 지각과 구전에 미치는 영향(2009. 10)
패밀리레스토랑 종사원의 성격유형이 직무만족과 고객지향행동에 미치는 영향에 관한 연구
　　　(2009. 4)
한식점 동기유형에 따른 선택속성에 관한 연구(2008. 8)

저자와의
합의하에
인지첩부
생략

상권 및 입지 분석

2017년 8월 20일 초판 1쇄 인쇄
2017년 8월 25일 초판 1쇄 발행

지은이 백남길
펴낸이 진욱상
펴낸곳 백산출판사
교 정 성인숙
본문디자인 박채린
표지디자인 오정은

등 록 1974년 1월 9일 제406-1974-000001호
주 소 경기도 파주시 회동길 370(백산빌딩 3층)
전 화 02-914-1621(代)
팩 스 031-955-9911
이메일 edit@ibaeksan.kr
홈페이지 www.ibaeksan.kr

ISBN 979-11-5763-394-4
값 28,000원

• 파본은 구입하신 서점에서 교환해 드립니다.
• 저작권법에 의해 보호를 받는 저작물이므로 무단전재와 복제를 금합니다.
  이를 위반시 5년 이하의 징역 또는 5천만원 이하의 벌금에 처하거나 이를 병과할 수 있습니다.